INTRODUCTION TO
SPECIAL EDUCATION

특수교육학개론

김원경 신진숙 박현옥 김영걸 김미숙 윤광보 김경화 김정현
옥정달 박정식 김정연 곽승철 한홍석 박미혜 변찬석

수양재

머리말

의료선교사 홀(Hall, R. S.) 여사에 의하여 1894년 시작된 우리나라 근대식 특수교육이 이미 120여 년을 훌쩍 넘긴 이 시점에서 특수교육에 대한 개론 서적을 집필한다는 것이 순수 학문을 하는 학자들에게 다소 계면스럽기도 하나 그간의 많은 변화들이 새로운 특수교육 개론서를 집필해야 할 필요성을 제공하고 있다.

20세기를 보내면서 서구사회를 중심으로 요란스럽게 때로는 조용하게 전개되어 온 정신적 변혁은 우리 사회 모든 분야에 새로운 사고나 행동 방식을 추구하는 배경을 만들었으며, 교육 분야에서도 교육개혁, 학교 재구조화, 탈학교 등의 이름으로 도전을 받아 왔다. 이러한 변화의 과정에서 선진국들의 특수교육은 사회적으로 중요한 위치를 차지하면서 통합교육을 지향하는 노력을 계속적으로 추구하고 있다.

우리나라 특수교육 역시 나름대로 양적 질적으로 많은 발전을 했으며, 오늘날 정부, 학교 등 사회 전체가 장애인의 자아실현과 사회통합을 위하여 특수교육에 대한 지원을 강화하고 있다. 2007년 「장애인 등에 대한 특수교육법」을 전부 개정하였고, 2008년에는 시각장애 등 장애 영역별로 제공된 교육과정을 「특수학교 교육과정」으로, 그간 특수학교, 일반학교(유 · 초 · 중 · 고) 내 일반학급, 특수학급 및 순화교육 등에 제공된 것을 2010년에는 명칭마저 「특수교육 교육과정」으로 변경 고시하였다.

그리고 일반교사의 특수교육 전문성 신장을 위하여 2009년 신입생부터 교사가 되고자 하는 모든 대학생은 필수적으로 특수교육 과목을 이수하도록 하여 장애학생의 통합교육을 사전에 준비할 수 있도록 하고 있다. 이 같은 변화가 이 책을 집필한 이유이다.

이 책의 목적

특수교육 대상 학생들의 독특한 교육적 요구를 충족시켜 주기 위해서는 부모와 함께 일반교사와 특수교사 그리고 특수교육 관련 서비스 전문가들의 학문영역을 초월한 접근이 필요하다. 특히 통합교육의 성공을 위해서는 일반교사의 장애아동 및 특수교육에 대한 이해가 매우 중요하다.

교사 양성 대학에서는 일반적으로 '특수교육 개론'을 1, 2학년 수준에서 교양 및 전공기초 과목으로 개설하고 있다. 그러나 1학년 혹은 2학년은 교육학에 대한 소양이 전혀 없거나 부족한 상태이기 때문에 특수교육이 혼란스럽고, 이해하기가 쉽지 않다고 볼 수 있다. 이에 이 책은 학문적인 심오함을 추구하기보다는 대학에서 교양 및 교직과목으로서 기능을 충실히 할 수 있도록 특수교육의 학문적인 기초를 중시하면서 예비교사들이 임용고사를 함께 준비할 수 있도록 배려하였다.

이 책의 구성

저자들은 이 책이 초·중등학교 교사 양성 대학에서 특수교육 이해를 위한 교직 소양 과목으로 활용되기를 바라면서 가급적 누구나 쉽게 접근하고 이해할 수 있도록 구성하고자 노력하였고, 최선의 특수교육 이론과 「발달장애인법」 제정 등 변화된 특수교육 관련 제도 및 정책을 최대한 반영하였다.

책의 구성은 특수교육의 핵심 개념과 문제에 대한 통찰과 국가적 조망을 이해하는 데 편리하도록 유·초·중·고등학교 및 특수학교의 교사자격 취득을 위한 「교원자격검정령」에서 정하고 있는 전공과목 세부 이수기준을 중요시하였다.

제1부는 7개의 장으로 구성되었으며 특수교육에 대한 일반적인 문제인식과 해결에 초점을 두었다. 구체적으로 특수교육 전반에 대한 고찰과 대략적인 개요, 통합교육, 장애아 진단 및 평가, 보조공학과 교수 공학, 장애아동 조기교육, (특수)교육과정론 등을 서술하고 있다.

제2부에서는 전체 8개의 장에 걸쳐 특수아동의 범주에 초점을 맞추고 각 장애영역별 아동에 대한 정의, 분류, 원인, 출현율, 사정, 특성, 교육방법 등을 다루고 있다. 특히 장애영역별 장애 특성에 대한 이해와 그들에게 적합한 교육 및 서비스를 제공하는 데 필요한 구체적인 사례를 포함한 교육방법과 전망을 제시하고 있다.

앞에서 제시한 본서의 집필 관점에 따라 원고를 정리하면서 저자들은 두 가지 측면을 기대하였다. 첫째는 장차 교사가 되고자 하는 사람들이나 특수교육을 학문으로 배우고자 하는 사람들에게 특수교육에 대한 이해를 돕고, 둘째는 대학에서 '특수교육 개론'을 강의하는 교수들에게 도움이 되는 교재가 되기를 기대하였다.

그러나 막상 출판을 하려고 서문을 쓰는 시점이 되니 내용상 부족함이 없는지 걱정이 된다. 기존의 훌륭한 저서들을 참고하여 정말 필요한 교재를 만들어 보고자 하였으나 저자들의 역량과 노력 부족으로 뜻한 대로 되지 못한 것 같다. 뿐만 아니라 공동 집필에서 오는 내용의 중복을 피하고 표현의 일관성을 유지하고자 하였으나 미비한 점들이 많을 것으로 생각한다.

하지만 미비한 점이 있다면 언제나 여러분들의 비판과 조언을 기꺼이 경청하면서 앞으로 계속 수정·보완하기로 하고 출판을 하게 되었다.

마지막으로 이 책의 출판을 도와주신 주변의 동료들과 수양재 대표님 그리고 직원 여러분들께 진심으로 감사 드린다.

2023년 2월

저자 일동

차례

PART 01 특수교육의 기초

Chapter 01 특수교육의 개요 _ 13

Ⅰ. 특수교육의 정의 ··· 13
Ⅱ. 특수교육의 대상 ··· 16
Ⅲ. 특수교육의 질적 변화와 법적 조치 ··· 23
1. 미국의 경우: 전장애아동교육법(1975: P.L.94-142) _ 23
2. 한국의 경우: 특수교육진흥법(1977 제정 등) _ 26
Ⅳ. 한국 특수교육의 발전과 노력 ··· 30
1. 근대식 특수교육과 장애인 _ 30
2. 특수교육제도 정립과 전개 _ 31
Ⅴ. 특수성에 근거한 특수교육제도 ··· 34
1. 누가 가르치는가: 특수교사 _ 34
2. 누구를 가르치는가: 특수교육대상자 _ 36
3. 언제, 얼마 동안 가르치는가: 특수교육 기간 _ 37
4. 무엇을 가르치는가: 특수교육 교육과정 _ 39
5. 어떤 장소에서 교육하는가: 학습 환경 _ 40

Chapter 02 장애학생 통합교육 _ 45

Ⅰ. 통합교육의 이해 ··· 45
1. 정의 _ 45
2. 배경 _ 46
3. 통합교육에 대한 논의 _ 49
4. 배치 유형 _ 50
Ⅱ. 통합교육의 실제 ··· 54
1. 교수적 수정 _ 54
2. 차별화된 수업 _ 56
3. 보편적 학습설계 _ 59
4. 협력교수 _ 60
5. 협동학습 _ 61
6. 또래학습 _ 63
7. 보조공학의 활용 _ 64

Chapter 03 장애아 진단 및 평가 _ 71

Ⅰ. 진단 및 평가의 개관 ··· 71
1. 진단 및 평가에 있어서의 기본 개념 _ 71
2. 심리검사의 기본 가정 _ 72
3. 진단 및 평가의 목적 _ 74
4. 진단 및 평가 모델 _ 77
5. 검사 결과에 영향을 미치는 요소 _ 78
Ⅱ. 평가의 분류와 유형 ··· 80
1. 평가의 분류 _ 80
2. 평가의 유형 _ 81

Ⅲ. 진단 및 평가 도구 실제 …… 85
1. 영유아 발달검사 _ 85
2. 지능검사 _ 86
3. 지각 및 운동능력 검사 _ 89
4. 사회성 및 적응행동 검사 _ 89
5. 학습능력 및 학습적성 검사 _ 91
6. 창의성 검사 _ 92

Chapter 04 장애아동과 공학 _ 95

Ⅰ. 특수교육공학의 개념과 장점 …… 95
1. 특수교육공학이란 _ 95
2. 특수교육공학 _ 96
3. 수업상 특수교육공학의 장점 _ 97

Ⅱ. 보조공학의 이해와 장점 …… 99
1. 보조공학의 개념과 필요성 _ 99
2. 보조공학서비스란 _ 101
3. 보조공학의 장점 _ 101

Ⅲ. 보조공학의 활용 …… 103
1. 체계적인 보조공학 제공 _ 103
2. 보조공학의 활용 _ 106

Ⅳ. 보편적 설계의 이해 …… 114
1. 접근성(accessibility) _ 114
2. 보편적 설계 _ 114
3. 보편적 설계의 원리와 속성 _ 115
4. 통합교육을 위한 보편적 설계 활용 _ 119

Chapter 05 조기교육 _ 125

Ⅰ. 조기교육의 발흥 …… 125
1. 조기교육의 필요성 _ 127
2. 조기교육의 효과 _ 128

Ⅱ. 조기교육의 생태학적 접근 …… 129
1. 조기교육과 생태학적 모델 _ 130
2. 조기교육의 대상 위험군 _ 132

Ⅲ. 조기교육 대상자의 진단과 평가 …… 132
1. 진단과 평가 _ 133
2. 진단과 평가 방법 _ 135
3. 진단과 평가의 제한점 _ 136

Ⅳ. 조기교육 지원 방법 …… 138
1. 조기교육 지원 프로그램의 종류 _ 138
2. 개별화 가족 지원 계획(IFSP) _ 139
3. 전환지원 _ 141
4. 조기교육과 장애예방 _ 143
5. 장애예방을 위한 조기교육의 실제 _ 144

Chapter 06 특수교육 교육과정 _ 149

Ⅰ. 교육과정의 이해 …… 150
1. 교육과정의 개념 _ 150
2. 교육과정의 수준과 위상 _ 154

Ⅱ. 장애학생을 위한 교육과정 접근 유형 …… 158
1. 발달중심 교육과정과 생활기능중심 교육과정 _ 158
2. 전통적인 특수교육 교육과정 접근 유형 _ 159
3. 최근의 특수교육 교육과정 접근 동향 _ 160

Ⅲ. 특수교육 교육과정의 이해 …… 165
1. 특수교육 교육과정 변천 _ 165
2. 특수교육 교육과정의 구성 및 체제 _ 167

Chapter 07 전환교육 및 서비스 _ 171

Ⅰ. 장애청소년의 졸업 후 결과 ····· 171
1. 진학 및 직업 _ 172
2. 그 밖의 성인의 삶 _ 172
Ⅱ. 전환교육 및 서비스 법적 보장 ····· 173
1. 전환 의미 _ 173
2. 미국 전환교육 및 서비스에 대한 법적 보장 _ 174
3. 우리나라 전환교육 및 서비스에 대한 법적 보장 _ 175
Ⅲ. 전환교육 및 서비스의 전환모델 ····· 176
1. 윌의 다리(Bridge) 모델 _ 176
2. 핼펀의 지역사회 적응(Community Adjustment) 모델 _ 177
3. 컬러의 전환프로그램 분류(Taxonomy for Transition Programming) 모델 _ 178
Ⅳ. 장애청소년을 위한 성인의 삶에 대한 준비: 중 · 고등학교의 역할 ····· 181
1. 자기결정기술(self-determination skills) _ 181
2. 일상생활기술(daily living skills) _ 183
3. 고등교육 준비(preparation for higher education) _ 185
4. 고용 준비(preparation for employment) _ 187

PART 02 영역별 교육

Chapter 08 시각장애교육 _ 195

Ⅰ. 시각장애에 대한 이해 ····· 195
1. 시각장애의 정의 _ 195
2. 시각장애의 특성 _ 197
Ⅱ. 눈의 구조와 질환 ····· 200
Ⅲ. 발견과 시력평가 ····· 202
1. 발견 _ 202
2. 평가 _ 204
Ⅳ. 학습 환경의 수정 ····· 207
1. 주요 질환에 따른 교육적 조치 _ 207
2. 주제별 환경 수정 _ 208
3. 점자지도 _ 214
4. 보행지도 _ 214

Chapter 09 청각장애교육 _ 219

Ⅰ. 청각장애의 정의 및 원인 ····· 219
Ⅱ. 청각장애의 분류 및 특성 ····· 221
1. 청각장애의 분류 _ 221
2. 청각장애의 특성 _ 225
Ⅲ. 청각장애의 진단 및 평가 ····· 226
1. 유아 청력검사 _ 226
2. 순음청력검사 _ 227
3. 어음청력검사 _ 229
4. 객관적 청력검사 _ 230
Ⅳ. 청각장애보장구 ····· 231
1. 보청기 _ 231
2. 인공와우 _ 232

V. 청각장애학생의 의사소통방법 ········ 233
1. 필담 _ 233
2. 구화법(Oral Method) _ 234
3. 수화법(Manual Method) _ 234
4. 큐드스피치(Cued Speech) _ 235
5. 지문자 _ 235

Chapter 10 지적장애교육 _ 239

I. 정의 및 분류 ········ 239
1. 용어와 분류 _ 239
2. 정의 _ 242
II. 출현율 ········ 250
III. 원 인 ········ 251
IV. 판 별 ········ 256
V. 특 성 ········ 261
1. 성격과 동기 _ 261
2. 학습과 일반화 _ 263
3. 언어 _ 264
4. 신체 및 건강 그리고 운동 _ 265
VI. 교육적 조치 ········ 267
1. 교육적 배치 _ 267
2. 교수내용 _ 269

Chapter 11 지체장애 및 건강장애교육 _ 279

I. 정의 ········ 279
1. 지체장애 _ 279
2. 건강장애 _ 279
II. 원인 및 분류 ········ 280
1. 뇌성마비 _ 280
2. 진행성 근이영양증 _ 281
3. 이분척추 _ 282
4. 골형성부전증 _ 282
5. 경련장애 _ 283
6. 외상성 뇌손상 _ 284
7. 척수손상 _ 284
III. 특성 ········ 285
1. 지체장애학생의 특성 _ 285
2. 건강장애학생의 특성 _ 287
IV. 평가 ········ 289
1. 지체장애의 진단 및 평가 _ 289
2. 평가의 영역 _ 289
V. 교수-학습 방법 ········ 291
1. 지체장애학생의 교육 목적과 목표 _ 291
2. 지체장애학생의 교수-학습 전략 _ 292
3. 교수적 환경 _ 296
4. 건강장애학생의 교육지원 _ 299

Chapter 12 정서 · 행동장애교육 _ 305

I. 정서 · 행동장애의 정의 ········ 306
1. 미국의 정의 _ 306
2. 장애인 등에 대한 특수교육법의 정의 _ 307
II. 정서 · 행동장애 분류 ········ 307
1. 외현화된 행동 문제 _ 308
2. 내면화된 행동 문제 _ 310
3. 기타 장애 _ 312

Ⅲ. 정서 · 행동장애의 원인 ········· 313
1. 생물학적인 요인 _ 313
2. 환경적 요인 _ 314
Ⅳ. 정서 · 행동장애 평가 ········· 315
1. 정서 · 행동장애 선별 검사 _ 315
2. 정서 · 행동장애 진단 평가 _ 316
Ⅴ. 정서 · 행동장애의 특성 ········· 316
1. 인지 및 학업 특성 _ 316
2. 행동 특성 _ 317
3. 사회 · 정서적 특성 _ 318
Ⅵ. 정서 · 행동장애 교육 ········· 318
1. 긍정적 행동지원 _ 318
2. 사회적 기술 교수 _ 320
3. 자기교수법 _ 321
4. 인지적 행동 수정 _ 322
5. 정서 · 행동장애아동을 위한 환경 조성 _ 322

Chapter 13 자폐증스펙트럼 장애교육 _ 327

Ⅰ. 자폐증스펙트럼 장애의 정의 ········· 327
Ⅱ. 분 류 ········· 328
Ⅲ. 출현율 ········· 329
Ⅳ. 원 인 ········· 330
1. 신경생리학적 원인 _ 330
2. 유전적 요인 _ 331
3. 생화학적 원인론 _ 331
Ⅴ. 판 별 ········· 331
Ⅵ. 특 성 ········· 335
1. 사회성 특성 _ 335
2. 정서 · 행동 특성 _ 336
3. 언어 · 의사소통 특성 _ 337
4. 인지적 특성 _ 339
5. 기타 특성 _ 339
Ⅶ. 교육방법 ········· 340
1. 교수적 접근 _ 340
2. 사회성 지도방법 _ 341
3. 행동 지도방법 _ 344
4. 언어 및 의사소통 지도방법 _ 350
5. 교과 지도 _ 352

Chapter 14 의사소통장애교육 _ 359

Ⅰ. 의사소통과 장애 ········· 359
1. 의사소통 _ 359
2. 말 · 언어 연쇄 _ 360
3. 의사소통장애 _ 361
4. 출현율 _ 362
Ⅱ. 말 · 언어 산출 기관 ········· 363
1. 호흡기관 _ 363
2. 발성기관 _ 364
3. 공명기관 _ 364
4. 조음기관 _ 365
5. 심리언어기관 _ 365
Ⅲ. 의사소통장애의 유형 ········· 365
1. 언어장애 _ 366
2. 말장애 _ 370

Ⅳ. 의사소통장애의 평가 374
1. 평가의 목적 _ 374
2. 평가 방법 _ 375
Ⅴ. 의사소통장애아동의 교육 접근 378
1. 언어장애의 중재 _ 378
2. 말장애의 중재 _ 380

Chapter 15 학습장애교육 _ 387

Ⅰ. 정의 및 분류 388
1. 학습장애의 정의 _ 388
2. 학습장애의 분류 _ 389
Ⅱ. 출현율 및 원인 391
1. 학습장애의 출현율 _ 391
2. 학습장애의 원인 _ 391
Ⅲ. 학습장애의 판별 394
1. 학습장애의 사정 모델 _ 395
2. 사정 유형 _ 398
Ⅳ. 학습장애아동의 특성 401
1. 기억결함 _ 401
2. 주의집중결함 _ 401
3. 지각결함 _ 402
4. 인지와 초인지 결함 _ 402
5. 동기유발 및 귀인 문제 _ 402
6. 사회 · 정서적 문제 _ 402
7. 학업적 문제 _ 403
Ⅴ. 학습장애아동 교육 방법 404
1. 또래교수 _ 405
2. 명시적 교수 _ 405
3. 능동적 학습 촉진교수 _ 405
4. 스캐폴딩교수 _ 406
5. 실행기능교수 _ 406
6. 호혜적 교수 _ 406
7. 학습전략교수 _ 407

찾아보기 / 412

1 PART

특수교육의 기초

Chapter 01 특수교육의 개요

Chapter 02 장애학생 통합교육

Chapter 03 장애아 진단 및 평가

Chapter 04 장애아동과 공학

Chapter 05 조기교육

Chapter 06 특수교육 교육과정

Chapter 07 전환교육 및 서비스

Chapter

01 특수교육의 개요[1)]

동 · 서양을 막론하고 교육의 화두는 늘 사람, 사람이었다. 윌리엄 허워드(William L. Heword)는 「Exceptional Children」 10번째 판을 내면서도 특수교육은 여전히 진행 중인 사람에 대한 이야기라고 설파하고 있다.

특수교육을 이해하는 데 필요한 입장은 장애 그 자체보다는 장애로 인해 날라신 아동의 교육적 요구를 분석, 대처함에 있다는 점이다. 또한 나라마다 표현이 다른 특수교육을 연구하면서 어떤 모습의 서비스여야 할지를 고민해야 했다. 실제로 서비스 제공의 근거가 되는 법적인 내용 그리고 제도의 변화를 찾아보았다.

최근 양적으로 성장한 특수교육 변화를 확인하고 이의 실적인 변화를 어떻게 추구해야 할지 미국(P. L. 94-142: 1975년 이후)과 우리나라(1977년 이후)의 법적 정비를 분석해 보아야 한다. 또한 여러 법적 조치를 배경으로 만들어진 특수교육의 특수성도 누가, 누구를, 언제 얼마 동안, 무엇을 그리고 어디서 가르쳐야 하는지도 동시에 연구해야 할 것이다.

I 특수교육의 정의

특수교육이란 특별한 요구를 지닌 아동을 대상으로 교육하는 것을 의미한다. 그러나 그 대상이나 의미는 나라에 따라 다르게 규정하고 있는 것이 현실이다.

미국의 최근 「장애인교육향상법」(The Individuals with Disabilities Education Improvement Act of 2004)에 따르면 특수교육은 장애아동의 독특한 교육적 요구를 위해 교실, 가정, 병원, 시설, 기타 환경이나 체육 등에서 부모나 보호자에게 비용을 부담시키지 않고 특별히 계획하여 지도하는 것을 의미한다(Yell, 2006). 특수교육 관련 서비스는 수송, 언어치료, 물리치료

1) 김원경(한국체육대학교 특수체육교육과)

등 교정 서비스 조기발견 및 평가를 포함하고 있다.

프랑스에서 특수교육은 일반적으로 사회적으로 적응하기 어려운 자(inadaptées)에 대한 지도, 교육으로 표현되며 부적응 아동에게 적절한 교육을 실시하여 정상적인 태도로 돌린다는 의미이다. 이에 따라 특수학교는 지역적응학교, 특수학급은 적응교육학급으로 호칭되고 있다.

스웨덴의 특수교육은 특별지도 혹은 특별수업 형태를 의미하며 장애아동에 국한하지 않고 모든 아동이 능력, 적성을 최대로 신장할 수 있는 기회를 부여받고 있다. 장애 여부 판별은 남은(잔존) 노동력과 언어장애를 기준으로 판단한다. 특이하게 스웨덴 국어를 제대로 구사하지 못하는 외국인도 장애를 가졌다고 장애인으로 분류된다.

일본은 심신에 장애가 있는 아동을 대상으로 특별히 준비된 학교교육을 특수교육이라 칭하고 맹·농·양호학교와 특수학급 체제로 운영하였다. 2000~2007년간 오랜 조정과정[2)]을 거쳐 특수교육을 특별지원교육으로 완전통합 차원에서 바꾸었다. 즉, 문부과학성의 「특수교육과」를 「특별지원교육과」로 변경하여 포괄적인 지원체제로 기획했으며, 「맹·농·양호학교」는 「특별지원학교」로, 「특수학급」은 「특별지원교실」로 변경하여 장애 종별이나 시·공간을 넘어선 교육을 실시하고 있다. 일반학교 교실에 방치된 학습장애(LD), 주의력결핍 과잉행동장애(ADHD), 고기능 자폐증 등의 학생 지도까지 가능토록 한 것을 특색으로 볼 수 있다(김미숙, 2006).

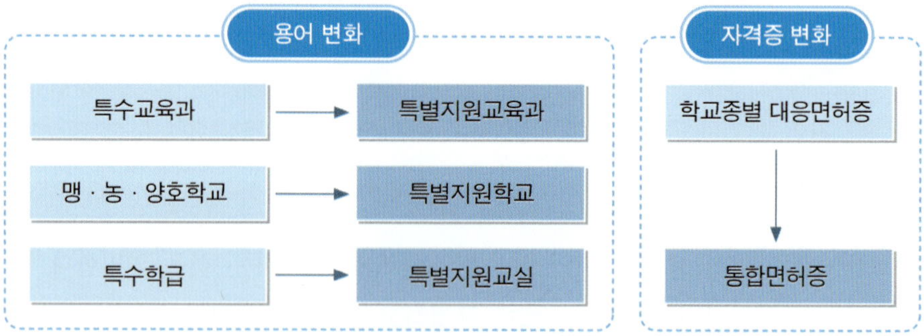

[그림 1-1] 일본의 특수교육 용어와 자격증 변화

2) 日本은 2000~2007년간 실제 조정을 거쳤다.

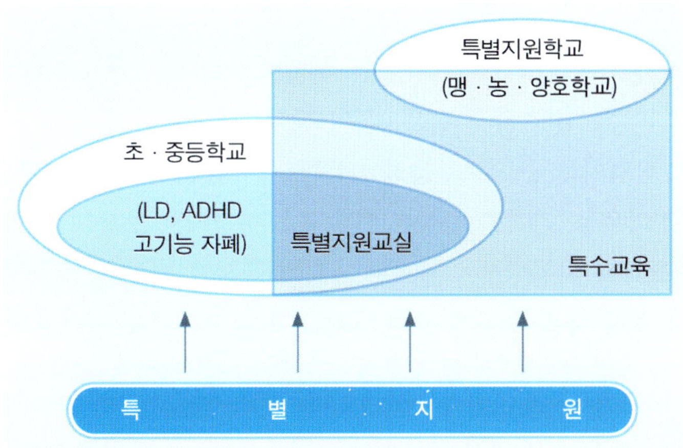

[그림 1-2] **일본의 교육 체제**

한국의 특수교육에 대한 법적인 정의는 그간 3차례에 걸쳐 변화가 있었다. 이를 상세히 살펴보면 다음과 같다.

- **제1차 제정시기(1977)**: 특수교육대상자에게 점자, 구화, 보장구 등을 사용하여 교육, 교정(요육) 및 직업 보도를 하는 것
- **제2차 전면 개정시기(1994)**: 특수교육대상자의 특성에 적합한 교육과정, 교육방법, 교육매체 등을 통하여 교과교육, 치료교육, 직업교육 등을 실시하는 것
- **제3차 전부 개정시기(2007)**: 특수교육대상자의 교육적 요구를 충족시키기 위하여 특성에 적합한 교육과정 및 특수교육 관련 서비스 제공을 통해 이루어지는 교육[3)]

이들 중 1차, 2차 정의는 특수아동에게 적합한 교과교육, 치료교육, 직업교육을 해야 한다는 방향에서는 적절하다고 할 수 있다. 그러나 교육방법과 매체는 교육과정에 포함된다는 점, 직업교육 내용도 교과의 일환으로 볼 수 있다는 점 그리고 치료교육 중 특정 전문분야는 전문의료 분야가 담당하는 것이 효율적이라는 점 등에서 보면 특수교육의 개념 규정에 하자(흠)가 있었다.

그러던 중 2007년 3차 정의는 특성에 적합한 교육과정 운영으로 정리하고 미국 IDEIA(장애아동교육향상법, 2004)처럼 치료교육 내용은 특수교육 관련 서비스에 포함시켰다(김원경 외, 2008).

특히, 2007년 정의에서 특수교육 관련 서비스는 특수교육대상자의 교육을 효율적으로 실시하기 위하여 필요한 인적 · 물적 자원을 제공하는 서비스로서 상담 지원, 가족 지원, 치료 지원, 보조인력 지원, 보조공학기기 지원, 학습보조기기 지원, 정보접근 지원 등을

3) 2007년 전부개정된 「장애인 등에 대한 특수교육법」상의 특수교육의 정의는 2008년 5월부터 적용되었다.

포괄하고 있다. 따라서 치료교육은 학교교육, 즉 '특수학교 교사(치료교육)'의 몫에서 벗어나 전문 치료 분야의 몫으로 넘겨지고, 특수교사의 지도 영역에서 떠나간 부분이 되고 말았다. 이는 특수교육 담당 교사의 특수성이 상당부분 훼손되는 상태가 되었음을 의미한다. 물리치료, 작업치료 등 의료전문인이 해야 될 부분은 넘기되, 보행훈련, 청능훈련, 생활적응훈련, 심리운동, 감각훈련 등은 특수교육 현장에서 보상교육 차원에서 지도되어야 함에도 학교교육 차원에서는 앞으로 지도치 못하게 되었다.

이 같은 법적 개념 등을 종합해 보면, 특수교육은 특수교육 담당교사가 장애아동의 독특한 교육적 요구에 적절한 교육 내용을 특별한 방법·매체를 활용하여 실시하는 교육 및 관련 서비스라고 할 수 있다.

Ⅱ 특수교육의 대상

특수교육의 대상으로서 특수아동은 정신적 특징, 감각능력, 사회적 행동 및 신체적 특징 등에서 평균으로부터 차이가 있는 아동으로 볼 수 있다.

이러한 특수아동의 능력을 교육적인 관점에서 분류하면 다음과 같다.

첫째, 지적능력이 우수하거나 지체되는 경우이며 여기에는 지적장애, 학습장애, 영재 등이 포함된다.

둘째, 의사소통능력이 저하되는 경우이며 주로 언어장애가 포함된다.

셋째, 감각능력의 차이를 지닌 경우이며 시각장애와 청각장애가 포함된다.

넷째, 행동이상을 지닌 경우이며 정서장애, 자폐성장애 및 사회 부적응이 포함된다.

다섯째, 신체능력의 차이를 지닌 경우이며 운동장애가 포함된다. 이를 테면 건강장애, 병허약, 지체장애와 뇌성마비 등을 지칭한다.

여섯째, 장애 정도가 심하거나 하나 이상의 장애를 지닌 경우이며 중도·중복 장애를 들 수 있다.

이처럼 장애는 법이 목적하는 바에 따라 그 종류나 범위를 달리한다. 예를 들면, 미국의 경우 「장애아동교육향상법」(IDEIA, 2004)과 「재활법」이 있다. 「장애아동교육향상법」은 장애를 중심으로 한 한국의 「장애인 등에 대한 특수교육법」과 유사하나 「재활법」의 경우 기존 장애 이외에 약물중독, 알콜중독 그리고 AIDS까지 포괄하고 있다. 이 「재활법」

은 후생, 재활 차원의 목적을 지니기 때문이다.

우리나라의 특수교육과 관련된 법률로는 「장애인 등에 대한 특수교육법」과 「장애인복지법」 등이 있다. 각각의 대상자는 다음과 같이 다소 달리 설정하고 있다.

- **「장애인 등에 대한 특수교육법 시행령」**: ① 시각장애, ② 청각장애, ③ 지적장애, ④ 지체장애, ⑤ 정서 · 행동장애, ⑥ 자폐성장애, ⑦ 의사소통장애, ⑧ 학습장애, ⑨ 건강장애, ⑩ 발달지체, ⑪ 그 밖에 대통령령으로 정하는 중도중복장애 및 시청각장애(2022. 6. 28.)[4]
- **「장애인복지법 시행령」**: ① 지체장애, ② 뇌병변장애, ③ 시각장애, ④ 청각장애, ⑤ 언어장애, ⑥ 지적장애,* ⑦ 자폐성장애, ⑧ 정신장애, ⑨ 신장장애, ⑩ 심장장애, ⑪ 호흡기장애, ⑫ 간장애, ⑬ 안면장애, ⑭ 장루 · 요루장애, ⑮ 간질의 15개 영역(2008. 2. 29.)

위 두 가지 법률도 목적이 서로 다르기 때문에 대상자를 달리하고 있음을 알 수 있다. 즉, 전통적인 장애영역은 거의 같은 명칭 아래 운영되고 있으나, 일부는 서비스 대상에 따라 새로운 대상을 발굴 추가하고 있다. 전자는 감각장애 중 시각장애, 청각장애, 지체장애 등이, 후자는 학습장애, 건강장애, 뇌병변장애, 정신장애, 심장장애, 호흡기장애, 간장애, 안면장애, 간질 등이 대상이다.

최근 이 같은 국가의 입법활동 내용을 소개하면 다음과 같다.

국가는 발달장애인을 위한 「발달장애인 권리보장 및 지원에 관한 법률」(2014. 5. 20. 제정)을 제정하고 이듬해부터 적용하고 있다. 한국지적장애인복지협회가 소외된 지적장애인들을 위한 특별한 대처를 주장하면서 한국장애인부모회, 자폐아동사랑회 및 장애인교육권연대 등과 연계하고 힘을 모아 법을 관철시켰다.

이는 지적장애인들의 인간다운 삶의 모습을 요구하면서 대 정부, 대 국회 활동을 조직적으로 추진한 결과라고 볼 수 있다.

법제정의 목적은

첫째, 발달장애인의 사회참여 추진, 취약한 권리보호에 기여하는 것이다.

둘째, 발달장애인을 그 대상으로 하고 발달장애는 지적장애, 자폐성장애 그 외 통상적 발달지체 3가지를 발달장애 하나로 묶어 시행토록 하고 있다.

셋째, 입법 목적 달성을 위하여 국가와 지방자치단체에게 사업들을 명시적으로 제시하고 평가하게끔 하고 있다. ① 조기진단 및 개입, ② 재활 및 발달지원, ③ 고용 및 훈련지원, ④ 평생교육지원, ⑤ 문화, 예술, 여가, 체육활동 등을 지원할 수 있도록 입법되어 있다.

4) 외국(미국 등)이나 「장애인복지법」상에서는 정신지체가 지적장애로 이미 변경되었으나 교육부 소관 특수교육 관계 법에서만 2016년까지 「정신지체」를 유지하고 있었다.

넷째, 나아가 재정적 지원을 위해 사회서비스 이용권 등(일종의 바우처)도 제공하도록 되어 있다.

이 외 시행 조건들의 효율적 관리를 위해 중앙장애아동지원센터를 두고 중요 지역마다 지역장애아동지원센터를 두고 있다.

「장애인 등에 대한 특수교육법」은 특수교육대상자의 효율적인 선정을 위하여 그 기준을 시행령의 별표로 규정하고 있다. 그 내용은 다음과 같다.

〈표 1-1〉 **특수교육대상자 선정기준**

1. 시각장애를 지닌 특수교육대상자
시각계의 손상이 심하여 시각기능을 전혀 이용하지 못하거나 보조공학기기의 지원을 받아야 시각적 과제를 수행할 수 있는 사람으로서 시각에 의한 학습이 곤란하여 특정의 광학기구·학습매체 등을 통하여 학습하거나 촉각 또는 청각을 학습의 주요 수단으로 사용하는 사람

2. 청각장애를 지닌 특수교육대상자
청력 손실이 심하여 보청기를 착용해도 청각을 통한 의사소통이 불가능 또는 곤란한 상태이거나, 청력이 남아 있어도 보청기를 착용해야 청각을 통한 의사소통이 가능하여 청각에 의한 교육적 성취가 어려운 사람

3. 지적장애를 지닌 특수교육대상자
지적 기능과 적응행동상의 어려움이 함께 존재하여 교육적 성취에 어려움이 있는 사람

4. 지체장애를 지닌 특수교육대상자
기능·형태상 장애를 가지고 있거나, 몸통을 지탱하거나 팔다리의 움직임 등에 어려움을 겪는 신체적 조건이나 상태로 인해 교육적 성취에 어려움이 있는 사람

5. 정서·행동장애를 지닌 특수교육대상자
장기간에 걸쳐 다음 각 목의 어느 하나에 해당하여, 특별한 교육적 조치가 필요한 사람
가. 지적·감각적·건강상의 이유로 설명할 수 없는 학습상의 어려움을 지닌 사람
나. 또래나 교사와의 대인관계에 어려움이 있어 학습에 어려움을 겪는 사람
다. 일반적인 상황에서 부적절한 행동이나 감정을 나타내어 학습에 어려움이 있는 사람
라. 전반적인 불행감이나 우울증을 나타내어 학습에 어려움이 있는 사람
마. 학교나 개인문제에 관련된 신체적인 통증이나 공포를 나타내어 학습에 어려움이 있는 사람

6. 자폐성장애를 지닌 특수교육대상자
사회적 상호작용과 의사소통에 결함이 있고, 제한적이고 반복적인 관심과 활동을 보임으로써 교육적 성취 및 일상생활 적응에 도움이 필요한 사람

7. 의사소통장애를 지닌 특수교육대상자
다음 각 목의 어느 하나에 해당하여 특별한 교육적 조치가 필요한 사람
가. 언어의 수용 및 표현능력이 인지능력에 비하여 현저하게 부족한 사람
나. 조음능력이 현저히 부족하여 의사소통이 어려운 사람
다. 말 유창성이 현저히 부족하여 의사소통이 어려운 사람
라. 기능적 음성장애가 있어 의사소통이 어려운 사람

8. 학습장애를 지닌 특수교육대상자
개인의 내적 요인으로 인하여 듣기, 말하기, 주의집중, 지각(知覺), 기억, 문제해결 등의 학습기능이나 읽기, 쓰기, 수학 등 학업성취 영역에서 현저하게 어려움이 있는 사람

9. 건강장애를 지닌 특수교육대상자
만성질환으로 인하여 3개월 이상의 장기입원 또는 통원치료 등 계속적인 의료적 지원이 필요하여 학교생활 및 학업 수행에 어려움이 있는 사람

10. 발달지체를 보이는 특수교육대상자
신체, 인지, 의사소통, 사회 · 정서, 적응행동 중 하나 이상의 발달이 또래에 비하여 현저하게 지체되어 특별한 교육적 조치가 필요한 영아 및 9세 미만의 아동

11. 두 가지 이상 중복된 장애를 지닌 특수교육대상자*
다음 각 목의 구분에 따른 장애를 지닌 사람으로서 제1호부터 제6호까지의 규정에 따른 특수교육대상자에 대한 각각의 교육지원만으로 교육적 성취가 어려워 특별한 교육적 조치가 필요한 사람
가. 중도중복(重度重複)장애: 다음의 구분에 따른 장애를 각각 하나 이상씩 지니면서 각각의 장애의 정도가 심한 경우. 이 경우 장애의 정도는 법 제14조제1항에 따른 선별검사의 결과, 제9조제4항에 따라 제출한 진단서 및 「장애인복지법 시행령」 제2조제2항에 따른 장애의 정도 등을 고려하여 정한다.
1) 지적장애 또는 자폐성장애
2) 시각장애, 청각장애, 지체장애 또는 정서 · 행동장애
나. 시청각장애: 시각장애 및 청각장애를 모두 지니면서 시각과 청각에 의한 학습이 곤란하고 의사소통 및 정보 접근에 심각한 제한이 있는 경우

* 선정기준란에 2가지 이상 중복된 장애를 지닌 경우와 시청각장애가 추가되었다. 이는 중복된 장애를 지녔거나 심한 장애를 지닌 경우를 대통령령(시행령)으로 규정했다는 뜻이다.
「가」의 중도중복(重度重複)장애의 重은 무겁다, 삼가다, 두텁다, 두 번 또는 거듭 등의 의미가 있는 가운데 앞부분 重은 무거운, 두터운 뜻이, 뒷부분 重은 두 번, 거듭 등의 의미가 강하게 내재되어 있다.

그렇다면 법 체제운영 측면에서 굳이 「가」 「나」를 분리 제시할 필요가 있을까?

시각장애아동들도 귀하고 또 이 아동들을 위한 교육기회가 다소 희소한 맹교육현장에서 「나」의 경우 단순한 시각장애를 제외한 여타 장애를 지닌 경우, 안마사자격증은 고등학교과정 졸업 때 받지 못한다는 핑계로 분리교육이란 합리적 차별을 자행하는 사례들이 더러 있다고 보여진다.
즉, 수지기능이 저하되어 있거나 시각장애 외 농 또는 지적장애 등을 지닌 경우 분리라는 구축대상들이 그들 구성원 자신들이 될 우려도 있다.

입법 전보다 증가된 핑계는 눈 · 귀를 통한 학습곤란 외 의사소통, 정보접근이란 표현이 늘어났다.
그러나 장애학생교육도 효율적인 의사소통(점자, 묵자, 블리스 심벌, 수어, 지문자 등)과 정보접근을 특수교육 교육과정에서 많은 시간을 배정하고 있다.

'시청각 장애 기준'시비도 맹학교나 농학교 중 오직 맹학교에서 많이 불거진다. 왜냐하면 맹학교에서
(1) 일반고등학교 교육과정(대학진학) 적용
(2) 이료 교과 적용~안마사 자격증 취득
(3) 시각장애 외 지적장애 지체장애나 청각장애 등으로 틀이 다른 교육과정을 운영하고 있다.
본인의 자녀 가운데 '위 (1), (2)'에 해당되는 경우 별다른 요구가 없어도 (3)은 불만이 많을 것이다.

이 같은 특수교육대상자들은 특수학교, 일반학교 내 특수학급, 일반학급 내에서 소정의 절차를 거쳐 교육을 받고 있으며 2022년 현재 103,695명에 이르고 있다.

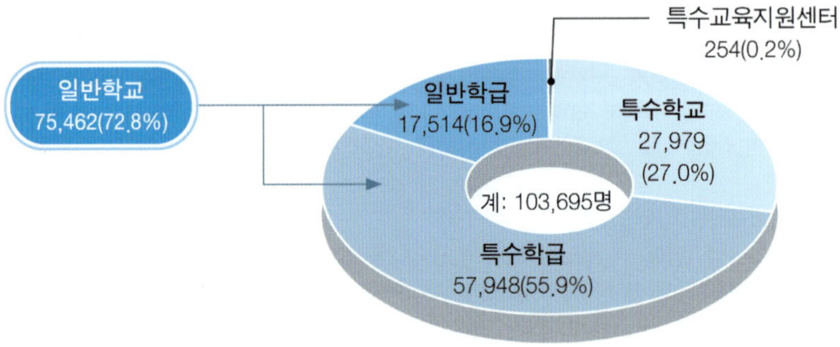

[그림 1-3] 교육환경별 특수교육 대상 학생 배치 현황

〈표 1-2〉 연도별 특수교육 대상 학생 배치 현황 (단위: 명, %)

연도	특수학교 및 특수교육지원센터	일반학교 (일반학급 · 특수학급)	전체 학생 수
2014	25,827 (29.6)	61,451 (70.4)	87,278 (100)
2015	26,094 (29.6)	61,973 (70.4)	88,067 (100)
2016	25,961 (29.6)	61,989 (70.4)	87,950 (100)
2019	26,459 (55.1)	66,499 (71.6)	92,958 (100)
2022	35,493 (27.2)	75,462 (72.8)	110,955 (100)

출처: 교육부(2014~2022). 특수교육통계

특수교육대상자들이 배치된 특수학교의 국립 · 공립 · 사립의 설립별, 그리고 장애 영역 별로 학생 · 학급 및 학교 현황은 다음과 같다.

〈표 1-3〉 설립별 특수학교

구 분	학교 수	학급 수	학생 수	교원 수	비 고
국 립	5	167	848	322	사립의존도 37.3% (학생)
공 립	97	3,131	16,673	5,891	
사 립	90	1,957	10,458	3,653	
계	192	5,255	27,979	9,866	

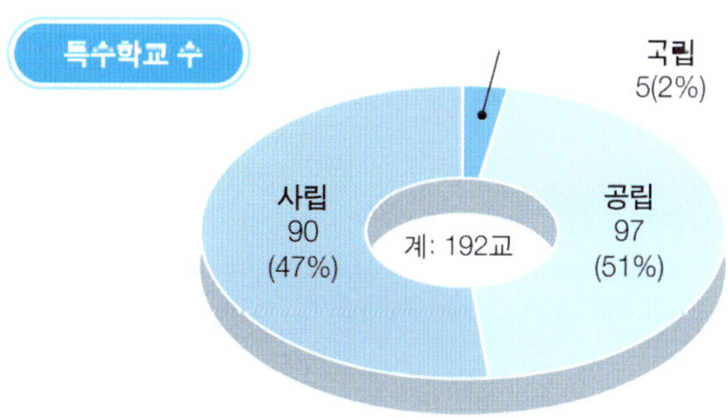

출처: 교육부(2022). 특수교육통계

〈표 1-4〉 장애별 특수학교

계	장애 영역별 학교 수				
	시각장애	청각장애	지적장애	지체장애	정서장애
192	13	14	137	21	7

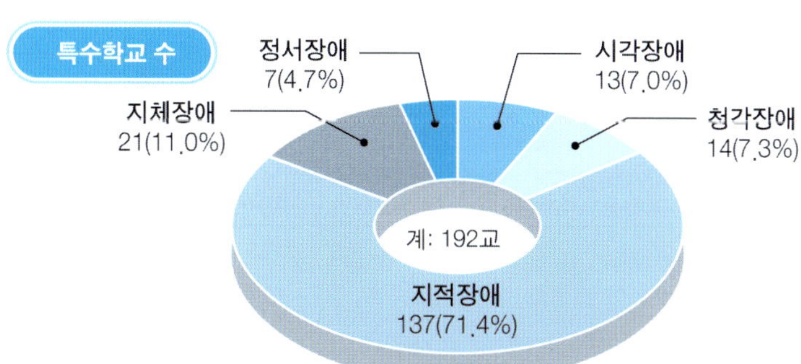

일반학교 내 배치된 특수교육대상자는 특수학급과 일반학급 두 곳에 통합되어 있다. 이들의 현황은 다음과 같다.

〈표 1-5〉 특수학급

과 정 별	학교 수	학급 수	학생 수	교원 수	비 고
유 치 원	1,141	1,437	5,291	1,473	
초등학교	4,753	6,701	30,964	6,999	
중 학 교	2,018	2,614	11,317	2,778	
고등학교	1,126	1,926	10,172	2,312	
전 공 과	18	34	204	70	
계	9,056	12,712	57,948	13,632	

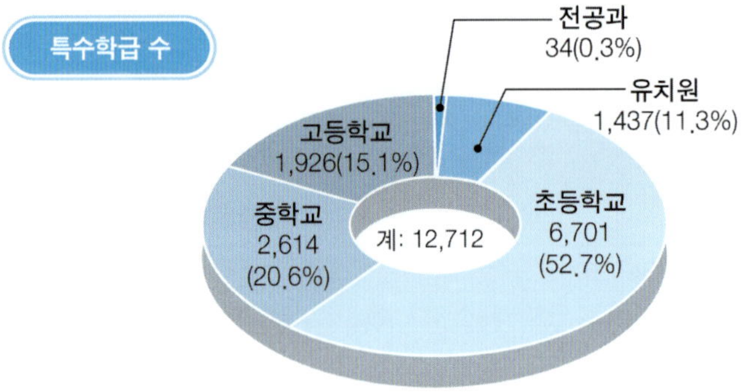

〈표 1-6〉 일반학급 내 통합교육

과 정 별	학교 수	학급 수	학생 수
유 치 원	1,319	1,720	1,958
초등학교	3,538	7,839	8,129
중 학 교	1,894	3,814	3,983
고등학교	1,358	3,244	3,444
계	8,109	16,617	17,514

출처: 교육부(2022). 특수교육통계

Ⅲ 특수교육의 질적 변화와 법적 조치

1. 미국의 경우: 전장애아동교육법(1975: P.L.94-142)

1960년대 미국은 이미 케네디 대통령시대 전후로 장애아동 교육용 특수교사 양성(600여개 대학교: 1976) 등 많은 발전을 이루고 있다.

그러나 장애인 교육현장은 보다 견고하고 근본적인 정책을 요구하였다. 이를 위해 당시 분위기를 보면 우선 학부모나 교육자들의 교육권 주장, 장애아동교육에 소요되는 예산의 절대 부족을 호소하는 지방교육 행정가들의 특수교육비 보조요구, 지능검사가 소수집단에 불리한 결과를 초래한다고 믿어 이를 인종차별과 연계하는 사회적 분위기, 그리고 능력별 학급 편성 자체를 인종격리 정책유지로 보기도 했었다.

이같이 당시 입법상황이 불리함에도 불구하고 뜻 있는 사람들이 정당히 과정을 추진한 결과, 미국의회 내부에서 3번씩이나 법률안 자구수정 등 조율기회를 거치기도 했다. 그러나 당시 대통령은 법률 공포권을 가동, 입법 거부권을 행사했다. 이에 의회의장은 대통령에게 재차 동법안을 공포토록 요구했다. 결국 전례가 없는 교육예산의 연방정부 부담건에 대해 더 이상 미룰 수 없는 입장이 되자 철저한 준비를 곁들여 3년 후 공포토록 했다.

이 법이 「전장애아동교육법」(P.L.94-142.)이다.

모든 장애아동을 위한 미국의 교육법(Education for All handicapped Child Act: P.L. 94-142)은

① 모든 장애아동에게 독특한 교육적 요구를 충족시키기 위해 특별히 교육과 관련 서비스를 강조하는 무상의 적절한 공교육을 받게 하고,
② 장애아동, 부모 등의 후견인 권리를 보장하고,
③ 주정부와 하위 교육청이 장애아동교육을 위한 준비를 지원하며,
④ 장애아동을 교육하는 교육목적 노력을 평가하고자 하는 의도를 빨리 파악할 수 있다는 데 법의 의미와 의도가 있었다.

이처럼 P.L. 94-142에 의해 경비 부족분 지원은 가능하나 교육권리 행사가 더 엄격해지게 되었다.

미국인들은 인권 문제를 해결하고자 할 때 전략적인 해결책을 모색, 시행하고 있었다. 즉, 흑인들의 민권을 해결하고자 할 때 사용하던 전략이 적극 반영되었다.

이처럼 재판결과(case) 활용을 통한 부모나 지방교육자들의 교육권 보장 주장, 주(州)정부와 하위 교육청의 부족한 특수교육예산의 지원요구가 많아졌다. 이어 여성 인권을 해결할 때는 흑인의 민권 재판결과를, 가장 소수인 장애인 인권을 개선하고자 할 때는 흑인 여성 등의 문제를 해결한 방식이 점차적으로 힘을 받았던 것이다.

게다가 P.L. 94-142는 각 주정부로 예산을 지원할 때 여섯 가지 법적 원리에 합치되어야 연방정부가 예산을 지원할 수 있다. 이처럼 미국연방정부는 국방, 외교정책을 주로 담당하고 주정부는 국방, 외교정책을 제외한 국립격인 주립 대학교 운영, 초중등 교육정책 등을 구상 집행하고 있다. 연방정부는 예외적으로 주정부가 장애를 지닌 학생교육을 위해 국가경비를 지원하겠다며 검토 대상을 두고 마련된 자격 요건 확인 형식으로 그 기준을 찾아보면 다음과 같다. 무상의 적절한 공교육(free appropriate public education)을 보장하기 위하여 법상 규정된 것은, ① 완전취학(zero rejection), ② 공평한 평가(nondiscreminatory testing), ③ 개별화 교수(individualized education program), ④ 최소 제한 환경(least restrictive environment), ⑤ 적법 절차(due process) 및 ⑥ 부모참여(parent participation)로 6가지 원리이다.

이를 풀어 보면 다음과 같다.

가. 완전취학

완전취학이란 각급 학교는 장애를 지닌 모든 아동들을 교육해야 한다는 것이다. 초등학교, 중학교 및 고등학교의 대상인 만 6세~17세 해당하는 경우 장애특성이나 장애 정도와 관련 없이 무상의 적절한 공교육을 받아야 한다. 또한 3~5세 또는 18~21세 아동에게도 공교육을 제공해야 한다면 모두에게 동등한 교육적 혜택을 받게 될 것이다.

각 주의 교육기관은 출생~21세까지 장애를 지닌 아동을 찾아 진단, 평가할 책무를 일깨워 주어야 한다. 이러한 업무를 '아동 발견 체계'라고도 한다.

나. 공평한 평가

학교에 배치되기 전 입학·배치 대상자가 어떤 장애를 가졌는지 장애를 지녔다면 편견 없이 복합적인 진단·평가 방법을 사용했는지 확인되어야 할 것이다. 또한 평가는 모국어로 진행되어야 한다.

다. 개별화 교수

장애를 지닌 모든 학생은 장애종류나 정도에 관계없이 능력에 맞는 적절한 공교육(free appropriate public education; FAPE)을 받아야 한다. 이때 소요경비는 부모가 아닌 국가가 부담케

되어 있다. 장애아동 교육을 시작할 경우 IEP(개별화 교육계획)를 계획, 실행해야 한다. 대상 아동의 교육상 강점과 약점, 교육목표 및 관련 서비스 등을 서류상 기술해야 한다.

라. 최소 제한 환경

학생의 장애별 특성, 정도(중증, 경증) 때문에 분리시켜야 하는 경우는 예외로 하되 가능한 비장애 아동들과 함께 최소로 제한된 환경에서 교육을 받도록 해야 한다.

특히 IDEA(P.L.94-142의 후속 명칭) 학업적 활동과 비학업적 활동 구분, 예를 들면 점심, 휴식시간, 운송, 가꾸기(재배) 등에서 비장애 학생들과 최소 제한 환경 아래 교육받았는지 타당한 근거를 제시했는지 확인해야 한다. 최소 제한 환경(즉, 통합교육)에서 교육받는 것을 보장하려면 연계적 서비스와 서비스의 대안, 즉 일반학급에서 자문, 학습 도움실, 특수학급, 특수학교 등을 제시해야 한다.

마. 적법 절차

학교는 교육권 보호차원에서 학생진단과 배치 과정에서 부모의 동의가 필요하다. 장애 관련 모든 정보는 비밀로 하되, 부모에게만 공개한다. 만일 학교에서 실시한 진단, 평가의 결과를 부모가 동의하지 않는 경우 공적자금으로 독립적인 평가를 요구할 권리가 제공되고 있다. 최근 부모와 교육청 간 갈등해소를 위해 공청회가 점진적으로 증가하고 있다고 보고하고 있다.

바. 부모 참여

특수교육과 관련 서비스를 계획, 실행할 때에는 학부모와 반드시 사전면담 등 협의를 해야 하고 그 기록을 꼭 남겨야 한다. 그 부모의 요구사항이 적절한 경우 IEP 작성 시 목표 및 관련 서비스 선정, 부모요구 등은 고려될 사안이다. 또 부모와 접촉 시 그 내용 등을 기록으로 남기는 게 좋다.

1975년 미국의회가 「전장애아동교육법」(P.L. 94-142)안을 5회나 수정했음에도 당시 대통령의 승인, 공포과정에서 1차 보류되어 의회로 환송조치 되었다.

대통령이 P.L. 94-142 법률(안)을 파기 환송한 것은 그만큼 법안 자체가 전례가 없고 예산 관련 획기적인 내용을 갖추고 있다는 것을 의미했다. 이때까지 연방정부가 장애아동교육비로도 특별 예산을 각 주로 배정한 전례가 되었다. 여기서 문제는 연방정부가 주정부로, 조건을 갖추었다면 연방정부의 특별 예산을 주어야 한다는 것이다. 또한 당시 대통령은 그 법안을 처리하면서 장애인 관련 입법을 무시한다는 등 정치적 부담도 느꼈을 것이다.

결국 준비기간(3년 정도)을 충분히 가진다는 조건 아래 통과되었다. 미국 역사상 연방정부가 교육예산을 주정부로 배정하되, 조건을 법에 맞도록 요구했던 것은 처음 있었던 사례였다.

2. 한국의 경우: 특수교육진흥법(1977 제정 등)

우여곡절이 많았던 1975년 미국의 「전장애아동교육법」 제정, 1979년 일본의 양호학교[5] 의무제 실시 등 세계 특수교육의 발전 방향과 호흡을 같이 시작한 것이 「특수교육진흥법」이라 볼 수 있다. 물론 우연의 일치겠지만, 당연히 이법은 교육법 체제에서 장애학생 교육을 위한 특별법(1977.12.31. 제정 법률 제3053호)이었다.

특별법으로서 현장교육에 기여하고 있음을 확인하기 위해 P.L. 94-142의 6대 원리와 같은 내용을 비교해 보아야 할 것이다.

가. 특수교육진흥법(1977 제정, 법률 제 3053호)

1962년 특수학교 교원중심으로 결성된 한국특수교육연구협회(현 한국특수교육총연합회)가 주축이 되어 특수교육법 제정을 주장하였다. 그러나 예산부족 문제 등으로 번번히 뜻을 이루지 못했다. 국민소득 1인당 1,000달러가 되던 해에 정부와 국회가 허용적인 자세로 법 제정을 추진하였다. 당시 제정된 특수교육법의 중요내용은 다음과 같다.

정신박약 등 심신장애자에 대한 교육기회 확대, 질적 향상도모, 사립특수학교에 대한 보조, 피교육자에 대한 교육비 지원, 특수교사 자질향상, 교과용 도서 및 점자도서관 등을 규정하고 있다.

이 기간 동안 「특수교육진흥법」의 기여는 다음과 같았다.

- 사립특수학교 근무교원들의 보수가 공립과 같은 수준으로 개선되었다.
- 중학교 과정의 의무교육화(1985년), 1987년 의무교육(초 · 중학교)과 무상교육(고등학교, 전공과) 체제를 완성하였다.
- 교육기회 확대 차원에서 많지는 않으나 특수교사 양성 체제를 도입했다. 또 이

5) 일본은 특이하게 장애종별로 의무교육 실시를 달리했다. 예를 들면, 맹 · 농학교는 우선했고 양호학교는 마지막으로 실시했다. 아마도 지적장애인들의 능력에 대한 고정관념, 의무교육에 대한 편견 등이 일본사회에 내재되지 않았을까?

무렵 특수학교는 49개교(1977)에서 104개교(1994)로 증설되었다.

나. 특수교육진흥법 전면 개정(1994~2007)

이 법의 개정은 정부입법안, 야당의 의원 입법안 및 국회교육위원회의 절충안을 모두 협의하는 등 여러 가지 절차나 사정이 있었다. 그러나 결과적으로는 법안 내용을 다지는 데는 모두 기여했다고 볼 수 있다(16개 조문 → 5장 28개 조문). 1994년 전면 개정 공포된 특수교육은 여당과 야당, 장애인과 비장애인, 학부모와 교원 간 대타협을 통해 보다 정교한 법체계로 탈바꿈되었다. 그 성과는 다음과 같다.

- 강제적인 취학 체제, 통합교육 순회교육 등 다양한 특수교육 방법의 도입, 국가 및 지방자치단체의 임무강화 등으로 현장을 변화시키고 있다.
- 특수교육의 기회를 확대 제공: 특수학교는 104개교(1994)~143개교(2005)로, 특수학급은 3,440개 학급 → 4,697개 학급(2005)으로 신증설되었다.
- 교육재정 중 3%를 확보(2005), 2006년 현재 특수교육 경비는 1조 582억 원에 이르렀다.
- 다른 어떤 법규보다 민주적이었다. 특히 무상교육 · 의무교육 등 실체적 권리를 보장하고자 절차적 권리도 많이 반영되었다.

다. 특수교육진흥법 전부 개정(2007~): 장애인 등에 대한 특수교육법

정부는 2007.5월 「특수교육진흥법」을 법제명을 바꾸어 「장애인 등에 대한 특수교육법」으로 전부 개정 · 공포하였다. 개정법은 완전히 다른 법체계가 아니라 「특수교육진흥법」을 계승 · 발전시켰다고 봐야 할 것이다.

2007년 「특수교육진흥법」 전부 개정 시 변화된 내용은 다음과 같다.

〈표 1-7〉 **신 · 구 법 내용 중 변화된 내용**

조정	신설	유지	삭제	계	비고
12(21%)	19(33%)	20(36%)	6(10%)	57(100%)	신: 「장애인에 대한 특수교육법」 구: 「특수교육진흥법」

2007년 전부 개정된 특수교육법에 대한 평가는 다음과 같다.

- 미국 IDEA 기존 법 명칭에 improvement를 추가 후 IDEIA로 개칭했다.
- 한국의 경우 2007년 개정시 특수교육 진흥법 → 장애인 등에 대한 특수교육법으

로 바꾸었다. 이에 따라 기본법과 특별법 관계 등 법성격에 혼선을 가져왔다고 보아야 한다.

라. 특수교육법 개정에 따른 내용 분석 비교

1차 「특수교육진흥법」 제정(1977) 2차 특수교육법 전면 개정(1994) 및 3차 「장애인등에 대한 특수교육법」(2007)을 대상으로 권리 자체를 실체적 권리와 절차적 권리로 나누어 보면 다음 표와 같다.

〈표 1-8〉 **특수교육법 변천에 따른 제도 비교**[6)]

구분	제정 등 (1977~1994)	전면 개정 등 (1994~2007)	전부 개정 (2007~)
특수교육의 정의	점자, 구화 및 보장구 등을 사용한 교육(교정) 및 작업지도	특성에 적합한 교육과정, 방법 및 교육매체를 통한 교과교육, 치료교육 및 직업교육	특성에 적합한 교육과정 및 특수교육 관련 서비스 제공
국가 및 지방자치 단체의 임무 (특수교육 예산)	예산 범위 내 타에 우선 가능	예산 범위 내 타에 우선지급	예산 범위 내 타에 우선 지급
특수교육 대상자	7종의 장애 중에 해당하는 자	9종의 장애 가운데 특수교육을 필요로 하는 자(학습장애, 건강장애)	11종으로 확대(발달지체, 자폐와 정서 · 행동장애 분리)
특수교육 방법	분리교육 및 부분통합교육	분리교육, 통합교육, 순회교육, 개별화 교육, 보호자 교육, 진로교육 등	
특수교육 실시 장소		특수교육, 특수학급, 일반 학급, 병원, 장애인복지시설, 가정 등	특수교육지원센터 추가
대상자 선정 및 배치 방법		교육감(장)이 선정 · 배치 (희망 학교 지원은 가능)	교육감(장)이 선정 · 배치 (희망 학교 지원은 가능)
규정 위반 시 제재		배치 거부 학교장 벌금(50만 원 신설 및 500만 원 인상)	초 · 중 · 고 및 대학 관련 벌금(300만 원)
보호자 참여		진단 · 평가 과정 및 개별화 교육계획 수립 등 보호자 참여 허용	진단 · 평가 과정 및 개별화 교육계획 수립 등 보호자 참여 허용
배치 등에 관한 재심 청구		보호자, 학교장 모두 재심 청구 가능	보호자, 학교장 모두 재심 청구 가능

6) 김일명 외(2013). 최신특수교육학. 서울: 학지사.

구분	제정 등 (1977~1994)	전면 개정 등 (1994~2007)	전부 개정 (2007~)
통합교육		• 희망 시 일반 학교 배치 가능 • 일반 학교 내 편의시설 의무화	• 희망 시 일반학교 배치 가능 • 일반 학교 내 편의시설 의무화
의무교육과 무상교육	• 의무교육: 초, 중 • 무상교육: 유, 고 (1988년 완성)	• 의무교육: 초, 중 • 무상교육: 유, 고 (1988년 완성)	• 의무교육: 유,초,중,고 • 무상교육: 영아(2세 이하, 어린이집 포함)
치료교육	교정교육의 일환	교정교육의 일환	특수교육 관련 서비스의 일환

교육권리 자체를 헌법학 분야에서는 실체적 권리와 절차적 권리로 나누고 있다.

우선 실체적 권리는 의무교육과 무상교육으로 분류했다. 의무교육은 초·중학교, 무상교육은 유치원·고등학교 과정을 유, 초, 중, 고교 과정 모두 의무교육으로 전환했었다. 다음은 특수교육 대상자를 7종의 장애 → 9종의 장애(학습장애, 건강장애 추가 → 11종의 장애(발달지체, 자폐와 정서, 행동장애 분리)로 추가했었다.

실체적 권리에 이어 절차적인 권리도 법적 정비를 할 때마다 그 범위가 넓혀지고 있다.

- 특수교육 예산 관련 국가나 지방자치 단체의 임무를 살펴보면 초기(1977)는 예산범위 내 우선 가능 → 예산범위 내 타에 우선 → 예산범위 내 우선 지급으로 강화되었는데 자세히 살피면 모순이 있다. 예산은 미리 할 사업·비용을 계산하는 것이다. 그것을 우선 가능하다에서 타에 우선은 엄청 강제하는 것이고, 만일 자금이 소진되고 부족해도 타에 우선해야 하는데 이때에는 어떻게 대처해야 하는지 확실치 아니하다.
- 절차적 권리에 해당되는 특수교육방법, 특수교육 실시 장소, 대상자 선정 및 배치 방법들이 다양하게 도입되었다.
- 규정 위반 시 제재는 약화된 것으로 보이나 실제는 그러하지 않다. 배치거부 학교장 벌금 5만 원 신설 후 500만 원 인상 → 초, 중, 고, 대학 관련 벌금 300만 원 때문에 약화된 것으로 보이나 차별금지 관련 장차법에서 악의적이라 판단되면 3,000만 원 벌금 또는 3년 이하 징역형을 제시하고 있다.
- 보호자 참여를 강조하고 있다. 진단평가 과정, IEP 작성 시 배치 등에 대한 재심청구 등은 반드시 참여 여부를 확인할 필요가 있다.

Ⅳ 한국 특수교육의 발전과 노력

1. 근대식 특수교육과 장애인

우리나라는 세계적으로 유래를 찾기 힘들 정도로 장애인 관련 건강한 전통을 유지하고 있었다는 주장도 있다(정창권, 2012). 지금의 장관 또는 총리급의 관직을 한 장애를 지닌 사람들(일각정승 윤기완, 척추장애인 허조 등) 유명한 장애 예술가들(청각장애인 시인 고순, 시각장애인 김철의 통소, 맹인 점쟁이 홍계관 등)뿐만 아니다. 600년 된 시각장애인 독경사 단체인 명통시(明通侍)가 있었다. 근 · 현대의 어두운 장애인 역사와는 다소 대조적이었다.

신라 유리왕 때 삼국사기상의 급식, 양호기록, 조선시대 서당교육의 훈육방침, 조선 정조(7년) 때 판흘전칙상의 자비보호 사상 등도 생활 규범으로 볼 수 있다(김병하, 1985 재인용).

근대식 특수교육은 개화 때 서구문명을 받아들임에 따라 주로 선교사들에 의해 이루어졌다. 근대식 특수교육이 시행되기 전 외국사절단의 귀국보고 문서나 서적이 소개되기도 했다. 예를 들면, 박정양, 유길준 등이 일본 유럽 등을 시찰한 후 보고한「서유견문」(1895), 1895~6년간 일본 주재 외교관 이태식(李台植) 참사관이 남긴 「여일록(旅日錄)」을 소개할 수 있을 것이다. 이 참사관은 일본의 맹아원에서 맹인과 농인들을 모아 놓고 교사들이 이들을 가르치는 장면을 상세히 서술하고 있었다.

즉, 맹인이나 농인 감각장애인들의 잔존시력, 잔존청력 및 촉각 등을 활용하여 간단한 한자, 숫자, 쓰고 읽기 등 각종 문자나 대나무나 싸리 등을 이용한 그릇짜기 기능 등을 지도하는 광경을 묘사하고 있었다. 이같이 서적 등을 통해 소개단계를 거쳐 우리나라 최초 근대식 특수교육을 시작한 것은 미국 북감리교 선교사이고 의사인 홀(R.S.Hall)로 밝혀졌다. 다만 홀이 시작한 연도는 1894년, 1898년 및 1900년으로 주장이 엇갈린다.

교육내용은 평양 정진소학교(1896년)에 두 명의 맹여아동을 입학시켜 통합교육을 받게 했다. 오전에는 일반학교인 정진소학교에서 같이 통합되어 교육을 받고 오후에는 직업기초기능을 별도 지도했던 것이다. 그녀는 뉴욕식 점자를 활용해 맹소녀들을 지도했고 이들 중 졸업 후 별도의 지도를 받아 의사면허증을 취득한 경우도 있었다. 비록 외국인 선교사가 시작한 것이나 현시점에서 볼 때 통합교육의 형태를 취한 시간제 특수학급 교육방식이며 한국최초의 근대식 시각장애 교육으로 그 역사적 의미를 둘 수 있을 것이다. 조선총독부는 1913.3월 제생원(濟生院) 조직을 발표하고 양육부와 맹아부(盲啞部)를 두었다. 양육부는 고아의 양육보호를, 맹아부는 보통교육을 실시하고 직업교육을 추가로 했다. 그러나 그 혜택, 인적 구성 및 교육연한 등이 조선인보다 일본인이 더 많은 특전을 누렸다. 일제하에서도 한국인 교사 박두성(朴斗星)의 주도로 한글 점자 창안이 이루어졌다. 6점으로 된 점자를 훈맹정음(訓盲正音)이라 하고 맹학생들이 이를 응용토록 지도에 주력했다.

일제하에서 이창호 목사는 1935년 평양 광명맹학교를 설치했으며 1938년에는 제생원 맹부 졸업생인 손용수가 원산 맹학교를 설립했다. 또 수화법에 의해 농인을 가르쳤던 독일인 수녀 카리타스는 해방 후 서울에서 농학교인 서울애화학교를 설립했다. 특히 일반 초등학교 내에 설치된 최초의 특수학급은 1937년 서울 동대문국민학교 병허약아동 특수학급으로 그 모습을 드러냈다. 설치시기가 왜정 때였고 일반 비장애 학생교육의 피해를 줄이자는 의도도 엿보였다. 또 1969년 서울 월계국민학교의 약시학급은 우리 정부 때 이루어진 최초 특수학급으로도 확인되었다. 우리나라 초기 근대식 특수교육은 맹교육이 우선히여 서북지방을 중심으로 발달헤 왔고 기독교 선교사와 기독교인들의 노력에 의해 비록 구빈보호적 성격을 띠었으나 특수교육의 공적 확대에는 크게 영향을 주었다.

2. 특수교육제도 정립과 전개

정부수립 이후 1949년 제정된 교육법상 특수교육 관련 내용을 명시하여 특수교육 실시의 법적인 근거를 마련했다.

즉, 교육법상 특수학교 설치의무 일반학교 내 특수학급 설치 및 특수학교 교원(교장, 교감, 특수교사 등) 자격기준 등을 입법화 했다. 제도 도입 당초의 특수교사는 자격증 표시를 특수학교 특수교사만 아니고 일반 학교인 초 · 중 · 고등학교의 특수교사(1, 2급)로 했다.

여기의 특수교사는 특수학교 교사와 초 · 중 · 고등학교 교사를 의미하며, 체육, 가정 및 장애학생을 지도하는 교사였으나 곧 분리되었다. 특수교사는 교과목이 새로 도입되는 경우 신기술과 이론을 지도하는 것도 특수한 기술을 지도하는 것이라 보았던 것이다. 그러나 전쟁후유증, 정부의 예산 부족 상태에 의해 1950년대는 사립특수학교가 많이 설립되었고 그 의미는 한국특수교육 발전상 사학의 영향과 역할이 큰 의미를 가진다고 볼 수 있다. 해방 후 최초 사립특수학교는 1946년 이영식 목사가 대구에 설립한 대구 맹아(盲啞)학교였다. 후에 분리된 대구광명학교(시각장애)와 영화학교(청각장애)의 전신이었다.

후에 분리된 2개 특수학교는 한국사회사업대학(특수교육과, 사회사업과) 1961년 개교에 영향을 크게 주었다.

우리나라 특수학교교육도 외국처럼 맹 · 농교육이 일찍 시작되었고 지적장애나 지체장애교육은 그 시작 자체가 늦은 감이 있었다. 한국 최초의 지체장애학교는 1964년 설립된 '연세대학교 세브란스병원 소아재활원 부속 초등학교'(현, 연세재활학교)였다. 이 긴 이름의 학교는 세브란스병원에 장기입원 중인 어린 환자들을 대상으로 교육을 시킨 병허약아동용 학교였다.

또 지적장애 학교로서는 1966년 대구보명학교가 최초였다. 설립 당초는 일종의 수용보호차원의 복지시설에서 출발, 후에 학교체제로 바뀐 경우도 많다. 이는 6.25전쟁 때 양산된 고아시설에서 대상을 전환한 경우이기도 하다. 이처럼 1962년 전국 8개교가 1967년 22개교로 증가하였고 1972년 38개교, 1977년 51개교, 1981년 61개교, 1991년 102개교 그리고 2021년에 전국 국립, 공립, 사립 등 187개교로 확대되었다.

한편 국 · 공립특수학교는 해방 후 제생원 맹아부가 미군정청 때 6년제로 바뀌면서 특수학교 교육이 근대식 학교교육 기틀을 마련했으며 소관업무로서 보건사회부에서 문교부로 이관이 되기도 했다.

당시 국립 맹아(盲啞)학교 초대교장 윤백원(尹伯元)이 취임하면서 청각장애 학생을 위한 한글 지문자(指文字)를 제정, 지도케 하고 청각장애 교육발전을 위해 중등과를 설치하여, 한국 내 중등 특수교육기관의 효시라 볼 수 있다.

특히 국립맹아학교는 6.25전쟁으로 부산과 제주도로 피난, 1953년 제주맹아분교, 1955년 부산맹아학교 설치의 계기가 되기도 하였다. 1959년 대통령령을 개정, 서울맹학교와 서울농아학교(현, 서울농학교)가 분리되어 오늘까지 이르고 있다.

문교부가 1967.9월 발표한 「특수교육 5개년 계획」은 교육정책상 큰 전환점을 이루었다. 국가가 적극적으로 특수교육 발전을 책임지겠다는 중기정책이란 점에서 평가할 만하다.

정부의 경제발전 우선이란 입장 때문에 그 실적은 부진하였으나 1967~1972년간 경남혜림학교(지적장애, 청각장애, 후에 청각장애는 경남천광학교로 분리), 대구남양학교(지적장애), 대전맹학교(사립 → 공립 전환) 등을 그 실적으로 볼 수 있다.

경제기획원이 중심이 된 「경제개발 5개년 계획」상에도 3차 계획분에 필요한 교육 부분이 녹아 들었으나, 1992~2002년간 정책들을 별도로 분리해 내었다.

「특수교육 발전 계획(1992~1996)」, 「특수교육 종합발전 계획(1997~2001)」, 「더불어 사는 복지사회를 향한 특수교육 발전 방안(1997~2001)」, 「특수교육 발전 5개년 계획(1998~2002)」 등이 수립되고 꾸준히 시행되었다.

중기 정책들은 대강 장애아 취학기회의 확대, 특수교육의 내실화, 특수교육 지원체계의 강화로 요약된다. 이어 제2차 특수교육발전 종합계획(2003~2007), 제3차 특수교육발전 종합계획(2008~2012)을 추진했었고, 범 정부적으로 해당 부처와 공동으로 발표, 평가했었다.

문교부 내 특수교육 관련 직제는 1948년 보통교육국 내 특수교육과가 설치됨에 따라 특수교육, 해외교포, 유치원 및 사설 강습소 업무를 담당했었다. 1951년 고등교육국으로 이관 → 해외교육과 소관업무(1955) → 교육행정과 특수교육계(1963) → 계 업무 폐지(1970) → 의무교육과(1979)로 이관되었다.

한참 후 1996년 7월 교육부에 특수교육 담당관(과 단위)이 신설되었으며 1998년에는 특수교육정책과로 명칭을 변경했다.

1999년 국민의 정부 때 유아특수교육과로 축소 조정했다가 2001년 교육인적자원부로 개편되면서 특수교육보건과로, 2005년 특수교육 정책과로 분리되어 오늘에 이른다.

1970년대에 들어 일반 초등학교 내 특수학급을 설치하게 된 것은 특수교육의 공적 책임을 확대한 중요한 계기가 되었던 것이다.

특수학급 관련 역사는 동대문국민학교 양호학급(1937년), 서울월계국민학교 약시학급(1969년), 서울맹학교와 대구광명학교의 약시학급(1972년), 여의도 초, 중, 고등학교의 약시학급을 들 수 있으나 본격적인 특수학급 교육은 교육 가능급 지적장애 특수학급이 설치되고부터였다. 그만큼 그 당시로서는 일반학교 내 팽배한 학습성과에 대한 대책을 해소하자는 열기가 거세었다고 볼 수 있었고 한편 이제는 장애를 지닌 학생들의 지도대책이 시급하다는 요구도 있었기 때문이었다.

최초의 교육가능급 지적장애아동을 위한 특수학급은 1971년에 설치된 대구칠성국민학교의 특수학급이다. 당시 경상북도 교육위원회는 특수학급 설치의 선구 역할을 해 왔으며 1972년 18개 학급, 1973년 33개 특수학급에 532명의 대상자들이 교육을 받았다.

1973년 9월 문교부와 경상북도교육위원회가 후원하고, 한국특수교육연구협회(현 한국 특수교육 총 연합회 전신)가 주최한 '제1회 특수학급 설치와 운영을 위한 세미나' 개최 결과는 이후 특수학급 정책방향에 중요한 계기가 되었다. 이에 자극을 받은 문교부도 1974년부터 전국 각 시, 군, 구 교육청 단위마다 1개 학급씩 배치, 177개가 당장 신설되었다. 그리고 별도의 특수학급 운영비가 배정되었다.

한편 중학교 특수학급 실험운영 때(1984)에도 경상북도교육위원회가 선진된 역할을 하였다.

특수교사 양성은 난제가 많았으나 1961년 4년제 대학교 특수교육과를 대구대학교(전 한국사회사업대학)가 설치한 후 10년 뒤인 1971년 단국대학교와 이화여자대학교가, 1980년대에는 강남대학교, 전주우석대학교, 공주대학교, 1990년대에는 부산대학교, 창원대학교, 여수대학교(후에 전남대학교와 통합), 한국체육대학교 등에 특수교육과를 설치, 특수교사를 양성하였다.

2022년 특수교육통계에 따르면 특수학교는 192개교이다. 장애별로 시각장애 13개교, 청각장애 14개교, 지적장애 137개교, 지체장애 21개교, 정서장애 7개교 등이고 설립주체별로 국립은 5개교, 공립 97개교 및 사립 90개교이다.

특수학교 재학생 수는 5,255학급에 27,979명이 교육을 받고 있다.

한편 특수학급의 수는 12,712개(전일제, 시간제, 재택 방문제 등)이며 이 가운데 유치원 1,437학급, 초등학교 6,701학급, 중학교 2,614학급, 고등학교 1,926개 학급 모두 57,948명이 특별지도를 받고 있다.

2022년 현재 특수학급의 수는 12,712개 학급이며 모두 57,948명이 소속되어 있다.

최근 정부는 새로운 중기정책을 주기적으로 발표하고 있으며 「특수학교 교육과정」을 「특수교육 교육과정」으로 2010년 명칭을 개정한 후, 수시 개정으로 2015년 특수교육 교육과정을 고시했다. 최근 균등하고 공정한 교육 기회 확대 제공 및 맞춤형 특수교육 지원으로 사회통합을 실현하기 위해 2022 특수교육 교육과정(안)을 개발, 적용에 노력하고 있다.

V 특수성에 근거한 특수교육제도

특수교육을 이해하는 데 가장 중요한 것은 소위 특수아동이 지닌 '장애' 그 자체보다는 장애로 인하여 일반아동과 달라진 교육적 요구에 있다. 이에 따라 특수교육은 교사, 학생, 교육 기간, 장소 등 여러 측면에 그 특수성이 반영되어야 한다고 한현민(2001)은 주장하고 있다. 여기서 누가 가르치는가, 누구를 교육 대상으로 하는가, 아동기의 언제부터 언제까지 교육해야 하는가, 어떤 내용을 가르치는가, 또 어떤 곳에서 교육하는가 하는 문제에 대해 한현민이 주장하는 접근의 틀을 이용·분석하고자 한다.

1. 누가 가르치는가: 특수교사

'누가 가르치는가'는 장애를 지닌 아동의 교육을 누가 담당하느냐의 문제이다. 이는 지도할 교사가 어떤 능력과 태도를 가져야 할 것인가를 분석·제시해야 될 것이다.

교육제도 체계 내에 존재하는 교사의 종류는 학교별로 보아 유치원 교사, 초등학교 교사, 중등학교 교사 그리고 특수학교 교사로 분류된다.

법적 명칭인 특수학교 교사가 바로 장애아동 교육활동의 주체가 되는 특수교육 교사(Special Education Teacher)이다.

「초·중등교육법」 제3~6절까지는 모두 절의 제목 자체가 교사 명칭이다. 유치원-유치원 교사, 초등학교-초등학교 교사 등이 바로 그것이다. 그런데 제7절만 '특수학교 등'으로 표시된 것은 특수학교뿐만 아니라 특수학급, 일반학급 내 통합교육까지 함께 포함되었기 때문에 특수학교 교사가 아닌 특수교육 교사(또는 특수교사)로 명기하는 것이 맞다.

그럼에도 불구하고 특수교육 교사 또는 특수학교 교사로 논쟁하다가 교사자격증 표시상(유치원, 초등학교·중학교 및 고등학교)의 통일성을 위해 특수학교 교사로 결론지어져 확정되었다.

이러한 특수교사는 교사로서 일반적인 자질을 바탕으로 장애별 교육방법 등 특별한 소양을 추가로 갖추고 일반학교(일반학급, 특수학급), 특수학교, 가정, 복지시설, 병원 등지에서 장애아동 교육을 담당하는 자로 해석해야 할 것이다. 이는 2010년 특수학교 교육과정 명칭을 「특수교육 교육과정」으로 변경한 취지와도 부합된다.

특수교사 양성대학 등도 이러한 수행능력을 기준으로 하여 교육과정을 표준화하여 운영하고 있다. 수행능력 본위로 교육과정을 운영한다는 것은 특수교사가 하는 일에 대한 역할 분석 혹은 과업 분석을 조직적으로 시도해야 가능하다.

이 같은 특수교육 수행능력을 갖춘 교사를 4년제 대학에서 양성하기에는 사실상 엄청난 시간과 노력을 투자해야 한다. 이러한 사정을 감안, 미국은 4년제 대학 혹은 대학원에서 교양, 교직, 특수교육 전공 등 교사 교육과정을 성공적으로 이수하면 임시 특수교사 자격증을 교부하고 그 후 5년 이내 대학원과정에서 교육경력, 특수교육 전공 등 갱신요건을 구비하면 정규(종신)자격증을 인정·교부한다.

영국, 독일, 프랑스 등 유럽은 일반교사 자격증 취득자를 대상으로 1년(영국) 및 2년(독일, 프랑스)간 특수교육 전공 과정을 마치고 소정의 시보근무와 국가시험에 합격한 자에게 특수교육교사 자격증을 교부하고 있다.

일본은 4년제 대학에서 일반학교 교사자격증 취득과정과 특수교육 전공과정 이수자에게 일반학교 교사자격증과 특수학교 교사자격증을 동시에 발급하는 '2매 교사면허장 제도'를 운영하고 있다.

필요시 일반교사 대상으로 1년간 특수교육 전공 이수자에게 특수교사 자격증을 인정하기도 한다(김병하, 2006).

이를 정리하면 특수교사 양성은, ① 일반학교 교사자격증 소지, ② 3년 정도의 교육경력, ③ 대학원 석사(특수교육) 등 요건을 전제하고 있다. 1993년 「교육법」을 개정하여 우리나라도 대학원 차원에서 특수교사를 양성하는 중이다.

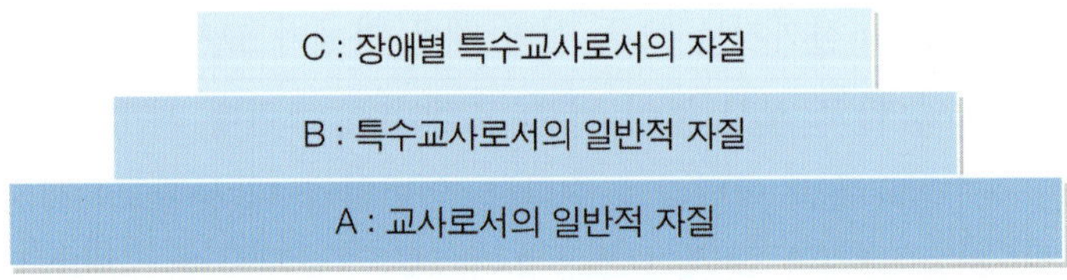

[그림 1-4] **교사 수행능력중심의 특수교사 자질**

모든 특수교사에게 요구되는 전문적 수행능력으로서 기초지식과 역사, 장애 판별과 특징, 정보처리기능, 각종 검사 등 사정, 학습이론, 교수전략, 수업방법, 학습자료 처리, 행정적 대안제시 능력, 기타 등 열 가지를 제시하였고 김병하(2006)는 [그림 1-4]와 같은 전문적 수행능력 구조를 주장하였다.

2. 누구를 가르치는가: 특수교육대상자

누구를 가르칠 것인가의 문제는 학습자의 특성을 파악하는 것에서 시작해야 한다.

1977년 「특수교육진흥법」에 따르면 시각장애, 청각장애, 정신박약, 지체부자유, 정서장애, 언어장애, 기타 심신장애에 해당하는 사람이 특수교육대상자였다. 2007년 「장애인 등에 대한 특수교육법」이 전부 개정되면서 다음과 같이 정의하였다.

- '특수교육대상자'라 함은 제15조에 따라 특수교육을 필요로 하는 사람으로 선정된 사람을 말한다(법 제2조 3).
- 교육장 또는 교육감은 다음 각 호의 어느 하나에 해당하는 사람 중 특수교육을 필요로 하는 사람으로 진단 · 평가된 사람을 특수교육대상자로 선정한다(법 제15조 ①).

이처럼 특수교육대상자는 시각장애, 청각장애, 지적장애, 지체장애, 정서 · 행동장애, 자폐성장애, 의사소통장애, 학습장애, 건강장애, 발달지체 및 기타 장애를 지닌 사람 중에서 특수교육을 필요로 하는 사람을 뜻하고 있다.

장애를 지닌 아동이 특수교육대상자로 선정되려면 유치원, 초등학교, 중학교 과정은 시 · 군 · 구 교육장이 특수교육운영위원회의 심의를 거쳐 선정하고, 고등학교 과정은 교육감이 특수교육운영위원회의 심의를 거쳐 선정한다. 이때 심의과정에서 특수교육지원센터의 진단평가 결과를 참고토록 하고 있다. 미국의 「재활법」 제504조는 장애 이외 점에서 자격을 갖춘 장애인(otherwise qualified handicapped individual)은 장애만을 이유로 이익을 받지 못하거나 부정되지 않는다고 규정하고 있다. 한 예로, 장애인이 취업시험에서 실력은 보되 그외 장애는 고려하지 않는다는 것이다.

대학과정은 대학의 장이 해당 대학위원회의 심사를 거쳐 확정하게 되는 것이다.

이는 교육적으로 특별한 요구가 있는 사람을 선정하되, 선정하였을 경우는 교육적 조치, 즉 교육받을 장소까지 지정 · 배치하여 교육권을 보호하자는 취지로 도입되었다.

현재 대부분 졸업한 장애인들 중 현직교사로 채용된 장애를 지닌 교사들의 장애+실력(40% 수준)은 이중적인 채용 혜택이므로 재고해야 한다. 이웃 졸업생들에게는 역차별시비가 있을 수 있다.

특수교육대상자 진단평가의 기준은 「장애인등에 대한 특수교육법 시행령」에 별표로 제시하였다.

대상자 관련 해외의 특수교육개념과 그 대상들의 변화상을 살펴보자.

우선, 1994년 UNESCO의 사라만카 선언이다. '모든 사람을 위한 교육'이란 주제 아래 특수교육(Special Education)을 특수요구교육(Special Needs Education)으로 명칭을 바꾸고 대상자는 전통적인 장애 범주와 학교교육에서 실패한 아동들도 포함해서 교육하자는 주장이다(www.UNESCO.org).

둘째, 2004년 OECD 산하 교육연구 · 혁신 센터의 합의사항이다. SENDDD체제를 운영하고 매년 그 상황을 국가보고서로 제출토록 요구한 것이다.

SENDDD(Special Education Needs, Disabilities, Difficulties and Disadvantages)란 특수교육을 기존의 장애 이외에 학습곤란(學習困難, difficulty) 실조 또는 불리(失調, 不利, disadvantage)까지 포괄토록 한 것이다(www.OECD.org).

3. 언제, 얼마 동안 가르치는가: 특수교육 기간

특수교육대상자에 대한 교육기관이나 수학 연한도 일반교육과 같은 학제를 이수하도록 되어 있다. 유치원, 초등학교, 중학교 및 고등학교 과정을 동일하게 이수할 수 있도록 하면서 「헌법」, 「초 · 중등교육법」이 정하는 의무교육 기간도 동일하였다. 초등학교 6년, 중학교 3년은 장애가 있든 없든 동일한 의무교육 기간이 적용된다.

다만 장애로 인한 학습능력 보상 차원에서 유치원과 고등학교 과정은 무상교육 기간으로 「특수교육진흥법」에 추가해 놓았다. 무상교육의 대상은 국 · 공립과 사립 간 차이가 있었으나 1988년에 국 · 공 · 사립의 구분 없이 유치원, 고등학교 과정이 무상교육 체제로 완성되었다.

그러다가 1994년 「특수교육진흥법」 전면 개정 시 당시 민주당의 의원입법 내용에서 장애인은 의무교육 등에서 제외되어 있다는 무리한 주장이 있어 「교육기본법」, 「초 · 중등교육법」 등 기본법과 중복되더라도 「특수교육진흥법」 개정 시 이를 상세히 반영, 강조하게 되었던 것이다. 이때 내용은 제5조 ① '특수교육대상자에 대한 초등학교 및 중학교 과정의 교육은 이를 의무교육으로 하고 유치원 및 고등학교의 과정은 이를 무상으로 한다'는 것이었다.

2007년 공포된 「장애인 등에 대한 특수교육법」은 유치원 · 초등학교 · 중학교 및 고등학교 과정을 의무교육으로 하고 만 3세 미만의 장애 영유아 교육은 무상으로 한다고 규정하고 있다. 다만 유치원, 고등학교의 의무교육은 실시 시기를 단계적으로 실시토록 위임하고 있으며 유치원 과정 유아가 보육시설을 이용하는 경우도 의무교육으로 간주토록 하고 있어 갈등의 소지가 남아 있다.

특수교육은 초등교육과 중등교육에 국한하지 않고 학령기 이전의 조기교육, 중등교육 이후 직업생활을 영위할 때까지 전환교육 등을 생애 교육적 차원에서 강조해야 효율화를 도모할 수 있다. 그러나 부처 간 또는 영역 간의 갈등 소지는 사전에 정비하는 것이 타당하다고 본다.

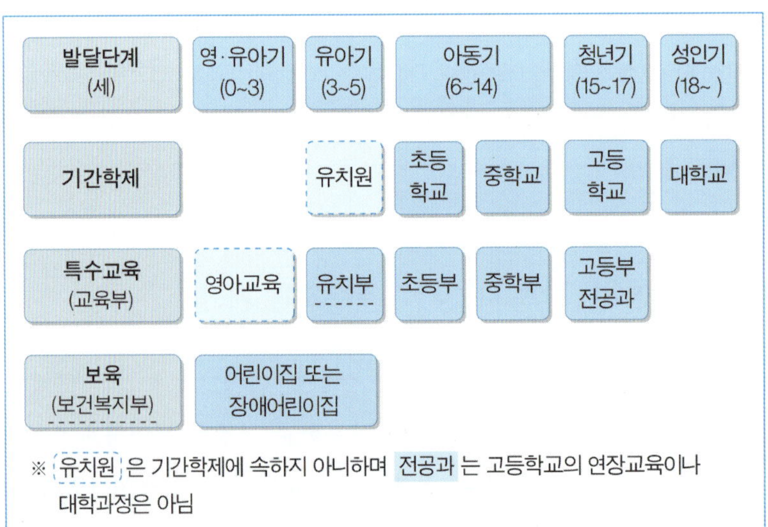

[그림 1-5] 장애아동 교육의 기간

4. 무엇을 가르치는가: 특수교육 교육과정

특수교육 분야에서 "무엇을 가르치는가?"하는 의문을 해소하기 위해서는 (특수)교육의 보편성과 특수성에 대한 이해가 필요하다. 일반적으로 교육의 보편성이란 개인적 특성을 가진 학생들의 집합체가 공유하거나 필요로 하는 교육내용을 중심으로 교육하는 것을 의미한다.

그러나 교육의 특수성은 교육의 보편성 혹은 일반성과 상대적인 개념으로서 학생 개개인의 교육적 요구에 부응할 수 있는 경험을 주요내용으로 하는 교육을 의미한다. 이러한 보편성과 특수성은 완전히 이분법적으로 접근할 수는 없지만 전통적으로 일반교육과정은 교육의 보편성을 좀더 강조하고 특수 교육과정은 특수성을 더 강조하여 왔다고 볼 수 있다.

이에 따라 장애학생용 교육과정은 교정 · 치료를 위한 제거 · 교정적 교육과정, 발달적 교육과정 및 기능적 교육과정 등으로 변화되어 왔다.

보편성과 특수성은 특수교육의 목적에서도 살펴볼 수 있다. 유아교육법 제15조(특수학교 등)와 교육기본법 제55조(특수학교)에 따른 특수학교의 교육목적은 신체적 · 정신적 · 지적장애 등으로 인하여 특수교육을 필요로 하는 자에게 유치원과 초등학교 · 중학교 또는 고등학교에 준하는 교육과 실생활에 필요한 지식 · 기능 및 사회적응 교육을 하는 것이라고 규정했다, 그러므로 특수교육은 교육의 보편성 측면에서 유치원과 초 · 중 · 고등학교의 교육과정을 기준으로 하면서 특수성 측면에는 특수교육대상자의 특별한 교육적 요구에 의하여 일반 교육과정의 교육내용을 수정 보완하고, 생활에 필요한 지식과 기능 및 사회적응에 필요한 교육내용을 추가해야 한다.

우리나라의 경우 초기의 특수 교육과정은 일반 교육과정과 독립적으로 장애학생의 장애 유형별 특수성을 강조하여 장애영역 학교별로 교육과정을 개발 고시하였다. 즉 제1차 교육과정 시기부터 제7차 교육과정 개정 시기 이전까지는 「시각장애학교 교육과정」, 「청각장애학교 교육과정」, 「정신지체학교 교육과정」 및 「지체장애학교 교육과정」으로 고시하여 왔다. 그러나 특수교육의 동향이 점차 통합교육을 강조하면서 일반교육과정과 특수 교육과정의 병합이 요구되어 왔다. 이에 「제7차 특수학교 교육과정」부터는 초 · 중등학교 교육과정의 공통 교육과정과 선택 중심 교육과정을 도입하고, 공통 교육과정과 선택 중심 교육과정의 적응이 어려운 지적장애, 중증 · 중복장애 학생들에게는 일반 교육과정을 대체할 수 있는 「기본 교육과정」을 병행 편성 · 운영할 수 있도록 하고 있다.

2022년 12월 22일 고시된 「2022년 특수교육 교육과정」의 구성 체계를 도식화하면 [그림 1-6]과 같다.

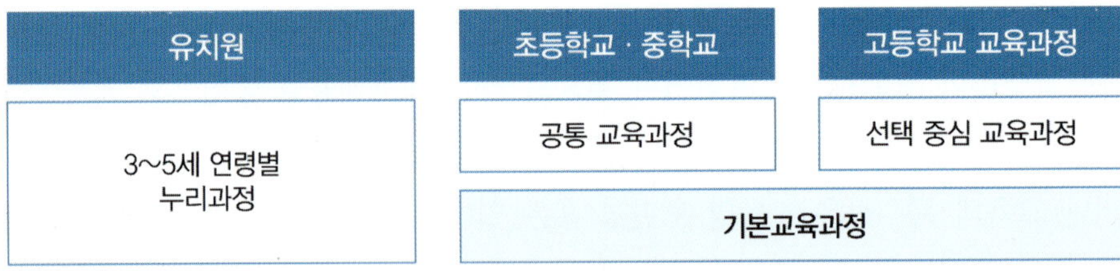

[그림 1-6] 2022 특수교육 교육과정 구성 체계

5. 어떤 장소에서 교육하는가: 학습 환경

장애를 지닌 아동의 특별한 교육적 요구에 따라 적절한 교육환경을 찾아 그를 배치한다는 것은 중요한 일이다. 1977년 이전에는 법적인 근거 없이 특수학교 또는 특수학급에 배치하였으나 「특수교육진흥법」 제정 이후는 판별기준이 정하는 바에 따라 특수학교나 특수학급에 배치했다.

장애학생은 장애가 가볍고(경도) 무거움(중도)에 따라 교육장소가 달라진 것이다. 예를 들어, 지적장애는 지능지수 50미만인 경우 특수학교, 지체 정도가 경도(지능지수 50~75)인 경우 특수학급으로 분류 · 배치되도록 판별기준이 제시되어 있었다.

1994년 전면 개정된 「특수교육진흥법」은 특수교육 대상자 선정기준에서 '취학학교 및 학급별' 자체를 삭제하였다. 대신 배치 시 일반학교 → 특수학급 → 특수학교 → 타 시 · 도 소재 특수학교 순으로 검토하고 통합교육 원칙 아래 심의하도록 하고 필요시 가정, 병원, 복지시설 등에도 교육을 실시하도록 하고 있다.

〈표 1-9〉 「장애인 등에 대한 특수교육법」 개정에 따른 특수교육 실시장소 변화

개정 전(1997)	전면 개정(1994)	전부 개정(2007)
특수학교, 특수학급	특수학교, 특수학급, 일반학급, 병원, 장애인복지시설, 가정 등	좌동, 특수교육지원센터 추가

[그림 1-7]은 특수아동의 학습 환경 모형(Reynolds & Brich, 1977; Dunn, 1973; Heward & Orlansky, 1988; Deno, 1970; Heward, 2006)을 요약 · 제시한 것이다. 특수아동은 그 아동의 현재 수준에 따라 결정된 학습 환경에 배치되고 있으나 가능하면 일반아동과 함께 교육하는 완전통

합의 방향으로 서서히 그 패러다임이 변하고 있다. 본 모형에서도 윗부분으로 갈수록 아동의 수가 많은 것은 가능한 한 장애아동을 최소로 제한된 환경에 배치하려고 하는 현 추세가 반영되었음을 나타내고 있다.

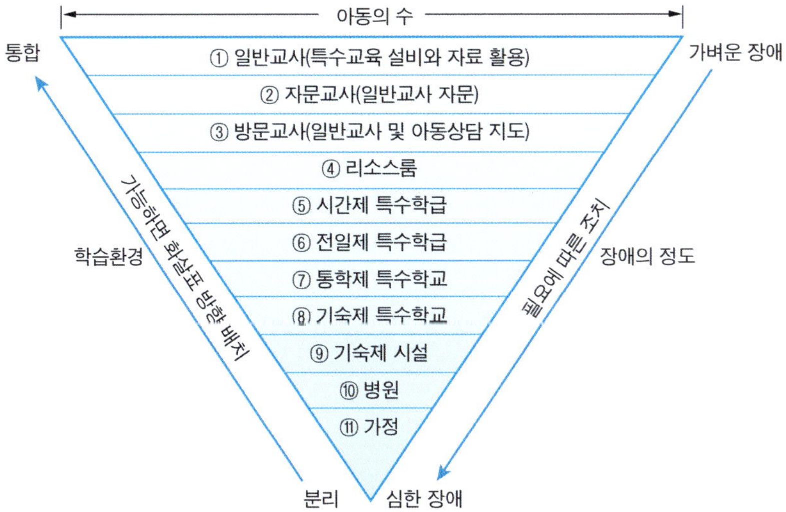

[그림 1-7] **특수아동의 학습 환경 모형**

전 망

미래 우리나라 특수교육의 모습을 예측하는 일은 쉽지 않다. 그러나 통계청이 발표한 장래 인구 추계에 근거한 2015년 이후를 가늠해 보거나 GBN회원들, 즉 세계석학 50인들이 제시한 'What's next? 2015' 등을 참고로 다음과 같이 전망할 수 있었다(김원경, 2007).

첫째, 현재 장애 중심의 특수교육 개념이 아니라 학교교육에서 실패하거나 특별한 교육적 지원이 필요한 아동들을 포괄하는 것으로 바뀔 것이다. 즉, 장애 이외 학습부진, 고기능 자폐, 주의결핍 과잉행동, 외국인 혹은 귀국자 등 다문화가정 자녀들로 확대될 것이다.

둘째, 통계청의 예측대로 2015년 초등학교의 30%가 폐교되거나 되었다면 특수학교는 더욱 학생수가 줄어든 채 운영하게 될 것이다. 사립특수학교의 경우 위탁을 받아 교육하기 때문에 학생수가 적거나 없으면 재정지원을 받지 못한다. 따라서 자연히 구조 조정으로 이어져 전업 · 퇴직하는 교직원이 발생할 수 있을 것이다. 이러한 경우를 대비, 경쟁력을 높이고자 질적으로 높은 교육을 추구하는 특수학교들이 다수 출현할 것이며, 특수학교들이 기존 학습기능 이외 특수교육지원센터 등을 유치하여 상담, 학습지원 등의 기능을 추가할 것이다.

셋째, 유 · 초 · 중 · 고등학교 등 일반학교 내에 특수학급이 거의 설치될 것이며, 보건교사처럼 자연스럽게 특수교사들이 일반학교 내 거의 배치될 것이다. 또 전교생이 소수인 일반학교들이 많이 늘어나면서 장애학생들이 통합된 교육을 이수할 수 있게 된다. 이에 따라 통합학급 이외 학습 도움실 지도, 순회교육 등이 특수교사들의 주요한 업무가 될 것이다. 특수교사의 역할 무대가 특수학교, 특수학급 중심에서 특수학교, 특수학급, 가정, 병원 및 장애인시설 등으로 넓혀지고 있다.

따라서 이런 수행능력에 걸맞은 자질을 갖춘 특수교사를 양성하는 제도적 개선이 이루어질 것이다. 즉, 일반학교와 특수교육 현장 모두 정통한 특수교사를 위한 자격제도로 변화될 것이다.

토의주제

- 우리나라 현행법상 특수교육의 정의를 시대별로 제시해 보자.
- 특수학교 교사 자격제도가 바뀌어야 할 근거를 특수교육 실시장소와 관련지어 설명해 보자.
- 특수교육대상자 중 기존 장애 이외 다른 사유로 추가된 것을 예를 들어 설명해 보자.

참고문헌

교육과학기술부 · 인권위원회(2008). 장애인차별금지법 및 특수교육법, 설명회 자료집. 미간행.

교육부(2014~2022). 특수교육통계.

교육부(2019). 특수교육연차보고서.

교육부(2020). 특수교육연차보고서.

교육부(2022). 특수교육연차보고서.

국회도서관 입법조사국(1978). **각국의 특수교육제도**(입법 참고자료 제206호). 서울: 유성인쇄.

김미숙(2006). 최근 일본 특수교육 개혁 동향과 시사점. 제14차 RI KOREA 재활대회 자료집, 554-564.

김병하(2002). **특수교육의 역사와 철학**. 경북: 대구대학교 출판부.

김병하(2006). **특수교육 교사론**. 경북: 대구대학교 출판부.

김영욱, 김원경, 박화문, 석동일, 이해균, 윤점룡, 정재권, 정정진, 조인수(2006). **특수교육학**(제3 개정판). 서울: 교육과학사.

김원경(2005). 특수교육법신론. 서울: 도서출판 특수교육

김원경(2007). 한국특수교육의 변화경향과 미래전망. **정신지체연구, 9**(2), 1-19.

김원경, 이석진, 김은주, 권택환(2010). **특수교육법 해설**. 경기: 교육과학사.

김원경, 조홍중, 허승준, 추연구, 윤치연, 박중휘, 이필상, 김일명, 문장원, 서은정, 유은정, 김자경, 이근민, 김미숙, 김종인, 이신동(2016). **최신 특수교육학**. 서울: 학지사.

김일명, 김원경, 조홍중, 허승준, 추연구, 윤치연, 박중휘, 이필상, 문장원, 서은정, 유은정, 김자경, 이근민, 김미숙, 김종인, 이신동(2013). **최신특수교육학**. 서울: 학지사.

김정권, 이유훈(2002). **특수교육과정운영론**. 서울: 도서출판 특수교육.

보건복지부 역(2004). **국제기능장애 · 건강분류(ICF)**. 서울: 신우정판.

이가원(1989). **가정 대옥편**. 서울: 계몽사.

이태식(1896). 여일록(조선참사관, 일본 주재 외교관 귀국보고서). 국립 한국우진학교 교사 이유화 자료제공. 미간행.

장애인 등에 대한 특수교육법(제정 2007. 5. 25. 법률 제 8483호).

장애인 등에 대한 특수교육법(타법 개정 2021. 7. 20. 법률 제 18298호).

장애인 등에 대한 특수교육법 시행령(개정. 2016. 6. 21 대통령령 제 27227호).

장애인 등에 대한 특수교육법 시행령(일부 개정. 2022. 6. 28. 제 32722호).

정창권(2012). **역사 속 장애인은 어떻게 살았을까**. 경기: ㈜글항아리.

특수교육진흥법개정법률(1994. 1. 7. 법률 제4716호).

특수교육진흥법개정법률(2005. 3. 24. 법률 제7395호).

한현민(2001). **특수아동과 특수교육**. 서울: 도서출판 특수교육.

Bateman, B., Lloyd, J. W., & Tankersley, M. (2017). **특수교육의 쟁점**. [Enduring issues in special education] (정동역 역). 경기: 교육과학사(원저출판: 2015).

Bigge, J. (1991). *Teaching individuals with physical and multiple disabilities*(3rd ed). New York: Merrill.

Deno, E. (1970). Special education as developmental capital. *Exceptional Children, 37*, 229-237.

Dunn, L. M. (Ed.)(1973). *Exceptional Children in the schools*(2nd ed.). N.Y.: Hoit, Rinehart and Winston.

GBN 회원들(2005). What's Next? 2015. 서울: 도서출판 청년정신.

Heward, W. L. (2006). *Exceptional Children: An introduction to special education*(8th ed.). NJ: Prentice Hall.

Heward, W. L., & Orlansky, M. D. (1988). *Exceptional Children.* Columbus, Ohio: Charles E. Merrill.

KirK, S. A., Gallagher, J. J., & Anastasiow, N. J. (2003). *Exceptional exceptional Children*(10thed.). Boston: Houghton Miffin.

Murdick, N. L., Gartin, B. C., & Clabtree, T. (2002). *Special Exceptional Law.* NJ: Prentice Hall.

Reynolds, M. C., & Birch, J. W. (1977). *Teaching exceptional Children in all America's schools.* Reston, VA: CEC.

Schultz, J. B., & Carpenter, C. D. (1995). *Mainstreaming exceptional students: A guide for classroom teacher*(4th ed.). Boston: Allyn & Bacon.

Yell, M. L. (2006). *The Law and Special Education*(2nd ed.). NJ: Prentic Hall.

www.oecd.org

www.unesco.org

Chapter

02 장애학생 통합교육

21세기를 맞이하여 우리 사회는 사회 · 경제적인 면에서 급격한 변화를 요구하고 있으며 교육현장 또한 이러한 시대적 흐름에 따른 다양한 변화를 지향하고 있다. 특히 특수교육 분야는 장애학생과 비장애학생 모두의 교육권 보장에 대한 철학적 기반을 토대로 사회적 · 인지적 결과의 효율성을 강조하는 완전통합교육을 주구하고 있다.

이 장은 통합교육의 일반적인 이해를 돕기 위한 배경과 논의 그리고 우리나라의 실태를 살펴보고 통합교육을 실행하기 위한 실제에 초점을 맞추고자 한다.

I 통합교육의 이해

1. 정의

초기의 특수교육은 장애학생들의 독특한 교육적 요구에 초점을 두고 분리된 교육체제에서 교육을 시도해 왔으나 '장애인의 정상화'를 지향하는 철학과 비효율적인 분리교육의 결과에 대한 실제적인 비판을 근거로, 장애학생은 일반학생과 함께 생활하고 학습할 기회를 가져야 한다는 통합교육으로의 지향이 세계적인 추세이다(김원경, 2007; 신진숙, 2000).

통합교육에 대한 정의는 시대의 변화에 따라 점차 다르게 정의되어 왔다. 현재 통상적으로 우리가 말하는 통합교육이란 완전통합(inclusion)을 말하는 것으로 이는 분리에서 통합을 지향하는 주류화(mainstreaming)와 다른 개념으로, 비분리를 전제로 일반교육환경에서 가능한 한 교육을 시키되 불가능할 경우 필요한 만큼만 일반교육환경에서 분리시켜 특수교육적 조치를 취하는 것을 말한다. 일반적으로 받아들여지는 완전통합교육의 개념에 대하여 학교 재구조화와 완전통합 국제센터에서는 다음과 같이 정의하고 있다.

---

* 신진숙(창원대학교 특수교육과)

> 완전통합은 최중도 장애아동을 포함한 장애아동이 이웃 학교에서 나이에 맞는 일반학급에 입급되어 충분한 지원서비스를 받으면서 아동의 독특한 학업적 · 행동적 그리고 사회적인 요구를 충족시켜 주는 것을 보장할 뿐만 아니라 사회의 구성원으로서 기여할 수 있고 아동으로 하여금 준비하게 하는 것을 말한다(NCERI, 1995).

우리나라는 2007년 5월에 개정된 「장애인 등에 대한 특수교육법」에서 통합교육에 대한 정의를 다음과 같이 내리고 있다.

> "통합교육"이란 특수교육대상자가 일반학교에서 장애 유형 · 장애 정도에 따라 차별을 받지 아니하고 또래와 함께 개개인의 교육적 요구에 적합한 교육을 받는 것을 말한다.

이러한 정의를 토대로 완전통합의 의미를 살펴보면, 완전통합이란 다양한 학생, 가족, 교사 그리고 지역사회 구성원 모두를 수용하고, 모든 사람들이 소속감을 가지고 지역사회에서 생활할 권리를 가진다는 철학이다. 또한 모든 학생이 일반학급 내에서 적절한 교육을 받고, 의미 있고 경쟁적인 학생이 되도록 하며 장애학생의 특별한 교육적 강점과 요구에 맞는 차별화된 교수 기법으로 혜택을 받게 하는 것이다(Idol, 2006; Voltz, Sims, Nelson & Bivens, 2005). 완전통합은 모든 학생에게 각자의 개별 차이점으로부터 학습을 시작하고 존중을 받으면서 성공을 위해 필요한 서비스와 수정을 제공하는 것을 토대로 학습자를 위해 협력적이고 지원적이며 동질성보다는 공정성을 강조한다(Bucalos & Lingo, 2005). 전문가들이 협력해서 학생을 분리하기보다는 통합된 상황에서 개인의 특성에 맞는 교육방법을 우선 모색해야 한다(Hunt, Soto, Maier, & Doering, 2003). 완전통합은 장애학생에게 초점을 맞추면서, 모든 학생의 경험과 다양한 강점이나 요구에 답하고 수정하기 위해 더 많은 것을 해야 한다는 것을 의미한다.

2. 배경

점진적인 통합의 특성을 보여 온 특수교육의 역사적인 흐름을 살펴보면, 옛날 사람들은 장애인을 불길한 징조나 사회의 짐 또는 신에 의해 저주받은 자로 보고 고문이나 살해의 대상으로 생각했다(Melcher, 1976). 따라서 자연히 장애인을 위한 일반적인 대책이 없이 장애인을 빈민구제소나 자선단체에 분리시키거나 수용소 또는 가정에서 방치하였다.

19세기 말에 수용소 모델이 학교 모델로 바뀌게 되었고 산업혁명기에 이르러서는 학교도 산업화 모델의 외부적 준거에 의해 조직되어야만 했다. 학교는 효율적인 수업을 위해 아동의 나이와 학업성적에 따라 학년단위로 조직되었고(Sarason & Doris, 1979), 자연히 일반학급에서 적응할 수 없는 아동을 위한 해결책으로 장애학생을 특수학급이나 특수학교로 분리시켜 교육을 했다(Kirk & Gallagher, 1986).

이 과정에서 특수교육 전문가들은 분리교육이 장애아동에게 별 효과가 없으며 단지 교육의 편의성을 위해 장애아동의 교육의 장만 바꿨을 뿐이라는 생각을 점차 가지게 되었다. 이와 때를 같이하여 스칸디나비아를 중심으로 장애아동도 같은 성, 같은 나이 또래의 비장애아동의 교육과 유사하게 교육해야 한다는 정상화 운동이 전개되었으며 이러한 운동이 니리에(Nirje, 1969) 등에 의해 미국에 도입되었다.

정상화 운동의 개념을 바탕으로 1975년에 미국 장애아교육법으로 알려진 P.L. 94-142가 통과하면서, 장애아동의 환경적 제한을 최소화하고, 그들에게 가장 적절한 교육환경을 제공하는 데 있어서 가급적이면 일반교육환경으로 접근시켜야 한다는 주류화의 원리를 채택하게 되었다.

P.L. 94-142는 특수교사와 일반교사 사이의 관계에서 더 긴밀하게 협조하는 자세를 요구했으나, 표준화된 관료의 자유스러운 관계에서 협력하는 분위기는 조성되지 않았으며(Weick, 1985), 특수교사와 일반교사들은 자신들의 전문적인 지식이나 기능을 공유하지도 않았다. 교사들 사이의 분담된 책무성이 주류화의 본질인데(Will, 1986), 특수교사들은 낮은 성취수준의 아동을 가르칠 책임을 무의식적으로 일반교사에게 떠넘겼다(Shepard, 1987).

이 외에도 많은 논쟁이 있었지만 대체로 앞에서 지적한 문제점의 부각과 새로운 인식에 의해 특수교육 전문가들은 특수교육을 재조명하려는 다각적인 측면에서 연구결과를 제시했다. 1986년 윌(Will)은 「학습문제아와 교육: 분담된 책무성」이라는 논문에서 경도장애아동을 위한 특수교육 프로그램의 의도하지 못한 결과를 보고했다. 장애아동을 특수교육에 배치시키기 위해 사용하는 평가절차가 종종 모호하고 중복된다는 것이다.

또한 미국교육부의 재활복지 서비스에 관한 보고서에 따르면 통합프로그램은 여전히 부분적인 접근밖에 안 되고 있다는 것이다. 그리고 이중 체제로 인해 학생의 낙인은 계속되고 있으며, 배치 결정에도 부모와 학교 간의 논쟁이 계속되고 있다는 결과를 제시했다. 이러한 지적은 일반교육과 특수교육의 이중적인 체제가 장애아동 발달의 장벽이 되기 때문에 일반학교가 재구조화되어야 한다는 일반교육주도(Regular Education Initiative: REI) 운동으로 발전되어 교육계에 많은 파란을 일으켰다.

그러나 일반교육주도라는 개혁을 추진하는 과정에서 이를 지지하는 사람들은 이 같은 개혁이 경험적 연구에 근거한 합리적인 현상이라고 주장하는 반면, 반대하는 사람들은 레이건-부시 행정부가 장애아 및 청소년 교육을 포함한 교육예산의 연방지원을 감축하려는 정책과 일치한다고 비판했다. 이러한 경향은 최근에 이르러 일반교육환경에 장애아동을 배치하고 그들의 교육적 요구에 따라 필요한 부분만 특수교육을 지원하는 것이 가장 바람직하다는 완전통합교육(inclusion education)으로 진일보되었다.

이러한 미국의 통합교육 추진방향과는 달리 세계 각 나라는 이를 다르게 접근해 왔다. 덴마크나 스웨덴 등의 나라는 출생률이 낮아지면서 학급당 인원 수가 20명 이하로 떨어져 자연스럽게 장애아동이 일반학급에 통합될 수 있는 기반을 만들어 1930년경부터 통합에 대한 논의가 구체화되었으며, 독일은 1990년대부터 각 지방에서 통합교육의 기회를 법으로 명시했다. 프랑스는 통합교육체제에서 장애학생을 통합학급이나 특수교육체제의 학급에 취학하도록 하고 있으나 학생이나 지역에 따라 융통성 있게 운영하고 있다. 일본은 장애학생과 일반학생의 교류활동이 국가 시책으로 명시되어 특별지원교육이 확대되고 있다. 또한 통합교육을 위한 교육과정을 융통성 있게 운영하고 있으며 학습지원 교실을 활용하고 있다.

이러한 세계적인 추세에 비추어 우리나라는 1971년에 처음으로 특수학급이 설립된 이래로 의도적이든 비의도적이든 장애학생을 일반학급에 통합시키려는 노력을 해 왔으며 실제로 특수학급을 통합교육의 수단으로 규정한 것은 1994년 1월 7일 공포된 「특수교육진흥법」이 개정되면서부터이다. 그 이전까지 특수학급은 일반학급 환경에서 적절한 특수교육을 받지 못하는 학생들을 분리시켜 그들의 교육적 요구에 적합한 교육을 실시하기 위한 수단이었다고 볼 수 있다. 이후 점차 통합교육을 실현하기 위해 관련 전문가의 인식개선과 교수 실제에 대한 노력이 있어 왔다.

교육부(2022)의 교육환경별 특수교육 대상 학생의 배치 현황에 따르면, 전체 장애학생의 27.2%가 특수학교에 배치되어 있으며 72.8%는 일반학교에 통합된 상황에 배치되어 있다. 이 중 55.9%의 학생이 특수학급에 배치되어 있으며 16.8%의 학생이 일반학급에 배치되어 통합교육을 받고 있다([그림 2-1] 참조).

1994년에 이어 2007년 개정된 「장애인 등에 대한 특수교육법」에서는 특수교육대상자를 가능한 한 통합된 교육환경에 배치하도록 하면서 거주지에서 가장 가까운 학교에 다닐 수 있도록 명시하였다. 그리고 특수교육대상자가 재학하고 있는 일반학교의 장으로 하여금 특수교육대상자의 장애유형·정도 등을 고려하여 교육과정 조정, 보조인력 지원, 학습보조기기 지원, 교원연수 등에 관한 통합교육계획을 수립·시행하도록 규정함으로써 통합교육의 성공적인 실행이 가능하도록 제도적 정비를 하였다(교육부, 2016).

또한 특수학급이 없는 일반학교에 배치된 특수교육대상자에게 특수교육을 제공하기 위하여 특수교육지원센터의 교사가 방문하여 지원할 수 있게 되었고, 특수교육지원센터를 중심으로 통합교육을 받고 있는 학생들에게도 특수교육 관련 서비스를 제공할 수 있게 되었다. 그동안 특수학교 중심으로 서비스가 제공되어 왔다면, 이제부터는 특수학교, 특수학급, 특수학급 미설치 일반학교 등 어떤 교육환경에 배치되더라도 개별 학생에게 가장 적합한 특수교육 및 특수교육 관련 서비스를 제공받을 수 있게 되었다.

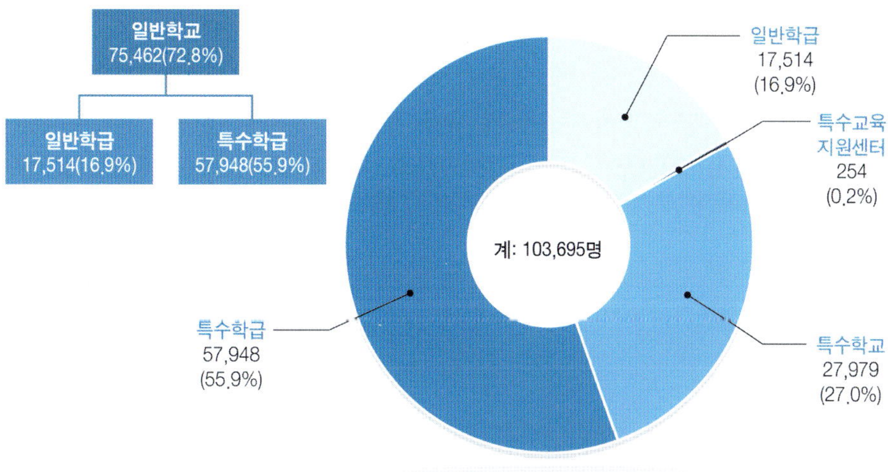

[그림 2-1] 2022년 특수교육 대상 학생 배치 현황

3. 통합교육에 대한 논의

통합교육은 1986년 이후 특수교육 분야의 계속적인 논쟁거리였다. 완전통합교육을 지지하는 자들은 완전통합교육의 실시로 장애아동의 학업적·사회적 능력이 향상되고, 교육비가 절감되며, 장애아동이 더 빠른 속도로 학습을 하고 비장애아동과 사회적 상호작용이 원활하다는 점 등 여러 가지 이유를 들어 완전통합교육을 주장한다(Vaughn & Klingner, 1998). 이 외에도 장애아동의 학업성취와 자아 존중감 향상, 학습분위기 개선, 부모의 교육성취에 대한 확신 그리고 일반아동의 정서함양 등의 효율성 때문에 완전통합교육을 지지하는 사람이 증가하였다.

이에 대해 완전통합교육을 반대하는 사람들은 장애아동이 일반교육에 배치될 때 행정 및 재정상 복잡한 문제가 야기될 수 있다는 점, 일반교사의 자질 부족과 장애아동을 교육시킴으로써 부가되는 부담, 충분한 지원이 없는 상황에서의 관리자의 추진의지 부족 등의 일반교육의 제반 상황이 장애아동에게 효율적인 교수를 제공할 수 있다는 보장을 할 수 없다는 점 등을 들어 완전통합교육에 대한 우려를 표명하고 있다(신진숙, 1997). 또한 그들은 현재의 미시경제 체제가 조직적인 장애물이 되고, 개발된 교수기법들이 일반학급에서 장애아동에게 효과적이라는 연구결과가 부족하며, '수월성' 교육으로 인해 교사들이 학급의 평균 학력을 높이기 위해 장애아동을 학급 밖으로 내몰지도 모른다고 지적한다(Kauffman & Hallahan, 2005).

또한 현재의 특수교육 체제하에서 충분히 장애아동이 그들의 독특한 요구에 맞는 교육을 받음으로써 충분한 혜택을 받고 있다는 점을 들어 완전통합의 주장을 반박하고 있다. 그리고 완전통합이 실현되어야 하는 이유의 하나인 낙인에 대해서 실제로 이러한 낙인을 피하기 위해 실시한 여러 노력이 생각만큼 효율적이지 못하였으며, 특수교육을 받음으로써 범주화되거나 명칭 붙임이라는 틀에 갇혀 장애아동이 큰 영향을 받지 않는다는 점 등을 들어 연속적인 교육 서비스를 받아야 한다고 주장한다.

4. 배치 유형

일반교육 프로그램에 참가하기 위해 특수교육 대상 학생에게 제공되는 교육적 배치 유형은 다양하다. [그림 2-2]에 제시된 바와 같이 크게 일반학급, 특수학급, 보다 제한된 환경 등 세 영역으로 나누어 연속적인 서비스를 받을 수 있다.

가. 일반학급 배치

1) 일반학급

일반학급은 모든 교육적 배치에서 최소로 제한된 환경이다. 이 배치는 특별한 교육적 요구를 가진 것으로 규정되지 않은 학생은 일반학급에서 학교생활의 모두를 보내며 교사든 학생이든 어떤 직접적인 특수교육 서비스를 받지 않는 것을 말한다. 또한 일반교사가 현직연수나 관련 서적을 통해 장애학생과 관련된 지식이나 정보, 교수방법 등을 직접 터득하여 장애학생을 지도하는 유형이다.

이 배치 유형에서 학습하는 장애아동은 필요한 경우 특수교육 서비스를 받을 수 있지만 이는 아주 예외적인 경우에 해당되며 특별한 서비스 없이 적절하게 기능을 할 수 있는 아동들이다. 예를 들어, 시각장애학생은 자신에 맞는 안경을 맞추어 쓰거나 확대 장치나 일반학급에서 기능을 하도록 하는 다른 장치나 기능을 가질 수 있다. 청각장애학생은 과거에는 특수교육 서비스를 받았지만, 현재 적절한 보청기의 착용이나 그러한 보청기를 적절하게 사용하거나 보호하는 훈련을 받고, 혹은 독화 기능을 갖춘 보청기를 통해 받아들인 정보를 보충할 수 있어 더 이상의 특수교육 서비스가 필요 없게 된다.

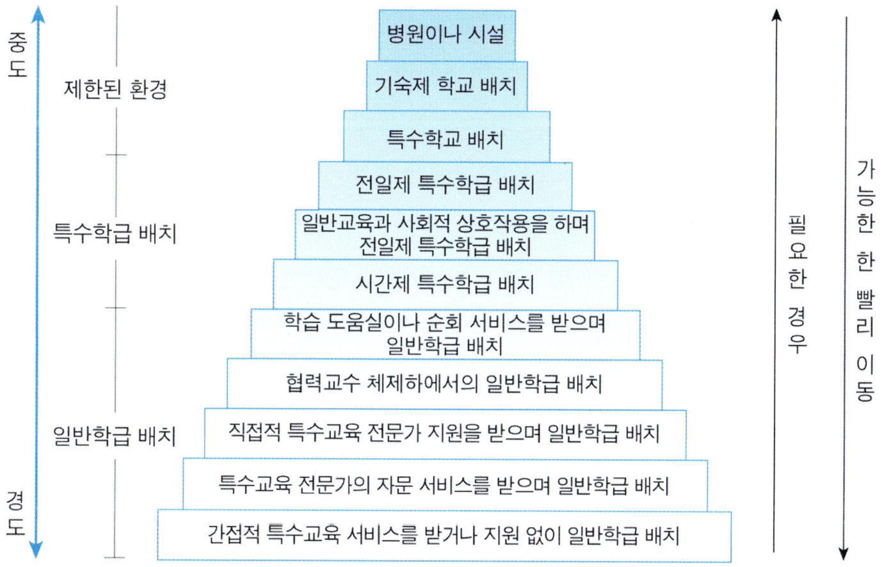

[그림 2-2] **통합교육 배치 유형**

2) 자문교사의 도움을 받는 일반학급

이러한 배치 유형에서 특수한 교육적 요구를 가진 학생은 일반학급에서 모든 생활을 하고 직접적으로 특수한 교육 서비스를 받지는 않는다. 대신에 일반교사가 서비스를 받는 데 특수교사가 교실에서 함께 특수교육 학생의 요구에 대해 자문을 해 준다.

자문 서비스는 많은 형식을 취할 수 있다. 특수교사나 학교심리학자와 같은 전문가들이 학급에서 문제행동을 일으키는 학생을 위해 행동관리 프로그램을 설계해 주거나 수행하도록 교사를 도와줄 수 있다. 시각장애학생을 위한 순회교사는 확대 인쇄본이나 점자 혹은 교과서를 녹음한 교재 그리고 이러한 교재를 잘 이용할 수 있는 방법에 관한 정보를 제공할 수 있다.

전형적으로 자문 서비스를 제공하는 전문가는 일반교육 혹은 특수교육환경에서 많은 경험을 가지고 있어야 한다. 그들은 일반교사나 장애학생의 요구를 잘 알고 학생의 교육적 요구를 충족시키기에 필요한 기능과 확신을 개발하고 적절한 교재를 얻을 수 있도록 일반교사를 도와주는 역할을 한다. 그렇지만 자문교사는 학급에서 수행되는 수업을 평가하거나 경영에 관여하지는 않는다.

3) 전문가의 직접적인 도움을 받는 일반학급

이러한 서비스 유형은 비교적 대부분의 학교나 지역에서 혁신적인 방법이다. 이러한 선택에서 장애학생은 일반학급에서 특수교육 서비스를 받는다. 장애학생이 교실을 떠나지 않고 전문가가 교실을 방문하여 지도하는 것으로 다양한 서비스 유형이 있다.

일반학급에서 모든 생활을 하는 장애학생에게 전문가가 제공하는 지원의 양은 각 개별 학생의 요구에 달려 있다. 간단한 학습에 문제를 가진 학생을 위해서 전문가는 매일 짧은 시간 동안 학급을 방문하여 대상 학생에게 특별한 수업을 할 수 있다. 보다 중증의 장애학생을 위해서는 학교생활 내내 지원을 해 줄 필요도 있을 것이다. 많은 경우에 요구되는 서비스의 양이나 특성은 학령기 동안 바뀔 수 있다. 예를 들어, 전문가는 장애학생을 도와주기 위해 훈련을 받아 온 또래 도우미나 자원 봉사자를 이용함으로써 학급에서 보내는 시간을 줄일 수 있다. 또는 일반교사는 장애아동을 지도하는 데 필요한 기능을 익힌다면 전문가의 도움을 줄일 수 있을 것이다.

4) 협력교수 체제하의 일반학급

이 배치 모형은 장애아동과 일반아동 모두에게 적용된다. 이때 일반교사는 학급에 있는 모든 학생에 대한 책임을 가지고, 필요하다면 장애학생을 위해 상세화된 중재에 대해 특수교사의 도움을 받으면서 진행하는 방법이다.

5) 학습도움실이나 순회 서비스와 일반학급

이러한 교육 선택에서의 특수교육 서비스는 일반적으로 일반학급 외의 장소에서 특수학생에게 제공된다. 그러나 학생은 일반학급에서 대부분의 시간을 보내는 것을 계속한다. 일반적으로 매일 계획된 시간 동안(혹은 1주일에 몇 시간 동안), 학생은 학습도움실에서 특별수업을 받기 위해 일반학급에서 이동하게 된다. 순회교사는 여러 학교를 돌아다니며 가르치는 교사로서 그들에 의해 제공되는 서비스는 학습도움학급 프로그램에서 하는 방식과 같은 방식으로 지도한다. 장애학생은 일반학급에서 대부분의 시간을 보내지만, 언어 교정과 같은 순회교사의 서비스를 받기 위해 일반학급에서 이동하게 된다.

나. 특수학급 배치

1) 시간제 특수학급

이러한 배치에서 서비스를 받는 학생은 특수학급에서 대부분의 학교생활을 하고 매일 몇 시간씩 일반학급에서 공부하기도 한다. 이 배치 유형은 특수학급에서의 생활이 주가 되고 일반학급에 참여하기 위해 하루 일과 중 거의 반 이상을 보내는 것에서부터 단지 몇 분만 통합되는 등 다양할 수 있다. 이러한 프로그램 선택에 배치된 장애학생은 집중적인 특수교육 서비스가 필요하다. 일반교육 프로그램의 참여는 장애아동이 확실히 성공할 수 있는 영역에만 통합되도록 계획된다.

2) 전일제 특수학급과 사회적 상호작용

점점 더 중증장애학생이 일반교육 상황으로 이동하고 있는 추세이다. 따라서 거의 모든 학교생활은 특수학급에서 하지만 통합이 가능한 시간에 또래들과 통합할 기회를 제공해 준다. 여기에 배치된 학생들은 일반학급에서는 수업을 받을 수 없지만 점심시간이나 조회시간 혹은 오락 활동과 같은 사회적 활동에 참여할 수 있게 된다. 그러한 활동은 중증장애학생에게 다른 학생과 상호작용을 할 기회를 제공하며 혼자서 활동하는 데 필요한 기능을 획득할 수 있게 된다. 몇몇 학교는 반대로 일반학생이 특수학급의 활동에 참여하는 통합프로그램을 수행하고 있다. 이러한 프로그램은 특별히 유치원이나 초등학교 저학년 학생들을 위해 적절하다.

3) 전일제 특수학급

이런 프로그램에 배치된 학생은 더 이상 일반교육 프로그램에 참여하지 않으며 특수학급에서 학교생활 모두를 보내게 된다.

다. 보다 더 제한된 환경

1) 특수학교

특수학교는 일반적으로 공립학교체제에 의해 제공되는 배치 중에서 가장 제한적인 배치이다. 특수학교에 배치되는 학생들은 일반교육 프로그램에 통합되어 혜택을 볼 수 없다는 전제하에서 이러한 곳에 배치된다. 이러한 프로그램은 전형적으로 중증장애학생을 대상으로 한다(예: 중복 장애, 중증의 행동장애학생, 중도 지적장애학생). 이 배치 유형의 장점은 특별한 서비스를 집중적으로 받을 수 있다는 데 있다. 심리학자나 사회사업가, 혹은 물리치료사나 작업치료사와 같은 전문가들이 같은 공간 안에 있을 때 그들은 학생의 교육적인 요구를 충족시켜 줄 특수교사를 도와줄 수 있기 때문이다. 그러나 중증장애학생도 점차 일반학교로 통합하려는 추세이다.

2) 기숙제 프로그램

기숙제 프로그램은 우선적으로 두 가지 장애집단 학생을 위한 것이다. 첫 번째 집단은 덜 제한적인 특수교육 상황이 아니라면 제공될 수 없는 집중적인 서비스를 필요로 하는 학생들이다. 이러한 집단에는 중증 행동장애나 중도·최중도 지적장애, 혹은 중복장애에 속하는 학생들이 해당된다. 이러한 학생들은 공립학교나 가정에서의 부모 중 어느 누구에게서도 제공될 수 없는 특별한 교육 서비스와 의료적 치료를 요구하는 학생들일 것이다. 기숙제 환경에서는 24시간 전 시간의 프로그램이 의료나 심리, 교육 그리고 다른 서비스를 함께 지도하도록 되어 있다.

기숙제 환경에 수용되는 또 다른 학생은 매일 집에서 학교까지 다닐 수 없을 정도로 거리가 먼 장애학생들이 대상이 된다. 이러한 유형의 배치는 지역사회가 특수교육 서비스를 지역적으로 계속해서 확대시킬 때 덜 이용하게 될 것이다. 기숙제 환경은 학생들이 동년배의 학생들과 흔하게 접촉할 수 없기 때문에 가장 제한적인 특수교육환경이다.

3) 가정과 병원에 수용

비교적 적은 학생들이 가정이나 병원에 수용되어 있다. 이러한 선택은 일반적으로 영구적이지는 않지만 특별한 학생의 요구에 의해 매년 여러 차례 수용될 수 있다. 이러한 학생들은 지체부자유나 건강 혹은 정서나 행동장애를 가진 학생으로 이러한 장애행동이 학교에서 교육을 받는 것을 방해한다. 이러한 프로그램은 교사가 1주일에 여러 번 학생에게 적절한 지도를 해 주고 학생이 필요로 하는 교재를 제공하기 위해 방문하게 된다.

Ⅱ 통합교육의 실제

통합된 환경에서 장애학생과 비장애학생 모두에게 효율적인 교수 실제를 제공하는 것이 근본적인 통합교육의 성공 요인이다. 그중에서 교수적 수정, 차별화된 수업, 보편적 학습설계, 협력교수, 협동학습, 또래학습, 보조공학의 활용 등에 대한 논의는 중요하다.

1. 교수적 수정

통합교육이 일반화됨에 따라 성공적인 통합교육을 위한 대안적인 전략이 제시되어야 한다. 교수적 수정은 학교에서 실패하는 원인을 학생 개인에게서 찾기보다는 학생을 둘러싼 학습 환경에서 찾아 그와 관련된 환경을 수정하고자 하는 전략이다(Price & Nelson, 2007). 이 용어는 교육과정 수정 혹은 교수 적합화로도 지칭되는데, 이는 환경의 수정, 교수적 상황의 수정, 평가의 수정으로 크게 나눌 수 있다.

가. 환경의 수정

학교는 고정된 단일 환경이 아닌 끊임없이 상호 관련이 있는 여러 환경의 집합체라고 볼 수 있다. 학생이 적절한 교육을 받지 못할 때는 교사라는 변인과의 불일치가 아니라 부적절한 환경의 연유로 보는 것이 중요하다.

이러한 환경은 크게 사회 역동적 환경과 행동적 환경 그리고 물리적 환경으로 나누어 볼 수 있겠다. 사회 역동적 환경 혹은 환경 요소에 영향을 미치는 분위기나 사회적 상호작용은 효율적인 교실 환경의 토대가 된다. 이는 학생이 성공하느냐 실패하느냐에 많은 영향을 미친다. 따라서 학생이 두려워하지 않고 위험에서 자유스러운 환경을 만들기 위해서는 긍정적이고 적절한 지원을 해 주는 교사의 태도가 필수적이며, 장애를 수용하고 이해하려는 학급 동료의 태도 그리고 특별한 교육적 요구를 가진 학생이 일반학급에서 적응할 수 있도록 학생의 사회적 기능을 향상시키는 것 등이 요구된다.

둘째, 행동적 환경의 수정은 학생 행동의 관리, 가르치는 활동과 동시에 진행되어야 하는 교육과정이다. 교사는 교실의 분위기를 결정하는 아주 중요한 변인 중의 하나이다. 교사는 교실의 밝기나 온도 조절, 좌석 배치, 수업 제시 방법 결정, 평가할 시기, 관리를 위한 평가 유형을 선정한다. 또한 교사는 정서적인 학급 분위기와 학습 단계를 정한다. 교사의 관심과 기대, 격려 그리고 학생에 대한 태도는 학생이 자신을 자각하는 데 많은 영향력을 미치게 된다. 따라서 교사는 학생의 행동을 관리하기 위한 예방 차원의 계획을 세우고, 학급에서 문제가 일어날 수 있는 환경을 구조화하여 효율적으로 규칙을 만들어 실행할 때, 문제를 최소화할 수 있을 것이다. 그리고 특수교육 요구 학생을 관리할 수 있기 위해 표적 행동을 밝혀 그러한 행동을 관리할 수 있는 기법을 개발하고 통제해야 할 것이다.

셋째, 물리적 환경은 효율적인 학습을 위해 학생을 자극할 수 있도록 조성되어야 한다. 물리적 환경의 수정에는 주차나 전화, 계단, 출입문 같은 곳에 쉽게 접근할 수 있는 여건과 학교의 일과 운영에 따라 일반교사와 특수교사가 협력하여 학생의 장애 정도와 유형을 고려한 시간표의 작성과 학생의 요구를 충족시켜 줄 수 있는 교실의 환경 구성 등이 포함된다.

나. 교수적 상황의 수정

통합교육이 일반 교육과정을 중심으로 이루어진다고 볼 때 통합된 학생의 개인차에 맞는 교수적 상황의 수정은 당연하다. 다음은 교수적 상황을 크게 네 가지, 즉 교수 계획, 교수 방법, 교수 내용, 교수 매체 등으로 나누어 알아본다.

첫째, 교수 계획의 수정으로, 이는 일반교사와 특수교사 모두에게 분담된 책무성이다. 이 같은 책무성을 완수시킬 수 있는 많은 방법이 있다. 일반학급에 통합되어 교육을 받는 장애학생을 위한 교수 계획의 수정은 용이하다. 수정의 방법으로, 첫째, 특수교육 요구 학생을 위해 특수교사가 수정한 것을 가지고 일반교사가 매일의 수업에서 이를 실행하는 방법과, 둘째, 일반교사 혼자서 수정을 모두 하는 두 가지 방법이 있다.

둘째는 교수 방법의 수정으로, 교수 기법은 교사가 학생에게 내용을 전달하는 전달 체제이다. 교사는 개별 학생의 요구에 맞도록 차별화된 수업을 제공해야 한다. 학생의 준비도와 흥미, 학습 양식에 따라 학생들에게 다양한 교수 방법으로 지도해야 한다.

셋째는 교수 내용의 수정으로, 교사는 수업을 하기 위한 적절한 지도 방법을 선정한 후에 수업 내용을 제시하는 대안적 방법을 염두에 둘 수 있다. 교수 내용의 수정에는 내용의 조직과 내용의 전달, 과제 분석, 학습 과제 수정 등이 있다.

넷째는 교수 매체의 수정으로, 흔히 특수교육 요구 학생을 위한 중재는 교수 매체를 중심으로 할지 모른다. 예를 들어, 교사가 수업을 하는데 학생이 요점을 파악하지 못한다면 수업에서 다른 교수 매체를 사용할 수 있다. 교수 매체를 활용하거나 수정하는 것은 수업을 활성화시킨다. OHP, 컴퓨터, 스마트기기, 비디오, 영상 자료, 사진 자료 등의 시각 매체와 녹음기 등의 청각 기자재의 적용 등이 가능하다.

다. 평가의 수정

통합교육의 실시로 일반교사와 특수교사는 교육과정과 교수 계획을 수정하고 장애학생의 요구에 맞는 학급 환경을 수정하기 위해 함께 일하도록 요구하고 있다. 그러나 학생의 평가에는 많은 관심이 주어지지 못하고 있는 것은 사실이다.

평가라는 용어를 사용할 때에 평가 문항과 등급화 체계라든가 진급 등이 학생의 자아개념과 성취도에 미치는 영향을 염두에 두어야 한다. 학생은 목표에 도달하고 자신의 노력에 걸맞은 보상을 받을 필요가 있다. 따라서 교사는 학생들이 도달되었다는 것을 정확하게 나타내 주는 평가 방법을 사용해야 한다. 학생의 성취도 수준의 평가는 개별 학생의 능력이나 잠재력을 토대로 해야지 전체적인 기준에 맞추어서는 안 된다. 장애학생이 준거 목표에 도달하지 못했다면 특별한 서비스를 제공하지 못했음에 틀림없다.

2. 차별화된 수업

오늘날 교실은 많은 다른 요구와 능력을 가진 학생들이 같은 연령의 집단으로 구성되어 있다. 이들 학급에 있는 학생들은 모두 다르며 새로운 지식을 획득하는 비율이나 학습하는 방법이 다르다. 따라서 교사는 여러 수준에서의 수업, 즉 차별화된 수업을 실시해야 한다. 이는 동일한 교육과정 내에서 다양한 교수 접근이 필요하며 개별 요구와 기능적 수준에 맞춤식 교육이 되도록 하는 것이다(신진숙, 2001c).

차별화된 수업을 위해 사용되는 교육과정 목표 유형과 교수 전략은 학생에 맞추어져야 하고 지역이나 국가 단위의 교육과정 기준에도 맞추고 학습 환경에도 맞추어야 한다(Clayton et al., 2006; Cushing et al., 2005). 그리고 학급에서 통제할 수 있는 변인이나 학생의 강점과 제한점을 고려할 필요가 있다(Tomlinson, 2005).

차별화된 수업의 초기 단계는 교사가 가르치기를 원하는 개념, 원리, 기능을 규명함으로써 교육과정을 개별화하는 것이다(Price & Nelson, 2007). 비록 대부분의 학생이 교육과정 목표를 수정하는 것을 요구하지 않는다 해도, 일부 학생을 위한 교육과정은 다른 학습 강점과 어려움, 학습양식에 맞추기 위해 보충하거나 수정함으로써 개별화될 필요가 있다(Voltz et al., 2005).

그리고 교사가 교수 목표를 조종할 때, 큰 개념이나 필수적인 질문, 결정적인 학습 결과와 목표를 연결시켜야 한다(Ellis, Farmer & Newman, 2005). 또한 모든 학생을 위해 문화적으로 관련되고 교과 간 접목시킬 수 있고 도전적이고 의미 있으며 적절하도록 만듦으로써 교육과정 목적을 개별화할 수 있다(Jenkins, 2005).

차별화된 수업은 학습 요구가 다른 학생들이 똑같은 필수 개념과 같은 핵심 기능을 획득할 수 있게 하는 중요한 활동이다. 예를 들면, 학습 부진아는 독해나 추상적인 사고를 하는 데 어려움을 느끼기는 하지만 주어진 부분이나 이야기의 중심 생각 또는 원리를 이해해야 할 필요가 있다. 동시에 동일한 주제를 가지고 공부하는 학생들 중 학년의 기대치 이상의 능력을 가진 우수한 학생들도 똑같은 개념이나 원칙을 알아야 할 필요가 있다. 일률적인 활동이 어려움을 겪는 학생이나 평균 수준의 학생에게 도움을 줄 것 같지는 않다. 그리고 그것은 같은 영역에서 우수한 지식과 기능을 가진 학생들의 이해의 폭을 넓힐 것 같지도 않다.

따라서 교사는 이런 여러 계층의 수준을 가진 아동들에게 똑같은 중심 개념과 원리를 가르치기 위해 다단계 활동을 이용할 수 있다. 교사는 다단계 활동으로 모든 학생들이 필수 이해와 기능을 익히게 하는 데 초점을 두면서 복잡성, 추상성, 개방된 사고의 차이에도 주의를 기울여야 한다. 같은 활동에 중점을 두지만 다양한 난이도의 접근 방법을 제공함으로써 교사는 각각의 학생들이 중요한 기능을 익히고 이해하게 하고 개별 학생들이 적절한 동기를 부여받을 가능성을 극대화시킨다.

차별화된 수업을 개발하는 지름길은 없지만 다음의 절차는 차별화된 수업의 계획을 안내해 준다.

첫째, 모든 학습자 활동의 중심이 될 개념(들), 기술(들), 원칙(들)을 선정한다. 이는 학생들이 주제를 이해하는 틀을 만드는 데 도움을 주는 필수적인 것이라고 교사들이 생각하는 요소이다.

둘째, 각 활동을 할 학생들에 대해 생각해 본다. 이때 교사는 주제에 대한 학생의 준비도의 범위를 정하는 데 도움이 될 다음 차시의 수업과 관련된 평가(잡지, 학급토론, 퀴즈) 자료를 활용할 수 있다. 거기에 학생의 능력, 학습양식, 흥미에 대한 교사의 정보를 활용한다. 물론 이 단계는 계획 과정에 꼭 포함시킬 필요는 없다. 단지 잠시 동안 개인별 활동이 도달되어야 하는 것을 생각해 보는 기회를 가진다.

셋째, 새로운 활동을 만들거나, 이전에 교사가 성공적으로 사용했던 것을 떠올려 봐서 흥미롭거나 고차원적인 사고가 필요하다는 생각이 들거나 중심 생각을 이해하기 위해 학생들이 핵심 기능을 사용하도록 동기화시키는 데 초점을 맞출 수 있다.

넷째, 사다리를 생각하거나 실제로 그려 본다. 꼭대기 부분은 높은 기능과 이해력이 높은 학생을 나타낸다. 밑에 부분은 낮은 기능과 이해력이 낮은 학생을 나타낸다. 교사는 자신이 적용할 수업의 대상이 될 학생을 생각하면서, 그 수업이 사다리에서 어떤 곳에 위치하는지를 결정한다. 환언하면, 수업이 대부분의 우수한 학생을 위한 것이 될 것인가, 아니면 평균 수준의 학생들이 도전할 만한 수업인가, 아니면 학업 능력이 떨어지는 학생들에게 도전적인 수업인가에 대해 결정한다. 일단 이러한 종류의 사다리가 가시화되면 누구를 대상으로 이러한 수업을 수정해야 할 필요가 있는지를 알게 될 것이다.

다섯째, 난이도 정도에 따라 다른 수업을 제공하기 위해 사다리에 따른 활동을 수정한다. 교수적 수정은 상황이나 학생의 수준 정도에 따라 다양하게 수정할 수 있다. 수정은 학생들이 사용하게 될 자료를 다양하게 할 때(기초 학습자로부터 가장 뛰어난 학습자까지도 전해 볼 만한 것까지) 일어난다. 수정은 학생들이 가장 익숙한 것에서부터 익숙하지 못한 것까지 폭넓은 범위의 학습을 하게 할 때 가능하다. 이는 학생이 많이 경험한 것에서부터 생소한 것으로까지 범위를 확장시킬 때 가능하다.

여섯째, 학생의 요구와 과제를 토대로 해서 개별 학생의 과제 차원에 맞게 목표를 정한다. 비록 교사가 학생의 가진 능력보다 더 높게 학생의 수준을 생각하고 싶더라도 목표는 과제의 난이도와 학생의 준비도를 고려해서 정해야 한다.

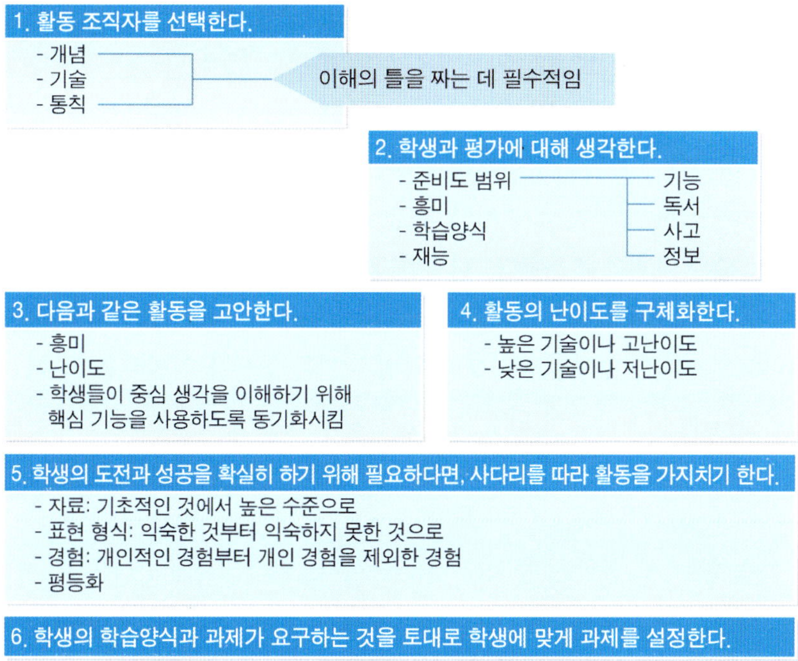

[그림 2-3] 차별화된 수업의 계획 과정

3. 보편적 학습설계

차별화된 수업에서 중요한 요소의 하나는 보편적 학습설계(Universal Design for Learning; UDL)의 사용인데, 이는 모든 학습을 촉구하기 위해 쉽게 사용할 수 있도록 융통성 있는 교육과정과 수업, 평가 교재와 전략을 설계하는 것을 말한다(Council for Exceptional Children, 2005; McGuire, Scott, & Shaw, 2006). 보편적 설계라는 용어는 1970년대 초반 미국의 건축가이며 제품 디자이너였던 로널드 메이스(Ronald Mace)가 설립한 센터에서 처음 사용한 이래로, 개념에 대한 변화가 여러 번 있었으며 현재는 다양한 신체적 특성과 능력을 지닌 사용자를 고려한 디자인으로 통용된다.

이를 통합교육 상황에 적용시켜 보면, 학습자의 다양한 요구를 고려하고 일반교육과정을 따라갈 수 있도록 학습에서의 장애물을 제거하는 것이며, 유연한 교육과정이나 다양한 수업방법, 적절한 평가를 위해 장애 여부와 상관없이 모든 학생들이 학습에 참여할 수 있도록 기회와 방법을 보장한다고 말할 수 있다(윤광보·김용욱·권혁철, 2002).

보편적 학습설계의 기본 철학은 장애를 차별과 무능력으로 인식하는 것이 아니라 인간이 가진 다양성으로 인정하고 민주주의 환경에서 똑같은 권리를 가진 시민으로 법 앞에 평등하다는 민주주의 이념을 실현하게 하는 인간주의 패러다임이 전제가 된다.

보편적 학습설계에서의 교육과정 목적은 모든 학생을 위해 적절한 도전을 제공하고 교재는 유연한 방식을 취하는데, 이는 모든 학생의 학습을 지원하기 위해 매체와 내용의 제시 방식 사이의 변환이 자유롭도록 지원한다. 예를 들어, 활자체로 된 전통적인 인쇄물에서는 변환될 수 없었지만, 디지털 차원에서는 읽기 수준이 다양한 학생들에게 선택할 수 있는 많은 기회를 제공한다. 디지털 교재는 여러 가지 형태로 제시(예: 그림, 교재, 비디오)되고 이는 다른 기자재로 변환될 수 있다(음성으로 변환). 혹은 표현의 특성을 수정할 수 있다(예: 교재의 크기나 색, 음성 높낮이). 또한 방법은 모든 학생을 지원하고 적절한 학습 경험과 도전을 제공하기에 충분히 다양하고 융통성이 있으며, 평가는 교사가 수업을 조정하고 학습을 최대화하는 것을 돕는 정보를 제공하며, 이를 정확하게 제공하기 위해 가변적이다(Hitchcock, Meyer, Rose & Jackson, 2002).

보편적 학습설계에서 공학은 중요한 역할을 한다. 이러한 접근방식은 모든 학생에게 잠재적으로 혜택을 주고, 특히 긴 시간 동안 교재에 집중하는 것이 어려운 학생이나 읽기장애학생, 쓰거나 타자 치는 운동기능이 부족한 아동, 장애아동에게 더욱 도움이 된다.

4. 협력교수

장애학생이 효율적으로 통합교육을 받기 위해서는 일반교사와 다른 특수교육 전문가의 협력이 필수적이다. 협력교수는 두 명 이상의 교사가 동일 집단의 학생을 위해 교수를 계획하고 가르치고 평가하는 모든 과정에서의 책임을 공유하는 교수 형태이다(Wiggins & Damore, 2006; Wilson, 2005). 통합교육 상황에서의 협력교수는 일반교사와 특수교사가 함께 수업을 계획하고 지도하며, 효율적인 수업을 위해 교사의 역할과 기술을 증진시킨다. 그리고 모든 과정에서 발생할 수 있는 갈등을 함께 해결하고 대화하며 상호 교수를 통해 두 교사가 구조화하는 과정이며 서로에게서 배우고 가르치며 다른 학문을 접해 보는 과정을 갖는다(신진숙, 2001b; 정대영 · 권요한 · 김기민, 2002).

협력교수의 원리로, 첫째, 수업 시작 전 두 교사는 협력 교수의 개념이나 원칙, 효과 등에 동의하고 필요한 모든 정보를 공유해야 한다. 둘째, 파트너로서 상대방을 지원하고 서로의 전문성을 인정하고 상대의 감정을 존중해야 한다.

협력교수의 모형에는 다음 네 가지 모형이 있다.

가. 교사와 보조자 모형

한 명의 교사가 전반적인 교수활동을 주도하고 다른 교사는 보조자 역할로서 개별 학생을 지원하는 수업모형이다. 이 방법은 이동하며 돕는 교사가 보조자로 보일 수 있다는 점과 학생의 주의를 산만하게 할 수 있다는 단점이 있다. 또한 이 모형은 교사가 이동하며 도와주기 때문에 학생들을 의존적인 학습자로 만드는 경향이 있다. 이 모형의 적용 원칙은 읽기 과제 중심의 전체 교수에 효율적이며 두 명의 교사가 직접 교수를 진행하는 것보다 한 명의 교사가 수업을 할 때 더 효과적인 경우에 적용해야 한다.

나. 스테이션 교수

두 명의 교사가 두 군데의 장소에서 교재의 반을 가르치고 다시 학생을 바꾸어 같은 내용을 지도하는 모형이다. 이 모형의 장점은 학생과 교사의 비율을 낮추어야 할 필요가 있을 때나 장애학생이 소집단에서 학습할 때 효율적이다. 활동을 2~3개로 나누어 진행할 경우 대집단 교수보다 모둠별 학습이 더 필요한 경우에 적용하는 것이 좋다.

다. 병행교수

두 명의 교사가 학생을 반으로 나누어 각자 가르치는 수업모형으로 내용의 동질성을 위해 구체적인 사전협의가 필수적이다. 이 모형은 반복 학습이나 프로젝트 학습에 사용하는 것이 좋다. 같은 내용을 좀 더 작은 집단으로 나누어 지도할 필요가 있을 경우 적용한다.

라. 대안교수

두 교사가 대집단과 소집단의 두 집단으로 나누어 맡아서 지도한다. 사전학습이나 사후학습, 심화학습 등에 활용하며 이때 유의할 점은 소집단이 고정화되어서는 안 된다는 점이다. 이 모형은 교재의 지문을 중심으로 학습할 경우나 장애학생이나 영재학생 집단에게 좀 더 집중적인 교수가 필요하다고 생각될 경우 적용한다.

5. 협동학습

1980년대의 교육을 '사고 기능'의 교육이라고 부른다면 1990년대의 교육은 '협동학습'의 교육이라 말할 수 있다. 지금까지의 교실은 질서정연하고 조용히 교사의 가르침에 따라, 움직이지 않고 오직 교사가 강의하는 내용을 듣고만 있는 교실이 교육이 잘되고 있는 교실이라 생각했지만 이러한 환경에서는 개인적인 각성이나 개인과 개인, 개인과 환경과의 상호작용은 없으며 개인의 존재와 관계없는 외적 준거에 의한 활동만 있다.

그러나 21세기 탈현대를 추구하는 우리 사회는 구조주의적 패러다임에서 벗어나서 상호 침투적인 탈구조화된 사회로 변화되고 있으며 탈구조는 종횡으로 막혀 있는 장벽이 무너지고 상호 침투되며 하나의 큰 전체로 만들어지는 것을 말한다. 따라서 자연히 교육도 이러한 사회의 흐름에 맞는 상호 침투적인 교육을 시켜야 한다.

상호 침투적인 교육이 되기 위해서는 적극적 관계 속에서 학습이 이루어지고 주어진 문제를 해결하는 교육 모형이 필요하다. 그래서 협동과 협력은 갈등과 경쟁에 대치되고 다른 사람과 손잡고 함께하는 교육으로 바뀌어야 한다.

협동학습은 완전통합교육을 지향하면서 교사들이 일반교실에서 장애학생을 위한 효율적인 교수방법으로(Jenkins, Antil, Wayne, & Vadasy, 2003) 협동학습에 참여함으로써 장애학생의 자존감이 향상되고 일반 또래들의 장애학생에 대한 사회적 수용도가 향상되며 장애학생의 학업성취도를 향상시킬 수 있는 교수 방법이다.

협동학습의 모형에는 다음의 모형들이 있다

가. LT(Learning Together) 협동학습

LT 협동학습은 이질적으로 구성된 학습 모둠이 공동의 목표를 설정하고 각자의 역할과 책임을 공유하면서 상호작용을 통해 그 목표에 도달하고 공동으로 보상받는 방법이다.

나. 토너먼트 게임(Teams Games Tournaments; TGT) 협동학습

토너먼트 게임 협동학습은 학습성취 수준이 비슷한 학생들이 함께 제시된 문제를 풀고 점수를 얻는 보상이 강화된 협동학습이다. 성취수준이 비슷한 학생들과 문제를 푸는 것은 자신의 실력을 발휘하는 데 공평한 기회가 주어지게 되는 것을 의미한다. 즉, 모든 학생들에게 성공 기회가 균등하게 제공되며, 문제 풀이 점수의 합산으로 소집단의 성과가 평가되므로, 학생들이 학습에 적극적으로 참여하여 무임승차 효과를 보완할 수 있다. 또한 게임 형식을 학습에 적용한 것으로 학생들이 흥미를 가지고 적극적으로 학습 활동에 참여할 수 있는 장점을 지니고 있다.

다. 성취과제 분담학습(Student Teams Achivement Division; STAD)

이 모형은 팀 성적 향상을 위해 보상을 적절히 활용하며, 모둠 내에서 협동을 유발시켜 학습의 효율성을 강조한다. 이 모형은 교사가 먼저 학습단원을 강의식 내지 시청각 자료를 활용하여 지도한 후 이질적인 학생들을 모둠으로 구성하고 각자 고유의 역할을 분담시킨다. 그리고 학습단원과 관련된 학습지를 주어 학습하게 한 후 개인별로 퀴즈를 내어 채점을 한다. 또한 이전 성적의 평균 점수인 기본 점수를 기준으로 향상 정도에 따라 향상 점수를 부여하고 각 개인의 향상 점수를 모둠 점수로 한다. 그리고 모둠 점수를 학급 전체가 알 수 있도록 공개하며 점수에 따라 모둠을 보상하는 모형이다.

라. 지그소우 II 모형

전문가 집단 모형이라고도 하는데, 이 모형은 학생 각자가 모든 교재를 혼자서 공부하는 대신에 팀으로 나누어 각자에게 과제를 주고 맡은 과제를 팀에게 다시 가르쳐 주어 알게 하는 모형이다.

6. 또래학습

실제로 완전통합된 환경에서 효율적이고 지원적인 학습 환경의 요소에는 능동적인 학생의 높은 참여율, 모든 학생들의 높은 학업성취도, 명확한 수업목표의 제시, 학습한 내용과 평가 내용의 일치, 교실 내의 학생들이 경쟁적이기보다는 협력적인 환경이 조성되도록 하는 수업 보상의 구조화 등이 있다.

이러한 요소를 충족시킬 수 있는 교수 모델로서 많은 연구자들은 학생들 사이의 협력 관계를 구조화하는 체제에 관심을 가졌다. 이러한 체제는 파트너 학습(partner learning) 혹은 또래교수 프로그램(peer tutoring programs)으로 종종 언급되어 왔다.

또래지도는 학업적 · 사회적 혹은 경제적인 측면에서 효율적이며(신진숙, 2001a), 또래지도를 수행한 학생 모두에게 효율적이다(Gillies & Ashman, 2000).

특히 또래지도 방법 중에서 가장 많이 연구되고 있는 접근 중의 하나는 전 학급 또래지도(Classwide Peer Tutoring; CWPT)로 교실에 있는 모든 학생들이 또래지도에 참여하며 또한 모든 학생들이 도우미(tutor)가 될 뿐만 아니라 배우미(tutee)의 역할도 하게 된다. 전 학급 또래지도에 관한 연구에서 가장 많이 제시된 결과는 전 학급 또래지도가 교사의 직접 교수보다 학생들의 철자법이나 읽기, 수학 등의 학업적인 측면뿐만 아니라 사회적 기술을 향상시켜 통합교육을 실현시키는 효율적인 교수 방법이라고 제시하고 있다.

7. 보조공학의 활용

장애학생의 완전통합을 위한 구체적인 방안으로 교수적 수정은 절차나 교육과정, 관리, 교재 그리고 공학을 가르치고 학습을 용이하게 하기 위한 물리적인 환경의 변화나 수정을 말한다(Parette, Wojcik, Peterson-Karlan, & Hourcade, 2005). 교수적 수정은 장애와 관련된 어려움을 보상하는 데 있어서 특수교육의 통합적 요소이며 학생을 지원해 주는 요소이다(Smith, 2004). 더구나 지난 여러 해 동안 컴퓨터공학과 보조공학을 활용한 수업의 가능성에 대한 인식이 확산되면서 가능성은 증가되어 왔다.

교실 수업에 보조공학을 활용하는 것은 협력팀에 의해 시작된다(신진숙, 2005). 협력팀의 역할은 사용자의 요구에 따라 개별화되어야 한다. 그러나 먼저 보조공학을 활용하기 위한 계획을 세워야 한다. 계획에는 보조공학을 수업에 적용하기 위해 장치를 선정하고 선정된 장치를 활용하는 것을 점검하며 활용에 대한 평가 등을 내용으로 특별한 전략이 포함되어야 한다. 이 단계에서 협력팀은 특별한 상황적 요구를 필요로 하는 특별한 학생의 특성과 관련된 물음에 답해 봄으로써 보조공학의 활용을 효율화할 수 있다([그림 2-4] 참조).

보조공학의 선정은 수업에 보조공학 활용을 통합시키는 첫 번째 단계이다. 교사가 단위활동을 설계할 때(예: 목표선정, 역할과 집단의 규명, 활동의 개발)나 장애학생을 위한 잠재적인 장면을 규명할 때, 보조공학 장치는 적절한 수업 적용이라 생각할 수 있다. 협력팀은 개별 학생의 학습 특성에 최적합한 장치를 선정하고 여러 상황의 요구를 고려함으로써 교육 프로그램을 수행하는 데에 학생을 도와주고(예: 과제와 선수 기능), 개별 특성(예: 능력과 장애 관련 제한점)과 집단 활동에 참여하기 위해 필요한 활동을 결정할 수 있다(Bryant & Rivera, 1995).

단계	항목	질문
선정	특별한 상황적 요구: 과제	• 수업이 어떻게 전달되는가(예: 강의, 교과서)? • 학생이 기능과 개념(예: 읽기, 쓰기)에 대해 얼마나 배우기를 기대하는가?
	특별한 상황적 요구: 선수능력	• 과제를 수행하기 위해 어떤 기능이 필요한가? • 어떤 선수 지식이 필요한가?
	학생의 특별한 특성: 능력	• 학생의 감각 · 운동능력, 언어 · 인지적 장점은 무엇인가? • 혼자서 학생이 어떻게 기능하는가? • 학생의 특별한 학습능력과 선수 능력을 어떻게 조화시킬까?
	학생의 특별한 특성: 기능적 제한성	• 학생의 감각 · 운동능력, 언어 · 인지적 장점은 무엇인가? • 학생이 혼자서 기능하는 데 어떤 제한성이 있는가? • 학생의 특별한 학습능력과 선수능력을 어떻게 조화시킬까?
	활용: 유형	• 보조공학의 활용이 장애 유형과 관련이 있는가? • 보조공학의 활용으로 특별히 훈련이나 상세화를 필요로 하는가? • 어떤 것을 실행하기를 원하는가?
	활용: 학생과 공학의 결합	• 공학의 활용은 어떤 특징이 있는가? • 사용자의 능력이나 제한점과 장치가 얼마나 부합하는가? • 가족에게 활용의 의미는 무엇인가?
	활용: 훈련	• 교사, 사용자, 가족에게 필요한 훈련은 무엇인가? • 어떤 훈련 접근과 지원 시스템이 적용되는가?
점검	환경적 요인	• 보조공학의 활용 시, 전기, 보관, 부속품, 그리고 장소와 같이 환경적 요인을 고려하는가?
	정치 및 활용	• 학생이 적절하게 장치를 사용하는가? • 부가적인 훈련이 필요한가? • 기대치만큼 공학장치가 기능하는가? • 학생이 또래의 진도에 맞출 수 있는가?
평가	학생의 자율적인 접근 과정	• 수업목표를 달성하기 위한 학생의 과정을 결정하기 위해 어떤 자료를 수집해야 하는가? • 학생이 혼자서 수행할 능력이 있는가? • 학생이 성공적으로 상황적 요구에 대처할 수 있는가?

출처: Bryant & Rivera(1995).

[그림 2-4] **보조공학 활용을 위한 질문**

교수·학습 활동 중에 보조공학 장치의 활용에 대한 점검은 보조공학 장치 활용의 두 번째 단계이다. 학습을 수행하는 동안, 협력팀은 언제나 집단의 상호작용과 학생의 능력을 점검할 책임이 있으며 부가적으로 환경적인 요인을 기록하고 장치의 사용을 관찰해서 집단의 활동에 보조공학 장치를 통합하는 것을 용이하게 할 수 있다.

평가 과정은 보조공학 장치를 통합시키는 마지막 단계이다. 협력팀 구성원은 보조공학 장치가 수업에서 장애학생을 위해 도움이 되는지의 여부를 결정해야 한다. 이 단계에서 보조공학이 학생의 특별한 어려움을 보상해 주는지 그리고 학업 숙달과 수업 목표 도달을 내용으로 역할의 책무성을 완수하고 집단 활동에 잘 참여하는가에 대해 평가를 해야 한다.

전 망

21세기 학교 개혁의 방향은 일반학교의 개선뿐만 아니라 학습에 어려움이 많은 학생의 성취수준을 향상시키는 데 있다. 이러한 요구는 일반교육과 특수교육의 체계를 통합하는 재조직화의 방향으로 추진하게 될 것이다. 따라서 이러한 일원화된 조직을 위한 대비도 해야 할 것이다.

또한 교사라는 변인은 통합교육에서 중요한 요소로서 일반교사는 특수교육 대상 학생에 대한 이해를 증진시키고 통합교육 수행 역량강화를 위해 통합교육과 관련된 연수가 확대될 것이며 특수교사는 통합된 교육환경에서의 일반교과 지도능력 향상 및 통합교육 수행능력을 향상시키기 위한 연수 및 연구기회가 확대될 것으로 보인다. 또 이들 특수교사와 일반교사들은 모든 학생을 위한 최상의 결과를 도출하기 위해 협력하여 교육환경을 조성해야 할 것이다.

지금까지 여러 선행 연구결과를 보면 가족이 통합교육을 위한 추진력의 중요한 원천이었다. 현재도 장애학생 가족의 참여가 크게 늘어나고 있지만 앞으로 더욱 장애학생의 교육에 가족의 적극적인 참여가 늘어날 것임이 자명하다.

토의주제

- 완전통합의 당위성에 대해 논의해 보자.
- 분리교육이란 낙인은 윤리적인 측면에서 바람직하지 못하다고 주장하는 사람들에 대해 토론해 보자.
- 통합교육환경에서 장애학생을 지원하기 위한 교수 실제에는 어떤 것들이 있는지 토론해 보자.
- 통합교육의 배치 유형에 대해 설명해 보자.
- 협력교수의 유형에 대해 설명해 보자.

참고문헌

교육부(2016). **특수교육연차보고서.** 서울: 교육부.

김원경(2007). 한국특수교육의 변화경향과 미래전망. **정신지체연구,** 9(2), 1-19.

신진숙(1997). 학교조직의 재구조화에 따른 우리나라 통합교육의 과제. **특수교육학회지,** 18(3), 39-56.

신진숙(2000). 통합교육의 문제점과 전제 조건 탐색. **특수교육학회지,** 34(3), 49-67.

신진숙(2001a). 전학급또래지도가 경도정신지체 학생의 쓰기 능력에 미치는 효과. **특수교육학연구,** *36*(3). 123-142.

신진숙(2001b). 통합교육의 효율적 실행을 위한 협력팀 접근. **특수교육저널: 이론과 실천,** 2(2), 129-146.

신진숙(2001c). 완전통합학급에서의 교수 실제. **특수교육저널: 이론과 실천,** 2(3). 85-110.

신진숙(2005). 경도정신지체 학생의 협동학습 지원을 위한 보조공학 장치의 활용. **장애아동교육연구,** 7(3). 163-178.

윤광보, 김용욱, 권혁철(2002). 장애학생의 학습을 위한 보편적 설계의 실행방안. **특수교육학연구,** 37(3), 63-282.

장애인 등에 대한 특수교육법(개정 2007. 5. 25. 법률 제8483호).

정대영, 권요한, 김기민(2002). 통합교육 활성화를 위한 학습도움학급의 효율적 운영 방안. **특수교육학연구,** 37(1), 419-440.

Bryant, B. R., & Rivera, D. P. (1995). *Cooperative learning: Teaching in an age of technology.* Paper presented at the annual meeting of the Learning Disabilities Association of Texas, Austin, TX.

Bucalos, A. B., & Lingo, A. S. (2005). What kind of "managers" do adolescents really need? Helping middle and secondary teachers manage classrooms effectively. *Beyond Behavior, 14*(2), 9-14.

Clayton, J., Burdge, M., Denham, A., Kleinert, H. L., & Kearns, J. (2006). A four-step process for accessing the general curriculum for students with significant cognitive disabilities. *Teaching Exceptional Children, 38*(5), 20-27.

Council for Exceptional Children(2005). *Universal design for learning: A guide for teachers and education professionals.* Arlington, VA: Council for Exceptional Children and Merrill/Prentice Hall.

Cushing, L. S., Clark, N. M., Carter, E. W., & Kennedy, C. H. (2005). Access to the general education curriculum for students with significant cognitive disabilities. *Teaching Exceptional Children, 38*(2), 6-13.

Ellis, E. S., Farmer, T., & Newman, J. (2005). Big ideas about teaching big ideas. *Teaching Exceptional Children, 38*(1), 34-40.

Gillies, R. M., & Ashman, A. F. (2000). The effects of cooperative learning on students with learning difficulties in the lower elementary school. *Journal of special Education,* 34, 19-27.

Hitchcock, C., Meyer, A., Rose, D., & Jackson, R. (2002). Providing new access to the general curriculum: Universal design for learning. *Teaching Exceptional Children, 35*(2), 8-17.

Hunt, P., Soto, G., Maier, J., & Doering, K. (2003). Collaborative teaming to support students at risk and students with severe disabilities in general education classrooms. *Exceptional Children, 69*, 315-332.

Idol, L. (2006). Toward inclusion of special education students in general education: A program evaluation of eight schools. *Remedial and special education, 27*, 77-94.

Jenkins, J. R., Antil, L. R., Wayne, S. K., & Vadasy, P. F. (2003). How cooperative learning works for special education and remedial students. *Exceptional Children,* 69, 279-292.

Jenkins, R. A. (2005). Interdisciplinary instruction in the inclusion classroom. *Teaching Exceptional Children, 37*(5), 42-48.

Kauffman, J. M., & Hallahan, D. P. (Eds.). (2005). *The illusion of full inclusion: A comprehensive critique of a current special education bandwagon*(2nd ed.). Austin, TX: Pro-ED.

Kirk, S. A., & Gallagher, J. J. (1986). *Educating exceptional children.* Boston, MA: Houghton Mifflin.

McGuire, J. M., Scott, S. S., & Shaw, S. F. (2006). Universal design and its applications in educational environments. *Remedial and Special Education,* 27, 166-175.

Melcher, J. W. (1976). Law, litigation, and handicapped children. *Exceptional Children, 43*(3). 231-244.

National Centre on Educational Restructuring and Inclusion(1995). *National Study of Inclusive Education.* New York: The City University of New York.

Nirje, B. (1969). The normalization principle and its human management implications. In R. B. Kugel & W. Wolfensberger (Eds.), *Changing patterns in residential services for the mentally retarded* (pp. 179-195). Washington, DC: President's Committee on Mental Retardation.

Parette, H. P., Wojcik, B. W., Peterson-Karlan, G., & Hourcade, J. J. (2005). Assistive technology for students with mild disabilities: What's cool and What's not. *Education and Training in Developmental Disabilities, 40*, 320-331.

Price, K. M., & Nelson, K. L. (2007). *Planning effective instruction: Diversity responsive methods and management*(3rd ed.). Belmont, CA: Thomson Wadsworth.

Sarason, S. B., & Doris, J. (1979). *Educational handicap, public policy and social history.* New York: Free Press.

Shepard, L. (1987). The new push for excellence: Widening the schism between regular and special education. *Exceptional Children, 53*, 327-329.

Smith, C. R. (2004). *Learning disabilities: The interaction of students and their environments*(5th ed). Boston, MA: Allyn and Bacon.

Tomlinson, C. A. (2005). *How to differentiate instruction in mixed-ability classrooms*(2nd ed.). Upper Saddle River, NJ: Merrill/Prentice Hall.

Vaughn, S., & Klingner, J. K. (1998). Students' perceptions of inclusion and resource room settings. *Journal of Special Education, 32*(2), 79-88.

Voltz, D. L., Sims, M. J., Nelson, B., & Bivens, C. (2005). Mecca: A framework for inclusion in the context of standards-based reform. *Teaching Exceptional Children, 37*(5), 14-19.

Weick, K. E. (1985). Sources of order in underorganized systems: Themes in recent organizational theory. In Y. S. Lincoln(Ed.), *Organization theory and inquiry: The paradigm revolution.* Beverly Hills, CA: Sage.

Wiggins, K. C., & Damore, S. J. (2006). "Survivors" of "Friends"? A framework for assessing effective collaboration. *Teaching Exceptional Children, 38*(5), 49-56.

Will, M., (1986). *Exceptional Children with learning problems: A shared responsibility.* Washington, DC: Office of Special Education and Rehabilitative Services.

Wilson, G. L. (2005). This doesn't look familiar: A supervisor's guide to observing co-teaching. *Intervention in School and Clinic, 40*(5), 271-275.

Chapter

03 장애아 진단 및 평가

특수아동들은 비장애아동과는 다른 특수성(exceptionality)을 가지고 있다. 특수성은 '장애(disability)'라는 부정적인 측면만을 의미하는 것이 아니라, '재능(talent)'과 같은 긍정적인 측면도 포함한다. 영재아동이 특수아동에 포함되는 것도 이와 같은 맥락에서 이해할 수 있을 것이다.

흔히 특수아동에 대한 진단과 평가는 과정이 복잡하고, 해석이 어려우며, 많은 시간과 전문 인력이 필요하다고 한다. 또 일부 전문가들은 진단 및 평가의 중요성을 평가절하하면서, 평가를 실시하는 데 걸리는 시간을 아이들을 가르치는 데 쓰라고 충고하기도 한다. 그러나 진단과 평가는 교육 과정상의 중요한 구성요소로서, 아동에게 필요한 적절한 교육적 결정을 내리거나, 교수 내용을 풍부하게 만드는 데 꼭 필요한 자료가 되기 때문에 소홀히 해서는 안 된다(Taylor, 2003).

이 장에서는 진단과 평가에 대해 개관하고, 평가의 분류와 유형을 살펴본 후, 특수교육 현장에서 사용되고 있는 구체적인 진단평가 도구에 대해서도 다루고자 한다.

I 진단 및 평가의 개관

1. 진단 및 평가에 있어서의 기본 개념

진단과 평가에 있어서는 검사, 사정, 평가 등 여러 용어들이 사용되고 있으며, '사정' 혹은 '평가'가 '검사(testing)'와 똑같다고 생각하는 사람들도 많다. 그러나 사정이나 평가는 단순히 검사 점수, 검사의 실시, 검사 점수의 기록 이상의 의미를 가진다. 따라서 진단 및 평가에 있어서의 기본 개념을 정확히 이해할 필요가 있다.

* 박현옥(남부대학교 초등특수교육과)

검사(test)는 표준화된 심리검사 도구에 의해 집단 또는 개인의 하나 혹은 그 이상의 특성(trait)을 양적으로 밝히는 것을 의미한다. 예를 들어, A아동에 대해 지능검사를 실시한 결과, IQ가 60이라는 것은 지능 지수를 양적으로 표시한 것이다.

사정(assessment)은 검사에 의한 양적 기술의 신뢰성 여부를 알아보기 위한 질적인 특성을 파악하는 것이다. 예를 들어, A아동의 IQ가 60이지만(양적인 기술), 검사 시간 동안 최선을 다하지 않는 것(질적인 분석)으로 관찰되었다면 이 아동의 지능검사 결과는 100% 신뢰할 수 없다는 결론이 도출될 것이다.

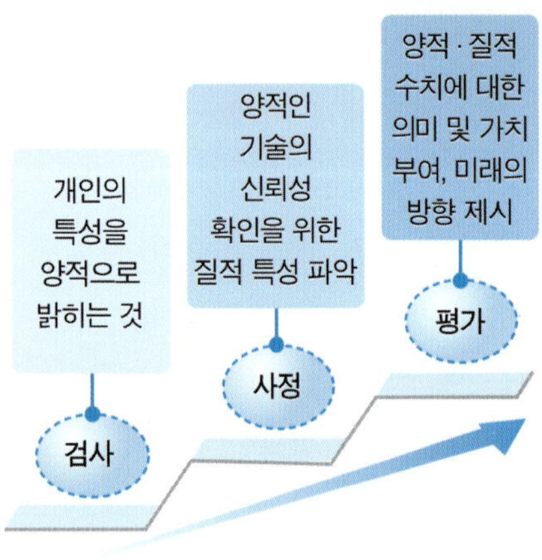

[그림 3-1] **검사, 사정, 평가의 개념**

평가(evaluation)는 검사 및 사정에 대해 의미와 가치를 부여하며, 미래의 방향을 제시하는 것이다. 예를 들어, A아동의 지능검사 결과를 분석한 결과, 언어성 검사와 동작성 검사의 점수 차이가 의미 있는 수준으로 크게 나타났다면(언어성 검사점수 < 동작성 검사점수), 이는 언어적 이해와 표현능력을 요구하는 청각-음성 정보 과제처리 능력보다 비언어적 사고를 측정하는 시각-운동 과제 처리능력이 훨씬 우수하게 기능하고 있다는 의미로 해석될 수 있다. 이와 같이 의미와 가치가 분석되고 나면, A아동의 인지적 강점·약점 및 약점을 보완할 수 있는 방법 등이 구체적으로 제시될 수 있을 것이다. [그림 3-1]에는 검사, 사정, 평가의 개념이 도식화되어 있다.

2. 심리검사의 기본 가정

검사는 특정한 개체의 독특한 특성을 알아보기 위한 통제된 관찰방법이므로, 우리는 한 개인을 대상으로 똑같은 검사를 여러 번 실시하더라도 똑같은 결과가 나올 것이라고 기대할 것이다. 그러나 실제로는 같은 사람에게 같은 도구를 사용하여, 똑같은 방법으로 검사했다 하더라도 매번 결과가 다를 수 있다. 검사 과정에는 여러 요인이 작용하기 때문이다. 따라서 우리가 심리검사를 통해 도출된 정보가 정확하다고 믿기 위해서는 다음과 같은 기본 가정이 필요하며, 모든 심리검사들이 이와 같은 가정에 근거하여 제작·적용된다.

가. 검사자에 대한 가정

대부분의 표준화된 검사 도구들은 검사 절차를 매우 엄격하게 통제하도록 되어 있다.

따라서 표준화된 심리검사 도구들은 이러한 검사를 실시하는 검사자가 정해진 절차에 대해 충분한 훈련을 받았으며, 숙련되어 있을 것이라고 가정한다.

아동과의 라포(rapport) 형성, 각 검사 문항의 정확한 적용, 아동의 반응에 대한 정확한 기록, 정해진 절차에 따른 채점, 평가 등은 검사 결과에 중대한 영향을 미치게 된다. 특히 장애를 가지고 있는 특수아동의 경우에는 이러한 검사자에 대한 가정이 신뢰롭지 못할 경우가 많다. 특수아동을 정확하게 진단 · 평가하기 위해서는 특수아동의 특성에 대해 잘 알고, 오랫동안 경험해 온 임상적인 진단경험이 필요하기 때문이다(여광응, 2006).

나. 행동표집에 대한 가정

검사에서의 행동표집(sampling of behavior)은 검사하려는 영역의 행동을 '대표'하는 동시에, '표집의 크기'도 적절한 것으로 생각하는 가정이다. 인간의 모든 행동을 전부 측정하는 것은 불가능하다. 따라서 심리검사에서는 통계학적으로 신뢰할 만하고, 타당하다고 인정되는 표집의 크기를 정하여 활용하고 있다(문수백, 2006).

다. 문화접변에 대한 가정

검사를 받는 아동들은 거의 비슷한 문화적 조건 속에서 살아왔을 것이라고 생각하는 가정이다. 검사도구 중에는 문화권이 다를 경우, 문화의 이질성으로 인해 적용 가치가 없어지는 경우가 있다. 예를 들어, 미국에서 개발된 유아용 발달검사 중에는 '냅킨, 포크, 나이프의 사용법을 안다'와 같은 문항들이 다수 들어 있는데, 이러한 문항은 우리나라 유아들에게는 일반적으로 요구되지 않는 내용을 다룬 것이다. 따라서 우리나라 유아들이 이 문항에서 점수를 받지 못했다고 하더라도 자조 기능이 떨어지는 것으로 볼 수 없을 것이다.

대부분의 검사도구들은 동일 문화권에 속한 아동을 대상으로 표준화 작업을 하여 제작된다. 그러나 동일 문화권에 속해 있다 하더라도 장애아동은 비장애아동에 비해 경험의 범위가 제한될 수 있고, 경험의 질도 다를 수 있기 때문에 비장애아동을 대상으로 개발되고 표준화된 검사도구는 장애아동에게 그대로 적용하기 어려운 것이 많다.

라. 측정오차에 대한 가정

거의 모든 측정에는 오차가 따른다. 인간의 행동은 예측이 어렵고, 복잡하며, 직접측정이 아닌 간접측정의 경우에는 그 오차 범위가 더 커진다. 따라서 심리검사들은 통계적인 절차에 의해 일정한 범위의 오차는 허용해 주고 있다고 생각하는 것이 측정오차에 대한 가정이다(여광응, 2005). 아무리 신뢰도가 높은 검사도구를 사용하여 정확하게 측정하더라도 ±5~±10 정도의 오차 범위가 있으므로, 지능검사를 통해 얻어진 지능지수를 절대적인 것으로 판단해서는 안 된다.

마. 현재 행동의 측정에 대한 가정

검사의 대상이 되는 행동은 현재 나타나는 행동에만 한정되는 것이다. 검사를 통해 측정된 행동은 현재의 행동일 뿐이며, 이것으로 과거의 행동까지 유추할 근거는 없다.

바. 미래 행동의 예언에 대한 가정

측정된 현재 행동에 기초하여 미래의 행동을 예측할 수 있을 것이라는 가정이다. 예측은 말 그대로 예측일 뿐이며, 잠재적 오류가 있을 수 있으므로 너무 먼 장래의 행동을 예측하는 것은 경계해야 한다.

3. 진단 및 평가의 목적

진단 및 평가는 단순히 장애아동을 확인하거나, 행동의 특성을 파악하기 위함이 아니다. 진단과 평가는 장애아동의 선별, 교육 프로그램 및 전략의 결정과 평가, 현재 성취수준과 교육적 요구결정, 적격성에 대한 결정, IEP 작성, IEP 평가 등과 같은 다양한 목적으로 진행된다(Talyor, 2003). 〈표 3-1〉에는 진단 및 평가의 목적과 절차가 소개되어 있다.

〈표 3-1〉 진단 및 평가의 목적과 절차

목 적	절 차	
	형식적 사정	비형식적 사정
1. 선별(최초의 확인)	준비도 검사, 성취도 검사	준거참조검사, 관찰, 교육과정중심 평가
2. 교육 프로그램 및 전략의 결정과 평가	요구(need) 영역에 따른 사정	준거참조검사, 오류 분석, 교육과정중심 사정, 포트폴리오
3. 현재 성취수준과 교육적 요구의 결정	성취 혹은 진단적 학업기능 검사; 필요 영역별 검사	준거참조검사, 관찰, 교육과정중심 사정
4. 특수교육대상자의 선정, 분류, 배치 결정	지능, 성취도, 적응행동, 학급에서의 행동 측정	형식적 검사를 보충하는 데 사용되는 관찰과 규준참조검사
5. IEP의 작성 (목적, 목표, 교수전략)	준거참조검사, 규준참조검사	준거참조검사, 관찰, 오류분석, 포트폴리오
6. IEP의 평가	규준참조검사	준거참조검사, 관찰, 포트폴리오

출처: Taylor, R. L.(2003). *Assessment of exceptional students*(6th de.). Allyn & Bacon.

가. 선별

선별(screening)은 장애아동을 최초로 확인한다는 의미가 있다. 따라서 진단 및 평가는 발달상 다양한 문제를 가질 위험이 높은 고위험 아동(at-risk)을 선별하는 목적으로 시행된다. 선별 과정을 통해 전문적인 평가가 더 필요한 아동이나 장래에 문제가 발생할 가능성이 있는 아동을 확인하는 것이다. 평가는 또한 이러한 학생에게 어떤 유형의 치료적 지원이 필요한지 확인하는 데 사용될 수도 있다.

「장애인 등에 대한 특수교육법」 제14조에서도 장애아동의 선별, 진단, 평가에 대해 언급하고 있다. 이 법에 의하면, 교육장 또는 교육감이 영유아의 장애 및 장애 가능성을 조기에 발견하기 위해 지역주민과 관련 기관을 대상으로 홍보를 실시하고, 해당 지역 내 보건소와 병원 또는 의원에서 선별검사를 무상으로 실시하도록 하고 있다. 또한, 교육장 또는 교육감은 장애를 가지고 있거나 장애를 가지고 있다고 의심되는 아동에 대한 진단·평가를 의뢰받은 경우, 즉시 특수교육지원센터에 회부하여 진단·평가를 실시하도록 정하고 있다. 이것은 선별 및 진단·평가의 중요성을 반증하는 것이다.

나. 교육 프로그램 및 전략의 결정과 평가

진단 및 평가는 아동에게 적합한 교육 프로그램과 전략을 결정하는 자료로서의 기능을 한다. 평가를 통해 수집된 정보는 일반교육 교사들에게 특수아동을 지도하는 방법·내용에 대한 정보를 제공할 수 있으며, 현재 적용하고 있는 교수 프로그램이나 전략의 효율성을 평가할 수도 있다(Overton, 2003).

다. 현재 성취수준과 교육적 요구의 결정

미국의 P.L. 94-142에 의하면, 특수교육을 받는 학생은 반드시 현재 제공받고 있는 프로그램에서 충족되지 못한 요구(needs)를 확실하게 밝혀야 한다(Taylor, 2003; Taylor, 2007).

학생의 요구를 밝히기 위해서는 학생 개개인의 현재 성취수준과 학문적·사회적 기술 등을 평가하는 과정이 필요하다. 이 과정을 통해 학생에게 부가적으로 요구되는 지원이 무엇인지, 학생의 강점과 약점이 무엇인지와 학생에게 적절한 교수 전략 및 치료적 지원이 결정되게 된다.

우리나라에서도 학생의 현재 성취수준을 평가하고, 교육적 요구를 알아보기 위한 다양한 진단 및 평가가 이루어지고 있다.

라. 특수교육대상자의 선정 및 배치

특수교육대상자를 선정하고, 학교에 배치한다는 것은 특수교육을 받을 수 있는 적격성이 있는 것을 확인한다는 것, 즉 '적격성'을 결정한다는 의미이다. 다시 말해, 어떤 아동이 특수교육과 특수교육 관련 서비스를 받을 자격이 있는가를 결정하는 과정이 특수교육대상자의 선정이다. 따라서 진단 및 평가를 통해 적격성을 부여받고, 이를 통해 특수교육 대상자로 선정되는 것은 특수교육과 특수교육 관련 서비스를 제공받기 위한 매우 중요한 과정이 된다. 그러나 이 과정은 한편으로는 매우 조심스러운 일이기도 하다. 진단 및 평가의 결과가 특수교육대상자를 선정하기 위해서 아동을 특정 장애 영역으로 분류하기 위한 자료로써 오용될 가능성이 있기 때문이다.

특수교육에서 라벨링(labeling)과 분류의 주된 목적은 교육적인 문제를 현저하게 지닌 아동을 확인하고, 전문가들이 교육 현장에서 의사소통을 할 수 있도록 일종의 정보를 제공하기 위한 것임을 잊어서는 안 된다(Hardman, Drew, & Egan, 2007). 따라서 진단 및 평가를 통해 도출된 자료가 특수교육대상자의 선정 및 배치를 목적으로 사용될 때는 더욱 세심한 주의를 기울여야 한다.

마. IEP 작성 및 평가

「장애인 등에 대한 특수교육법」에서는 개별화교육계획(Individualized Educational Plan; IEP)에 특수 교육대상자의 인적 사항과 특별한 교육지원이 필요한 영역의 현재 학습수행수준, 교육목표, 교육내용, 교육방법, 평가계획 및 제공할 특수교육 관련 서비스의 내용과 방법 등이 포함되어야 한다고 제시되어 있다. 또한 각급 학교의 장이 매 학기마다 개별화교육계획에 따른 각각의 특수교육대상자의 학업성취도 평가를 실시하고, 그 결과를 특수교육대상자 또는 그 보호자에게 통보하도록 하고 있다.

이와 같이 IEP의 작성을 위해서도 진단 · 평가가 필수적으로 요구된다. IEP 작성과 관련하여 진단 · 평가 자료는 학생의 현재 성취수준에 대해 문서화하고, 학생에게 제공되어야 할 특수교육 및 특수교육 관련 서비스의 유형에 대한 확인, 연간 목표와 단기 목표의 결정, 학생의 진보에 대한 기록, IEP상의 연간 목표와 단기 목표의 달성에 대한 평가 등에 활용될 수 있다.

4. 진단 및 평가 모델

진단 및 평가는 원하는 목표에 도달할 때까지 계속적 · 역동적으로 이루어져야 하지만, 절차를 융통성 있게 계획하여 아동의 성취수준이나 장애수준에 따라 달리 적용할 수 있어야 한다. [그림 3-2]에는 특수교육 서비스에 의뢰되기 전과 의뢰된 상황에서의 진단 및 평가 모델이 제시되어 있다.

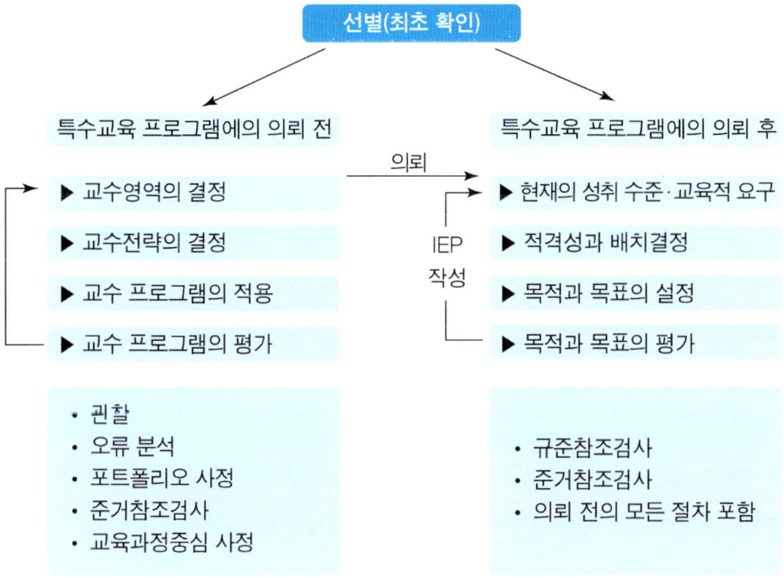

[그림 3-2] **진단 및 평가 모델-의뢰 전과 의뢰 후의 절차**

특수교육과 특수교육 관련 서비스에 본격적으로 의뢰되기 전에는 학생에게 문제가 되는 교수 영역을 결정하고, 그에 맞는 교수 전략을 선택하며, 교수 프로그램을 실제로 적용하고, 그 효과를 평가하는 과정을 거친다. 이러한 일련의 과정을 통해서 학생이 일정 수준으로 진보할 수 있다면, 이 아동은 특수교육을 받아야 할 이유가 없어질 것이다. 특수교육에 의뢰되기 전에 교사(주로 일반교사)는 학생이 현재 교육받고 있는 장면에서 관찰, 오류 분석, 포트폴리오 사정, 교육과정중심 사정, 교사의 자작검사 등을 통한 비형식적인 평가를 실시할 수 있다.

학생이 일단 특수교육과 특수교육 관련 서비스의 대상으로 의뢰되면, 학생의 교육적 요구에 대한 증거자와 적격성 및 프로그램 배치에 관한 결정이 이루어져야 한다. 이 과정에서 교육 목적 및 목표, 교수 전략, 교육 목적 및 목표의 실시와 평가에 관한 일정이 포함된 IEP가 작성되어야 한다. 주로 이 과정에는 규준참조검사와 같은 형식적인 사정과 각종 비형식적 사정 절차가 모두 사용된다.

5. 검사 결과에 영향을 미치는 요소

가. 피검사자 관련 요소

1) 불안과 동기

검사 결과에 영향을 미치는 요소 중 피검사자와 관련된 주요 요인은 피검사자가 느끼는 '불안'과 '동기'이다.

대부분의 사람들이 검사에 대한 공포감이나 검사 시 불안을 경험하며, 이것은 검사 수행의 결과에도 영향을 미친다. 시험을 잘 볼 수 있는 능력이 있는 학생임에도 불구하고, 불안수준이 높기 때문에 수행 결과가 나쁘게 나타나는 사례들이 보고되고 있다(Zeidner, 1998). 검사에 대한 불안은 검사 결과에 부정적인 영향을 미친다. 특히 학습장애, 지적장애, 정서·행동장애아동들은 비장애 또래아동이 일반적으로 경험하는 검사 불안에 비해 훨씬 많은 불안을 경험한다(Swanson & Howell, 1996). 또한 검사 불안은 시간제한이 있는 검사를 실시할 때 더 증가하게 된다.

동기 역시 검사 결과에 영향을 미친다. 검사에 대한 동기가 결여된 학생들은 검사 항목에 대해 대답을 요구하면, "모르겠다"는 반응을 자주 보인다. '모르겠다'는 '아무래도 상관없다'와 같은 의미로 해석될 수도 있다(Talyor, 2003). 검사에 적극적인 피검사자와 동기가 결여되어 마지못해 대답하는 피검사자의 검사 결과 사이에는 확연한 차이가 있다.

피검사자가 느끼는 불안이나 동기는 긍정적이고, 지원적이며, 위협적이지 않은 검사 환경을 제공함으로써 최소화할 수 있다. 라포(rapport) 형성을 위해 시간을 투자하는 것도 좋은 방법이다.

2) 검사에 대한 피검사자의 숙련

검사 결과에 영향을 미칠 수 있는 또 다른 요소는 피검사자가 똑같은 검사나 비슷한 유형의 검사에 반복적으로 노출되는 것이다. 대부분의 검사도구들이 피검사자들이 검사 문항이 요구하는 바를 이해하도록 하기 위한 예제문항을 두고, 학생이 연습할 수 있는 기회를 준다. 그러나 특수아동은 비장애아동이 진단 및 평가에 노출되는 기회보다 훨씬 자주 검사를 받게 되며, 어떤 면에서는 정기적으로 심리검사에 노출되기 때문에 결과적으로 검사문항에 대해 숙련되는(test-wised) 결과를 가져오기도 한다.

일반적으로 인지적인 제한성을 가지고 있는 특수아동에 대한 진단 및 평가에서는 피검사자가 검사 내용과 절차를 이해하지 못해서 검사가 진행되지 못하는 경우가 많다. 이런 경우에는 사전에 검사의 내용을 숙지하도록 연습된 상태에서 검사를 전행하는 것이 바람직하겠지만, 검사 문항 자체를 연습시켜서 검사 결과에 영향을 미치도록 해서는 안 된다.

3) 건강 및 정서적 상태

진단 및 평가에서의 기본 가정에서 언급된 바와 같이, 검사에서는 피검사자가 검사 시에 최선을 다하고, 그것이 학생의 전형적인 수행이라고 가정한다. 검사자는 학생의 건강이나 정서적인 상태를 고려하여 학생이 평가 시에 '전형적인 수행'을 하고 있는지 점검할 필요가 있다. 학생이 전형적인 수행을 하고 있는지를 알기 위해서는 학생을 잘 알고 있는 교사, 특수교육교사, 부모 등에게 의견을 물어 정보를 얻어야 한다.

4) 장애 유형

학생이 가진 장애의 유형도 검사 결과에 편견을 가져올 수 있는 커다란 요소이다. 여기에는 검사의 내용, 동기 혹은 인지적 각성수준, 교수 자료에 대한 신체적 접근 가능성, 반응 기술이 포함된다(Overton, 2003). 예를 들어, 읽기 장애를 가진 학생은 문장제 수학 문제를 푸는 데 불이익을 받을 수 있을 것이다. 마찬가지로 뇌성마비 학생에게는 '블록 쌓기'와 '소근육 운동 과제'가 포함된 지능검사에서 어려움을 겪을 것이 분명하다.

따라서 학생의 장애 유형에 따라 융통성 있는 좌석 배치, 검사 시간의 연장, 다양한 방식의 반응 허용(제스처 혹은 필담), 제시 방법의 다양화 등이 필요하다. 예를 들어, 시각장애학생에게는 자료를 확대해서 출력하거나 점자로 출력을 해 줄 수 있을 것이며, 청각장애학생을 위해서는 수화로 설명하거나 질문할 수 있다. 또 읽기장애를 가진 아동에게는 검사자가 학생에게 직접 문항에 대한 설명이나 글자 단서를 읽어 줄 수도 있다.

나. 검사자, 검사자-피검자의 관계와 관련된 요소

검사 결과에 영향을 미치는 두 번째 주요 요소는 검사자와 관련된 부분이다. 여기에는 검사의 실시와 해석에서의 문제, 검사자-피검사자의 상호작용의 질, 검사자가 가지고 있는 편견, 검사자-피검사자 간의 인종 혹은 문화적 차이, 채점 오류 등이 포함된다.

다. 검사 자체와 관련된 요소

검사 결과에 영향을 미치는 마지막 주요 요소는 검사 자체에 관한 것으로, 여기에는 타당도, 신뢰도, 측정오차, 편견 등이 포함된다. 진단 및 평가를 위한 검사의 타당도, 신뢰도, 측정오차, 편견 등은 검사자들이 특정 유형의 검사를 선정 · 실시 · 해석하는 데 있어 매우 중요한 고려 요소가 된다.

Ⅱ 평가의 분류와 유형

1. 평가의 분류

아동이 가진 문제를 파악하기 위한 진단 및 평가 과정은 한 가지 평가방법으로 실시되기도 하지만, 여러 가지 평가를 함께 사용하는 것이 일반적이다. 검사와 평가는 목적과 방법에 따라 여러 가지로 분류된다.

가. 형식적 평가와 비형식적 평가

형식적(formal) 평가는 실시요령, 채점방법, 결과 해석 절차에 특별히 정해진 지침이 있는 평가 절차를 말한다. 형식적 평가의 대표적인 것은 K-WISC-Ⅳ를 포함한 지능검사들이다. 비형식적(informal) 평가는 주로 아동의 현재 성취수준, 아동의 진보 상황, 교육 프로그램의 효과를 검증할 목적으로 이용된다. 비형식적 평가의 대표적인 것으로 심리교육프로파일(PEP-R)이 해당된다. 형식적 평가와 비형식적 평가의 차이는 〈표 3-1〉에서 살펴보았다.

나. 최대 수행 검사와 전형적 수행 검사

최대 수행(maximum performance) 검사는 정해진 시간 내에 특정검사에서 최대한의 능력을 발휘하도록 하는 검사이다. 따라서 이 검사를 통해 피검사자 능력의 상한선을 측정할 수 있다. 지능검사와 심리운동 영역의 검사가 대부분 여기에 해당된다(서경희 외, 1997). 전형적 수행(typical performance) 검사는 특정 개인의 대표적이고 전형적이며 습관적인 행동을 측정하려는 검사이며, 성격이나 태도와 같은 정의적인 영역의 검사가 여기에 해당된다.

다. 역량검사와 속도검사

역량(power)검사는 개인의 기능이나 능력의 완전한 범위를 측정하기 위해 대부분 시간 제한이 없거나 거의 시간 제한 없이 사용된다. 즉, 얼마나 빨리 수행했는가를 측정하는 것이 아니라, 얼마나 많이 알고, 얼마나 많은 것을 할 수 있는가가 관심의 초점이 되며, 따라서 역량검사들은 점진적으로 난이도가 높게 구성되어 있다(서경희 외, 1997). 속도(speed) 검사는 시간이 중요한 기준이 되기 때문에, 주어진 시간 안에 얼마나 많은 문항을 풀 수 있는가가 중요하다. 특수교육과 관련된 심리진단 도구들은 역량검사와 속도검사 방식을 모두 취하고 있다.

라. 개별검사와 집단검사

개별검사는 진단, 분류, 프로그램 배치 등을 위해 사용되며, 집단검사는 주로 선별을 목적으로 사용된다. 개별검사는 아동 개개인의 특성을 보다 정확하게 측정할 수 있다는 장점이 있지만, 검사에 많은 시간이 소요된다. 반면에 집단검사는 많은 아동을 대상으로 동시에 실시되며, 단순히 문제가 있는 아동을 확인하고 선별하기 위한 검사이므로 읽기나 지시 따르기 능력이 없는 아동에게는 실시하기 어렵다.

마. 규준참조검사와 준거참조검사

규준참조(norm-referenced)검사는 개인의 점수를 특정 비교집단에 속하는 다른 사람들의 수행 점수와 비교하여 해석하게 된다. 예를 들어, 어떤 아동의 수학 성적이 70점이라면, 이 점수는 같은 학년들의 수학 성적과 비교하여 상대적인 서열이 정해질 수 있을 것이다. 반대로 준거참조(criterion-referenced)검사는 대상 아동의 수행을 다른 아동들과 비교하지 않고, 그 아동이 검사 문항에 제시된 수행을 할 수 있는지에 대한 여부를 결정하기 위한 목적으로 사용된다.

바. 표준화 검사와 교사제작 검사

표준화(standardized) 검사는 검사 제작자들이 다양한 범위의 학교 현장에서 교사와 수업 방법에 대한 평가, 연구, 배치 및 선발을 목적으로 제작한 것이다(Taylar, 2007). 대부분 전국 규모의 규준과 지역 · 학교별 하위 규준을 가지고 있으며, 신뢰도와 타당도에 대한 검증도 끝나 있는 상태의 검사이다. 교사제작(teacher built) 검사는 담당교사가 성적 부여, 사전검사, 형성평가, 수업계획을 위해 직접 제작한 검사이며, 검사 내용에 깊이는 있지만 범위가 좁고, 대부분 학급 내에서의 비교만 가능하도록 만든다. 교사가 수업 시간에 정기적으로 실시하는 쪽지시험 등도 여기에 해당된다.

2. 평가의 유형

가. 관찰

관찰(observation)은 교육 현장에서 가장 보편적으로 사용되는 평가 유형이다. 관찰은 본격적인 평가에 앞서서 평가에 필요한 방법이나 과정을 결정하기 위한 목적으로 사용되기도 하고, 심층적인 형식적 평가가 필요한 아동을 판별하거나, 중요한 교육적 의사결정을 위한 정보로 활용된다. 특히, 유아나 장애아동과 같이 표준화된 검사를 통해 정확한 평가가 용이하지 않은 피검자의 경우에는 관찰이 훨씬 많은 정보를 제공할 수 있다.

관찰 방법에는 영속적인 결과물에 의한 관찰, 일화(사건) 중심 관찰기록, 시간중심의 관찰이 주로 사용되며, 행동의 비율, 지속시간, 형태, 강도 등이 파악되어야 한다.

나. 면접

면접(interview)은 언어적 반응을 통해 신뢰할 수 있고, 타당한 정보를 얻고자 하는 직접적인 방법이다. 면접은 자연스럽고, 인위적이지 않으며, 융통성이 있으며, 불분명한 것을 다시 질문할 수도 있으므로 어린 아동이나 장애아동에 대한 정보 획득에 용이하다.

너무 어린 아동이나 의사소통능력이 부족한 장애아동의 경우에는 부모나 교사와의 면접도 중요한 자료가 된다. 면접은 구조화가 되지 않은 편안한 상태에서도 가능하지만, 얻고자 하는 중요 정보를 미리 구조화하여 면접을 실시한다면 과도한 시간과 비용의 소모나 검사자의 편견이 개입될 소지를 줄일 수 있다.

다. 검목표

검목표(checklist)는 여러 가지 구조화된 형식으로 정보를 수집할 수 있는 좋은 방법이다. 유아나 어린 장애아동의 경우, 발달 단계의 중요한 척도가 되는 특징적 행동들이 포함된 발달적 검목표를 이용할 수도 있다. 검목표는 사정(assessment)을 위한 도구가 아니며, 검목표상의 행동의 존재나 발생 여부만 결정하는 것이므로 지나치게 확대하여 해석해서는 안 된다.

라. 평정척도

평정척도(rating scale)는 정도에 대한 평정자의 질적 판단을 요구한다. 평정척도는 문항 혹은 질문에 대해 평정자가 행동의 특징 정도에 해당하는 숫자에 표시하는 형식으로 이루어져 있다. Thurstone식 척도, Likert식 척도가 주로 사용되는데, 각 척도의 분류 파일 및 예시를 [그림 3-3, 3-4]에 제시하였다.

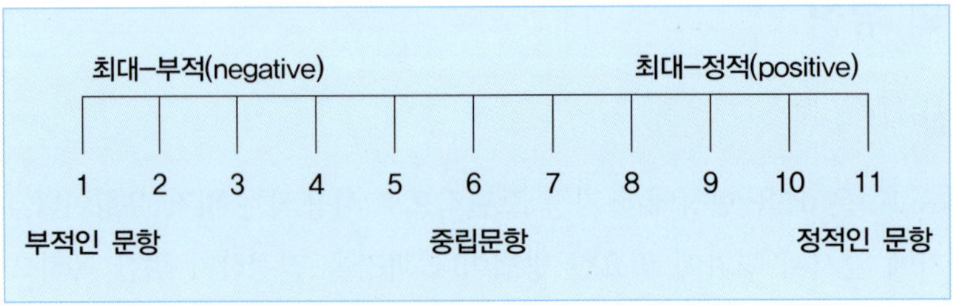

출처: 문수백(2006). 연구방법의 실제. 서울: 학지사

[그림 3-3] Thurstone식 척도의 분류 파일

자아존중감 척도

1=전혀 그렇지 않다. 2=다소 그렇지 않다. 3=잘 모르겠다. 4=약간 그렇다. 5=매우 그렇다.

1. 대체로 나 자신에 만족하고 있다.	1	2	3	4	5
2. 때때로 내가 무능하다는 생각이 든다.	1	2	3	4	5
3. 가끔 내가 아닌 다른 사람이었으면 하는 생각이 든다.	1	2	3	4	5
4. 나를 제대로 이해해 주는 사람이 없는 것 같다.	1	2	3	4	5

[그림 3-4] Likert식 척도의 예시

마. 질문지

질문지(questionnaire)는 연구하려는 문제에 대해서 일정한 양식에 따라 질문에 반응할 수 있도록 작성한 것이다. 이 방법은 다수의 대상에 대해 조사가 가능하기 때문에 시간과 비용 면에서 경제적이며, 사회조사와 교육조사에 널리 쓰이고 있다.

바. 서열법

서열법(rank order)은 일정한 기준에 따라 제시된 내용에 순위를 매기도록 하는 방법으로 '순위 매기기'라고도 부른다. 대상자의 의견, 선호도, 찬반 정도에 따라 항목을 순서대로 배열하는데, 항목의 수가 증가하면 결과의 신뢰도가 떨어지므로 일반적으로 10개를 넘지 않도록 항목의 수를 결정한다.

사. 교육과정중심 평가

교육과정중심 평가(curriculum-based assessment)는 실제 교육과정과 관련하여 아동의 특별한 교육적 요구를 파악하는 평가 방법이다. 이 평가법을 사용하기 위해서는 아동의 능력과 교육과정에서 요구되는 능력이 일치해야 하며, 과제를 학습하는 데 요구되는 교수 수준과 비율을 설정해야 한다. 이 방법은 학습 과정에 대한 고려가 부족하고, 교육자체가 검사를 위해 이루어지기 쉬우므로 조심스럽게 사용해야 한다.

아. 작업표본 분석

작업표본 분석(work sample analysis)은 아동의 작업에서 나타나는 정확하거나 부정확한 반응을 알아보기 위한 것이다. 이 과정에서 아동이 흔히 범하는 실수나 성공의 수, 유형 등을 알 수 있어 교수적 수정을 위한 기초 자료로서의 기능을 할 수 있다.

자. 과제분석

과제분석(task analysis)은 복잡하거나 여러 단계로 이루어진 목표 행동을 쉽게 가르칠 수 있는 하위 과제로 나누는 것을 의미하는데, 평가에 있어서도 활용될 수 있다. 하위 기술(하위 과제)은 주로 행위의 순서대로 계열화하거나, 쉬운 과제에서 어려운 하위 과제로 계열화한다. 이때 계열화된 하위 기술에 대한 학생의 수행능력을 측정하면, 교수 활동의 시작점을 정할 수 있다.

차. 오류분석

오류분석(error analysis)은 일상적인 학교 과제에서 나타나는 학생의 오류 유형을 파악함으로써 정보를 얻는 방법이다. 특히, 읽기나 쓰기, 수학 등의 교과에서 아동의 오류를 분석하는 방법이 많이 이용되고 있다.

예를 들어, 두 자리의 덧셈 문제(48+97)를 제시했을 때, 다음과 같은 오류를 범한 학생이 있다고 가정해 보자.

$$\begin{array}{rrrr} & & 1 & \\ & & 4 & 8 \\ + & & 9 & 7 \\ \hline & 1 & 5 & 5 \end{array}$$

이 학생은 10의 자리에 1을 받아 올려야 한다는 것은 알고 있지만, '1+4+9'를 계산할 때 오류를 범했다. 학생의 오류에 대한 정보는 이 학생에게 '자릿수'의 개념에 대해서는 더 가르칠 필요가 없지만, 한 자릿수의 덧셈을 세 번 하는 방법에 대해서는 더 가르쳐야 한다는 것을 보여 준다.

Ⅲ 진단 및 평가 도구 실제

특수교육에서는 수많은 진단 및 평가 도구들이 사용된다. 검사도구들은 아동의 장애 영역에 따라, 그리고 필요한 정보의 수준이나 유형에 따라 다양하게 활용되고 있다.

1. 영유아 발달검사

가. 아프가 검사(Apgar Scale)

- 대상 연령: 신생아
- 목적: 신생아의 건강 상태를 평가하여 위급한 중재가 필요한가를 결정
- 구성: 〈표 3–2〉 참조
- 방법: 출생 1분 후와 5분 후에 각각 평가함(총 2번, 1번에 10점 만점으로 채점)

  10 7점: 건강함, 4 7점: 발달상의 어려움이 예상됨

  3점 이하: 생존이 어려운 위급한 상태로 판단함

  Apgar 9/10: 출생 1분 후에 9점, 출생 5분 후에 10점을 의미함

〈표 3–2〉 아프가 검사의 점수와 내용

내용 \ 점수	0	1	2
심장 박동률	안 나타남	느림(100 이하/분)	빠름(100~140/분)
호흡	1분 이상 안 나타남	약한 울음, 불규칙적이거나 느림	정상적 울음을 동반한 건강한 숨쉬기
근육	늘어짐	사지에 약간의 굴곡	강하고 단단한 움직임
피부빛	창백, 푸른 빛	몸은 분홍빛이나 사지는 푸른 빛	전체적으로 분홍빛
반사 반응	반응 없음	약간의 움직임	울음, 재채기

나. 베일리 영아 발달검사(Bayley Scale of Infant Development: BSID-Ⅱ)

- 대상 연령: 1~42개월
- 목적: 발달적으로 지체된 영아의 선별
- 구성: 정신척도 178문항, 운동척도 111문항, 행동평정척도 30문항

다. 한국덴버발달선별검사(Korea Denver Development Screening Test: K-DDST)

- 대상 연령: 1~6세
- 목적: 발달지체를 조기에 발견(발달장애의 가능성을 선별)
- 구성: 4개의 발달영역(개인성/사회성, 미세운동/적응성, 언어, 전체 운동) 104항목

2. 지능검사

가. 한국 웩슬러 아동 지능검사-Ⅳ(K-WISC-Ⅳ)

- 대상 연령: 6~16세 11개월 아동
- 목적: 교육, 치료, 연구를 위한 지능 측정, 특별한 교육이 필요한 아동(영재/지체)의 발견
- 구성: 〈표 3-3〉참조

〈표 3-3〉 K-WISC-Ⅲ의 구성 내용

전체 검사			소검사	약어	설명
일반능력	언어이해 지수 (Verbal comprehension Index, VCI)	주요소검사	공통성 (Similarity)	SI	아동이 공통적인 사물이나 개념을 나타내는 2개의 단어를 듣고, 두 단어가 어떻게 유사한지 말한다.
			어휘 (Vocabulary)	VC	그림 문항에서 아동은 소책자에 있는 그림의 이름을 말한다. 말하기 문항에서 아동은 검사자가 크게 읽어 주는 단어의 정의를 말한다.
			이해 (Comprehension)	CO	아동은 일반적인 원칙과 사회적 상황에 대한 이해에 기초하여 질문에 대답한다.
		보충소검사	상식 (Information)	IN	아동이 일반적 지식에 관한 광범위한 주제를 다루는 질문에 대답을 한다.
			단어추리 (Word Reasoning)	WR	아동이 일련의 단서에서 공통된 개념을 찾아내어 단어로 말한다.
	지각추론 지수 (Perceptual Reasoning Index, PRI)	주요	토막짜기 (Block Design)	BD	아동이 제한시간 내에 흰색과 빨간색으로 이루어진 토막을 사용하여 제시된 모형이나 그림과 똑같은 모양을 만든다.
			공통그림찾기 (Picture Concepts)	PCn	두 줄 또는 세 줄로 이루어진 그림을 제시하면, 아동은 공통된 특성으로 묶일 수 있는 그림을 각 줄에서 한 가지씩 고른다.
			행렬추리 (Matrix Reasoning)	MR	아동은 불완전한 행렬를 보고, 5개의 반응 선택지에서 제시된 행렬의 빠진 부분을 찾아낸다.
		보충	빠진곳찾기 (Picture Completion)	PCm	아동이 그림을 보고 제한시간 내에 빠져 있는 중요한 부분을 가리키거나 말한다.

나. 한국 웩슬러 유아지능검사 4판(K-WPPSI-Ⅳ)

- 대상 연령: 2세 6개월~3세 11개월용/4세 0개월~7세 7개월용
- 목적: 교육, 치료, 연구를 위한 지능측정, 특별한 교육이 필요한 아동(영재/지체)의 발견
- 구성: 〈표 3-4〉 참조

〈표 3-4〉 K-WPPSI-Ⅳ의 구성 내용

소검사		설명
1	토막짜기	제한 시간 내에 제시된 모형 또는 토막 그림을 보고, 한 가지나 두 가지 색으로 된 토막을 사용하여 똑같은 모양을 만든다.
2	상식	그림문항의 경우, 일반 상식에 관한 질문에 가장 적절한 보기를 선택한다. 언어문항의 경우, 일반 상식에 관한 광범위한 주제를 다루는 질문에 답한다.
3	행렬추리	완성되지 않은 행렬을 보고 행렬을 완성시키기 위해 적절한 보기를 선택한다.
4	동형찾기	제한시간 내에 제시된 벌레그림과 같은 벌레그림을 보기 중에서 찾아 표시한다.
5	그림기억	일정시간 동안 1개 이상의 그림이 있는 자극페이지를 보고 난 후, 반응페이지의 보기 중에서 해당 그림을 찾아낸다.
6	공통성	그림문항의 경우, 제시된 2개의 사물과 같은 범주의 사물을 보기 중에서 선택한다. 언어문항의 경우, 공통된 사물이나 개념을 나타내는 2개의 단어를 듣고 공통점을 말한다.
7	공통그림찾기	2줄 또는 3줄의 그림을 보고, 각 줄에서 공통된 특성을 지닌 그림을 하나씩 선택한다.
8	선택하기	제한시간 내에 비정렬 또는 정렬된 그림을 훑어보고 목표그림을 찾아 표시한다.
9	위치찾기	일정시간 동안 울타리 안에 있는 1개 이상의 동물카드를 보고 난 후, 각 카드를 보았던 위치에 동물카드를 배치한다.
10	모양맞추기	제한시간 내에 사물의 표상을 만들기 위해 조각을 맞춘다.
11	어휘	그림문항의 경우, 검사책자에 있는 그림의 이름을 말한다. 언어문항의 경우, 검사자가 읽어 준 단어의 정의를 말한다.
12	동물짝짓기	제한시간 내에 동물과 모양의 대응표를 보고, 동물그림에 해당하는 모양에 표시한다.
13	이해 (Comprehension)	그림문항(일반적인 원칙이나 사회적 상황을 가장 잘 나타내는 보기를 선택), 언어문항(일반적인 원칙과 사회적 상황에 대한 이해를 기초로 질문에 답)
14	수용어휘	검사자가 읽어 주는 단어를 가장 잘 표현하는 보기를 선택한다.
15	그림명명	그림으로 제시된 사물의 이름을 말한다.

다. 인물화에 의한 간편 지능검사(Draw a Man Test: DMT)

- 대상 연령: 3~12세, 지적장애아
- 목적: 지능의 측정, 특별지도를 받을 아동의 발견, 지적장애에 대한 선별, 다른 지능검사와의 관계 측정, 성격 진단
- 구성: 남자상(60항목)과 여자상(60항목)에 대한 원점수, 편차 IQ, 백분위점수

라. 카우프만 아동용 지능검사 II (K-ABC-II)

- 대상 연령: 3~18세
- 목적: 인지적 강점 및 약점의 파악/치료 계획, 배치계획 설정
- 구성: 〈표 3-5〉 참조

〈표 3-5〉 K-ABC-II 검사의 하위검사와 세부 내용

<table>
<tr><th colspan="2">K-ABC-II에서 제외된 K-ABC의 하위검사</th><th colspan="3">K-ABC-II에서 유지되는 K-ABC의 하위검사</th><th>새로운 K-ABC-II의 하위검사</th></tr>
<tr><th>K-ABC</th><th>하위검사</th><th>K-ABC</th><th>하위검사</th><th>K-ABC-II</th><td rowspan="9">1. 이름기억
2. 관계유추
4. 이야기완성
7. 빠른길찾기
8. 이름기억-지연
10. 언어지식
11. 암호해독
13. 블록세기
15. 형태추리
17. 암호해독-지연</td></tr>
<tr><td>1</td><td>마법의창</td><td>7</td><td>단어배열</td><td>14</td></tr>
<tr><td>9</td><td>위치기억</td><td>5</td><td>수회생</td><td>5</td></tr>
<tr><td>8</td><td>도형유추</td><td>3</td><td>손동작</td><td>16</td></tr>
<tr><td>10</td><td>사진순서</td><td>6</td><td>삼각형</td><td>12</td></tr>
<tr><td>12</td><td>인물과 장소</td><td>2</td><td>얼굴기억</td><td>3</td></tr>
<tr><td>13</td><td>산수</td><td>4</td><td>그림통합</td><td>6</td></tr>
<tr><td>15</td><td>문자해독</td><td>14</td><td>수수께끼</td><td>18</td></tr>
<tr><td>16</td><td>문장이해</td><td>11</td><td>표현어휘</td><td>9</td></tr>
</table>

마. 종합인지기능 진단검사(K-CAS)

- 대상 연령: 5~12세
- 목적: 영재아동 판별, 성취수준 예측, 학습의 강·약점 진단, IQ 측정
- 구성: 〈표 3-6〉 참조

〈표 3-6〉 K-CAS의 하위 검사와 척도 구분

하위 검사		척도	하위 검사		척도
1.	숫자 짝짓기	계획기능	11.	숫자 찾기	주의집중
2.	부호쓰기	계획기능	12.	수용주의력	주의집중
3.	순서잇기	계획기능	13.	단어배열	순차처리
4.	도형유추	동시처리	14.	문장반복	순차처리
5.	언어공간관계	동시처리	15.	말하기 속도	순차처리
6.	도형기억	동시처리	16.	문장 이해	순차처리
7.	표현주의력	주의집중			

3. 지각 및 운동능력 검사

가. 지각-운동발달 진단검사

- 대상 연령: 3~11세(4~8세가 최적 연령임)
- 목적: 지각과 운동능력의 평가
- 구성: 지각검사(27문항), 운동검사(32문항)

나. 한국판 오세레츠키 운동능력검사

- 대상 연령: 4~16세
- 목적: 운동기능 평가, 운동훈련 프로그램 개발 및 평가, 중도 운동기능장애와 발달지체아동 평가
- 구성: 일반적 정적 협응검사(10문항), 손동작 협응검사(10문항), 일반동작 협응검사(10문항), 운동속도검사(10문항), 동시적 자발동작검사(10문항), 단일동작 수행능력검사(10문항)

4. 사회성 및 적응행동 검사

가. 사회성숙도 검사

- 대상 연령: 0~30세(유아부터 성인까지)

- 목적: 사회적 능력, 즉 적응행동을 평가 혹은 측정하기 위함
- 구성: 〈표 3-7〉 참조

〈표 3-7〉 사회성숙도 검사의 유목과 세부 내용

검사 유목	세부 내용
자조(SH)	일반적 자조(SHG: self-help general), 식사(SHE: self-help eating), 용의(SHD: self-help dressing) 등의 3개 영역, 전체 39개 문항
이동(L)	기어다니는 능력부터 혼자 다닐 수 있는 능력까지를 알아보는 10개 문항
작업(O)	22개 문항
의사소통(C)	동작, 음성, 문자 등을 매체로 한 수용과 표현에 대한 15개 문항
자기관리(SD)	14개 문항으로 구성(금전의 이용, 구매, 경제적 자립 준비와 지원, 기타 책임 있고 분별력 있는 행동 등). 독립심과 책임감을 알아본다.
사회화(S)	사회적 활동, 사회적 책임, 현실적 사고 등에 관한 17개 문항

나. 한국판 적응행동검사(K-SIB-R)

- 대상 연령: 11개월~17세
- 목적: 학교, 가정, 지역사회에서의 독립 및 적응기능을 측정
- 구성: 문제행동의 출현 유무를 반영하는 부분과 독립성을 측정하는 4개 범주, 14개 하위 영역에서의 수행 및 기능을 평가

다. 지역사회적응검사(CIS-A)

- 대상 연령: 초등학생, 정신장애인, 발달장애인
- 목적: 지역사회에 통합하는 데 필수적인 적응기술을 포괄적으로 검사
- 구성: 〈표 3-8〉 참조

〈표 3-8〉 CIS-A 척도 구성

검사 유목	세부 내용(문항 수)
기본생활	기초개념(17), 기능적 기호와 상징(18), 가정관리(17), 건강과 안전(17)
사회자립	공공서비스(17), 시간과 측정(19), 금전관리(19)
직업생활	직업기능(21), 대인관계 및 여가(19)
총	164문항으로 구성

5. 학습능력 및 학습적성 검사

가. 알자(ALSA) 청소년 학습전략 검사

- 대상 연령: 초등학교 고학년~중 · 고등학생
- 목적: 학습전략분석 및 프로그램 활용을 통한 학습전략 증진
- 구성: 〈표 3-9〉 참조

〈표 3-9〉 ALSA의 하위검사, 측정내용, 문항 수

하위검사		측정내용	문항 수
1.	학습동기	학습에 대한 선택, 잠재성, 강도, 지속성	9
2.	자아효능감	학업적 과제 수행에 필요한 행위의 조직	12
3.	인지 · 초인지 전략	인지적 전략, 정교화 전략, 조직화 전략	17
4.	자원관리 전략	시간관리, 환경관리, 노력관리, 타인의 조력	9
계			47

나. 학업동기검사(AMT)

- 대상 연령: 초등학생~대학생
- 목적: 자기효능감 및 실패 내성 측정
- 구성: 〈표 3-10〉 참조

〈표 3-10〉 AMT의 하위검사, 측정내용, 문항수

척 도		하위 척도	문항 수
1.	학업적 자기효능감 (ASET)	자신감	8
		자기조절 효능감	10
		과제수준 선호	8
2.	학업적 실패내성 (AFTT)	감정	6
		행동	6
		과제난이 선호	6
계			44

6. 창의성 검사

가. 유아 종합 창의성 검사(K-CCTYC)

- 대상 연령: 만 4~6세
- 목적: 언어, 도형, 신체 영역의 창의성 수준 측정
- 구성: 언어, 도형, 신체 영역에서의 유창성, 융통성, 독창성 측정

나. 유아 도형 창의성 검사(K-FCTYC)

- 대상 연령: 만 4~6세
- 목적: 도형을 통한 창의성 측정(유창성, 독창성, 민감성, 개방성)
- 구성: 도형 영역의 유창성, 독창성, 민감성, 개방성 측정

다. 유아 창의적 특성 검사(K-CTC)

- 대상 연령: 만 4~6세
- 목적: 인지적 · 정의적 요인에 걸친 창의적 특성 평가(부모나 교사가 평가)
- 구성: 인지적 요인(11문항), 정의적 요인(29문항)

전 망

특수교육을 포함한 모든 교육의 시작과 종료에는 반드시 평가가 있어야 한다. 특수교육에서 진단과 평가가 이루어지는 목적은 단순히 그들의 문제점이나 비장애아와의 차이점을 규명하기 위함이 아니다.

인간의 행동은 매우 복잡하며, 한 가지 검사도구가 인간의 모든 행동이나 특성을 대변하지도 못한다. 심리진단평가영역에서는 인간의 행동(지능을 포함한 모든 행동)을 보다 정확하게 측정할 수 있는 검사 도구를 개발하기 위해 노력하고 있지만, 인간의 행동을 측정하는 데 한계가 있음을 분명히 알고 있다.

장애를 가지고 있는 특수아동의 경우, 비장애아동과 같은 행동의 일반성이나 전형성을 기대하기 어렵다. 따라서 교사는 특수아동을 평가함에 있어서 비장애아동에게 적용하는 기준을 그대로 적용해서는 안 되며, 특수아동이 가진 특성을 면밀히 관찰하여 다각적인 영역의 평가가 이루어질 수 있도록 준비를 갖추어야 한다.

토의주제

- 특수아동을 진단 · 평가하는 목적은 무엇인지 논의해 보자.
- 비형식적인 평가의 장점은 무엇인지 논의해 보자.
- 검사 결과에 영향을 미칠 수 있는 요소는 무엇인지 논의해 보자.

참고문헌

문수백(2006). **연구방법의 실제.** 서울: 학지사.

서경희, 윤점룡, 윤치연, 이상복, 이상훈, 이효신(1997). **발달장애의 진단과 평가.** 경북: 대구대학교 출판부.

여광응(2006). 심리진단평가이론. 한국발달지체아교육학회 제15회 전국 단원 특수교육 직무연수 자료.

Hardman, M. L., Drew, C. J., & Egan, M. W. (2007). *Human exceptionality: School, family, and community* (9th ed.). Boston: Houghton Mifflin.

Overton. T. (2003). *Assessing learners with special needs*(4th ed.). New Jersey: Pearson Education Inc.

Swanson, S., & Howell, C. (1996). Test anxiety in adolescents with learning disabilities and behavior disorders. *Exceptional Children, 62,* 389-397.

Taylor, R. L. (2003). *Assessment of exceptional students*(6th ed.). Needham Heights, MA: Allyn & Bacon.

Taylor, R. L. (2007). **교육적 · 심리적 절차에 따른 특수아동의 사정.** [Assessment of exceptional students: educational and psychological procedures] (여광응, 이영철, 문병상, 이점조, 추연구, 김정선, 박현옥 역). 서울: 양서원(원저출판: 2002).

Zeidner, M. (1998). *Test Anxiety: The State of the Art.* New York: Plenum Publishing corporation.

Chapter

04 장애아동과 공학

특수교육은 장애인 및 특별한 교육적 요구가 있는 사람에게 통합된 교육환경을 제공하고 생애주기에 따라 장애유형 · 장애정도의 특성을 고려한 교육을 실시하여 이들이 자아실현과 사회통합을 하기 위한 것(「장애인 등에 대한 특수교육법」 제1조)으로, 이를 위하여 적절한 교육과정과 특수교육 관련 서비스를 제공한다. 장애인 및 특별한 교육적 요구가 있는 이들을 위한 교육과정이 효과적으로 실행되고 여러 특수교육 관련 서비스들이 현실적으로 반영되어 긍정적인 면들이 나타나기 위해서는 공학(technology)의 고려가 반드시 필요하다.

특수교육 현장에서 공학의 활용으로 접근성과 효율성이 개선 및 증진되고, 개별적인 요구에 최대한 부응하여 제공될 수 있으므로 특수교육대상자 개개인이 느끼는 한계가 허물어질 수 있다. 일상생활에서 그동안 할 수 없는 것들이 줄어들어 개별 활동과 생활을 충분히 가능하게 해 주는 것은 당연하며, '과연 할 수 있을까?'라는 인식의 장벽을 '당연히 할 수 있습니다.'와 같이 긍정과 가능으로 변화하게 해 준다.

본 장에서는 특수교육현장에서 효과적으로 공학을 활용할 수 있는 이론적 토대를 파악할 수 있도록 특수교육공학의 개념적 이해, 보조공학의 실제적인 활용 내용 그리고 보편적 설계(universal design)에 대하여 알아보고자 한다.

I 특수교육공학의 개념과 장점

1. 특수교육공학이란

특수교육공학은 장애아동이 다양한 교육환경에서 효과적으로 교수 · 학습할 수 있도록 해 주며, 일상 생활과 지역 사회 활동을 효과적으로 지원할 수 있도록 사용되는 공학

* 김영걸(대구사이버대학교 특수교육학과)

기기, 서비스, 접근 및 지원 전략과 실제이다. 장애아동의 특성과 요구에 적합한 교수·학습 방법·전략·매체와 관련 공학 기기와 서비스를 제공하여 교육의 질적 효율을 제고할 수 있는 실제적이고 통합적인 서비스라고 할 수 있다. 여기에서 공학 기기는 디지털 첨단 기술을 기반으로 제작된 첨단공학(high technology)기기에서부터 특정 기능을 지원할 수 있는 개조된 가구 및 식사도구 등과 같은 기초공학(low technology) 기기 등이 포괄적으로 포함된다. 서비스는 교수·학습을 위한 관련 소프트웨어, 콘텐츠, 코스웨어가 포함되며, 장애아동의 요구를 기반으로 선택되어진 공학 기기 활용을 하기 위한 준비, 사용, 사후 관리까지 전반적인 기기 활용과 관련된 과정이 여기에 포함된다.

2. 특수교육공학

특수교육공학은 특수교육대상자의 다양한 요구에 따라 여러 측면으로 활용되어지는데 크게 구분하면 교수공학, 보조공학, 의료공학, 정보통신공학 등으로 나누어질 수 있다.

가. 교수공학

교수공학은 교수·학습 전반에 걸쳐 체계적인 방법으로 설계, 수행, 평가하는 관련 이론과 실제이다. 교수공학은 효과적인 교수·학습을 위하여 인간의 학습, 의사소통, 인적·물적 자원을 활용하며, 변화하는 공학 환경을 적절하게 해석하고 교육 현장에의 적절한 도입 및 활용에 기반을 두고 있다. 교수공학과 관련된 주요 예를 들어 보면, 장애아동들을 위한 스마트 러닝, 증강현실(Augmented Reality, AR)을 이용한 CAI(Computer Assisted Instruction), SNS(Social Networking Service)를 활용한 이러닝 등이 있다.

나. 보조공학

보조공학은 장애아동의 독립생활 및 지역사회 활동 등에서 필요로 하는 다양한 기능적 요구들을 지원할 수 있는 기기(device) 및 서비스로, 디지털 첨단 기술 기반의 기기와 매체, 단순한 원리로 작동되는 도구, 그리고 특별하게 설계·제작된 교수자료, 서비스, 전략 등이 포함될 수 있다. 현재 우리 사회는 구성원들의 개별적 교육 및 복지 요구에 대한 직접적인 지원을 하기 위하여 사회적 인식 토대를 바탕으로 여러 영역에서 다양한 보조공학 기기 및 서비스가 제공되고 있다. 장애아동을 위한 대표적인 보조공학에는 지체장애아동의 이동 요구를 효과적으로 지원할 수 있는 휠체어나 전동스쿠터가 포함되며, 청각장애아동의 감각 능력을 신장하여 줄 수 있는 보청기 혹은 다른 것으로 전환하여 의사소통할 수 있도록 해 주는 인공와우 등이 있다.

특수교육현장에서 장애아동을 지도하는 교육전문가들은 상업적으로 개발 및 출시된 보조공학기기에 대한 관심도 필요하지만 일반적인 도구에 약간의 아이디어를 가미하면 장애아동이 효과적으로 쓰거나 다른 용도로 활용할 수 있으므로 보조공학 영역을 좀 더 폭넓게 인식하는 것이 필요하다.

다. 의료공학

의학 분야는 인간의 건강과 생명을 위하여 놀라운 속도로 발전을 거듭하여 왔다. 이러한 발전 과정에서 산출된 의료 공학 시스템과 기기들은 만성적 질병에서 고통을 받고 있는 아동과 내부 장기 구조의 기능이 저하되거나 손상된 장애아동들의 삶의 개선 및 영속을 위하여 중요한 역할을 담당하고 있다. 예를 들어, 인공 와우 이식 수술은 청력에 상당한 손상을 가진 아동에게 인공 와우를 이식하여 청각의 기능을 개선시켜 일반 아동과 같이 듣고 말할 수 있도록 하였다. 또한 인공호흡 장비는 호흡에 문제가 있는 장애아동이나 심한 천식 환자들에게 필수적인 의료 공학 장비이다. 섭식에 상당한 어려움이 있는 중증 · 중복장애아동에게 액상으로 된 음식물을 직접 소화기관으로 투여하는 의료 기기들은 이들에게 생명 유지와 연장을 위한 중요한 장비이다.

라. 정보통신공학

정보통신공학은 장애아동의 교육, 복지, 전문 지원 정보 등에 접근하여 활용하고 여러 사람들과 소통할 수 있도록 지원하는 공학의 유형으로 네트워크, 인터넷, SNS 발전을 주요 배경으로 하여, 학습 분야뿐만 아니라 생활 및 여가 등 그 활용 영역들을 확대하고 있다. 정보통신공학은 다른 공학 분야에 비하여 발전과 변화의 속도가 상대적으로 현저히 빠른데, 특히 인터넷 및 스마트 환경의 여러 서비스들은 정보의 양과 질이 지속적으로 증가 및 변화되고 있으며, 활용 환경 역시 다양한 기기를 이용하여 장소와 시간에 제한 없이 사용자의 요구를 충분히 수용하여 구성 및 제공되고 있다.

3. 수업상 특수교육공학의 장점

특수교육공학은 장애아동에게 학교, 가정, 지역사회에서 자신의 능력을 펼칠 수 있는 기회를 제공해 줄 수 있고, 감각 및 운동 기능의 저하로 발생할 수 있는 여러 가지 제한점들을 다른 매체로 보상 및 지원하여 줄 수 있어 장애로 인하여 제한되었던 생활이나 활동들을 할 수 있게 해 주는 장점을 가지고 있다. 공학을 특수교육현장에서 활용할 때의 대표적인 장점은 다음과 같다.

가. 보완과 대체

신체 및 감각장애로 인하여 학습과 생활에 상당한 기능적 제한을 가지고 있는 장애아동들에게 이를 보완·보상할 수 있는 공학서비스를 제공하면 일반 학습자들과 같은 학습경험과 생활을 할 수 있다. 예를 들어, 오른쪽 손과 팔의 사용이 곤란한 뇌성마비아동은 키보드와 마우스와 같은 일반적인 입력 기기의 사용이 곤란하기 때문에 일반 학습자들에 비하여 워드프로세서와 같은 필수적인 프로그램을 사용하거나, 인터넷 활용 능력이 상대적으로 떨어지거나 비효율적이다. 그러나 왼쪽 손과 팔 사용 위주로 개조되어진 대체 키보드와 대체 마우스 등을 제공하면 일반 학생들과 비슷한 효율성을 확보할 수 있으며, 이를 바탕으로 동일한 학습경험을 할 수 있다.

나. 능력 향상

변화 및 발전하고 있는 디지털 미디어와 시스템들은 장애아동에게 개별적인 교수·학습 환경, 선호하는 미디어, 여러 가지 교수·학습방법이 적용된 흥미진진한 콘텐츠를 제공할 수 있어 전반적인 학습 능력을 향상시킬 수 있다. 특히, 장애학생에게 제공되는 교수·학습 디지털 콘텐츠들은 학생들의 장애 정도, 요구, 능력에 따라 설계될 수 있어 지속적으로 피드백을 제공해 주면서 능동적 학습을 할 수 있는 환경을 조성해 줄 수 있다.

다. 동기부여와 태도개선

디지털 스마트 기기는 학습자들에게 새로운 교수·학습 도구로서 흥미를 유발할 수 있으며, 이러한 흥미는 직접적인 학습 동기로 연결될 수 있다. 특히, 컴퓨터나 모바일 디바이스에서 제공되는 미디어 요소는 학습에 대한 흥미와 관심을 배가시킬 수 있는데 일반적인 교실 수업과는 다른 형식, 예를 들면 게임, 시뮬레이션 등으로 진행될 수 있기 때문에 학습자들의 동기 부여는 물론 학습 태도를 긍정적으로 개선시킬 수 있다.

라. 자아상 신장

장애아동은 자신의 장애로 인하여 일반 동료들이 할 수 있는 것을 잘 하지 못하거나 뒤떨어져 자아상이 긍정적이지 않거나 자신감이 낮을 가능성이 있다. 이러한 자아상과 낮은 자신감은 학습 능력에 많은 영향을 미쳐 자신이 가진 능력이나 소질을 적절히 개발하지 못할 수 있다. 그러나 장애아동에게 적절한 공학 서비스를 제공하면 이전에 하지 못했던 것들을 할 수 있거나 일반 학습자들과 같이 학습이나 생활의 여러 가지 면들을 공유할 수 있게 된다. 예를 들어, 의사소통에 장애를 가지고 있는 학습자들은 수업에서, 그리고 같은 또래 동료들과의 생활 장면에서 의사소통을 원활하게 할 수 없어 위축되는 경우가 많다. 그러나 지역사회활동에서 의사소통을 지원할 수 있는 공학기기, 즉 휴대할 수 있는 보완대체 의사소통기기를 제공하면 교사, 동료 그리고 주변 다른 이들과 쉽게 의사소통할 수 있어 사회성도 향상할 수 있을 뿐만 아니라, '친구들과 다르다'라는 생각도 변화시킬 수 있는 가능성을 가질 수 있다.

이상과 같은 장점들 이외에도 또 다른 긍정적인 측면이 있을 수 있지만 유념해야 할 사항도 있다. 먼저, 변화하고 발전하는 공학은 장애아동의 모든 요구를 해결할 수 있는 만능 키(key)라는 잘못된 오해를 하지 않도록 해야 한다. 특수교육공학을 활용한다고 장애가 치료되거나 교육과 생활 측면에서 교사와 부모가 의도하는 혹은 기대하는 긍정적인 상황으로 완벽하게 변하지 않을 수 있기 때문에 과도한 기대와 오해는 하지 않아야 한다.

둘째, 현실적인 적용과 활용의 적절성을 고려하는 것이 필요하다. 디지털 스마트 기기 및 첨단 공학 기술을 활용한 기기들에 대해서 장애아동은 신기하고 많은 기대감을 가질 수 있으나, 교사들은 공학을 적용하거나 활용할 때는 가격, 변화주기, 관리 비용 등과 같은 현실적인 면을 고려하여야 한다. 뿐만 아니라 장애아동의 교수·학습 장면에서 공학 적용의 적절성 역시 반영하는 것이 필요하다. 교수·학습의 장면에서 공학의 활용은 반드시 갖추어야 하는 요소가 아닐 수도 있으며, 어떤 경우는 적절하지 않은 경우도 있다. 교육 현장에서 공학기기를 선정할 때는 장애아동 특성과 요구, 교육과정, 기관의 여건 등을 충분히 고려하여야 하며, 교육 전문가들은 공학에 충분한 이해와 공학 활용과 관련된 전문적 문제해결 방안을 갖추는 것이 필요하다.

Ⅱ 보조공학의 이해와 장점

1. 보조공학의 개념과 필요성

보조공학기기는 장애아동의 기능적인(functional) 능력들을 유지하고, 개선시키고, 확장할 수 있도록 생산된 제품, 기존의 기기나 도구를 변경한 것, 사용자가 스스로 고안하여 만든 도구라고 할 수 있다. 여기에는 첨단 기술을 기반으로 하는 디지털 도구에서부터 비(非)기계적 혹은 비전자적인 도구와 특별한 목적을 위하여 설계·제작된 교수·학습 매체, 콘텐츠, 서비스와 전략들이 모두 포함될 수 있다. 또한 보조공학기기는 전문 연구진이 설계하여 상업적으로 출시 및 판매되는 것에서부터 장애아동, 부모, 담당 교사들의 특별한 요구에 의해 간단하게 만들어진 것까지 광범위하게 포함된다.

보조공학기기는 기기의 기본 운영 속성과 특성에 따라 첨단 공학(high technology)기기, 일반 공학(medium technology)기기, 기초 공학(low technology)기기로 구분한다. 첨단 공학기기는 디지털 기반으로 운영되는 기기 혹은 정교하게 제작되어진 고기능을 가진 기기를 말하며, 일반 공학기기는 첨단 공학과 비교하여 정교함이나 기능적 측면에서의 복잡함이 상대적으로 적은 기기로 수동 휠체어와 같이 기계적으로 작동하는 기기 혹은 학교와 가정에서 사용되는 일반 전기제품들이 여기에 포함될 수 있다. 기초 공학기기는 일반적인 도구나 기구에 약간의 기능상 수정이 가미된 기기로, 예를 들면 지체장애아동을 위한 특별한 손잡이가 있는 숟가락, 양손으로 잡고 흘리지 않고 마실 수 있도록 만들어진 컵 등이 여기에 속한다.

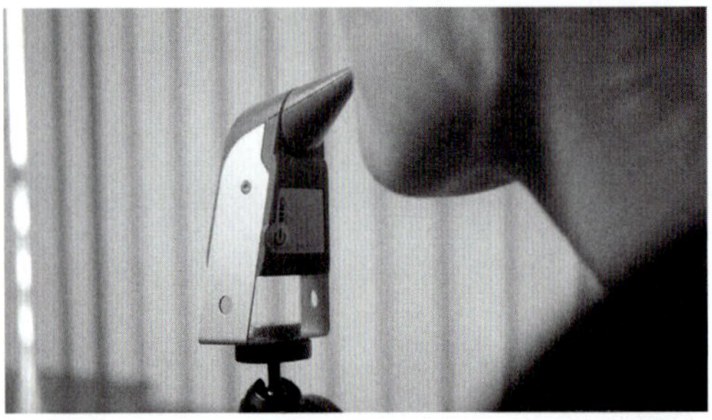

[사진 4-1] 첨단공학기기의 예: 인테그라 마우스(입으로 조작하는 대체마우스)

출처: https://www.youtube.com/watch?v=aHwJ1oZ2sJU

[사진 4-2] 일반공학기기의 예: 기립형 휠체어

출처: http://atrac.or.kr/

[사진 4-3] 기초 공학기기의 예: 양손을 사용하여 마시기 용이한 컵

출처: https://www.galleria.co.kr/

2. 보조공학서비스란

보조공학서비스는 보조공학기기를 장애아동의 특성과 요구에 맞게 적절하게 선택하고 획득하여 효과적으로 사용할 수 있도록 하는 전체적인 과정이다. 보조공학기기 준비, 적용, 관리, 지원 등이 포함된 사용상을 위한 체계적이고 전반적인 서비스라고 할 수 있다. 보조공학서비스에는 다음과 같은 사항이 포함된다.

첫째, 일상생활 및 지역사회생활에서의 기능적 요구를 포함하는 평가

둘째, 보조공학기기를 사용할 수 있도록 준비하는 과정, 즉 구입, 임대, 기타 제공할 수 있는 방법

셋째, 보조공학 기기의 선택, 설계, 사용자의 요구에 따른 조정, 기능 설정, 사용하기 위한 적응 과정, 적용과 유지, 사용 시 부주의로 인한 지원 방법

넷째, 장애아동, 부모(보호자) 및 가족을 위한 교육 및 훈련 서비스와 관련 기술 지원 서비스

다섯째, 교육 및 재활전문가, 기타 관련 서비스 제공자 등 장애인의 생활에 연관되어 있는 이들을 위한 교육 및 훈련 서비스와 관련 기술 지원 서비스

3. 보조공학의 장점

보조공학은 장애아동의 교수 · 학습 효율성을 증진시킬 수 있으며, 독립적인 기초 생활을 비롯한 가정생활, 학교생활, 지역사회 활동에도 능동적으로 참여할 수 있게 해 준다. 뿐만 아니라 적절하게 선택되고 활용되어지는 보조공학기기는 사회 · 정서적인 측면과 지적인 측면에서 실패나 부적응과 같은 부적절한 경험을 줄이거나, 이를 경험하지 않도록 하는 데 있어 잠재적 가능성을 가지고 있다(Lesar, 1998).

보조공학은 장애아동에게 왜 반드시 고려되어야 하는지 구체적 필요성에 대하여 정리하면, 첫째, 보조공학은 장애아동이 가지고 있는 능력을 확대하는 기능을 제공할 수 있기 때문에 학습 및 생활 등 여러 영역에서 활용되어야 한다.

둘째, 보조공학은 장애아동들의 학습, 일상, 여가생활, 직업 관련 활동 등에서 필요한 관련 과제들을 수행하기 위한 대안적인 방법들을 제공함으로써 장애가 보상되거나 상쇄되는 결과를 가져올 수 있기 때문이다.

셋째, 다른 사람과 의사소통 할 수 있는 기회와 기능을 제공할 수 있어 능동적인 사회활동을 할 수 있기 때문이다.

넷째, 장애아동이 원하는 여가 활동을 할 수 있게 되어 행복한 삶을 영위할 수 있도록 해 줄 수 있다.

다섯째, 일상적인 삶의 기술을 독립적으로 수행할 수 있기 때문에 보조공학이 반드시 고려되어야 하며, 이와 함께 기본적인 직업 기능을 갖출 수 있도록 해 줄 수 있을 뿐만 아니라 경쟁력 있는 직업 소양도 양성하는 데 중요한 요건이 되기 때문에 보조공학이 필요하다.

보조공학의 필요성은 앞서 언급한 내용과 더불어 여러 생활 장면에서 긍정적인 요인을 제공해 줄 수 있으므로 특수교육 관련 서비스 중에서 중요하게 인식되고 적절하게 활용될 수 있도록 해야 한다. 장애아동에게 적절한 보조공학기기를 제공했을 때 예상되는 장점은 다음과 같다.

첫째, 보조공학은 장애아동의 교수·학습활동의 다양성을 증가시킬 수 있다. 예를 들어, 장애아동에게 적합한 자세를 유지할 수 있는 데 필요한 기능을 지원을 할 수 있는 기기들을 이용하면 지체장애아동들은 책상이나 교실 바닥 등에서 수행하는 교수·학습활동뿐만 아니라 일어서서 하는 활동에도 참여할 수 있는 기회를 제공해 주기 때문에 학습 환경의 확대와 더불어 교수·학습 내용에도 다양성을 기대할 수 있다.

둘째, 보조공학은 장애아동의 사회·문화적 경험을 확대할 수 있다. 조이스틱 사용이 어려운 장애아동에게 스위치만으로 전동 휠체어를 조작할 수 있는 시스템을 제공해 주면 장애아동의 이동 요구를 우선적으로 해결해 줄 수 있으며, 이와 더불어 그동안 접근하기 조차 어려웠던 환경과의 상호작용 할 수 있는 기회를 제공해 줄 수 있다. 그리고 이동의 기능을 적절하게 활용하여 다른 사람들을 만날 수 있는 장을 열어 주어 활동과 문화의 폭을 확장시켜 줄 수 있다.

셋째, 보조공학은 신체적인 발달에도 영향을 줄 수 있는데, 예를 들어 컴퓨터 및 관련 기기들은 지체장애아동들과 인지장애아동들에게 효율적인 교수·학습 환경을 제공할 수 있게 해 주는데, 워드프로세서, 셈하기, 그리기 프로그램이 설치되어 있는 컴퓨터를 사용하는 장애아동들은 일반적인 학습 능력의 개선뿐만 아니라, 작은 근육(fine motor) 운동과 협응 기술도 향상시킬 수 있다. 또한 보완대체 의사소통 시스템을 사용하는 장애학생들은 말하는 능력을 향상시키고 개선하여 줄 뿐만 아니라, 주의집중 시간에도 긍정적인 영향을 줄 수 있다.

다섯째, 보조공학은 발달장애 아동들에게도 일상생활에서의 장애 및 제한적인 요소들을 보상해 주어 독립생활을 영위할 수 있는 데 도움을 제공한다. 또한 지역사회에 통합될 수 있도록 다양한 기능적 지원을 할 수 있기 때문에 장애가 다소 무거운 아동들이 갖고 있는 타인에 대한 의존성을 줄일 수 있다.

여섯째, 보조공학은 장애아동 개인뿐만 아니라 가족에게도 긍정적 영향을 미친다. 보조공학을 통해서 얻을 수 있는 여러 장점들은 장애학생에게 신체적 · 심리적인 측면에서 긍정적인 변화로 이어지며, 이러한 변화는 가정생활의 개선 및 가족의 긍정적 상호관계 형성으로 이어질 수 있다(Todis & Walker, 1993).

Ⅲ 보조공학의 활용

1. 체계적인 보조공학 제공

특수교육기관에서 보조공학기기 및 서비스가 장애아동에게 효과적으로 제공되기 위해서는 대상 장애아동의 특성과 공학적 요구가 적절하게 진단 및 평가되어야 하며, 이를 통하여 정해진 보조공학기기는 장애아동에게 제공되어 일상생활에 대한 지원뿐만 아니라 교수 · 학습, 직업교육, 전환 활동 등에 긍정적인 영향을 줄 수 있다. 보조공학기기 및 서비스가 가지는 장점을 충분히 얻고, 특수교육 관련 여러 서비스 중에서 공학 관련 지원이 주요한 영역으로 자리 매김하기 위해서는 전문적인 전달 체계(delivery system)가 설정되고 운영되는 것이 반드시 필요하다.

보조공학 전달은 장애아동에게 보조공학 기기 및 관련 서비스를 제공하는 과정 혹은 체계로, 장애아동의 기능 및 공학적 요구와 활용 목적에 맞게 적절한 기기와 서비스를 선정하고 제공하기 위한 세부 과정과 활동이 포함된다. 장애아동의 보조공학 요구를 파악하는 진단 및 사정, 이를 바탕으로 보조공학 관련 기기 및 서비스를 선택하고 적용하는 과정, 사용 과정에서 발생하는 여러 사항이나 문제에 대해 지원하는 과정들로 구성된다.

보조공학 전달은 장애아동과 부모, 특수교육 관련 전문가(특수교사, 보조공학전문가 등)들이 참여하는 팀(team)에 의해 의사결정 및 운영되어 대상자에게 현실적으로 가장 최선의 보조공학 기기와 서비스가 결정된다. 그래서 장애학생, 교사, 부모들은 보조공학 기기와 서비스를 사용하여 그동안 힘들거나 불가능했던 여러 어려움들을 해소할 수 있을 뿐만 아니라 사용상에서 발생할 수 있는 문제들에 유연하게 대처할 수 있어 효과적으로 보조공학을 교수 · 학습과 일상생활에서 활용할 수 있다. 보조공학 전달의 주요 체계와 과정은 [그림 4-1]과 같이 구성할 수 있다.

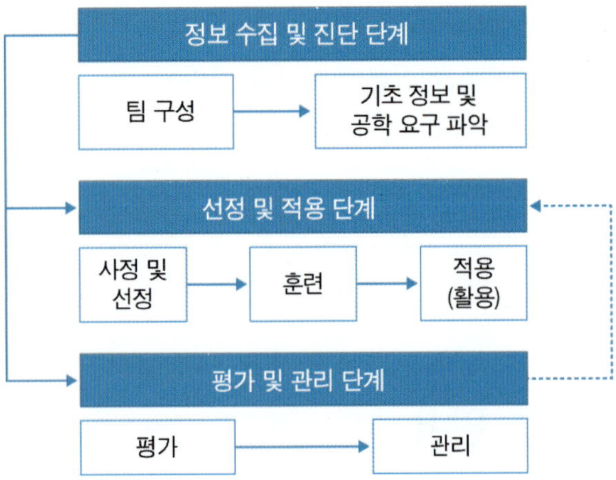

[그림 4-1] 보조공학 전달 체제
출처: 김영걸(2006)의 연구에서 재수정함.

보조공학 전달 첫 번째 단계인 정보 수집 및 진단 단계에서는, 장애아동이 속해 있는 학교, 가정, 지역사회의 환경과 상황을 고려하여 장애아동의 특정 요구와 이에 부합하는 공학 관련 요구를 기초적으로 파악한다. 그리고 현재 장애아동이 사용 혹은 제공받고 있는 공학적 환경에 대해서도 조사한다. 이러한 정보 수집과 파악은 교사, 부모, 보조공학 관련 전문가 등이 참여하는 팀 접근을 통하여 이루어진다.

팀 구성은 담임교사, 부모, 관련 교사, 학교 내부 혹은 외부의 보조공학 전문가 등으로 구성하며, 대상 학생의 신체적·인지적 특성 및 환경을 고려하여 치료교사와 기타 서비스 전문가가 참여할 수 있도록 하고, 진단, 사정, 적용, 평가 등의 활동에 대한 전체 일정을 수립한다.

장애학생 기본 정보와 공학 요구 파악 활동에서는 먼저 대상 아동의 기초 정보를 파악하는데, 여기에는 성별, 연령, 장애정도, 요구, 학습특성, 생활특성, 현재 교육적 요구, 제공받고 있는 교육 및 기타 관련 서비스의 상황, 현재 배치되어 있는 교육기관 환경, 현재 거주 및 생활하고 있는 생활환경(가정, 여가, 지역 사회 환경 등) 등 장애학생을 충분히 이해할 수 있는 내용으로 구성하여 파악한다. 특히 장애아동이 주로 교육활동을 하는 교육기관 환경을 이해하기 위해서는 학습이 주로 이루어지고 참여하는 환경, 특정 교육과정을 수행하도록 마련된 환경, 학습 이외의 활동을 하는 환경을 포함한다.

공학 요구를 파악하는 활동에서는 장애아동의 보조공학 기기와 서비스 필요성에 대하여 기초적으로 진단하며, 제공되었을 경우 어떠한 장점 및 효율을 얻을 수 있는지에 대하여 예상 정보를 탐색한다. 또한 현재 보공학 기기와 서비스를 사용하고 있다면 그에 대한 기초 정보, 사용 시기, 장점 및 개선되어야 하는 점들을 파악한다.

두 번째 단계인 선정 및 적용 단계에서는 이전 단계 수집된 장애아동의 정보를 바탕으로 장애아동의 구체적인 보조공학 요구를 사정하며, 이를 바탕으로 보조공학 기기와 서비스를 선정한다. 선정된 보조공학기기와 서비스를 효과적으로 사용할 수 있도록 기기와 서비스에 대한 교육 및 훈련을 실시하여, 충분히 활용할 수 있도록 보조공학기기와 서비스의 적응도를 높인다. 그리고 제공된 기기와 서비스의 장단점을 파악하여 적절한 조치를 취한 후 학습, 일상생활에서 직접 활용할 수 있도록 보조공학 기기와 서비스를 투입한다. 선정 및 적용 단계의 주요 활동과 고려 사항은 다음과 같다.

보조공학 사정 및 선정

- 보조공학 사정 내용: 학습 영역과 연관된 보조공학 요구, 일상생활 영역 연관된 보조공학 요구, 여가 및 직업 활동과 연관된 보조공학 요구
- 사정 결과를 바탕으로 팀에서 문제 해결 방안 수립
- 장애아동에게 적합한 보조공학 관련 전반적인 자료 및 정보 수집
- 보조공학 기기와 서비스를 선정하고 보조공학 기기 및 서비스를 어떻게 준비할 것인지에 대한 방안 수립
- 보조공학 기기 및 서비스에 대한 훈련 및 교육 실시: 훈련 및 교육 일정 수립, 사용 방법, 주의사항 등과 같은 정보 제공, 보조공학 기기와 서비스에 대한 훈련 및 프로그램 제공, 활용상의 문제점을 파악
- 교사, 부모 및 가족(보호자) 등에게 보조공학 사용, 관리 등의 정보 제공 및 교육

보조공학 훈련과 적용

- 시범 적용: 문제점 발생 시 변경, 기능 개선 및 보완 등의 조치 고려
- 일정 기간 동안 보조공학 기기와 서비스 활용

세 번째 단계인 평가 및 관리 단계에서는 장애아동의 요구에 맞게 적용된 보조공학 기기의 활용에 대한 정기 평가 실시를 통하여 장점 및 단점을 파악하고 만약 활용상의 문제점이 발생되었을 경우 기능 추가, 수리, 다른 기기로 대체 등의 관리 활동을 실시한다. 장애아동의 요구에 따라 또 다른 공학적 요구가 있거나 새로운 보조공학 기기와 서비스를 제공해야 한다면 이전 단계인 선정 및 적용단계에서 관련 활동을 수행한다.

보조공학기기 및 서비스 평가는 장애아동의 요구, 물리적 환경, 교육과정 등을 고려하여 정기적인 평가를 실시한다. 그 결과를 바탕으로 문제를 확인하고 구체적인 해결 방

안을 수립하여야 하는데, 팀 회의를 통하여 이전 단계로 돌아가 장애아동에게 적절한 보조공학 기기와 서비스를 선정하고 적용한다. 장애아동이 보조공학 기기와 서비스를 장기간 사용하여야 한다면, 정기적인 평가와 관리 계획을 수립하는 것이 필요하다.

2. 보조공학의 활용

가. 일상생활 지원 보조공학

일상생활을 지원할 수 있는 보조공학은 장애아동들의 실생활과 관련된 기능들, 즉 식사, 배설, 세면, 목욕, 착·탈의, 수면 등과 같은 신변자립 활동을 지원할 수 있는 기기와 서비스이다. 장애아동의 일상생활을 지원하는 보조공학에는 가정, 학교, 지역사회의 일상 활동을 지원할 수 있는 보조공학기기도 포함되며, 애완견 키우기, 건강관리 유지, 요리, 쇼핑 등과 같은 수단적 일상생활활동을 지원할 수 있는 보조공학기기도 포함되어 그 영역이 광범위하다. 장애아동들에게 일상생활 지원 보조공학기기를 선정하고 제공하기 위해서는 장애아동만을 위해서 만들어진 제품만을 대상으로 하지 않고 영유아 및 어르신들을 위하여 만들어진 기기들도 고려하는 것 또한 필요하다.

일상생활을 지원하는 보조공학은 장애아동이 가정, 학교, 지역사회에서 독립생활을 하기 위하여 반드시 고려되어야 한다. 일상생활을 지원하는 보조공학기기를 적절하게 사용하면 장애아동 자신 및 가정의 생활이 질적으로 개선될 수 있으며, 특히 전환교육이나 평생교육을 위해서 선결되어야 하는 사항이다. 다음 사진은 장애아동의 일상생활 보조공학기기의 예들이다.

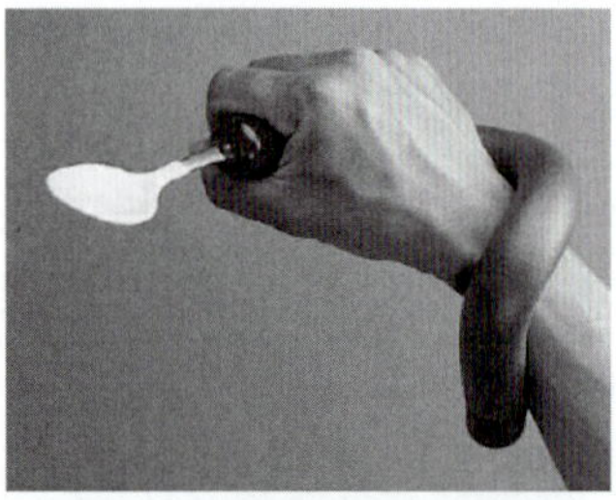

[사진 4-4] 손잡이가 구부러지는 숟가락

출처: https://www.cowalknews.co.kr/bbs/board.php?bo_table=HB22&wr_id=1116&page=24

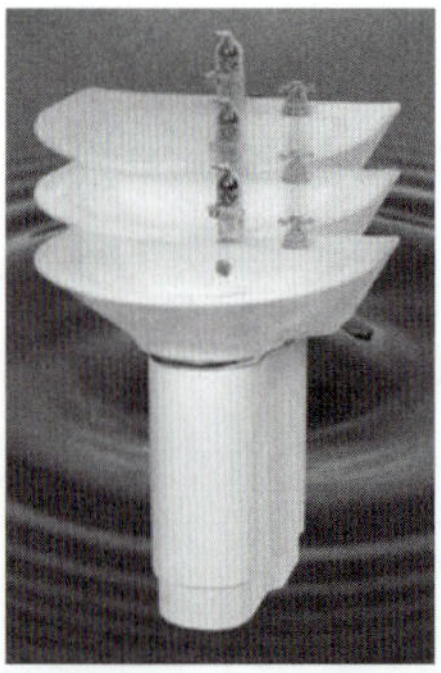

[사진 4-5] 높낮이 조절 세면대

출처: https://www.mk.co.kr/news/business/view/2010/08/446443/

[사진 4-6] 손쉽게 단추를 끼우거나 지퍼를 사용할 수 있는 도구

출처: https://bermuda.desertcart.com/products/20988062

일상생활 지원 보조공학 영역에는 장애아동의 환경 및 공간을 요구에 따라 조정할 수 있는 시스템이나 서비스도 포함될 수 있는데, 리모컨으로 높이를 조절할 수 있는 침대, 휠체어를 사용하는 사람에게 적합하게 설계된 거주 공간 등이 대표적인 예가 될 수 있다.

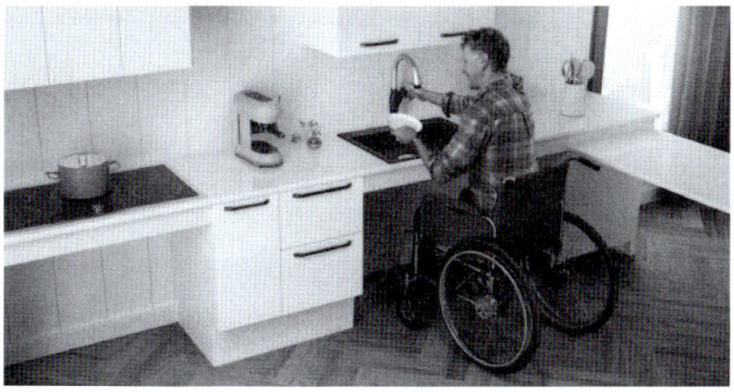

[사진 4-7] **휠체어 사용인을 위한 주방**

출처: https://www.womennews.co.kr/news/curationView.html?idxno=212936

나. 컴퓨터 사용 지원 보조공학

장애아동은 신체 및 감각적 장애로 키보드와 마우스 등 일반적인 입력기기를 다루는 데 제한 및 한계가 있고 모니터 및 프린터 등과 같은 출력기기를 사용할 수 없거나 출력되는 정보 이해에 어려움이 있다. 컴퓨터 사용 지원 보조공학은 대체 및 대안적인 접근 방법으로 입력과 출력의 기능을 활용할 수 있도록 하여 디지털 디바이스의 접근성 향상과 정보통신 활용 능력이 향상될 수 있도록 하는 역할을 한다.

컴퓨터 사용 지원 보조공학은 대체 입력 시스템과 대체 출력 시스템으로 구분할 수 있는데 대표적인 예는 다음과 같다.

대체 입력 기기 및 시스템

- 일반적인 키보드보다 상대적으로 큰 키(key) 혹은 작은 키를 가진 키보드
- 일반적인 키 배열인 쿼티(QWERTY) 배열이 아닌 ABC 키 배열을 가진 키보드
- 인체공학키보드: 분할 고정형(fixed-split) 키보드, 분할 조정형(adjustable-split) 키보드, 오목한 형태의 디자인 키보드 등
- 확장키보드
- 확대키보드(대형키보드, 큰 키 키보드)
- 소형키보드
- 조합키보드
- 화면키보드(화상키보드)

- 손(손가락) 이외의 다른 신체 부위를 활용하여 입력할 수 있는 마우스
- 입과 머리의 움직임으로 마우스를 조정할 수 있는 헤드 마우스
- 신체 여러 부위로 조작할 수 있는 조이스틱
- 트랙볼
- 헤드 콘트롤 마우스 시스템(head control mouse system)
- 스위치와 스캐닝시스템

◉ 대체출력 기기 및 시스템

- 화면읽기시스템
- 화면확대모니터
- 화면확대프로그램

다음 사진은 컴퓨터 사용을 지원하는 보조공학의 사례이다.

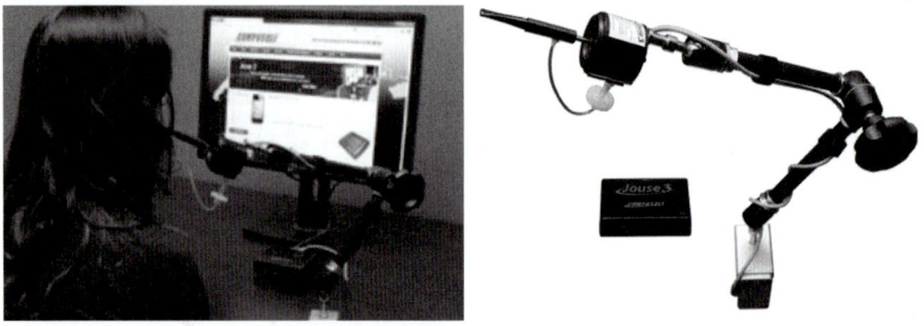

[사진 4-8] 조우스(대체 마우스)

출처: https://www.adaptivespecialties.com/jouse-3-mouth-controlled-usb-joystick-by-compusult.aspx

[사진 4-9] 확대키보드(big keyboard)

출처: https://www.maltron.com/store/p72/Maltron_Expanded_Keyboard_-_Swedish_Language.html

[사진 4-10] 화면확대프로그램

출처: https://www.perkinselearning.org/technology/posts/getting-started-screen-magnification

다. 장애학생의 통합교육을 위한 보편적 설계의 활용

이동지원보조공학은 지체장애아동이나 시각장애아동의 단거리 및 장거리 이동을 용이하게 할 수 있도록 하는 기기 및 서비스로 지팡이(cane), 보행기(walker), 수동 및 전동 휠체어, 전동스쿠터, 특수 승강기, 흰 지팡이, 시각장애인을 위한 장애인보조견 등이 여기에 포함될 수 있다.

지팡이는 보행능력이 있으나 보행 중의 균형 유지, 안정성을 지원하거나 확보하기 위하여 사용되며, 보행기는 안정적인 형태의 이동 지원 기기로 혼자서 보행하기에는 근력, 조정력, 평행유지 등이 힘든 아동이 사용한다. 바퀴가 없는 보행기, 앞바퀴가 있는 보행기, 네 바퀴가 있는 보행기 등이 있는데 아동의 이동 능력을 바탕으로 선정 및 제공된다. 보행기는 복잡한 곳에서 사용하기가 곤란하며, 정상적인 팔 움직임에 제한이 있을 수 있다.

휠체어는 아동의 하지 근력이나 조정 능력 이상으로 보행에 제한이 있을 경우 앉은 채로 이동하는 기기로 상지 기능이 휠체어를 조작하는 데 원활한 경우 사용된다. 휠체어는 용도, 재질, 작동원리 등에 따라 다양한 종류가 있다. 장애아동이 휠체어를 안전하게 사용할 수 있도록 지도하기 위해서는 다음과 같은 사항을 준수하여야 한다

휠체어 안전 사용을 위한 주의사항: 수동휠체어(국립재활원, 2016)

- 운행 전 · 후에 타이어의 공기압을 점검합니다.
- 계단이나 가파른 장소 및 에스컬레이터에서는 사용하지 않습니다.
- 뒷주머니에는 무거운 물건을 넣지 않습니다.
- 최소한 1개월마다 볼트, 너트 등 잠금장치를 조여 줍니다.
- 주행 중 물건을 집으려고 하지 않습니다.
- 바닥에 떨어진 물건을 집으려고 하지 않습니다.
- 경사길에서는 상반신을 휠체어 밖으로 내지 않습니다.
- 경사길에서 방항을 바꾸려면 정지한 후 방향을 신회합니다.
- 휠체어를 타고 내릴 때는 반드시 브레이크를 채운 후,
- 최대한 휠체어를 몸에 밀착시킵니다.
- 보호자의 도움이 없이는 차체를 기울이지 않습니다.
- 발판을 디딤발처럼 사용하지 않습니다.
- 눈, 얼음, 물 또는 기름막이 있는 경사로 및 언덕길에서는 사용을 하지 않습니다.

전동휠체어는 일반적으로 전기배터리를 동력원으로 사용하는 변속장치와 제동장치 및 컨트롤러가 부착되어 아동이 왼쪽 혹은 오른쪽 팔걸이에 위치한 조이스틱 등으로 조작하여 운전하는데, 아동이 한쪽 손이나 팔을 어느 정도 사용할 수 있을 경우 활용된다. 손과 팔의 사용이 어렵더라도 신체 특정 부위의 원활한 사용이 가능한 경우 조이스틱 대신에 특별히 고안된 제어 기기로도 사용가능하다. 장애아동이 전동휠체어를 안전하게 사용할 수 있도록 하기 위해서는 다음과 같은 사항을 유념하여야 한다.

◉ **휠체어 안전 사용을 위한 주의사항: 전동휠체어**(국립재활원, 2016)

- 운행 전·후에 타이어의 공기압을 점검합니다.
- 요철, 경사로 주행 시 저속으로 주행하고 몸이 휠체어로부터 이탈되지 않도록 주의합니다.
- 임의로 차체를 변경하거나 분해하지 않습니다.
- 운행 전에 배터리가 완전히 충전이 되었는지 확인합니다.
- 차도를 주행하지 않으며 보호자 또는 보조자 없이 터널, 건널목 승강기, 리프트 등의 위험구간에서 사용을 금합니다.
- 급가속, 급제동 등의 무리한 조작을 하지 않습니다.
- 충전 중에는 연소물질을 가까이 두지 말아야 합니다.
- 배터리 효율과 수명을 최대화하기 위해서는 충전 시 완전 충전을 합니다.
- 방전사고를 예방하기 위하여 무리한 장거리 운행을 자제하고 수시로 타이어 상태를 점검하여 정상상태를 유지할 수 있도록 해야 합니다.
- 지하철역 휠체어리프트 탑승 시 반드시 안전 요원의 안내에 따릅니다.
- 부득이 야간운행을 해야 한다면 사고예방을 위하여 눈에 잘 띄는 옷을 착용하고, 전조등 및 반사경이 없는 제품인 경우에는 야간 조명등 및 형광 표식 등을 부착하여 쉽게 식별될 수 있도록 합니다.
- 운행 중에는 핸드폰 등 전자파 발생기구를 사용하지 않습니다.
- 항상 안전벨트를 착용합니다.

라. 의사소통지원 보조공학

의사소통지원 보조공학은 의사 교환이 어려운 장애아동들이 다른 사람들의 의사를 이해하고 자신의 의사를 표현할 수 있도록 지원하는 것으로, 장애아동의 의사소통 요구와 특성을 다각적으로 강구하여 논리적인 접근 방법으로 구현된 하드웨어와 소프트웨어로 설명할 수 있다. 교사 및 부모가 간단하게 그린 의사소통 판(board)에서부터 손짓 기호, 축소 모형 이용, 스마트폰 앱과 같은 디지털 디바이스를 이용한 방법 등이 포함되며, 일반적으로 보완대체 의사소통으로 이해 및 활용되고 있다.

보완대체 의사소통은 구어로 의사소통 필요를 충족시키지 못하여 보완하거나 대체하기 위해 사용하는 모든 의사소통 방법, 전략, 시스템이다. 보완대체 의사소통을 적절하게 활용하면 구어 이외의 다른 표현 방법을 제공하여 의사소통을 원활이 할 수 있고, 관련 능력을 발달시킬 수 있다. 이를 통하여 장애아동의 자기 결정력과 독립생활 능력을 향상시켜 우리 사회의 주요 구성원으로의 역할을 할 수 있게 해 준다.

특수교육 현장 전문가들이 보완대체 의사소통 시스템을 효과적으로 활용하기 위해서는 보완대체 의사소통의 주요 구성 요소인 상징, 도구, 전략 및 기법에 대한 이해가 있어야 한다. 보완대체 의사소통 시스템에는 장애아동의 장애 특성, 언어적 이해, 의사소통 환경을 감안하여 의사소통 책이나 판과 같은 기초공학기기도 있으며, 디지털 음성 출력 장치나 스마트 폰 앱과 같은 첨단공학을 이용한 기기나 시스템도 포함된다. 다음 사진은 보완대체 의사소통 시스템의 예이다.

[사진 4-11] 의사소통판

출처: http://www.ice.go.kr

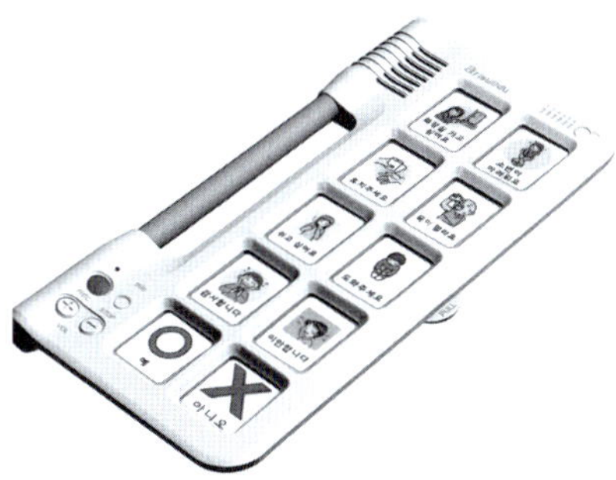

[사진 4-12] 오케이 톡톡

출처: https://blog.daum.net/clparion/7177639

[사진 4-13] 나의 AAC(보완대체 의사소통 앱)

출처: https://112nara.tistory.com/15

마. 보기 및 듣기 활동지원 보조공학

보기 및 듣기 활동지원 보조공학으로 시각장애아동 혹은 청각장애아동을 위해 감각을 대체하거나 확장시켜 주는 기기나 시스템들이 여기에 포함된다. 청각장애아동을 위한 보조공학기기 및 서비스는 소리 및 음성 정보에 대하여 문자 및 수화 자막 정보, 빛 신호, 진동 신호 등의 대안적인 방법으로 제공한다. 시각장애아동을 위한 보조공학기기 및 서비스는 시각적인 정보를 확대, 점자나 소리로 전환하여 제공한다.

청각장애아동을 위한 대표적인 보조공학은 보청기, 인동와우, 디지털 음성 증폭기 등이 있고 시각장애아동을 위해서는 데이지(Digital Accessible Information System: DAISY) 자료, 큰 활자로 된 책, 시각장애를 위한 음성 교통안내 서비스, 점자정보단말기, 화면읽기시스템, 화면확대 시스템 및 프로그램, 타이포스포크(typoscope), 광학보조기구 등이 있다.

인공와우는 보청기를 착용해도 소리를 거의 들을 수 없는 양측 고도 감각신경성 난청 아동에게는 인공와우 장치를 적용하는데, 주요 기능은 외부의 음원으로부터 전달되어 온 소리에너지를 전기적 에너지로 변환시켜 달팽이관 내에 삽입된 전극을 통해 청신경을 직접 자극하여 소리를 들을 수 있도록 하는 장치이다. 데이지는 시각장애아동이나 독서에 불편이 있는 아동을 위한 국제 디지털 문서 형식으로 시각장애아동과 읽기장애 아동, 즉 독서에 특별한 지원이 필요한 아동을 위해서 만들어진 전자책 형식이다. 타이포스코프는 저시력아동의 책 읽기에 도움을 주는 기구로 검은색의 두꺼운 종이나 플라스틱으로 만들어져 반사로부터 눈부심을 막아 주고 대조를 높여 읽을 줄을 놓치지 않도록 지원하는 도구이다.

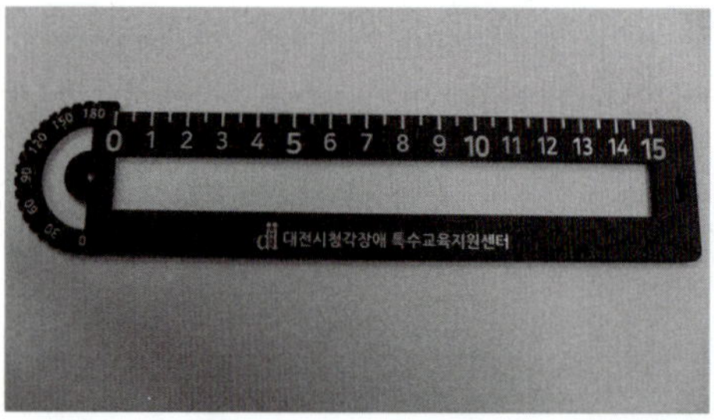

[사진 4-14] 타이코스프

출처: http://www.brnews.co.kr/news/articleView.html?idxno=150

바. 읽기 및 쓰기활동 지원 보조공학

읽기와 쓰기활동은 교수 · 학습 활동에서 가장 기본적인 활동으로, 운동기능, 시지각 기능 등으로 인하여 읽기와 쓰기를 제대로 할 수 없어 교육과정 수행에 참여하기 힘든 특수교육대상자가 많다. 읽기 및 쓰기 활동 지원 보조공학은 읽기 및 쓰기를 지원하거나 대안적인 방법을 제공하는 것이라고 할 수 있는데, 손의 기능이나 형태 이상을 지원하여 쓰기를 할 수 있도록 특별히 제작된 필기도구나 시각장애 장애아동들을 위한 점판 및 점필이 여기에 포함될 수 있다.

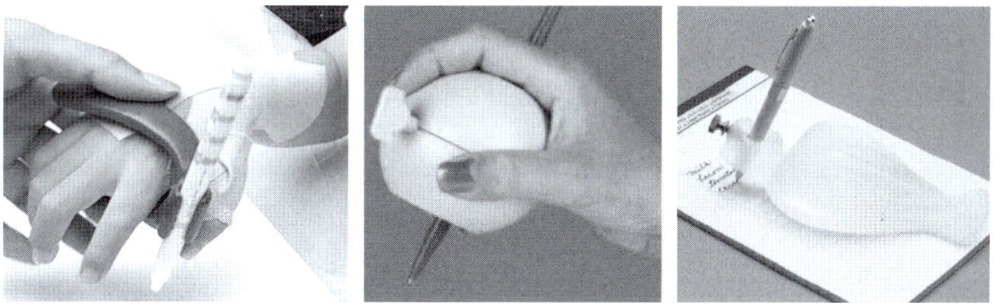

[사진 4-15] 필기 보조공학기기들

출처: https://news.sktelecom.com/http://www.ablelife.co.kr/https://chingchanmall.com/

사. 여가 활동 지원 보조공학

여가 활동 지원 보조공학에는 시각장애아동을 위한 소리 나는 공이나 점자가 가미된 놀이 카드, 다리가 하나인 사람을 위하여 고안된 특수 스키, 산악용 휠체어, 하지마비 장애인들이 손으로 움직일 수 있는 자전거인 핸드사이클 등을 주요 예로 들 수 있는데, 장애로 인하여 부족한 기능을 보완하여 자신이 요구하는 스포츠와 레저 활동을 할 수 있도록 지원하는 기기와 서비스이다.

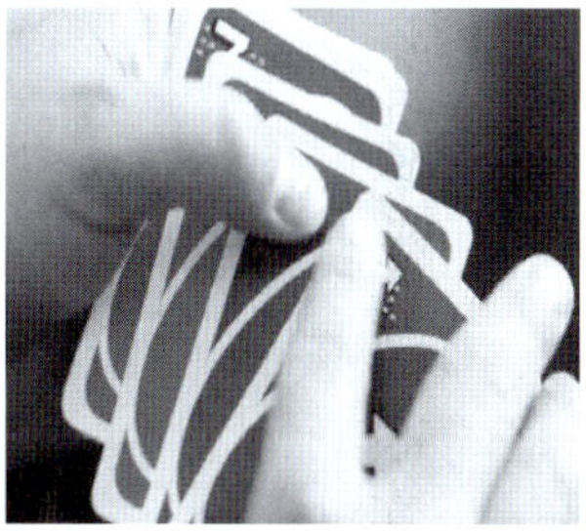

[사진 4-16] 점자 버전 우노 카드

출처: https://news.mt.co.kr/mtview.php?no=2019100214482467273

[사진 4-17] 특수스키

출처: http://www.busan.com/view/busan/view.php?code=20180308000286

[사진 4-18] 핸드사이클

출처: https://www.dailycc.net/news/articleView.html?idxno=201172

Ⅳ 보편적 설계의 이해

1. 접근성(accessibility)

휠체어를 사용하는 뇌성마비아동이 학교에서 적절한 교육을 받고 친구들과 같이 생활하기 위해서는 교실, 강당, 체육관, 식당에 갈 수 있어야 하고, 그 장소에서 나름의 활동을 할 수 있어야 한다. 그와 더불어 학생에게 적합한 교육내용과 방법으로 학습을 할 수 있도록 교육의 접근성이 확보되어야 한다. 일반적으로 접근성이라고 하면 시설과 서비스에 대한 물리적인 사용방법을 기본적으로 제공하고 그에 따르는 사용상의 적정성, 또는 능력, 기술, 필요, 기호, 사용 환경, 내용 등에 대해 각기 다른 사용자들의 보편화된 요구를 수용하는 것으로 개념화할 수 있다. 이러한 접근성은 크게 이동권, 시설 이용권, 그리고 정보 접근권으로 나누어진다.

첫째, 이동권은 물리적인 제한 요소, 즉 물리적인 장벽을 없애서 장애를 가진 사람이 자신의 요구에 의하여 어떠한 장소에 접근 및 도달할 수 있는 권리를 말하는데, 예를 들면 대중 교통시설을 일반인과 같이 그들의 요구와 능력에 따라 사용할 수 있는 권리를 말한다.

둘째, 시설이용권이란 일반인과 같이 물리적인 각종 기구 및 도구, 시설들을 조절하고 통제할 수 있으며, 사용할 수 있는 권리를 말한다.

셋째, 정보 접근권이란 각종 정보에 도달하는 데 어렵게 만드는 장벽을 없애는 것이다. 예를 들어, 장애아동들이 컴퓨터 및 인터넷을 사용할 수 있도록 특별하게 고안된 입·출력 기기의 지원 혹은 특별하게 설계된 웹페이지들이 여기에 포함된다.

현재 우리 사회는 시설과 서비스에 대한 접근성을 확보하기 위한 노력을 다각적으로 하고 있는데, 그중 가장 중요한 철학이나 해결방안이 바로 보편적 설계이다. 교육환경을 비롯한 우리 사회 전반에서 장애아동의 접근과 관련된 권리에 대하여 언급하고 실제로 구현하게 된 것은 보편적 설계가 인식되고 확산된 결과라고 볼 수 있다.

2. 보편적 설계

보편적 설계는 건축학에서 모든 제품과 건축물들을 개조하거나 특수한 설계 없이 모든 사람들이 사용할 수 있도록 설계한다는 것에서 비롯되었다. 우리 사회 구성원들의 다원적인 요구와 변화하는 유동적 요구를 포용할 수 있는 공통 설계 요인을 최대한 반영한 설계로 제품, 통신수단, 건축환경 등을 추가적인 비용 없이, 또는 최소한의 추가비용만으로 유용하게 만듦으로써 많은 사람들의 생활을 간편하게 하는 데 있다. 보편적 설계는 20세기 중반의 전쟁, 질병, 산업재해 등과 같은 시대적·사회적 배경으로 사회 전반에 걸쳐 장애인을 위한 환경 및 시설 등에 대한 접근과 활용의 요구가 높아지게 되었다. 이로 인해 사회적 환경에서 장애인을 위한 장벽을 없앤다는 무장애 설계(barrier free design)에서 출발하여 장애인만이 아닌 대상을 확대한 접근 가능한 설계(accessible design), 다양한 사람들의 요구를 충족하는 적응 가능한 설계(adaptable design), 생애 전 주기의 평생을 생각하는 설계 그리고 모든 사람을 위한 보편적 설계로 발전되어 왔다.

3. 보편적 설계의 원리와 속성

보편적 설계의 대상은 장애인이나 노약자만이 아니며, 남녀노소, 장애 유무에 관계없이 모든 사람에게 유익한 것이다. 현재는 물리적인 공간의 구성에만 국한하거나, 일부 사회계층이나 집단을 위해서 고려되는 것에서 사회 전반의 모든 요소에서 고려되어야 한다는 하나의 운동(movement), 혹은 기준으로 자리 잡혀 있다.

보편적 설계가 모든 제품과 통신수단 그리고 건축물, 주변 환경을 포함하는 광범위한 분야에서 현실화 및 구체화될 수 있도록, 건축가, 제품 디자이너, 엔지니어, 환경 디자인 연구가 등의 각 분야 전문가 그룹이 공동으로 작업을 하여 보편적 설계의 원칙을 만들었다. 보편적 설계 7원칙은 공평한 사용, 사용의 융통성, 간단하고 직관적인 사용, 인지할 수 있는 정보, 실수에 대한 관대함, 적은 신체적 노력, 접근과 사용을 위한 크기와 공간이다.

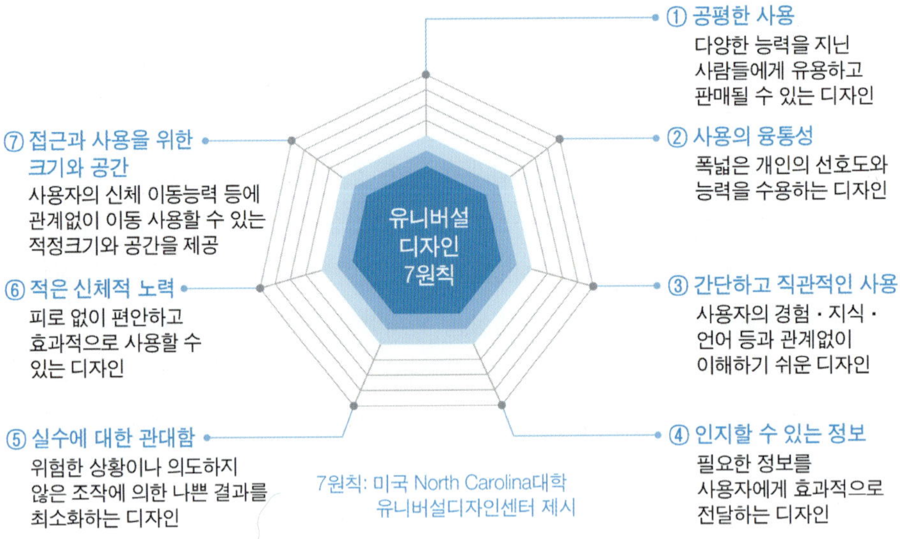

[그림 4-2] **보편적 설계의 원칙**

출처: 행정안전부(2018). 공공청사 유니버설디자인 적용 안내 책자

가. 공평한 사용

장애인만을 위한 별도의 설계를 지양함으로써 장애인이 비장애인으로부터 분리되거나 낙인찍힘이 없도록 해야 할 뿐만 아니라 모든 사용자들에게 매력적인 요소를 추가함으로써 일반 대중들의 접근성을 향상시켜야 한다는 것이다.

◉ 정의: **설계는 다양한 능력을 가진 사람들에게 유용하고 시장성이 있어야 한다.**

- 지침 1a: 모든 사용자들에게 동일한 사용수단을 제공하라: 가능하면 똑같이, 가능하지 않다면 등가로.
- 지침 1b: 어떠한 사용자도 분리되거나 낙인찍히지 않도록 하라.
- 지침 1c: 사생활, 보장성, 그리고 안전성에 대한 조항은 모든 이용자들에게 공평하게 제공되어야 한다.
- 지침 1d: 모든 사용자들의 흥미를 끌도록 설계해야 한다.

나. 사용상의 융통성

보편적 설계가 일반 대중의 흥미를 끌기 위해서는 아동에서부터 노인 그리고 남성과 여성, 장애인과 비장애인 등 다양한 사람들의 욕구를 충족시킬 수 있어야 한다. 즉, 사용상의 유연성을 제공함으로써 대부분의 사람이 아닌 모든 이들이 바라는 바를 충족시켜 줄 수 있어야 한다는 것으로 해당 원칙의 정의와 이를 실현시키기 위한 구체적인 지침은 다음과 같다.

◉ 정의: **디자인은 광범위한 개인적 성향과 능력을 수용해야 한다.**

- 지침 2a: 사용방법상의 선택권을 제공하라.
- 지침 2b: 오른손잡이 또는 왼손잡이가 접근하고 이용할 수 있도록 편의를 도모하라.
- 지침 2c: 사용자의 정확성과 정밀도를 촉진하라.
- 지침 2d: 사용자의 속도를 위해 적응성을 제공하라.

다. 간단하고 직관적인 사용

일상에서 사용하는 개인용 컴퓨터, 현금 자동 입출금기 그리고 다른 장치와 같이 고객과 사무실 제품에 가장 직접적으로 적용할 수 있는 것으로(Bowe, 2000), 다음과 같이 정의된다.

◉ 정의: **사용자의 경험, 지식, 언어 기술 또는 현재의 주의집중 수준에 관계없이 이해하기 쉬운 디자인을 이용해야 한다.**

- 지침 3a: 불필요하게 복잡한 것을 제거하라.
- 지침 3b: 사용자의 기대와 직관에 일치되게 하라.
- 지침 3c: 광범위한 문해력과 언어 기술을 수용하라.
- 지침 3d: 그것의 중요성과 일치하는 정보를 배열하라.
- 지침 3e: 과제수행 중 그리고 과제수행 후에는 효과적인 촉진과 피드백을 제공하라.

라. 인지할 수 있는 정보

장애가 없는 사람들이 정보와 환경의 접근 가능에 대해 관심을 가져야 하는데, 예를 들어 건청인의 경우도 환경적인 이유로 인해 소리를 듣지 못하는 경우가 있으며, 시각장애인이 아님에도 불구하고 표시되어 있는 사항들에 대해 의미를 파악하지 못하는 경우도 있다. 따라서 모든 경우에 있어 정보는 다양한 방식으로 제공되어야 함을 의미한다.

◉ 정의: **주의의 조건 또는 사용자의 지각능력에 관계없이 사용자에게 필요한 정보를 효과적으로 전달해야 한다.**

- 지침 4a: 필수적인 정보를 풍부하게 표현하기 위해 다양한 방식(그림, 음성, 촉감)을 사용하라.

- 지침 4b: 필수적인 정보의 '가독성'을 최대화하라.
- 지침 4c: 기술할 수 있는 다양한 방법으로 요소들을 차별화시켜라.
- 지침 4d: 지각이 제한적인 사람들이 사용하는 공학제품 또는 장치들에 호환성을 제공하라.

마. 실수에 대한 관대함

실수에 대한 관대함은 많은 경우 전자제품에 적용된다. 가장 흔히 볼 수 있는 예로, 윈도우를 운영체제로 하는 컴퓨터는 전원을 끌 경우 다시 한번 사용자의 의도인지 아닌지를 묻는다. 또한 터치스크린 방식의 휴대전화는 의도하지 않은 버튼의 조작으로 인해 발생할 수도 있는 곤란함을 막기 위한 버튼 잠금 장치가 있다.

◉ 정의: **우발적이거나 의도하지 않은 행동으로 인해 발생할 수 있는 위험한 그리고 부정적인 결과를 최소화해야 한다.**

- 지침 5a: 위험과 오류를 최소화하기 위한 요소를 배열하라: 가장 많이 쓰이는 요소, 가장 접근 가능한 요소, 위험요소들을 제거하고, 격리시키고, 혹은 보호장치를 하라.
- 지침 5b: 위험과 오류에 대한 경고를 제공하라.
- 지침 5c: 안전구조의 특징을 제공하라.
- 지침 5d: 주의를 필요로 하는 과제수행 시 무의식적인 행동을 하지 않도록 하라.

바. 적은 신체적 노력

어르신을 제외한 많은 보행 가능자의 요구와 일치하며, 실제적인 관심사는 아동들이라고 간주한다. 이러한 특징은 유니버설 디자인이 보편적이고 매력적이도록 도울 것이다(Bowe, 2000). 적은 신체적 노력의 정의 및 해당 지침은 다음과 같다.

◉ 정의: **효율적이고 편리하게 그리고 최소한의 신체적 노동으로 사용할 수 있어야 한다.**

- 지침 6a: 사용자가 자연스런 신체적 자세를 유지할 수 있도록 하라.
- 지침 6b: 작동시키는 데 있어 적당한 힘을 사용하게 하라.
- 지침 6c: 반복적인 동작을 최소화하라.
- 지침 6d: 지속적인 신체적 수고를 최소화하라.

적은 신체적 노력은 실질적으로 자동차의 편의시설은 물론 컴퓨터의 키보드 그리고 가정에서 사용되고 있는 세탁기에도 적용된 원리이다. 버튼시동 장치가 키를 돌려 시동을 거는 자동차보다, 인체공학적인 요소를 고려하여 설계된 키보드가 일반 키보드에 비해 신체 노력이 훨씬 적다.

사. 접근과 사용을 위한 크기와 공간

접근과 사용에 적절한 크기와 공간의 원칙은 신체적 이상으로 인해 생길 수 있는 문제들을 다루고 있다. 이때 신체적 이상이라 함은 왜소증과 같이 신장의 문제, 이동상의 문제, 접근의 문제 등을 포함하며, 이들을 위한 적절한 높이 및 공간 등을 고려해야 함을 지적하고 있다. 특히 보조공학기기를 사용해야 하는 경우는 설계 과정에서부터 이를 충분히 고려하여 이용에 불편함이 없도록 해야 한다.

◉ 정의: **사용자의 신체적 크기, 자세 혹은 이동성에 상관없이 접근, 도달, 작동 그리고 활용할 수 있는 적절한 크기와 공간이 제공되어야 한다.**

- 지침 7a: 사용자가 앉거나 혹은 서 있더라도 주요 요소에 대한 뚜렷한 시야를 제공하라.
- 지침 7b: 모든 구성 요소를 앉아 있거나 서 있는 사용자가 편안하게 도달할 수 있도록 제작하라.
- 지침 7c: 손이나 악력의 크기에 따라 조절이 가능하도록 하라.
- 지침 7d: 보조공학장치의 사용 혹은 개인적 지원을 위한 적절한 공간을 제공하라.

4. 통합교육을 위한 보편적 설계 활용

통합교육은 모든 학생을 위한 교육이고, 보편적 설계는 모든 사람을 위한 설계이다. 장애학생의 통합교육을 위한 보편적 설계의 활용을 교육과정 측면, 교수·학습운영 측면과 교육환경 측면으로 나누어 살펴보고자 한다.

가. 교육과정 측면

통합교육에서의 교육과정은 장애학생을 포함한 모든 학생이 접근할 수 있어야 하고, 다양한 개인 학생의 능력과 교육적 요구에 맞게 적용할 수 있어야 한다. 이러한 교육과정의 특성은 보편적 설계에서 모든 사람이 사용할 수 있고 유용한 '공평한 사용'과 광범위한 개인의 선호도와 능력에 부합한 '사용상의 융통성' 원칙과 맥락을 같이한다. 이와 같은 교육과정 측면에서 보편적 설계의 적용 방향에 대해 구체적으로 살펴보면 다음과 같다.

첫째, 통합교육에서의 교육과정 설계는 장애학생과 비장애학생, 학습부진학생과 학습우수학생 등 모든 학생들을 고려하여 이들에게 적합한 교수적 경험을 제공할 수 있는 보편적인 교육과정으로 설계되어야 한다. 그래서 교육과정에 대한 수정 없이도 다양한 학생들의 요구에 부합할 수 있는 교육과정이 계획 · 개발되어야 할 것이다.

둘째, 보편적 설계에 기초한 교육과정 구현의 방법으로 디지털 교과서와 디지털 매체를 제시할 수 있다. 디지털 교과서는 텍스트뿐만 아니라 교재의 내용을 동영상, 애니메이션, 가상현실, 하이퍼링크 등 첨단 멀티미디어 기능을 통합 제공할 수 있고, 다양한 학습보조 자료와 사회 각 분야 최신 정보 및 지식 DB의 정보를 활용하여 학습할 수 있는 다양성과 융통성의 특성이 있기 때문에 다양한 교육적 요구를 지닌 학생들에게 그들의 요구에 적합한 교육을 제공할 수 있을 것으로 기대된다.

나. 교수 · 학습 운영 측면

통합교육의 교수 · 학습에서 교사는 학생에게 필요한 정보를 효과적으로 제공하고 학생은 손쉽게 이를 이용하여 학습할 수 있어야 하며, 학생들의 실수 및 실패를 포용할 수 있어야 한다. 나아가 융통성 있는 참여수단을 통하여 교사와 학생 및 학생 간의 다양한 상호작용을 통하여 장애학생과 비장애학생 모두에게 유익한 교수 · 학습의 운영이 되어야 한다. 이러한 교수 · 학습의 운영에서의 특성은 보편적 설계에서 사용자의 경험이나 지식 등에 구애되지 않는 '간단하고 직관적인 사용', 사용자의 조건에 구애되지 않고 필요한 정보를 효과적으로 전달해 주는 '인지할 수 있는 정보', 사용자의 사용에 대한 역효과와 위험을 최소화하는 '실수에 대한 관대함'의 원칙과 맥락을 같이한다. 이러한 교수 · 학습을 통하여 학습에서 진보가 일어나도록 하기 위해서 보편적 설계에서는 다양한 학습자의 요구에 부합할 수 있는 탄력적인 설명 수단, 탄력적인 표현 수단 그리고 탄력적인 참여 수단이 제공되어야 한다. 이를 좀 더 구체적으로 살펴보면 다음과 같다.

첫째, 탄력적인 설명 수단이 제공되어야 한다. 모든 학습자에게 정보를 설명하기 위해 동일한 접근을 제공하는 유일한 방법은 없다. 그러므로 정보를 제시하거나 설명하는 수단은 학습자가 잘 습득할 수 있는 양식을 선택하고 학습에서 부딪치게 되는 어려움을 보완해 줄 수 있는 다양한 수단이 주어져야 한다(Orkwis, 1999). 예를 들면, 어떤 정보가 단지 오디오 형태로만 제공된다면 청각에 문제가 있는 학생뿐만 아니라 소음 환경에 있는 사람들에게조차도 장애를 일으키는데, 이런 경우 설명문이 있는 오디오는 대안이 될 수 있다. 또한 정보가 단지 그래픽이나 그림 형태로만 제시된다면, 시각장애 학생들은 접근할 수 없게 되는데, 이런 경우 언어적 설명이 있는 디지털 이미지는 정보 접근을 용이하게 한다. 인지적 장애를 줄이기 위한 설명 수단에서의 대안으로는 복잡한 개념을 줄여주고 중요한 개념을 강조하여 큰 아이디어를 중심으로 제시하는 것 등이 있다.

둘째, 탄력적인 표현 수단이 제공되어야 한다. 학생들 간의 개인적 차이 때문에 의사소통이나 작용을 위한 특정의 단일한 표현 방법은 어떤 학생들에게는 표현을 용이하게 하는 수단이 되지만, 다른 학생들에게는 방해가 되기도 한다. 그러므로 쓰기, 말하기, 그리기 등의 측면에서 다양한 표현 수단이 주어져야 한다(Orkwis, 1999). 예를 들면, 종이에 연필로 글을 쓰게 하는 것은 신체적으로 어려움이 있는 학생들에게는 장애가 되는데, 이런 경우 컴퓨터의 디지털 형태로 제공되는 쓰기 훈련은 학생들에게 성공적으로 쓰기를 할 수 있는 대안을 제공한다. 또한 말하기와 구두 설명이 장애가 되는 학생들의 경우, 접근성을 제공하기 위해서는 멀티미디어 표현 수단을 옵션으로 제공해야 한다.

셋째, 탄력적인 참여 수단이 제공되어야 한다. 학습자들의 감정적 구조, 배경, 문화, 발달 경험 및 신경학적 특성 등에서의 개인적 차이는 학습자들의 동기와 참여에 영향을 미칠 수 있다. 그러므로 다양한 학습자들을 수업에 참여시키기 위해 융통성 있는 교육과정과 자료들이 제공되어야 한다(Orkwis, 1999). 예를 들면, 교육과정은 신기성과 친숙성, 지원과 도전의 적절한 균형, 발달적 · 문화적 흥미를 고려한 설계가 필요하다. 그리고 교육과정 자료의 경우 융통성 있게 제공되어 학생과 교사가 만들어 갈 수 있는 여지가 있도록 해야 한다.

다. 교육환경 측면

통합교육을 위한 교육환경에서는 먼저 장애학생이 통합될 수 있도록 물리적 접근성이 확보되어야 하고, 다음으로 학습 및 학교생활을 위한 다양한 지원이 제공되어야 한다. 이러한 교육환경에서의 특성은 보편적 설계에서 피로를 최소화하고 효과적으로 사용할 수 있는 '적은 신체적 노력'과 사용자의 특성에 관계없이 사용할 수 있는 '접근과 사용을 위한 크기와 공간'의 원칙과 맥락을 같이한다. 이와 같은 교육환경 측면에서 보편적 설계의 적용 방향에 대해 구체적으로 살펴보면 다음과 같다.

첫째, 물리적 환경과 학습 및 학교생활에서의 접근성 확보와 이를 위한 지원을 보장할 수 있도록 설계되어야 한다. 먼저 장애학생이 일반학교 및 통합학급에 통합될 수 있도록 경사로, 출입구, 화장실 등의 장애학생 편의시설의 제공을 통한 물리적 접근성이 확보되어야 한다. 다음으로 학습과 학교생활에 참여하고 효과적으로 활동하기 위해 이에 필요한 각종 학습도구 및 보조공학의 지원이 이루어져야 할 것이다.

둘째, 장애학생과 비장애학생 간의 사회적 관계형성 및 상호작용이 촉진되도록 설계되어야 한다. 즉, 학습자 간의 원활한 관계형성 및 다양한 상호작용은 학급의 모든 구성원들이 환영받고 통합적이 되는 교실 분위기를 형성하고 나아가 통합교육이 추구하는 학업적 진보와 더불어 사회적 관계형성을 촉진하여 진정한 사회적 통합이 이루어질 수 있다.

전 망

오늘날 산업, 교통, 의료, 재활, 교육 등 우리 사회 전반적인 분야에 걸쳐 공학은 광범위하게 활용되고 있다.

특수교육공학은 실제적으로 장애인을 위해 사용하는 일반공학을 포함하고, 특수교육에 이용되는 컴퓨터 보조교수에 중점을 두고 있고 재활공학은 보상방법 및 기구를 사용함으로써 장애인의 기능을 증진시켜 주는 성격을 유지하고 있다. 나아가 장애를 지닌 아동교육의 발전과 최선의 실천과제를 제시하면 다음과 같다.

① 통합교육을 위한 학교재구조화를 위한 노력
② 장애학생들의 교수학습결과를 촉진하기 위해 멀티미디어 컴퓨터 활용 강화
③ 개별화된 교수를 실천하기 위해 통합교육과정운영방법, 교과의 통합활동방법 등의 연구가 충분히 보장

토의주제

- 컴퓨터 보조교수의 응용방법을 설명하시오.
- 시각장애 학생의 경우 컴퓨터 접근 시 입출력 방법을 제시하시오.
- 지체장애를 지닌 학생이 컴퓨터를 접근할 때 직접 입력 방법은 어떤 장·단점이 있는지 토의해 보시오.

참고문헌

국립재활원(2016). **나에게 딱 맞는 휠체어-휠체어 사용법 가이드**. 서울: 국립재활원 공공재활의료지원과.

김남진, 김용욱(2017). 보편적 학습설계(UDL)와 차별화 교수의 관계 고찰. **특수교육저널: 이론과 실천, 18**(4), 157-182.

김영걸(2006). 특수학교 보조공학 전달 체계 모형 연구. 대구대학교 박사학위논문.

김영걸, 김용욱(2006). 특수학교 보조공학 환경과 전달체계에 관한 연구. **특수교육연구, 13**(1), 3-26.

김영걸, 우이구(2017). 특수교육지원센터 보조공학 실태 및 요구 탐색을 통한 관련 서비스 개선 방안에 대한 연구. **특수교육재활과학연구, 56**(3), 375-394.

김용욱(2005). **장애학생을 위한 특수교육공학의 활용**. 서울: 집문당.

김용욱, 김영걸, 우정한(2011). 효과적인 보조공학 전달을 위한 웹기반 보조공학지원시스템 개발. **특수교육저널: 이론과 실천, 12**(4), 557-580.

행정안전부(2018). 공공청사 유니버설디자인 적용 안내 책자.

Bain, B. K. & Leger, D. (1997). *Assistive technology: an interdisciplinary approach*. New York, NY: Churchill Livingstone.

Blackhurst, A. E. (1997). Perspective on technology in special education. *Teaching Exceptional Children, 29*(5), 41-48.

Bowe, F. (2000). *Physical, Sensory, and Health Disabilities: An Introduction*. Upper Saddle River, NJ: Prentice Hall

Hall, T. E., Meyer, A., & Rose, D. H. (2018). **보편적 학습설계 기반 수업**. [Universal design for learning in the classroom: practical applications] (김남진, 김용욱 역). 서울: 학지사(원저출판: 2012).

Heinich, R., Molenda, M., Russel, J. D., & Smaldino, S. E. (1996). *Instructional media and technologies for learning*(5th ed.). Englewood Cliffs, NJ: Prentice Hall.

Lesar, S. (1998). Use of assistive technology with young children with disabilities: current status and training needs. *Journal of Early Intervention, 21*(2), 146-159.

Lewis, R. (1993). *Special education technology: Classroom applications*. Belmont, CA: Wadsworth Publishing Co.

Loncke, F. (2003). Augmentative and alternative communication : Current trends in the world. http://www.kise.go.kr.

Orkwis, R. (1999). *Curriculum access and universal design for learning*. Arlington, VA: ERIC Clearinghouse on Disabilities and Gifted Education.

Todis, B., & Walker, H. M. (1993). User perspective on assistive technology in educational setting. *Focus on Exceptional Children, 26*(3), 1-16.

Chapter

05 조기교육

인간의 전 생애 모든 순간은 매우 중요하다. 그중에서 특히 생애의 초기에 해당하는 영유아 시기는 모든 발달 형성의 기초준비를 완성하는 시기로 그 중요성이 더욱더 강조된다.

영유아의 발달에 있어서 출생 전은 물론 출생 중, 출생 후 몇 년 동안은 신체적 성장과 인지, 정서, 언어 등 다양한 영역에서 발달이 이루어지며 인간으로 성숙되어 간다. 이러한 발달과정 중 어느 한 영역의 손상이나 문제의 발생은 발달의 방향에서 벗어나게 하고, 그에 따른 영향들은 유아가 성장함에 따라 다양한 발달 영역에 많은 영향을 미치게 된다. 따라서 발달과정 중에 문제를 빠르게 발견하여 세심히 지원을 하는 것은 개개 인간의 삶의 질을 좌우하는 매우 중요한 과정이다.

따라서 이 장에서는 선천적으로 독특한 문제를 가지고 태어난 아이든, 후천적으로 독특한 문제를 가지게 된 아이든 이들을 조기에 발견하고 적절한 교육적 조치를 취해야 하는 필요성에서 교육적 지원에 대한 일련의 과정을 살펴보기로 한다. 이 장에서 설명된 정보들은 장애영유아는 물론 어린 시기에 특정의 문제를 보이는 영유아를 조기에 발견하고 교육적 지원 방법을 모색하여, 문제를 해결하거나 성장하는 동안 발생할 수 있는 문제의 심각성을 감소시키는 데 도움이 될 것이다.

I 조기교육의 발흥

인간이 자신이 살아갈 환경과 상호작용을 하면서 공동체 안에서 소외됨 없이 더불어 살아가는 것은 매우 중요하다. 이러한 삶을 살아가기 위하여 인간은 학습화 과정을 거치면서 발달한다. 인간의 발달은 특징적으로 공통성을 가지며, 이루어지는 학습화 과정

* 김미숙(백석대학교 특수교육과)

은 발달의 특징과 긴밀한 관계를 가지며 끊임없이 변화하며 형성된다.

인간의 발달은 매우 복잡하며 임신과 더불어 생애 초기 몇 년 동안 매우 빠르게 변화한다. 이러한 발달의 변화는 조기교육을 위하여 반드시 알아야 할 지식이다. 발달이란 수정에서 사망할 때까지 개인에게 일어나는 연속적 과정(Shaffer, 1999)으로 인간 발달은 개인의 환경과 성숙과의 상호작용에 의해서 나타난다. 특히 생애 초기 몇 년 동안 발달에 영향을 미치는 요소들은 가족 구조, 양육 환경, 교육·문화 등을 들 수 있다. 발달에 있어서 가장 보편적인 원리는 〈표 5-1〉과 같이 여섯 가지로 제시할 수 있다.

〈표 5-1〉 **발달의 보편적 원리**

원리 1: 일정한 순서	미분화된 기능에서 분화된 기능으로, 두부에서 미부로, 중심에서 주변부로 발달 순서와 발달의 전 단계는 다음 발달 단계의 기초가 됨
원리 2: 연속적 과정	모든 발달은 계단식의 분리된 과정이 아니라 나선 연쇄 고리의 연결과 같은 연속적 과정
원리 3: 개인차	신체의 각 부위, 기능적 영역 각각의 발달 속도 및 질이 다름
원리 4: 결정적 시기	특정한 시기에 어떤 기관이나 기능의 발달이 급격히 진행됨
원리 5: 상호 연관성	일반적인 발달 영역인 운동기능, 언어 및 의사소통, 인지, 사회성, 자조기술이 서로 총체적으로 발달하며 발달 영역 간의 상호 연관성이 밀접함
원리 6: 예측 가능성	개인차와 발달 영역의 다양성에도 불구하고 발달의 일정한 순서가 있어 발달의 정도 예측 가능

인간의 발달은 학습화 과정에 중요한 역할을 담당한다. 학습화란 다양한 경험을 통하여 일어난 신경계의 변화가 행동의 변화에까지 이르는 일련의 과정이라 할 수 있다. 학습화의 일련화 과정에서 인간의 발달과의 상호작용은 학습화의 양과 질 그리고 속도를 결정하게 한다. 따라서 조기교육에 관계된 사람들은 발달과 학습화 과정에 대한 생각이나 주장은 조기교육의 방향과 내용을 결정하게 하는 것이라고 강조한다.

조기교육에 관한 생각들을 지지해 주는 견해로는 발달주의적 견해, 행동주의적 견해, 생태학적 견해라는 세 가지를 들 수 있다. 발달주의적 견해는 아동은 성장하고 발달하고, 이러한 성장은 성숙의 주요 원인이라고 생각하는 것이다. 따라서 발달은 성숙의 결과로서 먼저 오고, 능력은 스스로 주도하는 놀이, 탐험, 연습을 통해 얻어진다. 행동주의적 견해는 학습이 아동의 성장과 발달의 중심이며, 아동은 학습할 수 있는 능력을 지니고 태어나고, 그 기술은 환경의 경험에 의한 결과라고 생각한다. 생태학적 견해는 구조이론으로서 아동, 가족, 이들이 살고 있는 환경의 독특한 특성들 간의 관계, 즉 개인과 환경과의 상호작용으로 설명하는 것이다(이소현, 1995). 이러한 다양한 견해들은 조기교육에 있어 중요한 철학적 토대를 형성하고 있다.

1. 조기교육의 필요성

조기교육은 유아교육의 당위성과 장애나 장애위험을 지닌 유아들에게 적절한 교육적 지원을 통해서 부정적인 영향을 최소화한다는 특수교육적 당위성을 통해서 주장될 수 있다. 또한 장애유아들의 지원은 물론 그 가족을 지원하고 더 나아가서는 사회·경제적인 혜택으로도 연결될 수 있다는 주장에 의하여 그 필요성이 강조된다(이소현, 2003). 〈표 5-2〉는 조기교육이 특수교육적 입장에서의 당위성을 나타내는 네 가지 이론적 배경이다.

조기교육은 모든 영유아의 정상적인 성장과 발달, 양육방법, 교수절차, 양육기관에 관한 지원을 포함한다(Lerner, Mardell-Czudnowski & Goldenberg, 1987). 특히 장애영유아에게 실시되는 조기교육은 장애로 인한 다양한 문제들을 극복하게 하고, 문제를 최소화하여 긍정적인 성장과 발달을 꾀하게 한다(이소현, 2003). 이렇게 조기교육과 특수교육이 만나 조기특수교육이라는 용어가 만들어지는데, 이는 장애영유아의 장애조건의 영향에 대한 예방적 차원과 학교와 일상생활에서의 적응력을 신장하려는 분명한 목적을 갖는다.

성장, 발달, 학습이 빠르게 이루어지는 생애 초기는 조기교육이 일반영유아에게도 중요하지만 장애영유아에게는 더 중요하다. 또한 조기교육의 중요성은 자기존중감과 자기효능을 촉진하는 물리적이고 정서적인 질에 관한 요인들을 제공하는 데 있다. 이러한 요인들은 모든 아동을 위한 것으로 장애를 가지고 있든, 그렇지 않든 긍정적인 결과를 가져오는 것이다(Kirk & Gallagher, 2004).

〈표 5-2〉 특수교육 입장에서 본 조기교육의 당위성

당위성	이론적 배경
조기학습의 중요성	• 앞으로의 복잡한 학습을 위한 기초 형성 • 발달과정에서 본 결정적 시기 • 인간의 지능 및 기타 능력의 가소성 • 환경과 조기 경험이 학습과 발달에 미치는 영향
장애 예방 및 최소화	• 장애로 인한 부수적인 문제 및 장애의 발생 예방 • 장애가 발달과 학습에 미치는 영향 최소화
가족의 필요 지원	• 장애 자녀 이해 및 적응 • 상담 등의 필요 지원 • 적절한 양육과 교육으로 자녀의 발달 촉진
사회 · 경제적 혜택	• 장애인의 시설 수용률 감소 및 고용률 증대를 통한 사회적 혜택 • 특수교육 비용 감소를 통한 경제적 혜택

출처: 이소현(2003). 유아특수교육. p.34.

2. 조기교육의 효과

베일리와 월러리(Bailey & Wolery, 1992)는 조기란 시작의 시기를 의미하고, 교육이란 실질적인 내용에 어떠한 것을 포함하는가, 효과란 어떤 기준을 사용하여 결정하였는가 등의 질문이 모두 포함된다고 하였다. 이러한 부분을 입증하기 위하여 많은 연구들이 있어 왔다.

역사적으로 볼 때 스켈과 다이(Skeel & Dye)에 의해 1939년부터 21년간 실시된 종단적 연구는 많은 비판에도 불구하고 조기교육의 효과를 입증하여 조기교육의 중요성을 알리기 시작하였다고 볼 수 있다. 이는 저소득층아동의 연구로 이어지면서 1965년에 실시된 헤드스타트프로그램(Head Start Program)의 효과에 대한 1969년의 초기 보고(Cicirelli, Evans & Schiller, 1969)는 상당한 논쟁과 토론을 거듭하여(Cicirelli, Evans & Schiller, 1970; Haskins, 1989; Smith & Bissell, 1970; Stallings, 1975), 1990년에는 헤드스타트의 확장과 질적 향상을 위한 법률을 제정하고 1994년까지 이 프로그램의 실시를 연장하게 하였다. 저소득층아동의 연구가 진행되면서 저체중 및 조산으로 인한 장애위험유아에 대한 연구가 시작되었다(Bennett, 1987; Cohen, 1986; Resnick, Eyler, Nelson, Eitzman & Bucciarelli, 1987). 좀 더 구체적 연구의 예로, 의사소통장애는 의사소통의 문제를 없애거나 말하기와 언어에 부정적인 영향을 최소화하거나(Goldin-Meadow, 1998; Marschark, Simple, Lillo-Martin, & Everhart, 1998), 사회 문제(Uspur, 1990) 및 운동 문제(Shonkoff & Hauser-Cram, 1988)를 개선하는 연구들이 보고되면서 그 효과를 증명하였다. 이와 같이 장애영유아에게 조기교육의 효과가 검증되면서 미국은 조기특수교육을 위한 다양한 시도를 한다(〈표 5-3〉).

〈표 5-3〉 조기특수교육을 위한 미국의 다양한 시도들

연도	주요 내용	관련 법
1964~1965	헤드스타트 프로그램(Head Start Program) 창설: 3~4세 저소득층 유아의 교육지원	P.L. 89-750 「경제기회균등법」(Economic Opportunity Act)
1968	장애유아 교육프로그램(Handicapped Children's Early Education Program) 창설: 장애유아를 위한 모델 유치원 지원	「장애아 조기교육 지원 법률」(Handicapped Children's Early Education Assistance Act)
1972	헤드스타트 프로그램 확대: 10% 이상의 장애유아 입학 규정	P.L. 89-750 「경제기회균등법」 개정(Economic Opportunity Act)
1975	장애유아 서비스 확대: 3~5세 장애유아를 위한 지원 규정 확립	P.L. 94-142 「전장애인교육법」(Education for All Handicapped Children Act)
1986	장애유아 무상 공립교육의 의무화 실시: 3~5세의 장애유아를 위한 무상의 적절한 공립학교의 동기 및 체계 제공	P.L. 99-457 「전장애인교육법」 개정(Education for All Handicapped Children Act)

연도	주요 내용	관련 법
1990	헤드스타트 확장 및 질적 향상을 위한 법률 마련 및 헤드스타트 프로그램 1994년까지 연장 실시 「전장애인교육법」을 「장애인교육법」(IDEA)으로 명칭 변경: 입학 거부 불가, 비편견적 평가, 개별화된 교육, 최소 제한된 환경, 정당절차, 부모와 아동의 공동참여의 주요 여섯 가지 원칙 마련	P.L. 101-476 「장애인교육법」(Individuals with Disabilities Education Act-IDEA)
1991	P.L. 102-119에서 P.L. 99-457 영아 부분 재위임과 관련 지원 마련: 영아의 조기개입지원은 또래들과 함께 자연적인 환경에서 제공과 순조로운 전환을 위한 정책과 절차 마련 규정	P.L. 102-119 「장애인교육법」 개정(Individuals with Disabilities Education Act-IDEA)
1997	P.L. 105-17 「장애인교육법」(IDEA) 개정: 개별화 프로그램의 수정, 부모참여 확대, 기능적 평가 강조, 특수교육의 질적 향상을 위한 많은 내용 수정 및 재정립	P.L. 105-17 「장애인교육법」 개정(Individuals with Disabilities Education Act-IDEA)

이와 같이 장애영유아에게 조기교육의 효과가 검증되면서 미국은 조기특수교육을 위한 다양한 시도를 한다(〈표 5-3〉). 우리나라의 경우 특수교육의 발전에 영향을 미친 것은 1977년 제정된 「특수교육진흥법」으로 1979년에 시행되어 개정을 거듭하여 오늘에 이르게 되었다. 장애유아들에 대한 언급은 1994년 「특수교육진흥법」의 개정에서 처음 언급되었고, 3년이 지난 1997년 장애유아의 특수교육기관의 설립을 위한 시설 · 설립의 기준령이 발표되었다. 우리나라의 특수교육에 관련된 법은 해를 거듭하면서 다양한 문제를 해결하였고, 특히 외면되었던 장애유아나 건강장애라는 장애 유형의 범위도 확대되는 등 발전하고 있다.

Ⅱ 조기교육의 생태학적 접근

브론펜브레너(Bronfenbrenner, 1977)에 의한 인간발달의 생태학은, 성장하는 인간 개체와 그 개체가 살아가고 있는 끊임없이 변화하는 즉각적인 환경 사이에서 일생을 통해 일어나는 점진적이고도 상호적인 동화에 대한 과학적인 연구이다. 이러한 과정은 즉각적인 상황뿐만 아니라 이러한 상황들이 포함된 더 큰 규모의 형식적 · 비형식적인 사회적 환경 내부와 환경들 사이에서 얻어지는 관계에 의해서 영향을 받는 것이라고 강조한다. 그에 의한 생태학적 모델은 구조의 다양한 단계들에 대한 계열적인 관계를 분명하게 해주고 있다. 이러한 구조들은 개인, 가족, 조직, 기관 등이 개별적으로 기능하는 단위로서가 아니라 조직화된 전체로서 상호의존적이면서 계열적이고 질서 있는 구조를 의미한다. 이러한 구조체계는 장애영유아에게 미치는 영향에 대한 다양한 구성요소들을 설명할 수 있게 한다.

1. 조기교육과 생태학적 모델

브론펜브레너(1977)의 생태학적 환경은 각 구조가 다음 구조를 포함하는 것처럼 그물과 같은 배열을 하고 있다. 그는 생태학적 환경의 구조로 소구조, 중간구조, 외부구조, 대구조의 네 단계를 제시한다. 소구조(microsystem)는 유아가 상당한 양의 시간을 보내는 환경으로서 가정, 친구, 이웃, 친척, 탁아가정, 시설, 병원, 기타 시설 기관 등이 이에 속한다. 중간구조(mesosystem)는 유아가 자신의 생애 중 특정 시기에 포함되어 있는 사이의 관계들로 구성되며, 부모와 교사, 치료사 또는 의사와의 관계 및 전문가들 간의 상호작용들이 포함된다. 외부구조(exosystem)는 동네 단위의 기관, 단체, 이웃과 지역사회 조직, 교회 등과 같은 구체적인 사회적 구조들이 포함된다. 대구조(macrosystem)에는 소구조, 중간구조, 외부구조가 작용하는 문화적 · 법적 구조들이 포함되는데, 이는 조기특수교육에 가장 강력한 요소로 작용된다.

이러한 생태학적 구조의 단계가 조기특수교육에 주는 의미는 〈표 5-4〉와 같다.

〈표 5-4〉 생태학적 구조의 단계가 조기특수교육에 주는 의미

단계	정의	구조 보기	과 제
아동	장애 · 장애위험 영유아	조숙아, 저체중아, 염색체이상, 운동기능 및 감각손상, 지체된 발달, 만성적인 건강문제, 질병, 산모의 약물복용의 영향	영유아기 발달과 특성에 대한 지식, 장애 상태 및 영향에 대한 지식, 유아의 강점 및 필요 진단, 어린 유아들을 위한 학습 활동 계획 및 수행
소구조	영유아가 중요한 정도의 시간을 보내는 환경	가정/가족, 유아양육기관(특수/통합), 유아를 돌보아 주는 가정 병원	정상적 환경 종류에 대한 인식, 환경이 행동과 발달에 미치는 영향 이해, 정상적 환경 또는 환경 내에서 일하기, 유아의 필요 충족을 위한 환경 수정, 환경적인 요구에 적응하도록 유아 보조, 정상적 환경 내의 성인들과의 효과적 의사소통, 가족의 필요 및 자원 진단, 상담 제공
중간구조	영유아가 자신의 생애 중 특정 시기에 소속되어 있는 소구조들 간의 상호관계	부모-의사 관계, 부모-교사 관계, 부모-치료사 관계, 전문가-전문가 상호작용	영역 간, 환경 간, 또는 부모와 교사가 서로 의사소통하고자 시도할 때 자주 발생하는 문제들의 인식 및 처리, 효과적인 의사소통 전략의 사용, 간학문적 팀에 참여하여 수행 촉진, 유아 및 가족들을 위한 주창가의 역할, 팀 및 의사결정에 있어서의 가족참여 촉진, 하나의 프로그램에서 다른 프로그램으로 전환 촉진

단계	정의	구조 보기	과 제
외부구조	소구조의 활동에 영향을 미치는 구체적 · 사회적인 구조	지방, 주, 연방정부 기관들, 선각(주창자) 단체, 이웃 및 지역사회 조직, 교통 수단, 대중매체, 종교기관, 정신 건강, 국민 건강, 공립학교 제도	기관 규정에 대한 인식, 사례 대표 서비스를 제공하여 가족들이 외부구조의 다양한 요소들에 접근할 수 있도록 보조, 사회적 구조가 어떻게 가족 기능에 영향을 미치는지 인식, 지방 · 주 · 연방정부의 서비스 종류와 협력에 대한 분석, 기존의 프로그램과 서비스에 대한 지식, 프로그램 정책 및 실제에 대한 의사결정에 부모참여, 비공식적인 지원 체계의 강력한 효과에 대한 인식 및 활용
대구조	소구조, 중간구조, 외부구조가 작용하는 문화적이고 법률적인 상황	법률, 판례, 보편적인 사회적 태도, 윤리적 /도덕적 윤리	국민들에 대한 서비스의 타당성, 서비스를 위한 주창자 역할, 사회적 상황 내에서와 광범위한 사회적 의무에 일치하는 정도에 따른 서비스 평가, 새로운 서비스 개발 및 기존 서비스 개정에 있어서 지도력 발휘, 가족들이 기능해야 하는 광범위한 상황에 대한 인식, 유아양육기관 · 병원 · 기타 소구조들이 작용해야 하는 광범위한 상황에 대한 인식

출처: "Preparing Infant Interventionists: Interdepartmental Training in Special and Matemal and Child Health" by D. B. Bailey, A. M, Farel, K. J. O'Donnell, R. J. Simeonsson, & C. A. Miller, 1986, *Joumal of the Division for Early Childhood, 11*, 67-77. Copyright 1986 by the Jouranl of the Division for Early Childhood, now the Joumal of Early Intervention, Adopted by permission.

구조의 첫 단계의 핵심은 장애위험을 지닌 영유아로서 급속한 성장 및 발달, 사회적 의식의 발달, 경험을 통한 발달, 학습을 하고자 하는 동기라는 어린 유아들의 네 가지 중요한 특성을 고려하여야 한다.

구조의 두 번째 단계인 다양한 소구조에서 대부분의 영유아들이 많은 시간을 보내게 된다. 따라서 이 구조에서는 환경이 행동에 미치는 영향을 이해하고, 정상적인 환경 배열과 그 특성에 대해서 친숙해져야 하며, 성인들이 유아의 욕구를 진단하기 위해서 복수 환경에서 이들을 대상으로 일하며 적절할 때 환경을 수정하고, 유아들이 환경적 요구에 적응하도록 도와주어야 한다.

구조의 세 번째 단계인 중간구조는 영유아의 특정 시기의 주요 환경들 간의 상호관계 단계로서 이 단계에서는 전문적인 기술들이 필요하다. 그 기술들에는 부모들이나 기타 전문가들과 의사소통을 하는 데 있어서의 잠재적인 문제를 인식할 수 있는 기술, 구조 내와 구조들 간의 연결이 가능한 기술, 팀의 구성원으로서 효과적으로 역할을 수행할 수 있는 기술, 팀과 의사결정에 부모들이 많이 참여하도록 촉진하는 기술, 전환이 순조롭고 효과적으로 진행되도록 작업할 수 있는 기술이 포함된다.

구조의 네 번째 단계인 외부구조에 포함되는 구성요소들에는 효과적으로 일하기 위한 다양한 프로그램과 서비스의 종류를 인식하는 기술, 사례를 대표하는 프로그램을 제공하는 기술, 비공식적인 지원 체계의 인식 및 활용이 가능한 기술, 프로그램의 실제에 대한 결정에 있어서 가족의 참여를 독려할 수 있는 기술들이 필요하다.

구조의 마지막 단계인 대구조에서는 효과적인 수행을 하기 위해서 관련 법률 및 이론적 배경에 대한 이해와 조기특수교육을 강조하는 기본적인 가치를 인식해야 하며, 윤리적 딜레마를 해결하고 적절하고 질적으로 우수한 지원을 주창하는 역할을 담당하여야 한다.

2. 조기교육의 대상 위험군

장애의 위험성이 높은 영유아는 저체중, 미숙아, 발달지체, 인지 혹은 운동 결손의 가능성을 가지고 있는 사람을 말한다(Rosetti, 1986). 영유아의 장애의 가능성은 유전적 이상, 임신과 출생 시에 발생하는 일 그리고 환경적인 위험이라는 세 영역에서 찾을 수 있다.

유전적 이상은 100가지가 넘는 이상에서 일어나는데 이는 흔히 낮은 발달에 관계된다(Kopp, 1983). 유전적 결함을 가지고 태어난 아이의 비율이 적은 것은 유전적 결함은 보통 자연유산을 초래하기 때문이다. 아기가 위험에 놓이게 되는 두 번째 영역으로 임신과 출생 시에 발생하는 것으로 생각할 수 있는 것은 감염과 질병, 약물의 잠재적인 영향이다.

장애의 가능성을 유발할 수 있는 마지막 영역은 환경적인 것으로 이는 장애발생 가능성을 가장 높일 수 있는 요소가 된다. 구체적인 예로서, 아동폭력, 가난, 대리 부모 폭력, 유아 양육 전략의 미숙, 약물 남용, 영양 부족, 의학적 보호 관리 미흡 등을 들 수 있다.

유아와 관련된 사람들은 유아들을 이러한 위험에서 벗어나게 하기 위하여 다양한 노력을 해야만 한다. 이는 장애가 없는 아이를 갖게 하는 예방적 차원에서도 매우 중요하다. 구체적 노력으로는 아이를 갖기 전에 유전상담을 하거나 임신 중 태내 관리를 제공하는 것이다. 태내 관리에는 산모의 건강을 점검하고, 임신과정을 지켜보면서 산모에게 나타날 수 있는 다양한 문제들을 발견하고 신속하게 대처하는 것이다. 또한 출산 후 장애를 조기에 발견하는 것은 조기교육을 시킬 수 있는 기회를 앞당겨 그들의 장애 정도를 최소화하거나 예방할 수 있게 한다.

Ⅲ 조기교육 대상자의 진단과 평가

유아교육에 관련된 대부분의 전문가들은 조기교육은 빠르면 빠를수록 좋다고 강조한다. 장애가 있는 영유아의 경우도 그들의 발달 초기에 지원되는 조기교육은 장애를 예방하고 발달을 가속화시키는 데 매우 중요하다. 이때 장애유아들의 독특한 욕구를 잘 파악하고, 이에 적절한 지원이 이루어져야만 한다. 이는 유아에 관한 중요한 결정을 내리기 위해 매우 중요하며, 이러한 결정들은 진단과 평가를 통해 이루어진다.

진단과 평가는 어떤 결정을 내리기 위해서 개인에 대한 다양한 정보를 수집하는 과정이다. 미국의 「장애인교육법」(IDEA)에서는 진단과 평가를 구별하여 좀 더 구체적인 정의를 내리고 있다. 진단(assessment)이란 아동의 적격성이 인정되는 기간 중에 아동의 독특한 강점 및 욕구와 이러한 욕구를 충족시키기 위한 적절한 지원, 가족 지원, 우선순위 결정, 관심, 장애를 지닌 신생아나 영아의 발달상의 필요를 충족시키기 위한 가족의 잠재력을 촉진시키는 데 필요한 지원을 판별하기 위하여 자격 있는 적절한 사람에 의해서 사용되는 모든 진행적 과정을 의미한다. 평가(evaluation)란 아동의 첫 번째 지속적인 적격성을 결정하기 위하여 자격 있는 적절한 사람에 의해서 사용되는 과정으로서 각각의 발달 영역에 있어서 아동의 상태를 결정하는 것을 포함한다.

1. 진단과 평가

조기교육에서 장애나 장애위험이 있는 영유아를 진단하고 평가하는 목적은 그들의 독특한 욕구에 적절한 지원을 위한 프로그램을 계획하고 적용·평가하기 위함이다. 이러한 목적 아래 이루어지는 진단 및 평가는 장애영유아의 발견, 선별, 진단, 개별화 프로그램 계획, 평가와 같은 단계들로 구성되어 있고, 이에 대한 구체적 내용은 〈표 5-5〉에 제시되어 있다.

〈표 5-5〉 **진단 및 평가의 단계**

단계	내용
1단계: 장애영유아 발견	장애영유아 혹은 장애의 위험이 있는 영유아에게 적절한 지원을 제공하기 위한 조기 발견
2단계: 선별	전문적인 진단의 필요성 결정
3단계: 진단	장애 유형과 정도에 따른 교육적 지원의 필요 결정
4단계: 개별화 프로그램 계획	각 발달 영역에 대한 강점 및 약점을 고려한 개별적 교육 지원 계획 결정 및 적용
5단계: 평가	선별과 진단의 과정을 거쳐 적용한 지원 프로그램에 대한 교수 과정 및 결과 평가

영유아에게 자주 사용되는 선별도구와 진단도구는 매우 다양하여 그 선택에 있어 고려해야 할 점들이 있다. 우선 선별도구와 진단도구는 정확성을 요구하고, 두 번째로는

도구의 사용 절차가 간편하여야 하며, 셋째로는 선정된 도구들이 인간의 다양한 측면이 포함될 수 있게 종합적이어야 하고, 넷째로는 경제적이어야 하며, 마지막으로는 부모들의 반응이나 요구에 민감하여 부모참여를 보장해 주어야 한다. 진단과 평가에 자주 사용되는 선별도구는 〈표 5-6〉, 진단도구는 〈표 5-7〉과 같다. 유아의 연령과 평가받고자 하는 영역에 따라 적절한 선별도구와 진단도구를 선택하여야 한다. 한 가지 이상의 도구를 사용하여 도구의 한계성을 극복하는 것이 좋다.

〈표 5-6〉 영유아를 위한 선별도구

선별도구명	연령 범위	설 명	평가되는 영역
APGAR 평정척도	출생 후, 1, 5, 10개월	• 특별한 보호 및 치료가 필요한 영유아 판별 • 분만실에서 수행	• 심장 박동수 • 호흡 상태 • 반사 및 근육 강도 • 피부색
조기 선별 목록표	2~8세	• 부모의 질문지 작성으로 문제 발견	• 유아의 의학적 경력 • 가족 경력 • 유아 건강 및 발달
바텔 발달 선별검사	6~8세	• 직접 검사 • 면접 및 관찰이 전문가에 의해 수행 • 30분 소요되는 개인검사	• 사회성 • 대근육, 소근육, 적응 • 표현언어, 수용언어 • 인지
발달 프로파일 II	0~12세	• 부모 인터뷰를 통해 성취 수준 파단 • 표준화된 검사	• 신체적 사고 • 사회적 · 학문적 의사소통
바이랜드 적응 행동검사	출생부터	• 사회성숙도, 능력 혹은 독립성의 단계 평가 • 인터뷰 • 사회적 연령 산출	• 자조 • 자기 지시 • 작업 의사소통 • 이동 및 사회화
한국 덴버 발달 선별검사	0~6세	• 지체된 발달의 발견 빠름 • 비용이 적게 드는 표준화된 검사 • 정신척도, 운동척도, 행동척도로 구성	• 대근육 • 소근육 • 개인적 · 사회적 언어
유아용 발달 선별검사	2~5세	• 잠재적 학습문제 판별 • 표준화된 검사	• 대근육 • 소근육 • 개념 • 의사소통
ASQ	4~48개월	• 부모에 의한 선별도구 • 연령별 모니터링 체계 • 신체장애와 감각장애유아에게도 사용 가능	• 적응 • 인지 • 의사소통 • 운동 • 사회성

출처: 유수옥(2005), 유아특수교육론, pp.111~112.

〈표 5-7〉 유아를 위한 진단도구

진단도구명	연령 범위	설 명	평가되는 영역
베일리 영아발달검사-II	0~42개월	• 전문가에 의한 표준화된 절차 사용 • 표준화된 검사	• 정신척도, 운동척도, 행동척도로 구성
바텔 발달 목록-R	0~8세	• 신체장애와 감각장애에도 사용 가능 • 표준화	• 인지 • 의사소통 • 운동 • 사회화 • 적응
골드먼, 프리스토, 우드콕, 청지각 변별검사	4~8세	• 녹음된 자극에 대한 반응을 통해 변별능력 측정	• 말소리 변별
VMI 발달검사	2~15세	• 지각과 운동행동 혼합능력 평가 • 시각적 운동 통합 연령 산출	• 시지각과 운동 행동의 통합
프로스틱 시지각 발달검사	3~8세	• 지필검사를 통해 시지각기술 측정 • 5개의 하위검사를 종합하여 지각 연령 산출	• 눈 · 손 협응 • 전경 · 배경 구별 • 형의 항상성 • 위치 공간 관계
라이터 국제 언어 성취검사	4~8세	• 비언어성 적목 유형 맞히기로 지능 측정 • 타당도, 신뢰도 부족	• 일반화, 변별, 유사성, 순서화, 유형 완성
피바디 그림 어휘검사	2~18세	• 과제 지적하기와 수용언어 측정 • 실시 용이 • 신뢰도, 타당도 높음	• 수용언어, 표현언어
맥카시 아동 능력검사	2~8세	• 일반적 지적 수준 • 강점, 약점 판별 • 규준 · 참조검사/표준화된 검사	• 언어, 지각적-성취 • 일반적 인지 • 기억 • 운동
우즈기스-헌트 심리 발달 순서	0~2세	• 인지발달 설명 제공 • 피아제 이론에 근거	• 감각운동발달
한국 웩슬러 유아용 지능검사	4~6세	• 언어성 • 독자성 • 종합 지능지수 • 표준화 검사	• 언어성 지능 • 동작성 지능 • 종합 지능

출처: 유수옥(2005), 유아특수교육론, pp.113~114.

2. 진단과 평가 방법

진단과 평가의 방법은 수집하는 정보에 따라 표준화된 검사를 사용할지, 혹은 관찰, 면담, 점검표 등을 사용할지 그 방법은 매우 다양하다. 장애영유아를 진단하고 평가하는 경우 다양한 측면의 측정을 위해 다양한 유형의 진단과 평가 방법을 사용하여 포괄적이고 종합적인 진단과 평가를 진행할 수 있도록 해야 한다.

진단은 양적 접근과 질적 접근으로 나뉘는데, 검사란 양적 접근을 기본으로 하여 고도로 구조화된 과제들을 수행하게 하여 발달의 특정 측면을 측정하고자 하는 것이다. 이러한 검사에는 규준참조진단, 준거참조진단, 교육과정중심진단이 있다. 규준참조진단(norm- referenced assessment)은 동일 연령집단의 또래들과 비교해서 어느 정도 수행하고 있는지에 대한 정보를 제공한다. 준거참조진단(criterion-referenced assessment)은 미리 정해진 표준적인 기준에 의해서 정의되는 특정 목표 행동의 습득을 측정하는 것으로서 발달 영역이나 과목 영역으로 구분되어 위계적 구성을 이룬다. 교육과정중심진단(curriculum-referenced assessment)은 각 진단 항목마다 교육과정상의 활동이 제공되어 유아의 교육 프로그램의 시작점을 판별하고 교수를 세분화하거나 수정하기 위한 직접적 수단으로 사용된다.

영유아의 능력에 대한 정보를 수집하는 또 다른 방법으로 관찰이 있다. 관찰은 전문가나 부모가 자연적인 상황에서 영유아를 관찰하여 영유아 행동의 다양한 발달 영역에 대해서 기록하여 분석하는 과정이다. 관찰은 다음과 같은 강점들을 가지고 있다(Bailey & Wolery, 1989). 첫째, 관찰은 검사도구로 측정하기 어려운 기술들을 진단할 수 있다. 둘째, 관찰은 다른 측정 방법보다 수집된 정보의 타당도를 높여 준다. 셋째, 관찰은 일상생활의 환경으로 확장시켜 준다. 넷째, 행동과 환경 간의 관계를 파악할 수 있다. 다섯째, 프로그램의 효과에 대한 일반화의 정보를 제공해 준다.

영유아의 진단에 대한 마지막 방법으로 면담이 있다. 면담은 주로 부모나 영유아를 양육하고 있는 가장 가까운 양육자에게 실시된다. 면담은 표준화된 도구를 사용하거나 점검표를 사용한다. 면담을 통하여 몰랐던 새로운 정보를 수집하거나 수집된 정보를 확인할 수 있다. 또한 부모의 생각을 고려하여 지원 방법에 참고 자료로 활용하기도 한다.

3. 진단과 평가의 제한점

장애영유아의 조기발견을 위한 진단과 평가는 매우 기본적인 활동이며 동시에 필수적인 과정이다. 그러나 진단과 평가에는 그 방법의 장 · 단점(〈표 5−8〉) 때문에 여러 가지 문제들이 제기되고 있고, 이러한 문제들이 진단과 평가의 제한점이 되고 있다.

진단과 평가의 제한점은 크게 대상자 관련, 진단자 관련, 도구 관련이라는 세 가지 관점에서 생각해 볼 수 있다. 우선 대상자 관련에 있어서의 제한점은 진단의 대상자가 장애를 지닌 어린 유아로서 표현 행동의 성취에 있어서의 방해와 일관성이 적어 정확한 기능을 진단하기 어렵다는 것이다. 또한 유아의 초기 발달은 안정적이지도 못하고 지속성도 결여되어 있다는 것이다. 따라서 대상자의 제한점을 고려하기 위하여 검사 일정의 계획, 정보 수집, 검사 상황에 있어서 융통성이 있어야 하며, 검사 대상자와의 신뢰로운 관계를 우선 형성하고, 부모를 동석시켜 편안한 환경을 조성하며, 강화의 기회를 증진하는 등 세심한 배려와 지침들이 필요하다. 다음으로 진단자의 제한점은 전문성과 관련 영역 간의 협력의 문제를 들 수 있다. 전문성은 표준화된 검사를 사용하여 그 결과를 점수화하는 데 실수가 많고, 전문적 진단 훈련을 받았다 하더라도 나이가 어린 영유아를 위한 진단 기술이 부족한 경우 전문성에 의심을 불러일으킬 수 있다는 것이다. 또한 진단자의 자질상의 문제는 물론 전문가들의 상호 이해와 협력의 부족은 장애유아의 진단을 방해하는 요소로서 작용된다는 것이다. 마지막으로 도구 관련의 제한점은 유아의 특정 능력과 발달 상태를 조기에 발견할 수 있는 진단도구와 방법이 부족하다는 것이다.

〈표 5-8〉 **진단과 평가의 장·단점**

방법	장 점	단 점
검사	• 표준화된 절차에 의한 수행으로 또래들과의 비교가 가능 • 정보의 전환 촉진 가능 • 장애 진단을 위하여 필수	• 감각 및 운동기능 손상의 영유아들을 위한 대안 절차 불허용 • 검사도구의 전문적 활용을 위한 훈련 요구 • 교육계획에 있어서 측정도구의 타당성 미흡 • 수집된 정보들이 검사에 포함된 기술로 제한
관찰	• 실제 환경에서 유아의 수행 측정 가능 • 시간의 흐름에 따른 변화과정 파악 가능 • 정규교실 활동 중에 수행 가능	• 많은 시간 필요 • 합리적인 관찰을 위한 특정 기술 요구 • 수집된 자료 해석을 위한 지침 부족
면담	• 가장 밀접한 다른 사람으로부터 정보 수집 가능 • 효율적인 시간 활용 가능	• 직접적인 유아 행동 측정 불가능 • 기록의 미흡 우려

출처: Bailey, D. B., & Wolery, M.(1984). *Teaching infants and preschoolers with handicaps*(p.29). Columbus, OH: Merrill Publishing Company.

진단과 평가의 이러한 제한점들을 해결하기 위하여 총체적인 과정 안에서, 바람직한 운영을 위한 최상의 실제적 측면에서 다음과 같은 네 가지 점을 고려해야 한다(Bagnato & Neisworth, 1991; Bailey & Wolery, 1989; Mclean et al., 1996; Gargiulo & Kilgo, 2000). 첫째, 모든 주요 발달 영역을 진단의 내용에 포함시킨다. 둘째, 진단과정에 가족을 참여하게 한다. 셋째, 다양한 학문의 전문가들이 협력하여 진단한다. 넷째, 다양한 근거에서 정보를 수집하여 수렴적 진단을 실시한다. 다섯째, 자연적인 환경에서 진단하도록 한다.

Ⅳ 조기교육 지원 방법

장애영유아를 위한 조기교육은 장애영유아의 잠재능력을 최대로 발달시켜 주고, 이차적인 장애를 예방하는 데 있다. 장애영유아를 위한 조기교육은 대상자의 연령이나 장애의 유형과 정도 등에 있어서 매우 다양하여 단 하나의 프로그램으로는 장애유아의 모든 욕구를 충족시킬 수 없다. 따라서 조기교육 지원의 다양한 형태를 아는 것은 매우 중요하다.

1. 조기교육 지원 프로그램의 종류

가. 지원 전달 형태에 따른 프로그램의 종류

교육적 지원은 교육대상, 교육장소, 교육대상 가족의 교육 목표, 지역사회의 자원 등에 따라 달라진다. 이러한 다양한 변인들에 의한 지원 전달 유형은 일반적으로 가족중심 프로그램(home-based program), 기관중심 프로그램(center-based program), 혼합형 프로그램(combination program)으로 구별되며, 병원중심 프로그램(hospital-based program)과 치료실 중심프로그램(clinic-based program)이 포함되기도 한다.

가족중심 프로그램은 가정에서 제공되는 프로그램으로, 이는 가장 자연스러운 환경에서 부모 등의 주 양육자에 의해서 개별화된 지원이 제공된다. 이때 각 영역의 전문가들이 정기적인 방문을 하여 교육적 지원을 하며, 부모에게 적절한 지원과 보조를 구하기도 한다.

기관중심 프로그램은 기관에서 제공되는 프로그램으로 만 3세 이상의 유아들에게 가장 많이 적용되는 지원 전달 형태이다. 기관중심 프로그램의 지원 제공자는 유아를 담당하는 교사이고, 이는 가족중심 프로그램과의 차이점이기도 하다. 기관중심 프로그램의 가장 이상적인 방법은 지원을 위하여 여러 영역의 전문가들과 교사들이 팀을 구성하여 개별화 교육을 계획하고 적용하는 것이다.

혼합형 프로그램이란 가족중심 프로그램과 기관중심 프로그램의 두 가지를 혼합하여 지원하는 것을 의미한다. 이는 가족중심 프로그램과 기관중심 프로그램 각각의 장·단점을 잘 보완하여 사용 가능하게 한다.

병원중심 프로그램과 치료실중심 프로그램은 특별한 건강관리를 필요로 하는 영유아를 대상으로 집중치료나 지속적인 의료적 지원을 중심으로 제공하는 것이다.

나. 배치에 따른 프로그램의 종류

장애를 지닌 유아를 어떤 교육환경에 배치할 것인가는 신중히 고려되어야 한다. 일반적으로 특수교육의 대상아는 분리교육과 통합교육이라는 두 형태에 포함된다. 때에 따라서는 분리교육과 통합교육이 혼재되기도 한다.

이러한 배치에 있어서 미국의 「장애인교육법」(IDEA)의 배치 교육환경으로는 일반학급, 학습도움실, 특수학급, 특수학교, 기숙학교, 병원학교 등이 있다. 그러나 장애유아는 어떠한 환경에서도 학습의 기회를 제공받을 수 있기 때문에 장애 유무에 상관없이 분리된 환경에 배치하지 말아야 한다. 특히 최근에는 이러한 최소제한환경의 개념에 따라 장애유아의 배치가 일반유치원 통합교육을 중심으로 이루어지고 있다.

다. 협력 헝대에 따른 프로그램의 종류

장애유아의 모든 주요 영역에 지원을 하기 위해서는 한 명의 교사로는 부족하다. 따라서 다양한 전문 영역의 협력은 매우 중요한 것이다. 전문가의 협력 방법에는 다학문적 접근(multidisplinary approach), 간학문적 접근(interdisplinary approach), 초학문적 접근(transdisplinary approach)이 있다(〈표 5-9〉). 다학문적 팀은 장애를 가진 영유아를 지원하기 위한 전문적인 팀으로서, 팀의 구성원으로는 청능사, 안과의사, 유아특수교사, 의사, 간호사, 작업치료사, 물리치료사, 심리학자, 사회복지사, 언어병리학자 등이 포함된다.

〈표 5-9〉 전문가의 협력 형태 및 방법

협력 형태	협력 방법
다학문적 접근	전문가들은 서로의 전문성에 따라 독립적으로 작업하여 서로 긴밀한 협력은 이루어지지 않음
간학문적 접근	다양한 영역의 전문가들이 진단과 중재를 독립적으로 사용하여 대상유아를 위한 프로그램 개발을 위해서는 수집된 정보를 공유하고 함께 계획하나, 때로는 자신의 전문영역에 폐쇄적인 성향으로 진정한 의미의 팀 협력이 이루어지지 않을 수도 있음
초학문적 접근	간학문적인 접근의 제한점을 극복하기 위하여 역할 공유와 주 지원제공자의 개념을 도입하여 다양한 영역의 전문가들이 서로의 역할을 공유하고, 각 전문가들이 자신의 영역의 초기 평가를 통하여 주 지원제공자에게 자신의 전문영역의 교수 기술을 가르쳐 역할을 방출함

2. 개별화 가족 지원 계획(IFSP)

개별화 가족 지원 계획은 장애를 가진 영유아가 가족의 일원이라는 것과 가족 구성원들은 아이의 잠재능력을 성취하도록 돕기 위해 교육적 · 재정적 · 정서적 지원이 필요하다는 것을 인정하여 마련하는 것이다(Jerry Speier/Design Conceptions).

미국의 「장애인교육법」에는 개별화 가족 지원 계획에 대하여 법적으로 보장하고 있고, 다음과 같은 내용을 포함할 것을 요구한다(Kirk & Gallagher, 2004). 개별화 가족 지원 계획은 1년에 한 번 평가되어야 하고, 6개월 간격으로 가족들과 재검토가 이루어져야 한다. 장애 영유아는 시기적으로 매우 중요하며 모든 법은 부모의 동의를 구하도록 하고 있다.

IFSP 내용

- 0~3세 유아의 신체발달, 인지발달, 의사소통의 발달, 사회/정서적 발달 그리고 적응발달의 현재 수준의 진술은 객관적인 범주에 기초한다.
- 가족의 지원, 선호 그리고 장애를 가진 0~3세 유아의 발달을 강화하는 것과 관련된 가족의 관심을 기술한다.
- 0~3세 유아와 가족을 위해 기대한 성취의 주요 성과와 범위, 절차 그리고 성과의 진행과정과 수정, 혹은 성과의 수정이 필요한 정도를 결정하는 시간계획을 진술한다.
- 0~3세 유아들 가족의 독특한 요구를 충족하는 빈도, 강도 그리고 전달 지원 방법을 포함한 특정한 조기 중재 서비스를 언급한다.
- 그 서비스가 자연적인 환경에서 제공되지 않을 것이라면 그 범위의 정당성을 포함하여 조기교육 지원이 적절하게 제공되는 자연적인 환경을 마련한다.
- 서비스의 시작을 계획한 날짜 그리고 기대된 지원의 지속을 언급한다.
- 0~3세 유아 혹은 가족의 요구와 관련되는 기관 및 사람들과 계획하고, 협력 수행을 책임질 가장 즉각적인 전문가로부터 지원 책임자를 확인한다.
- 장애를 가진 걸음마유아의 학령 전 교육기관 혹은 다른 적절한 서비스의 전환을 지원할 단계들을 기술한다.

개별화 가족 지원 계획은 가족 지원(family support)을 보장하기 위한 개별화 프로그램이 적용된 미국의 P.L. 99-457로 보장하고 있는 지원 방법이다. 이는 가족이 장애유아에게는 많은 영역에 영향을 미치는 중요한 존재라는 것을 의미한다. 가족지원은 1980년부터 사용되어, 가족 구조의 강화와 유지 그리고 이를 위해 제공되는 모든 활동을 도와주는 것을 의미한다. 따라서 가족 지원을 통하여 가족들은 스스로의 욕구를 충족시킬 수 있는 환경적 구성은 물론, 스스로 자신들의 문제를 해결할 수 있는 능력을 지니고 있음을 깨닫게 된다.

가족의 참여는 자녀교육의 성패를 좌우하는 중요한 요소로서, 가족참여를 지원하는 가족지원은 매우 중요한 역할을 담당하는 것이다. 장애영유아 가족을 위한 지원은 영유아를 독립된 개인이 아닌 가족 구성원의 한 명으로 바라보게 하여 모든 교육에 있어서 그 과정은 물론 결정에도 부모참여의 중요성이 강조된다. 또한 장애영유아의 가족들에게서 발생되는 다양한 문제들을 해결하게 하는 데 매우 중요하다고 할 수 있다(Bailey, Winton, Rouse & Turnbull, 1990).

3. 전환지원

전환(transition)은 특정 상황에서 다른 상황으로 옮겨 배치하는 계획된 절차를 의미한다(Bruder & Chandler, 1993). 전환의 개념을 좀 더 확장해 보면 상황에서 상황으로 옮김, 상황 내에서 조건에서 조건의 옮김, 혹은 특정 활동 안에서 일어나는 모든 변화가 포함된다. 전환의 효과는 새로운 상황에 대한 부담을 덜어 주고, 좀 더 적절히 적응할 수 있도록 해 주는 것이다. 따라서 새로운 상황으로 이동하기 위해서는 전환의 전략과 방법을 잘 계획하고 적용해야 한다.

장애영유아의 경우 조기교육이 시작되는 만 3세 그리고 유치원에서 초등학교로 입학하는 만 6세의 전환계획은 매우 중요하다. 이 시기의 전환계획은 학령기의 학교생활과 일상생활에 매우 많은 영향을 미친다.

윌러리(1989)는 장애유아의 전환이 그 실행과정에 있어서 서비스의 연계, 변화에의 적응에 방해되는 가족 구조 정도의 최소화, 새로운 환경에서의 기능 촉진, 법률상의 요구사항을 충족하게 하는 네 가지의 목적을 성취할 수 있어야 한다고 강조한다. 또한 전환에 포함되는 현재와 미래의 프로그램 담당자들의 협력적인 관계 형성과 지속적인 정보교환이 필수적으로 선행되어야 한다(이소현, 2003).

전환지원이 성공적인 실행을 할 수 있도록 영향을 미치는 요소들에 대하여 브루더와 챈들러(Bruder & Chandler, 1993)는 행정 관련 요소, 프로그램 제공자 관련 요소, 가족/양육자 관련 요소, 유아 관련 요소의 네 가지 범주로 나누었다. 이 범주에 해당하는 구체적 실행 방법은 이소현(1998)이 〈표 5-10〉과 같이 요약 · 정리하였다.

그리고 교육현장에서 전환이 실제적 프로그램을 위한 실행에 있어서 성공하기 위해서는 다음과 같은 일곱 가지의 목표를 성취할 것을 강조한다(Conn-Power et al., 1990).

첫째, 유아와 가족이 새로운 환경에 신속히 적응하도록 촉진한다.

둘째, 유아가 새로운 환경에 독립적이고 성공적으로 적응하도록 강화한다.

셋째, 최소 제한적 학교 환경에서의 적절한 지원 제공이 방해받지 않도록 확인한다.

넷째, 전환 과정에서 동등한 참여로 가족을 지원하고 강화한다.

다섯째, 전환 과정에 참여하는 모든 구성원들 간의 협력을 촉진한다.

여섯째, 전환 과정의 결과, 참여를 포함하는 전이 과정 자체에서 모든 참여자들의 만족도를 증진시킨다.

일곱째, 유아가 일반유치원이나 초등학교에 배치될 가능성을 증진시킨다.

장애영유아의 성공적인 전환은 연계적 지원의 확장과 발달의 촉진을 꾀할 수 있는 중요한 역할을 담당한다. 따라서 모든 지원 프로그램에 작고 크게 마련된 전환은 장애영유아의 환경에 대한 적응은 물론 학습화 과정에도 많은 영향을 미칠 것이다.

〈표 5-10〉 성공적인 전환 지원 프로그램의 구성요소 및 방법론

구성요소	내 용
행정 관련 요소	• 행정가, 프로그램 제공자, 가족이 함께 문서화된 동의서 작성 • 서로 간의 지속적인 의사 교환을 위한 공식적인 의사소통 수단 마련 • 프로그램 제공자, 행정가, 가족은 전환 계획과 준비할 적절한 시간 설정
프로그램 제공자 관련 요소	• 지원 제공자는 동의된 전환 관련 절차들에 대해서 계획한 대로 모든 제공자들의 임무, 역할, 책임, 임무 수행을 위한 적절한 시간 등에 대해 파악 • 지원 제공자는 지역사회 내의 지원 종류와 자원들에 대해서 잘 알고, 적절한 추천이 가능하도록 함 • 지원 제공자는 전환을 계획할 때 다른 프로그램들을 방문하여 정보 공유 • 유아가 이동해 갈 지원 제공자는 순조로운 전환을 위해서 교사나 다른 유아들을 준비시킴
가족 관련 요소	• 프로그램 관련자는 가능한 한 빨리 가족들에게 예상되는 전환에 대한 정보 제공 • 필요하다고 생각되는 경우 가족이 직접 전환 과정 시작 가능 • 전환과정에 대한 정보, 전이의 구성요소 및 단계, 앞으로의 가능한 서비스에 대한 정보, 전환 과정에서의 참여에 대한 결정권 등에 대해서 가족에게 정보 제공 • 가족들이 미래 프로그램을 방문하여 프로그램 관련인이나 부모들과 이야기할 수 있는 기회 제공 • 가족들이 현재의 프로그램에 관련인 및 앞으로 옮겨 갈 프로그램 관련인과 다 함께 만날 수 있는 기회 제공 • 프로그램 제공자는 전환 기간 중 가족과 함께 일하고 전이 관련 요소들을 다룰 수 있도록 적절한 훈련 필요 • 가족은 전환과 관련된 안건만을 다루는 독자적인 회의의 기회 제공
유아 관련 요소	• 지원 제공자와 가족들은 유아가 다음 환경에서 필요로 하는 전환 기술 결정 • 지원 제공자와 가족들은 유아가 현재 지니고 있는 기술과 다음 환경에서 필요로 하는 기술을 결정하기 위해서 전이 기술 진단 • 지원 제공자와 가족들은 유아가 전환 기술을 습득하도록 계획 마련 • 지원 제공자와 가족들은 필요한 전환 기술을 촉진하기 위해서 환경을 수정하거나 적응보조도구를 사용하는 등의 배려 필요 • 가능하다면 지원 제공자는 유아의 선호도와 의견을 고려해서 진단 • 지원 제공자와 가족들은 전환과정 중 유아가 보일 수 있는 어려움을 예측하고 다룰 수 있도록 지원 • 지원 제공자와 가족들은 유아가 새로운 프로그램/서비스에 적응하도록 적절한 시간을 계획하고 허용 • 지원 제공자와 가족들은 전환을 위하여 유아를 준비시키는 역할과 책임을 수행하는 데 필요한 감독, 훈련, 지원 필요

출처: 이소현(1998). 특수아 조기교육의 최상의 실제: 프로그램의 구조적 측면을 중심으로 교육과학연구, 28, pp.168-169.

4. 조기교육과 장애예방

장애영유아에게 조기교육을 하는 중요한 이유는 더 이상의 장애의 진행을 막고, 발달을 촉진하기 위해서이다. 즉, 발달적 지체를 피하고, 부가적인 결함을 막기 위한 것이다. 발달적 지체는 동일 연령의 다른 아이의 발달과 비교함으로써 알 수 있다. 장애를 가진 영유아는 다양한 이유로 발달적 기술의 습득에 어려움을 가진다. 또한 장애로 인하여 다양한 자극의 습득 부족으로 부차적인 문제를 가져올 수 있음을 예측할 수 있다.

가. 장애예방의 3차원

조기교육은 장애의 발생을 방지함은 물론 이미 발생된 장애를 더 가중시키거나 2차적인 장애의 발생을 예방할 수 있어 매우 중요한 역할을 담당하는 것이다. 이러한 입장에서 이소현(2003)은 조기교육의 갖는 장애예방을 1차 예방, 2차 예방, 3차 예방의 3차원적으로 다음과 같이 정리하였다.

1차 예방은 특정 문제의 발생률을 감소시키거나 문제의 원인에 대한 예방을 통해서 개인의 안녕을 강화하기 위한 목적으로 이루어진다. 장애예방의 경우 장애나 특정 문제가 발생하는 것을 근원적으로 방지하는 것이다.

2차 예방은 특정 문제를 보일 수 있는 높은 가능성을 지니고는 있지만 아직까지 모든 증세가 나타나지 않은 유아들을 위해서 제공되는 서비스를 의미한다.

3차 예방은 문제가 발행한 후에 주어지는 지원을 의미하며, 교정이라는 용어로도 사용된다. 따라서 3차 예방은 이미 발생한 장애가 더 악화되는 것을 막고 기존의 장애로 인하여 부수적인 문제가 발생하는 것을 방지하는 것을 의미한다.

이와 같이 예방적 차원에서의 조기교육은 장애영유아에게는 매우 중요하다. 장애의 발생예방은 물론 앞으로의 문제는 장애발생의 시기와 조기교육의 노력에 영향을 받을 수 있다. 〈표 5-11〉은 장애예방과 조기교육의 목적과의 관계는 물론 유아와 가족에게로 향하는 노력의 정도를 잘 나타내 주고 있다.

장애예방을 위한 노력은 조기교육 현장에서 구체적으로 실현된다. 0~2세 장애영아들을 위한 조기 중재는 장애의 발생 가능성이 보이는 영아들, 혹은 이미 장애가 발생된 영아들의 향후 성장 발달에 긍정적인 영향을 미치게 한다. 이러한 조기교육의 노력은 조기 중재의 경험이 있었던 유아들이 학령기가 되었을 때 학교생활과 또래관계 형성의 실패를 최대한 줄일 수 있게 한다. 또한 요람에서 무덤까지의 인간의 생애 학습화의 과정에서 볼 때 연령이 높아 감에 따라 든든한 기초를 만들어 주는 것이다.

그러나 어린 영유아일수록 장애 예방에 있어서 방해적 요소와 어려움이 많고, 어린 영유아의 발달 속도와 내용은 개인에 따라 매우 다르며 다양하다. 이러한 점들을 잘 고려하여 영유아의 다양한 측면을 세심히 관찰하고 파악하여 적절한 지원 계획을 마련해야 한다. 이때 교육자들이 잊지 말아야 할 것은 장애의 위험성과 개인의 가능성을 동시에 고려하여 개별적 교육 프로그램을 계획해야 한다는 것이다. 이와 같이 조기교육은 중요하지만 어려운 과정임에 틀림없다.

〈표 5-11〉 장애예방과 조기교육의 목적과 노력의 정도

단계 목적 및 노력	1차 예방 단계	2차 예방 단계	3차 예방 단계
일반적 예방 목적	새로운 문제 발생 감소에 의한 예방으로 발생률 감소	기존의 발생 숫자 감소에 의한 문제 발생 예방으로 출현율 감소	직/간접적인 영향의 감소에 의한 문제 발생 예방으로 후유증 감소
장애 예방 목적	위험에 놓이게 될 아동의 새로운 문제 발생 감소	지속시간과 정오의 경감에 의한 예방	직·간접적인 영향의 감소에 의한 예방
아동을 위한 조기교육 노력	환경의 풍부화와 주요 발달 영역의 자극을 통해서 새로운 발생률 감소	새로운 기술의 학습과 유지를 위한 조기 교육을 통해 발달지체의 지속시간과 정도 감소	행동, 기능을 보완하고 보상하기 위한 조기개입을 통해서 장애의 직/간접적인 영향 감소
가족을 위한 조기교육 노력	양육기술을 증진시키고 가족의 자존감과 차이에 대한 인식을 증진시키는 예견적 안내	협력과 양육기술을 증진시킴으로써 현실의 욕구에 부응하도록 촉진	영향을 받은 가족의 구조와 관계, 가치를 위해서 적응 측면과 구조상의 통합적인 변화 촉진

출처: Simeonsson, R J.(1991). Primary, secondary, and tertiary prevention in early intervention, *Joumal Intervention, 15*(2), p.128.

5. 장애예방을 위한 조기교육의 실제

조기교육은 장애영유아의 현재의 능력 정도를 정확히 평가하고, 그에 적절한 교육내용과 방법이 계획되고 실행되어야 한다. DEC(1993)는 다음과 같은 목적 아래 결과가 성취 될 수 있도록 계획되고 평가되어야 한다고 하였다.

첫째, 가족들이 그들의 목적을 성취할 수 있도록 지원해야 한다.

둘째, 유아의 참여, 독립성, 숙달을 증진시켜야 한다.

셋째, 모든 영역에서 발달을 촉진시켜야 한다.

넷째, 사회적 능력의 발달을 지원해야 한다.

다섯째, 기술을 일반화하여 사용하도록 촉진해야 한다.

여섯째, 아동이 가족, 학교, 지역사회에서 정상 생활을 경험하도록 준비시키고 도와야 한다.

일곱째, 미래의 문제점이나 장애를 예방하고 최소화하도록 해야 한다.

장애영유아를 위한 조기교육의 교수 방법은 장애유아를 최대한 학습할 수 있도록 계획된 교수 활동에 능동적으로 참여시키는 것이다. 장애유아를 위한 기본적인 교수에는 주의집중 및 동기유발, 근접발달영역의 적용, 반복과 규칙적인 일과, 과제 분석, 적절한 의사소통, 문제행동의 예방과 같은 교수 원리들이 포함된다(Klein, Cook & Richardson-Gibbs, 2001). 또한 감각장애, 발달 영역의 지체 등과 같은 다양한 장애 유형의 특성에 적절한 교수방법, 환경 구성, 교재·교구의 사용과 전략적인 면도 고려해야 한다. 환경적 구성에 있어서는 장애영유아의 학습의 기회와 참여를 강화할 수 있는 물리적 환경을 계획하고 선택해야 하며, 차별적 강화 전략들을 사용하여 형성된 행동을 촉진하고 유지하도록 해야 한다.

전 망

조기교육은 장애유아의 발달을 촉진하고 부차적으로 장애를 예방할 수 있는 방법이다. 조기교육을 하기 위해서는 의료와의 연계적 체제에 의한 조기발견에 뒤따른 교육적 지원이 이루어져야 할 것이다. 발달의 변화 가능성이 많은 유아를 대상으로 한 조기교육에는 많은 점들에 세심한 배려를 해야만 한다. 특히 조기교육에 있어서 가족지원은 매우 중요한 역할을 담당한다.

우리나라에서도 장애유아의 조기교육에 대한 중요성은 나날이 강조되고 있으나, 조기발견이 잘 이루어지지 않고, 부모의 기다림에 발달 촉진을 위한 지원의 적절 시기를 놓치는 경우도 많다. 발달의 적절 시기를 놓친다는 것은 발달을 촉진할 수 있는 가능성을 줄어들게 하는 것이고, 장애의 예방적 차원에서도 어려움을 갖게 하는 요인으로 작용한다. 따라서 아이의 출생과 더불어 적극적인 발달 검사와 부모의 세심한 관찰로 문제를 조기에 발견하여 발달을 촉진할 수 있는 체계적 지원체제의 구축이 필요하다.

장애영유아를 위한 체계적 지원체제로 의료, 교육, 상담 등과 같이 장애영유아에게 필요한 다양한 전문 영역의 협력이 절실히 필요하며, 부모의 적극적 참여도 강조된다. 21세기의 포스트모던적 사회에서는 인간의 다양성이 인정되면서 인간을 이해하고 다루는 영역에서 전문가들의 협력은 필수 요건임을 반드시 기억해야 한다.

토의주제

- 조기교육을 특수교육적 입장에서 그 당위성을 설명해 보자.
- 조기교육의 지원방법을 지원전달형태, 배치유형, 협력형태에 따라 프로그램을 구분하여 설명해 보자.

참고문헌

유수옥(2005). **유아특수교육론**. 서울: 학지사.

윤점룡 외(2005). **장애학생의 이해와 교육**. 서울: 학지사.

이소현(1998). 특수아 조기교육의 최상의 실제: 프로그램의 구조적 측면을 중심으로. **교육과학연구**, 28, 168-169.

이소현(2003). **유아특수교육**. 서울: 학지사.

Bagnato, S. J., & Neisworth, J. T. (1991). *Assessment for Early intervention: Best practices for professionals*. New York: Guilford Press.

Bailey, D. B., Farel, A. M., O'Donnell, K. J., Simeonsson, R. J., & Miller, C. A.(1986). Preparing infant interventionists: Interdepartmental training in special education and maternal and child health. *Journal of the Division for Early Childhood, 11*, 67–77.

Bailey, D. B., Winton, P. J., Rouse, L. & Turnbull, A. P. (1990). Family goals in infants intervention: Analysis and issues. *Journal of early Intervention, 14*, 15-26.

Bailey D. B., & Wolery M. (1984). *Teaching infants and preschoolers with handicaps*. Columbus, OH: Merrill. Google Scholar.

Bailey, D. B., & Wolery, M. (1989). *Assessing infants and preschoolers with handicaps*. Columbus, OH: Merrill.

Bailey D. B., & Wolery, M. (1992). *Teaching infants and preschoolers with disabilities* (2nd ed.). Columbus, OH: Macmillan.

Bailey, D. B., & Wolery, M. (1995). **장애영유아를 위한 교육**. [Teaching infants and preschoolers with disabilities] (이소현 역). 서울: 이화여자대학교 출판부(원저출판: 1992).

Bennett, F. C. (1987). The effectiveness of early intervention for infants at increased biologic risk. In M. J. Guralnick & F. C. Bennett(Eds.), *The effectiveness of early Intervention for at-risk and handicapped children*. Orlando, FL: Academic Press.

Bronfenbrenner, U. (1977). Toward an experimental ecology of human development. *American Psychologist, 32*, 513-531.

Bruder, M. B. & Chandler, L. K. (1993). Transition. In S. L. Odom & M. E. McLean(Eds.). *DEC recommended practices: Indicators of quality in programs for infants and young children with special needs and their families* (pp. 96–105). Denver: The Council for Exceptional Children.

Cicirelli, V. Evans, J., & Schiller, J. (1969). *The impact of Head Start: An evaluation of the effects of Head Start on children's cognitive and affective development*. Report to the U.S. Office of Economic Opportunity by Westinghouse Learning Corporation and Ohio University. Washington, DC: Government Printing Office.

Cicirelli, V., Evans, J., & Schiller, J. (1970). The impact of Head Start: A Reply to the report analysis. *Harvard Education Review, 40*, 105-129.

Cohen, S. E. (1986). The low-birth weight infant and learning disabilities. In M. Lewis(Ed.), *Learning disabilities and prenatal risk* (pp. 153-193).

Conn-Powers, Ross-Allen, J., & Holburn, S. (1990). Transition of Young children into the elementary education mainstream. *Topic in early childhood Special education, 9*(4), 91-105.

DEC Task Force on Recommended Practices(1993). Recommended Practices: Indicator of quality in programs for infants and young children with special needs and their families. Beston, VA: Council for Exceptional children, Division for Early Childhood.

Garguilo, R. M. & Kilgo, J. (2000). *Young children with special needs.* New York: Delmar Pulishers.

Goldin-Meadow, S. (1998). The resilience of Language in humans. In C. Snowden & M. Snowden & M. Hanberger (Eds.), *Social influence on vocal development.* (pp. 293-311). New York: Cambridge University Press.

Haskins, R. (1989). Beyond metaphor: The efficacy of early childhood education. *American Psychologist, 44*, 274-282.

Kirk, S. A., & Gallagher, J. J. (2004). **특수아동의 이해와 교육.** [Educating exceptional children] (김정권, 한현민 역). 서울: 박학사(원저출판: 2003).

Klein, M. D., Cook, R. E., & Richardson-Gibbs, A. M. (2001). *Strategies for including children with special needs in early childhood settings.* Albany, New York: Delmar.

Kopp, C. (1983). Risk factors in development. In M. M. Heith & J. J. Campos (Eds.), *Handbook of child Psychology, 2.* 1081-1188. New York: Wiley.

Lerner, J. W., Mardell-Czudnowski, C. D., & Goldenberg, D. S. (1987). *Special education for the early childhood Years*(2nd ed.). Englewood Cliffs: Prentice-Hall, Inc.

Lerner, J. W., Mardell-Czudnowski, C. D., & Goldenberg, D. S. (2003). **장애유아의 조기교육.** [Special education for the early childhood years] (여광응, 조용태 역). 서울: 도서출판 특수교육(원저출판: 1987).

Marschark, M., Simple, P., Lillo-Martin, D., & Everhart, U. (1998). *Language and thought: The view from sign language and deaf children.* New York: Oxford University Press.

Mclean, M., Bailey, D. B., & Wolery, M. (1996). *Assessing infants and preschoolers with special needs.* Columbus, OH: Merrill.

Resnick, M. B., Eyler, F. D., Nelson, R. M., Eitzman, D. V., & Bucciarelli, R. L. (1987). Developmental intervention for low birth weight infants: improved early developmental outcome. *Pediatrics, 80*, 68-74.

Rosetti, L. (1986). *High-risk infants.* Boston: College Hill/Little, Brown.

Shaffer, D. R. (1999). *Developmental psychology: Childhood and adolescence*(5th ed.). New York: Brookes/Cole.

Shonkoff J. P., & Hauser-Cram, P. (1988). Early intervention for disabled infants and their families: A quantitative analysis. *Pediatrics, 80*(5), 650-658.

Simeonsson, R J. (1991). Primary, secondary, and tertiary prevention in early intervention. *Journal Intervention, 15*(2), 128.

Skeels, H., & Dye, H. (1939). A study of the effects of differential stimulation in mentally retarded children. *Proceedings and Addresses of the American Association on Mental Deficiency, 44*, 114-136.

Smith, M. S., & Bissell, J. S. (1970). Report analysis: The impact of Head Start. *Harvard Educational Review, 40*, 51-104.

Stallings, J. (1975). Implementation and child effects of teaching practices in Follow Through Classrooms. *Monographs of the Society for Research in Child Development, 40* (Serial No. 163).

Uspur, C. (1990). Early intervention as preventive intervention. In S. J. Meisels & J. P. Shonkoff (Eds.), *Handbook of early childhood intervention* (pp.633-650). New York: Cambridge University Press.

Wolery, M. (1989). Transition in early childhood special education: Issues and procedures. *Focus on Exceptional Children,* 22, 1-16.

Chapter

06 특수교육 교육과정

우리나라 유치원과 초·중등학교의 교육과정은 국가의 교육 의도를 달성하기 위한 공통적이고 일반적인 기준을 제시하고 있는 고시 문서로서 법적인 효력을 가지고 있다. 따라서 모든 학교는 교육부가 고시한 국가의 교육과정에 의거하여 당해 학교의 교육과정을 편성·운영하여야 한다. 학교가 편성·운영하는 교육과정은 국가가 추구하는 인간상을 실현하기 위하여 학생들에게 학교급별, 학년별로 무엇을, 얼마나, 어떻게 교육하고 그러한 것의 성취를 어떻게 평가할 것인지에 대한 종합적인 설계도라고 할 수 있다.[1)]

우리나라는 국가 수준 교육과정으로 유치원 교육과정, 초·중등학교 교육과정, 특수교육 교육과정을 각각 고시하고 있다. 그러므로 특수교육을 이해하고 장차 특수교사가 되고자 하는 사람은 특수교육 교육과정에 대한 깊이 있는 공부가 필요하다.

그러나 교육과정은 시대의 변화에 따라 계속적으로 변화되어 왔고 앞으로도 계속 변화할 것이다. 때문에 교육과정에 대한 이해는 쉽지 않다. 사회는 시간의 흐름에 따라 변화하며, 사회가 변하면 그 사회를 살아가는 사람들의 사고방식과 삶의 방식도 변화한다. 그러므로 국가는 변화된 사회에 필요한 인간을 길러 내기 위하여 교육의 변화를 시도하게 되고 교육을 바꾸기 위해서는 설계도인 교육과정의 개정이 필요하게 된다. 특히 특수교육 교육과정은 역사적으로 장애인에 대한 관점과 처우, 정책 등에 영향을 받아 다양한 접근과 변화가 이루어져 왔다.

이에 본 장에서는 특수교육 교육과정에 대한 이해를 돕기 위하여 먼저 교육과정의 개념과 의미, 법적인 근거 등을 설명하고, 장애학생을 위한 전통적인 교육과정 접근 유형과 최근의 동향을 알아보고 현재 우리나라 특수교육 교육과정의 성격과 모습에 대하여 살펴보고자 한다.

* 윤광보(대구사이버대학교 특수교육학과)

I 교육과정의 이해

1. 교육과정의 개념

가. 교육과정의 어원

교육과정(curriculum)이라는 용어는 라틴어의 '쿠레레(currere)'에서 유래된 것으로 경주 코스(a race course)와 경주 그 자체(the race itself)에 해당한다. 학교교육의 장에서 '경주코스'는 학생들이 일정 기간 동안 공부하는 과정(course)을 뜻하며, '경주 그 자체'는 학생이 공부(study)하는 것을 의미한다. 그러므로 말이 달리는 '경주 코스'라는 측면에서 본다면 교육과정은 학생이 공부하는 코스로서 실제로 학생들이 공부해야 하는 내용을 열거하고 있는 교수요목(course of study)의 개념이 된다. 이것은 학생이 일정 기간 동안에 공부할 교육내용이기 때문에 순서가 필요하다. 그래서 초기에는 교육과정의 개념을 학생이 학습할 내용을 일정한 순서에 따라 조직하고 배열해 놓은 것이라고 보았다. 그러나 최근에는 이러한 코스의 개념과 함께 학생의 공부하는 활동 자체에 관심을 가지면서 교육과정에서 교육경험을 통한 개개인의 의미형성 과정을 강조하고 있다.

나. 교육과정의 의미

교육과정의 의미는 보는 시각과 관점에 따라서 다양하게 해석되고 있지만 일반적으로 좁게 생각하는 입장에서는 '학교에서 학생들에게 가르쳐야 할 내용의 주제나 개념을 열거 한 것'이라고 보며, 넓게 생각하는 입장에서는 '학교나 교사들의 지도하에 학생들이 가지는 모든 경험'으로 정의하고 있다. 그러나 오늘날 교육과정은 '가르칠 내용의 조직'이라는 좁은 시각보다는 '교육내용을 가르치는 전체적 과정'을 포괄적으로 지칭하는 것으로 넓게 해석되고 있다. 즉, 교육과정은 단순히 교육목표와 내용만을 의미하는 것이 아니라, 학습자의 학습 경험을 선정하고 조직하여 교육 경험의 질을 구체적으로 관리하는 교육의 기본 설계도라고 본다.

이러한 관점에 따른다면 국가수준의 교육과정은 의도된 학교교육에서 '왜, 무엇을, 어떻게, 어느 수준과 범위로 가르치고 평가하느냐'를 문서로 계획한 교육 설계도라고 할 수 있다. 이에 교육부(1998)는 의도적이고 계획적인 학교교육에 적용하고자 하는 교육과정은 '형식적인 교육을 위한 교육목표나 교육내용, 방법, 평가를 체계적으로 조직한 교육계획'이라고 포괄적으로 정의하고 있다. 이와 같은 개념이 반영되어 제7차 교육과정에서는 다음을 모두 교육과정의 범위에 포함하고 있다.

① 교육부장관이 법률에 의거하여 고시하는 국가수준의 교육과정 기준
② 지역의 특수성을 반영하여 시 · 도 교육감이 각급 학교에 제시하는 교육과정 편성 · 운영 지침
③ 실제 교육에 투입될 수 있도록 학교 실정에 알맞게 편성된 학교수준의 교육과정
④ 학교 교육과정에 따라 실제 교실 수업에서 실천될 수 있도록 교사가 계획해 놓은 구체적인 교수 · 학습 계획(연간, 월간, 주간)

이상에서 보면 우리나라의 교육과정에 대한 최근의 관점은 교육을 위한 계획이라는 측면에서 수업이 실행되기 전까지의 모든 계획을 교육과정으로 보고 있는 것으로 해석된다.

다. 교육과정의 법적 기준

우리나라의 유치원과 초 · 중등학교 교육은 「교육기본법」과 「유아교육법」 및 「초 · 중등교육법」에 의거하여 운영하도록 규정되어 있는데, 특수교육 교육과정은 법적인 근거를 「장애인 등에 대한 특수교육법」에서 규정하고 있다.

「교육기본법」 제2조에서는 우리나라의 교육이념으로 다음과 같이 홍익인간의 이념을 제시하고 있다.

교육기본법 제2조(교육이념)

교육은 홍익인간(弘益人間)의 이념 아래 모든 국민으로 하여금 인격을 도야(陶冶)하고 자주적 생활능력과 민주시민으로서 필요한 자질을 갖추게 함으로써 인간다운 삶을 영위하게 하고 민주국가의 발전과 인류공영(人類共榮)의 이상을 실현하는 데에 이바지하게 함을 목적으로 한다.

「유아교육법」 제13조와 「초 · 중등교육법」 제23조에는 교육부장관이 교육과정을 정하도록 규정하고 있고, 이를 근거로 교육감은 지역수준의 교육과정 편성 · 운영지침을 작성할 수 있으며, 학교는 교육과정을 운영하여야 한다고 다음과 같이 명시하고 있다.

유아교육법 제13조(교육과정 등)

① 유치원은 교육과정을 운영하여야 하며, 교육과정 운영 이후에는 방과후 과정을 운영할 수 있다.
② 교육부장관은 제1항에 따른 교육과정 및 방과후 과정의 기준과 내용에 관한 기본적인 사항을 정하며, 교육감은 교육부장관이 정한 교육과정 및 방과후 과정의 범위에서 지역 실정에 적합한 기준과 내용을 정할 수 있다.
③ 교육부장관은 유치원의 교육과정 및 방과후 과정 운영을 위한 프로그램 및 교재를 개발하여 보급할 수 있다.

초 · 중등교육법 제23조(교육과정 등)

① 학교는 교육과정을 운영하여야 한다.

② 교육부장관은 제1항에 따른 교육과정의 기준과 내용에 관한 기본적인 사항을 정하며, 교육감은 교육부장관이 정하는 교육과정의 범위에서 지역의 실정에 맞는 기준과 내용을 정할 수 있다.

③ 학교의 교과는 대통령령으로 정한다.

이와 같은 법규에 의하여 국가수준에서는 교육과정의 '기준'을 결정하고 이를 문서로 고시하고 있으며, 각 시 · 도 교육청에서는 지역의 실정에 알맞은 시 · 도 교육과정 편성 · 운영 지침을 작성하고, 단위 학교는 학교의 실정에 알맞게 학교 교육과정을 편성 · 운영하고 있다.

라. 특수교육 교육과정의 법적인 근거

우리나라의 국가수준 교육과정은 법률에 근거하고 있는데, 일반 교육과정과 특수교육 교육과정은 법적 근거 규정을 달리하고 있다. 즉, 유치원 교육과정은 「유아교육법」(제13조)에 근거하고 있으며 초 · 중등학교 교육과정은 「초 · 중등교육법」(제23조)에 근거하고 있다. 그러나 특수교육 교육과정은 다음과 같이 「장애인 등에 대한 특수교육법」(제20조)에 규정하고 있다.

장애인 등에 대한 특수교육법 제20조(교육과정의 운영 등)

① 특수교육기관의 유치원 · 초등학교 · 중학교 · 고등학교과정의 교육과정은 장애의 종별 및 정도를 고려하여 교육부령으로 정하고, 영아교육과정과 전공과의 교육과정은 교육감의 승인을 받아 학교장이 정한다.

② 특수교육기관의 장 및 특수교육대상자가 배치된 일반학교의 장은 제1항에 따른 교육과정의 범위 안에서 특수교육대상자 개인의 장애 종별과 정도, 연령, 현재 및 미래의 교육요구 등을 고려하여 교육과정의 내용을 조정하여 운영할 수 있다.

③ 특수학교의 장은 교육감의 승인을 받아 유치원 · 초등학교 · 중학교 · 고등학교과정을 통합하여 운영할 수 있다.

유치원과 초 · 중등학교 교육과정은 교육부장관이 고시하도록 규정하고 있는 데 비해 「장애인 등에 대한 특수교육법」 제20조에서는 특수교육 교육과정은 교육부령으로 공포하도록 규정하고 있어 일반 교육과정과 입법 형식과 위상을 달리하고 있다. 일반 교육과정과 같이 교육부가 정해서 고시하는 것과 교육부령으로 정하여 공포하는 것은 법적인 효력과 절차가 다르다. 때문에 일반 교육과정과 동일하게 하자는 주장이 제기되었다.

왜냐하면 제7차 특수학교 교육과정부터 유치원과 초·중등학교 교육과정을 대다수 적용하고 있는 점과 통합교육을 고려하여 특수학교 교육과정을 유치원과 초·중등학교 교육과정의 법적인 근거 조항과 동일하게 교육부장관이 정하도록 개정하는 것이 바람직하다는 것이다(김원경 외, 2010; 박창언, 2011). 이에 2010년 12월 20일 교육과학기술부령 제86호로 「장애인 등에 대한 특수교육법 시행규칙」 제3조의 2를 신설하여 다음과 같이 교육부장관이 정하도록 조치하고 있다.

장애인 등에 대한 특수교육법 시행규칙 제3조의2(교육과정)

① 법 제20조 제1항에 따른 특수교육기관의 교육과정은 유치원 교육과정, 공통 교육과정, 선택 교육과정 및 기본 교육과정으로 구분한다.

② 제1항에 따른 교육과정의 대상 및 내용은 다음 각 호와 같다.

1. 유치원 교육과정: 만 3세부터 초등학교 취학 전까지의 어린이를 대상으로 하고, 「유아교육법」 제13조 제2항에 따라 교육부장관이 정하는 유치원 교육과정에 준하여 편성된 과정
2. 공통 교육과정: 초등학생 및 중학생을 대상으로 하고, 「초·중등교육법」 제23조 제2항에 따라 교육부장관이 정하는 초등학교 및 중학교 교육과정에 준하여 편성된 과정
3. 선택 교육과정: 고등학생을 대상으로 하고, 「초·중등교육법」 제23조 제2항에 따라 교육부장관이 정하는 고등학교 교육과정에 준하여 편성된 과정
4. 기본 교육과정: 특수교육대상자의 장애 종별 및 정도를 고려하여 제2호 및 제3호의 교육과정을 적용하기 어려운 학생을 대상으로 하고, 대상자의 능력에 따라 학년의 구분 없이 다음 각 목의 어느 하나에 해당하는 교과의 수준을 다르게 적용할 수 있도록 편성된 과정

   가. 국어, 사회, 수학, 과학, 실과, 체육, 음악, 미술 및 교육부장관이 필요하다고 인정하는 교과

   나. 특수교육대상자의 진로 및 직업에 관한 교과

③ 제1항 및 제2항에서 규정된 사항 외에 교육과정의 내용 및 기준에 관하여 필요한 세부사항은 교육부장관이 정하여 고시한다.

「장애인 등에 대한 특수교육법」 제20조를 보완하기 위하여 제시된 「동법 시행규칙」 제3조의2는 특수교육 교육과정을 교육부장관이 정하여 고시할 수 있도록 하였다. 그러나 특수교육 교육과정의 구성 및 각 교육과정의 대상과 내용을 국가수준 교육과정의 근거 규정으로서는 지나치게 상세하고, 구체적으로 규정하고 있기 때문에 향후 국가수준 특수 교육과정을 개발함에 있어서 다양화, 자율화에 제약이 될 수 있다는 약점을 가지고 있다(윤광보, 2015). 왜냐하면 공통 교육과정, 선택 교육과정, 기본 교육과정 등으로 교육과정의 명칭을 법규에서 정하고 있으며, 기본교육과정의 경우는 대상자의 능력에 따라 학년의 구분 없이 교과의 수준을 다르게 적용할 수 있도록 편성된 교육과정이라고 교육과정의 형태를 구체적으로 명시하고 있어 향후 교육과정의 명칭을 변경하거나 다른 형식의 교육과정을 편성하고자 한다면 법을 개정해야 가능하기 때문이다.

2. 교육과정의 수준과 위상

최근의 교육과정 개발 동향은 교육과정 편성과 운영에 있어 중앙과 지방이 역할을 분담하면서 지역화와 개별화를 기본 방향으로 하고 있다. 이런 의사결정의 분권화는 영국과 미국에서는 오랜 역사를 가지고 있지만 우리나라의 경우는 제6차 교육과정부터 교육과정을 국가수준, 지역수준, 학교수준으로 나누고 각 수준별로 의사결정 주체를 달리하는 분권화를 도입하고 있다.

우리나라의 국가수준 교육과정은 학교 교육과정의 공통적 · 일반적인 기준이기 때문에 지역의 특수성과 학생 개인의 특수성을 담아내기 어렵다. 그래서 교육과정의 지역화와 개별화를 위하여 시 · 도 교육청에서 국가수준 교육과정의 범위 안에서 시 · 도 교육과정 편성 · 운영 지침을 개발하고, 단위 학교에서 학교 교육과정을 편성 · 운영하도록 하고 있다. 이러한 조치는 학교교육을 종래의 교과서 중심의 교육에서 벗어나 교육과정 중심의 체제로 전환함으로써 교육과정에서 의도한 교육과 교사에 의하여 전개된 교육 및 학생에 의하여 실현된 교육에 최대한 접근하고자 한 것이다. 그러므로 국가, 지역, 학교는 역할을 분담하고, 이에 대한 책무성을 가져야 한다.

가. 국가수준의 교육과정

국가수준의 교육과정은 의도적인 제도 교육의 목표와 내용, 방법, 평가의 기준이 될 뿐만 아니라 교육의 지원 관리 기능인 교육 행정, 재정, 교원의 양성 · 수급 · 연수, 교과서 등의 교재 개발, 입시제도, 교육 시설 · 설비 등에 대한 정책 수립과 집행의 근거가 되는 교육의 기본 설계도로서의 기능을 지니게 되며, 이 고시 문서는 학교 교육과정의 기준으로서 법적 구속력을 가지게 된다(교육부, 2008). 이와 같은 국가의 교육과정 기준 설정은 다음과 같은 근거에서 그 필요성을 찾을 수 있다.

① 초 · 중등의 학교교육은 보통 교육이기 때문에 국민 교육에 필요한 공통적이고 일반적인 기준 설정의 필요성

② 전국의 어느 학교에서나 같은 수준과 질의 교육 혜택을 받을 수 있도록 교육의 질적 기회를 균등하게 보장하기 위한 전국 공통의 기준 설정의 필요성

③ 교육 내용의 학년 또는 단계적인 체계 및 일관성을 유지하기 위한 기준 설정의 필요성

④ 각 학교에서 이루어지는 교육이 공교육의 입장에서 객관적으로 질 관리가 되도록 교육의 일정 수준을 유지 · 향상시키기 위한 기준 설정의 필요성

⑤ 교육에 가해질 우려가 있는 부당한 압력이나 간섭, 편향된 교화, 선전 등을 방지하여 교육의 중립성을 확보하기 위한 기준 설정의 필요성
⑥ 국민으로부터 교육 제도와 조직 · 운영을 위임받은 국가의 책임 명시를 위한 기준 설정의 필요성

국가수준의 교육과정 기준은 법적 구속력을 지니고 학교 교육과정의 편성 · 운영에 관한 권력적인 관여를 하고 있다. 하지만 질적인 교육을 위해서는 융통성 있고 탄력적인 적용과 전문적인 지도, 조언 등의 비권력적인 관여가 조화롭게 병행되어 교육의 목적 달성에 필요한 교육적인 기준으로서 지역 및 학교의 실정에 알맞게 운영되도록 보장해 주는 것이 보다 더 중요하다고 하겠다.

국가수준에서는 법률에 의거한 국가수준의 '교육과정 기준'을 고시하고, 그 교육과정의 성공적 실행을 위해서 여러 가지 활동을 수행해야 한다. 교육과정을 개발한 다음, 국가수준에서 실행해야 할 가장 우선적인 일은 교육과정 실행에 필요한 교육과정 자료들을 개발 · 보급하는 일과 함께 새 교육과정의 우수성과 필요성을 알리는 연수가 필요할 것이다.

나. 지역수준의 교육과정

지역수준의 교육과정은 국가수준 교육과정에서 고려하지 못한 지역적인 조건을 고려하기 위한 것으로서(Sebba, Byers & Rose, 1993), 국가수준에서 개발된 교육과정에 대비되는 개념으로 지역에서 개발한 교육과정을 의미한다. 그러나 우리나라에서 말하는 지역수준의 교육과정은 단위 학교가 학교 교육과정을 개발하는 데 있어서 실질적인 도움을 받을 수 있도록 시 · 도 교육청 수준에서 개발하는 교육과정 편성 · 운영 지침을 의미한다.

그러므로 우리나라 지역수준 교육과정은 국가수준 교육과정을 모체로 하며, 그 수준을 조정하는 과정을 거쳐서 편성하게 되는 교육과정을 의미한다. 이는 국가수준의 교육과정 기준은 전국의 모든 학교에서 편성 · 운영하여야 할 교육내용의 공통적 · 일반적인 기준이므로 각 지역의 특수성과 각 학교의 다양한 요구와 필요를 모두 반영하는 것이 거의 불가능하기 때문에 지역의 실정을 반영할 수 있는 장치가 필요함을 말한다. 지역수준의 교육과정은 다음과 같이 크게 세 가지 측면에서 필요성이 인정된다.

첫째, 교육과정 전달체계상의 공백을 줄이고, 국가, 지방자치단체, 학교로 이어지는 계통상의 흐름을 원활히 함으로써 교육 분권화를 이룩하기 위해서 필요하다.

둘째, 학교 교육과정을 편성 · 운영할 때 국가수준 교육 과정이 갖고 있는 총체적 · 일

반적인 특성을 분화할 수 있는 기초자료를 제공하기 위해서 필요하다.

셋째, 학교 교육과정을 편성 · 운영하기 위한 인적 · 재정적 지원을 제공할 수 있는 토대를 만들기 위해서 필요하다.

지역수준의 교육과정 관련 역할은 지역의 학교들이 국가수준의 교육과정을 지역사회의 특성과 학교의 실정에 맞도록 편성하여 효과적으로 운영할 수 있도록 도와주는 일이다.

그러므로 지역수준에서는 시 · 도 교육청의 관계자와 단위 학교의 교장 그리고 교사들의 대표가 참여하는 위원회를 구성하여 새 교육과정의 실행을 위한 체계적이고 융통성 있는 지역수준의 교육과정 실행 계획을 수립해야 한다. 지역수준에서 수행해야 할 역할을 계획, 수행, 평가라는 교육과정의 체제적인 측면으로 구분해서 요약하면 다음과 같다.

첫째, 국가수준의 교육과정을 검토하고 조율하여 지역 실정에 맞는 교육과정 편성 · 운영 지침을 개발해야 한다.

둘째, 지역의 학교가 교육과정을 효과적으로 편성 · 운영할 수 있도록 지원해 줄 수 있는 체제를 구축해야 한다.

셋째, 지역의 학교가 국가수준 교육과정의 의도를 바르게 학습자에게 전달하고 있는지 학교 교육과정과 학습자의 성취를 계속적으로 관리해야 한다.

다. 학교수준의 교육과정

학교수준의 교육과정은 국가수준의 교육과정과 지역수준의 교육과정 편성 · 운영 지침을 기준으로 하여 단위 학교가 결정하는 교육의 수행계획이라고 할 수 있는 학교 교육과정을 의미한다. 즉, 학교 교육과정은 국가수준의 교육과정 기준과 시 · 도의 교육과정 편성 · 운영 지침을 근거로 하여 지역의 특수성과 학교의 실정 및 실태에 알맞게 각 학교별로 마련한 '의도적인 교육 실천 계획(school program)'이라고 정의한다(이경환, 1998).

학교수준의 교육과정을 편성하고 운영하는 것은 단위 학교가 지역 및 학교의 특성, 자율성과 창의성을 충분히 살려서 다양하고 특색 있는 교육을 실현할 수 있도록 하고 학교 교육을 교과서 중심에서 교육과정 중심과 학습자 중심의 교육체제로 전환하고자 하는 데 있다. 학교수준에서 학교 교육과정을 편성하고 운영해야 하는 필요성은 다음과 같이 제시하고 있다(교육부, 2008).

첫째, 교육의 효율성을 높이기 위해서 학교 교육과정이 필요하다. 이것은 학교 교육과정의 편성을 통하여 국가수준의 교육과정을 당해 학교의 실정에 알맞게 지속적으로 보완 · 조정함으로써 학생의 실태에 적합한 학습자 중심의 교육과정을 다양하게 운영할 수 있을 것이라는 것이다.

둘째, 교육의 적합성을 높이기 위해서 학교 교육과정이 필요하다. 이것은 지역이나 학교의 특수성, 교육의 실태, 학생 · 교원 · 학부모의 요구와 필요를 반영하여 해당 학교의 교육 중점을 설정 · 운영함으로써 학교교육의 적합성을 높일 수 있다는 것이다.

셋째, 교원의 자율성과 전문성의 신장을 위해서 학교 교육과정이 필요하다. 이것은 학생들의 능력과 욕구를 가장 잘 이해하고, 학교의 지역적인 특수성을 잘 알고 있는 교사들이 학교 교육과정 편성 · 운영의 과정에 능동적으로 참여하도록 유도함으로써 자율성과 전문성을 신장시킬 수 있는 기회를 가지도록 할 수 있다는 것이다.

넷째, 교육의 다양성을 추구하기 위해서 학교 교육과정이 필요하다. 우리나라의 초 · 중등교육은 획일성이 커다란 문제로 지적되어 왔다. 획일화된 교육내용과 방법, 교육환경에서 탈피하여 학생 · 교원 · 학교의 실정에 알맞은 다양한 교육으로 변화시켜 나가기 위해서는 학교 교육과정이 필요한 것이다.

다섯째, 학습자중심의 교육을 구현하기 위해서 학교 교육과정이 필요하다. 이것은 학습자의 다양한 요구와 흥미, 적성을 수용하고, 교육내용에 대한 학생의 선택권을 확대하기 위해서는 학생의 발달 단계에 알맞은 당해 학교의 교육과정이 필요하다는 것이다.

이상과 같은 학교수준 교육과정의 기본 정신을 구현하기 위해서는 국가에서 '주어지는 교육과정'의 틀에 안주해 있기보다는 교육 실천이 이루어지는 학교 현장에서 '만들어 가는 교육과정'의 흐름으로 교육과정을 이해해 나가는 인식과 구조의 전환이 필요하다고 하겠다(교육부, 1998). 학교 구성원들의 참여에 의하여 만들어 가는 학교 교육과정은 국가수준의 교육과정과 지역수준의 교육과정 편성 · 운영 지침을 기준으로 하여 단위 학교가 결정하는 학교수준에서 이루어지는 교육과정과 관계되는 모든 계획들을 포함한다. 때문에 학교 교육과정은 해당 학교의 교육목표와 교육중점, 경영철학, 전통, 특성 등이 치밀하게 반영되고, 그 학교의 창의적이고 독특한 교육 내용과 방법, 운영방식 등이 특색 있게 나타나 있어 각 학교가 제각기 다양한 교육의 모습을 보일 수 있게 편성 · 운영되어야 한다.

Ⅱ 장애학생을 위한 교육과정 접근 유형

초창기 특수교육은 장애학생들의 학습 어려움을 방법적으로 해결하고자 노력하였다. 그러나 방법만으로는 한계성을 느껴 장애학생들에게 적합한 교육내용을 모색하면서 교육과정의 연구에 관심을 가지게 되었다. 장애학생들을 위한 교육과정은 크게 두 가지 방향, 즉 인간의 발달 단계에 적합한 과제를 제공하려는 발달중심의 접근과 일상생활에 필요한 기능을 가르치려는 생활기능중심의 교육과정으로 접근해 왔다. 그러나 이러한 장애학생들을 위한 전통적인 교육과정 접근이 장애학생들의 통합교육을 저해하는 요소가 된다는 비판을 받으면서 최근에는 장애학생들의 공교육 교육과정에 대한 접근권이 강조되면서 일반 교육과정에 접근하는 방안에 대한 연구에 관심이 모아지고 있다.

1. 발달중심 교육과정과 생활기능중심 교육과정

발달중심 교육과정은 아동이 학습할 준비가 갖추어졌을 때 그 발달 단계에서의 대표적인 과제들을 가르치는 것으로 교육과정에서 전통적으로 사용해 오던 방법이다. 이 교육과정의 특징은 가르치고자 하는 특정 기능과 개념들은 학생들이 그러한 성숙 수준에 도달했을 때 필요한 교육 경험을 하게 한다는 것이다. 다시 말해, 학생들에게 제공되는 과제는 학생들의 정신연령으로 결정되는 발달 단계에 상응하는 과제가 되어야 한다는 것이다.

발달중심 교육과정의 장점은 발달이론에 따른 교육과정 개발로 교사들에게 교수의 출발점을 쉽게 확인할 수 있게 해 주며, 교수지침과 교수목표 설정을 지원해 준다는 것과 체계적인 교수가 가능하고 수업을 작은 단계로 나누어 할 수 있으며 학습을 조작하고 통제할 수 있다는 데 있다(Speck, 1995). 여기에 비해 단점은 발달장애아들의 생활연령에 적합하지 않으며 기능적이지 못하다는 것과 장애아들의 현재와 미래 생활에 필요한 기술들을 학습할 수 없게 하여 이들의 사회 통합을 어렵게 만든다는 것이다.

발달중심 교육과정에 대한 비판으로 생활에 적합하고 유용한 기능적인 생활 기술들로 교육과정을 구성해야 한다는 생활기능중심 교육과정이 대두되었다. 여기서 강조하는 생활기능중심은 일상생활에서 누군가의 도움이 없으면 아주 곤란해지는 기술들로서 가정과 지역사회 및 직업 환경에서 자주 필요로 하는 다양한 기술들을 의미한다(Falvey, 1989). 그러므로 생활기능중심 교육과정에서는 학생들의 미래 성인생활과 현재 환경 그리고 다음 환경에서의 기능화에 주안점을 두고 교육내용을 선정한다.

생활기능중심 교육과정의 장점은 교수 시간을 현재나 미래에 사용하지 않을 기술을 배우는 데 낭비하지 않으며 지적장애아의 학습 특성의 하나인 일반화의 어려움을 줄일 수 있다는 것이다. 반면에 생활기능중심 교육과정의 단점은 실생활의 참여를 중요시하지만 장애가 심한 학생들은 참여 그 자체가 매우 어렵다는 것이다.

2. 전통적인 특수교육 교육과정 접근 유형

특수교육 분야에서는 특수교육 대상 학생들의 학업성취를 위하여 일반 교육과정에 대한 접근 방안의 모색보다는 개별 학생의 특성과 교수 전략에 초점을 맞추어 접근해 왔다. 때문에 많은 장애학생들이 일반 교육과정에 대한 접근과 학습 참여의 기회가 제한되었다. 일반적으로 특수교육자들이 교육과정의 개발과 운영에 있어서 사용해 온 접근법은 다음과 같은 다섯 가지로 구분할 수 있다(Sands, Kozleski & French, 2000).

첫째, 장애학생의 발달 및 학업적인 결손을 치료하고자 하는 기초기능 접근(basic skill approach)이다. 이 접근법의 특징은 학업 및 교과영역의 기조기능에 조섬을 누는 것으로 장애학생들도 비장애학생들과 동일한 계열과 이정표대로 발달한다고 본다. 그래서 장애학생의 결손을 확인하고 선행필수 기능이나 요소를 분석하여 그러한 기능들을 학생이 발달할 때까지 훈련시킨다.

이것은 기본적으로 학생의 약점에 초점을 맞추고 있기 때문에 학생의 실패감을 강화하고 학습동기를 약화시키는 단점이 있다. 그리고 기능들은 대개 개별적인 상황에서 지도되기 때문에 전이가 어려울 뿐만 아니라, 다른 내용이나 영역의 접근을 제한하게 하여 또래들과의 차이를 더욱 크게 만드는 단점이 있다.

둘째, 학생들이 전형적인 발달 이정표대로 발달해 갈 수 있도록 발달의 속도를 높이고자 하는 발달적 접근(developmental approach)이다. 이 모델의 비판점은 장애아동들은 반드시 비장애아동들과 같은 순서와 방법으로 발달하지는 않는데도 치료적인 접근법처럼 발달 이정표를 절대적인 것으로 받아들이기 때문에 기타 중요한 능력과 기술을 개발하고 적용할 기회를 잃게 하며, 연령에 적합하지 않을 수 있다는 것이다.

셋째, 가르치는 방법에 초점을 두는 학습 전략적 접근(learning strategies approach)이다. 이 접근은 학생이 학습하는 방법을 생각하고 학습한 것을 사용하도록 하는 것에 교수의 초점을 두고 있다. 이러한 학습전략에 대한 교수는 학습장애, 지적장애, 정서장애 및 학습부진으로 불리는 학생들에게 유익하다고 인정되어 왔지만 이런 기술의 적용이 특수교육자들 간에 폭넓게 확산된 것은 아니다.

넷째, 특정 상황의 기능들과 행동 레퍼토리의 개발을 목표로 하는 기능적 접근이다. 기능적 접근(functional approach)은 개인이 가정과 지역사회, 직장, 여가활동, 학교환경 등을 포함하는 일상생활에서 수행해야 하는 기능과 행동 개발에 초점을 둔다. 강조점은 일상의 활동에 참여하고 독립적으로 존재할 수 있도록 개인의 역량을 증진시키는 것으로 연령에 상응하는 기능을 습득하도록 하는 것이다. 그러나 이러한 접근법은 다른 환경에 일반화할 수 없을 수도 있는 행동들을 강조할 수도 있으며, 기능적 과정에 자주 참여하는 학생은 그만큼 일반 교실 환경에 참여할 수 없는 단점이 있다.

다섯째, 가정과 학교, 직장, 지역사회 등을 포함하는 복잡한 상황에서 학생들이 성인의 역할과 책무를 수행할 수 있도록 준비하는 진로교육 접근(career education orientation)이다. 이 과정은 일상생활 기능, 직업의식, 작업습관, 지역사회 접근 기능 등을 지도한다. 이 교육모형은 일반 초·중·고등학교 프로그램에서 다루어야 할 관련 지식과 기능을 확인해서 지도한다. 최근에 전환교육과 일반 교육과정에 대한 접근이 강조되면서 이것이 중요한 교육과정으로 재조명되고 있으며, 일반 교육과정의 범위와 계열 내에서 이러한 교수를 통합하고자 하는 다양한 노력이 이루어지고 있다.

이상의 특수교육과정 접근의 변화를 살펴보면 크게 발달중심의 접근과 생활 준비를 위한 기능중심의 접근으로 구분할 수 있다. 즉, 기초 기능적 접근과 발달적 접근은 발달단계에 입각하여 필수적인 내용이나 장애학생에게 결손이 있는 것을 지도하는 접근이라면 학습전략 접근은 발달 단계를 인정하면서 장애학생에게 무엇을 가르칠 것인가보다는 어떻게 가르치는가의 방법에 초점을 두는 접근이다.

여기에 비해 기능적 접근과 진로교육중심 접근은 발달중심 접근과 달리 교육내용의 선정을 교재나 발달적 과제에서 찾기보다 생태학적 분석을 통하여 주로 지역사회와 직업 환경에서 가능한 한 효과적·독립적으로 역할을 다하도록 하는 데 필요한 기술들로 교육과정을 구성한다는 공통점이 있다.

3. 최근의 특수교육 교육과정 접근 동향

최근에는 일반학교에 장애학생을 포함해야 한다는 통합교육이 강조되고 있으며, 나아가 모든 일반학교가 장애학생과의 통합만이 아닌 모든 학생의 통합, 즉 민족, 능력, 장애유형과 정도, 사용하는 언어, 사회경제적 위치 및 문화적 다양성을 포함하는 "모든" 학생들에게 보다 효과적인 교육을 제공하는 총체적 학교로의 접근(whole school approach)을 시도하고 있다(박승희, 2002). 총체적 학교의 교육과정은 통합된 모든 학생의 교육적 요구에 반응할 수 있는 교육과정(responsive curriculum)이 개발 · 운영되어야 한다.

그러나 국가수준에서 모든 학생들의 교육적 요구에 반응할 수 있는 교육과정을 설계한다는 것은 거의 불가능하기 때문에 결국 그러한 교육과정은 교사의 교육과정 재구성 능력에 의존할 수밖에 없다. 하지만 교육과정은 처음 설계 당시부터 교사의 재구성 노력을 최소화할 수 있도록 설계되어 있어야 한다.

가. 모든 학생의 교육과정 접근과 학습이 가능한 보편적 설계

교사가 교육과정 재구성 노력을 최소화하고, 쉽게 할 수 있도록 하기 위해서는 교육과정 설계 당시부터 다양한 학습자의 특성과 요구를 고려하여 설계해야 한다(Orkwis & Mclane, 1998). 이것은 일반 학생들을 위하여 개발된 교육과정을 장애학생을 포함해서 특수한 교육적 요구가 있는 학생을 위하여 재구성하기보다는 교육과정을 계획하고 설계하는 그 시점에서부터 그 교육과정을 사용해서 학습해야 할 모든 학생들의 다양한 요구를 고려해서 교육과정을 설계해야 한다는 것이다. 이것이 최근에 건축에서 유래된 보편적 설계(universal design)의 개념이다.

보편적 설계는 장애인을 포함하여 모든 사용자들이 시설이나 환경을 편리하게 사용할 수 있도록 설계하자는 것으로 최근 교육과정 및 교수 · 학습 분야에 적용되어 장애학생을 위한 대안적 교수설계 원리로 제안되고 있다(윤광보 · 김용욱 · 권혁철, 2002). 보편적 설계의 탄생 계기는 장애자를 위한 시설과 장치가 일반인들에게도 매우 편리하다는 점과 만들어진 다음에 개조하거나 새로운 장치를 부가하는 데 있어서 나타나는 경제적 · 심미적 · 기능적인 문제를 해결하기 위해서 설계 당시부터 모든 사람들의 사용 편리를 고려해서 설계하는 것이 더 효과적이며 효율적이라는 것이다(Orkwis & Mclane, 1998).

전통적으로 장애아동을 교육과정 및 교육과정 자료에 접근시키기 위해서는 점자나 확대경, 녹음기, 보청기 등의 보조공학기기를 이용하거나 장애아동들을 위한 교육과정을 특별히 개발해서 사용해 왔다. 그러나 최근에는 미국, 영국 등의 선진국을 중심으로 장애학생들도 일반학교 교육과정에 접근해서 학습할 수 있도록 법으로 규정하고 있다.

모든 학생의 교육과정 접근과 학습을 위한 보편적 설계는 다양한 학생들이 교육과정에 대한 물리적 접근과 인지적 접근이 가능하도록 설계한다. 이러한 보편적 설계의 개념은 모든 학생이 사용할 수 있는 하나의 표준을 개발하는 것이 아니라 다양한 대안들을 제시하여 개인에게 적합한 것을 선택할 수 있도록 하는 것이다.

교육과정에 접근해서 학습 진보가 일어나기 위한 선행 필수 조건은 각 교과에서 제시되는 정보는 먼저 학습자의 접근이 가능해야 한다는 것이며, 학습자가 그 정보를 습득하고 개발할 수 있도록 지원이 이루어져야 한다. 그리고 학습자가 그 학습을 중요한 것으로 지각해야 한다. 그러므로 학습 진보가 가능한 보편적 교육과정을 설계하기 위해서는 다음과 같이 제시, 표현, 참여의 세 가지 측면이 고려되어야 한다(Meyer & O'Neill, 2000).

첫째, 모든 학생들이 교육과정 접근을 용이하게 할 수 있도록 내용을 제시하는 수단이 다양해야 한다. 예를 들어, 청각장애학생들을 위하여 소리에는 자막을 달아 주고, 시각장애학생들을 위하여 이미지와 그래픽 등에 설명을 제공해 준다. 그리고 인지적 장애가 있는 학생들을 위해서 복잡한 개념들은 기본적인 개념을 중심으로 단순화시켜 주고, 특정 주제에 대한 필수적인 기초지식을 사정하고 보완하는 기능을 제공한다.

둘째, 학생들의 특성에 맞추어 반응 및 표현 수단을 다양하게 제공해 주어야 한다. 반응 및 표현과 관련한 운동장애를 해결하기 위한 방안으로는 쓰기와 그리기, 말하기 등을 디지털 형태로 제공하며, 그래픽 디자인과 일러스트레이션 표현 수단을 포함하는 멀티미디어 표현 수단을 옵션으로 제공해야 한다. 그리고 인지적 장애를 줄여 주기 위해서는 단계와 과정이 분명한 전략과 비계(飛階, scaffolding)가 제공되어야 한다.

셋째, 장애학생의 학습 참여를 높일 수 있는 다양한 수단이 제공되어야 한다. 이를 위해 학습과제 수행에 있어서 지원과 함께 적당한 도전 과제를 제공하고, 참신함과 친밀함, 발달적·문화적 흥미, 융통성 있는 교육과정 자료 등을 제공할 필요가 있다.

이처럼 일반학교 교육과정에 장애학생을 접근시키기 위해서는 일반학교 교육과정을 그대로 적용하는 것이 아니라 교육과정을 설계할 때부터 다양한 학생들의 요구를 반영하여 그들에게 적절한 수단 및 지원이 이루어져야 한다. 그러나 다양한 학생들의 요구를 반영하여 개발된 교육과정일지라도 수업의 실제에서는 개인의 요구에 따라 교육과정에 대한 수정이 이루어져야 할 것이다.

나. 교육과정 수정

교육과정을 수업의 출발점으로 활용하기 위해서는 학급 학생의 요구와 특성에 부응할 수 있도록 교육과정과 교육과정 실행자를 포함한 기관의 변화가 필요하게 된다(Print, 1987). 특히 장애학생과 비장애학생의 통합교육 장면에서는 학교와 교사들에게 더 큰 변화를 요구하며, 교육과정을 개인 학생에게 적합한 개별적 수준의 교육과정으로 전환시킬 수 있는 능력을 요구한다.

장애학생들을 위한 초기의 대다수 접근들은 방법적인 접근을 모색하였지만 점차 방법만으로는 해결할 수 없는 한계에 도달하게 되자 장애학생들에게 어렵거나 적합하지 못한 교육내용을 수정하는 데 초점을 두게 되었다. 그러나 이러한 교육내용에서의 수정만으로는 장애학생들에게 질 높은 교육을 보장할 수 없다는 것을 알게 되었다. 이러한 노력들이 점차 발전되면서 교육내용에서의 수정뿐만 아니라 교수 방법, 교수 환경, 교수 집단, 평가 등과 같은 모든 교수요소들에서의 수정을 요구하게 되었다. 이러한 교육과정 수정은 '교수적 수정'(박승희, 1999) 혹은 '교수 적합화'(신현기, 2004)라는 용어로 사용되고 있다.

1) 교수 환경의 수정

환경이 교육에 많은 영향을 미치기 때문에 교육적으로 의미 있고, 긍정적인 변화를 가져오는 환경을 조성하여 제공하는 것이 매우 중요하다. 학교 환경의 질적 개선 없이 교육 과정의 의도를 충실하게 실현하기란 불가능하다. 일반적으로 학습 환경은 사회적 환경과 물리적 환경으로 구분할 수 있다. 교수 환경의 수정은 학급의 물리적 환경과 사회적 환경을 장애학생의 학습목표 달성을 촉진하기 위해서 수정 및 보완하는 것을 의미한다. 물리적 환경을 수정할 때는 장애학생의 시각, 청각, 촉각, 후각을 포함한 감각의 현재 상태와 신체상의 특성을 고려해야 한다.

사회적 환경의 수정은 다양한 능력을 가진 학생 개개인들이 소속감, 존중감, 협동심, 상호 의존감, 참여의 보상을 느낄 수 있도록 조성되고 유지되도록 해야 한다. 장애학생이 학급에서 불안하지 않고 자유스러운 환경, 동료들로부터 환영을 받을 수 있는 환경이어야 한다. 특히 교사들은 학급의 거의 모든 일에 영향력을 행사하게 되는데 교사의 관심과 기대, 격려 그리고 학생에 대한 태도는 학생이 자신을 자각하는 데 크게 영향을 미친다(Purkey, 1978). 그러므로 학생의 행동을 관리하기 위한 예방 차원의 계획을 수립하고 문제가 발생할 수 있는 환경을 구조화하며, 나아가 학습의 효율성을 담보할 수 있도록 교수 환경을 수정해야 한다.

2) 교수 집단의 수정

교수 집단의 수정은 교육내용에 가장 적합한 수업을 하기 위해서 학습 집단 구성 형태를 수정 및 보완하는 것을 말한다. 교수 혹은 학습 집단의 형태는 대집단, 소집단, 협동학습 집단, 또래지도, 1 : 1 교수 등이 있을 수 있다. 하지만 학습 집단의 구성은 단지 교수의 효율성만을 목적으로 하는 것이 아니라 학급 내에서 장애학생과 일반학생들 간의 상호작용을 도모할 수 있는 학습 집단으로 구성하는 것이 중요하다. 최근의 연구들에서 능력별 동질 집단 구성보다는 다양한 특성을 가진 학생들의 이질 집단 구성에 의한 협동 학습 집단이 통합 학급에서 효과적으로 적용될 수 있다고 주장되고 있다.

3) 교수 방법의 수정

교수 방법적인 측면에서의 수정은 두 가지 형태, 즉 일반 교육과정의 내용을 그대로 적용하면서 방법적인 면에서만 수정이 필요한 경우와 교수 내용에서의 수정에 따라 교수 방법의 수정이 요구되는 경우가 있을 수 있다. 이렇게 장애학생들을 위하여 교수 방법을 수정함에 있어서 교수 활동적 측면과 교수 전략적 측면 그리고 교수 자료적인 측면에서의 수정과 보완이 이루어져야 한다.

그러나 교수는 교사와 학생, 교재 그리고 환경과의 함수 관계이므로 질적인 수업을 보장하기 위해서는 학습자의 특성뿐만 아니라 교사, 교재, 환경 전부에 적합해야 한다. 교사가 학생의 학습을 촉진시킬 수 있는 방법은 여러 가지가 있다. 교수 방법이 여러 가지가 있다는 것은 효과적인 교수·학습을 위해서는 방법의 다양성이 중요하다는 것을 뜻한다. 교수는 어디까지나 학습자의 학습이 전제되어야 하므로 좋은 교수 방법은 학급의 모든 학생들이 실패하지 않는 학습이 되도록 하는 것에서부터 모색되어야 할 것이다.

4) 교수 내용의 수정

교수 내용의 수정은 일반 교육과정의 내용을 장애학생의 교육적 요구에 적합하게 다양한 수준으로 수정·보완하는 것을 의미한다. 교수 내용의 수정은 학생의 수준에 따라 양과 수준이 결정된다. 그러나 기본 원칙은 가능한 한 다른 학생들의 학습활동과 분리되지 않도록 수정하는 것이 중요하다. 그러므로 교수 내용을 수정하는 데 있어서 교육과정 내용 자체를 변화시키기에 앞서 일반학생들에게 주어지는 과제나 기능의 순서를 변화시키거나 같은 과제 내의 단계의 크기를 변화시키는 일, 과제를 수행하기 위해 요구되는 기능의 수준을 변화시키는 일 등을 먼저 시도해야 한다.

5) 평가 방법의 수정

장애학생들의 학업성취도에 대한 평가는 개인의 성취수행을 규준집단과 비교하는 규준지향의 평가가 아니라 교육과정을 근간으로 학습자에게 투입된 모든 요소들에 대한 준거지향 평가가 되어야 하며, 이것에 의한 결과들을 학생의 성과와 관련하여 개선해 나가야 한다.

장애학생들의 학업성취에 대한 평가 수정은 장애학생들의 반응 양식상의 특성이 고려되어야 한다. 특히 말하기, 읽기, 쓰기의 수준과 특성이 고려되어야 함과 동시에 신체적·정서적 요인을 고려하여 평가 방법과 평가 시간 등을 조정해야 한다. 그리고 학생들의 부분적인 행동의 변화를 정확히 측정하는 것보다 학생의 개인적인 성장을 더 중요시하며, 개인의 전인적 발달을 위한 질적인 평가를 하는 것이 중요하다. 그리고 평가 시 장애학생들이 실패의 경험을 최소화하고 반대로 성공의 기회를 최대한 체험할 수 있도록 고려해야 한다.

Ⅲ 특수교육 교육과정의 이해

우리나라의 경우 일반 교육과정과 특수교육 교육과정은 이원적 체제를 유지하고 있다. 이것은 교육과정의 법적인 근거 규정을 달리하고 있기 때문이다. 즉, 유치원 교육과정은 「유아교육법」(제13조), 초·중등학교 교육과정은 「초·중등교육법」(제23조)에 의거하고 있지만 특수교육 교육과정은 법적 근거를 「장애인 등에 대한 특수교육법」(제20조)에 규정하고 있다. 때문에 제7차 교육과정 개정시기까지는 일반 교육과정과 특수교육 교육과정은 변천 과정이 서로 다르다.

1. 특수교육 교육과정 변천

우리나라의 초·중등학교 교육과정은 법률에 의하여 국가가 문서로 공포 및 고시하여 왔으며, 문서화된 계획이 공포 또는 고시된 순서에 따라서 제 몇 차 교육과정이라는 명칭을 부여해 왔다. 1954년 4월 20일 제1차 교육과정이 공포된 이후 1997년 9월 30일 제7차 교육과정이 고시되기까지 우리나라 교육과정의 개정은 5~10년을 주기로 전면적으로 개정하여 왔다. 그러나 제7차 교육과정 이후부터는 교육과정 개정 방식을 필요시 수시로, 부분적으로 개정하게 되면서 유치원과 학교급별 교육과정을 개정 고시하는 연도에 따라 2007년(개정) 초·중·고등학교 교육과정, 2009년(개정) 초·중·고등학교 교육과정, 2015년(개정) 초·중·고등학교 교육과정, 2022년(개정) 초·중·고등학교 교육과정 등으로 명명하고 있다. 「2022년 초·중·고등학교 교육과정」(교육부 고시 제2022-33호)과 「2022년 특수교육 교육과정」(교육부 고시 제2022-33호)은 2015년 교육과정 이후 7년 만에 이루어진 전면 개정이다.

〈표 6-1〉 초 · 중등학교 교육과정과 특수교육 교육과정의 변천사 비교

개정시기	초 · 중등학교 교육과정	특수교육 교육과정	
		교육과정명	고시일자
1차	1차 초 · 중 · 고등학교 교육과정		
2차	2차 초 · 중 · 고등학교 교육과정	1차 맹학교 교육과정 1차 농학교 교육과정	1963. 4. 15.
3차	3차 초 · 중 · 고등학교 교육과정	2차 맹학교 교육과정 2차 농학교 교육과정 1차 정신박약학교 교육과정	1974. 1. 31. 1977. 2. 28. 1979. 3. 1.
4차	4차 초 · 중 · 고등학교 교육과정	3차 맹학교 교육과정 3차 농학교 교육과정 2차 정신박약학교 교육과정 1차 지체부자유학교 교육과정	1983. 12. 31.
5차	5차 초 · 중 · 고등학교 교육과정	4차 시각장애 특수학교 교육과정 기준 4차 청각장애 특수학교 교육과정 기준 3차 정신지체 특수학교 교육과정 기준 2차 지체부자유 특수학교 교육과정 기준	1989. 12. 29.
6차	6차 초 · 중 · 고등학교 교육과정		
7차	7차 초 · 중 · 고등학교 교육과정	7차 특수학교 교육과정	1998. 6. 30.
2007년	2007 초 · 중 · 고등학교 교육과정	2008 특수학교 교육과정	2008. 2. 26.
2009년	2009 초 · 중 · 고등학교 교육과정	2010 특수교육 교육과정 2011 특수교육 교육과정	2010. 12. 20. 2011. 11. 16.
2015년	2015 초 · 중 · 고등학교 교육과정	2015 특수교육 교육과정	2015. 12. 16.
2022년	2022 초 · 중 · 고등학교 교육과정	2022 특수교육 교육과정	2022. 12. 22

하지만 특수학교 교육과정은 〈표 6-1〉과 같이 일반 초 · 중등학교 교육과정 개정 차시와 차이가 있으며, 장애 영역 학교별로도 개정 차시가 각기 다르다. 일반학교 교육과정 개정 차시와 비교하면 특수학교 교육과정은 일반학교 제1차 교육과정기(1954~1963)에는 제정이 되지 않았으며, 제2차 교육과정기(1963~1973)에 해당하는 1967년에 농학교와 맹학교 교육과정이 처음으로 제정 · 공포되었다. 하지만 이때도 지적장애학생이나 기타의 심신장애학생을 위한 교육과정은 일반학교 교육과정을 준용하도록 하되, 새롭게 개정된 맹학교 및 농학교 교육과정 구성의 취지를 살려 각급 학교의 실정에 맞게 운영하도록 하였다.

일반학교 제3차 교육과정기(1973~1981)에 정신박약학교 초등부 교육과정이 처음으로 제정되고, 맹학교와 농학교는 개정 고시되었으며, 일반학교 제4차 교육과정기(1981~1987)에 지체부자유 학교 교육과정이 처음으로 제정되고, 맹학교, 농학교, 정신박약학교 교육과정이 개정 고시되었으며, 일반학교 제5차 교육과정기(1987~1992)에는 시각장애, 청각장애, 정신지체, 지체부자유학교 교육과정 기준이 모두 개정 고시되었다.

그러나 일반학교 제6차 교육과정기(1992~1997)에는 특수학교 교육과정은 개정되지 않았으며, 일반학교 제7차 교육과정기(1997~)인 1998년 6월 30일 특수학교 교육과정을 개정 고시하였다. 때문에 장애영역 특수학교별로 살펴보면 시각장애, 청각장애 교육과정은 현재 제5차가 되며, 정신지체 교육과정은 제4차, 지체부자유 교육과정은 제3차 교육과정에 해당된다. 이처럼 특수학교 교육과정은 장애 영역 특수학교별로 개정 차시가 다르기 때문에 복잡하고, 의사소통에 많은 혼란이 야기되었다.

이러한 복잡성과 의사소통상의 혼란을 제거하기 위하여 1998년 고시된 특수학교 교육과정부터는 제7차 초·중등학교 교육과정과 개정 차시를 동일하게 하여 제7차 특수학교 교육과정이라고 명명하였으며, 이후 교육과정 고시 연도에 근거하여 2008년 특수학교 교육과정이라고 명명하였다. 그러나 2010년부터는 특수학교 교육과정의 적용 대상을 특수학교에 한정하지 않고 배치된 학교와 관계없이 모든 특수교육대상자로 확대하고 있는 점을 감안하여 '특수학교 교육과정'을 '특수교육 교육과정'으로 개명하였다.

2. 특수교육 교육과정의 구성 및 체제

우리나라 특수교육은 분리교육을 하는 특수학교와 통합교육을 목적으로 하는 특수학급 및 통합학급이 이원적 체제로 이루어져 왔기 때문에 특수학교는 특수학교 교육과정을 적용하고 일반학교의 특수학급 및 통합학급에 입급된 특수교육대상 학생들은 일반 교육과정을 적용하여 왔다. 그러나 제7차 교육과정부터는 특수학교 교육과정도 통합교육을 지향하기 위하여 유치원의 누리과정과 초·중등학교의 공통 교육과정 및 선택 중심 교육과정을 도입하고 공통 교육과정과 선택 중심 교육과정의 적용이 어려운 학생들을 위한 기본 교육과정을 고시하고 있다.

이러한 특수교육 교육과정의 구성 체제는 「유아교육법」 제13조 제2항과 「초·중등교육법」 제23조 제2항, 그리고 「장애인 등에 대한 특수교육법」 제20조 제1항 및 「동법 시행규칙」 제3조의2에 의거하고 있다. 특수교육 교육과정 구성을 관련되는 법률 규정에 근거하여 도식화하면 다음과 같다.

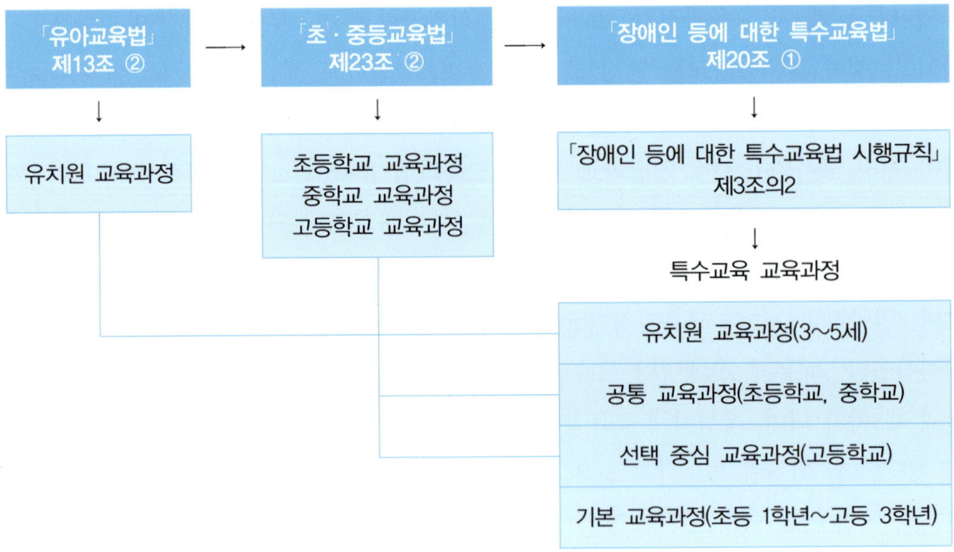

출처: 박창언(2011: 85) 특수교육 교육과정의 법적 근거에 관한 체계를 재구성함.

[그림 6-1] **법적 근거에 의한 특수교육 교육과정의 구성 및 체제**

그러나 특수교육 대상 학생들의 일반 교육과정 접근을 위하여 특수교육 교육과정에 일반 유치원과 초·중·고등학교 교육과정을 포함하고 있지만 특수교육 대상 학생들은 그들의 장애 특성과 정도에 따라 교육과정의 수정 및 지원이 요구된다. 그리고 장애가 심한 학생의 경우 교육과정의 수정으로도 학습이 어렵기 때문에 대안적인 교육과정을 필요로 한다.

이에 「2022년 특수교육 교육과정」의 경우 유치원은 3~5세의 연령별 누리과정을 적용하고 초등학교와 중학교는 공통 교육과정, 고등학교는 선택 중심 교육과정을 편성·운영하도록 하고 있다, 그리고 공통 교육과정은 시각장애, 청각장애, 지체장애 학생들의 장애특성을 고려한 국어(청각장애) 체육(시각장애, 지체장애) 미술(시각장애) 교과를 편성하고 있으며, 시각장애인 자립생활(초·중), 농인의 생활과 문화(초·중), 점자(초·중·고), 수어(초·중·고) 등을 편성하여 창의적 재량활동을 통하여 활용할 수 있도록 하고 있다. 그리고 고등학교 선택 중심 교육과정의 공통과목에 공통국어(청각장애 1, 2)를 편성하고 있으며, 특수교육 대상 학생들의 직업교육을 지원하기 위하여 「특수교육 전문교과 교육과정」에 직업생활 교과와 이료 교과를 편성하고 있다.

그리고 공통 교육과정과 선택 중심 교육과정의 적용이 어려운 학생들을 위해서는 대안적 성격의 기본 교육과정을 적용할 수 있도록 하고 있다. 그러므로 현행 특수교육 기관의 초·중등학교 교육과정은 공통 교육과정 및 선택 중심 교육과정을 편성·운영하거나 기본 교육과정을 병행해서 운영할 수도 있다.

토의주제

- 최근의 교육과정의 관점에 대해 토의해 보자.
- 특수교육 대상학생들을 일반학교 교육과정에 접근할 수 있도록 지원해 줄 수 있는 방안에 대해 논의해 보자.

참고문헌

국립특수교육원(2007). 특수교육 교육과정 개정 시안 수정 · 보완 연구.

교육부(1998). 교육부 고시 제1997-15호에 따른 초등학교 교육과정 해설(1), 총론, 재량활동.

교육부(1998). 교육부 고시 제1998-11호에 따른 특수학교 교육과정 해설(1), 총론.

교육부(2015). **특수교육 교육과정 총론**(교육부 고시 제2015-81호 별책 1).

교육과학기술부(2008). 교육인적자원부 고시 제2007-79호에 따른 초등학교 교육과정 해설(1), 총론, 재량활동.

교육과학기술부(2009). 교육인적자원부 고시 제2008-3호에 따른 특수학교 교육과정 해설(1), 총론.

교육인적자원부(2005). 교육과정 수시 개정 체제 운영 방안 활성화.

김원경, 이석진, 김은주, 권택환(2010). **특수교육법 해설.** 서울: 교육과학사.

박승희(1999). 일반학급에 통합된 장애학생의 수업의 질 향상을 위한 교수적 수정의 개념과 실행 방안. **특수교육학 연구, 34**(2), 29-71.

박승희(2002). 장애학생 교육과정적 통합을 위한 일반학교의 학교수준 교육과정 계획 모형. **특수교육학 연구, 37**(1), 199-235.

박창언(2011). 특수교육 교육과정의 법적 근거 규정의 문제와 대안 탐색. **특수교육학연구, 46**(1), 79-99.

신현기(2004). **교육과정의 수정과 조절을 통한 교수 적합화.** 서울: 학지사.

윤광보(1999). '제7차 특수학교 교육과정 전달체제'. 국립특수교육원, 포스트모더니즘과 제7차 특수학교 교육과정. 35-66.

윤광보(2015). 특수교육 교육과정 고시의 문제와 대안 탐색. **특수교육 저널: 이론과 실천. 16**(3), 337-360.

윤광보, 김용욱, 권혁철(2002). 장애학생의 학습을 위한 보편적 설계의 실행 방안. **특수교육학연구, 37**(3), 263-282.

이경환(1998). '제7차 초 · 중등학교 교육과정의 개요', 교육부, 제7차 초 · 중등학교 교육과정 연수 자료.

Falvey, M. A. (1989). *Community-based curriculum: Instructional strategies for students with severe handicaps.* Baltimore: Brookes Pub. Co.

Orkwis, R., & McLane, K. (1998). *A curriculum every student can use: Design principles for student access.* ERIC/OSEP Topical Brief. Reston, VA: ERIC/OSEP Special Project.

Print, M. (1987). *Curriculum development and design.* Sydney: Allen & Unwin.

Purkey, W. (1978). *Inviting school success.* Belmont, CA: Wadsworth.

Sands, D. J., Kozleski, E. B., & French. N. K. (2000). *Inclusive education for the 21st Century.* Belmont, CS: Wadsworth.

Sebba, J., Byers, R., & Rose, R. (1993). *Redefining the whole curriculum for pupils with learning difficulties.* London: David Fulton Publishers.

Speck, O. (1995). **지적장애아 교육.** [Geistige Behinderung und Erziehung] (여광응, 박석돈 편역). 경북: 대구대학교 출판부(원저출판: 1984).

Chapter

07 전환교육 및 서비스

청소년의 의미는 미성년의 젊은이로서 흔히 10대 후반의 젊은이를 일컫는다. 우리나라에서는 어법상 초등학생까지는 아동으로, 중 · 고등학생은 청소년으로 그리고 대학생은 청년으로 부른다. 청소년기는 아동기에서 성인기로 넘어가는 시기로서, '자신은 누구인가'와 '앞으로 무엇을 할 것인가'와 같은 질문을 해 보는 시기이기도 하다. 이 전환 시기는 삶의 기간 중 중요한 시기로, 변화와 성장이 예측되기도 하지만 때로는 질풍노도의 시기라고 정의될 정도로 청소년뿐 아니라 가족에게도 도전적인 시기이다(Lichtenstein, 1998). 안타깝게도 장애청소년 및 가족에게는 비장애청소년과 가족보다 더 혼란스럽고 더 도전적인 시기이다(Ferguson & Ferguson, 2000). 따라서 성공적인 성인기 삶으로 전환될 수 있도록 장애청소년 및 가족을 위해 이 시기에 특별한 지원 및 서비스가 필요하다(Kim & Turnbull, 2004).

본 장에서는 장애청소년의 졸업 후 결과를 살펴보고, 전환교육 및 서비스의 법적 보장, 전환교육 및 서비스의 모델 그리고 마지막으로 중 · 고등학교 내의 전환교육 및 서비스의 역할에 대해서 설명하고자 한다.

I 장애청소년의 졸업 후 결과

교육 프로그램의 효과에 대한 평가 중 하나는 그 프로그램 졸업생의 결과를 보는 것이다. 장애학생의 교육권을 보장하기 위해 제정된 특수교육법은 40년이 지났으나, 법에서 보장하는 특수교육의 목적처럼 장애학생의 자아실현과 사회통합을 이루는 데 여전히 어려움이 있다(교육부, 2020). 특수학교(급) 고등부 졸업생에 대한 추적연구를 살펴보면, 장애학생은 비장애학생에 비하여 진학 및 직업 그리고 기타 그밖의 삶에서 어려움을 겪고

* 김경화(건국대학교 글로컬캠퍼스 유아교육과)

있으며, 구체적인 지원이 필요함을 알 수 있다(김정효 · 이정은, 2008; 서선진, 2020; 정희섭 외, 2005).

1. 진학 및 직업

2020년도 고등부 장애학생들의 진로현황(교육부, 2020)을 살펴보면, 전체 특수학교 졸업생 중 진학한 학생은 절반이 조금 넘는 57.3%이었고, 이 중 대부분(93.6%)은 전공과로 진학하였다. 특수학교 졸업생의 3.6%, 특수학급 졸업생의 13.1%, 일반학급 졸업생의 55.0%가 2년제 전문대학이나 4년제 대학으로 진학하였다. 그러나 비장애학생의 진학률 72.5%와 비교한다면(교육통계서비스, 2020), 여전히 장애학생의 대학진학률은 매우 미흡하다.

장애학생의 취업률을 살펴보면, 특수학교 졸업생의 8.6%, 특수학급 졸업생의 33.9%, 일반학급 졸업생의 14.8%가 취업을 한 것으로 나타나 대학진학률과 마찬가지로 취업률도 낮은 편이었다. 대부분의 취업한 장애학생은 제품 · 제조업과 같은 반숙련직 생산업이나 단순 노동직에 종사하고 있었다.

2. 그 밖의 성인의 삶

진학 및 취업은 고등학교 졸업 후의 중요한 결과이지만, 장애학생이 학교를 졸업한 후 지역사회의 한 구성원으로 사회 통합된 상태로 살아가는 것 또한 '삶의 질'에 영향을 미치는 중요한 요소이다.

연구에 의하면, 대체로 특수학교(급) 고등부 졸업생은 집에 머물거나 공동시설에 거주하는 경우가 많았으며(박은송, 2011; 정희섭 외, 2005), 집에서 거주하는 장애성인은 별다른 취미생활 없이 주로 TV를 시청하며 집에서 소일하는 경우가 많았다(서선진, 2020).

특히, 발달장애학생은 졸업한 후에도 일상생활에서 스스로 생활을 관리하거나 주도적으로 활동하는 것은 쉽지 않았으며, 장애 정도에 따라 차이는 있었지만 일상생활 및 행동 등에서 도움이 필요하였다. 또한 이들은 친구가 없어 혼자 노는 경우가 많았으며, 지역사회에서 장애청년이 젊음을 발산할 장소나 활동 등이 적어 사회적 관계를 형성하는 데 어려움이 있었다(서선진, 2020). 또한, 장애성인은 평생교육에 참여한 경험이 적었으며, 참여할 수 있다면 취미, 여가 프로그램을 가장 선호하고 있었다. 그리고 장애성인들은 전반적인 삶에 대한 만족감이 낮았으며, 특히 수입, 건강 순으로 낮은 만족감을 보였다(김정희 외, 2019).

Ⅱ 전환교육 및 서비스 법적 보장

고등학교 졸업 후 성인의 삶으로의 전환은 복잡하며 협력체제가 요구된다. 대부분의 장애성인들은 고등학교 졸업 후 성인의 삶으로 전환하는 데 어려움을 겪고 있으며, 비장애성인에 비해 직업, 진로 및 사회참여에 부진함을 보이고 있다(김정효 · 이정은, 2008; 서선진, 2020; 정희섭 외, 2005). 장애청소년의 성공적인 성인의 삶으로의 전환을 돕기 위해서는 학교뿐 아니라 장애청소년, 가족, 유관기관의 협력적인 노력을 이끌 수 있는 법적 보장이 필요하다. 여기에서는 전환의 개념을 살펴보고, 우리나라 및 미국의 전환교육 및 서비스의 법적 보장에 대해 논의할 것이다.

1. 전환 의미

전환의 개념은 학문마다 다른 의미로 쓰일 수 있을 것이다. 그러나 특수교육에서의 전환(transition)은 개인의 일생의 측면에서 바라보아야 할 것이다(Szymanski, 1994). 예를 들면, 유아에서 아동으로, 아동에서 청소년으로, 청소년에서 어른으로, 어른에서 노후로의 전환으로 말이다. 이러한 관점은 고등학교에서 성인의 삶으로 의미 있는 전환을 이루기 위한 결과가 무엇인지 파악하는 데 도움을 주기 때문이다. 전환의 여러 정의 중 현재까지 유용한 정의는 1994년에 미국특수교육협회(Council for Exceptional Children)의 진로개발 및 전환 부서(Division of Career Development and Transition)가 내린 정의로, “전환이란 학생의 역할을 떠나 지역사회에서 성인의 역할을 감당하게 되는 지위의 변화”라고 정의하였다(Halpern, 1994). 일반적으로 성인의 역할은 직장을 가지는 일, 고등교육에 다니는 일, 집을 유지하는 일, 적절하게 지역사회와 관계를 맺는 일 그리고 만족스러운 개인 및 사회적 관계를 경험하는 일 등을 포함한다. 따라서 장애학생이 성공적인 성인의 역할을 감당할 수 있도록 대비하기 위해서는 이 모든 영역이 개인의 흥미와 관심과 특성을 고려하여 이루어져야 한다. 학생 자신에게 의미 있는 전환이 되기 위해서는 학생에 맞게 조정된 교육 및 서비스가 제공돼야 하는데, 이런 조정된 교육 및 서비스는 학교 단독으로 이룰 수가 없으며 가족, 장애 관련 성인서비스 기관, 지역사회의 자발적인 도움 및 지원 등의 여러 관련 기관 간의 협력이 있어야 한다(Halpern, 1994; Sitlington & Clark, 2005).

2. 미국 전환교육 및 서비스에 대한 법적 보장

1975년 제정된 미국 특수교육법(「전장애아동교육법」; Education for All Handicapped Children)의 혜택을 받은 제1세대의 특수교육학생이 사회에서 얼마나 잘하고 있을까에 대한 질문은 특수교육졸업생을 대상으로 추적연구를 하게 만들었고 그 연구결과는 실로 많은 관련 당사자들에게 장애성인의 질적인 삶에 대한 걱정을 하게 만들었다. 이로 인해 1990년에 개정된 특수교육법(「장애인교육법」: Individuals with Disabilities Education Act; IDEA)에 전환계획 및 서비스 조항이 삽입하게 되었다. 특수교육법인 「장애인교육법」은 1997년 개정에 이어 2004년에 다시 개정되었으며, 「장애인교육향상법」(Individuals with Disabilities Education Improvement Act, IDEIA)으로 명칭이 바뀌었다. 특수교육법에서 전환서비스(transition services)에 대한 정의는 장애학생을 위한 조정된 일련의 활동으로, (1) 장애학생이 고등교육, 직업교육, 고용(지원고용 포함), 평생교육, 자립생활, 지역사회 참여 등을 포함하는 졸업 이후 활동으로의 이동을 촉진하기 위해 장애학생의 학업 및 기능적 성취를 향상시키는 결과 지향적인 과정으로 설계되고,

(2) 장애학생의 강점, 선호도, 관심사를 고려하여 개별적인 요구에 근거하며,

(3) 교육, 관련 서비스, 지역사회 경험, 고용 및 기타 중등 이후 성인 생활 목표의 개발, 그리고 해당되는 경우 일상생활기술과 기능적 직업평가를 포함한다(Section 602,(34)).

또한 전환계획(transition planning)을 의무적으로 수립하고 장애학생의 전환에 관한 내용을 개별화교육계획(Individualized Education Plan, IEP)에 반드시 포함하도록 제도화하여 운영하고 있다. 이러한 전환계획이 이루어지는 시기는 장애학생이 만 16세가 되었을 때이고, IEP 팀이 적절하다고 판단하는 경우 더 어린 나이에 시작해도 되나 주로 만 14세이며 주에 따른 차이가 존재한다.

개별화 전환교육계획(individualized transition plan, ITP)은 매년 갱신되며, 전환계획에는 고등교육, 직업훈련, 고용, 평생교육, 자립생활, 지역사회 참여 등의 영역을 포함하여, 장애학생의 전환을 촉진하는 일련의 조정된 활동으로써, 결과 지향적인 과정으로 설계되도록 하고 있다. 전환서비스를 결정할 때에는 장애학생의 요구, 선호, 흥미를 반영해야 하며, ITP는 교육, 고용 및 자립생활과 관련된 전환평가에 기초해야 하고 연령에 적합하고 측정 가능한 중등 이후 목표를 설정해야 한다.

전환계획을 위한 회의에는 학생, 가족, 특수교사, 진로직업교사, 일반교사, 지역교육청 대표자, 관련 서비스 제공자, 검사해석사, 지역사회 기관 담당자, 기타 전문가, 기타 학교 관리자 등이 참석해야 한다고 명시하고 있다(박희찬 외, 2019).

3. 우리나라 전환교육 및 서비스에 대한 법적 보장

1990년대 중반에 우리나라에 소개된 전환교육 개념은 '전환과정, 직업전환, 전이, 전이서비스' 등의 용어와 같이 혼용되어 사용되었으며(조인수 · 전보성, 2007), 「특수교육진흥법」에는 직업교육(제20조)과 진로교육(제22조)으로 명시되었다.

2008년에 시행된 「장애인 등에 대한 특수교육법」의 제2조에서는 진로 및 직업교육의 정의로 특수교육대상자의 학교에서 사회 등으로의 원활한 이동을 위하여 관련 기관의 협력을 통하여 직업재활훈련 · 자립생활훈련 등을 실시하는 것을 말한다고 명시하고 있다. 또한, 제23조에서는 진로 및 직업교육 지원을 위해, ① 중학교 과정 이상의 각 급 학교의 장은 특수교육대상자의 특성 및 요구에 따른 진로 및 직업교육을 지원하기 위하여 직업평가 · 직업교육 · 고용지원 · 사후관리 등의 직업재활훈련 및 일상생활적응훈련 · 사회적응훈련 등의 자립생활훈련을 실시하고, 대통령령으로 정하는 자격이 있는 진로 및 직업교육을 담당하는 전문 인력을 두어야 하며, ② 중학교 과정 이상의 각급 학교의 장은 대통령령으로 정하는 기준에 따라 진로 및 직업교육의 실시에 필요한 시설 · 설비를 마련하여야 하며, ③ 특수교육지원센터는 특수교육대상자에게 효과적인 진로 및 직업교육을 지원하기 위하여 대통령령으로 정하는 바에 따라 관련 기관과의 협의체를 구성하여야 한다고 명시하고 있다.

과거 「특수교육진흥법」에서는 진로교육과 직업교육을 따로 생각했던 것과 달리, 현행 「장애인 등에 대한 특수교육법」은 진로교육과 직업교육을 묶어서 진로 및 직업교육을 하나의 조항으로 제시함으로써 진로교육과 직업교육이 상호 보완 및 연계 속에서 이루어지도록 하였다(박희찬, 2016). 하지만 「장애인 등에 대한 특수교육법」은 진로 및 직업교육 용어를 정의하고 기관 간의 협력을 법으로 제시하고 있지만, 여전히 장애학생의 성인 삶으로의 전환 차원에서의 전환교육 의미로 바라보지 못하고 있다.

향후 전환교육과 관련해서 전환교육 및 관련 서비스의 정의를 질적인 삶이 반영된 정의, 특수교육 대상 학생의 특성, 요구, 선호를 고려한 개별화 전환교육계획 수립, 장애학생의 참여 및 주도할 수 있도록 자기결정 강조, 교육기관에 개별화 전환교육계획 수립에 맞춰서 각 유관기관의 책임을 명시하는 등의 노력이 필요하다. 법은 전환교육 및 서비스가 의미 있는 성인의 삶으로 전환이 될 수 있도록 넓은 의미의 진로교육 확장 개념으로 보장이 되어야 할 것이다.

Ⅲ 전환교육 및 서비스의 전환모델

장애학생의 고등학교 졸업 후 결과를 향상시키는 데 있어 가장 어려운 질문 중 하나는 "성공적인 전환을 가져올 수 있는 '최상의 실제(best practice)'는 무엇일까?"일 것이다. 이 질문에 대한 답을 하고자 특수교육 전문가들은 꾸준히 여러 모델을 제시해 왔다. 여기에서는 가장 대표적인 전환모델만을 소개하고자 한다.

1. 윌의 다리(Bridge) 모델

1984년 미국 특수교육 및 재활서비스국(Office of Special Education and Rehabilitation Services; OSERS)의 차관보이며 보수적인 장애 옹호자(advocate)였던 매들린 윌은 고등학교와 졸업 후의 환경과의 '다리(bridges)' 또는 '연결(linkages)'을 강조하는 '학교에서 고용으로의 전환모델'을 제시하였다(Will, 1984). 윌의 모델은 고용에 초점을 둔 것으로, 고용으로 전환에 있어서 3개의 전환서비스를 다리로 개념화한 것이다. 구체적으로 3개의 서비스 다리/연결은, (a) 특별한 서비스 없이 고용으로 전환(예: 고등교육), (b) 시간 제한적인 서비스와 함께 고용으로 전환(예: 직업재활), (c) 지속적인 서비스와 함께 고용으로 전환(예: 보호고용)이다([그림 7-1]).

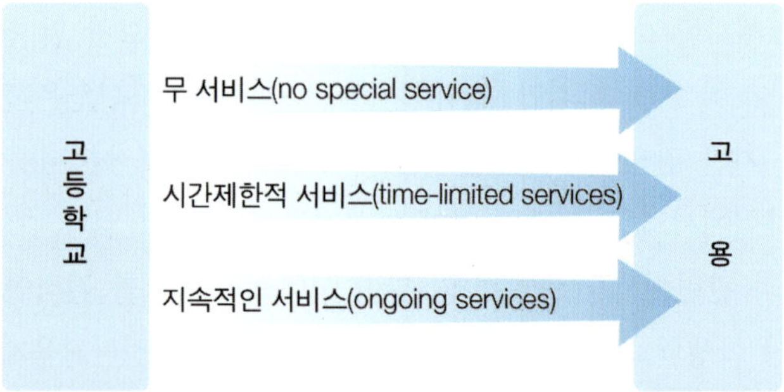

출처: Will, M.(1984). *OSERS programming for the transition of youth with disabilities: Bridges form school to working life*. Washington, D. C.: U. S. Office of Education

[그림 7-1] OSERS 전환모델

윌의 모델은 전환의 여러 요소 중 두 가지 요소–조정된 활동(coordinated activities)과 졸업 후 환경으로 이동 촉진–를 다룬 점은 긍정적이었지만, 학생의 특성, 흥미, 선호를 고려한 전환계획의 결과가 고용이라는 한 영역으로만 국한되었다는 점이 큰 제한점이라고 할 수 있겠다(Baer, Flexer & McMahan, 2005).

2. 핼펀의 지역사회 적응(Community Adjustment) 모델

핼펀(Halpern)의 모델은 고용에만 초점을 둔 윌의 모델을 비판하는 데에서 나왔다. 핼펀은 고용은 '질적인 삶'에 있어서 유일무이한 요인이 아니며, 거주환경 및 대인관계도 고려해야 한다고 주장하였다(Halpern, 1985). 핼펀에 따르면 지역사회 적응은 전환서비스가 추구해야 할 더 큰 목표로 받아들여야 한다고 주장하였다. 그는 3개의 '기둥(pillar)'으로 받친 지역사회 적응에 초점을 둔 모델을 제시하였다([그림 7-2]). 세 개의 기둥은 고용(employment), 거주환경(residential environment), 사회·대인관계(social and interpersonal networks)이다. 핼펀(1985)은 장애학생의 질적인 삶과 지역사회 적응을 성취하기 위해 각각의 기둥에 필요한 전환프로그램이 만들어져야 한다고 말하였다.

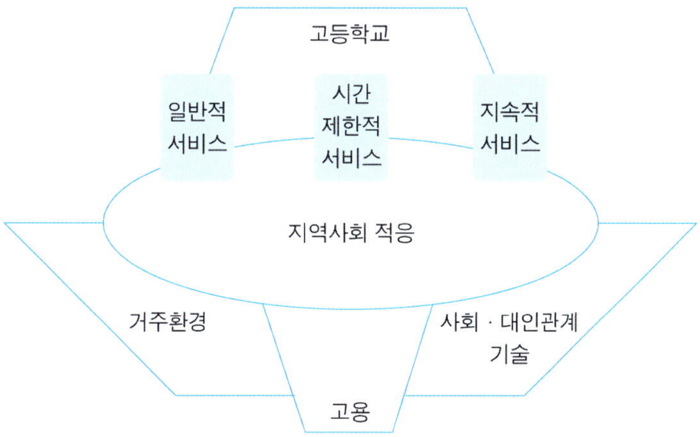

출처: Halpern, A. S.(1985). Transition: A look at the foundations, *Educational Children, 51*(6), p.481.

[그림 7-2] 핼펀의 지역사회적응 모델

핼펀(1985)은 윌과 마찬가지로, 전환을 다리/연결(bridge) 관점으로 다뤘다. 그는 윌이 말한 '무 서비스(no services)'를 '일반적 서비스(general services)'로 명칭을 바꿨는데, 그 이유로는 고등교육 및 직업훈련에 들어가는 장애학생도 있으며 이것은 일반적인 서비스로서 그들에게 맞는 특별한 사회복지 및 지역 프로그램도 있기 때문이라고 하였다. 대체로 이런 일반적인 서비스는 장애 관련 서비스는 아니지만, 학생들이 졸업 후 질적인 삶을 이루는 데 필요하다고 말하였다.

헬펀의 모델에서 전환은 단순히 학생을 떠나 보내는 과정이 아니라 졸업 후의 삶에 대한 준비 및 연결이라고 보았다. 따라서 그의 모델은 진로교육 모델에 더 가깝다고 할 수 있겠다(Halpern, 1992). 헬펀의 모델은 네 가지 중요한 전환의 구성요소를 확립시켰으며, IDEA의 전환서비스의 정의를 만드는 데 근간이 되었다(Johnson & Rusch, 1993).

3. 퀄러의 전환프로그램 분류(Taxonomy for Transition Programming) 모델

대부분의 전환 모델은 이론을 바탕으로 만들어졌거나 일부 논문 결과를 바탕으로 세워진 반면에, 퀄러(Kohler, 1996)가 만든 모델은 실험논문 연구 결과와 미국 특수교육 및 재활서비스 부처(Office of Special Education and Rehabilitation Services)에서 지원받은 전환프로그램 프로젝트 분석을 통해 만들어졌다. 퀄러의 모델(일명 "전환교육 모델"이라고도 불림)은 '전환교육이란 무엇인가?'라는 관점에서 살펴본 것이며, 전환을 5개 영역으로 분류하였다. 퀄러와 3명의 동료는 1996년에 처음 개발한 퀄러의 모델을 전환프로그램 분류 1.0(Taxonomy for Transition Programming 1.0)이라고 불렀으며, 2016년에 다시 업데이트하여 전환교육 프로그램 분류 2.0(Taxonomy for Transition Programming 2.0)이라고 명명하였다(Kohler, Gothberg, Fowler & Coyle, 2016). 업데이트된 전환프로그램 분류 2.0은 전환프로그램 분류 1.0 버전을 바탕으로 고등학교 졸업 후 성공예측요인, 졸업률 증가 및 자퇴율 감소에 대한 개선 전략, 학교 풍토, 장애학생의 고등교육과 고용으로 성공적인 전환을 이끄는 직업재활서비스 등과 같이 지금까지 밝혀진 효과적인 전환교육 실제(practices)를 제시하고 있다. 전환프로그램 분류 2.0은 기본적으로 5가지 주요 영역(학생 중심 계획, 학생발달, 기관 간의 협력, 가족 참여, 프로그램 구조)을 공유하지만, 학생발달에서 학생 지원과 교수적 맥락, 프로그램 구조에서 학교 풍토를 각각 하위 영역에 추가하였다. 이에 대한 전환프로그램 분류 2.0의 주요 영역과 하위 영역은 [그림 7-3]과 같다.

- 학생 중심 계획
- 학생 개발
- 가족 참여
- 각 기관 간의 협력
- 프로그램 구조

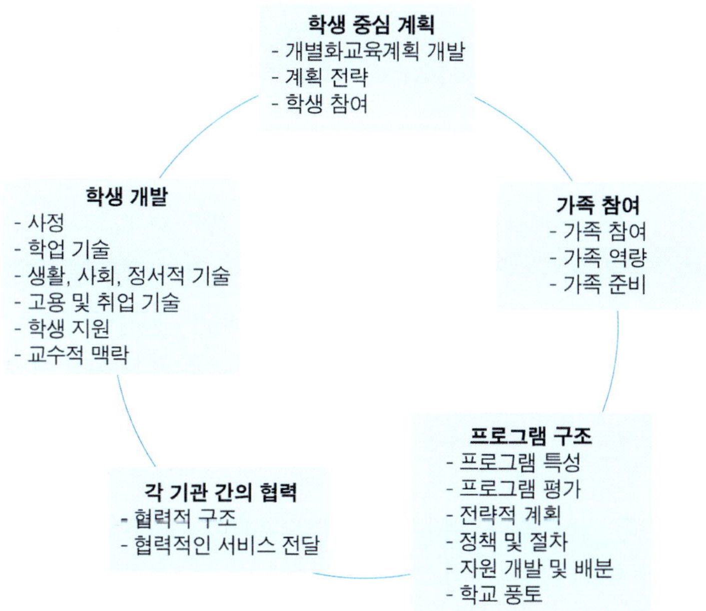

출처: Kohler, P. D., Gothberg, J. E., Folwer, C., & Coyle, J. (2016). *Taxonomy for transition programming 2.0: A model for planning, organizing, and evaluating transition education, services, and programs.* Western Michigan University. Available at www.transitionta.org.

[그림 7-3] **전환프로그램 분류 2.0의 주요 영역 및 하위 영역**

전환프로그램 분류의 5가지 영역은 전환 중심 교육을 촉진시키기 위하여 수행되어야 하는 과제이다. 구체적으로 첫 번째 영역인 학생 중심 계획(student-focused planning)은, (a) 개별화교육계획 개발(IEP development), (b) 계획 전략(planning strategy), (c) 학생참여(student participation)를 포함한다. 개별화교육계획은 적절한 장기목표, 단기목표, 그리고 관련 서비스를 결정하는 데 주요 수단이 되며 학생참여가 중심이 된다.

두 번째 영역인 학생 개발(student development)은, (a) 사정(assessment), (b) 학업 기술(academic skills), (c) 생활·사회·정서 기술(life, social, and emotional skills), (d) 고용 및 취업 기술(employment and occupational skills), (e) 학생 지원(student supports), (f) 교수적 맥락(instructional context)을 포함한다. 이 영역에서는 학업, 학교 중심의 직업교육 경험(school-based learning experience)과 작업 현장 중심의 직업교육 경험(work-based learning experience), 생활, 사회, 정서 기술 향상을 강조하였다. 학생 사정은 학생이 진학 및 직업교육 경험을 평가하고 결정하는 데 정보를 제공해 준다.

세 번째 영역은 가족 참여(family engagement)로써, 교육과 전환계획 및 실행에 있어서 부모/가족 참여와 관련이 있다. 이 영역에서는 특히 3가지 측면의 가족 참여, 즉 (a) 가족 참여(family involvement), (b) 가족 역량(empowerment), (c) 가족 준비(family preparation)에 초점을 두었다. 전환계획에서 가족이 적극적으로 참여하고 준비할 수 있도록 가족의 다양한 역할에 중점을 두어야 한다.

네 번째 영역은 각 기관 간의 협력(interagency collaboration)으로 협력적인 구조 및 서비스 전달을 포함한다. 각 기관 간의 연계 및 협력 부족은 개별화 전환교육계획을 계획할 때 방해물(barriers)이 된다. 퀼러(1998)는 관련 당사자(예: 부모, 학생, 고용인, 그리고 성인서비스 기관 등)로 구성된 기관 간 전환교육 협의체(Interagency transition team)를 만들도록 제안하였으며, 이 협의체 참여자들은 전환계획 시 서로 협력하여, (a) 서비스 갭 줄이기, (b) 서비스 중복 막기, (c) 자원의 효율적인 사용을 증가시키기, (d) 각 기관 간의 영역 문제 줄이기, (e) 조정된 계획 및 서비스 전달하기 등의 역할을 할 수 있다고 말하였다.

마지막 다섯 번째 영역인 프로그램 구조(program structure)에서는 프로그램 구조와 그에 일치하는 철학, 정책, 절차, 평가 방법, 자원 배분, 그리고 인적자원개발을 포함한다. 퀼러(1998)는 대부분의 학교와 성인서비스기관의 서비스 전달 체계가 전환계획을 실행하는데 적절하지 않다고 지적하였으며, 학교는 다양한 교육과정을 마련하여 학생이 자신의 졸업 후 목표를 고려하여 선택할 수 있도록 서비스를 제공해야 한다고 주장하였다. 학교는 전환서비스를 개선하기 위해서, (a) 여러 형태의 교육을 선택할 수 있도록 체계적인 지역사회 참여 유도, (b) 지역사회를 근거한 학습 기회, (c) 학교 내에서의 체계적인 사회적 통합, (e) 모든 학생의 기술, 가치, 그리고 결과에 대해 기대해야 한다고 제안하였다.

퀼러(1998)는 전환서비스는 교육의 한 일환으로 바라봐야 한다고 강조하였으며, 그녀의 모델에서 있어서 근간이 되는 세 가지 점을 강조하였다.

- 졸업 후 목표는 학생의 특성, 능력, 흥미, 선호도에 근거해서 설정되어야 한다.
- 학생의 졸업 후 목표에 준비가 되는 학습 활동 및 교육적 경험이 이루어져야 한다.
- 학생을 포함해서 여러 사람이 학생의 전환 목표 및 활동을 파악하고 개발하는 데 협력해야 한다.

현재 퀼러의 모델은 전환교육 및 서비스 전달에 있어서 최상의 모델(best practice)로 받아들여지고 있다. 그러나 전환교육 정책 변화 그리고 교육전략들이 발전해 나가면서 전환 모델은 앞으로도 계속 발전해 나갈 것이다.

Ⅳ 장애청소년을 위한 성인의 삶에 대한 준비: 중 · 고등학교의 역할

중 · 고등학교는 전환교육 및 관련 서비스 과정에 있어서 여러 역할을 갖고 있다. 예를 들면, 학생의 개별적인 특성, 흥미, 요구 평가하기, 학생의 전환계획 세우기, 성인서비스 기관과 전환계획 시 조정 및 협력하기, 전환계획 과정에 부모 및 학생을 참여시키기, 지역사회 서비스 이용 및 직업을 가질 수 있도록 학생에게 기회 및 경험 제공하기 등이 있다. 그러나 이 모든 역할의 귀결은 장애학생에게 맞는 졸업 후 결과를 성취할 수 있도록 도와주는 것에 있다고 할 수 있다. 중등학교(secondary school)는 장애학생이 다음 단계로 성공적으로 이동할 수 있도록 필요한 기술 및 지식을 익히도록 교육 및 기회를 제공해야 한다.

1. 자기결정기술(self-determination skills)

자기결정의 정의는 학자마다 다르나 공통적인 내용으로 다양한 선택을 고려한 적절한 결정, 자유 의지, 독립성, 개인적 책임을 질 수 있는 개인 능력에 초점을 두고 있다(Field & Hoffman, 1994; Wehmeyer, 1996). 이러한 자기결정기술은 긍정적인 성인의 삶의 결과와 밀접한 관련이 있다. 연구에 의하면 자기결정력이 높은 학생은 자기결정력이 낮은 학생보다 고등학교 졸업 후 직장뿐 아니라 삶의 만족도도 더 높게 나타났다(Wohmeyer & Sdhwartz, 1997, 1998). 자기결정은 고등학교에서 성공적인 성인의 삶으로의 전환을 예측하는 중요한 요인으로 간주되고 있으며, 장애학생은 자기결정기술이 향상될 수 있는 기회를 제공받아야 한다.

자기결정기술에는 선택하기(choice-making), 결정하기(decision-making), 문제해결(problem solving), 목표설정 및 달성(goal setting and attainment), 자기옹호(self-advocacy), 자기 관리 기술(self-management skills) 등을 포함한다(Wehmeyer, 1996). 특히 자기결정기술 구성요소 중 '선택 및 결정하기(choice and decision making)'는 성인기 전환에 있어서 핵심적인 요소로서, 개별화 전환교육계획의 근간이 된다. 그러나 안타깝게도 많은 장애학생들이 자신의 개별화 전환교육계획에 직접 참여하고 있지 않다. 이는 자기결정기술을 연습할 수 있는 최고의 기회를 놓치는 것이라 할 수 있겠다. 그러므로 교사는 학생이 자신의 개별화 전환교육계획에 참여하도록 격려를 해 주는 것뿐 아니라 학생이 선택 및 결정하기 기술을 연습해 볼 수 있도록 기회도 같이 제공해야 한다.

선택 및 결정하기 기술을 증가시킬 수 있는 한 예로, 벤야민(Benjamin, 1996)은 학교와 부모가 장애학생의 자기결정을 발달시키는 데 도움이 되는 네 가지 문제해결 과정을 추천하였다.

첫째, 역할연기(role playing)와 모의 활동(simulated activities)을 통하여, 학생에게 상황 문제를 제시하여 학생이 상황을 관찰하고 분석하게 한다.

둘째, 학생에게 제시된 상황 문제해결을 위해서 여러 개의 가능성 있는 선택을 도출하게 한다. 만약 학생이 도출해 내지 못할 경우, 해결책을 도와줄 수 있는 수단—예를 들면, 가능성 있는 해결책을 만드는 데 자신을 도와줄 수 있는 사람—에 어떻게 접근할 수 있는지를 가르쳐 준다.

셋째, 학생이 생각해 낸 잠재적 해결책 중 하나를 선택하게 하고, 선택한 해결책에 어떤 문제가 있는지를 살펴보게 한다. 살펴보던 중 문제를 발견했을 경우, 학생에게 어떻게 변경해서 문제를 해결하기를 원하는지 물어본다.

넷째, 학생에게 이와 비슷한 상황을 만났을 때 자신이 선택한 전략을 어떻게 사용할지에 대해 생각해 보게 한다.

〈표 7-1〉은 자기결정기술을 증진시킬 수 있는 교수 모델 중 한 예이다. 교사는 학생에게 교육과정 내에서 자기결정기술을 가르침으로써, 학생 주도 학습 기회를 증진할 수 있으며, 결국 이는 궁극적으로 고등학교 졸업 후 성공적인 성인으로 삶 전환에 대한 가능성을 높여 줄 것이다(Mithaug et al., 1998).

중·고등학교 역할의 한 부분으로 자기결정기술을 다루었지만, 실제로 자기결정기술은 하루아침에 만들어지지 않기 때문에 어릴 때부터 가르치는 것이 중요하다.

〈표 7-1〉 **자기결정 학습 모델**

단계 1: 학습 목표 설정하기
학생 질문 - 나는 무엇을 배우기를 원하는가? - 나는 지금 그것을 알기를 원하는가? - 내가 알지 못하는 것을 배우기 위해서는 무엇이 변화되어야만 하는가? - 그러한 변화를 만들어 내기 위해서 나는 무엇을 할 수 있는가?
일부 발췌한 교사의 단기목표 - 특정 영역에서 학생 본인의 구체적인 장점과 필요한 교수가 무엇인지 알 수 있게 한다. - 그 영역과 관련해서 학생 본인의 선호, 흥미, 믿음 그리고 가치를 평가하고 표현할 수 있게 한다.

- 신체적 및 사회적 환경에서 기회 및 장벽에 관한 정보를 수집하는 것을 도와준다.
- 학생 본인에게 필요한 일들을 우선할 수 있도록 가르친다.
- 목표를 설정하게 하고 그 목표를 달성하기 위해 필요한 준거가 무엇인지 파악할 수 있도록 가르친다.

단계2: 학습 계획 세우기

학생 질문
- 내가 알지 못하는 것을 변화시키기 위해 지금 당장 내가 무엇을 할 수 있는가?
- 그러한 변화를 만들어 내기 위한 행동을 취하는 데 있어서 나를 가로막는 것은 무엇인가?
- 이러한 장벽을 제거하기 위해 내가 무엇을 할 수 있는가?
- 행동을 실행하고 이러한 장벽을 언제 제거할 것인가?

일부 발췌한 교사의 단기목표
- 학생이 목표 달성에 대한 진척(progress)을 평가할 수 있게 한다.
- 비교 시 자신이 평가한 현재 상태와 자신이 세운 목표 상태의 간격을 줄일 수 있도록 실행 계획을 결정할 수 있게 한다.
- 학생이 가장 최선의 교수 전략이 무엇인지 발견할 수 있게 한다.
- 학생이 장벽 및 어려움을 극복할 수 있는 전략을 찾아내고 실행할 수 있게 한다.
- 학생이 주도한 학습 전략을 실행할 수 있게 한다.
- 실행 계획이 얼마만큼 실행되고 있는지 자신이 점검할 수 있게 한다.

단계 3: 행동 조정하기

학생 질문
- 내가 취한 행동은 무엇인가?
- 어떤 장벽이 제거되어졌는가?
- 내가 알지 못하는 것을 얼마나 알게 되었는가?
- 내가 알고자 하는 것을 알고 있는가?

일부 발췌한 교사의 단기목표
- 목표를 향한 진척을 학생이 스스로 평가할 수 있게 한다.
- 실행 계획이 원하는 목표에 적합한지를 학생과 같이 결정한다.
- 학생이 목표를 그대로 둘지 아니면 바꿀 것인지에 대해 결정하는 것을 보조한다.
- 만약에 실행 계획을 바꿀 필요가 있다면, 실행 계획을 변경하는 것을 도와준다.

출처: Mithaug, D. E., Whmeyer, M. L., Agran, M., Martin, J. E., & Palmer, S.(1998). The self-determined learning model of instruction. In Wehmyer, M. L., & Sands, D. J. (Eds.), *Making it happen: Student involvement in education planning, decision making, and instruction*(pp. 299-328). Baltimore: Paul H. Brooks.

2. 일상생활기술(daily living skills)

일상생활기술(daily living skills)이란 개인이 살아가는 환경에서 독립적으로 기능할 수 있는 기술을 뜻한다. 예를 들면, 예산 짜기, 은행가기, 개인적 신변자립, 필요한 물품 구입하기, 음식 만들기, 운전하기, 균형 있는 식사하기, 대중교통 이용하기, 여가활동 하기 등과 같은 기술을 말한다. 이러한 기술들은 가정, 학교, 지역사회 그리고 직장에서 책임 있는 성인이 되는 데 필요한 기술들이다. 일반적으로 이런 기술들은 가족의 모델링을 통해 직접 교수 없이 자연스럽게 습득되나, 일부 장애학생은 언제, 어디에서, 어떻게 일상생활기술을 사용해야 하는지에 대해 직접적인 교수가 필요하다.

일반적으로 학교에서 일상생활기술을 가르치는 데에 있어서 사용하는 두 가지 방법이 있다(Brolin & Lloyd, 2004). 한 방법은 교과 내용을 가르칠 때 일상생활기술을 포함해서 가르치는 것이고, 다른 한 방법은 일상생활기술을 가르칠 때 교과 내용을 포함해서 가르치는 것이다. 교사는 이 중에서 어떤 방법을 선택할지에 대해 여러 요인을 고려할 수 있다. 가령 경도 장애학생 중 집이나 지역사회에서 일상생활기술을 연습할 기회가 있고, 교과에서 강조할 수 있는 경우라면, 교사는 일상생활기술을 교과 내용에 포함해서 가르칠 수 있을 것이다. 그리고 학생이 다양한 장소에서 이러한 일상생활기술을 어떻게 사용할 수 있는지 구체적인 예를 들 수 있다면 교사는 학생이 배운 기술을 교실 밖의 장소에서 사용할 수 있을 거라고 확신할 수 있을 것이다. 그러나 만약 학생이 실제 상황에서 일상생활기술을 적용하는 데 어려움이 있다면, 교사는 직접적으로 일상생활기술을 가르치는 것이 더 나을 것이며, 일상생활기술 수업에 기능적 교육내용을 포함하는 것이 좋을 것이다.

일상생활기술을 가르치는 데 다양한 교육과정들이 있으나, 그중에서 가장 많이 쓰이는 교육과정으로 '생활 중심 진로교육 교육과정(Life Centered Career Education Curriculum)'이 있다(Brolin & Lloyd, 2004). 〈표 7-2〉는 생활 중심 진로교육 교육과정 중 일상생활기술영역의 일부분만을 발췌한 것이다. 표에 없는 번호는 발췌되지 않은 내용으로 보면 된다.

〈표 7-2〉 생활 중심 진로교육 교육과정: 일상생활기술 교육과정

능력(completency)	하위능력(subcompetency): 학생은 ________을 할 수 있을 것이다.			
1. 개인재정 관리하기	1) 돈 세기 및 정확한 잔돈 만들기	2) 현명하게 지출하기	3) 가계부 기록하기	4) 신용카드 현명하게 사용하기
2. 집안일 선택하기 및 관리하기	7) 집 실내/외부 인테리어 유지하기	8) 청소도구 사용하기	9) 적정한 집안일 선택하기	10) 집안일 결정하기
3. 개인 욕구를 관리하기	12) 몸매 유지, 영양, 몸무게에 관한 지식을 알기	13) 적절한 자신 관리 및 신변처리 하기	14) 상황에 맞춰 적절하게 옷 입기	15) 흔한 질병 및 조치에 대해서 알기
4. 아이 키우기 및 결혼의 의무 지키기	17) 아이를 키우기 위해 자신의 신체 관리하기	18) 아이를 키우는 데 필요한 정서적 측면 이해하기	19) 결혼의 책임에 대해 알기	

능력(completency)	하위능력(subcompetency): 학생은 ________ 을 할 수 있을 것이다.			
5. 장 보기 및 음식 만들고 먹기	20) 음식 재료 사기	21) 재료를 깨끗하게 씻기	22) 남은 재료 보관하기	23) 음식 준비하기
6. 옷 사기 및 관리하기	26) 옷 빨기	27) 옷 구입하기	28) 다리미질하기 및 수선하기	
7. 시민의 책임감 다하기	29) 시민의 권리 및 의무 알기	30) 지역 및 국가자치단체 성격 이해하기	31) 준법 이해 및 따르기	
8. 레크리에이션 시설 이용하기 및 여가 즐기기	32) 지역사회 시설 및 자원에 대해서 알기	33) 활동 선택하고 계획하기	34) 여가생활의 가치를 이해하기	35) 개별 및 그룹별 활동 참가하기
9. 지역사회 돌아다니기	38) 교통법규 및 안전에 대해서 알기	39) 다양한 교통수단 이용에 대해서 알기	40) 목적지 경로를 알기	41) 운전하기

출처: Brolin, D. E.(1997). *Life centered career education: A competency-based approach*(5th ed., p. 12-13). Arlington, VA: The Council for Exceptional Children.

일상생활기술 교수는 학교에서만 가르치는 것으로 끝내서는 안 된다. 학교는 학생들이 일상생활기술을 완선히 습득할 수 있노록 가성 및 지역사회와 연계해서 가르지는 노력이 필요하다.

3. 고등교육 준비(preparation for higher education)

역동적으로 변화하는 사회에 더욱더 전문적이며 경쟁력 있는 기술 및 지식을 얻고자 많은 장애학생이 고등교육기관에 들어가고 있다. 2년제 전문대학, 기술대학 및 4년제 대학에 재학 중인 장애학생의 장애유형, 가족의 경제, 성별이 다양해지고 있다. 일반적으로 학생들은 더 나은 직업을 얻기 위해, 더 나은 보수를 받기 위해, 더 나은 질적인 삶을 살기 위해 대학 및 그 이상의 교육을 선택한다.

장애학생을 위한 고등교육 준비(preparation for higher education)란 대학에서 학업 및 사회적 어려움을 해결하는 데 필요한 기술을 습득할 수 있도록 도와주는 것을 말한다. 많은 교사와 학부모는 학생이 대학에 들어갈 수 있는 능력만 되면 체계적인 고등교육 준비가 필요하지 않다고 생각한다. 그러나 효과적인 계획 및 준비 없이 장애학생은 대학 환경에 압도되거나 적응하는 데 어려움을 겪는다(김경화, 2015; deFur, Getzel & Trossi, 1996; Getzel, Briel & Kregel, 2000; Getzel, McManus & Briel, 2004). 현재 고등교육기관에서 장애학생을 위한 지원 및 서비스가 증가하고 있지만, 대학에서의 성공은 여전히 장애학생의 개인적 능력에 달려 있다(Brinckerhoff, Shaw & McGuire, 2002; Getzel et al., 2004). 고등학교와 달리 대학교는 장애학생 스스로 자신의 장애를 각 교수(instructor)에게 말하여 필요한 도움을 요청해야 하며, 고등학교에서 매일 과제가 있었던 것과 달리 과제가 적으나 시간에 맞춰 제출해야 하므로 시간 관리도 필요하다. 이렇게 대학 생활은 학생 본인이 시간 계획 및 관리, 과목 선택 등과 같은 제반적인 사항들을 스스로 결정해야 한다.

고등교육으로의 전환은 장애학생의 교육에 있어서 일찍 시작하는 것이 좋다. 장애학생은 고등학교 선택(예: 인문계고등학교, 특성화고등학교, 특수학교)부터 미리 신중히 고려함으로써 학업 및 진로에 대해 좀 더 준비될 수 있을 것이다. 또한 장애학생에게 공부기술 및 학습전략을 신장시킬 수 있는 교수(instruction)도 필요하다. 게젤과 브리엘(Getzel & Briel, 2006)은 장애학생의 고등교육기관으로의 성공적인 전환을 돕기 위해, 전환계획을 세울 때 다음의 여섯 가지를 고려해야 한다고 제시하였다.

- 고등교육기관을 방문하기
- 대학 진학을 위한 학업 준비하기
- 대학입학시험에 대해 준비하기
- 재정지원 자원을 알아보기
- 성공적인 전환을 위해 학생이 갖춰야 할 기술 파악하기
- 진로 목표 세우기

〈표 7-3〉은 대학에 진학하고자 하는 장애학생을 위한 고등교육으로의 전환모델에 대한 예이다(Gartin, Rumrill & Serebreni, 1996).

〈표 7-3〉 고등교육으로의 전환모델

중심 교과과정 구성요소	교수 목표
심리사회적 적응	1. 자기옹호기술 개발하기 2. 화 다루기 3. 사회적 문제해결하기 4. 대학생다운 사회적 기술 키우기 5. 관계들을 조언하기
학업 증진	1. 대학입학시험 준비하기 2. 시험 치는 기술 및 도움 알기 3. 진로 인식하기 4. 목표 설정하기 5. 개선되어야 할 학업 알기 6. 진로 대비하기 7. 공부기술 및 학습전략 알기

중심 교과과정 구성요소	교수 목표
	8. 대학교의 장애지원서비스 알기 9. 고등교육으로 전환하기
대학/지역사회 사전예비	1. 고등기관 차원의 연결 서비스 알기 2. 친구관계망 형성하기 3. 대학 선택하기 4. 대학정보 및 교내활동 알기 5. 신입생오리엔테이션 프로그램 알기 6. 장애학생 지원 그룹 알기 7. 지역사회 서비스 알기

출처: Gartin, B. C., Rumrill, P., & Serebreni, R. (1996). The higher transition model: Guidelines for facilitating college transition among college-bound students with disabilities, *Teaching Exceptional Children, 29*(1), 31.

4. 고용 준비(preparation for employment)

사람들은 직장에 다님으로써 경제적인 구매력을 가지게 되며, 삶의 질을 높일 수 있고, 자아에도 긍정적인 영향을 미친다. 고용은 졸업 후 결과 중 가장 중요한 결과로 인식될 정도로 성인기 삶의 전반적인 영역에 영향을 미친다. 중등학교(secondary school)에서는 특히 장애학생이 졸업하기 전에 진로교육과 지역사회 중심의 직업훈련을 받을 수 있도록 교육 및 기회를 제공할 필요가 있다.

진로교육은 학생들이 자신의 삶, 진학 및/또는 직업 선택에 대한 충분한 정보를 바탕으로 결정을 내리고 진로를 결정할 수 있도록 지식, 기술, 태도를 개발하도록 도와주는 교육이라고 할 수 있다. 이러한 진로교육에는 진로인식, 진로탐색, 진로준비를 구성하고 있다.

구체적으로 진로인식은 학생이 자신이 무엇을 좋아하는지(흥미), 특별히 무엇을 잘하는지(재능), 자신에게 중요한 게 무엇인지(가치 또는 신념), 그리고 자신에 대해 알아 가는 단계이다. 또한 이 단계에서 학생은 직업의 세계를 알아 간다. 즉, 지역사회에서 어떤 직업들이 있는지, 부모 또는 자신에게 중요한 다른 성인들이 어떤 일을 하고 있는지, 그리고 이러한 직업들이 어떤 작업들로 이루어져 있는지를 배운다.

진로탐색은 학생에게 흥미가 느껴지는 직업을 조사하기 시작하는 단계이다. 학생은 흥미가 느껴지는 직업 분야에 들어가는 데 필요한 지식, 기술, 능력이 무엇인지 알고 어떻게 개발할 수 있는지 배운다. 학생은 저명인사의 전기전 또는 자서전을 통해 그들의 진로를 배우거나 텔레비전이나 영화를 통해 등장인물들의 다양한 직업들을 살펴보거나, 자신이 하기를 원하는 일을 하고 있는 성인을 찾아가 관찰하고 질문한다. 학생은 수집한 직업들을 분류해 보고, 이 중 어떤 직업이 자신에게 맞는지 결정하려고 노력한다. 학생은 자신의 재능을 탐색하면서, 다른 사람들이 직업에서 어떻게 비슷한 기술과 능력을 사용하고 있는지 살펴본다. 학교는 학생이 직업과 관련된 주제와 과제를 조사할 수 있도록 현장학습과 같은 지역사회 기반 행사에 참여할 수 있도록 기회를 제공한다. 진로준비에서 학생은 현대사회에서 기능하고, 정보화시대에 성공적으로 일하는 데 필요한 기본적인 글을 읽고 쓰는 기술을 포함해서 직장에서 일하는 데 필요한 지식을 얻는다. 또한, 학생은 기본 작업 능력(예: 여러 정리 기술 등)과 바람직한 직업 행동(예: 지시사항 따르기 등)을 계속해서 개선해 간다.

진로준비 단계에서 학생은 학교와 지역사회 활동 참여 그리고 나이에 맞는 집안일을 통해 기술과 능력을 개선해 나간다. 또한 학생은 훈련과 연습을 통해 타인과 경쟁할 수 있을 정도까지 발전하길 원하는 자신의 능력과 재능이 무엇인지 결정한다. 이 단계에서 학생은 대학 진학을 할 것인지, 직업훈련을 받을 것인지, 또는 직장을 구할 것인지 결정한다. 진로교육은 전환교육에서 핵심 요소라고 할 수 있으며, 초등학교 때부터 고등학교까지 다양한 학교 중심 활동을 통해 자신의 진로 흥미, 적성, 능력 등을 인식하도록 돕는 것에 초점을 맞춰야 한다. 성인의 삶으로 성공적으로 전환할 수 있도록 다양한 진로 선택에 대한 이해, 직업적 기회 탐색, 적절한 직업적 태도, 사회적 기술 및 작업 관행 등도 포함되어야 한다.

지역사회 중심의 직업훈련은 경쟁고용, 독립생활, 지역사회 적응을 목표로 지역사회에서 제공되는 직업 경험이다. 지역사회 중심의 직업훈련은 비장애인과 활발한 상호관계를 가질 수 있으므로 미래 고용을 대비하는 데 도움이 된다. 지역사회 중심의 직업훈련은 다양한 직업 체험 기회를 제공하기 위해 지역 사업체 및 공공기관들과 파트너를 맺을 필요가 있다. 이러한 지역사회 중심의 직업훈련은 유급 또는 무급 직업 경험으로 단기 체험인 직업 맛보기부터 장기 체험인 인턴십까지 다양하게 구성된다. 성공적인 지역사회 중심 직업 훈련 프로그램이 되기 위해서는 기관 간의 협력뿐 아니라 현장에서 제공되는 교육의 질 또한 중요하다. 지역사회 중심 직업 훈련을 시행하기 위해 학교는 지역사회 사업체 및 공공기관 섭외, 담당 교사 배정, 이동 수단 확보, 보험 구매, 안전 문제 등을 해결해야 하며, 성공적인 현장 교육을 위해 사업체 환경 분석, 직종 분석, 직무 기술 분석, 적절한 교수 방법 선택 등을 고려해야 한다. 학교는 이러한 직업훈련 경험이 가능한 한 학생의 흥미를 바탕으로 하되 학생이 좋아하는 일과 싫어하는 일을 선별할 수 있도록 다양한 직업 경험을 제공하며, 실제로 졸업 후 취업과 연결되게 하거나 준비될 수 있도록 노력해야 한다.

마지막으로, 성인 역할로의 전환은 모든 청소년이 협상해야만 하는 복잡한 과정이며, 졸업 후 의미 있는 학교 후의 삶이 될 수 있도록 모든 관련자는 서로 같이 협력해서 일해야만 한다. 성공적인 전환을 위해서는 질적인 교육과 여러 활동을 통한 학생의 능력 신장, 학생의 능력을 신장시킬 수 있는 구체적인 지원 그리고 능력을 적용해 볼 수 있는 기회가 요구된다. 게다가 졸업 후 목표에 대한 계획 및 대비에 있어서 학생의 역할은 매우 중요하다. 학교, 장애 관련 성인서비스 기관, 지역사회는 전환과정을 증진시킬 수도 있으며, 장벽이 되어 그 과정을 가로막을 수도 있다.

따라서 법적 보장, 전환 서비스 개발에 대한 투자 그리고 효과적인 전환교육 및 서비스 실행에 대한 연구는 전환교육 및 서비스 영역을 점점 더 효율성 있게, 더 폭넓게 자라나게 할 것이다.

토의주제

- 전환모델 3개에 대해 비교하여 설명해 보자.
- 고등학교 졸업 후 성인의 삶으로 전환 시 자신이 느꼈던 어려운 점은 무엇이고, 그 어려움을 극복하는 데 필요하다고 느꼈던 지원 및 서비스는 무엇이었는지 말해 보자.
- 장애청소년을 위한 성인의 삶에 대한 준비를 위하여 중·고등학교의 역할에 대해서 설명해 보자.

참고문헌

교육부(2020). **특수교육 연차보고서**. 세종: 교육부

교육통계서비스(2020). 2020 고교 대학진학률. https://kess.kedi.re.kr/index에서 발췌.

김경화(2015). 특수교육대상자 특별전형으로 입학한 장애신입생들의 대학생활 적응에 관한 인식 조사. **특수교육학연구, 50**(1), 193-210.

김정효, 이정은(2008). 한 정신지체 특수학교 고등부 졸업생들의 삶에 관한 어머니들의 보고. **특수교육학연구, 44**(4), 245-276.

김정희 외(2019). **2018 장애인삶 패널조사**. 서울: 한국장애인개발원.

박은송(2011). 전환교육 수행에 따른 어려움과 활성화 방안에 관한 특수교사 인식: 혼합 연구. **지적장애연구, 16**(1), 219-243.

박희찬, 김경선, 박광옥, 이현주, 지은숙(2019). **장애학생 진로 · 직업교육 활성화 방안 연구**. 세종: 교육부.

서선진(2020). 가정 거주 발달장애 자녀를 둔 어머니가 인식한 자녀의 성인초기 생활 및 지원요구. **교육연구논총, 41**(3), 55-82.

정희섭, 김현진, 김형일, 정동영, 정인숙(2005). **특수학교(급) 고등부졸업생의 진로실태 및 진로 지원체제 구축방안**. 경기: 국립특수교육원.

조인수, 전보성(2007). 국내 전환교육에 관한 문헌연구 고찰: 1998-2007년의 대학원, 교육대학원, 특수교육대학원을 중심으로. **정신지체연구, 9**(3), 157-176.

Baer, R., Flexer, R. W., & McMahan, R. K. (2005). Transition models and promising practices. In R. Flexer, T. J. Simmons, P. Luft, & R. M. Baer (Eds.), *Transition planning for secondary students with disabilities* (2nd ed.)(pp. 53-82). Upper Saddle River, NJ: Merrill Prentice Hall.

Benjamin, C. (1996). *Problem solving in school.* Upper Saddle River, NJ: Merrill Prentice Hall.

Brinckerhoff, L. C. Shaw, S. F., & McGuire, J. M. (2002). *Promoting postsecondary education for students with learning disabilities* (2nd ed.). Austin, TX: Pro. Ed.

Brolin, D. E. (1997). *Life centered career education: A competency-based approach*(5th ed., p. 12-13). Arlington, VA: The Council for Exceptional Children.

Brolin D. E., & Lloyd, R. J. (2004). *Career development and transition services: A functional life skills approach* (4th ed.). Upper Saddle River, NJ: Merrill Prentice Hall.

deFur, S. H., Getzel, E. E., & Trossi, K. (1996). Making the postsecondary education match: A role for transition planning. *Journal of Vocational Rehabilitation, 6*, 231-240.

Ferguson, P. M., & Ferguson, D. L. (2000). The promise of adulthood. In M. E. Snell & F. Brown(Eds.), *Instruction of students with severe disabilities* (5th ed.)(pp. 629-656). Upper Saddle River, NJ: Prentice Hall.

Field, S., & Hoffman, A. (1994). Development of a model for self-determination. *Career development for Exceptional Individuals, 17*(2), 159-169.

Gartin, B. C., Rumrill, P., & Serebreni, R. (1996). The higher education transition model: Guidelines for facilitating college transition among college-bound students with disabilities. *Teaching*

Exceptional Children, 29(1), 30-33.

Getzel, E. E., & Briel, L. W. (2006). Pursuing postsecondary education opportunities for individuals with disabilities. In P. Wehman (Eds.) *Life beyond the classroom*(4th ed.)(pp. 355-368). Baltimore: Paul Brookes.

Getzel, E. E., Briel, L. W., & Kregel, J. (2000). Comprehensive career planning: The VCU career connections program. *Journal of Work, 14,* 41-49.

Getzel, E. E., McManus, S., & Briel, L. W. (2004). An effective model for college students with learning disabilities and attention Deficit hyperactivity disorders. from. www.ncsert.org/publications/researchtopractice/NCSETReserchBrief_3.1.pdf

Halpern, A. S. (1985). Transition: A look at the foundations. *Exceptional Children, 51*(6), 479-486.

Halpern, A. S. (1992). Transition: Old wine in new bottles. *Exceptional Children, 58*(3), 202-211.

Halpern, A. S. (1994). The transition of youth with disabilities to adult life: A position statement of the division on career development and transition. *the council for exceptional children. Career Development for Exceptional Individuals,* 17, 115-124.

Johnson, D. R. (2005). Key provisions on transition: A comparison of IDEA 1997 and IDEA 2004. *Career Development for Exceptional Individuals, 28,* 60-63.

Johnson, J., & Rusch, F. (1993). Secondary special education and transition services: Identification and recommendations for future research and demonstration. *Career Development for Exceptional Individuals, 16*(1), l-18.

Kim, K., & Turnbull, A. P. (2004). Transition to adulthood for students with severe intellectual disabilities: Shifting toward person-family interdependent planning. *Research and Practice for Persons with Severe Disabilities,* 29, 53-57.

Kohler, P. (1996). Taxonomy for transition programming. Linking resarch and practice. Champaign, IL: Transition Researh Institute. University of Illinois at champaign-Urbans.

Kohler, P. (1998). Implementing a transition perspective of education. In F. Rusch & J. Chadsey(Eds.), *Beyond high school: Transition from school to work* (pp. 179-205). Belmont, CA: Wadworth Publishing.

Kohler, P., DeStefano, L., Wermuth, T. R., Grayson, T. E., & McGinty, S. (1994). An analysis of exemplary transition programs: How and why are they selected? *Career Development for Exceptional Individuals, 17,* 187-202.

Kohler, P., Gothberg, J. E., Fowler, C., & Coyle, J. (2016). *Taxonomy for transition programming 2.0: A model for planning, organizing, and evaluating transition education, services, and programs.* Kalamazoo, MI. Western Michigan University. Available at www.transitionta.org.

Lichtenstein, S. (1998). Characteristics of youth and young adults. In F. R. Rusch & J. G. Chadsey(Eds.), *Beyond high school: Transition from school to work* (pp. 3-31). Belmont, CA: Wadworth Publishing.

Mithaug, D. E., Whmeyer, M. L., Agran, M., Martin, J. E., & Palmer, S. (1998). The self-determined learning model of instruction. In M. L. Wehmyer & D. J., Sands(Eds.), *Making it happen: Student involvement in education planning, decision making, and instruction* (pp. 229-328). Baltimore: Paul H. Brookes.

Sitlington, P. L., & Clark, G. M. (2005). *Transition education and services for students with disabilities*(4th ed.). Boston: Allyn and Bacou.

Szymanski, E. M. (1994). Transition: Life-span, life-space considerations for empowerment. *Exceptional Children, 60*, 402-410.

Wehmeyer, M. L. (1996). Self-determination as an education all outcome: How does it relate to the education needs of our children and youth? In D. J. Sands & M. L. Wehmeyer (Eds.), *Self-determination across the life span: Independence and choice for people with disabilities* (pp.17-36). Baltimore: Brookes.

Wehmeyer, M. L., & Schwartz, M. (1997). Self-determination and positive adult outcomes: A follow-up study of youth with mental retardation or learning disabilities. *Exceptional Children, 63*, 245-255.

Wehmeyer, M. L., & Schwartz, M. (1998). The Self-determination focus of transition goals for students with mental retardation. *Career Development of Exceptional Individuals, 21*, 75-86.

Will, M. (1984). *OSERS programming for the transition of youth with disabilities: Bridges form school to working life.* Washington, D. C.: U. S. Office of Special Education and Rehabilitative Services.

2
PART

영역별 교육

Chapter 08 시각장애교육

Chapter 09 청각장애교육

Chapter 10 지적장애교육

Chapter 11 지체장애 및 건강장애교육

Chapter 12 정서 · 행동장애교육

Chapter 13 자폐증스펙트럼 장애교육

Chapter 14 의사소통장애교육

Chapter 15 학습장애교육

Chapter

08 시각장애교육

인간은 시각을 통하여 주위에 있는 사람의 얼굴과 표정, 사물 등을 인식하고 문자를 식별하거나 공간 안에서 행동을 조절하는데(이해균, 2006), 이러한 중요한 정보를 받아들이게 되는 시각에 여러 가지 원인으로 문제가 발생하면 시각장애가 발생하게 된다.

시각장애는 선천적 또는 후천적 요인에 의해 보지 못하거나 혹은 보조기기의 활용 및 환경의 개선이 없이 시각적 과제수행을 하는 데 문제가 있는 것으로 정의될 수 있다(김정현, 2007). 이러한 시각장애아동의 정의에 있어서 가장 중요한 개념은 전통적으로 시력(visual acuity), 즉 얼마나 잘 볼 수 있느냐가 중요했다. 아동이 학습하는 데 있어 가장 중요한 감각이 바로 시력이기 때문이다. 그러나 최근 들어 일반학교에 통합되어 있는 저시력학생에 대한 교육 서비스가 증가하게 되면서부터 시력 정도 이외에 시기능(Visual Functioning)이 중요한 요소로 다루어지고 있다. 따라서 여기서는 주로 시각장애에 대한 정의, 눈의 구조와 질환, 발견과 시력평가, 학습 환경의 수정 등을 통해 전반적으로 시각장애아동의 교육에 대해 알아봄과 동시에 저시력학생의 지도에 대한 내용을 일부 다루고자 한다.

I 시각장애에 대한 이해

1. 시각장애의 정의

일반적으로 시각장애는 의학적 · 법적 · 교육적 정의로 나누어 볼 수 있다.

가. 의학적 정의

의학적 정의는 주로 시력과 시야, 광각, 색각 등에 의해 결정되는데(박중휘, 2006), 시력

* 김정현(백석대학교 특수교육과)

(visual acuity)은 물체의 존재 및 그 형태를 인식하는 능력을 말하는 것으로 눈의 가장 본질적인 기능에 속하는 이 능력을 측정함으로써 눈의 기능 상태를 가장 단적으로 파악할 수 있다(이진학 외, 2008). 시야(visual field)는 눈으로 한 점을 주시하고 있을 때 볼 수 있는 외계의 범위를 말하는 것으로(이진학 외, 2008) 정상적인 시야의 범위는 가로 150°, 세로 120° 정도인데, 시야검사 결과 협착(contraction), 감도저하(depression), 암점(scotoma) 등으로 인한 시야결손이 나타나면 시야장애를 가지게 된다.

광각은 빛을 느끼는 기능, 즉 빛의 유무를 판단하며 빛의 강도 차이를 구별할 수 있는 능력을 발하는 것으로 여기에는 암순응이 불량하여 어두운 곳에서 물체를 잘 식별하지 못하는 야맹과 밝은 곳에서 물체의 식별이 어려운 주맹이 있다.

색각(color vision)은 가시광선 중 파장의 차이에 따르는 물체의 색을 구별하여 인식하는 능력을 말하며, 색약과 색맹과 같은 색각 이상과 무색의 물체가 착색되어 보이는 색시증이 있다(이진학 외, 2008).

나. 법적 정의

일반적으로 시각장애는 교정시력*이 20/70(0.3) 이하인 경우를 말하며, 이것을 다시 맹과 저시력으로 나누어 볼 수 있는데 그 기준은 20/200(0.1)이다. 우리나라 시각장애의 정의는 「장애인복지법」과 「장애인 등에 대한 특수교육법」에 근거하고 있다.

2008년에 개정된 「장애인복지법 시행규칙」의 별표에 시각장애를 6등급으로 나누어 제시해 놓고 있다.

가. 장애의 정도가 심한 장애인

1) 좋은 눈의 시력(공인된 시력표로 측정한 것을 말하며, 굴절이상이 있는 사람은 최대 교정시력을 기준으로 한다. 이하 같다)이 0.06 이하인 사람
2) 두 눈의 시야가 각각 모든 방향에서 5도 이하로 남은 사람

나. 장애의 정도가 심하지 않은 장애인

1) 좋은 눈의 시력이 0.2 이하인 사람
2) 두 눈의 시야가 각각 모든 방향에서 10도 이하로 남은 사람
3) 두 눈의 시야가 각각 정상시야의 50퍼센트 이상 감소한 사람
4) 나쁜 눈의 시력이 0.02 이하인 사람
5) 두 눈의 중심 시야에서 20도 이내에 겹보임[복시(複視)]이 있는 사람

* 교정시력이란 굴절이상 등이 있는 눈에 렌즈나 기타 보조기구를 처방하여 시력을 개선한 다음 측정한 시력을 말함.

「장애인 등에 대한 특수교육법 시행령」 별표의 특수교육대상자 선정기준에서 시각장애와 관련한 사항을 보면 다음과 같다.

시각계의 손상이 심하여 시각 기능을 전혀 이용하지 못하거나 보조공학기기의 지원을 받아야 시각적 과제를 수행할 수 있는 사람으로서 시각에 의한 학습이 곤란하여 특정의 광학기구 · 학습매체 등을 통하여 학습하거나 촉각 또는 청각을 학습의 주요 수단으로 사용하는 사람

다. 교육적 정의

일반적으로 교육적 정의에는 교육적 맹과 교육적 저시력이 있다. 교육적 맹은 학생이 시력을 학습의 주된 수단으로 사용하는 능력에 초점을 두고 내린 것으로 시력을 사용하지 않고 청각과 촉각 등 다른 감각으로 학습하는 아동을 말하며, 교육적 저시력은 시력을 학습의 주된 수단으로 사용하는 경우를 말한다(임안수, 2008).

국립특수교육원(1999)에서는 교육적 정의를 시각장애, 맹, 저시력으로 나누어 제시하고 있다.

- **시각장애:** 두 눈 중 좋은 쪽 눈의 교정시력이 0.3 미만이거나 교정한 상태에서 학습 활동에 어려움을 겪는 자
- **맹:** 두 눈 중 좋은 쪽 눈의 교정시력이 0.05 미만이거나 두 눈 중 좋은 쪽 눈의 시야가 20도 이하인 자 또는 학습에 시각을 주된 수단으로 사용하지 못하고 촉각이나 청각을 주된 수단으로 사용하는 자
- **저시력:** 두 눈의 교정시력이 0.05 이상 0.3 미만인 자 또는 저시력 기구나 시각적 환경이나 방법의 수정 및 개선을 통하여 시각적 과제를 학습할 수 있는 자

2. 시각장애의 특성

시각장애학생은 시각의 장애로 인하여 세 가지 기본적인 제한성을 가지게 된다. 첫째는 경험의 범위와 다양성의 제한성이고, 둘째는 보행능력의 제한성이며, 셋째는 환경과의 상호작용의 제한성이다(Lowenfeld, 1950).

이러한 제한성의 극복을 위해 박중휘(2006)는 올바른 개념 형성을 위해 다양한 경험의 기회를 마련해 주는 것이 필요하며, 잔존시력은 물론 촉각, 청각, 후각, 미각 등의 다감각 기능을 길러 주어야 하고, 문자 지도에 있어서도 촉각을 이용한 점자와 청각을 이용한 녹음자료와 음성파일 자료 등을 활용하여야 한다고 하였다.

또한, 보행능력의 제한성을 극복하기 위해서는 보행훈련이 필요하며, 환경과의 상호작용의 제한성을 줄이기 위하여 일상생활훈련과 사회성 강화 교육의 필요성을 지적하였다.

시각장애학생의 특성을 신체적 측면, 지적 측면, 그러면 사회적 측면에서 살펴보면 다음과 같다.

가. 신체적 측면

시각장애학생은 몸을 흔들고, 머리를 내저으며, 눈을 비비는 것과 같은 사회적으로 부적절한 행동인 상동화 행동(stereotyped behavior)*을 보이는 경우가 많다. 이러한 시각장애학생의 상동화 행동은 다른 사람에게 부정적인 영향을 줄 수 있는데, 예를 들면 시각장애학생이 계속 눈을 비벼 눈 주위가 벌겋게 되면 다른 사람에게 좋지 못한 인상을 주게 되거나, 부모로 하여금 상동화 행동을 보고 발달지체, 자폐증 또는 정서장애가 있는 것이 아닌가 하는 불안감을 갖게 한다. 시각장애학생은 상동화 행동을 함으로써 다른 학생에게 놀림을 받고, 사회적으로 고립되며, 점차 환경으로부터 일탈하게 되고, 신체적 자해행위도 하게 된다. 이러한 상동화 행동을 제거하기 위하여 교사는 그 행동의 빈도와 강도를 평가하고, 그 행동이 발생하는 시기, 원인, 결과 등을 고려하여야 한다(임안수, 2008).

기초적인 체력이나 기본적인 운동발달에 시각장애 그 자체가 영향을 주지는 않지만 시각장애학생 중에는 체력적으로 약하거나 운동능력이 뒤떨어지는 학생이 많다. 이의 원인으로는 운동량의 부족과 운동경험의 제한 등을 들 수 있다. 시각장애학생의 체력과 운동능력에 관한 연구에서 시각장애학생은 여러 가지 측면에서 발달이 지체된다는 것이 지적되었다. 시각장애학생에게 정안학생과 같은 형태의 발달을 기대하기 위해서는 주위 운동 환경의 조성과 더불어 적절한 운동 기회를 많이 제공해야 한다(국립특수교육원, 1998).

나. 지적 측면

우리나라에서 시각장애학생에게 적용할 수 있도록 개발된 지능검사 도구는 거의 없으며, 적용 가능한 표준화 검사도구는 한국교육개발원에서 표준화한 웩슬러 아동용 지능검사(KEDL-WISC)와 한국판 웩슬러 성인용 지능검사(K-WAIS)의 언어성 하위검사 등이 있으나, 동작성 지능은 측정이 어렵다. 시각장애학생과 정안학생의 지능 비교에서는 사용된 지능검사, 샘플링의 방법 등에서 다소 차이가 있지만 시각장애아동의 평균지능은 정안학생과 크게 차이가 없는 것으로 결론 내릴 수 있다(이해균, 2006).

선천성 시각장애학생은 시각적 모방이 제한되어 있어 언어발달이 지연되며, 의미를 모르고 사용하는 낱말이 많다. 또한 언어 사용에 있어서 빈도는 다양하지만 추상적인 표현이 많아 언어유희(verbalism)에 빠지기 쉽다. 대화의 특징은 음성의 다양성이 부족하고

* 과거에는 이러한 행동을 맹인의 매너리즘(mannerisms of the blind) 또는 맹인벽(blindism)이라고 하였음.

말을 크게 하는 경향이 있으며, 말의 속도가 느리고 몸짓이나 입술의 움직임이 적은 편이다. 따라서 언어발달에 있어서 시각적 모방이 불가능하여 언어발달에 지체를 가져올 경우 시각적 경험과 관련된 언어지도에 있어 특별히 유의하여 지도해야 한다.

이해균(2006)에 의하면 학습과 기억은 시각장애학생의 대뇌의 지적 기능을 담당하는 부위에 장애 영향을 미치는 병인이 없는 한 정안학생과 비교해서 질적인 차이는 없다. 또한 촉각이나 청각적 자극을 이용한 학습이나 기억의 연구에 관해서도 시각장애학생과 정안 학생 사이에 뚜렷한 차이가 나타나지 않았다. 시각장애학교에서 동작모방이나 촉각지도 등을 중시하는 것은 시각경험 부족을 보상하기 위해 행위적 표상을 통한 학습을 경험적으로 적용하기 위한 것이다.

다. 사회적 측면

시각장애학생의 행동발달은 청각적인 자극에 의해 능동적인 성향을 유발하거나 유지시키는 데 효과가 크지 않기 때문에 시각장애유아의 성격은 조용한 상태의 수동적인 성향을 가지게 되며(Bower, 1977), 나아가 시각장애학생의 대인관계는 소극적일 뿐만 아니라 사회나 환경에 대해서도 능동적으로 대처하는 경향이 적다. 따라서 유아기의 모사관계나 그 후의 대인관계의 원만한 성립을 위해서라도 단순히 장애에 따른 어려움에만 주목하기보다는 시각장애학생과 주위 사람과의 관계에 대해서도 배려하는 것이 중요하다.

시각장애학교에 재학하고 있는 시각장애학생은 작업능력 등의 신체적 능력이 정안학생에 비해 뚜렷이 떨어졌으나 사회화, 커뮤니케이션, 책임수행 능력, 신변자립 등에 있어서는 차이가 크지 않은 것으로 나타났다(佐藤泰正, 1974). 사회화의 관계에서 시각적인 모델링이 어려운 문제는 부모나 교사의 직접적인 지시에 의한 것이 아니라 다른 사람의 관찰에 의한 것이어서 그 영향력이 약할 뿐만 아니라, 행동형성을 위한 자율성을 획득해 가는 과정에서 이루어지는 것이다. 따라서 시각장애학생은 부모나 교사로부터 관리되는 사회적 통제나 타인에 의한 통제를 통하여 자신을 관리하는 능력을 습득해 간다는 점에서 사회화의 의미는 대단히 크다.

사회화 기술은 때때로 시각장애학생의 교육에서 간과되는 경향이 있다. 그러나 이 기술은 학생의 학교 경험과 전반적인 삶의 질에서 매우 중요하다. 더욱이 많은 사회화 기술은 관찰과 우발학습을 통하여 습득되기 때문에 시각장애학생은 이러한 기술을 발달시키는 데 큰 어려움을 겪게 된다. 이러한 기술에는 차례 기다리기, 다른 사람에게 주목하기, 대화를 시작하고 계속하기, 같은 연령의 정안 아동이 흔히 사용하는 표현이나 행동을 이해하고 사용하기 등이 포함된다.

Ⅱ 눈의 구조와 질환

눈은 크게 눈알(안구)과 눈부속기관으로 이루어져 있다. 눈알은 외막, 중막, 내막의 세 겹이 방수, 수정체, 유리체를 감싸고 있으며, 눈부속기관은 안와, 눈꺼풀, 결막, 눈물기관, 외안근, 신경 및 혈관조직으로 이루어져 있다.

외막은 크게 각막과 공막으로 이루어져 있으며, 눈알의 가장 겉면을 이루고 있는 무혈관성 섬유층이다(이진학 외, 2008). 공막은 외막의 뒷부분 5/6를 차지하는 치밀한 섬유조직으로 하얗고 단단하며, 눈알의 형태를 유지하고 외안근이 부착되므로 안구 운동의 지주 역할을 한다. 각막은 외막의 앞쪽 1/6을 차지하고, 평균 두께는 주변부가 1mm이고, 중심부는 0.6mm이며, 직경은 11.5mm이다. 각막은 투명한데, 그 이유는 교원섬유가 균일하고, 혈관이 없으며, 조직이 상대적으로 건조하기 때문이며, 주요 기능은 안구를 보호하는 방어막의 역할과 광선을 굴절시켜 망막에 도달시키는 창으로서의 역할을 한다. 각막 관련 질환에는 각막염, 각막궤양, 각막외상, 원추각막, 각막반흔 등이 있다.

중막은 포도막이라고도 하며 홍채, 섬모체, 맥락막으로 구성되어 있다. 홍채는 중막의 가장 앞부분에 있는 얇은 원반 모양의 조직으로, 각막과 수정체 사이에 있으며, 홍채 가운데에 구멍이 있는데 이를 동공이라 한다. 홍채 중심에 있는 동공은 빛의 양에 따라서 눈으로 들어오는 광선의 양을 조절한다. 즉, 빛이 강하면 동공 괄약근의 작용으로 축동되고, 빛이 약하면 동공 산대근이 산동되어 빛의 양을 적당하게 조절한다. 맥락막은 망막과 공막 사이에 위치하여 망막의 바깥 1/3 부분의 대사작용을 주관하고, 공막을 통하여 들어오는 광선을 풍부한 색소로 차단한다. 섬모체는 망막의 거상연 전방에 위치하며, 섬모체돌기와 섬모체소대의 기반이 된다. 중막 관련 질환에는 무홍채안, 베세트병 등이 있다.

내막은 망막으로 더 많이 알려져 있다. 망막은 10층으로 되어 있는데, 이 중 시세포층에는 원뿔세포(추체)와 막대세포(간체)가 있어 빛, 색깔, 물체의 형태를 느낀다. 원뿔세포는 안저의 중심부에 많이 존재하며 주변부로 갈수록 적어지고, 막대세포는 안저 주변부에 많고 중심부에는 적다. 원뿔세포는 밝은 곳에서 물체의 형태와 색깔을 가장 예민하게 판단하고, 막대세포는 어두운 곳에서 원뿔세포가 감각하지 못하는 미약한 광선을 느낀다. 내막 관련 질환에는 당뇨병성망막증, 미숙아망막증, 망막박리, 망막모세포종, 망막색소변성, 황반변성, 백색증, 추체이영양증 등이 있다.

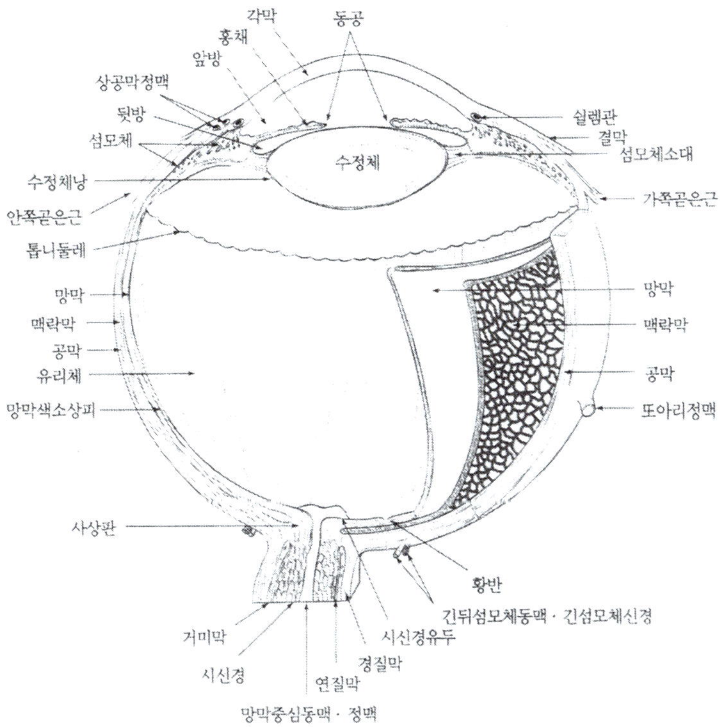

출처: 이진학 외(2008).

[그림 8-1] **눈알의 구조**

안내용물에는 수정체, 유리체, 방수, 섬모체소대가 있다. 수정체는 동공의 바로 후방에 위치한 볼록하고 무혈관성의 조직으로 색깔이 없으며, 어른의 경우 지름이 약 9mm, 두께는 4mm인 투명한 조직이다. 수정체의 기능은 망막에 광선의 초점을 맞추기 위하여 각막 다음으로 큰 굴절을 일으킨다. 유리체는 수정체와 망막 사이의 공간을 채우고 있는 반고형, 젤리형의 무혈관성 투명 조직으로, 눈알의 2/3를 차지하며, 기능은 그 내압으로 눈알의 외형을 유지하고, 망막을 눈알 내면에 밀착시키는 작용을 한다. 방수는 앞방과 뒷방에 차 있는 무색의 투명한 액체로 부피는 약 0.2cc이며, 주요 기능은 수정체, 망막, 각막의 대사에 필요한 영양을 공급하고, 일정한 안압을 유지하게 한다. 섬모체소대는 수정체를 고정시키고 수정체의 두께를 조절한다. 수정체 관련 질환에는 백내장이 있으며, 방수 관련 질환에는 녹내장이 있다.

눈부속기관에는 눈알을 둘러싸고 있는 안와, 눈알과 안와를 덮고 있는 눈꺼풀, 눈꺼풀판결막과 눈알결막 그리고 구석결막으로 구성된 결박, 눈물을 생산하고 배출하는 눈물기관, 눈알 운동과 지지의 역할을 하는 외안근 등으로 구성되어 있다.

Ⅲ 발견과 시력평가

일반적으로 맹학생은 특수학교(시각장애학교)에서 대부분 교육을 받고 있다. 그러나 아직 다수의 시각장애학생들이 특수교육서비스를 받지 못하고 있는 실정이다. 왜냐하면 맹학생의 발견은 쉽지만, 상대적으로 저시력학생에 대한 발견이 쉽지 않기 때문이다. 저시력학생의 발견이 쉽지 않은 이유는 대부분의 저시력학생들이 자신의 문제를 타인에게 잘 이야기하지 않기 때문인데 그 구체적인 이유를 정리해 보면 다음과 같다(임안수 외, 2005).

첫째, 정안학생처럼 대접받고 싶은 강한 열망을 들 수 있다. 잘 보지 못한다든지, 보이지 않는다고 하면 차별대우를 받을지 모른다는 두려움이 있기 때문이다. 정안학생은 '그렇게까지 신경을 쓰지 않아도 되는데'라고 쉽게 생각할 수 있으나, 저시력학생들이 이렇게까지 생각하는 데에는 사회의 책임이 크다고 할 수 있다.

둘째, 제대로 볼 수 없다는 사실과 상태를 여러 사람에게 이해시키려면 초조해지고 지쳐서 포기해 버리기 때문이다. 예를 들어, 일반학급에서 학습하고 있는 저시력학생이 칠판에 적힌 글씨가 보이지 않는다고 하면 대부분의 교사는 칠판 가까운 쪽으로 학생을 배치한다.

셋째, 보이지 않는 것을 표현하는 표현능력 부족을 들 수 있다. 특히 맹학교의 초등부 학생이나 일반 초등학교에 다니는 학생은 자신이 보이지 않는 것을 표현하는 표현력이 부족할 때가 많다. 앞에서 말한 것과 같이 보이지 않는 것을 규정하는 요인은 아주 많고 복잡하기 때문에 보이지 않는 상태를 정확하게 표현하는 것은 어렵다.

넷째, 저시력학생 본인의 보이지 않는 상태에 대한 인식 부족을 들 수 있다. 보이지 않는 상태가 늘 계속되어 왔기 때문에 잘 보이는 상태와 비교해서 잘 보이지 않는 것이 어떤 것인지 몰라서 제대로 표현할 수 없는 경우가 있다. 환경을 바꿔서 조금 더 잘 보이게 조치를 해도 효과가 크지 않을 때가 많아서 얼마만큼 잘 보이는지 모르며 잘 보이는 상태에 대한 인식이 부족해진다.

1. 발견

시각장애의 발견은 주로 외모 관찰, 행동 관찰, 학업성취 관찰을 통해서 이루어지는데(임안수, 2008), 그 구체적인 내용은 다음과 같다.

가. 외모 관찰

교사나 부모의 입장에서 눈의 외모를 잘 관찰함으로써 시력장애를 발견할 수 있다. 일반적으로 정상적인 눈은 깨끗하고, 앞을 똑바로 응시하며, 두 눈이 안정되어 함께 움직여 물체를 볼 수 있다. 그러나 시력에 장애가 있는 눈은 다음과 같은 증상을 보인다.

- 사물을 볼 때 눈을 자주 깜박거린다.
- 눈을 자주 비빈다.
- 눈·손 협응이 잘 안 된다
- 눈동자가 계속 움직인다.
- 사시가 있어 언제나 한 쪽(외측 또는 내측)으로 본다.
- 눈이나 눈꺼풀(안검)이 충혈되고 눈물이 난다.
- 눈꺼풀이 처지거나 부어 있다.
- 각막이 혼탁하다.

나. 행동 관찰

교사나 부모는 다음과 같은 아동의 행동을 통해 시력장애를 발견할 수 있다.

- 책을 읽을 때, 눈을 움직이는 대신 머리를 앞·뒤로 움직이거나 기울인다.
- 주의집중력이 짧고, 자주 멍한 표정을 짓는다.
- 자주 물건에 걸려 넘어진다.
- 한 눈만을 사용하기 때문에 머리를 돌린다.
- 손가락으로 줄을 짚으면서 읽는다.
- 읽고 쓸 때의 거리, 즉 눈과 책(공책)과의 거리가 매우 가깝거나 멀다.
- 글씨를 쓰거나 읽을 때 얼굴을 찡그린다.
- 책을 읽거나 원거리 물체를 볼 때 자세가 굳어진다.
- 머리를 한쪽으로 기울인다.

다. 학업성취 관찰

- 학업 성적과 학습량이 일정하지 않다.
- 학습 시간에 주의집중 시간이 짧다.
- 오랜 시간 독서할 때 읽는 속도가 떨어진다.
- 자신이 쓴 글씨를 읽지 못한다.

- 구두시험과 필기시험 점수의 차이가 크다.
- 말하기 능력보다 쓰기 능력이 훨씬 떨어진다(Jose, 1983).
- 그래프에서 특정 정보를 찾기 힘들다.
- 긴 문장을 읽는 데 어려움을 느낀다.
- 사전에 기록된 글씨를 읽지 못한다.

2. 평가

시각장애학생의 시력평가는 크게 객관적 평가와 주관적 평가로 나누는데, 객관적 평가는 주로 안과의사에 의해 평가되는 눈의 외모와 안저 반응, 양안의 위치 및 안구 운동, 안진 검사에 대한 반응 등이 있으며, 주관적 평가에는 원거리시력평가, 근거리시력평가, 시야·색각검사, 대비감도검사, 기능시력평가 등이 포함된다(임안수, 2008).

가. 시력평가

시력은 물체의 존재와 형태를 인식하는 능력이라고 말할 수 있으며, 이것은 다음과 같은 여러 기능이 복합된 종합 감각이라고 할 수 있다(이진학 외, 2008).

- **최소가시시력**: 눈으로 느낄 수 있는 최소 광선량을 말하며, 광선에 대한 망막의 감도를 말한다.
- **최소분리시력**: 떨어져 있는 두 점을 두 개로 인식할 수 있는 점의 최소 간격을 말하며, 눈의 해상력이라고 한다.
- **최소가독시력**: 읽고 판단할 수 있는 문자나 형태의 최소 크기이며, 여기에는 눈의 생리적 기능 외에 심리적 요인(지능, 주의력) 등이 많이 관여한다.

이러한 시력의 평가에는 크게 두 가지가 있다. 법적 맹의 여부와 저시력 기구의 배율을 결정하기 위해 실시하는 원거리시력평가와 적합한 글자 크기와 저시력 기구의 처방 시에 중요한 근거리시력평가가 있다.

1) 단위와 시표

국제안과학회(1909, 1929)에서는 지름이 7.5mm, 폭이 1.5mm인 란돌트 고리를 그려 그 고리와 1.5mm의 간격을 두었을 때를 표준시표로 하고, 5m 거리에서 그 간격의 방향을 알아맞히게 하여 이보다 작은 시표를 식별하지 못하는 시력을 1.0으로 했다. 5m에서 최소시각이 2분이 되는 눈의 시력은 0.5, 최소시각이 10분이면 0.1, 최소시각이 30초이면

2.0이 되는 식으로 기록했다. 따라서 시력은 최소시각에 반비례한다(이진학 외, 2008).

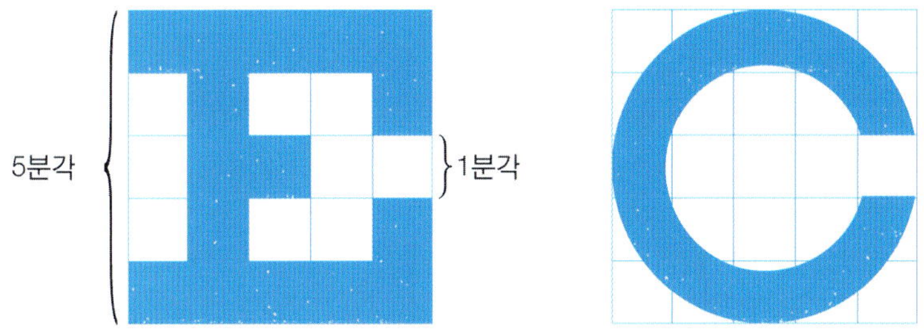

[그림 8-2] 스넬렌 E와 란톨트 고리

2) 시력측정

우리나라의 대표적인 원거리 시력표에는 한식표준 시시력표(한식표준 5m 시시력표, 한식 표준 3m 시시력표 등), 청산 시력표, 진용한 시력표 등이 있다(임안수, 2008). 과거에는 주로 국제 안과학회 기준의 한식 시시력표를 많이 사용하였으나 근래에는 1994년 ISO의 기준에 맞게 1997년부터 제작한 진용한 시력표를 많이 활용하고 있다.

여기서는 진용한 시력표의 측정방법에 대해 알아보자(http://www.jvinstitute.net/).

① 검사 장소는 조명 수준이 300~500룩스 사이여야 한다.
② 시력표를 눈높이와 비슷한 위치에 고정시키고, 4m 거리에서 측정한다.
③ 우안부터 검사하고 다음에 좌안을 측정한다.
④ 큰 시표부터 차차 작은 시표를 읽게 하여 읽을 수 있는 최소 시표가 어디인지를 측정한다. 피검자로 하여금 최대한의 노력을 기울여 읽도록 하되 시간은 한 글자에 3초면 충분하다. 추측하여 맞춘 경우도 맞춘 것으로 인정한다.
⑤ 어린이의 경우에는 그림 시력표를 사용하기 전에 미리 앞에 와서 보고 그림 하나 하나의 이름을 아는가를 확인시키거나 알려 준 후에 실시한다.
⑥ 5개의 시표 중 한 줄에서 3개 이상을 맞추었을 때를 그 시력으로 한다.
⑦ 시력이 불량하여 0.1 시표도 맞추지 못하는 경우에는 가까이 다가가서 보게 한다. 2m 앞에 와서야 0.1의 시표를 읽을 수 있었다면 0.1의 4분지 2의 시력에 해당하므로 시력은 0.05가 된다(공식: 0.1×읽은 거리/4=시력).
⑧ 1m 거리에서도 맨 위의 글자를 읽을 수 없었다면 검사자의 손가락 수를 세게 한다. 50cm 거리에서 검사자의 손가락 수를 셀 수 있다면 시력은 '안전지수 50cm'라고 기록한다.

⑨ 손가락 수도 셀 수 없고 다만 눈앞에서 흔드는 손의 움직임만 알 수 있을 때 그 거리가 30cm라면 '안전수동 30cm'라고 한다.

⑩ 손의 움직임도 모르는 경우에는 빛을 비추어서 빛의 유무를 확인한다. 어두운지 밝은지 구별할 수 있다면 이를 '광각유(有)'라고 표시하고 그렇지 못한 경우는 '광각무(無)'라고 표시한다.

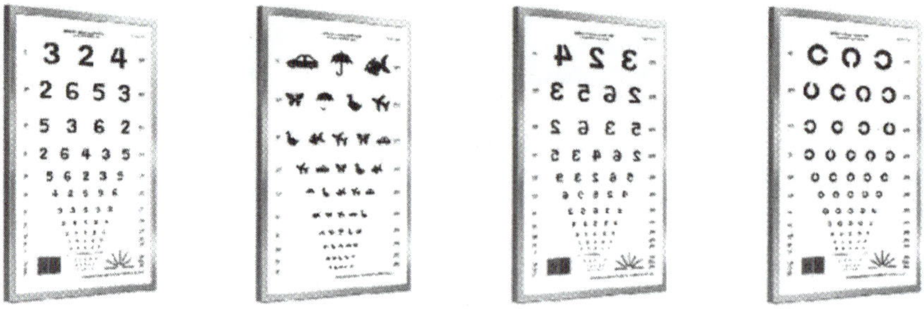

[그림 8-3] 진용한 시시력표

나. 시야 검사

시야는 한 점을 주시하고 있을 때 볼 수 있는 외계의 범위를 말하는 것으로 정상시야는 가로로 150도, 세로로 120도 정도이다. 망막색소변성이나 녹내장이 있으면 가장자리 시야부터 시야가 점차 줄어 터널시야 혹은 야맹 등의 현상이 나타나며, 황반변성이나 원뿔세포이영양증일 경우에는 가운데 시야에 검은 암점이 나타난다. 이와 같은 시야의 이상을 측정하기 위한 검사 방법에는 대면법, 탄젠트스크린법, 주변시야계법, 암슬러 격자 검사, 평면시야계법 등이 있다.

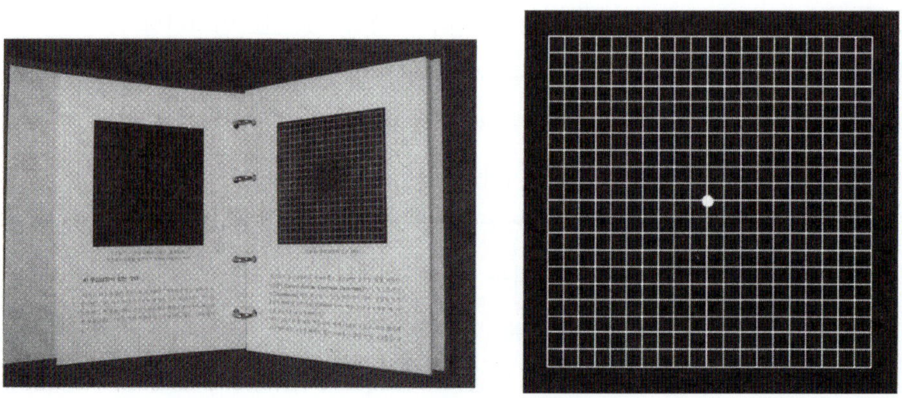

[그림 8-4] 암슬러 격자 검사

Ⅳ 학습 환경의 수정

학습 환경의 수정은 크게 주요 질환에 따른 교육적 조치와 주제별 환경 수정으로 나누어 살펴보고자 한다.

1. 주요 질환에 따른 교육적 조치

눈의 각 구조에 발생하는 주요 질환별 교육적 조치는 다음과 같다.

가. 홍채없음증

홍채없음증은 홍채가 사라지 않았거나 조금밖에 자라지 않은 상태를 말한다. 홍채가 눈으로 들어오는 빛의 양을 조절하는 역할을 하기 때문에 홍채없음증이 되면 아동의 눈에 필요한 빛보다 항상 많은 빛이 들어오게 된다. 따라서 홍채없음증에 대한 교육적 조치는 주로 과다한 빛을 어떻게 차단할 것인가에 초점을 맞춘다.

- 대비가 잘 된 학습 자료를 제공해야 한다. 특히 글자와 종이 사이에 충분한 대비가 이루어지도록 해야 한다.
- 창이 넓은 모자를 제공하거나 현재 착용하고 있는 안경 위에 덧씌워 착용이 가능한 색안경을 제공한다.
- 창문에서 떨어져 빛을 등지고 앉을 수 있는 자리에 앉게 한다.
- 밝은 조명보다 약간 어두운 조명이 좋다.

나. 백내장

- 책을 읽을 때 서견대를 사용하도록 한다.
- 시력은 백내장의 위치, 크기, 정도에 따라 다르므로 백내장이 수정체 주변에 있는 아동은 고도 조명을 해 주어야 하고, 중심부에 혼탁이 있는 아동은 낮은 조명을 해 주어야 한다.
- 안경을 끼면 일반적으로 중심 시력은 증가되지만 주변 시력이 감소되어 환경에서 안전한 보행에 영향을 미치므로 보행교육을 철저히 해야 한다.

다. 녹내장

- 정확한 시간에 안약을 투약해야 하므로 교사는 수업 중에도 약을 넣도록 지도한다.

- 녹내장이 진행되어 시야가 좁아진 아동은 독서할 때 읽는 줄을 자주 잃으므로 마커(예: 타이포스코프 등)를 사용하도록 한다.
- 시야가 좁은 경우 보행에 어려움이 있으므로 보행지도를 해야 한다.
- 피로와 스트레스로 인해 안압이 증가할 수 있으므로 스트레스를 받지 않도록 주의해야 한다.

라. 미숙아 망막병증

- 미숙아 망막증은 예후가 매우 불량하며, 20대 이후에 망막 박리가 일어날 가능성이 높다.
- 망막 박리가 예상되는 아동은 얼굴이나 머리 충격을 주의하도록 한다.

마. 망막색소변성

- 시야를 확장시키기 위하여 CCTV와 저시력 기구를 사용하도록 한다.
- 밝은 곳에서 어두운 곳으로 들어가면 암순응이 잘 이루어지지 않으므로 학생이 어두운 곳에 가거나 밤에는 야맹증이 있다는 것을 이해하고 지도해야 한다.
- 밝은 곳에서 눈이 부시므로 색안경이나 차양이 달린 모자를 써서 눈부심을 피하도록 한다.
- 망막색소변성은 진행성이므로 점자를 익히도록 해야 한다.

2. 주제별 환경 수정

가. 교실 및 학교 환경 수정

1) 좌석 위치 수정

대개 가운데 줄의 맨 앞자리에 앉으면 잘 볼 수 있으리라 생각하지만, 자리 배치를 고려할 때는 반드시 수명 현상의 영향을 직시해야 한다. 수명 현상이란 눈이 부셔 보이는 것을 말하는데, 어려서부터 시력이 손상되면 정상적인 경험이 부족할 수밖에 없기 때문에, 수명 현상이 존재함에도 불구하고 다른 학생들도 그렇게 보이려니 여기게 된다. 결국 그러한 시간이 어느 정도 지나게 되면 그 상황에 적응이 되어 수명에 의한 장애를 덜 인지하거나 혹은 그런 장애를 인식조차 하지 못하는 경우가 많다. 태양의 위치, 고도에 따라 다양한 각도로 빛이 교실에 들어오게 되며, 이 빛이 직접 학생에게 영향을 주거나 칠판 혹은 벽에 반사를 일으키게 된다. 이 경우 정상아동은 어느 정도 몸을 움직이거나 자리를 이동함으로써 보는 각도와 위치에 변화를 주어 문제를 해결하나 저시력아동은 여러 가지 기구를 이용하더라도 반사로 인한 문제를 완전히 다 해결할 수는 없다. 그러므로 가장 좋은 해결책은 가운데 줄을 기준으로 창이 있는 방향으로 한 줄 정도 건너가 앉으면 상당한 도움이 되며, 이 경우 굳이 맨 앞자리에 앉지 않아도 보는 데는 지장이 없으므로 동시에 자리 배정으로 인한 마찰도 해소되는 효과를 거둘 수 있다.

2) 자료의 확대

저시력학생은 잘 보이지는 않지만 시각을 활용한 교육이 가능하므로 학생 개개인의 시각 상태를 정확하게 파악해야 한다. 또한 개인의 특성에 맞는 교육적인 환경 조건을 구성하여 보유하고 있는 잔존시력을 최대한 활용할 수 있도록 하며 시각에 의한 인지능력을 높이고, 장애를 이해하고 극복하는 데 자신감을 잃지 않도록 지도해야 한다. 특히 과목별로 확대교과서를 제공하거나 광학보조기구나 확대독서기를 이용해서 교재를 읽을 수 있게 가르치는 것이 바람직하다(임안수 외, 2005).

3) 그림의 단순화

저시력학생은 한 지면을 보고 이해해야 하는 내용이 많거나 그림의 내용도 세세한 부분이 많으면 잘 이해하지 못한다. 그 대표적인 예가 지도인데 지도는 지형, 철도, 도로, 사적 등과 같은 많은 내용이 한 장의 지면에 복잡하게 들어 있다. 따라서 작은 글씨나 그림들이 복잡하게 가득 들어 있는 정보 중에서 필요한 정보를 선택적으로 봐야만 한다. 이렇게 복잡한 정보를 한꺼번에 제공하는 것보다는 저시력학생이 보기 쉬운 내용으로 구성하여 해안선이나 등고선 등과 같이 복잡하게 얽혀져 있는 것을 단순하게 고치거나, 지도에 있는 정보의 양을 줄여서 최소화하여 제공해야 한다. 특히 주의해야 할 것은 보아야 하는 내용에 색을 칠하여 강조하거나 굵은 선으로 그어 표시해 주면 많은 도움이 되기도 한다(임안수 외, 2005).

4) 색상 대비

그림이나 도형 등의 단순화와 함께 그림과 지면과의 색상 대비를 적절히 수정하면 망막의 상이 보다 명확해진다. 따라서 선이 가는 문자나 해상도 낮은 인쇄물 그리고 그림 등은 굵고 진한 글씨나 그림으로 개작하여 제공해야 한다. 저시력학생 중에는 색채 반응이 떨어지는 학생들이 많다. 그 까닭은 시력이 약한데다가 색각을 지니고 있는 황반부 주변에 암점이 있거나, 광학매체의 혼탁으로 빛이 난반사되기 때문이다. 또 저시력학생의 색채 반응은 색맹과는 다르므로 유의해야 한다. 그러나 색채 반응이 약하다고 해서 저시력학생용 교재에 색채를 이용한 표현을 피해도 좋다는 의미는 아니다. 인지하기 쉬운 색채는 저시력학생이 보기 쉬우므로 이 점을 고려해서 교재를 준비해야 한다.

교재를 만들거나 제시할 때 이처럼 색채 반응의 저하를 고려해서 알기 쉬운 배색을 사용해야 한다. 예를 들어, 채도가 약한 색이 서로 이웃하지 않도록 개작해야 하며, 같은 계열의 색을 사용할 때는 2도 이상의 명도 차이를 두어야 하며, 색과 색의 경계선에는 가능한 한 윤곽선을 그려 넣어야 한다. 그리고 판서에 사용하는 분필의 색은 가능한 한 대비가 뚜렷한 흰색이나 노란색을 사용하며, 빨강, 파랑, 녹색 분필은 될수록 사용하지 않는 것이 좋다. 또 보통 굵기의 분필보다는 굵은 분필로 글씨의 획을 굵게 써 주는 것이 좋다(임안수 외, 2005).

5) 조명의 조정

적절한 밝기를 유지하는 것 역시 잘 보이게 하는 요인 중의 하나이다. 일반적으로 조도가 점점 올라가면 1000Lux(룩스) 부근까지는 점점 잘 보이게 되며, 이 정도의 조도를 넘으면 한계에 달한다고 한다. 따라서 일반적으로는 조도를 높여 주는 것이 도움이 되지만 안질환에 따라서는 지나치게 밝으면 눈부심이 생겨서 잘 보이지 않는 학생도 있으므로 반드시 조도가 높을수록 도움이 되는 것만은 아니다. 특히 백내장, 백색증, 홍채결손, 전색맹과 같은 안질환은 수명을 느끼는 경우가 많으므로 조도를 낮추거나 차광용 안경을 쓰게 해서 수명을 일으키지 않도록 배려를 해야 한다. 즉, 조도도 저시력학생 개인에게 맞도록 적절한 처치를 해야 한다. 이처럼 개개인의 조건을 만족시키려면 교실 전체 조명만으로는 어려우므로 어느 정도의 조도를 보장하기 위한 전체 조명과 함께 스탠드를 사용해서 부분 조명을 해야 한다. 또한 직사광선을 바로 받으면 수명으로 인해 오히려 잘 보이지 않는 경우도 있다. 이때는 채광을 조절해야 하므로 교실에는 반드시 블라인드나 커튼을 설치해야 한다(임안수 외, 2005).

6) 책상의 선정

의자와 책상의 높이나 넓이는 KS규격으로 정해져 있다. 저시력학생도 KS규격 의자를 사용해도 별 지장이 없으나, 책상의 높이는 이 규격이 적절하다고는 할 수 없다. 왜냐하면 표준 규격으로 정한 책상의 높이는 정안학생을 대상으로 한 것으로, 39cm 이상의 시거리에서 작업하는 것을 전제로 하여, 피로감이 적고 바른 자세를 장시간 유지할 수 있도록 조금 높고 넓은 책상을 배려해야 편리하다. 적절한 책상의 높이에 대해서는 개인차가 있으므로 저시력학생에게 실제로 사용하게 해서 교사가 적절한 높이를 판단한다.

그리고 이상적으로는 책상 면이 약간 경사가 있으면 좋은 자세를 유지하는 데에 도움이 되기 때문에 책상의 경사면을 조절할 수 있으면 더욱 좋다(임안수 외, 2005).

7) 학용품 선정

학용품의 예로는 공책, 연필, 색연필, 지우개, 자, 삼각자 등을 들 수 있다. 저시력학생에게 적절한 학용품은 될 수 있는 대로 보기 쉽고 사용하기 쉬운 학용품이다. 일반적으로 판매되고 있는 학용품 중에는 저시력학생에게 잘 보이지 않는 것도 있고 잘 보이는 것도 있다. 먼저 일반적인 학용품 중에서 적절한 것을 골라 저시력학생이 효과적으로 사용할 수 있도록 지도하거나 도와주는 것도 좋은 방법이다. 그리고 공책에 있는 가는 선을 보기 쉬운 굵은 선으로 다시 그어 주는 등 보통 학용품을 개작하면 사용하기 쉬운데, 이와 같이 조금만 재구성해 주면 저시력학생이 쉽게 사용할 수 있는 것도 많다. 그러므로 저시력 학생을 위해 정안학생이 사용하는 학용품을 개작하여 제공하거나 일반적으로 구입하기 어려운 교재는 교사가 손수 저시력학생의 욕구에 맞게 적절하게 만들어서 제공해야 한다(임안수 외, 2005).

나. 컴퓨터 환경 수정

1) 마우스 활용

마우스의 크기가 작거나 혹은 그 반응 속도가 너무 빨라 사용상의 어려움을 갖는 경우가 많다. 이런 경우에는 우선 마우스의 크기를 크게 하고 또 반전의 기능을 선택하여 보다 선명하게 볼 수 있게 해 줄 수 있으며 또한 반응속도를 느리게 조절하여 보다 쉽게 마우스의 추적이 가능하게끔 해 주어야 한다.

2) 화면 색상 조절

컴퓨터 화면을 볼 때의 어려움은 대개 눈이 부시며, 색상 대비가 잘 되어 있지 않다는 점이다. 이러한 문제를 해결하기 위해 여러 가지 화면 배색 방법 중의 하나인 고대비를 활용하면 화면의 배경 색상과 글자색이 완연하게 구별되어 저시력학생이 사용하기 편리하다.

3) 글씨 크기 확대: Ctrl 키와 마우스의 휠을 돌려 화면의 글자 크기 조절

가장 쉽게 화면을 확대할 수 있는 방법으로 Ctrl 키를 누른 상태에서 마우스 위의 휠을 돌리면 화면이 축소되거나 확대가 되어 저시력학생이 사용하기에 적당하다. 나와 있는 대부분의 프로그램에 이 기능이 모두 적용되기 때문에 간단히 가르쳐서 활용할 수 있는 좋은 기능이라 할 수 있다.

4) 화면 배색 및 크기 조절(사이트 자체)

화면 확대 프로그램을 이용하거나 보조기기를 이용할 경우 화면의 글자가 일부 나타나지 않거나 화면의 내용이 오른쪽으로 감추어지는 경우가 있어 사용상의 어려움이 발생할 수 있는데, 이러한 문제점을 해결하기 위해 근래에 만들어진 사이트 중에는 장애인의 접근성을 고려하여 자체적으로 화면의 배색과 글자 크기를 조절해 주는 경우가 많다. 이를 이용하면 보다 쉽게 모니터의 정보에 접근할 수 있다.

5) 화면 확대 프로그램 사용

모니터의 글자가 너무 작은 경우 일반적으로 화면 확대 프로그램을 이용하여 글자를 크게 볼 수 있다. 윈도우즈에서 기본적으로 제공하는 프로그램을 이용할 수도 있으며, 시각장애 관련 기관에서 무료로 배포하는 다양한 기능의 화면 확대 프로그램을 이용할 수도 있다. 다양한 모양의 돋보기와 배율이 기본적으로 제공되며, 프로그램에 따라서는 고대비, 반전 등의 기능이 제공되기도 한다.

6) 보조 기구의 사용

컴퓨터에서 확대 프로그램의 사용이 불가능하거나 선호하지 않을 경우, 저시력학생에 따라서는 확대경이나 망원경과 같은 보조기기를 사용하여 모니터의 정보를 습득할 수도 있다. 개개의 시력 특성에 따라 다양한 접근 방법이 요구될 수 있기 때문에 다양한 방법에 의한 평가가 이루어져야 한다.

다. (비)광학 기구의 활용

1) 망원경(Telescope)

저시력학생의 작업과제나 선호에 따라 손잡이형 망원경(hand-held telescope), 클립형 망원경(clip-on telescope), 안경장착형 망원경(bioptic telescope), 전시야형 망원경(full-field telescope), 쌍안경(binoculars) 등을 사용할 수 있다. 주로 교실에서 판서하는 내용을 보거나 가게 간판, 버스 번호 등을 확인하는 데 사용한다.

2) 망원 현미경(Telemicroscope)

망원 현미경은 망원경의 대물렌즈 끝에 부가렌즈를 장착한 것을 말하는 것으로 20~100cm의 중간 작업거리가 필요한 경우에 사용한다. 가까운 거리에 있는 사물을 높은 배율로 보고자 할 때 사용한다.

3) 현미경(Microscope)

현미경은 2~20cm의 가까운 작업거리를 위해 사용한다. 많이 사용되지는 않으나 가끔씩 높은 배율을 통한 작업이 요구될 때 사용한다.

4) 확대경(Magnifier)

확대경은 저시력학생이 근거리 시력으로 짧은 기간 활동적인 일을 할 수 있도록 만들어졌는데, 사용할 때 손을 사용해야 하므로 양손을 사용해야 하는 작업에는 부적합하다는 단점이 있다. 종류로는 손잡이형 확대경, 스탠드형 확대경, 광원이 내장된 확대경, 막대확대경, 플렛배드 확대경 등이 있다.

5) 확대독서기(Closed Circuit Television; CCTV)

TV 수상기와 영상카메라를 이용하여 문자 등을 화면의 100배의 배율까지 확대가 가능하다. 줌렌즈에 의해 확대율을 연속적으로 바꿀 수 있고 음양화면의 교체에 따라 색상역전이나 화면의 밝기, 대비조절 등을 할 수 있다. 주로 오랫동안 책을 보거나 쓰기과제를 할 때 사용한다.

6) 독서대

많은 광학 기구들은 근거리 과제를 수행하는 데 사용된다. 이때 독서대를 사용하면 더욱 편리하게 과제를 수행할 수 있으므로 다양한 디자인의 독서대를 저시력 기구와 함께 사용하면 좋다. 독서대는 높이와 각도를 조절할 수 있고, 눈과 읽을 자료의 거리를 조절하여 피로를 줄일 수 있으므로 저시력학생이 오랫동안 읽을 수 있도록 해 준다.

7) 대비

물체와 배경의 대비가 높을수록 시감도는 증가하고, 눈부심이 있으면 물체와 배경이 유사한 색으로 보여 시감도는 떨어진다. 대비를 증가시키는 것은 적은 노력과 비용으로 저시력학생에게 도움을 줄 수 있다. 대비를 증가시키는 데는 보려는 물체의 밑이나 뒤에 물체와 대비가 잘 되는 색깔의 물체를 놓으면 된다. 예를 들면, 유리잔 밑에 짙은 색깔의 컵받침을 놓아 선명한 대비를 이루도록 한다. 타이포스코프는 대비를 높이고, 반사로 인한 눈부심을 막아 주며, 읽을 줄을 제시하므로 학생이 읽던 줄을 잃지 않는다. 또한 노란색 선글라스를 쓰면 대비를 높일 수 있다. 노란색 필터는 청색과 회색 및 자주색을 검은색으로 보이게 하는 경향이 있어 대비를 증가시킨다. 이러한 방법은 책을 읽는 데도 많은 도움을 준다. 책 페이지 위에 노란색 아세테이트 종이를 올려놓으면 흐릿하거나 컬러로 인쇄된 것이 검은색으로 보여 대비를 증가시킨다(임안수, 2008).

3. 점자지도

오늘날 시각장애인의 문자로 사용되고 있는 점자는 1829년 프랑스 파리맹학교의 교사였던 루이 브라유(Louis Braille)에 의해서 창안되었으며, 우리나라 점자는 1926년에 제생원 맹아부 교사였던 박두성에 의해 창안되었다.

점자는 6점으로 구성되어 있으며, 이 6개의 점을 조합하여 64개의 점형을 만들어서 각 점형에 특정한 의미의 문자를 배당하여 사용한다. 64개의 점형 중 하나의 점도 찍지 않은 빈칸을 제외한 63개의 점형을 초성자음 13자, 종성자음 14자, 모음 21자, 약자 27자, 약어 7개, 숫자, 문장 부호 등에 배정하여 사용하고 있다.

이와 같이 점자의 기본 구조는 묵자와 다르며, 그 특징은 다음과 같다(임안수, 2008).

첫째, 초성 자음과 종성 자음이 다르게 제자(製字)되어 있다.

둘째, 점자에서는 초성 'ㅇ'을 사용하지 않는다.

셋째, 초성 'ㄲ, ㄸ, ㅃ, ㅆ, ㅉ'을 적을 때에는, 앞의 'ㄱ, ㄷ, ㅂ, ㅅ, ㅈ' 대신 된소리표(⠠, 6점)를 적는다.

넷째, 부피를 줄이고, 읽기와 쓰기 속도를 증가시키기 위하여 27개의 약자와 7개의 약어를 사용한다.

다섯째, 약자 '영'은 그 앞에 'ㅅ, ㅆ, ㅈ, ㅉ, ㅊ'이 올 때에는 '엉'이 된다.

여섯째, 모음 겹글자 '얘'는 '야+이'가 아니라 '야+애'로, '위'는 '우+이'가 아니라 '우+애'로 쓴다.

일곱째, 모음 겹글자 '왜'는 '오+애'가 아니라 '와+애'로, '웨'는 '우+에'가 아니라 '워+애'로 쓴다.

여덟째, 점자는 모아쓰지 않고 풀어 쓴다. 예를 들면, '국'을 'ㄱ, ㅜ, ㄱ'으로 적는다.

이러한 점은 시각장애학생이 점자를 배우는 데 어려움이 있으므로 교사는 시각장애학생에게 점자를 가르칠 때, 이러한 특성에 유의해야 한다.

4. 보행지도

보행의 종류는 일반적으로 안내법, 지팡이 보행, 안내견 보행, 전자 보행 기구에 의한

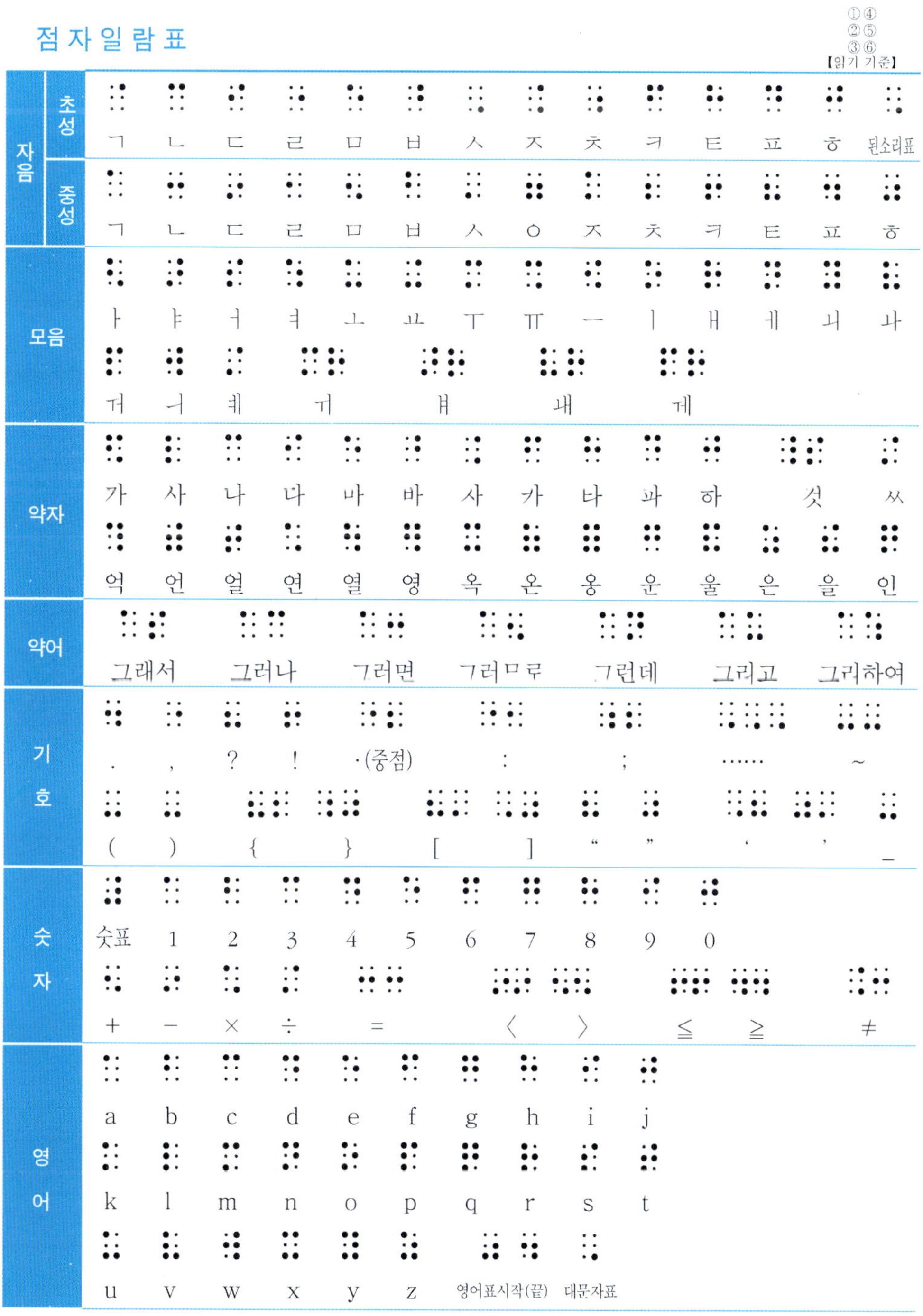

[그림 8-5] **점자일람표**

보행 등으로 나눌 수 있다. 안내법은 시각장애인이 안내자의 반 보 뒤에 서서 자신의 팔의 상박부와 전박부가 90도 각이 되게 하여 안내자의 팔꿈치 위를 잡고 안내자와 함께 보행하는 것을 말한다. 지팡이 보행은 긴 지팡이를 들고 탐침과 탐색을 통해 주변의 정보를 얻어 단독으로 보행하는 것을 말하는 것으로 일반적으로 안내법과 함께 가장 많이 사용되는 보행기법이다. 안내견 보행은 개를 이용하여 보행하는 방법으로 제1차 세계대전 중에 독일에서 실명 상이 용사들을 훈련시키기 위하여 최초의 안내견 학교가 설립되었고, 우리나라에서도 1994년에 삼성 안내견학교가 설립되어 안내견을 훈련시키고 있다(윤태산, 1996). 전자 보행 기구는 일정한 범위 또는 거리 내에서 환경을 지각하기 위하여 전파를 발사하고 그로부터 받은 정보를 처리하여 환경과 관계되는 정보를 사용자에게 알려 주는 기구(Farmer & Smith, 1980)를 이용한 보행기법으로서, 여기에는 진로 음향기, 모와트감각기, 소닉가이드, 레이저 지팡이들이 가장 널리 사용되고 있다.

전 망

시각장애교육은 기존의 특수학교를 중심으로 한 분리교육에서 일반학교를 중심으로 한 통합교육의 형태로 옮겨 가고 있다. 이렇게 시각장애교육이 원활하게 잘 이루어지기 위해서는 우선 발견 및 평가 체계가 시급하게 해결해야 할 과제이다. 아직까지 많은 시각장애학생들이 일반학교에서 제대로 된 특수교육 서비스를 받지 못한 채 방치되고 있는데, 이러한 시각장애학생을 발견하여 제대로 된 특수교육 서비스를 받게 하기 위해서는 평가가 잘 이루어져야 하며, 또한 관련 전문가 양성이 하루속히 이루어져야 한다. 시각장애 관련 전문가로는 시각장애교사, 저시력전문가, 보행전문가, 보조공학전문가, 점역 · 교정사, 재활전문가, 안과의사, 검안사, 안경사 등이 있다.

이러한 발견과 평가 체계가 만들어지고 관련 전문가의 양성이 이루어지면 우리나라의 시각장애교육도 한 단계 나아가 특수교육의 질적인 성장을 가져올 수 있을 것이다.

토의주제

- 시각장애학생의 질환별 교육적 조치를 이야기해 보자.
- 시각장애학생의 시력평가 방법에 대해 이야기해 보자.
- 시각장애학생의 특성에 대해 이야기해 보자.

참고문헌

국립특수교육원(1999). 특수교육 요구 아동 출현율 조사.

국립특수교육원(1998). 시각장애학생 체육과 지도자료.

김정현(2007). 시청각장애아동의 이해와 지도. 경남1정 연수 자료.

박중휘(2006). 시각장애아동의 이해와 교육. 2006 사이버직무연수 제1-2기 자료집(pp. 96-115).

이진학, 이하범, 허원, 홍영재(2008). **안과학**. 서울: 일조각.

이해균(2006). 시각장애아교육. 김윤옥 등, **특수아동 교육의 실제**(pp. 237-284). 서울: 교육과학사.

임안수(2008). **시각장애아 교육**. 서울: 학지사.

左藤泰正(1974). 視覺障碍者の 心理學. 東京: 學藝願書株式會社.

Bower, T. G. R. (1977). A Primer of infant development. San Francisco: W. H. freeman and Company.

Jose, R. T. (1983). *Understanding low vision*. NY: AFB.

Lowenfeld, B. (1950). *Psychological foundation of special method in teaching blind children*. In P. A. Zahl(Ed.), Blindness. Princeton: University Press.

http://www.jvinstitute.net

Chapter

09 청각장애교육

요즘 자동차는 IT기술의 발달로 인해 편의기능이 많이 추가되고 있다. 자동차를 처음 운전하는 사람에게 차선변경 등은 아주 어려운 일 중에 하나일 것이다. 이에 자동차 사이드 미러에 옆 차선에서 다른 차량이 다가오면 빨간 불빛이 들어와서 운전자에게 차선변경 시에 주의를 환기시켜 준다. 이보다 더 나은 기능은 사이드 미러에 빨간 불빛과 함께 경고음이 울리는 것이다. 즉, 눈으로 빨간 불빛을 확인하는 것보다 경고음을 듣고 옆 차선에 다른 차량이 있다는 것을 인지하는 것이 훨씬 더 빨리 정확하게 지각할 수 있다. 이처럼 우리는 일상생활에서 눈보다 귀를 이용하여 위험에 대처하는 경우가 있으며, 실제적인 위험에 대처하는 것은 눈으로 보는 것보다 소리로서 감지하는 경우가 훨씬 더 많다. 또한 영화를 볼 때도 효과음이 없다면 흥미가 반감될 것이며, 어떤 장소에서 분위기를 느끼는 것도 잔잔히 흘러나오는 소리가 큰 역할을 하고 있다.

이와 같이 소리를 듣는다는 것은 단순히 소리 그 자체를 듣는 것이 아니라 그 소리를 통해 행동하고 느끼고 생각하는 등 우리의 삶에서 중요한 한 부분임에 틀림없다. 이에 본 장에서는 청각장애의 개념과 정의, 원인 및 특성, 청각장애의 진단 및 평가, 청각장애인이 사용하는 보장구로써 보청기와 인공와우, 마지막으로 청각장애인의 의사소통방법 등에 대해 알아보고자 한다.

I 청각장애의 정의 및 원인

청각장애(hearing disorders)라고 하면 크게 농과 난청으로 나누어 볼 수 있다. 농(deaf)은 사람의 말소리를 전혀 들을 수 없는 경우를 말하고 난청(hard of hearing)은 소리를 들을 수는 있지만 듣는 데 어려움이 있는 경우를 말한다. 청각장애의 정의는 크게 교육적인 정의

* 옥정달(나사렛대학교 특수교육과)

와 「장애인복지법」상의 정의로 나누어 볼 수 있다. 교육적인 정의는 말 그대로 청각장애의 교육적인 지원을 위한 것이고, 「장애인복지법」상의 정의는 청각장애인에게 필요한 일상생활지원을 위한 것으로 볼 수 있다.

청각장애의 교육적인 정의는 「장애인 등에 대한 특수교육법 시행령」 제10조(2008)에서는 다음과 같이 청각장애를 정의하고 있다.

청력손실이 심하여 보청기를 착용하여도 청각을 통한 의사소통이 불가능 또는 곤란한 상태이거나 청력이 남아 있어도 보청기를 착용해야 청각을 통한 의사소통이 가능하여 청각에 의한 교육적 성취가 어려운 사람

다음은 「장애인복지법」상의 정의로 「장애인복지법 시행규칙」에서 제시되어 있는데, 청각장애인을 '청력이 손실된 사람'과 '평형기능에 장애가 있는 사람'으로 구분하여 각각 다음과 같은 등급으로 규정하고 있다. '청력이 손실된 사람'이란 소리를 듣지 못하는 정도에 따른 분류이고, '평형기능에 장애가 있는 사람'은 소리를 들을 수 있느냐 없느냐를 떠나 신체의 평형을 유지할 수 있느냐 없느냐를 보는 것이다. 신체의 평형은 귀에 있는 평형기관이 담당하고 있기 때문이다. 한편 장애등급을 판정할 경우 같은 등급에 2개의 중복장애가 있는 경우 1등급 위의 급으로 조정한다. 예를 들어, 시각장애 5급과 청각장애 2급인 경우, 청각장애 1급 판정을 받게 된다(단, 이때 주 장애가 청각장애이어야 한다).

〈표 9-1〉 「장애인복지법상」의 청각장애 정의

구분	등급	기준내용
청력손실	2	두 귀의 청력을 각각 90dB 이상 잃은 사람 (두 귀가 완전히 들리지 아니하는 사람)
	3	두 귀의 청력을 각각 80dB 이상 잃은 사람 (귀에 입을 대고 큰 소리로 말을 하여도 듣지 못하는 사람)
	4	두 귀의 청력을 각각 70dB 이상 잃은 사람 (귀에 대고 말을 해야 들을 수 있는 사람)
		두 귀에 들리는 보통 말소리의 최대 명료도가 50% 이하인 사람
	5	두 귀의 청력을 각각 60dB 이상 잃은 사람 (40cm 이상의 거리에서 발성된 말소리를 듣지 못하는 사람)
	6	한 귀의 청력을 80dB 이상 잃고, 다른 귀의 청력을 40dB 이상 잃은 사람
평형기능장애	3	양측 평형 기능의 소실로 두 눈을 뜨고 직선으로 10m 이상을 지속적으로 걸을 수 없는 사람
	4	양측 평형 기능의 소실 또는 감소로 두 눈을 뜨고 10m를 걸으려면 중간에 균형을 잡기 위하여 멈춰야 하는 사람
	5	양측 평형 기능의 감소로 두 눈을 뜨고 10m 거리를 직선으로 걸을 때 중앙에서 60cm 이상 벗어나며, 복합적인 신체운동은 어려운 사람

청각장애의 원인은 유전성, 출생 전, 출생 시, 출생 후로 나누어 볼 수 있다. 유전성은 우성유전에 의한 외이와 중이 부분의 기형 혹은 변형으로 나타난 전음성 난청과 가족 진행성 감음성 난청이 있다. 출생 전 원인으로는 모체 바이러스 감염, 약물중독, 영양 및 대사 장애 등이 있으며, 출생 시는 모체와 태아의 Rh 혈액형 부적합, 출생 시 가사상태, 외상 등을 들 수 있다. 출생 후에는 바이러스 감염증, 두부외상, 중이염 등이 있다.

이 밖에도 어떤 소리가 들릴 것이라고 예측하지 못한 상태에서 강한 소리에 노출되어 청각이 손상되는 급성음향외상이 있고, 강한 소리에 짧은 시간 동안 노출되어 난청이 되는 경우가 있다. 반면, 오랫동안 소음이 많은 곳에서 일하는 사람에게 나타나는 소음성 난청이 있다.

Ⅱ 청각장애의 분류 및 특성

1. 청각장애의 분류

청각장애학생을 어떻게 가르칠 것인가는 청각장애학생의 이해를 먼저 해야 하는데 이를 위해 가장 기본적인 절차가 청각장애의 분류이다. 즉, 청각장애의 학생이 어느 정도의 소리를 듣는지, 어떤 음들은 듣고 어떤 음들을 들을 수 없는지 등을 알아야 교육지원이 가능하기 때문이다. 이를 위해 청각장애는 청력손실정도, 청력손실부위, 청력손실시기, 청력형 등 4가지를 알아야 청각장애 학생을 정확히 이해하고 있다고 할 수 있다.

가. 청력손실정도

청각장애학생을 대할 때 일반적으로 보는 것이 소리를 어느 정도 들을 수 있느냐 하는 것이다. 어떤 학생이 소리를 잘 듣지 못하는 것 같아 먼저 이비인후과에서 청각기관의 이상 유무에 대한 검사와 더불어 청력검사를 받으면, 나타난 결과가 청력손실정도이다. 청력손실정도에 따라 소리를 전혀 못 듣는 농(deaf)인지 아니면 약간이라도 들을 수 있는 난청인지를 판단하게 된다. 이때의 청력검사 결과는 순음청력검사의 결과로 나타나는 청력도로 표시된다. 순음청력검사를 실시한 후 그 결과를 가지고 청력손실정도를 분류하면 다음과 같다.

26dB 이하	정상
27~40dB	경도
41~55dB	중도(moderate)
56~70dB	중고도
71~90dB	고도
91dB 이상	최고도 또는 농(deaf)

이처럼 순음청력검사의 결과 26dB 이하는 정상범주에 속한다. 즉, 순음청력검사의 결과가 25dB 나왔더라도 소리를 듣는 데 아무런 문제가 없다는 뜻이다. 다만 흔히 말하는 농은 91dB 이상이고, 27dB에서 90dB까지는 소리를 들을 수는 있으나 듣는 데 어려움이 있는 난청이라고 할 수 있다.

나. 청력손실 부위

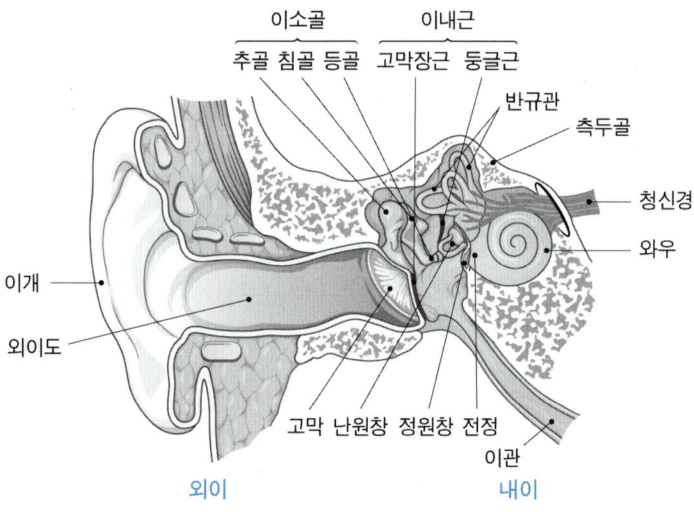

[그림 9-1] 청각기관의 구조

우리가 듣는 소리는 여러 단계의 복잡한 과정을 거쳐서 듣게 된다. 소리는 크게 외이, 중이, 내이, 청신경계를 거쳐 대뇌로 전달되어 소리로 인식하게 된다. 외이에는 이개 혹은 귓바퀴와 외이도로 이루어져 있고, 중이에는 고막, 이소골, 이내근, 이관이 있다.

외이의 이개는 소리를 집음하는 기능을 하고, 외이도는 S자 모양으로 이루어져 있어 외부의 이물질 침입으로부터 고막을 보호하는 역할을 하면서 동시에 소리의 증폭작용도 한다. S자 모양의 외이도는 바깥쪽 1/3은 연골부, 안쪽 2/3는 골부로 되어 있는데, 연골

부란 얇은 피부로 덮혀 있고 귀지를 만드는 피지샘 있다. 귀의 안쪽에 있는 골부는 딱딱한 뼈로 이루어져 있으며 통각세포가 있어 외부의 이물질이 조금이라도 닿으면 통증을 느끼게 하여 고막을 보호한다.

중이는 고막, 이소골, 이내근, 이관으로 구성되어 있다. 고막은 타원형으로 되어 있고, 진홍색을 띠며 이소골 중의 하나인 추골에 붙어 있다. 이소골은 추골, 침골, 등골이라는 우리 몸속의 가장 작은 뼈로 구성되어 있으며, 이내근은 고막장근과 등골근이 있다.

고막장근이란 고막에 붙어 있는 긴 근육을 말하며 등골근이란 등골에 붙어 있는 근육을 말한다. 고막장근과 등골근은 서로 상반되는 작용, 즉 길항작용을 통하여 갑작스런 큰 음으로부터 내이를 보호하는 역할을 한다. 갑작스런 큰 음이란 70dB 크기의 음을 말하는데 이때 고막장근과 등골근이 서로 반대방향으로 작용하여 충격을 흡수하여 내이를 보호한다.

이관은 고막의 바깥쪽과 안쪽의 기압차를 일정하게 유지시키는 역할을 한다. 예를 들어, 기차를 타고 갑자기 터널로 진입할 때 일시적으로 귀가 멍하면서 다소 아픈 느낌을 받을 때, 일시적으로 고막의 안쪽과 바깥쪽의 기압평형이 깨어져 이러한 현상이 일어난다.

내이는 모두 림프액으로 채워져 있으며, 내이의 구성을 크게 보면 신체의 균형을 잡아 주는 전정기관 혹은 평형기관과 소리를 감지하는 와우 혹은 달팽이기관으로 나누어 볼 수 있다. 전정기관은 직선운동 시 균형을 잡아 주는 전정부분과 회전운동 시 신체균형을 잡아 주는 반규관이 있다.

회전운동 시 신체균형을 잡아 주는 반규관은 위아래를 감지하는 상반규관, 앞뒤를 감지하는 전반규관, 좌우를 감지하는 외반규관이 있다. 그리고 소리를 감지하는 와우는 2.5회전으로 되어 있는 하나의 관 안에 세 개의 관이 들어 있다.

세 개의 관을 계라고 부르는데, 전정계, 중간계, 고실계로 나눠진다. 전정계에는 난원창이 있고, 이 난원창에 등골판이 붙어 있다. 고실계에는 정원창이 중이강 쪽으로 향해 있다. 중간계에는 소리를 감지하는 중요한 기관이 있는데 이를 코르티기라고 부른다. 코르티기에는 개막과 1열의 내유모세포와 3열의 외유모세포가 있다.

유모세포의 섬모와 개막 사이의 마찰에 의해 전기적 신호가 발생하는데 이것이 청신경계를 거쳐 대뇌로 전달되어 소리로 감지하는 것이다. 코르티기의 손상이 있으면 소리를 듣지 못하고 이 기능을 대신하는 것이 인공와우라 할 수 있다. 내이에서 감지된 소리는 나선신경절을 거쳐 와우핵과 상올리브핵, 그리고 하구에서 내측슬상체를 거쳐 대뇌에 있는 청각피질로 전달되어 우리가 듣는 소리로 인식하게 된다.

이때 외이와 중이의 손상으로 소리를 못 듣게 되면 전음성 청각장애라고 하고, 내이 및 청신경 손상으로 인해 소리를 듣지 못하면 감각신경성청각장애라고 한다.

다. 청력손실 시기

청각장애는 다른 장애와 달리 청력손실 시점이 언어습득 전인지 후인지가 매우 중요한 요소이다. 일반적으로 장애를 구분할 때는 선천성이냐 후천성이냐가 장애를 구분하는 중요한 기준이 되지만, 청각장애의 경우에는 언어를 습득하기 전에 청력손실 발생했느냐 아니면 언어를 습득하고 난 후에 청력손실이 발생했느냐가 청각재활뿐만 아니라 교육에도 중요한 영향을 미치는 요인이 된다.

언어습득 전과 후의 시기는 2세를 기준으로 하고 있다. 2세 전에 청력손실을 입었으면 언어습득 전이 되고 2세 이후에 청력손실이 발생하였으면 언어습득 후가 된다.

라. 청력형

청각장애를 가진 두 사람의 청력손실치가 모두 70dB의 소리를 듣는다면 두 사람은 같은 소리를 듣는다고 말할 수 있을까? 몇 년 전 우리 사회에 큰 반향을 일으켰던 영화 '도가니'는 청력형이 왜 중요한지 반증하는 전형적인 사례라고 할 수 있다.

이 영화는 청각장애학교에서 일어난 성폭행사건을 다룬 것으로 그 장면 중에서 가장 인상 깊고 결정적인 장면이 주인공 소녀가 법정에서 녹음기에서 나오는 노래 소리를 듣고 그 소리 유무에 따라 손을 들게 한 장면이다.

그 장면에서 일순간 법정이 찬물을 끼얹듯 조용해지고 검사가 녹음기 소리를 조작하면서 그 소녀가 정말 소리를 듣는지 테스트하는 장면이 나온다. 대부분의 사람들은 소리를 듣지 못하는 청각장애인데 어떻게 소리를 듣느냐고 의아해한다.

그 소녀가 들은 노래는 고음으로 나오는 소리로 그 소녀는 다른 소리는 듣지 못하나 고음은 어느 정도 들을 수 있음을 말해 주고 있다. 즉, 70dB 크기의 소리를 듣는 청각장애인 두 사람이 있다 하더라도 어떤 사람은 고음을 더 잘 들을 수 있고, 어떤 사람은 저음을 더 잘 들을 수 있다는 것이다.

이처럼 청력형은 마치 사람의 지문처럼 각 개인마다 다른데, 이는 순음청력검사 결과 얻어지는 그래프의 모양으로, 수평형, 산형, 곡형, 고음급추형, 고음점경형, 저음장애형, 딥형, 전농 등 모두 8가지의 형태로 나타난다.

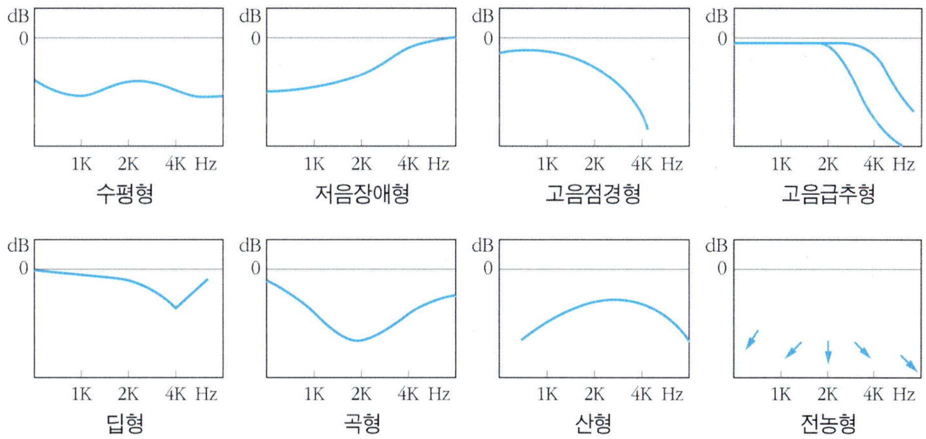

[그림 9-2] **청력형**

수평형은 모든 주파수대역에서 청력손실치가 비슷하게 나타나는 경우이며, 산형은 저음역과 고음역의 청력손실치는 크지만, 중음역에서는 그다지 크지 않는 것을 말한다. 곡형은 산형과 반대로 저음역과 고음역에서 소리를 듣지만 중음역에서는 소리를 잘 듣지 못하는 경우이다.

고음급추형은 청력손실치가 고음역에서 급격하게 떨어지는 경우이다. 고음점경형은 고음역으로 갈수록 점진적으로 청력손실치가 낮게 나타나는 경우를 말하고, 저음장애형은 중음역 및 고음역보다는 저음역에서 청력손실치가 심하게 나타나는 경우이다.

딥형은 특정 주파수대역에서 청력손실치가 나타나는 경우로 주로 4,000Hz대에서 나타나며 직업성 난청인 경우가 많다. 전농은 모든 주파수대역에서 소리를 전혀 들을 수 없는 경우를 말한다.

2. 청각장애의 특성

가. 언어특성

우리가 말소리를 산출하기 위해서는 음성기관에 관여하는 100여 개의 미세한 근육들이 동시에 움직여야 소리로 나타난다고 한다. 마치 오케스트라 연주처럼 모든 악기들이 서로 협응해야 아름다운 음악이 산출되는 원리와 비슷하다고 할 수 있다. 오케스트라를 지휘하는 지휘자처럼 100여 개의 미세한 근육들은 청각적 피드백에 의해 적절히 통제되고 움직인다.

그러므로 소리를 듣지 못하면 발음이나 언어에 문제가 발생하는 것은 당연한 일이다.

청각장애인이 가지고 있는 언어상의 문제를 살펴보면, 크게 청각적인 피드백의 문제로 발생되는 발음문제와 어휘부족, 문법오류 및 이에 수반된 쓰기장애를 들 수 있다. 청각장애인의 발음문제 원인으로는 주로 혀의 위치문제가 가장 크다고 하겠다. 혀는 미세한 움직임으로 정확한 조음점을 터치하거나 적절히 좁혀서 공기흐름을 조절하는 기능을 하는데, 이는 모두 청각적인 피드백에 의해 자동조절되고 있다. 하지만 청각장애인은 청각적인 피드백을 받지 못하여 전설음을 후설화시키고, 후설음을 전설화시키는 등 혀의 위치를 주로 중간부위에 놓아 두고 발음하는 경향이 있다. 그러므로 발음이 전체적으로 부정확하게 산출되는 것이다. 이 밖에도 청각장애인의 어휘력의 부족을 들 수 있다. 특히 어휘 중에서도 구체적인 어휘보다는 추상적인 어휘에서 많은 어려움을 겪고 있다.

나. 인지특성

청각장애인은 단지 듣는 데 문제가 있지 지능은 정상이라고 할 수 있다. 다만 지능검사의 잘못된 사용으로 청각장애인의 지능이 과소평가되기도 하였다. 지능검사는 크게 언어성 검사와 동작성 검사로 구분되어 있는데, 청각장애인의 경우 동작성 검사에는 청인들과 크게 차이가 없으나 언어성검사에서는 현저한 차이가 나타난 것으로 알려져 있다.

학업성취도에서도 언어 관련 교과에서는 학업성취 점수가 현저히 낮지만, 수학 등과 같은 언어성이 요구되지 않은 교과목은 청인들과 차이가 없는 것으로 나타났다.

Ⅲ 청각장애의 진단 및 평가

청각장애학생이 있다면 소리를 어느 정도 어떻게 듣는지 알아보기 위한 것이 청력검사로, 주관적인 청력검사와 객관적인 청력검사가 있다. 주관적인 청력검사는 피검자의 의지가 포함되어야 하지만, 객관적인 청력검사는 피검자의 의지와는 상관없이 이루어진다. 유아 청력검사, 순음청력검사, 어음청력검사는 주관적인 청력검사이고, 뇌간유발반응검사, 중이검사 등은 객관적인 청력검사이다.

1. 유아 청력검사

어린 아동이 어느 정도 소리를 듣는지 알아보기 위해서는 청력검사를 실시하는데, 청각장애의 정도를 가장 정확히 측정하기 위해서는 순음청력검사를 실시하는 것이 좋으나, 순음청력검사를 위해서는 지시 따르기나 자신의 의사를 표현하는 등 어느 정도의 인지능력이 요구된다.

하지만 어린 아동들의 경우 정확한 지시 따르기나 자신의 의사를 표현하는 데 어려움이 있어, 놀이를 통하여 아동이 검사라는 사실을 깨닫지 못한 상태에서 청력을 측정한다. 물론 이후 연령이 증가하면 청력의 정확한 측정을 위해서는 순음청력검사를 실시해야 한다.

2. 순음청력검사

청력검사라고 하면 거의 대부분 순음청력검사를 지칭할 정도로 청각장애를 진단하는 데 있어 중요한 청력검사 중의 하나이다. 순음청력검사는 순음을 들려주었을 때 소리를 어느 정도 듣는지 알아보는 검사로, 여기서 순음이란 순수한 음, 즉 한 주파수대의 음을 말한다.

순음은 인위적으로 만들어서 나오는 소리로 한 주파수대의 소리이지만, 이와 반대로 복합음은 주변 환경에서 들을 수 있는 모든 소리로 여러 주파수대의 음들이 복합되어 나오는 소리이다. 한 주파수대의 음이란 500Hz, 1000Hz처럼 특정한 주파수의 음을 말하는 것으로 우리가 쉽게 들을 수 없는 음으로 검사기를 통해서만 들을 수 있다.

그렇다면 여기서 한번 생각해 봐야 할 것은 우리의 주변에서 쉽게 들을 수 없는 청력검사기를 통해 만들어진 인위적인 소리를 듣는 것이 무슨 의미가 있는가이다. 우리가 사용하고 있는 자음과 모음을 말소리라고 하는데, 이 말소리의 주파수대역은 250~8000Hz대에 분포되어 있어 여기에 해당하는 각 주파수대를 듣는다면 말소리나 기타 주변 소리도 들을 수 있을 것이라고 추측할 수 있는 것이다.

다시 말해서, 청력검사기를 통해 순음을 들려준다고 해서 어떤 기준도 없이 무작위로 들려주지 않고, 자음과 모음에 해당하는 말소리와 관련된 주파수대역인 250Hz, 500Hz, 1000Hz, 2000Hz, 4000Hz, 8000Hz를 각각 들려주어서 소리를 어느 정도 듣는지 검사하는 것이다. 이런 과정을 거쳐 각 주파수대별로 들을 수 있는 가장 작은 소리의 강도를 찾는 것이다.

즉, 사람이 들을 수 있는 소리의 강도 범위는 일반적으로 가장 작은 소리인 0dB에서 가장 큰 소리인 110dB까지로 본다. 0dB 소리의 크기란 청인, 즉 소리를 듣는 데 전혀 문제가 없는 사람이 들을 수 있는 가장 작은 소리라고 하며 이를 최소가청역치라 부큰다. 다시 말해서, 순음청력검사란 피검자가 들을 수 있는 가장 작은 소리의 크기와 가장 큰 소리의 크기를 각 주파수대별로 찾는 과정이라고 말할 수 있다. 가장 큰 소리란 불쾌역치라고도 하는데 이는 보청기나 인공와우 착용을 할 때 필수적으로 실시하는 검사이다.

참고적으로 dB는 데시벨이라고 읽으며 d는 데시로 로그함수를 말하며 B는 Bell의 약자로 흔히 전화기를 발명한 벨를 의미한다. 즉, 벨은 전화기 발명가로 유명하지만 보청기를 발명하는 등 청각장애분야에 지대한 공헌을 하여 이를 기리기 위해 소리의 크기를 측정할 때는 항상 dB를 사용한다. 방송매체나 언론 등에서도 db를 사용하는 경우가 흔히 있는데 db와 dB는 분명한 차이가 있으며 혼용하지 말아야 할 것이다.

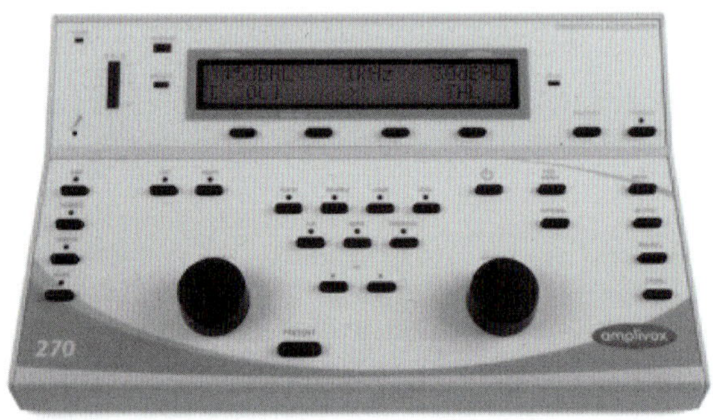

[그림 9-3] 청력검사기

우리가 소리를 듣는 방법은 앞서 청각기관의 구조에서도 언급했듯이, 외이를 통해 중이 그리고 내이를 통해 듣는 방법과 외이와 중이를 거치지 않고 곧바로 내이를 통해서 듣는 방법이 있다. 전자를 기도청력이라고 말하고 후자를 골도청력이라고 한다.

이같이 순음청력검사를 실시하는 방법도 기도청력검사와 골도청력검사 두 가지로 구분된다. 기도청력검사는 검사음을 외이를 통해 중이, 내이를 거쳐 검사하는 방법이고, 골도청력검사는 검사음을 내이로 바로 보내어 검사하는 것이다. 내이는 측두골에 둘러 쌓여 있어 두개골에 진동자를 대고 소리유무를 알아내는 검사이다.

기도청력검사는 헤드폰을 착용하여 귀의 좌우를 검사하고, 골도청력검사는 하나의 진동자를 이개의 뒷부분에 돌출되어 있는 유양돌기 부분에 대고 검사한다. 그래서 기도청력검사와 골도청력검사를 실시함으로써 전음성청각장애인지 감각신경성청각장애인지 혼합성청각장애인지를 구분하게 된다.

전음성청각장애는 앞에서도 잠깐 언급했듯이, 외이나 중이에 이상이 생겨서 소리를 듣는 데 어려움이 있는 경우를 말하고, 감각신경성난청은 내이나 청신경계에 이상이 있어 소리를 듣는 데 곤란을 느끼는 경우를 말한다. 혼합성청각장애는 전음성부분과 감각신경성부분 두 부분 모두 이상이 있어서 소리를 듣는 데 어려움이 있는 경우를 말한다. 전음성청각장애인 경우는 보청기의 효과를 볼 수 있으며, 감각신경성난청의 경우는 보청기보다는 인공와우를 통해 효과를 볼 수 있다.

그럼 어떤 청각장애학생의 순음청력검사의 결과 청력손실도가 60dB이라고 할 때, 이 60dB이란 수치는 어떤 과정을 거쳐서 나올까? 그것은 청력손실정도를 계산하는 3분법, 4분법, 6분법이라는 계산방법에 의해 나온다. 3분법이란 3개의 주파수대역 500Hz, 1000Hz, 2000Hz의 각 주파수대의 소리강도를 더해서 3으로 나눈 값이다. 4분법은 위의 3분법에서와 같은 주파수대역을 사용하되 특히 1000Hz를 2배로 계산하여 4로 나눈 값이다. 6분법은 3분법의 주파수대역에서 4000Hz를 추가하여 2000Hz와 4000Hz를 각각 2배씩 계산하여 6으로 나눈 값이다.

$$3\text{분법}=\frac{a+b+c}{3} \qquad 4\text{분법}=\frac{a+2b+c}{4} \qquad 6\text{분법}=\frac{a+2b+2c+}{6}$$

* a=500Hz, b=1,000Hz, c=2,000Hz, d=4,000Hz

3. 어음청력검사

앞에서 소리를 어느 정도 듣는지를 측정하는 것이 순음청력검사라고 하였다. 순음청력검사에서 생성되는 소리는 우리가 일상적으로 들을 수 있는 소리가 아닌 인위적으로 만든 소리, 즉 순음이라고 하였다. 순음을 잘 듣는다고 일상적인 소리 특히 사람의 말소리까지 잘 듣는다는 보장은 없다. 그 한 예시가 인공와우를 착용한 사람의 소리를 듣는 능력일 것이다. 소리를 전혀 듣지 못하는 사람이 인공와우 이식수술 후 소리를 듣는다고 하는데 그때의 소리가 바로 순음청력검사기에서 생성되는 순음을 말하며, 우리가 흔히 소리라고 하는 일상적인 소리는 잘 구분하지 못한다. 잘 구분하지 못한다는 것은 소리를 이해하지 못한다는 것이고 이는 결국 소리를 듣지 못하는 것과 같은 맥락으로 볼 수 있다.

그렇다면 우리가 듣는 일사적인 소리, 즉 사람의 말소리를 측정하는 방법은 없을까? 이것이 어음청력검사 혹은 말소리 청력검사라고 하는 검사로, 사람의 말소리를 들려주었을 때 어느 정도 듣고 이해하는가를 보는 검사이다. 즉, 순음청력검사에서는 순음을 가지고 검사를 했다면 어음청력검사에서는 사람의 말소리를 가지고 검사하는 것이다.

어음청력검사에는 어음탐지역치검사와 어음청취역치검사 그리고 어음명료도검사가 있다. 어음탐지역치검사는 어음청력검사에서의 최소가청역치라고도 하는데, 어떤 소리를 듣고 그 소리가 사람이 말소리인지 아니면 다른 동물소리 혹은 환경음 소리인지를 구분하는 검사이다. 즉, 어떤 소리가 사람의 소리인지 아닌지만 구분하면 되지 그 소리의 의미까지는 파악할 필요는 없다는 것이다.

〈표 9-2〉 **한국어 이음절어표**

1. 육군	10. 학생	19. 양복	28. 국수
2. 꽃병	11. 권투	20. 눈물	29. 땅콩
3. 독약	12. 약국	21. 책상	30. 색칠
4. 찰떡	13. 필통	22. 합격	31. 달걀
5. 팥죽	14. 송곳	23. 딱총	32. 폭발
6. 까치	15. 빛깔	24. 전차	33. 연필
7. 석탄	16. 극장	25. 목욕	34. 찹쌀
8. 발톱	17. 톱밥	26. 엽서	35. 욕심
9. 접시	18. 뚜껑	27. 방석	36. 콩팥

다음은 어음청취역치검사로 피검자에게 말소리를 자극으로 제시하였을 때 50%를 알아맞히는 어음의 강도를 찾는데, 이때의 자극음은 강강격단어로 구성된 이음절어표(〈표 9-2〉)를 사용한다. 강강격단어란 강세가 앞뒤 모든 음절에 있는 것을 말한다. 어음명료도검사는 피검 아동이 일음절 낱말을 편안히 들을 수 있는 어음강도에서 단어를 들려주었을 때 바르게 응답하는 비율을 보는 검사이다.

4. 객관적 청력검사

일반적인 대부분의 검사에서는 주관적인 검사보다 객관적인 검사가 더 정확하고 더 신뢰가 가는 것으로 이야기하고 있다. 하지만 청력검사에서는 예외적으로 객관적인 청력검사보다 주관적인 청력검사가 청각장애의 평가를 더 정확히 한다고 할 수 있다. 이는 앞서 지적했듯이, 청력검사는 음에 대한 반응능력을 보는 것이기 때문에 어떤 음을 들려주었을 때 그 음에 반응하지 않으면 아무런 소용이 없기 때문이다.

그래서 객관적인 청력검사를 실시해도 추후 주관적인 청력검사를 실시해야만 더 정확한 데이터를 확보할 수 있다. 객관적 청력검사는 주로 나이 어린 아동이나 장애를 수반하고 있어 자신의 의지를 표명할 수 없는 사람들에게 실시하는 검사로, 피검자의 의지와 관계없이 청력의 정도를 검사하는 것을 말한다. 객관적인 청력검사에는 중이검사, 뇌간유발반응검사, 이음향방사검사 등이 있다. 중이검사는 중이압력, 고막운동성, 이소골의 운동성, 이관의 기능 등을 평가한다. 뇌간유발반응검사는 와우에서 중뇌까지 구심성 청각기관의 반응을 검사하며 주로 어린 아동들의 청력손실을 측정하는 데 사용된다. 이음향방사검사는 와우 기능의 이상 유무를 확인하는 검사이다.

Ⅳ 청각장애보장구

1. 보청기

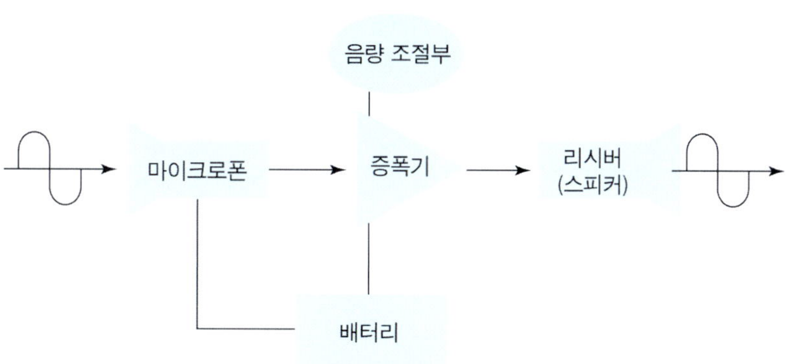

[그림 9-4] 보청기 기본 구조

예전과 달리 요즘은 나이 드신 어르신들 중에서 보청기를 착용하고 있는 경우가 많다. 나이가 들면서 노인성난청으로 진행되기 때문에 보청기를 착용하면 소리를 훨씬 더 잘 들을 수 있기 때문에 보청기 착용에 대해 과거에 비해 거부감이 많이 감소된 것 같다.

보청기는 소리를 증폭시켜 주는 기능을 하는 보장구로, 그 원리는 소리에너지를 전기에너지로 전환하여 다시 소리에너지로 변환시킨다. 보청기의 구조는 마이크로폰, 증폭기, 건전지, 이어폰으로 구성되어 있다. 마이크로폰은 소리에너지를 전기적 신호로 변환시키는 역할을 하며, 증폭기는 마이크로폰을 통하여 유입된 전기 자극을 확대시키고, 이어폰은 전파로 변하나 음파를 소리에너지를 변환하여 귀로 전달해 주는 기능을 한다.

보청기의 종류는 착용위치에 따라 상자형 보청기, 귀걸이형 보청기, 안경형 보청기, 귓속형 보청기로 구분되고, 신호처리방식에 따라 아날로그 보청기, 디지털 보청기로 구분된다. 또한 청각보조장치에 따라 FM시스템 보청기, 집단용 보청기, 유도파 보청기, 적외선 보청기 등으로 구분된다.

2. 인공와우

청각장애를 가지고 있다고 해서 보청기로 소리를 모두 들을 수 있는 것은 아니다. 앞에서 청각기관의 구조에 대한 설명에서 잠깐 언급했듯이, 보청기는 외이와 중이에 병변이 있어 소리를 못 듣는 경우에 효과가 있다. 반면 내이에 병변으로 소리를 듣지 못하는 경우는 보청기의 효과를 볼 수는 없다. 이에 보청기의 이득을 볼 수 없는 경우에 필요한 보장구가 인공와우이다. 인공와우는 내이를 포함한 감각신경성난청과 소리를 전혀 듣지 못하는 전농인 청각장애인에게 내이의 기능을 대신하여 소리에너지를 전기에너지로 변환시켜 청신경에 직접 자극하는 청각보조장치이다.

인공와우는 구성품을 장착하는 장소에 따라 체내부와 체외부로 나눠지는데, 체내부에는 내이에 삽입하는 전극과 외부의 신호를 받아들이는 수용기/자극기가 있고, 체외부에는 소리 자극을 받아들이고 체내부로 전달해 주는 언어 처리기와 헤드셋이 있다.

우리나라의 인공와우 이식술은 1988년에 처음 실시된 이래로 현재까지 많은 청각장애인들이 인공와우 이식을 받고 있고, 특히 2005년 1월 인공와우 이식수술이 보험급여 대상에 포함되면서 그 대상자도 급격히 늘어나고 있다. 수술대상도 12개월 된 유아에게도 이식수술을 할 만큼 보편화되어 있다고 볼 수 있다.

인공와우 이식과정을 살펴보면, 수술 전 평가에서 사람의 말소리와 환경음에 대한 인지능력을 점검하고, 이식수술 후에는 기계의 점검에서 맵핑과 재활훈련 등을 거치게 된다. 유의할 사항은 인공와우 이식 후 반드시 청각재활을 받아야 한다는 것으로, 그렇게 했을 때 인공와우 이식효과를 볼 수 있다.

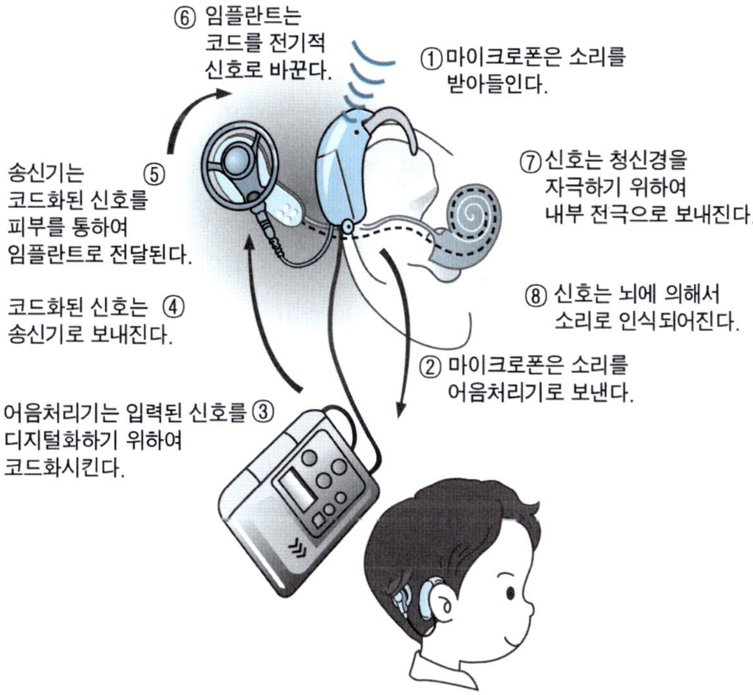

[그림 9-5] 인공와우의 기본원리

V 청각장애학생의 의사소통방법

1. 필담

청각장애인과 대화를 할 때 청인들이 쉽게 사용하는 의사소통방법 중의 하나가 필담일 것이다. 필담은 수화를 모르는 경우는 청각장애인과 대화에서 주로 사용한다. 필담의 장점은 중요한 사항을 확실하게 전달하는 방법으로 유용하지만, 단점으로는 시간과 노력이 필요하고, 간단명료한 문장표현으로 각 장면의 감정을 솔직하게 전달하는 감정적 교류는 아니다. 필담을 사용할 때 유의점으로는 알기 쉽도록 쓰고, 짧게 쓰는 것이 중요하며, 어려운 한자나 은유적인 표현이나 이중부정은 가능한 한 사용하지 않는 것이 좋다.

2. 구화법(Oral Method)

구화법이란 말 그대로 음성언어를 사용하여 청각장애인과 의사소통하는 방법으로, 청각장애인은 발성훈련, 발어훈련, 독화훈련, 청능훈련 등을 통하여 말을 할 수 있다. 이 방법은 국제적으로는 1980년 밀라노 국제 농교육자 회의에서 채택되었고, 우리나라에서는 1967년 농학교 교육과정 편성에서 채택되어 현재에 이르고 있다. 일상적인 회화에는 유효한 방법이지만 중요한 계약 등의 경우는 필담이 가장 확실하다고 할 수 있다.

이 방법은 말을 하고 있는 입 모양을 보고 판단하기 때문에, 청각장애인의 정면에 서서 가능한 한 크게 입을 벌리도록 한다. 또한 '오늘은 – 날씨가 – 좋아요'와 같이 문절 단위로 끊어서 말한다. 하지만 전적으로 구화만을 사용하기에는 여러 가지로 한계가 많으므로 필담을 병행하는 것이 좋다.

3. 수화법(Manual Method)

'한국수화언어법'이 2016년도에 제정됨에 따라 수화도 엄연한 하나의 언어로 인정받게 되었고, 오늘날 인공지능기술의 발달로 딥러닝을 이용한 수화통역시스템의 개발에 대한 연구들이 활발하게 이루어지고 있다. 아직 초보단계이지만 인공지능을 이용한 간단한 수화통역이 가능하며 미래에는 더 많은 발전이 이루어져 청인과 농인의 대화가 가능할 것으로 기대된다.

수화는 청각장애인이 사용하는 가장 일반적인 의사소통의 한 방법으로 빠르고, 노력이 필요 없으나, 수화를 배운 사람만이 의사소통을 할 수 있고 사소한 뉘앙스의 전달이 어려운 단점이 있다. 또한 언어습득 전에 청각장애인이 된 경우는 수화 이외에 의사소통수단의 습득이 어려운 경우도 있다. 청각장애인 중에서 수화를 할 수 없는 사람이 있거나 서툰 사람들이 있기 때문에 모든 청각장애인에게 갑자기 수화를 사용하는 것도 실례가 될 수 있다. 그러므로 청각장애인과 처음 대화할 때 메모용지에 "필담, 구화, 수화 중 어느 쪽을 사용할까요?"하고 묻는 것이 좋다.

수화의 동작범위는 가슴 높이에서 양 어깨를 한계점으로 필요에 따라 큰 동작과 작은 동작으로 절도 있게 한다. 현재, 수화만을 교육하는 경우는 음성언어의 획득이 곤란한 중복청각장애인에게 적용되고 있고, 스웨덴에서는 청각장애인의 모국어인 스웨덴 수화언어를 조기교육하되, 인지, 의사소통 등의 발달을 도모하고, 점차로 제2의 언어(스웨덴 언어)를 도입해 가는 이중언어교육이 시행되고 있다. 이중언어란 수화를 청각장애인의 모국어로 인정하고 청인이 사용하는 언어를 제2외국어로 하자는 이론이며, 이중문화 역시 청각장애인의 문화적 특성을 인정하자는 내용이다. 즉, 소수민족이 쓰는 언어와 문화를 인정해 주자는 의미와 같다.

4. 큐드스피치(Cued Speech)

청각장애인이 사용하는 구화의 보조수단인 큐드스피치는 1967년 미국에서 코네트(Crnett)에 의해 시작한 것으로, 하나의 다감각법이다. 다감각법은 청각과 시각의 활용을 함께 강조하며, 여덟 개의 손 모양을 만들어 말하고자 하는 음성신호를 보충하기 위해 얼굴 가까이나 얼굴의 네 위치를 가리키면서 의미를 전달한다. 각 손 모양은 /m/, /f/, /t/와 같은 한 그룹의 자음을 뜻하며, 이러한 자음들은 비슷한 입모양을 가지기 때문에 이들을 구분하기 위해서 큐드스피치를 사용한다.

5. 지문자

지문자는 1947년 국립맹아학교의 윤백원 교장이 초기 지문자를 창안하였다. 지문자는 자음과 모음같이 철자 기능을 하며 농인의 의사소통에서 중요한 역할을 하고 있다. 지문자는 수화와 함께 사용되고 있지만 수화와는 다르게 손가락을 사용하여 숫자나 문자를 나타내는 기호이다.

지문자는 수화의 기호만으로 모든 단어를 나타낼 수 없기 때문에 수화를 사용하는 청각장애학생은 지문자를 병행하게 된다. 그러므로 수화의 한계를 극복하거나 수화의 기호가 아닌 것으로 배우기 쉬운 비음성 기호를 사용하고자 하는 경우에는 거의 모든 수화 사용자가 알고 있는 지문자를 학습하여 사용하는 것이 바람직하다.

전 망

우선 청각장애의 발견시기가 늦어지면 늦어질수록 당사자의 청각분야의 발달은 지체되게 된다.

특히 조기교육과 관련하여 신생아 시기에도 적용할 수 있는 검사장비가 개발되어 있다.

이러한 과정을 거쳐 일찍 발견이 되면 중재서비스가 이루어지도록 가까운 미래에 조회될 것으로 보인다.

둘째 청각장애를 지닌 학생들은 교수–학습과정에서 구화/청각 및 종합적 의사소통법(Total Communication)을 광범위하게 계속적으로 사용할 것이다. 그러나 앞으로는 이중언어 · 이중문화 접근법(Bicultural/Bilingual approach)으로 지도하게 될 것이다.

발달된 교육공학은 새로운 학습 형태를 불러오는데 청각장애교육 분야에서도 과감한 도입적용이 요구된다.

청각장애는 물론 학생들의 수준에 맞는 적절한 AAC 체계를 적극 활용할 필요가 있다고 보여진다.

토의주제

- 청력손실시기와 그에 따른 특성을 설명하시오.
- 청각장애학생의 학업수행을 주요 변인에 따라 설명하시오.
- 청력손실치를 계산하는 방법중 4분법을 사용하시오.
- 이중문화 및 이중언어접근법(2 Bi Approach)을 간단히 설명하시오.
- 교실에서 언어능력을 조성하는 방법을 제시하시오.

참고문헌

국립국어원(2009). **청각장애인의 언어 사용 실태 연구**. 서울: 국립국어원.

고은(2017). **청각장애아교육**. 서울: 학지사.

교과부(2018). 범국민 장애인 인식개선 캠페인 홍보영상(http://www.moe.go.kr).

김병하(1981). 청각장애아 교사의 전문능력 연구. **특수교육연구, 9**, 129-187.

김승국, 김영욱, 황도순, 정인호(1998). **청각장애아동교육**. 서울: 교육과학사.

김인혜(2021). 딥러닝 기반 OpenPose를 이용한 수화동작 인식에 관한 연구. 대전대학교 대학원 석사학위논문.

대한청각학회 편(2008). **청각검사지침**. 서울: 학지사.

박혜진, 배소영(2003). 청각장애유아의 어휘발달. **언어청각장애연구, 18**(1), 66-81.

신현기, 변호걸, 김호연, 정인호, 전병운, 정해동, 강영택, 성수국, 마주리, 유재연(2005). **특수육의 이해**. 경기: 교육과학사.

옥정달(2008). 문장제시수단에 따른 청각장애대학생의 독해능력에 관한 연구. **특수교육저널: 이론과 실천, 9**(4), 397-413.

옥정달(2009). 출신학교에 따른 청각장애대학생의 쓰기에 나타난 조사오류에 관한 연구. **특수교육저널: 이론과 실천, 10**(3), 17-34.

옥정달, 우주영, 윤병천, 박민(2017). 청각장애 대학생의 성태도와 성지식이 성행동에 미치는 영향. **특수교육저널: 이론과 실천, 18**(2), 63-78.

옥정달, 윤병천(2008). 청각장애학생의 어휘력에 관한 연구. **언어치료연구, 17**(3), 165-179.

윤병천, 김칠관(2011). **수화통역학개론**. 경기: 양서원.

윤병천, 김칠관(2018). **한국수화 교재 연구**. 경기: 데프케이트.

이규식, 국미경, 김종현, 김수진, 유은정, 권요한, 강수균, 석동일, 박미혜, 김시영, 권순황, 정은희, 이필상(2006). **청각장애아 교육**. 서울: 학지사.

이상흔, 박미혜, 이달희, 허명진(2006). **아동청능재활**. 경기: 양서원.

이정학, 이경원(2008). **보청기평가**. 서울: 학지사.

이필상, 권순황, 김수진, 김시영, 박미혜, 박선희, 정은희(2020). **청각장애아동교육의 이해**. 서울: 학지사.

정동영, 김주영, 김형일, 김희규, 정동일(2010). **특수아동의 이해**. 경기: 교육과학사.

정수연(2017). 한국수화언어 교육과정 구성 특징과 실현 환경. 강남대학교대학원 수화통번역학과 석사학위논문.

최성규(1999). 청각장애아 언어교육방법론에 대한 패러다임 이동: 이중문화와 이중언어 접근의 타당성. **특수교육학연구, 33**(2), 121-143.

최성규(2004). **청각장애아의 심리**. 서울: 도서출판 특수교육.

한국특수교육연구회(2009). **최신 특수아동의 이해**. 경기: 양서원.

Allen, T. (1986). Patterns of academic achievement among hearing impaired students: 1974 and 1983. In A, Schildorth & M, Karchmer (Eds.), Deaf children in America (pp. 161-206). San diego: Little Brown.

Articles, A. J. (2003). Special education's changing identity: Paradoxes and dilemmas in views of culture and space. *Harvard Educational Review, 73*(2), 164-202.

Fortgens, C. (2000). The language choice of deaf children in a bilingual setting. 19th International Congress on Educational of the Deaf and 7th Asia-Pacific Congress on Deafness, 214.

Martin, F. N., & Clark, J. G. (2006). *Introduction to Audiology* (7th ed.). Boston: Pearson Education, Inc.

Muller, H. G. & Ricketts, T. A. (2005). Digital noise reduction: Much ado about something. *The Hearing Journal, 58*(1), 10-17.

Schow, R. L. & Nerbonne, M. A. (2007). *Introduction to Audiologic Rehabilitation*(5th ed.). Boston: Pearson Education, Inc.

Chapter

10 지적장애교육

이름을 부르고, 불린다는 것은 생활 중 큰 결과를 낳을 수 있다. 지적장애 부분은 특히 용어의 변천이 심각할 정도로 나타나고 있다. 이러한 용어규정의 문제는 지적장애 영역을 온통 흔들 수 있는 시대를 이끌어 왔다.

지적장애가 있는 경우 바보, 멍청이, 미숙한, 무능한, 지체된으로 불리고 병원, 수용시설과 관련하여서는 백치 · 치우 · 우둔 · 정신박약 · 정신지체 · 지적장애로 불려 왔다. 이들의 용어 속에 내재된 내용을 세심히 풀어 보면, 명칭들을 중심기둥으로 삼고 기관과 시대에 따라 지배하는 철학이 존재했고, 지금도 그렇게 영향을 받고 있음을 알 수 있다.

I 정의 및 분류

1. 용어와 분류

용어를 규정한다는 것은 대상의 의미와 한계를 정하는 것이므로 다른 용어와 구별되어야 할 만큼 명확해야 하며 신중을 기해야 한다. 만약 용어가 제대로 규정되지 않았다면 자격을 주어야 할 누군가에게 자격을 주지 못하게 되고, 권리를 가져야 할 누군가가 권리를 갖지 못하게 되는 등 매우 중요한 결과를 낳을 수가 있다.

과거 수년 동안 지적장애의 정의는 용어규정의 문제, IQ 검사에 기초한 지능 그리고 사회적 · 개인적 능력에 기초한 적응행동 등에서 입장 차이를 보이며 변천해 왔다. 용어 규정에서 현재 사용되고 있는 지적장애에 대한 일반적인 용어와 IQ 수준에 따라 분류해 온 명칭은 기관과 시대에 따라 다양하게 변화되어 왔다.

지적장애인들은 오랫동안 바보, 멍청이, 미숙한, 결함이 있는, 보통 이하, 무능한, 지

* 박정식(대구대학교 직업재활학과)

체된 등으로 다양하게 묘사되어 왔다. 역사적으로 이들은 수용시설과 클리닉 등에서는 백치(idiot), 치우(imbecile), 우둔(moron)으로 불렸고, 정신박약(feeble-minded) 등의 명칭으로 불려 왔다. 1950년대부터 1980년대까지 학교에 재학 중이던 지적장애학생은 교육 가능 정신지체(Educable Mental Retarded; EMR), 훈련 가능 정신지체(Trainable Mental Retarded; TMR)로 불리게 되었다. 이는 각각 경도 지적장애와 중등도 지적장애를 지칭하는 말로 사용되었고, 이 시기 중도나 최중도 지적장애아동은 공교육에서 제외되거나 시설기관에 수용되었기 때문에 지적장애 분류체제에 고려되지 못했다. 요즘에도 교육 가능이나 훈련 가능 정신지체란 말을 가끔 들을 수 있지만 교육자들은 아동의 학업성취를 미리 제한하는 것으로 여기는 이러한 용어의 사용을 부적절하다고 여긴다(Beirne-Smith, Patton & Kim, 2008). 지능지수에 따라서는 경도(mild), 중등도(moderate), 중도(severe), 최중도(profound) 지적장애로 분류되는데, 〈표 10-1〉은 가장 널리 사용되어 온 지능지수에 따른 네 가지 수준의 분류이다.

〈표 10-1〉 **지능지수에 의한 지적장애의 분류**

지적장애의 정도	IQ 점수 범위	IQ 분류 표준편차	적응행동의 제한 범위
경 도	55~70	−2SD	두 개 또는 그 이상의 영역
중등도	35~54	−3SD	두 개 또는 그 이상의 영역
중 도	20~34	−4SD	모든 영역
최중도	20 미만	−5SD	모든 영역

출처: *The Diagnostic and Statistical manual of mental Disorders*(DSM-Ⅳ), American Psychiatric Association, 1994.

〈표 10-1〉에서 보는 바와 같이, 각 수준의 지능지수 점수에 범위를 두는 것은 지능검사의 부정확성을 고려한 것이며, 또한 임상적인 판단도 지적장애의 심한 정도를 결정하는 데 중요하다는 것을 의미한다. 〈표 10-2〉는 심각도 수준에 대한 기능적 성과에 따른 분류이다.

〈표 10-2〉 **심각도 수준에 따른 기대되는 성과**

	학 업	일상생활	직 업
경 도	2~5학년 성취	높은 수준의 독립	전체 또는 일부 자기 지원
중등도	기능적 단어의 인식과 수학기술	일부 감독 아래 대부분의 자기보호와 지역사회 이동 가능	일부 지원을 통한 지역사회 고용

	학 업	일상생활	직 업
중 도	취학 전 또는 유치원 기술 (숫자 세기와 색 인지)	높은 감독	감독하의 지역사회 또는 작업장
최중도	모든 기본적 욕구에 대한 보호 요구		

출처: 정동영 외 역(2008). 정신지체: 지역사회 통합을 위한 접근. 서울: 박학사

1992년에 미국정신지체협회(AAMR, 현재는 미국지적발달장애협회(AAIDD))는 지적장애를 분류하는 새로운 방식을 제시하였는데, 지적장애를 선천적인 특성(trait)이나 영구적인 상태로 보는 개념에서 벗어나 아동의 현재 기능성(functioning)을 향상시키는 데 필요한 환경적인 지원의 강도에 따라 간헐적(intermittent), 제한적(limited), 확장적(extensive), 전반적(pervasive) 지원으로 분류하고 있다. 이에 대한 설명은 〈표 10-3〉에 제시하였다.

〈표 10-3〉 **지원의 강도에 대한 정의 및 예**

간헐적 (intermittent)	'필요에 따른' 지원, 인생의 전환기(예: 실직 또는 심각한 질병으로 인한 위기 상황)에 단기적인 지원 등과 같은 일시적인 필요에 따른 지원. 간헐적 지원의 강도는 상황에 따라 높을 수도 있고 낮을 수도 있다.
제한적 (limited)	일정한 시간 동안 일관성 있게 지원이 필요하고, 시간 제한적인 성격을 띠며, 집중적인 지원보다는 지원인력이 덜 필요하고 비용도 적게 듦 (예: 시간 제한적인 직업 훈련 또는 학교에서 성인기로의 전환을 위한 지원)
확장적 (extensive)	적어도 몇몇 환경(직장 또는 가정)에서 정기적으로(예: 매일) 지원을 제공하는 것으로, 시간 제한적이지 않은(예: 장기적 지원, 장기적인 가정생활 지원) 지원 수준
전반적 (pervasive)	지속성과 높은 강도의 지원. 전반적인 모든 환경에 걸쳐서 제공되며, 삶을 유지시키는 데 필요한 지원, 확장적이거나 시간 제한적인 지원보다 전형적으로 더 많은 수의 지원 인력과 더 많은 개입을 필요로 하는 지원

이 접근은 지적장애를 분류하는 새로운 변화를 제시하고 있다. 즉, 이전의 아동의 지적 결함 정도에 따른 분류를 지양하고, 아동이 실제로 생활하는(real situation) 가정, 학교, 지역사회, 직업 등의 환경에서 그들의 생활 기능을 향상시키기 위해 개별 아동에게 필요한 지원이 어느 정도 요구되는지에 따른 분류이다. 이 체제는 지적장애에 지적인 결함이 있음을 인정하면서도 또한 그 결함의 정도는 개인의 사회적 환경과 맥락에 따라 많은 영향을 받는다는 관점을 반영하고 있다(Luckasson & Reeve, 2001: 50).

이처럼 지적장애의 용어와 분류는 시대에 따라 다르게 적용되어 왔다. 과거에 비해 새로운 용어인 지체(retard)는 라틴어에서 유래하였고, 느린 또는 지체되었음을 의미한다(Crane, 2008). 정신지체(mental retardation)는 문자 그대로 정신적으로 늦거나 느린 것을 의미한다. 현재 미국지적발달장애협회(AAIDD)는 정신지체를 지적장애로 바꾸어 용어를 사용하

고 있지만(AAIDD, 2010), 지금까지 정신지체라는 용어가 미국에서 주로 사용되었다. 국제지적장애연구협회(International Association for the Scientific Study of Intellectual Disability; IASSID)는 지적장애라는 용어를 공식적으로 지정하여 사용하며, 또 다른 전문가들은 '지적 어려움이 있는(Intellectual challenged)', 또는 '정신장애(mental disability)'라는 용어를 선호한다. 한편 던(Dunn, 1973)은 지적장애 개인을 지칭할 때 특정학습장애(specific learning disabilities)와 구별하여 일반적 학습장애(general learning disabilities)라는 용어를 사용할 것을 제안했다. 오늘날 지적장애라는 용어보다 학습장애라는 용어가 더욱 선용되고 있다(Simeonsson et al., 2003). 그러나 지적장애나 학습장애라는 용어가 정신지체를 대표하는 특성들에 대한 의미 전달이 부족하기 때문에 사용을 반대하는 목소리도 있다(Gamett, 2003; Lower, 1999).

결론적으로 용어를 사용할 때 우리는 장애(disability)라는 조건 그 자체를 강조하여 한 사람을 과도하게 조건과 관련지어 명칭을 붙이는 것을 피해야 할 것이다. 한 아동의 장애 조건에 주목하여 이름이나 명칭을 붙이다 보면 그 사람의 여러 개인적인 특성과 장점을 간과해 버리게 되기 때문이다. 한 사람의 장애 조건보다는 교육적 욕구가 앞서야 한다.

2. 정의

가. 미국지적발달장애협회(AAIDD)의 정의

지적장애의 현상을 이해하고 정의·분류하는 데 결정적으로 기여한 단체는 미국정신지체협회(AAMR: 현재는 미국지적발달장애협회)의 용어 및 분류위원회(the Ad Committee on Terminology and Classification of the AARM; ACTC)이다. AAMD와 AAMR의 전신인 미국저능아연구회(American Association for the Study of the Feeble-minded)가 1919년에 분류 및 통계위원회(Committee on Classification and Uniform Statistics)를 조직했다. 1921년에 이 위원회는 정신위생국가협의회(National Committee for Mental Hygiene)와 함께 지적장애 정의를 위한 지침서 초판을 출판했다. 이후로 후속 개정판이 1933년, 1941년, 1957년에 출판되었다(Beirne-Smith, Patton & Kim, 2008). 1959년 헤버(Heber)를 위원장으로 한 전문가 위원회는 다섯 번째 지적장애 정의를 개발하여, 1961년에 수정 출판하였다. 1973년의 일곱 번째 개정판은 그로스만(Grossman)에 의해 개발되었다. 그리고 이 정의는 1983년 수정을 거쳐 여덟 번째 정의로, 1992년 아홉 번째 정의를 거쳐 2002년에 열 번째 정의, 그리고 2010년에는 열한 번째 정의가 나왔다. 〈표 10-4〉에는 지적장애에 대한 정의를 비교하였다.

이 협회는 1921년 최초의 정의를 발표해 온 이래 1959년(편람 5판)에 헤버의 정의로부터 2010년(편람 11판) 샬록(Schalock)의 정의는 일관되게 세 가지 요소, 즉 평균 이하의 지적 기능, 적응행동의 결함, 발달기를 중심으로 정의해 왔다. 〈표 10-4〉에서 보듯이 이 세 가지 요소들의 개념규정에 대한 논쟁이 끊임없이 있어 왔기 때문에 미국지적발달장애협회의 지적장애 정의 역사는 세 가지 요소들에 대한 논쟁의 역사였다.

〈표 10-4〉 지적장애에 대한 헤버, 그로스만, 루카슨 등의 정의 비교

용어	Heber(1961)	Grossman (1973)	Grossman (1983)	Luckasson 등 (1992)	Luckasson 등 (2002)
일반적 정의	발달기에 발생하는 평균 이하의 일반적인 지적 기능과 이에 수반되는 적응행동의 결함	적응행동의 결함과 동시에 존재하는 유의한 평균 이하의 일반적인 지적 기능 그리고 발달기에 나타남	적응행동의 결함을 가져오거나 그와 연관된 유의한 평균 이하의 일반적인 지적 기능 그리고 발달기에 나타남	현재 기능의 실질적인 제한, 이는 유의한 평균 이하의 지적 기능과 동시에 그와 연관된 적용적 제한성이 두 가지 혹은 그 이상의 실제 적응기술 영역들에서 존재 의사소통, 자기관리, 지역사회 활용, 자기지시, 건강과 안전, 기능적 학업교과, 여가, 직업, 18세 이전에 나타남	정신지체는 지적 기능과 개념적·사회적·실제적 적응기술로 표현되는 적응행동 모두에서 유의미한 제한상을 가진 장애로 특징지어짐. 장애는 18세 이전에 나타남
경계선	평균에서 1표준편차 이하	평균에서 2표준편차 이하	IQ가 70 이하일 경우 현저히 낮은 것으로 보며, 검사의 신뢰도에 따라 75 혹은 그 이상 올라갈 수 있음	Grossman(1983)과 유사	선단기순은 평균에서 약 2표준편차 이하임. 사용된 특정 검사도구에 의한 측정의 표준오차와 그 도구의 강점과 약점을 고려할 것
적응 행동	적응행동의 결함: 개인이 자신을 둘러싼 환경의 자연적·사회적 요구에 얼마나 효과적으로 적용하는가를 의미, 이는 다음 영역들에 영향을 미침 1. 성숙 2. 학습 3. 사회적 적응	나이와 문화 측면에서 기대되는 개인의 독립성 및 사회적 책임 기준에 부합하는 효율성 혹은 그 정도로 정의. 다음 영역들에 영향을 미침 〈영유아기〉 1. 감각운동기술 발달 2. 의사소통기술 3. 자조기술 4. 사회화 〈아동·청소년기〉 5. 기초 학업기술의 일상생활 적용 6. 환경탐색 및 적용을 위한 적절한 추리력과 판단력의 응용 7. 사회성 기술 청소년기 및 성인기 8. 직업 및 사회적 책임과 수행	개인의 나이와 문화적 수준에 따라 기대되는 성숙, 학습, 개인적 독립 또는 사회적 책임에 부합하는 효율성의 현저한 제한	적응행동을 포괄적인 전체에서 10개의 적응기술 영역으로 구체화시켜 개념화하고자 하는 움직임-정의 부분에서 제시됨	적응행동은 (a) 개념적·사회적·실제적 적응행동유형 가운데 한 가지 혹은 (b) 개념적·사회적·실제적 기술의 표준화된 측정 도구의 전체 점수가 평균에서 2표준편차 이하의 수행을 보이는 것으로 정의됨

용어	Heber(1961)	Grossman (1973)	Grossman (1983)	Luckasson 등 (1992)	Luckasson 등 (2002)
발달 기간	출생부터 약 16세	출생부터 약 18세	임신부터 18세까지의 기간	Grossman(1983)과 유사	임신부터 18세까지의 기간(Grossman, 1983)과 유사
사정 절차	일반적인 지적 기능은 이를 측정하기 위한 목적으로 개발된 하나 또는 그 이상의 표준화 검사로 평가	헤버와 같음	지적 기능은 헤버와 같음. 적응행동은 임상적 사정과 표준화된 척도로 측정	필수적인 특징들을 구체화하는 일련의 단계에 따라 진행	지적 기능에 있어 제한성은 적응행동 및 참여 · 상호작용 · 사회적 역할, 건강, 맥락이라는 다른 차원들에 비추어 고려되어야 함. 표준화된 검사 도구가 사용되어야 함. 적응행동의 심각한 제한성은 장애인과 비장애인이 포함된 일반 모집단을 대상으로 규준이 설정된 표준화검사를 통해 나타난 것이어야 함. 타당한 사정 도구의 사용은 필수적임. 지속적인 임상적 판단은 과정 중 중요한 역할을 함
정도 분류	경계선급 IQ 68~84 경도 정신지체 IQ 52~67 중등도 정신지체 IQ 36~51 중도 정신지체 IQ 20~35 최중도 정신지체 IQ 〈 20	경도 정신지체 IQ 52~67 중등도 정신지체 IQ 36~51 중도 정신지체 IQ 20~35 최중도 정신지체 IQ 〈 20	경도 정신지체 IQ 50-55~약 70 중등도 정신지체 IQ 35-40~50-55 중도 정신지체 IQ 20-25~35-40 최중도 정신지체 IQ 20 또는 25 이하 측정 불가능	전형적인 분류틀에서 벗어남. 필요한 지원의 강도에 따라 네 가지로 분류 1. 간헐적 2. 제한적 3. 확장적 4. 전반적 이 분류는 적응기술 영역에도 적용됨	지원의 강도에 따른 기존의 정의 사용 (Luckasson et al., 1992과 유사)

출처: 신종호 외 공역(2008). 정신지체 7판, PP. 60-61, 서울: 시그마프레스. M. B Smith, J. R Patton, & S. H. Kim(2006). *Mental Retardation: An Introduction to Intellectual Disabilities*. published by Pearson Education.

그로스만(1983)의 정의, 즉 "정신지체란 일반적으로 지적 기능이 현저하게 평균 이하이고, 이에 수반해서 적응행동에 장애가 있고 그것이 발달기에 시작된다"에서 보듯이, 지적장애는 지적 기능과 적응행동 둘 다에서 결함이 있어야 하고, 발달기, 즉 18세 전에 나타나는 것을 의미한다. [그림 10-1]에서 보면 음영이 들어간 부분이 지적장애에 해당된다.

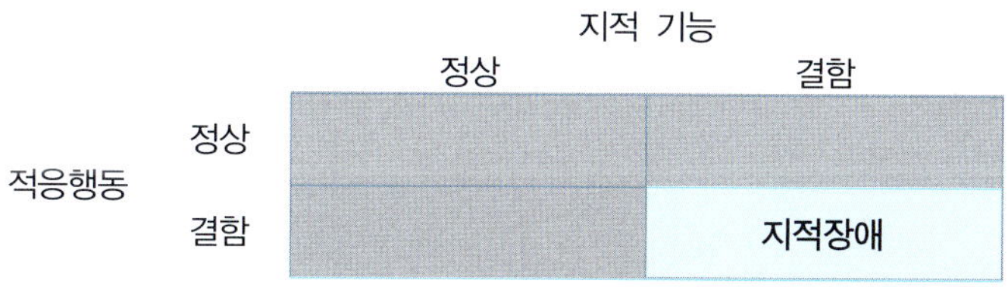

[그림 10-1] **지적장애 규정의 공통 영역**

이 정의는 지적 기능은 표준화된 지능검사의 평균에서 적어도 IQ 70 이하의 점수일 때 상당한 제한이 있다고 본다. 표준편차는 전집의 평균으로부터 개인의 점수가 얼마나 차이 나는지의 정도를 설명하는 데 사용되는 통계치이다. 진단기준으로서 이 준거를 사용하면 통계학적으로 전체 인구의 거의 2%가 지적장애에 해당된다.

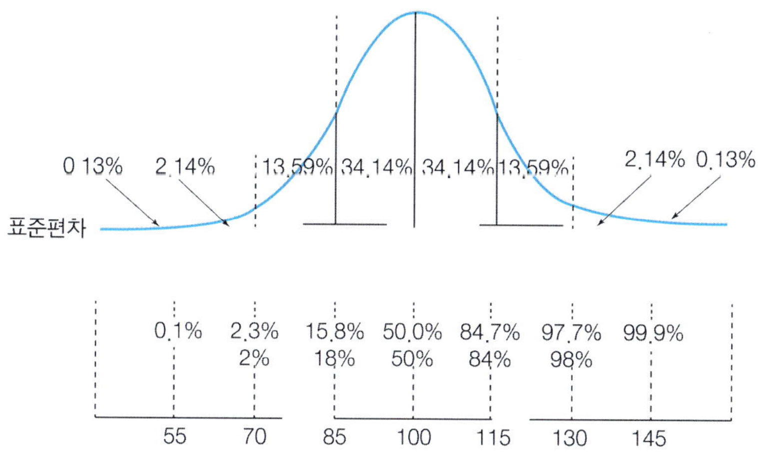

출처: 신종호 외 공역(2008). 정신지체 7판. p.62. 서울: 시그마프레스.

[그림 10-2] **정상분포곡선**

웩슬러 지능검사는 평균 100, 표준편차 15의 IQ 편차 점수를 사용한다. 정규분포에서 평균보다 1표준편차 높은 점수를 받는 사람은 115점이 된다. 이 검사에서 70 이하의 점수를 받은(평균에서 2표준편차 이하) 사람이 만일 적응행동에서의 결함도 보일 경우 지적장애로 분류된다.

[그림 10-2]는 정상분포곡선, 표준편차, 평균의 개념을 보여 준다. 적응행동은 개인의 환경적인 요구에 대한 적응을 의미한다. 개인의 성숙, 학습, 자립, 연령 수준과 문화적 집단에서 기대되는 사회적 책임의 기준에 적합한 청도와 능력으로 결정된다. 다시 말하면, 적응행동이란 용어는 개인이 얼마나 그들의 자연스러운 환경적 요구에 잘 대처하는

가를 의미한다. 발생기란 임신에서 18세 사이의 기간을 의미한다. 지적 기능의 평균 이하와 적응행동의 결함이 이 기간에 나타나야만 지적장애 징후가 있는 것으로 간주한다.

1992년 미국정신지체협회는 지적장애를 진단하고 분류하는 새로운 정의체계를 제시하였다. 9차에서는 다음과 같은 변화가 있었다. 첫째, 이때부터 지적장애의 정의를 기능의 상태로 설명했다. 둘째, 분류체제를 지원의 강도에 따라 재분류했고, 지적장애인에게 요구되는 지원체제를 설명했다. 셋째, 개인에 의해 유일하게 나타나는 절대적인 기질(trait)적인 관점에서 제한된 지적 기능성을 가진 개인과 환경 간의 상호작용으로 지적장애를 보는 관점의 이동을 설명했다. 넷째, 포괄적인 개념에서 구체적이고 특정한 적응기술로서 적응행동의 개념을 확장했다. 이 정의는 2002년에 다시 수정되어 정신지체를 "지적 기능과 개념적 · 사회적 · 실질적 적응행동에서 유의미한 제한을 보이는 장애이며, 이러한 장애는 18세 이전에 발생한다"라고 정의했다. 이 정의는 1983년의 정의에서 사용하는 용어와 다소 차이가 있지만 지적장애를 규정하는 세 가지 주요 요소, 즉 지적능력의 제한성, 적응기술의 곤란, 발생 시기에 대해서 여전히 다루고 있다.

10차에서는 기능중심과 지원 강조, 지적 기능성, 적응행동, 발생 시기의 세 가지 진단 준거, 인간 기능성의 다차원적인 체제를 포함하여 1992년 체제의 필수적인 특징을 유지했다. 10차 정의의 특징은, 첫째, 지적 기능성과 적응행동 구성요소에 표준편차 준거를 포함시켰다. 둘째, 참여, 상호작용, 사회적 역할을 포함시켜 인간 기능성을 다섯 가지 차원으로 설명했다. 셋째, 개념적 · 사회적 · 실제적 기술에 초점을 둔 3가지 차원에서 적응행동을 설명했다. 넷째, 지원 사정과 적용 모델을 설명했다. 다섯째, 진단, 분류, 개별화된 지원 계획의 세 가지 기능과 관련된 사정 체계를 설명했다. 여섯째, 임상적 판단에 대한 확장된 논의를 했고, 일곱째, 2002년 체제와 DSM-Ⅵ(Diagnostic and Statistical Manual Disorders), ICD-10(International Classification of Diseases), ICF(International Classification of Functioning, Disability, and Health) 등 다른 분류체제 간의 관계성에 대하여 설명했다.

11차 정의는(Schalock, 2010) 1992년도와 2002년도 편람에 제기된 것 위에 만들어졌다. 11차 편람에서는 다차원적인 분류 체제를 보다 잘 조작할 필요성에 대해 검토를 했고, 지적장애의 용어 사용에 대한 검토, 높은 지능점수를 가진 지적장애인의 개념과 특성에 대한 필요 검토, 진단, 분류 과정에 영향을 미치는 측정오차에 대한 논의, 그리고 개념적 · 사회적 · 실제적 적응기술에 대한 타당한 측정 도구 개발에 대한 검토를 시도했다. 이러한 검토를 통해 11번째 편람이 나오게 되었고, 11번째 편람에서는 지적장애란 용어를 공식 사용했다. 지적장애 용어는 인간 기능성을 강조하는 최근 장애의 개념을 반영하고 있는 용어이고, 기능적 행동과 맥락과의 관계에 초점을 두고 정의를 내리려고 하는 전문가들의 입장과 맥을 같이하며, 사회-생태학적 체제에 기초해 있기 때문에 개별화 지원에 대한 논리적 기초가 되며, 이 용어 자체가 장애인 당사자에게 덜 불쾌감을 주고, 국제적인 용어로 정신지체보다 이 용어를 더 많이 사용하기 때문에 2010 편람에서 공식 사용한 것으로 보인다. 11번째 지적장애의 정의는 다음과 같다.

"지적장애는 지적 기능성과 개념적 · 사회적 · 실제적 적응기술로 표현되는 적응행동에서 유의미한 제한성을 가진 장애로 특징지어진다. 이 장애는 18세 이전에 발생한다" (Schalock, 2010: 1).

적응행동은 일상생활 활동에서 역할에 따라 배우는 기술로, 개념적 · 사회적 · 실질적 적응기술로 보다 구체화하였다. 1992년과 2010년 적응행동은 〈표 10-5〉와 같다.

〈표 10-5〉 개념적 · 사회적 · 실제적 적응 기술(1992, 2010년 정의)

구분	1992년 적응행동 영역		2010년 적응행동 영역	
개념적	• 의사소통 • 자기지시	• 기능적 교과학습	• 수용 · 표현 언어 • 금전개념	• 읽기 · 쓰기 • 자기지시
사회적	• 사회성 기술 • 여가		• 대인관계 • 자아존중 • 규칙준수 • 순수함	• 책임감 • 준법 준수 • 속기 쉬움 • 희생 모면
실제적	• 자기관리 • 지역사회활동 • 작업기술	• 가정생활 • 건강과 안전	• 일상생활활동 • 작업기술	• 도구적 일상생활활동 • 안전한 환경 유지

이 정의는 다음의 다섯 가지 기본적 가정을 전제로 한다.

첫째, 현재 기능의 실질적인 제한성은 같은 나이의 학생들이 생활하는 일상적인 환경이나 문화의 맥락 안에서 고려되어야 한다.

둘째, 타당한 평가는 문화적이고 언어적인 다양성뿐만 아니라 의사소통과 행동요인에서의 차이점도 고려되어야 한다.

셋째, 개인이 보이는 특징 능력의 제한성은 강점과 함께 존재한다.

넷째, 제한성을 기술하는 중요한 목적은 필요로 하는 지원프로파일을 만들기 위한 것이다.

다섯째, 일정 기간 동안 개별화된 적절한 지원이 주어지면, 지적장애인의 생활기능성은 일반적으로 향상될 것이다.

최근의 이 정의는 지적장애를 선천적인 특성이나 영구적인 상태로 보는 개념에서 벗어나 아동의 현재 기능이나 그 기능을 향상시키는 데 필요한 환경적인 지원 관점에서 지적장애를 보게 하는 개념의 변화이다(Schalock, 2010). 이러한 지적장애의 개념적 모형은 [그림 10-3]과 같다.

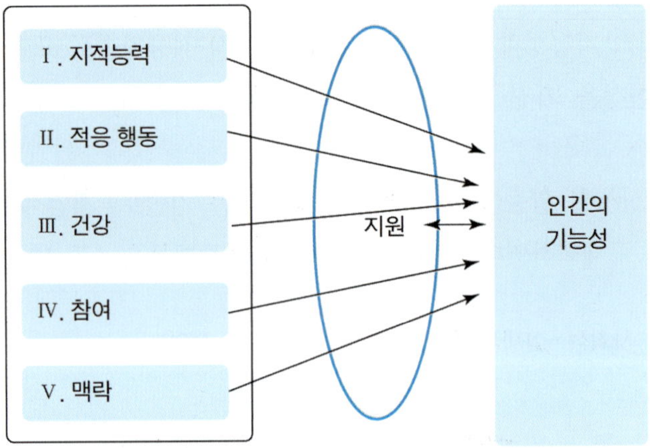

출처: *Mental Retarclation: Definition, Classification, and Systems of Supports*(10th ed.). by Ruth Luckasson et., al., Washington, DC: AAMR, 2002 Reprinted with permission.

[그림 10-3] 지적장애의 이론적 모형

AAIDD에서 제안된 지적장애 분류는 생태적 환경과 지원 패러다임을 강조하고, 지적 장애인의 주류화된 생활을 강조하는 분류이다. [그림 10-3]은 인간 기능성의 다차원적인 모형이다. 생태적 측면에서 보면, 인간의 기능성은 다섯 가지 차원(지적 능력, 적응행동, 건강, 참여, 맥락)과 개별화된 지원에 의해 상호관계적인 영향을 받게 된다. 이 모형은 WHO가 제안한 ICF 모형과 일관성을 가진다(Buntinx, 2006; World Health Orgnaization, 2001).

〈표 10-6〉 AAIDD의 5가지 차원과 ICF의 5가지 기본 개념 사이의 관계

AAIDD/ICF	건강조건	신체기능과 구조	활동	참여	맥락적 요소
차원 Ⅰ: 지적 능력		★			
차원 Ⅱ: 적응행동			★		
차원 Ⅲ: 참여				★	
차원 Ⅳ: 건 강	★	★			
차원 Ⅴ: 맥 락					★

이 모형에서 인간의 기능성이란 모든 생활의 활동을 포괄하는 용어로, 인간의 건강 및 환경적 · 맥락적 요인(환경적 요인과 개인적 요인)에 의해 영향을 받는 신체 구조와 기능(손상), 활동(활동제한), 참여(참여제약) 등을 포함한다. 이 모형에서 장애란 곧 기능의 제한으로 보기 때문에, 기능의 제한이 발생할 때 장애로 라벨링이 된다는 의미가 내포되어 있다. 기능의 제한은 신체구조와 기능, 활동, 참여에서 문제가 될 때 나타난다고 본다. 즉, 신체구조와 기능의 활동에서 문제가 발생하면 → 기능의 제한이 되고 → 장애로 라벨링이 부여된다는 것이다. 다분히 기능적인 측면에서 장애를 보고자 한 것이며, 인간의 기능성과 장애를 인간의 건강조건과 맥락적 요인(환경적 요인과 개인적 요인)과 관련하여 이해하고자 한 것이다.

최근에 AAIDD는 12번째 지적장애 정의를 내렸다. 12번째 편람에서 지적장애의 정의는 다음과 같다. "지적장애란 지적 기능과 개념적, 사회적, 실천적 측면에서 나타나는 적응행동 모두에서 유의미한 제한으로 특징된다. 이 장애는 조작적 발달기인 22세 전에 나타난다"(12th edition of the AAIDD manual, Schalock, Luckasson & Tasse, 2021). 기존의 지적장애의 정의와 비슷한 수준에서 조작적 정의를 내리고 있다. 다만 발달기 연령을 조작적으로 22세로 규정하고 지적장애의 연령을 발달기인 18세에서 22세로 상향 조정하였다.

AAIDD의 12번째 정의 편람은 지적장애와 관련된 최신 연구, 전문가 의견 및 간행물에 기초해서 지적장애인을 위한 진단, 분류 및 지원 계획에 대한 실천적 지침이 포함되어 있는 것이 특징이다. 실천적 지침의 목적은, 첫째, 지적장애인을 위한 진단, 분류, 지원 계획에 관한 최상의 실천 사항(best practice)을 촉진시키기 위한 것이고, 둘째, 장애 정책 개발, 실행 및 평가에 대한 통합접근 방식을 제공하기 위한 것이고, 셋째, 지적장애 관련 연구의 총체적인 틀을 제안하기 위한 것이고, 넷째, 가치 있는 기본 개념을 가치 있는 정책에 연결하기 위한 것이고, 다섯째, 지적장애인의 기능성과 복지를 향상시키기 위한 것이다(12th edition of the AAIDD manual, Schalock, Luckasson & Tasse, 2021).

따라서 이번 12번째 편람의 실천적 지침은 지적장애인을 위한 과학적 정보가 얼마나 중요한지 더 잘 이해하고, 지적장애인의 정의, 진단, 분류 그리고 개별 지원 계획과 실행에 대한 현재의 최상의 실천사항이 무엇인지를 분명히 하자는 의도가 있다.

나. 우리나라의 정의

우리나라에서는 1994년 「특수교육진흥법」 개정 법률 이전까지 정신박약이라는 용어를 일반적으로 사용해 왔고, 현행 2007년 「장애인 등에 대한 특수교육법」에서는 정신지체라는 명칭을 사용하였다. 「동법 시행령」 제10조 별표에는 정신지체를 지닌 특수교육대상자를 "지적 기능과 적응행동상의 어려움이 함께 존재하여 교육적 성취에 어려움이 있는 사람"으로 규정하고 있었던 것을 2016. 6. 21. 「동 시행령」을 개정, 정신지체를 지적장애로 개칭하였다. 이로써 교육부를 비롯한 모든 정부기관이 지적장애로 통일된 용어를 사용하게 되었다. 미국지적발달장애협회의 지적장애 정의의 세 가지 요소를 다루고 있지만 지적장애를 지닌 특수교육대상자를 선별해 내기 위해서는 보다 구체적일 필요가 있다. 이러한 노력의 일환으로 한국특수교육학회는 특수교육대상자 선정 기준을 분명하게 만드는 작업을 실시하였고, 이에 따라 지적장애 개념을 "지적 기능과 적응행동에 어려움이 함께 존재하여 교육적 성취와 일상생활 및 직업기술 습득에 어려움이 있는 사람"으로 규정하고 있다(특수교육대상자 개념 및 선별기준, 2008). 「장애인복지법 시행령」 제2조 별표 1의 장애인의 종류 및 기준에서는 지적 장애인의 개념을 "정신 발육이 항구적으로 지체되어 지적능력의 발달이 불충분하거나 불완전하고 자신의 일을 처리하는 것과 사회생활에 적응하는 것이 상당히 곤란한 사람"으로 규정하고 있다(「장애인복지법 시행령」, 2007).

Ⅱ 출현율

전문가들은 대체로 지적장애는 전 인구의 약 2~3%의 범위에 걸쳐 다양하게 분포되어 있는 것으로 보고 있다.

세계보건기구(WHO)가 회원국의 지적장애 출현율을 수합하여 발표한 자료에 의하면, 지적장애는 연령별로 0~4세에서는 0.21%, 5~19세에서는 0.46% 출현하고, 남자의 경우에는 0.36%, 여자의 경우에는 0.31% 출현하며, 지역별로는 아프리카 0.37%, 아메리카 0.26%, 동지중해 0.39%, 유럽 0.24%, 동남아시아 0.34%, 서태평양 0.33%에서 출현한다고 보고되고 있다(Privett, 1966). 한국보건사회연구원(2014)의 2014년도 장애인실태조사에 의하면 우리나라 지적장애의 출현율은 0.49%로 나타났다. 그리고 김자윤 · 안동현 · 신영전(1999)은 지적장애의 출현율을 2.23%라고 보고하고 있고, 강영택 등(1998)은 지적장애아동의 출현율은 경도 장애 0.39%와 중도 장애 0.46%를 합해 0.85%라고 보고하고 있다. 정신지체 출현율은 조사기관과 연구자에 따라 다양하게 나타나고 있으나 일반적으로는 총인구의 1%로 추정하고 있다.

최근 지적장애로 판별받은 학생의 실제 비율이 낮게 나타나고 있다. 연구자들은 지적장애의 진단을 위한 지적능력으로서 지능지수보다는 지능에 대한 좀 더 광범위한 정의나 혹은 적응행동을 고려해서 학령인구를 추정하기 때문에 이 같이 낮은 출현율을 보일 수 있다고 한다. 아울러 IQ 70 정도인 학생일 경우 부모나 교사들은 지적장애로 판별받는 것보다는 학습장애로 판별받기를 선호하는 경향이 있기 때문일 수도 있다(Hallahan & Kauffman, 2003).

Ⅲ 원 인

지적장애에 관심을 갖는 사람이라면 원인에 대해서 궁금해할 것이다. 원인을 알게 되면 지적장애를 일으킬 수 있는 위험요소를 사전에 예방하고 조기 중재적인 차원에서 교육적인 중요성이 매우 크다는 것을 알게 될 것이다. 과거 지적장애 연구에서는 원인을 생물학적 요인과 심리·사회적 요인의 2개의 범주로 구분하였으나 현재는 다요소적인 측면에서 각각의 원인들이 서로 상호작용한다고 여겨지고 있다. 미국지적발달장애협회(AAIDD)는 지적장애의 원인을 생의학적·사회적·행동적·교육적인 네 가지 범주의 위험요인으로 구분한다. 이는 시기별로 출산 전, 출생 시, 출생 후의 원인으로 구분된다(〈표 10-7〉 참조).

생의학적 요인은 유전적 이상이나 영양과 같은 생물학적인 과정과 관련된 요인들로 신체적 조직에 직접 영향을 미치는 조건이다. 이러한 요인들에는 21번 삼염색체(예: 다운증후군)과 취약 X 증후군과 같은 유전적 조건, 페닐케톤뇨증(phenylketonuria; PKU)과 같은 신진대사 요인, 납, 알코올, 코카인 같은 태아의 독소, 중독, 조산, 저체중과 같은 초기의 생리학적인 손상 등이 있다. 심한 지적장애의 약 2/3 이상이 생의학적 원인으로 나타난다(Batshaw, 2002).

〈표 10-7〉 지적장애발생 시기별 위험요인

시기	생물 의학적 요인	사회적 요인	행동적 요인	교육적 요인
출생 전	• 염색체 장애 • 단일 유전자 장애 • 증후군 • 대사장애 • 대뇌장애 • 산모 질병 • 부모의 연령	• 빈곤 • 산모 영양결핍 • 가정폭력 • 부모 산전 관리 부족	• 부모의 약물 남용 • 부모의 알코올 남용 • 부모의 흡연 • 부모의 미성숙	• 부모의 인지장애 • 부모가 될 준비의 결여
출생 시	• 조산 • 출생 시 손상 • 신생아 이상	• 출생 시 관리 부족	• 부모의 양육거부 • 부모의 아동 유기	• 중재서비스를 위한 의료적 의뢰체제의 부족

시기	생물 의학적 요인	사회적 요인	행동적 요인	교육적 요인
출생 후	• 외상성 뇌손상 • 영양실조 • 뇌수막염 • 발작장애 • 퇴행성 장애	• 부적절한 아동양육 • 적절한 자극의 결여 • 가정의 빈곤 • 가족의 만성 질병 • 시설 수용	• 아동학대와 유기 • 가정폭력 • 부적절한 안전조치 • 사회적 박탈 • 부적절한 아동 행동	• 잘못된 육아 • 진단 지연 • 부적절한 조기 중재서비스 • 부적절한 특수교육 • 부적절한 가족지원

출처: American Association on Mental Retardation(AAMR, 2002). *Mental Retarxlation: Definition, and Systems of Supports*(10th ed.). P. 127, Washington, DC.

심리사회적 · 문화적 · 환경적 요인은 아동의 사회적 환경의 조건을 의미한다. 심한 정신 지체 원인의 대부분이 생의학적 요인으로 설명 가능한 반면, 경도 지적장애의 원인은 생의학적 입장으로 설명하기 어렵다.

생의학적 요인이 분명하게 보이지 않는 경우에는 심리사회적으로 불리한 요인이나 어릴 때의 열악한 사회적 · 문화적 요인이 상호작용하여 발생하였다고 가정할 수 있다. 따라서 지능발달을 저해하고 있는 원인을 찾아내서 이들 환경을 개선하거나 적절한 치료적 처치를 해 주면 지능발달의 정상화를 기대할 수 있다.

지적장애를 일으키는 주요 출생 전 원인들은 다음과 같은 것들을 들 수 있다.

배종손상은 정자와 난자의 성세포가 수정 전 어떤 원인에 의해 손상을 받아 수정 시에 이상 개체를 발생시키는 현상으로 물리적 자극에 의한 손상과 화학적 자극에 의한 손상을 주로 들 수 있다.

유전적 원인은 가족성 단순성 지적장애와 유전성 질환에 의한 지적장애로 나눌 수 있다. 가족성 단순성 지적장애는 유전자의 좋지 않은 결합으로 인해 지적장애에 해당되는 저지능이 생겨나는 경우로 주로 경도 지적장애로 나타난다. 유전성 질환에 의한 지적장애는 특수한 병적 유전자에 의해 발병하는 유전병이 야기시킨 지적장애로서 지능발달장애와 함께 특수한 정신-신체상의 증상을 보이며, 유전성 대사성 질환에 의한 지적장애(아미노산, 유지질, 함수탄소, 단백질 대사 이상)와 유전성 종양에 의한 지적장애(유전적으로 뇌나 그 밖의 부위에 신생물(종양)이 생겨 뇌발육의 저지와 경련, 기타 신경증상을 나타내는 유전병)로 나눌 수 있다.

염색체이상은 유전자의 돌연변이, 방사선, 약제 및 화학물질, 바이러스 감염, 자기 면역기구 이상, 산모의 고연령, 기타의 요인 등에 인해 나타나며 지적장애의 발생과 밀접한 관계를 지니고 있다. 염색체이상에 의한 지적장애에는 다운증후군(Down syndrome), 클라인펠터증후군(Klinefelter syndrome; XXY), 터너증후군(Turner syndrome), 그리드샤증후군(Cri-de-chat syndrome), 프래더-윌리증후군(Prader-Willi syndrome), 윌리엄증후군(Williams syndrome), 취약 X 증후군(Fragile X syndrome) 등이 있다.

다운증후군은 염색체이상이 원인이며, 다운증후군의 세 가지 형태 중에서 가장 일반적인 것은 21번 삼염색체이다([그림 10-4]). 이것은 21번 염색체가 두 개가 아니라 세 개가 됨으로 인하여 발생한 것이다. 경도에서 중등도까지 다양한 정도의 지적장애를 보이며 운동감각 미발달 및 협응의 문제를 가진다. 평균 연령보다 신체발달은 늦지만 학습이 가능한 경우도 있고 성인이 되면 취업을 하여 반독자적으로 생활을 하기도 한다. 정서면에서 밝은 성격을 가지고 있지만 기분에 변화가 많다(조인수, 2005). 1,000명당 1명 비율로 발생하며, 산모의 나이가 45세 이상이 되면 다운증후군이 나타날 가능성이 30명 중에서 1명 비율로 높아진다. 다운증후군은 비슷한 신체상의 특징을 가진다. 즉, 작은 키와 코를 가진 편평하고 넓적한 얼굴, 안쪽으로 굽은 손가락과 짧고 넓적한 손, 올라간 눈꼬리와 내안각주름, 혀를 돌출되게 하고 조음 문제를 일으킬 수 있는 작은 입과 짧은 구개, 손바닥을 가로지르는 한 개의 손금, 낮은 근육 긴장상태, 심장 결함, 호흡기 감염에 대한 민감성, 불완전하거나 지체된 성적 발달(Beirne-Smith et al., 2008)을 보인다.

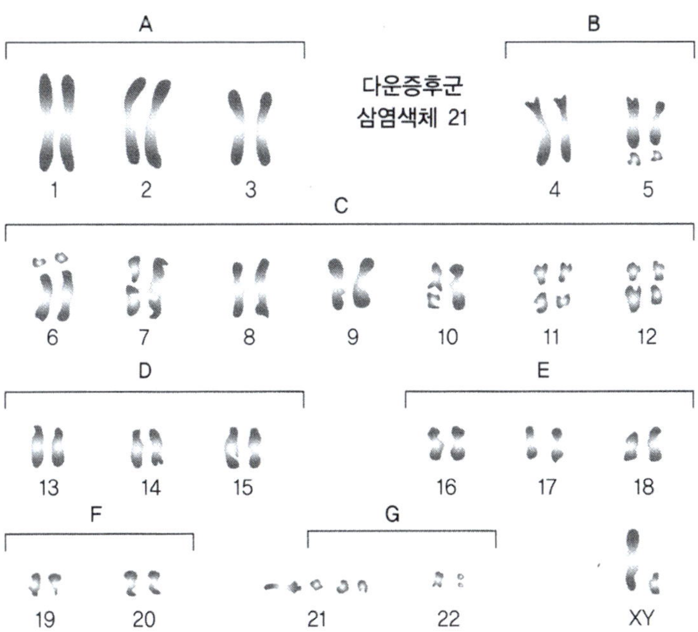

출처: 신종호 외 공역(2008). 정신지체 7판, p. 231, 서울: 시그마프레스. M B. Smith, J. R. Patton, & S. H. Kim (2006). *Mental Retardation: An Introduction to Intellectual Disabilities*. Pubilshed by Pearson Education.

[그림 10-4] 다운증후군 염색체

클라인펠터증후군은 23번 위치의 성염색체가 어떤 원인에 의해 이상이 생겨 정상 남성이 갖는 XY형 성염색체가 아닌 XXY형 염색체로 되었을 때 나타나는 증상이다([그림 10-5]). X 염색체가 하나 더 많아진 것으로 경우에 따라서 XXY, XXXXY형도 나타날 수 있다. 경도 지적장애를 보이고 사춘기에 이르면 남성처럼 보이지만 남성의 성기능이 미발달하고 여성의 2차 성징을 보인다.

터너증후군은 여성의 성염색체 불분리현상(nondisjunction)에 의해 발생한다. 정상 여성에서는 23번 위치의 성염색체가 XX형인 데 반해 한 개의 X 염색체만 갖게 되므로 염색체 수는 모두 45개가 된다([그림 10-5]). 여성의 형태를 가지고 있지만 난소가 없거나 흔적만 남게 되고, 2차 성징도 나타나지 않게 되어 생식을 못한다. 이 증후군의 약 20%는 지적장애이고 비언어적 지능이 제한되어 있고, 공간-형태 장애를 보이기도 한다.

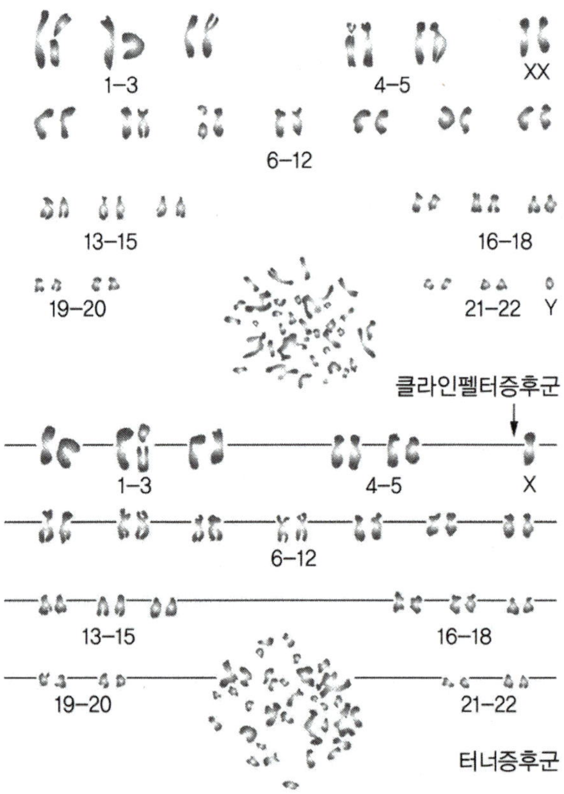

출처: M. B. Smith, R. F. Ittenbach, & J. R. Patton(1998). *Mental Retardation.* p. 154, published by Pearson Education.

[그림 10-5] 성염색체 증후군(클라인펠터, 터너증후군)

크리드샤증후군(Cri-de-chat syndrome)은 5번 염색체가 삭제된 것과 관련이 있으며, 이 병에 걸린 아동이 고양이 울음소리와 같은 특이한 울음소리를 내기 때문에 이를 고양이 울음증후군(Cri-de-chat)이라고 한다. 심한 지적장애와 기형적인 얼굴 모양을 갖는다.

프래더-윌리증후군은 15번 염색체의 부분적인 부족으로 인하여 발생한다. 초기에 유아들은 낮은 근육긴장도를 보이며, 튜브로 음식을 먹는 경우가 많지만, 점점 과도한 식욕을 보여 음식을 조절해 주지 않으면 생명을 위협하는 비만이 발생할 수 있다. 10,000~25,000명 중에 1명 비율로 발생하며, 경도 지적장애와 충동성, 공격성 등의 문제행동을 보인다(Heward, 2008).

윌리엄증후군은 7번 염색체의 부분적 이상으로 발생한다. 인지기능은 경도에서 중등도 정도의 지적장애에 해당된다. 학업적 특성으로 단어나 이야기 말하기 면에서는 아주 뛰어나지만 시각 공간 기술에 어려움을 보이는 등 여러 기능에서 불균형적인 심한 차이를 보인다. 과잉행동과 주의집중 결함을 보인다.

취약 X 증후군은 지적장애를 발생시키는 가장 일반적인 유전적 원인이며, 지적장애 가운데 다운증후군 다음으로 많이 나타난다. 두 개의 성염색체 중 X 염색체 위에 있는 특정 유전자의 이상으로 발생한다. 경도와 중등도 지적장애로 나타난다. 신체적 특징은 긴 얼굴, 커다란 눈, 튀어나온 턱과 이마, 근력저하, 평발 등이다. 행동적 특성으로 사회성 불안과 회피행동, 단어나 구를 되풀이하는 등의 언어적 문제를 가진다([그림 10-6]).

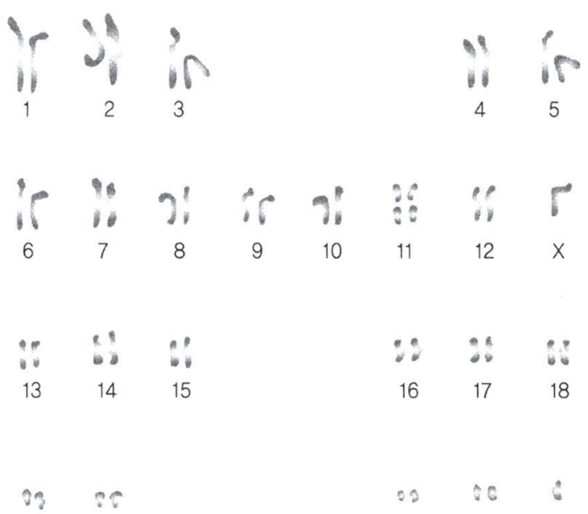

출처: Smith, M. B. Ittenbach, R. F. & Patton, J. R. (1998). *Mental Retardation.* p. 153, published by Pearson Education.

[그림 10-6] 취약 X 증후군

태아알코올 증후군(Fetal Alcohol Syndrome; FAS)은 산모가 임신 기간 동안 섭취한 과도한 알코올이 태아의 신체적 결함을 가져와 뇌 발달에 직접 영향을 미치고 성인기까지 지속적인 영향을 미친다. FAS는 중등도와 중도 지적장애의 원인을 초래하는 것으로 여겨진다. 이후 과잉행동과 학습문제 또한 초래한다. 수정에서 출산 동안 태아 뇌의 감염, 태아 뇌의 중독, 태아 뇌의 물리적 손상, 태아 뇌의 산소결핍, 모자 혈액형 부적합의 원인으로 태아기의 뇌장애가 발생할 수 있다.

Ⅳ 판 별

지적장애 진단의 가장 우선적인 요소는 지적능력과 적응행동이다. 지적장애아 진단에서 활용할 수 있는 표준화된 지능검사와 적응행동검사의 종류를 알고 실제 진단과 평가에 활용하여야 한다. 대부분의 형식적 검사들은 학교심리학자, 언어치료사, 특수교사, 경우에 따라서는 의학이나 건강과 관련된 사람에 의해서 행해지며 엄격한 검사 상황에서 취해진다.

지능검사는 어느 정도의 지적능력을 갖추고 있는가를 측정하는 것으로 문제수행에 대한 개인의 수행능력을 점수로 변환하는 것을 말한다. 이 점수는 IQ 점수이다. IQ 점수가 전체 인구에서 정상분포곡선 모양으로 분포되어 있기 때문에 한 개인의 지능검사 점수는 전체 평균으로부터 위나 아래로 몇 편차에 속해 있는가 하는 말로 설명될 수 있다([그림 10-2] 참조). 미국지적발달장애협회에 의하면 지적장애 범주는 정상분포곡선에서 −2 표준편차 이하에 해당된다. 이는 이론적으로 전체 인구의 약 2.3% 정도가 된다. 웩슬러 아동용 지능검사 4판(WISC-Ⅳ)과 스탠포드-비네 지능검사 5판(Stanford-Binet Intelligence Scale V)에 의하여 이 경우를 IQ 점수로 바꾼다면 대체로 70이나 그 이하의 점수가 된다. 지적장애 진단을 위한 지능검사 중 가장 많이 활용되는 외국의 도구들은 다음과 같다.

〈표 10-8〉 지능검사도구(외국)

도 구	출판연도	연령 범위	구 성	특 징
Comprehensive Test of Nonverbal Intelligence (CTONI) (Hammill, Pearson & Wiederholt, 1997)	1997	6세 0개월~ 90세 11월	• 6개 하위검사: – 그림 유추 – 그림 분류 – 그림 배열 – 도형 유추 – 도형 분류 – 도형 배열	• 비언어적 문제해결과 추론의 측정을 포함 • 세 가지 지수: – 비언어적 지능지수 – 그림 비언어적 지능지수 – 도형 비언어적 지능지수
Kauffman Assessment Battery for Children, 2판 (KABC-II) Kauffman & Kauffman, 2004)	2004	3~18세	• 주요 척도: – 동시적 – 연속적 – 계획 – 학습 – 지식 • 18개 하위 검사	• 두 개의 이론적 기초: – Luria 신경심리학적 모델 – Cattel-hoin-Carroll 모델 • 포괄적 점수: – 정신적 처리지표 – 유동적 · 결정적 지표 – 비언어적 지표
Stanford Binet Intelligence Scale, 5판(SB5) (Roid, 2003)	2003	2세 0개월~ 85세 이상	• 5개 요소들 각각에 대한 언어적 · 비언어적 하위 검사: – 유동적 추론 – 지식 – 양적 추론 – 시 · 공간적 처리 – 작업기억	• 전달기술의 사용 • 광범위한 고성능 요소의 포함 • 저급 문항의 향상
Test of Nonverbal Intelligence(TONI) (Brown, Sherbenou & Johnsen, 1997)	1997	6세 0개월~ 85세 11개월	• 두 가지 동등한 형식, 쉬운 것부터 어려운 것의 순서로 배열된 45개 문항	• 빠른 처리 시간
Wechsler Adult Intelligence scale, 3판(WAIS-Ⅳ) (Wechsler, 2008)	2008	16세 0개월~ 89세까지	• 하위 검사: 언어성: – 어휘 – 상식 – 공통성 – 이해 – 숫자 외우기 – 산수 동작성: – 토막 짜기 – 모양 맞추기 – 빠진 곳 찾기 – 차례 맞추기 – 바꿔 쓰기	• 점수: FSIQ, 지표점수, 하위검사 점수

적응행동은 사람들이 일상생활 속에서 활동하기 위해 이제까지 학습하여 온 개념적 · 사회적 · 실제적 기능의 집합체이다(AAMR, 2002: 5). 적응행동은 일상생활과 생활의 변화와 환경적 요구에 대해 적응하려는 모든 능력에 영향을 받는다. 적응행동의 제한은 지적능

력, 참여, 상호작용, 사회적 역할, 건강, 상황 등이 고려되어야 한다. 적응행동의 측정은 지적장애를 진단하기 위한 목적뿐만 아니라 분류하고 지원계획을 결정하는 데 중요한 요소가 된다. 진단상으로 적응행동의 측정은 장애를 가진 사람과 장애가 없는 사람을 포함한 총 인구에서 표준화된 측정을 사용하여 판별한다. 다음은 지적장애 판별을 위해 외국에서 표준화하여 개발된 적응행동 검사들이다.

〈표 10-9〉 적응행동 검사도구(외국)

도 구	출판연도	연령 범위	적응기술 영역/하위검사	특 징
Vineland-II 적응행동검사, 2판 (Sparrow, Cicchetti & Balla, 2005)	2005	출생부터 90세 (조사면접, 부모/보호자 평정, 확정된 면접양식) 3~21세 11개월 (교사 평정양식)	• 의사소통 • 일상생활 기술 • 사회화 • 운동기술 • 부적응행동	• 4개 양식: – 조사면접 – 부모/보호자 평정 – 확장된 면접 – 교사 평정 • 점수 환산 소프트웨어
적응행동 평가체계, 2판(ABAS-II) (Harrison & Oakland, 2003)	2003	출생~89세	• 의사소통 • 지역사회 활동 • 기능학문 • 가정/학교 생활 • 건강과 안전 • 여가 • 자기관리 • 자기지시 • 사회적 기술 • 일	• 5개 양식: – 부모(출생~5세) – 부모(5~21세) – 교사/보육(2~5세) – 교사(5~21세) – 성인(16~89세) • 점수 환산 소프트웨어
AAMR 적응행동검사-학교용, 2판(ABSS: 2) (Lambert, Nihira & Leland, 1993a)	1993	3~21세	Part 1: 적응행동 • 독립생활기술 • 신체발달 • 경제 활동 • 언어발달 • 수와 시간개념 • 직업준비/직업활동 • 자기지시 • 책임감 • 사회화 Part 2: 부적응행동 • 사회적 행동 • 순응 • 신뢰감(신용) • 정형화된/과잉행동 • 자해행동 • 사회적 참여 • 대인관계 방해 행동	• 1개 양식, 2개 부분: – Part 1: 적응행동기술 – Part 2: 부적응행동 • 요인 점수: – 개인적 자급자족 – 개인 · 사회적 책임감 – 지역사회 자급자족 – 사회적 적응 – 개인적 적응

도 구	출판연도	연령 범위	적응기술 영역/하위검사	특 징
AAMR 적응행동검사-기숙시설 및 지역사회용, 2판(ABS-RC: 2) (Nihira, Leland & Lambert, 1993a)	1993	18~60세 이상	[ABS-S:2 참조] 첨가된 항목 Part 1: 적응행동 • 가정 내 활동 Part 2: 부적응행동 • 성적 행동	[ABS-S:2 참조]
적응행동 평가척도, 개정판 (McCarney, 1995)	1995	5~18세	• 의사소통기술 • 자기관리 • 가정생활 • 사회적 기술 • 지역사회 활용 • 자기지시 • 건강과 안전 • 기능 학문 • 여가 • 일	• 2개 양식: – 교사용 평정 – 가정용 평정
Independent Behavior 검사, 개정판(SIB-R) (Bruininks, Woodcock, Weatherman & Hill, 1996)	1996	유아~80세 이상	• 운동기술 – 대근육 운동기술 – 소근육 운동기술 • 사회적 상호작용 및 의사소통기술 – 사회적 상호작용 – 언어이해 – 언어표현 • 개인생활기술 – 식사 및 준비 – 화장실 사용하기 – 옷 입기 – 자기관리 – 가정생활기술 • 지역사회 생활기술 – 시간개념 및 시간 지키기 – 돈 및 가치개념 – 작업기술 – 가정 및 지역사회 적응	• 4개 영역군, 14개 하위척도 • 3개 양식: – 전체 척도 – 약식 척도 – 조기 발달 • 문제 영역 관찰에 의해 평가되는 부적응행동 • 약식 척도는 Inventory for Client and Agency Planning(ICAP)으로 불리며, 성인에게 사용됨

우리나라의 지적장애 판별 기준은 「장애인 등에 대한 특수교육법 시행령」 제10조의 별표의 지침에 따른다. 별표에 의하면 "지적 기능과 적응행동상의 어려움이 함께 존재하여 교육적 성취에 어려움이 있는 사람"으로 규정하고 있다. 그리고 한국특수교육학회의 특수교육대상자 개념 및 선별기준의 지적장애 선정기준은 지적 기능과 적응행동상의 어려움이 함께 존재하여 교육적 성취에 어려움이 있는 사람으로 지적 기능은 표준화된 개

인용 지능검사에 의해 평가된 지능지수를 사용하여 지능지수 70이나 그 이하에 해당되는 자를 말한다. 이는 대략 평균에서 −2표준편차 아래로 이탈된 점수에 해당되고, 한국 웩슬러 지능검사의 경우 약 5점의 측정오차를 감안해서 65~75의 범위에 해당되는 자를 지적장애의 판별 기준으로 제시하고 있다. 다음은 지적장애 판별을 위해 우리나라에서 표준화된 지능검사 도구들이다(〈표 10−10〉).

〈표 10−10〉 **지능검사 도구(한국)**

검사도구명	대상 연령	저자	출판사	출판연도
한국형 개인지능검사 (KISE-KIT)	5~17세	박경숙, 정동영, 정인숙	교육과학사	2002
한국 웩슬러 아동지능검사 (K-WISC Ⅳ)	6~16세	곽금주, 박혜원, 김청택, 오상희	학지사	2012
K-WAIS Ⅳ	16~64세	황순택, 김지혜, 박광배, 최진영, 홍상황	한국가이던스	2012
한국 코프만 지능검사도구 (K-ABC)	2세 6개월~12세 5개월	문수백, 변창진	학지사	1997
한국 웩슬러 유아지능검사 (K-WIPPSI Ⅳ)	만 3~7세 3개월	박혜원, 이경옥, 김윤희	학지사	2015
고대-비네검사 (KODE-BINET)	4~14세	전용신	꿈나무	1970

한편 적응행동은 일상생활을 하는 데 영향을 미치는 사회·문화적 상황과 생활양식에서 적절하게 행동하는 능력을 말하는데, 지적장애 선정은 적응행동 지수를 산출하여 평균에서 −2표준편차 이하에 해당되는 자를 말한다. 5~17세일 경우 KISE 적응행동 검사(KISE-SAB, 정인숙 외, 2003)를 사용하고 3세 미만인 경우 사회성숙도 검사(김승국·김옥기, 1985)와 적응행동 검사(김승국, 1990)를 활용할 수 있다. 다음은 지적장애 판별을 위해 우리나라에서 표준화된 적응행동검사 도구들이다(〈표 10−11〉).

〈표 10−11〉 **적응행동검사 도구(한국)**

검사도구명	대상 연령	저자	출판사	출판연도
사회성숙도 검사	0~30세	김승국, 김옥기	중앙적성 출판사	1985
적응행동검사	3~15세	김승국	중앙적성 출판사	1990
KISE-적응행동검사 (KISE-SAB)	일반: 21개월~17세 정신지체: 5~17세	정인숙 외	서울문화(주)	2003

V 특 성

지적장애아동을 올바르게 교육하자면 그들의 특성이나 요구를 정확하게 이해할 필요가 있다. 지적장애아동의 특성은 지적장애의 정의에서 찾아볼 수 있는데, 즉 연령에 따른 지적능력과 적응행동에서 실질적인 제한을 보인다. 우선, 지적 기능이 주의, 이해, 기억, 언어능력, 공간인지, 학습, 일반화 및 문제해결을 포함하는 기술과 능력을 측정하기 때문에 지적장애는 이러한 영역에서 일반아동의 능력보다 떨어지는 특징을 갖고 있다. 뿐만 아니라 적응행동은 의사소통, 자기 보호, 가정생활, 사회적 기술, 지역사회 이용, 자기 주도, 건강과 안전, 기능적 학업, 여가와 일(Luckasson, 1992) 등에 대한 능력을 측정하기 때문에 지적장애는 또한 이러한 영역에서 일반아동의 능력보다 떨어지는 특징을 갖게 된다. 지적장애아동은 지적장애의 공통된 특성을 보일 수 있지만 지적장애아동 특성은 어디까지나 개인적인 관점에서 이루어져야 그들의 교육적 요구를 잘 파악할 수 있다. 여기에 제시된 특성들은 여러 집단의 지적장애아동을 연구한 결과에 의해 확인된 일반적인 내용을 제시하였다. 여기서는 동기, 학습과 일반화, 언어, 신체와 건강적 특성을 중심으로 알아보고자 한다.

1. 성격과 동기

지적장애아동이 보이는 기능성을 고려할 때 그들의 행동 특성을 인지 또는 언어적 행동만을 가지고 설명할 수 없다. 지적장애아동들은 다음과 같은 몇 가지 성격과 동기 특성을 가진다(Zigler & Burack, 1989).

지적장애아동들은 주위의 성인들에게 지나치게 의존하는 경향이 있다. 이런 긍정적 반응 경향(positive reaction tendency)은 특히 시설에 수용되지 않는 아동들보다 수용된 아동들에게서 더욱 많이 나타난다. 즉, 긍정적 반응 경향은 사회적 박탈과 관련성이 높기 때문에 사회적 박탈이 많은 시설에서 자란 아동에게서 지나치게 타인을 의존하는 경향이 많이 나타난다. 지적장애아동들이 지역사회에서 독립적인 구성원으로 생활하기 위해서는 이러한 의존적인 태도를 독립적인 태도로 바꾸어 주어야 한다.

긍정적 반응 경향에 반해 지적장애아동들은 주변의 타인들과 접촉하기를 매우 원하는 아동들조차도 처음에는 타인과 상호작용하기를 경계하는 경향을 보인다. 이러한 부정적 반응 경향(negative reaction tendency)은 지적장애아동이 일반아동과 함께 과제를 수행할 때 마치 위축

(withdrwal)된 행동을 하도록 동기를 부여하게 되어 과제의 질을 떨어뜨리게 만든다.

지적장애아동들은 친숙하지 못한 과제를 해결하고자 할 때 '낮은 목표(low aim)'를 갖는 경향을 보인다. 이는 지적장애아동들이 성공에 대한 낮은 기대 수준(lowered expectancy of success)을 가지고 있기 때문에 나타나는 경향이다. 긍정적 · 부정적 반응 경향의 원인들과도 유사하게 성공에 대한 낮은 기대 수준은 지적장애의 선천적인 특성이라기보다는 계속적인 실패의 경험으로부터 생긴다. 이는 지적장애아동에게서 보이는 다른 동기적인 특성 중 하나인 학습된 무기력(learned helplessness)과도 비슷하다. 이 또한 학습의 실패를 계속해서 경험한 아동이 자신의 노력에 관계없이 다른 과제에서도 실패할 것이라고 기대하는 상태를 말한다. 이런 아동은 이러한 실패를 회피하거나 경험하지 않기 위해서 자신에 대하여 매우 낮은 기대를 하며, 과제도 열심히 하지 않는 경향을 보인다.

지적장애아동이 실패를 회피함으로써 생기는 또 다른 결과는 외부지향성(outerdirectedness)이라고 불리는 문제해결의 방법이다. 외부지향적인 사람은 문제해결에 있어서 스스로의 힘에 의존하기보다는 상황적 혹은 외부단서들에 의존하게 되는데(Bybee & Zigler, 1992), 지적장애아동들은 지적인 문제를 풀기 위해서 해결책을 자신 밖에서 찾는 경향을 보인다. 지적장애아동에게서 나타나는 이러한 외부지향성은 지적장애아동들이 실패의 경험으로 말미암아 학습된 자신의 능력에 대한 불신의 결과로 생겨난다. 때때로 지적장애아동들은 스스로 완벽하게 잘 수행할 수 있는 과제라도 다른 사람의 단서에 의존하는 경향을 보인다.

지적장애아동은 새로운 것을 접하게 되는 즐거움을 적게 가지는 경향이 있다. 어렵고, 도전적이고, 새로운 것들을 훨씬 덜 선택하려고 한다. 그리고 무형의 강화보다 유형의 강화에 더 의존하는 경향을 보인다. 이러한 비효율적인 동기화(effectance motivation)의 경향은 일반 또래아동들과 대조적으로 지적장애아동들은 어려운 과제를 해결하고 시도함으로써 생기는 내적인 보상에 둔감한 동기를 가진다.

마지막으로 지적장애아동들은 일반 또래아동들이 가지는 자아개념(self-concept)과 서로 다르다. 지적장애아동의 자아개념은 더 낮은 발달수준에 있는 아동들의 자아개념과 비슷하여 일반 또래아동에 비해 자아개념이 덜 분화되어 있다. 일반적으로 자아가 기능하기 위해서는 현실을 배우고 자신의 행동의 결과를 이해하며 쾌락을 지연시키고 충동을 억제함으로써 사회가 용납하는 방법으로 긴장을 해소하여야 한다. 그러나 지적장애아동들은 이러한 과정에 있어서 결핍되어 있기 때문에 자신의 충동을 조절하는 능력이 부족하여 감정이나 공격 본성을 폭발하기 쉽다. 지적장애아동들은 자아기능의 결핍으로 근심을 조절하기 위하여 보다 원시적인 방어 메커니즘에 의존하게 되는 경향이 있다.

2. 학습과 일반화

과제의 중요한 부분에 주의집중(attention)하는 능력은 효율적인 학습자의 특성이다. 보다 구체적으로 말하자면, 특정한 대상, 과제, 생각에 초점을 맞추는 선택적 주의집중(selective attention)과 방해 자극을 억제하면서 집중된 주의를 유지하는 주의집중 유지(sustained attention)는 성공적인 학습을 위해 중요하다. 그러나 지적장애아동들은 효과적으로 주의집중할 수 없다. 지적장애아동의 주의집중은 네 가지 주요 측면에서 심한 어려움을 겪는다(조인수, 2005). 첫째, 중요한 자극 특성을 변별할 수 있는 선택적 주의집중에 어려움을 겪는다. 지적장애 학습자는 학습과제의 중요한 특성에 덜 주의를 집중하고 반대로 부적절한 자극에 주의를 기울이는 경우가 많다. 둘째, 주의집중의 지속시간이 매우 짧으며, 셋째, 주의집중의 범위도 매우 협소하고, 넷째, 한 과제에서 다른 과제로 주의를 이동하는 능력에서도 어려움을 보인다(Bergen & Mosley, 1994). 이러한 주의집중의 어려움은 새로운 지식과 기술을 습득하고 기억하고 일반화하는 데 많은 어려움을 준다. 그러나 주의집중 능력은 연습이나 환경의 자극을 통해 개선시킬 수 있다(조인수, 2005).

지적장애아동은 그들의 나이나 학년 수준이 비슷한 또래들에 비해 정보를 기억하는 데 어려움을 가지는 경향이 있다. 일반적으로 지적장애의 정도가 심할수록 기억에 있어서 더 심각한 결함을 보인다. 지적장애아동들은 특히 단기기억(short-term memory)에 있어 정보를 처리하는 데 문제를 갖고 있다(Bray, Fletcher & Turner, 1997). 단기기억은 단기간의 사용을 위해 정보를 보유하는 능력을 말한다. 즉, 활동적으로 기억하려고 노력하지 않으면 수초 정도 머물다가 사라지는 기억이다. 지적장애아동은 정보를 자동적으로 회상하는 데 있어 또래의 일반아동들보다 더 많은 시간이 걸리며 따라서 한 번에 많은 양의 인지적 정보를 다루는 데 어려움을 가진다(Merrill, 1990). 그러나 지적장애아동도 일단 정보가 단기기억으로 충분히 투입되고 난 후 장기기억(long-term memory)에서의 최종적인 파지는 일반아동과 비슷하다. 즉, 일반아동과 같이 그 정보를 유지할 수 있다고 주장한다(McCartney, 1987). 기억의 효율성은 학습자의 어떤 전략을 어떻게 효과적으로 사용하느냐에 달려 있다. 그러나 지적장애아동은 기억전략을 자발적으로 사용하지 못하고 사용한다 하더라도 잘못된 전략을 사용하기 때문에 일반아동에 비해 기억의 효율성이 매우 낮다. 최근 이러한 지적장애아동의 기억 특성에 대한 연구들은 이들에게 특정 전략 교수법을 통하여 가르치면 그들의 기억의 효율성을 증가시킨다고 주장한다. 시연이나 새로운 정보를 이전의 관련 정보와 조직화하는 방법을 통하여 초인지 전략이나 집행통제 전략의 방법을 가르치는 데 관심을 가진다.

전이와 일반화는 새로운 일이나, 문제 자극 상황에 지식이나 기술을 적용하는 능력을 말한다. 즉, 선행경험을 미래의 비슷한 상황이나 문제해결에 도움이 되도록 사용하는 능력이다. 대개 학습자들은 배운 지식을 비슷한 과제나 다른 상황에서 활용할 수 있지만 지적장애아동들은 이러한 전이와 일반화에 많은 어려움을 겪는다. 따라서 지적장애아동들은 전이나 일반화가 자연적으로 일어나지 않기 때문에 이에 대한 특별한 교육이나 훈련이 필요하다. 예를 들어, 통합학급에 다니는 학생에게 돈 계산하는 방법을 가르치기 위해 계산기를 사용하는 방법을 성공적으로 가르칠 수 있으나 이 학생이 지역사회 내에서 슈퍼에서 물건을 사고 값을 지불하는 행동을 적절히 사용할 수 없을지 모른다. 이처럼 환경과 상황이 통합학급 환경에 비해 달라짐으로써 학생은 지식의 전이와 일반화 능력을 보이지 못할 수 있다. 이처럼 지식의 전이와 일반화는 다양한 환경과 상황에 적응하는 데 가장 중요한 영향력을 가지기 때문에 지적장애아동이 새로운 지식이나 기술을 습득한 것만으로는 만족할 수가 없다. 최근 지적장애아동 교육 분야에서 가장 중요한 연구 분야 중의 하나가 일반화와 전이능력을 향상시키는 전략과 방법을 찾는 것이다. 이러한 방법의 일환으로 지역사회중심교수(community-based instruction) 전략이 활용되고 있다.

3. 언어

말과 언어의 발달은 기억이나 문제해결과 같은 지적발달과 밀접하게 연관되어 있기 때문에 지적장애아동은 일반아동보다 말과 언어에 더 많은 문제를 보이게 된다. 언어장애가 심한 지적장애아동은 말을 전혀 할 수 없고, 의사소통은 외부 장치나 언어적 몸짓으로 제한될 수 있다. 일반적으로 지적장애아동에게서 자주 나타나는 언어장애는 언어발달지체, 한정된 어휘 사용과 제한 등을 들 수 있다(Spradlin, 1968).

지적장애아동의 언어발달 특징은 다음과 같다.

- 정상아와 똑같은 방법으로 언어기능을 습득한다. 언어성취도는 생활연령보다 정신연령에 따른다. 그러나 지적장애자들의 언어연령은 그들의 정신연령보다 다소 낮게(약 1년 정도) 나타난다.
- 언어기능 습득의 속도가 정상아보다 느리다. 정신연령이 동일한 일반아동들보다 언어의 양이 부족하다.
- 사춘기 이후에는 언어성장이 되지 않는다. 사춘기에 정신연령 4~5세가 되지 못하는

학생은 완전한 언어습득이 불가능하다.

- 지적장애아동의 언어장애(발성장애, 언어장애)는 편차된 것보다 지체된 것이다.
- 경도 지적장애아동은 어른이 되면 정신연령이 대개 8~11세가 되기 때문에 적절한 언어구사 능력을 갖출 수 있다.
- 중등도 지적장애아동은 자신의 욕구를 다른 사람에게 알릴 수 있는 기능적 언어를 사용하지만 대부분 일반아동과는 많이 다른 면을 보여 준다.
- 중도 지적장애아동도 다소의 기능적 언어능력을 갖고 있지만 최중도 지적장애아동에게서는 기능적 언어가 없다.
- 같은 단계에서도 다양한 변이성을 갖는다.

최근에는 지적장애와 함께 수반되는 장애로 인해 말과 언어장애가 더 일반적인 현상으로 나타난다. 한 예로, 뇌성마비와 같은 운동장애로 알아듣기 어려운 발성상의 장애를 산출해 내는 경우도 있으며, 다른 예로 다운증후군 학생이 어렸을 때에 자주 발생하는 중이염도 전음성 청력손실로 이어지기도 하고, 말과 언어문제를 야기시킨다(Balkany, Downs, Jafek & Krajicek, 1979). 낮은 청각 기능은 조음능력에 영향을 주어 언어습득을 지연시키기 때문이다(Pueschel, 1997).

4. 신체 및 건강 그리고 운동

일반아동과 비교해 경도 지적장애아동의 신체적·건강상 특징은 크게 다르지 않다. 사회·심리적으로 혜택을 받지 못하는 경도 지적장애아동 사이에서 뚜렷한 신체적 건강상의 특징은 보이지 않는다. 단지 장애조건 자체 때문에 일반인들과 신체적으로 다르게 된다. 일반적으로 신체적 능력과 건강에 있어 경도 지적장애인과 일반인과의 차이점에 대해 다음의 몇 가지 일반적인 것을 지적할 수 있다.

신체발달: 경도 지적장애아동은 일반인에 비해 키, 몸무게, 골격의 성숙이 비교적 평균 이하이다.

운동발달: 경도 지적장애아동에 대한 연구에서 보면 모든 운동 분야에서 또래의 일반아동보다 상당히 저조하게 성취된다.

신체적 손상: 어떤 지적장애아동들은 대개 중도 장애나 신경학적 손상-뇌성마비, 발달적인 이상, 감각손상 그리고 어린이 학생에서 오는 상해와 같은 신체적 문제를 동시에 보인다.

건강문제들: 부적절하고 불균형적인 식사, 병에 감염되기 쉬움, 부적당한 건강관리 그리고 치아의 이상 등이 지적장애아동들의 일반적인 특징으로 알려진다.

그러나 심각한 지체를 보이는 사람들에게는 보다 뚜렷한 신체 및 건강에 대한 문제가 함께 일어나는 경향이 많다. 지적장애에서 가장 많은 비중을 차지하고 있는 증후군이 다운증후군이다. 다운증후군은 뚜렷한 신체적 겉모습을 특징으로 갖고 있을 뿐만 아니라 건강상의 문제도 가진다. 대부분의 다운증후군아동은 비정상적인 폐 기능을 갖고 있어 상부호흡기 감염을 일으키기 쉽다. 백혈병의 발병률도 일반인들에 비해 높다. 뿐만 아니라 기타 건강문제들로는 눈과 귀의 감염, 비만, 피부문제, 치아, 잇몸의 문제, 중이염으로 인한 청각장애까지 수반되기도 한다(Pueschel, 1997). 다운증후군아동을 맡고 있는 교사라면 이러한 건강상의 특징에 주의를 기울여야 한다. 다음은 지적장애아동의 운동능력 지체를 설명하기 위한 표이다(〈표 10-12〉). 이 표는 0~4세까지 일반아동과 다운증후군아동의 발달기준을 나타내고 있는데, 이 표에 따르면 다운증후군아동은 일반아동에 비해 계통 발생학적 행동 기능에서 낮은 성취도를 보이며, 두 집단의 운동기능의 차이는 연령이 증가함에 따라 더욱 크게 벌어진다. 이것은 다운증후군아동의 운동발달이 지체 정도와 질적인 면 모두에서 일반아동과 뚜렷한 차이가 있음을 나타낸다.

〈표 10-12〉 다운증후군아동의 발달기준표

항 목	다운증후군아동		일반아동	
	평균 연령	범위	평균 연령	범위
대근육 운동				
머리 곧게 들고 균형 유지하기	5	3~9	3	1~4
구르기	8	4~12	5	2~10
도움 없이 1분 이상 앉기	9	6~16	7	5~9
가구를 이용해서 잡고 서기	15	8~26	8	7~12
도움을 받아서 걷기	16	6~30	10	7~12
혼자 서기	18	12~38	11	9~16
혼자 걷기	19	13~48	12	1~17
도움 받아 계단 오르기	30	20~48	17	12~24
도움 받아 계단 내려오기	36	24~60+	17	13~24
소근육 운동				
물건 따라 눈 움직이기	3	1.5~6	1.5	1~3
매달린 종 잡기	6	4~11	4	2~6
한 손에서 다른 손으로 물건 옮기기	8	6~12	5.5	4~8
장난감을 잡기 위해 줄 당기기	11.5	7~17	7	5~10
헝겊 아래에 감춘 물건 찾기	13	9~21	8	6~12
컵이나 상자 안에 3개 이상의 물건 넣기	19	12~34	12	9~18
5cm 크기의 네모 블록으로 탑 쌓기	20	14~32	14	10~19
간단한 세 가지 모양 완성하기	33	20~48	22	16~30+
동그라미 따라 그리기	48	36~60+	30	24~40
개인/사회/자조 활동				
다른 사람이 만지거나 이야기를 들을 때 웃기	2	1.5~4	1	1~2
자발적으로 웃기	3	2~6	2	1.5~5
단단한 물체 잡기	8	5~18	7	4~12

항 목	다운증후군아동		일반아동	
	평균 연령	범위	평균 연령	범위
과자 혼자 먹기	10	6~14	5	4~10
까꿍 놀이 따라 하기	11	9~16	8	5~13
컵을 이용하여 마시기	20	12~30	12	9~17
숟가락이나 포크 사용하기	20	12~36	13	8~20
옷 벗기	38	24~60+	30	20~40
스스로 먹기	30	20~48	24	18~36

※ 상기 연령은 개월 수임

출처: W. E. Maclean(1996). *Ellis' Handbook of Mental Deficiency, Psychological Theory and Reasearch*(3rd ed.), p. 278, Lawrence Erlbaum Associates.

일반적인 지적장애아동의 연령별 신체 · 운동능력 발달과정은 다음과 같다.

〈표 10-13〉 지적장애아동의 연령별 신체 · 운동능력 발달

생활연령	정신연령	신체 · 운동능력 발달과정
3.5~5	2~3	혼자서 걷기, 달리기, 뛰기 등을 할 수 있고 도와주기만 하면 층계를 오를 수 있다.
5~7	3~4	층계를 오르내릴 수 있으며, 달리기, 뛰기, 한 발로 서기, 공 받기, 물건 옮기기 등을 할 수 있다. 정교한 운동을 잘하지 못한다.
6~9	4~5	한 발로 한 계단씩 디디며 층계 오르기, 뛰기, 발끝으로 서기, 평행대 위에서 걷기, 세발자전거 타기, 나무에 기어오르기, 목표물에 공 던지기 등을 할 수 있다. 어른 처럼 연필 잡기, 단추 끼우기, 끈 매기 등을 할 수 있다.
8~10	5~6	달리기, 뛰기, 줄넘기, 춤추기 등을 할 수 있으며 스케이트나 썰매를 탈 수 있고 음악에 맞추어 걸을 수 있다.
10~12	6~7	적절한 운동기능을 가질 수 있다.
12~18	6~11	운동기능은 15세만 되어도 정상에 달한다. 기질적인 지적장애아동은 약간의 운동기능장애를 보인다.
18세 이상	8~12	운동기능은 정상에 달한다.

Ⅵ 교육적 조치

1. 교육적 배치

학령기 지적장애아동을 위한 프로그램은 대상 아동 개개인의 요구와 적성에 알맞은 학업수행을 위해서 교육과정에 따른 교육적 배치, 교육방법상 선택의 다양성을 갖는 것

이 필요하다. 따라서 개인 및 집단에 대한 서비스의 다양성과 현존하는 서비스의 유효성이라는 두 가지 측면을 고려하여 유연하게 교육적 조치를 취할 수 있도록 제도가 운영되어야 한다. 기본적으로 지적장애아동의 교육적 조치를 위해서는 아동의 요구에 따라 최소로 제한된 환경에 배치해야 하며, 상황이 변하면 다른 환경으로 옮겨갈 수 있도록 배치에 융통성이 허용되어야 한다.

가. 학령 전기

「장애인 등에 대한 특수교육법」은 장애를 지닌 영 · 유아에 대한 교육을 촉진하기 위하여 영아교육은 무상으로 하며, 유아교육을 의무교육으로 규정하고, 장애의 조기발견, 교원양성, 교육시설 · 설비의 확충 등 조기특수교육에 필요한 시책을 강구하도록 규정하고 있다. 그러나 대부분의 경도 지적장애유아들은 초등학교에 들어가 일정기간의 교육을 받기 전까지 판별되지 않을 수도 있기 때문에 취학 전 단계에서 판별되지 않은 유아들이 판별되는 유아들보다 많을 수 있다. 조기에 판별된 유아들일지라도 일반어린이집이나 일반유치원, 일반유치원의 특수학급, 일반학교 병설유치원의 특수학급에 배치되어 교육받을 수 있다. 초기 교육적 조치는 경도 지적장애유아들의 후기 성장과 발달에 지대한 영향을 미칠 수 있다(Lerner et al., 2003).

나. 학령기

경도 지적장애아동을 위한 학교교육 체제는 다양한 프로그램을 선택할 기회를 제공해 준다. 가장 일반적인 교육배치는 일반학급 배치, 몇 시간만 특수교육환경에서 보내는 학습도움실(resource room), 하루 중 반은 특수학교에서 보내고 나머지 반은 일반학급에 통합되는 형태인 시간제 특수학급, 대부분 모든 시간을 특수교육 서비스를 제공받는 전일제 특수학급 그리고 특수학교와 병원 및 가정 서비스 프로그램이 있다. 그리고 많은 정신지체아동들은 언어치료, 작업치료, 물리치료, 감각 · 운동 · 지각, 심리 · 운동 · 통합 등의 관련 서비스도 받을 수 있다. 현재의 경향은 장애의 정도에 관계없이 지적장애아동을 일반교육환경에 통합시켜 다소의 특수교육 서비스를 제공하는 것이다. 좀 높은 기능을 가진 경도 지적장애학생들은 학습장애로 재분류되어 일반학급 또는 학습도움실에 배치되어 교육받고 있는 경우도 많다(Lemer et al., 2003).

다. 전환기

대체로 경도 지적장애아동은 일반학급, 학습도움실, 특수학급 등에 배치되어 교육을 받을 수 있으며, 중등도나 중도 지적장애아동은 학습도움실, 특수학급, 또는 특수학교에 배치되는 경우가 많으며, 최중도 지적장애아동은 병원이나 가정에서 순회교육 서비스를 받는 경우도 있다. 초등학교 수준의 교육과는 달리 중등학교 프로그램은 보통 기능적 교과교육보다는 학교 졸업 후의 사회적응을 위한 진로지도나 직업교육 중심의 전환교육에 치중하는 경향이 높다. 전환(transition)은 일정한 조건이나 장소로부터 다른 조건이나 장소로 이행하는 과정을 의미한다. 전환교육은 장애학생이 학교교육을 마치고 가능한 한 생산적이고 자립적인 성인생활을 할 수 있도록 학령기 동안 필요한 교육 프로그램과 지원 서비스를 제공하는 것을 의미한다. 일반 학생들은 비교적 큰 어려움이 없이 사회로 전환하여 새로운 환경에 적응하지만, 지적장애아동은 일반 학생에 비해 전환으로 인한 적응의 문제가 매우 심각할 수 있기 때문에 전환기에 있는 중등학교 학생들을 담당하는 교사들은 특별한 관심을 가지고 지도해야 할 필요가 있다.

한편, 지적장애 성인들을 위한 계속적인 교육의 목적은 직업적 · 경제적 안정에 있다. 지원이 필요한 경도 지적장애인들은 직업적 재활서비스에 참가할 수 있다. 재활상담원은 그러한 서비스를 확대시켜서 직업선택의 기회를 확충시키는 역할을 한다. 지적장애 성인을 위한 직업훈련 기회는 사회에 존재하지만 선택의 폭이 좁고 서비스를 받기 위해 오래 기다려야 한다. 지역사회 대학의 사회교육원에서 경도 지적장애성인들에게 직업보장을 위한 여러 가지 혁신적인 프로그램을 개발할 수 있지만 아직 관심이 부족한 형편이다. 우리나라에서는 더욱 많은 교육적 · 제도적 배려가 필요하다.

2. 교수내용

가. 기능적 교육과정

지적장애아동을 지도하는 교사들은 무엇을 가르칠 것인가 하는 결정이 중요하다. 정신지체아동은 일반아동과는 달리 일상적인 생활경험을 통해 습득한 지식이나 전략을 다른 맥락에서 사용하는 능력이 상당히 떨어지기 때문에 학교에서 의도적인 수업활동을 통하여 실생활에 필요한 지식이나 전략을 습득시킬 필요가 있다. 따라서 지적장애아동이 학습할 내용은 성공적인 지역사회 생활과 활동에 필요한 지식과 전략을 역동적으로 사용할 수 있도록 구성해야 하며, 학생이 그 지식과 기능을 습득하고 유지하기 위해서는 교육적 맥락이 학습자에게 의미가 있어야 한다(Stainback & Stainback, 1996). 다시 말하면, 지적장애아동이 학습내용과 교육적 맥락에서 학교를 졸업한 후 성인이 되어 지역사회

실생활에 필요한 내용이어야 할 뿐만 아니라 지적장애아동의 교육적 요구를 적절히 반영해야 한다는 것을 의미한다. 그렇기 때문에 지적장애학생을 위한 교육과정은 임상적 명칭, 철학적 논점 및 일반교육주도와 관계없이 학생 개인의 요구에 맞게 구성되어야 하며, 그 내용은 일반 교육과정과는 달리 생활기술, 지역사회 중심의 교수 및 개인의 장애 정도에 알맞은 교육계획이 되어야 한다(Smith & Hilton, 1994). 또한 일반학급에 통합되었든지 분리되었든지 지적장애학생을 위한 효과적인 교육과정을 계획하고 실시하기 위해서는 가능한 한 성인생활을 준비할 수 있도록 개인의 독특한 학습특성과 능력, 정신연령과 생활연령을 적절히 고려한 지역사회 중심의 기능적 교육과정을 구성해야 한다(Thomas, 1996).

기능적 생활중심 교육과정은 생활에 적합하고 유용한 기능적인 생활기술들로 교육과정을 구성하는 것을 말한다. 기능적 생활중심 교육과정의 내용 선정은 학생들의 미래 성인생활과 기능화에 우선권을 두고 선정해야 한다. 〈표 10-14〉는 기능적 교육과정의 생활 영역 내용의 예이다.

〈표 10-14〉 기능적 교육과정의 생활 영역

영 역	Bender & Valletutti	Hawaii Transition Project	Smith & Schloss	Dever
가정생활	가정	가정과 가족		가사
지역사회	학교, 지역사회	지역사회/시민정신	전환	지역사회생활
경제생활	소비기능	재정지원	소비	
직업생활	작업	직업/교육	작업	직업
여가생활	여가	레크리에이션/여가	여가와 놀이	여가, 여행
기 타		정서적 · 신체적 건강	교육과 재활	개인유지와 발달

나. 독립생활 기술

독립생활 기술은 위생 및 용변처리, 가정생활, 독립적 이동과 관련된 기술을 말한다. 지적장애아동이 성인이 되어 지역사회에 거주하면서 혼자 힘으로 살아가기 위해서는 반드시 이 기술이 필요하다. 장애의 정도와 관계없이 저학년 단계에 있는 지적장애아동들은 보통 독립생활 기술 습득을 교육과정에서 강조한다. 학생들이 고학년에 있다 할지라도 이러한 기술을 교육과정에서 완전히 배제하지는 못한다. 왜냐하면 중도 장애아동의 경우 고학년이 되었더라도 독립생활기술은 그들이 배워야 하는 필수 기술영역이기 때문이다. 저학년 또는 중도 지적장애아동들은 자신의 몸 청결 및 착·탈의 등과 관련된 기술들을 습득하기 위해 교사의 지도를 받는데, 교사들은 직접교수나 비디오를 활용하여 이러한 기술들을 가르칠 수 있다. 예를 들면, 교사들은 착 · 탈의, 양치질, 식사 등을 직접 시범을 보이면서 지도할 수 있고(Reamer, Brady & Hawkins, 1998), 비디오를 이용하여 면도하기, 점심 준비하기, 세탁하기, 옷 손질하기 등과 같은 독립생활 기술을 지도할 수 있을 뿐만 아니라 학생들 스스로 자기 평가도 할 수 있다(Lasater & Brady, 1995). 직접교수 프로그램은 지적장애아동에게 가정생활과 지역사회 생활에서 독립생활과 관련된 기술을 가르치는 데 효과적인 방법임에 틀림없다(Cast, Wellons & Collins, 1994).

이동기술 또한 지적장애아동이 지역사회에서 독립적으로 거주하며 살아가는 데 있어 필수적인 기술 영역이다. 지금까지 이동은 시각장애아동을 가르치고자 할 때 중요한 교수요목이었다. 그러나 이동과 관련된 교수요목은 지금까지 정안인이 지역사회 이동 시 필요한 기술이 되었다(Westling & Fox, 1995). 특히 독립적 이동(personal mobility)은 지역사회에서 직업 및 여가생활을 할 때 반드시 필요한 영역이기 때문에 지역사회 환경을 이동할 수 있는 훈련을 받아야 한다. 또한 교사들은 지적장애아동이 운송 수단을 이용할 수 있는 기술을 습득할 수 있도록 훈련시켜야 한다. 이동 훈련의 예로, 초등 단계에 있는 학생들은 버스가 서는 곳에서부터 교실로 찾아가는 것, 중등 단계에 있는 학생들은 학생식당, 도서관, 체육관, 다른 교실 찾기 등이 있다. 중등학교에 다닐 나이의 아동들은 대중교통을 이용하여 지역사회에 있는 야구장, 마트, 공원 등에 가는 방법을 배울 수 있다. 일반적으로 일반아동은 스스로 이동기술을 습득할 수 있지만 지적장애아동은 이러한 기술을 구체적으로 가르쳐야 습득할 수 있는 기술이다(Taylor, 2007).

다. 의사소통

말과 언어의 발달은 지적발달과 밀접하게 연관되어 있기 때문에 지적장애아동은 일반아동보다 말과 언어에 더 많은 문제를 보인다. 대부분의 지적장애아동은 의사소통에 필요한 기본적인 선수기술을 가지고 있으나 동기와 인지장애로 어려움을 가진다. 경도 지적장애아동에게서 나타나는 의사소통장애는 대체, 생략, 왜곡, 첨가와 같은 조음장애와 비정상적인 소리의 높이나 목소리의 강도 같은 음성장애 그리고 구어발달의 지연, 제한된 어휘, 정확하지 않은 문법 사용 등을 포함한 언어장애가 나타난다. 이러한 의사소통 문제에 따라 중재방법을 적용해야 할 것이다. 중도 지적장애아동의 의사소통 중재는 정서적 반응이 나타나는 목소리와 소리의 높이, 근긴장도 등과 같은 비상징적(nonsymbol)인 것과 그림책, 글자판 등의 상징적이지만 비음성언어적(noverbal)인 것과 음성언어적인 것들이 있다.

의사소통하는 데 단어는 사용할 수 있지만 특정 소리를 내는 데 어려움을 경험하는 아동에게 교사는 격려와 모방 연습과 같은 직접적인 훈련을 제공할 수 있다. 또한 동기를 높이고 연습 기회를 많이 제공하는 컴퓨터 프로그램도 있다(Paul-Brown & Diggs, 1993). 하지만 많은 중도 지적장애아동은 이해할 수 있는 말을 하는 것이 불가능하므로 이들을 위한 중재는 어떤 장애물에도 불구하고 의사소통을 할 수 있도록 돕는 데 초점을 맞추어야 한다(Kaiser, 1993a). 비언어적 의사소통 가운데 몸짓과 수화가 가장 많이 사용된다(Soto, Belfore, Schlosser & Haynes, 1993). 수화(manual language)를 사용하는 사람들의 기술 수준도 매우 다양하지만 신호언어(sign language)의 가장 기본적인 형태는 무엇을 가리키거나 원하는 행동을 흉내 내는 몸짓을 하는 것이다. 좀 더 나은 의사소통을 가지고 있는 지적장애아동은 '학교'를 나타내는 의미로 박수 치기나 '일'을 나타내는 손목 부위에서 두 팔을 교차하기 등과 같이, 조직화된 신호언어 중에서 상징적인 신호를 학습할 수 있다. 또한 중도 지적장애아동은 보조적인 의사소통기구나 장치로부터 도움을 얻을 수 있다. 보조적인 의사소통기구는 원하는 사물이나 활동을 가리키거나 그 그림을 제시하는 것 등 여러 가지 형태를 들 수 있다. 좀 더 정교한 형태로는 전자판 위에 그림을 배열할 수 있는 사람이 그림을 만지면 합성된 음성이 나오는 경우도 있다(Soto et al., 1993). 모든 유형의 의사소통 중재가 효과를 낼 수 있지만 기술 습득의 속도와 그 기술이 습득되어 유지되고 새로운 상황에서 일반화되는 정도는 사용되는 교수 전략에 달려 있다(Romski & Sevcik, 1993).

최근에는 그림 의사소통체제(picture communication system)의 활용, 녹화 비디오를 통한 시연, 역할놀이 활동, 언어 스크립트, 유창성 훈련 등의 방법이 많이 활용된다(Nietupski, Hamre-Niietupski, Curtin & Shrikanth, 1997).

의사소통의 어려움은 좌절, 불신 등을 표현하는 수단으로 심한 문제행동으로 이어지기도 하기 때문에(Janney & Snell, 2000; Reichle & Wacker, 1993) 교사들은 이러한 학생들을 지도할 때 학습자와 개별적인 기능적 의사소통체제를 수립하여 의사소통을 실행함으로써 문제 발생을 감소시켜야 한다.

라. 사회적 기술

지적장애에서 사회적 기술의 중요성은 지적장애 정의의 변천을 통해서도 알 수 있다. 최근 지적장애를 진단하는 데 중요한 '적응행동'에서는 사회적 기술의 중요성이 더욱 강조되었다. 사회적 기술(social skills)은 사람들이 다른 사람들과 관계를 맺으며, 정보 및 생각을 교환하고, 자신의 요구와 욕구를 알게 하며, 관계를 수립하고 유지할 수 있게 하는 수단이다(Taylor, 2005). 또한 성공적인 지역사회 적응을 위해서도 사회적 기술의 중요성은 강조되어야 한다. 사실상 지적장애인의 직업시장 유지는 적절한 사회적 기술에 달려 있다 해도 과언이 아니다. 지적장애아동이 지역사회 활동에 참여하여 좋은 사회적 기술을 배우지 않으면, 졸업 후 직업시장을 유지하는 것은 실질적으로 불가능할 것이다. 처음부터 지역사회 활동에 관여하는 아동과 사회적 기술 훈련을 받는 아동은 직업시장에서 상당한 유익을 갖게 된다.

고용주에게 특히 높이 평가되는 사회적 기술은 도움 요청하기, 지시 순종, 비평에 반응하기, 작업 시작하기 전 필요한 정보 알기 그리고 다른 사람에게 도움 제공하기 (Chadsey-Rusch & O'Reilly, 1992) 등으로, 이와 같은 내용은 학교와 가정생활에서도 역시 중요하다. 여기에 추가적으로 학생은 대인관계의 문제를 적절하게 대처할 수 있어야 하고, 타인의 물리적 또는 언어적 공격에 민감하게 반응하지 말아야 한다. 특히, 지적장애아동은 모욕이나 나른 사람의 공격 그리고 부정행위를 다루는 법을 배워야 한다.

다른 수업과 마찬가지로, 사회적 기술을 가르치기 위해서는 개인의 욕구에 기초해야 한다. 일단 적절한 기술이 선택되면 기술을 가르치고 강화하기 위해 모델링, 역할극 등을 사용할 수 있다. 지적장애아동으로 하여금 특정 기술에 관하여 적절한 예와 부적절한 예를 확인하도록 하여 아동의 사회적 기술 향상을 도울 수 있다. 그리고 지적장애아동에게 또래의 관심을 끌기 위해 수용할 만한 방법을 배우게 할 수 있다. 예를 들면, 교사의 모델링을 통해 자신의 역할에 대해 그가 해야 할 것이 무엇인지 이해한 후 실제로 자연스러운 상황에서 새로운 기술을 적용시킬 수 있다. 이때 학생의 노력에 대한 강화는 학생의 성공에 매우 중요하기 때문에 교사는 강화를 해야 한다. 학생들의 사회적 요구를 바탕으로 한 교육적 중재는 사회적 상호작용 기술을 향상시키고, 사회적 관계를 수립하게 하며, 자기옹호 및 자기결정 촉진에 도움이 된다.

대인관계 개선을 위한 사회적 기술 수업

1. 활동을 시작
2. 활동을 유지하거나, 진행하기
3. 교칙과 규정 준수
4. 타인을 강화하고 보상하기
5. 행동을 멈추기 위해 타인에게 영향 주기
6. 정보와 감정 나누기
7. 좋아하는 물건 말하기
8. 부정적 상황 대처하기
9. 화 다루기
10. 문제해결

모든 학급의 친구들끼리 서로 상호작용하면서 친밀한 관계를 맺기 위해 사회적 기술 수업을 지적장애아동에게 제공해야 한다. 위의 표와 같이, 대인관계 문제를 효과적으로 돕기 위해 사회적 기술 수업을 모든 학생에게 효과적으로 제공할 수 있다.

마. 자기결정

자기결정은 자신의 행동에 책임감을 갖도록 무엇을 먹을지, 입을지 그리고 어디에서 살고 일해야 하는지에 대한 중요한 결정 등 일상적인 선택의 문제로부터 선택을 스스로 결정할 수 있도록 배우는 것과 관계가 있다. 자기결정기술을 가지고 있는 사람은 목적을 설정하고 목적에 따른 활동 계획을 세워 실행하고, 자신의 수행결과를 평가하고, 성취하려는 목표에 맞추어 목표를 수정하는 일련의 과정을 스스로 할 수 있다. 이러한 자기결정을 위한 기회는 학령기 전부터 교육과정을 통해 제공되어야 할 것이다. 자기결정에 관한 교실 수업을 통해 지적장애아동들은 선택하기, 결정하기, 목표설정하기, 문제해결하기, 자기평가하기, 자기관리하기, 자기주장하기, 자기인식하기와 같은 기술과 태도를 배우게 된다. 자기결정기술을 배운 지적장애학생은 개별화교육계획(IEP)의 목표를 더 잘 성취할 수 있게 되고, 졸업 이후의 성공적인 전환을 할 수 있다(Agran, Snow & Swaner, 1999; German et al., 2000). 최근 지적장애아동에게 자기결정기술을 가르치기 위한 다양한 교육과정과 교수 자료들이 개발 보급되고 있다(조인수 · 이응훈, 2006; Algozzine et al., 2000; Test et al., 2002).

바. 지역사회중심교수

생활기술은 실제 현장에서 이루어짐으로써 습득되어야 한다. 지적장애아동은 한 상황에서 배운 기술을 다른 환경으로 일반화하는 데 문제를 가지기 때문에 직접 교수는 학생의 행위가 기대되는 장소에서 일어나야 한다. 학생들의 직업훈련도 고용환경 내에서 이루어져야 바람직하다. 지역사회중심교수(community-based instruction)는 생활기술을 실생활로 효과적으로 일반화하는 데 중요한 교수 요소이다. 지역사회중심교수에 참여하는 학생들은 적응행동에서 향상을 보인다(McDonnell, Hardman & Hightower, 1993). 이러한 긍정적인 결과는 경 · 중도 장애학생 모두에게 사회화, 의사소통, 개인생활 그리고 지역사회 생활에서 나타난다.

실제적인 경험이 지적장애아동의 교육에 필수적이기 때문에 지역사회중심교수는 효과적인 전환 계획에 반드시 포함되어야 할 부분이다. 지역사회중심교수는 역할극, 비디오테이프나 다른 창의적인 자극 등으로 보충할 수 있지만(Cuvo & Klatt, 1992), 지역사회 환경에서의 연습을 대체하지는 못한다.

전 망

다양한 학생들을 위한 교육 공동체의 성공은 일반학생이든 장애학생이든 학생 간, 일반교사든 특수교사든 교사 간 그리고 교사와 학생 간의 존중과 격려가 기반이 되어야 가능하다. 비경쟁적 · 협력적 · 수용적 분위기가 없다면 아무리 좋은 교사와 환경과 교수방법이 있어도 성공하지 못할 것이다. 학생 간의 상호작용 기회를 많이 가질 때 학습은 발생한다.

따라서 분리된 학습은 최소화되어야 한다. 동시에 모든 학생들이 가능한 독립적이고, 생산적으로 살아갈 수 있도록 하기 위해 읽고, 쓰고, 셈할 수 있도록 기본적인 학습을 지도해야 하고, 뿐만 아니라 지적장애아동은 독립생활기술, 의사소통기술, 사회적 기술, 자기결정기술, 지역사회를 기반으로 한 수업 등을 계속적으로 수행해 나가야 한다.

또한 모든 학생이 졸업 후 성인기로의 전환에 대한 어려움과 장벽들을 극복할 수 있도록 저학년부터 기능중심의 교육과정을 체계적으로 운영하여 생활기술 훈련과 사회적 경험 그리고 직업훈련을 실시해야 한다.

이러한 학교 환경을 조성하기 위한 선행조건으로 교사와 관련 인사지원 그리고 관리될 수 있는 학급당 적정 인원 등이 가능해야 할 것이다. 그리고 학교에서 특수교육 전문가들을 팀티칭이나 자문을 통하여 손쉽게 활용할 수 있어야 하고 모든 교사는 자문이나 현장 지원 서비스를 포함하여 행동 전문가들에게 계속적인 자문이 가능해야 한다.

역사적으로 지적장애아동의 부모들은 아동의 수용과 교육 그리고 서비스의 개선을 위해 가장 최전방에서 노력했다.

이제 지적장애아동의 부모들은 학교에서 학생의 수용과 참여를 조장하기 위해 학교와 협력하는 데 없어서는 안 될 존재가 되었다. 부모와의 협력뿐만 아니라 앞으로 지적장애아동 교육은 실질적 사회통합을 위한 문제들로서 교수방법과 내용(사회적 기술, 독립생활, 전환교육, 통합교육, 자기결정 등)에서 많은 비전을 제시해야 한다.

토의주제

- 21세기 지원중심의 교육 패러다임에서 지적장애학생들에게 바람직한 교수방법은 어떤 것들이 있는지 생각해 보자.
- 일반아동에 비해 지적장애아동에게 특히 가르쳐야 하는 교수내용은 무엇인지 생각해 보자.

참고문헌

교육과학기술부(2008). 2008 개정 장애인 등에 대한 특수교육법.

교육과학기술부(2008). 2008 특수교육통계.

교육과학기술부(2008). 2008년 개정 특수학교 교육과정.

교육과학기술부(2008). 2008년 장애인 등에 대한 특수교육법 시행령.

김영욱 외 공저(2005). **특수교육학**(3판). 서울: 교육과학사.

김원경 외(2015). **최신특수교육학**. 서울: 학지사.

김윤옥(2006). **학습장애학생을 위한 교수-학습전략**. 서울: 교육과학사.

박정식(2010). AAIDD 11차 지적장애 정의와 분류체제. 한국지적장애교육학회 2010년 학술발표대회 논문집. pp. 21-39. 한국지적장애교육학회.

백은희(2005). **정신지체: 이해와 교육**. 서울: 교육과학사.

보건복지가족부(2007). 장애인복지법 시행령.

신현기(2004). **정신지체아 교수방법론**. 서울: 교육과학사.

여광응(1992). **정신지체아의 심리학적 이해**. 서울: 도서출판 특수교육.

이소현, 박은혜(2006). **특수아동교육**. 서울: 학지사.

조인수(2005). **정신지체아교육**. 경북: 대구대학교 출판부.

조인수, 이응훈(2006). **특별한 교육적 지원 요구학생을 위한 자기결정기술**. 경북: 대구대학교출판부.

한국특수교육학회(2008). 특수교육대상자 개념 및 선별 기준. 한국특수교육학회.

AAIDD(2010). Intellectual Disability: Definition, Classification, and Systems of Supports.

AAMR(2002). Mental Retardation: Definition, Classification, and Systems of Supports.

American Association on Mental Retardation(2003). **정신지체 개념화: AAMR 2002년 정신지체 정의, 분류, 지원체계.** [Mental retardation] (박승희, 신현기 역). 서울: 교육과학사(원저출판: 2002).

APA(1994). The Diagnostic and Statistical Manual of Mental Disorders(DSM-Ⅳ).

Beirne-Smith, M., Ittenbach, R. F., & Patton, J. R. (1998). *Mental Retardation*(6th ed.). Boston: Pearson Education.

Beirne-Smith, M., Ittenbach, R. F., Patton, J. R. & Kim, S. H. (2006). Mental Retardation: An Introduction to Intellectual Disabilities(7th ed.). Boston: Pearson Education.

Beirne-Smith, M., Patton, J. R., & Kim, S. H. (2002). **정신지체**(6판). [Mental retardation] (신종호, 김동일, 신현기, 이대식 역). 서울: 시그마프레스(원저출판: 2001).

Beirne-Smith, M., Patton, J. R., & Kim, S. H. (2008). **정신지체**(7판). [Mental retardation] (신종호, 김동일, 신현기, 이대식 역). 서울: 시그마프레스(원저출판: 2006).

Crane, L. (2008). **정신지체: 지역사회 통합을 위한 접근**. [Mental retardation: a community integration approach] (정동영, 김주영, 김형일, 김희규, 유장순 정동일, 최혜승 역). 서울: 박학사(원저출판: 2001).

Dunn, J. C. (1973). A Fuzzy Relative of the ISODATA Process and Its Use in Detecting Compact Well-Separated Clusters. *Journal of Cybernetics, 3*, 32-57.

Flexer, R. W., Baer, R. M., Luft, P., & Simmons, T. J. (2008). *Transition Planning for Secondary*

Students with Disabilities. Boston: Pearson Education.

Heward, W. L. (2004). **특수교육학개론**. [Exceptional children: an introduction to special education] (김진호 외 역). 서울: 시그마프레스(원저출판: 2002).

Heward, W. L. (2008). **최신 특수교육**(8판). [Exceptional children] (김진호, 박재국, 방명애, 안성우, 유은정, 윤치현, 이효신) 서울: 시그마프레스(원저출판: 2006).

Koegel, L. K., & Koegel, R. L. (2007). **긍정적 행동지원**. [Positive behavioral support: including people with difficult behavior in the community] (이영철, 박정식, 이응훈 역). 서울: 박학사(원저출판: 1996).

Luckasson, R., & Reeve, A. (2001). Naming, defining, and classifying in mental retardation. *Mental Retardation, 39*(1), 47-52

MacLean, Jr., W. E. (Ed.). (1996). *Ellis' Handbook of Mental Deficiency. Psychological Theory and Research* (3rd ed.)(p. 278). Mahwah, NJ: Lawrence Erlbaum Associates.

Taylor, R. L., Richards, S. B., & Brady, M. P. (2007). **정신지체: 역사적 관점, 현재의 동향, 그리고 미래의 방향**. [Mental retardation: historical perspectives, current practices, and future directions] (신현기 역). 서울: 시그마프레스(원저출판: 2005).

Chapter

11 지체장애 및 건강장애교육

I 정의

1. 지체장애

지체장애의 정의는 시대와 문화의 변화와 의학적 발달 정도에 따라 그 내용이 변화될 수 있으므로 단적으로 정의를 내리기 어렵다. 다만 교육 측면에서 신체의 제한점으로 인해 학교생활이나 일상생활 등에 참여하기 위해서 특별한 교육 서비스와 의사소통, 보조공학 등의 지원이 필요한 학생이라 할 수 있다. 「장애인 등에 대한 특수교육법 시행령」에서는 지체장애를 지닌 특수교육대상자를 "기능 · 형태상 장애를 가지고 있거나, 몸통의 지지 또는 팔다리의 움직임 등에 어려움을 겪는 신체적 조건이나 상태로 인해 교육적 성취에 어려움이 있는 사람"이라고 규정함으로써 교육적 요구에 중점을 두고 교육 시설과 학습에 어려움을 갖는 경우로 정의하고 있다. 지체의 기능 · 형태상 장애란 기형이나 절단, 골절, 화상 등과 같이 두개골, 관절, 근육 등의 문제로 인해 생기는 정형외과적인 손상과 뇌성마비(cerebral palsy), 경련장애(seizure disorder), 이분척추(spina bifida), 척수손상(spinal cord injury) 등과 같은 신경학적인 손상으로 인한 장애를 말한다. 우리나라의 「장애인 등에 대한 특수교육법」에서는 지체장애라는 용어를 사용하며, 「장애인복지법」에서는 지체장애를 신체적 장애라 칭하며, 신체장애를 지체장애와 뇌병변장애로 나누어 정의하고 있다.

2. 건강장애

우리나라는 2005년 3월 「특수교육진흥법」의 일부 개정을 통해 특수교육대상자에 건

* 김정연(조선대학교 특수교육과)

강장애를 포함하고 건강장애학생 교육 지원의 기반을 마련하였다. '건강장애'라는 용어는 만성질환으로 인해 지속적인 치료를 받거나 건강관리가 필요한 학생들의 교육을 지원하기 위해 사용하기 시작하였다. 이후 「장애인 등에 대한 특수교육법」에서는 만성질환으로 인하여 3개월 이상의 장기입원 또는 통원치료 등 계속된 의료적 지원이 필요하여 학교생활 및 학업 수행에 어려움이 있는 사람을 건강장애학생으로 선정하여 지원하고 있다(김정연 · 박은혜 · 김유리, 2014).

만성질환이란 장애인증명서, 장애인수첩, 혹은 진단서를 통해 확인하며, 장기치료로 인해 해당 학년의 진도를 따라가지 못하거나 유급 위기에 있는 등 학업수행에 어려움이 있는 자로 특수교육운영위원회에서 결정한다. 여기서 '3개월 이상의 계속적인 의료적 지원'이라는 기준은 입원 혹은 통원치료 등 장기간의 의료적 처치가 요구되는 만성질환을 의미한다(교육부, 2021).

우리나라에서는 건강장애를 가진 특수교육대상자의 선정 기준에 건강장애를 가져오는 구체적인 병명을 제시하지 않고 있다. 다만, 개별학생의 의료적 진단 및 교육적 진단을 고려하여 선정하게 되어 있다. 국내의 병원학교에서 교육을 받는 건강장애학생 중 가장 많은 수를 차지하는 것은 소아암 학생들이다. 그러나 건강장애를 일으키는 질병으로는 소아암 외에도 신장 및 심장질환, 소아천식, 제1형 당뇨 등 매우 다양하다. 소아암과 같은 대표적인 만성적 질병 외에도 혈우병, 재생불량성빈혈, 결핵, 류머티즘, 결절 경화증, 납중독 등 상대적으로 더 희귀한 여러 질병도 포함된다. 이러한 질병들을 희귀난치성 질환(rare intractable diseases)이라 부른다(김정연, 2020).

Ⅱ 원인 및 분류

1. 뇌성마비

뇌성마비(cerebral palsy)는 중추신경계 손상에 의한 근육마비, 협응성 장애, 근육 약화, 기타 운동기능 장애로 특정 지어지는 신경장애이다. 뇌의 기능장애로 나타나는 신경결함 증상 중에서 신경운동장애가 주로 나타나며 그 손상정도에 따라 감각, 지각, 청력, 시력, 언어, 인지능력 및 운동장애 등의 중복장애를 동반한다. 뇌의 기능발달이 가장 활발해야 할 만 2세 이전의 어린 시기에 발생하여 정상발달이 저해되는 비진행성 질환이다.

뇌성마비는 지체장애학생의 가장 많은 비율을 차지하며 이들 중 75%는 지적장애를 가지고 있다. 이들은 성장 발육의 지연, 보행 및 운동 장애, 근육의 경직성, 팔다리의 변형, 비자율적 근육 운동, 경련 및 지각장애 등의 문제를 나타낸다(박은혜 · 김정연 · 표윤희, 2018).

뇌성마비의 유형은 운동장애와 마비부위에 따라 분류된다. 운동장애 유형 중 가장 보편적인 형태는 경직형(spastic type)으로 이 학생들은 근 긴장도가 높아서 잘 움직이기가 어렵고, 움직인다고 해도 속도가 느리다. 불수의운동형(athetoid type)은 다른 유형에 비해 인지적 손상이 적은 편이며, 근육의 떨림이나 근 긴장도가 수시로 변하여 의도한 행동 이외에 과도한 흔들림이 많이 나타난다. 그 밖에 균형감각과 위치 감각이 없고 협응이 잘 이루어지지 않는 운동실조형(ataxic type)과 여러 유형이 함께 나타나는 혼합형(mixed type) 등이 있다.

마비 부위에 따른 분류는 다음과 같다.

- 단마비(monoplegia): 사지 중 어느 한쪽의 마비
- 편마비(hemiplegia): 같은 쪽의 팔과 다리가 마비
- 삼지마비(triplegia): 팔다리 중 세부분의 마비
- 사지마비(quadriplegia): 팔과 다리 모두의 마비
- 하지마비(paraplegia): 양 다리의 마비
- 양마비(diplegia): 주된 마비는 하지에 나타나고 상지는 경도 마비
- 중복편마비(double hemiplegia): 주된 마비는 상지에 나타나고 하지는 경도 마비

2. 진행성 근이영양증

진행성 근이영양증(progressive muscular dystrophy)이란 근육의 퇴행과 약화가 진행되는 특징을 가진 유전적 장애이다. 디스트로핀(dystrophin)이라 불리는 단백질의 부족에 의해 일어나는데, 이 단백질은 근섬유의 구조와 모양을 유지하는 것과 칼슘을 저장하는 기능을 하는데 근섬유가 점차적으로 섬유화하고 지방의 세포조직으로 대체되기 때문에 생기는 질병이다. 아직 원인이 명확하게 밝혀지지 않았고 완치할 수 있는 치료방법이 없는 상태이다.

주로 남아에게 나타나며 같은 연령의 또래보다 잘 넘어지거나, 걷기, 뛰기, 계단 오르기 등의 어려움이 조기에 나타나는 신호이다. 대개 7세 전에 나타나고 근육이 점차 위축된다. 약 13세 때에는 휠체어가 필요하고 10대 후반이나 20대 초반에는 근위축이 폐와

심장근육을 약화시켜 20대에 사망한다. 수반장애로는 신체 운동의 부족과 과식에 의한 비만이며, 그 밖에 심장근육 약화로 인한 심장의 문제, 언어발달지연, 눈 근육 약화로 인한 눈에 관련된 문제가 수반된다(Bowe, 2000).

진행성 근이영양증의 하위 유형에 따라 진행의 속도와 특성은 다르지만 이 학생들에게는 장애상태의 개선보다는 유지하도록 지원해 주는 것이 필요하다. 과도한 휴식은 오히려 해로우며, 매일의 적당한 스트레칭, 가벼운 운동, 악기 연주나 수영, 자전거 타기 등을 통해 가능한 남아 있는 근력을 효과적으로 사용하고 서기와 걷기와 이동을 할 수 있도록 지원하는 일이 중요하다. 학생을 과보호하는 것은 의존적으로 만들고 고립시키기 때문에 지양해야 하고 긍정적인 기대와 실제적으로 할 수 있는 과제를 부여하는 것이 필요하다.

3. 이분척추

이분척추(spina bifida)는 척수를 싸고 있는 척추 뼈의 뒷부분이 완전히 닫히지 않은 채 태어나는 선천적인 이상으로 신경 손상과 마비를 일으켜서 생기는 기능장애이다. 분리된 척추 뼈 사이로 신경이 돌출되지 않은 이분척추의 경우에는 조기에 외과적 수술로 치료를 할 수 있다. 그러나 신경이 돌출되어 손상된 경우에는 손상된 신경이 관장하는 신체부위 하단으로 마비현상이 나타난다(박은혜 · 김정연 · 표윤희, 2018). 이분척추를 가진 학생의 80~90%는 뇌 주위를 둘러싼 조직에 뇌척수 액이 축적되는 수두증으로 인해 뇌손상을 입게 되며 이분척추를 가진 학생들의 대부분은 하지 마비이며 운동장애뿐 아니라 감각 기관의 손상도 나타난다. 이분척추 학생은 하지 마비로 인해 보조 기구나 휠체어, 보행기(walker), 목발(crutch)을 이용하여 이동하게 되며, 시각장애와 하지의 감각 상실을 포함해 중복장애가 나타날 수 있다. 기타 문제는 소근육 조절 능력이 부족하고 짧은 집중력, 지각력 문제, 발작, 척추 측만 등의 문제가 발생하기도 한다.

4. 골형성부전증

골형성부전증(osteogenesis imperfecta)은 뼈가 약하여 신체에 큰 충격이나 특별한 원인이 없이도 뼈가 쉽게 부러지는 유전질환이다. 일생 동안 몇 차례 정도의 골절을 겪기도 하며, 학생에 따라서는 다발성 골절을 경험하기도 하지만, 이러한 골절의 빈도는 나이가 많아짐에 따라 감소한다(Bowe, 2000). 대부분 정상적인 지능을 가지고 있으며, 운동 발달이 늦고, 유스타키오관의 문제로 인해 귀가 자주 전염된다. 척추문제로 인한 수술과 다리교정을 위한 보조도구가 필요하며 척추측만을 예방하기 위한 자세교정이 요구된다. 그 밖에 운동을 통한 체중조절과 물리 및 작업치료의 제공이 도움이 된다.

5. 경련장애

경련장애(seizure disorder)는 특정 질환을 지칭하는 것이 아니며 중추신경계의 활동이 돌발적이고, 일시적이면서도 격렬하고 정기적으로 되풀이되는 혼란을 특성으로 하는 증상들을 지칭한다. 대부분의 뇌전증[1]은 근본적인 원인을 밝혀내기 힘들며 심리적, 신체적, 감각적 요인에 의한 것으로 추정된다. 학생에 따라서는 발작을 하기 전에 평상시와는 다른 특유한 감각을 느끼기도 한다. 의식불명 상태에서 온몸이 경직되고 호흡곤란이 오는 대발작(grand mal seizures)을 하는 경우도 있으나 어린 아동의 경우 약 1~30초 동안의 짧은 시간 동안의 부재발작(absence seizures)을 보이기도 한다. 대발작보다는 정도가 약하나 자주 나타나며 한 곳에 시선을 정지한 채 쳐다본다거나 눈을 깜박거리거나 신체의 한 부분에 가벼운 경련을 일으키거나 어떤 일정 행동을 반복적으로 나타내기도 한다. 수업 중 학생의 발작이 나타날 경우 교사는 상황에 따라 〈표 11-1〉과 같이 대처해야 한다.

〈표 11-1〉 교실에서의 발작 시 대처 방안

	학생의 행동	대처 방안	유의사항
발작 시	갑자기 바닥에 쓰러지면서 온몸이 뻣뻣해지고 몸을 떨기 시작하며, 안색은 창백하거나 푸름	• 머리를 보호하고 편안히 누울 수 있도록 머리 밑에 부드러운 물건 받쳐 줌 • 안경 등 깨지기 쉬운 물체 치움 • 옷을 느슨하게 풀어 줌 • 날카롭거나 딱딱한 물체 치움 • 고개를 옆으로 돌려 입으로부터 침이 흘러나오도록 함	• 학생의 입에 어떤 물건도 강제로 밀어 넣지 않음 • 발작을 억제하기 위해 학생을 흔들거나 억압하지 않음 • 학급 또래를 안정시킴
발작 후	발작 후 깨어났으나 기억력 상실과 정신착란을 보임	• 학생이 완전히 깰 때까지 한 사람이 곁에서 지켜봄	• 학생에게 음식물이나 음료수를 주지 않음 • 상처를 입은 곳 살펴봄
비상 시	발작 후 숨을 쉬지 않음 발작이 계속됨	• 발작이 끝나고 1분이 지나도 숨을 쉬지 않거나 대발작의 지속(5분 이상), 연이어 발작이 나타날 때는 구급차를 불러 즉각 병원으로 후송함	• 비상 연락망 확보

1) 과거에는 간질이라는 용어를 사용하였으나, 2009년 6월 7일 대한간질학회에서 용어를 뇌전증으로 바꾸기로 최종 의결하였다. 이후 2014년 '감염병 진단기준 일부 개정안'에 따라 사회적 약자에 대한 인식개선 일환으로 일부 장애인 비하로 간주되는 '간질'이란 용어를 '뇌전증'으로 전환하였다.

뇌전증은 발작을 억제하는 항경련제를 복용하여 치료한다. 그러나 이러한 약물을 복용할 경우 약으로 인한 부작용으로 졸음, 무기력, 주의집중 부족 등이 나타나 문제행동으로 오인될 수 있다. 학생에 따라서는 반짝거리는 불빛이나 요란한 소리(텔레비전, 비디오게임, 시끄러운 록 음악)는 발작을 유발할 수 있으며 잠을 적게 자거나 불규칙적인 경우, 심한 스트레스, 아침을 굶는 경우 저혈당으로 인한 발작이 나타날 수 있다.

6. 외상성 뇌손상

외상성 뇌손상(TBI: traumatic brain injury)은 외부의 물리적 충격에 의해 후천적으로 두뇌가 손상된 것을 말한다. 부분적 기능 장애, 전체적인 기능 장애, 심리적 손상을 가져올 수 있다. 외성성 뇌손상의 주요 원인은 추락사고, 교통사고, 스포츠 경기 중의 사고, 가정에서의 사고나 폭행, 아동학대 등이다. 뇌손상을 입은 학생은 마비와 만성적 고통이나 두통, 발작 등 여러 가지 건강 문제와 이로 인한 학습, 행동, 적응 면에서 문제를 나타낸다. 이들의 행동특성은 충동억제와 조절이 어렵고, 짜증과 공격적 행동, 고집 등의 행동 외에 무관심, 소극적, 위축, 동기부족의 성향을 나타내며 수면장애와 극심한 피로를 나타낸다.

7. 척수손상

척수손상(spinal cord injuries)은 주로 추락, 교통사고 등으로 생길 수 있으며 중추신경계인 척수의 윗부분이 손상될수록 마비와 감각 상실이 더 심해진다. 척수의 손상은 정상적인 호흡, 식사, 소화, 성장, 배변, 운동 기능에 영향을 미치게 되며 물리치료, 작업 치료, 심리 치료 등의 재활 치료를 필요로 한다.

Ⅲ 특성

1. 지체장애학생의 특성

가. 신체적 특성

지체장애학생의 신체적 특성은 신체 형태의 이상, 운동 발달의 지연으로 인한 기능장애이지만 많은 수가 지적장애, 경련 장애, 언어 장애, 행동 및 정서장애, 감각 지각 장애 등의 수반 장애를 가진다(Best, Heller & Bigge, 2005).

지체장애학생은 신체적 특성은 신체발육, 운동기능, 생리조절, 음식물 섭취 등을 살펴보는 것으로써 좀 더 자세히 이해할 수 있다. 이들의 신체발육은 일반적으로 신장, 체중, 흉위, 두위 등이 정상 기준치에 비해 저조하며 중복장애일 경우에는 신체발달 면의 지체가 현저히 나타난다. 운동기능 면에서는 비정상적인 반사와 자세의 문제, 근 긴장도의 이상이라는 특징을 나타낸다. 이로 인해 바르게 앉기, 기기, 서기, 걷기 등의 정상적인 발달이 이루어지기 어렵다. 지체장애학생은 장애 유형에 따라 여러 가지 특징적인 자세 이상을 보인다. 장애유형에 따라 근 긴장도가 정상보다 아주 떨어지거나 과도한 경우가 있다. 이로 인해 근육의 협응이 어려워 신체활동의 제한을 가져온다. 그 밖에 신경근육계의 마비나 경직, 상실로 인해 소근육 운동, 대근육 운동, 눈과 손의 협응능력 등 운동기능의 결함이 두드러진다.

나. 감각 지각적 특성

감각 면에서는 시력저하, 사시, 시지각 장애를 가지고 있는 경우가 많으며, 감각기관은 정상이라도 대뇌의 중추신경계의 정보처리과정상의 문제로 지각장애를 나타낼 수 있다. 뇌성마비 학생의 50% 이상이 시각적 결함을 가지고 있다(김종현, 2007). 이러한 사시나 심한 안구진탕, 좁은 시야, 숫자의 위치를 제대로 보지 못하는 등의 시지각적 특성은 학습과 시각소설 운동에 필요한 다른 기술에 영향을 줄 수 있다. 시지각 외에 청지각, 운동 감각, 촉지각 등의 감각기관의 손상은 지각, 주의, 개념, 운동조절의 정신적인 과정에서 방해한다. 그 밖에 호흡기능이나 체온조절 등 생리조절 면에서의 문제를 수반하기도 한다.

다. 인지 · 학업적 특성

지체장애학생의 인지분포는 심한 인지적 결함을 나타내는 수준부터 우수한 수준까지 다양한 분포를 나타내기 때문에, 인지능력이나 학업성취도를 일반화시켜 말하기는 곤란하다. 그러나 신경계통의 장애로 인한 언어발달의 지연과 지각 · 운동장애로 인한 정보수용능력의 부족은 학습욕구를 저하시키고 습득한 지식을 일반화, 통합 조직하는 학습능력의 지체를 가져온다.

지체장애학생은 신체적, 의료적 문제로 인해 학습 활동 및 성취에 영향을 받게 된다. 치료로 인한 입 · 퇴원의 경험과 피로는 수업 결손을 가져오고 장기적으로는 학업성취를 방해한다. 집중 치료와 입원으로 인해 학교 입학 시기가 되어서도 적기에 입학하지 못하고 유예하거나 서류상 진급하는 형태의 학적으로 인해 질적인 교육을 제공받지 못하는 경우가 많다. 또한 부적절한 학습 경험과 의사소통의 문제로 인해 학업과 관련된 과제를 적절한 방법으로 해결하지 못하며, 중복장애를 가진 경우 신뢰로운 진단 평가를 받지 못하여 적절한 교육적 지원도 어려운 실정이다.

라. 사회 · 정서적 특성

외현적으로 드러나는 신체의 장애는 사회 · 정서적 발달에 매우 큰 영향을 준다. 발달초기의 중요한 시기에 장애로 인한 진단과 치료에 대부분의 시간을 할애하여 적절한 발달과정에서의 긍정적인 경험을 충분히 접하지 못한다는 것은 학생의 정서적인 안정감에 심각한 영향을 줄 수 있다. 또한 진단과 치료, 수술 등으로 인해 일관성 있는 조기 교육의 기회를 충분히 갖지 못할 경우 교육 경험의 박탈을 초래할 수 있으며 학령기 동안에도 지속되는 진료와 치료 등의 경험은 지체장애학생의 성격에 많은 영향을 미친다. 또한 부모의 부적절한 양육태도와 시설 등의 생활환경적인 요인에 의해 정서적인 행동문제를 나타낼 가능성이 있다.

지적장애를 수반하는 지체장애학생의 경우에는 짧은 주의집중력, 의존성을 나타내며, 자신감과 자기 통제력의 부족, 표현력의 결여, 미성숙한 행동 등의 바람직하지 않은 특성들을 나타낸다. 학습 면에서도 잦은 실패로 인한 의욕의 좌절은 학습에 부정적인 영향을 미치며, 이러한 특성들은 또래와의 상호작용을 방해하여 연령에 적절한 사회적 기술과 행동을 학습할 기회를 제한한다. 결과적으로는 사회적 기술의 습득을 방해하며 사회적 관계를 형성하는 데 부정적 영향을 미치는 요소가 된다.

마. 의사소통적 특성

중추신경계의 기질적 손상인 뇌성마비로 인한 지적장애, 감각장애, 지각장애 등의 수반장애는 언어장애를 일으키는 직접적, 간접적 원인이 된다. 이들의 발달초기의 운동,

사회, 인지 발달 및 놀이 경험의 부족은 언어습득 이전의 비언어적인 몸짓, 제스처 등의 언어전행동을 발전시키지 못하므로 의사소통 기술을 습득하는 데 방해 요소가 된다.

지체장애의 대부분을 차지하는 뇌성마비학생은 인지능력의 결함이 없어도 구강주변의 근육조절과 협응의 문제로 인해 표현 언어 능력의 결함을 나타내게 된다. 즉, 교사나 친구의 말을 듣고 이해하거나 책을 읽고 이해하는 능력에는 문제가 없으나 자신의 의견을 말로 표현하거나 글로 써서 나타내지 못하기 때문에 다른 사람과 의사소통을 하는 데 문제를 가지는 경우가 많다. 이러한 표현 언어 능력의 결함으로 인해 사회적 상호작용에 방해를 받으며 통합된 환경에서의 적응에 어려움이 나타날 수 있다(박은혜 · 김정연 · 표윤희, 2018).

2. 건강장애학생의 특성

건강장애학생들은 여러 가지 이유로 학교생활에서 어려움을 경험한다. 질병으로 인한 신체적인 어려움, 결석 및 치료로 인한 학업 지체 및 인지 손상, 또래 및 교사 등 사회적 관계의 문제 등이 지적되고 있다. 이러한 어려움은 장기간의 입원 및 치료과정, 결석 등으로 인하여 인지 및 심리사회적 적응에 어려움을 갖는 경우도 많다(박은혜 외, 2004). 건강장애학생들은 오랜 치료와 병원 생활로 인해 인지적, 사회 · 정서적, 신체적 어려움을 가지게 되며, 학교생활 적응 및 학습 문제의 어려움에도 직면하게 된다는 것은 잘 알려진 사실이다.

가. 신체적 특성

건강장애학생들은 심리적인 위축과 어려움 외에 만성질환 자체에서 오는 신체적인 고통 등 여러 가지 어려움들을 경험하게 된다. 예를 들어, 신장장애 학생들은 식욕부진과 식이제한 등에 의한 열량 공급 부족, 만성 빈혈, 각종 내분비 장애 등으로 인한 신체적 성장 장애를 보이며, 지능발달 지연 등 심각한 부작용이 초래되는 수가 많다. 또한 호르몬 이상으로 사춘기의 지연, 성적 성숙의 지연을 가져오게 되며 이러한 신체적 미성숙이 학생에게 커다란 정신적 부담을 주어 심각한 정신과적 문제를 야기할 수도 있다. 천식의 경우에는 천식 자체가 직접적으로 학습에 문제를 야기하는 것은 아니지만, 질병으로 인해 학교에 결석을 자주 하거나, 학교에 등교했을 경우에도 기분이 불쾌하거나, 집중을 할 수 없어 새로운 기술과 정보 습득에 어려움이 있다. 또한 무산소증으로 인한 뇌손상, 학교 결석, 집중을 방해하는 병의 증세들 그리고 청각장애를 야기하는 귀의 감염,

수면 부족, 질병을 치료하기 위한 약물 사용으로 인한 부작용 등으로 인해 학교생활에서 어려움을 경험할 수 있다. 지속적인 스테로이드 복용 등 약물 복용의 가장 큰 부작용으로는 침체된 기분, 두려운 느낌, 단기기억의 장애 등이 있다(김정연, 2020).

나. 인지 · 학업적 특성

건강장애학생들의 인지적 어려움은 소아당뇨를 가지고 있는 학생이 학업수행과 집중에 문제를 갖는 것과 같이 질병 자체에 기인하는 경우도 있고, 백혈병을 앓고 있는 학생이 방사선 치료나 화학요법과 같은 치료로 인해 다양한 인지적 능력에서의 손상을 갖게 되는 것과 같이 치료과정으로 인해 생기는 경우도 있다. 건강장애학생들은 개별적인 질병의 특성으로 인해 각기 다른 특성을 나타내기도 하지만 만성적인 질병에 대한 치료과정에서 장기간 약물 복용과 스테로이드 단기 복용 등으로 인해 불면증과 주의력 결핍 및 인지처리과정의 손상이 유발되어 인지적 어려움을 가져온다(Thies, 1999). 또한 모든 치료과정에서 공통적으로 나타나는 부작용이라고 볼 수 있는 '피곤함'은 학업수행에 지장을 주고, 학교생활에 적응하지 못하게 되는 요인이 된다. 만성 질환으로 장기입원 혹은 장기통원치료를 받는 대부분의 건강장애학생은 장기 결석을 하게 되는데, 이는 학업능력의 저하를 설명하는 직접적인 이유가 될 수 있다(김정연, 2020).

다. 사회 · 정서적 특성

건강장애학생들이 갖는 사회 · 정서적 어려움은 입원이라는 경험을 통하여 자신의 신체와 정서상의 균형을 가능하게 했던 일상으로부터 소외되고, 질병과 치료에 따른 고통과 재발에 대한 염려로 스트레스를 경험하게 된다(오진아, 2000). 이러한 장기결석과 장기간의 입원, 가족구성원의 기능 변화 등과 같은 경험으로 인해 사회 · 정서적 어려움을 가지게 된다(Browm & Madan-swain, 1993). 예를 들어, 소아암은 주의집중, 순서화, 기억 및 이해능력을 요구하는 과제수행이 곤란하며, 신장장애는 우울 및 자살기도, 불안, 공포, 강박적 사고와 신체개념의 왜곡 등 정서반응을 나타낸다. 소아암 학생의 경우 생존율이 높아지면 높아질수록 치료과정으로 인해 장기적으로나 단기적으로 인지와 사회정서 및 행동에서의 문제가 발생하며 이로 인해 전체적인 기능이 저하되는 현상이 나타나게 된다. 학교생활 면에서도 또래나 교사와의 관계에 있어서 어려움을 겪을 수 있다(김정연 · 황지현, 2015; 박은혜 · 이정은, 2004).

Ⅳ 평가

1. 지체장애의 진단 및 평가

지체장애학생의 평가는 학생의 상대적인 성취수준을 진단하기보다는 무엇을 어떻게 가르칠 것인가를 결정하기 위해 실시한다. 즉, 학생의 잠재능력을 발견하여 학생에게 적절한 학습방법을 결정하고 교사의 효과적인 지도방법을 찾아내는 과정이다.

그러나 지체장애학생의 평가는 지체장애와 언어장애, 대인관계 부적응 등 정서적인 문제로 인해 적절한 검사도구의 선정이 어렵고, 검사 과정상의 규정을 지키기 어렵기 때문에 결과에 대한 해석이 난해하고 신뢰도가 떨어진다. 또한 모든 진단분석의 규준은 일반학생을 대상으로 한 것이므로 장애학생에게 적용하는 데 무리가 있으며 장애학생에 대한 검사자의 편견, 문항수정 등이 결과에 영향을 미칠 수 있다는 점을 고려해야 한다. 그러므로 지체장애학생의 정확한 진단과 판별을 위해서 개개인의 사례에 따라 과학적으로 이루어져야 하며 앞으로의 가능성을 최대한으로 가져올 수 있는 의료적, 교육적 조치를 심도 깊은 관점에서 실시해야 한다. 진단과 판별은 치료사, 의사, 교사, 부모 등 각각의 전문 분야 전문가들의 협력에 의해 이루어져야 한다.

중도 지체장애학생이나 중복장애학생일 경우에는 다양한 상황에서 발생하는 행동을 관찰하고 기록하는 관찰방법을 사용하거나 몇몇의 행동, 기술 등의 능력을 파악하기 위한 평가 척도를 사용하기도 하고 부모와의 면담(인터뷰) 등을 종합하여 학생의 발달단계를 평가하게 된다(박은혜 · 김정연 · 표윤희, 2018).

2. 평가의 영역

가. 학습 능력

학습 능력을 평가하기 위해서는 표준화된 검사도구나 교육과정에 따른 학업 성취도를 알아보는 시험 방법 등 여러 가지 방법을 사용할 수 있다. 학습능력 평가는 지적인 잠재능력과 현재 보이는 지적인 성취도를 모두 평가해야 하며, 평가 결과는 수치보다는 학생의 주의 집중 능력, 문제 해결 능력, 분별 능력, 연상 능력, 의사소통 능력에 관한 자료를 얻을 수 있어야 한다. 또한 평가를 통해 학생에게 가장 효과적인 교수-학습 방법을 알아내고, 앞으로 기대되는 학습 효과 등을 알아내야 한다.

그러므로 학습 능력은 교실과 학교에서의 활동 내용에 대한 교사의 자료수집, 관찰, 면접에 의한 질적 평가 방법을 사용하여 학생의 독립적인 학습 능력을 평가한다. 이러한 질적인 평가 방법은 행동의 준거를 객관적으로 수집하게 되고, 학생을 이해하는 관찰, 면접, 검사를 실시하게 되어 개인차의 변인을 고려하게 된다는 유용성이 있다.

평가의 내용은 운동 능력, 시력·청력 기능, 색과 모양의 인지, 언어 능력, 간단한 수 개념, 대소 개념, 차례잇기 그리고 일상생활 능력 등 학업 전 기초 능력을 평가한다. 우리나라 「장애인 등에 대한 특수교육법 시행령」에 의한 특수교육 대상자 진단평가 심사 및 선정 시 지체장애학생의 진단평가 영역으로는 기초학습기능검사와 시력검사를 제시하고 있다.

나. 신체운동 능력

일상생활 능력은 사람들이 생활을 영위하기 위한 필수적인 요소이다. 그러므로 현재 스스로 할 수 있는 일상생활 활동을 평가하고 앞으로 습득해야 할 일상생활 동작을 알아야 한다. 물리치료사와 작업치료사가 이 능력을 평가하고 교육하는 데 중요한 역할을 하지만 교사와 부모도 생활 장면 속에서 관찰을 통해 운동 능력을 평가해야 한다. 교사는 수업 시의 자세 지도와 효과적인 보행 및 이동 방법을 추천하여 학생의 신체적인 장애에 초점을 맞춘 고립된 치료보다는 학습 시간과 일상생활에서의 기능적 치료가 되도록 해야 한다.

다. 의사소통 능력

의사소통 능력은 다른 사람의 말을 듣고 이해하는 능력과 자신의 의사를 표현하는 능력으로 학습과 일상생활 및 사회생활에서도 요구되는 필수적인 능력이다. 그러므로 어떤 형태, 어떤 방법으로라도 자신의 의사를 표현할 수 있는 방법을 개발해야 한다. 많은 뇌성마비 학생들이 언어 표현에 장애를 가지고 있으며 뇌손상을 입었거나 신경 근육에 이상을 가지고 있는 학생들도 의사소통에 어려움을 나타내고 있다(Beukelman & Mirenda, 2005).

의사소통 능력은 언어 발달 이전의 먹고 씹고 삼키는 운동 능력, 어휘력과 언어 표현 능력, 지각 능력과 인지 능력의 발달, 감각 운동 능력의 발달 등의 영향을 받는다. 그러므로 지체장애학생의 의사소통 능력 평가는 매우 복잡하므로 교사와 언어치료사와 같은 전문인과의 협력에 의해서 이루어져야 한다.

라. 일상생활 및 사회생활 능력

지체장애학생의 교육과정에는 반드시 생활 관리 능력을 포함시켜야 한다. 기능적 기술의 평가는 어느 기술을 어느 정도 할 수 있는지를 파악해야 하며 그 분야는 다음과 같다. 일상생활, 위생과 건강관리, 가정관리, 돈 관리, 이동, 사회 기관의 이용, 가정생활, 시민으로서의 책임에 대한 능력 등이다.

사회생활 능력의 평가는 관찰을 하는 것이 가장 좋은 방법이며 사회 성숙도 검사가 많이 쓰이고 있다. 그러나 사회생활 능력을 교실처럼 가공된 공간에서 관찰하거나 표준화된 검사를 이용하는 것은 큰 의미가 없다. 학습 내용을 교육과정 중심으로 평가하듯이 사회생활 능력은 그 기능을 필요로 하는 실제의 생활환경 속에서의 수행 정도를 관찰하는 환경 중심의 평가를 실시해야 한다.

V 교수-학습 방법

1. 지체장애학생의 교육 목적과 목표

지체장애학생 교육의 궁극적인 목적은 교실에서만이 아니라 가정과 지역사회, 직장 등 사회에 통합되어 그들의 독립적인 삶을 살아갈 수 있도록 하는 것이며, 이를 위해 학교 교육에서는 지적, 사회적, 정서적 발달을 꾀하고 사회생활을 위해 필요한 기술을 습득할 수 있도록 도와주는 것이 기본적인 책임이다. 지체장애학생의 교육은 비록 장애는 가지고 있을지라도 교육의 목표와 내용 면에서는 일반 학생과 같은 교육적 요구를 가지고 있으므로 개개인의 특수성과 개인차를 고려하여 신체적 장애를 최대한 경감시키고 잠재능력을 개발할 수 있는 내용을 고려하여 계획하며 교육과 치료의 상호 유기적인 협력체제가 이루어지도록 해야 한다.

지체장애아 교육의 목표는 각 학생의 생활환경을 분석하여 그것과 관련된 교수 목표를 설정하는 것이 바람직하며, 교육목표는 기능적이어야 한다. 그 기능은 독립성이나 참여를 증대시키는 데 초점을 맞추거나 또래와의 상호작용을 개선시킬 수 있는 내용과 관계가 있어야 한다. 기능적 목표는 각 학생의 생활연령에 적절해야 한다. 즉, 식사, 옷 입기, 세면, 개인적 위생 등의 일상생활, 방향감각, 이동 능력 등의 생활의 기본 동작, 오락, 취미, 운동, 놀이 등 건강하고 안전한 생활을 영위하기 위한 생활 습관이나 태도, 물건 사기, 친구나 가족 방문하기 등 기본적인 의사 전달에 관한 초보적인 지식 기능, 지역사회 참여, 그리고 직업 관련 분야에서 지체장애학생의 교육목표를 설정하게 된다.

지체장애학생을 위한 교육과정은 각급 학교에서 지체장애학생의 교육적 특성과 독특한 교육적 요구를 반영하여 유치원 교육과정과 기본 교육과정, 국민공통 교육과정, 선택중심 교육과정을 편성 운영하도록 되어 있다.

2. 지체장애학생의 교수-학습 전략

가. 교과 지도

지체장애학생의 교수-학습을 위해서는 학업적 특성을 고려하여 학교에서의 적응과 적절한 학습태도를 가질 수 있도록 학생이 과제를 충분히 다루어 볼 시간적인 여유를 제공하는 것이 필요하다. 경험을 통한 참여와 생활환경 내에서의 반복적인 지도로 학습과제와 관련된 능력을 직접 가르치는 방법 등이 필요하다. 교과별로 구체적인 학습전략을 사용할 수 있도록 지도하고 다양한 환경 속에서 일반화, 유지할 수 있도록 기능적인 학업 기술을 지도해야 한다. 이들은 제한된 언어와 이해할 수 없는 발성을 사용하거나 시지각 장애와 신체적 특성(머리를 불수의적으로 흔들기 등)으로 인한 읽기의 어려움과 학습 속도, 기본적인 운동능력, 협응 및 조절능력이 부족하므로 이를 고려한 교과별 지도전략이 요구된다. 교과별 특성과 지도전략은 〈표 11-2〉와 같다.

〈표 11-2〉 교과별 교수-학습 지도 전략

교과명	지도전략
국어 (읽기)	- 노래와 동시 등의 음성적 활동에 참가하는 기회 제공 - 몸짓이나 신체 표현을 통한 의사표현 촉진 - 읽기 시간의 확대 - 보완/대체 의사소통체계를 통한 지도(의사소통판이나 책, 전자 의사소통기구) 문자의 크기, 단어의 배열 등 방향감각과 관련한 지도
국어 (쓰기)	- 쓰기 스타일과 글자 크기에 대한 관찰놀이를 통한 소근육 활동 촉진(선긋기, 색칠하기, 그림 그리기, 가위질, 풀칠, 종이접기, 구슬 꿰기, 퍼즐, 조립 등) - 종이의 위치, 글 쓰는 도구를 쥐는 법, 펜의 촉의 질감, 종이의 배치 등의 고려 - 작업치료사나 물리치료사의 협력 - 보조 기기 등의 대체입력기구 사용
수학	- 개념형성과 수리 개념의 획득에 역점을 둔 수준별 개별지도 - 수에 대한 실제적 지식과 경험 제공 - 기능적 학습과 대안적 방법 도입(계산기 사용 등)
과학	- 제한된 경험의 확대 - 지적 활동을 자극하는 활동 제공 - 실제 자연환경에서의 경험 등 직접경험의 제공

교과명	지도전략
사회	- 실제 현장에서의 경험을 통한 지도 - 지역사회 중심으로 필요한 기능이나 사회성 관련 기술, 도덕관의 지도
음악 미술	- 긴장을 풀어 주는 심리적 이완 활동 제공 - 다감각 표현재료를 활용한 표현의 기회 제공 - 수정된 악기, 보조도구를 활용한 활동 참여 확대 - 작품 활동을 통한 상호작용 촉진 - 부분 참여를 통한 성취감 경험
체육	- 준비운동을 통한 관절기동 범위의 확대 - 근육의 긴장이완과 협응력의 향상 - 실제 상황에서의 지도 - 활동의 난이도를 수정한 참여 촉진

나. 의사소통 지도

지체장애학생의 많은 수를 차지하고 있는 뇌성마비학생은 신경학적인 손상에 따른 음성기관의 마비로 인해 구어의 사용이 어려운 경우가 많다. 이들은 다른 사람의 말을 듣고 이해하는 수용언어 능력의 손상은 적으나 말이나 글을 통해 자기의 의견을 표현하는 표현언어 능력이 부족하다. 의사소통 능력이 없는 학생은 학습 면에서 의존성이 생기고 점차 수동적이 되어 자기중심적인 행동양식을 나타낸다.

의사소통 지도는 말이나 글을 통해 독립적으로 의사표현을 할 수 없는 학생들에게는 일반학생들이 다른 사람과 대화를 하는 주요 수단인 말 외에 제스처나 발성, 얼굴표정, 머리 끄덕임, 지적하기 등의 비언어적인 방법을 사용하거나, 그림, 사진, 낱말판 등의 의사소통판이나 컴퓨터 보조도구를 활용하여 표현능력을 신장시킬 수 있는 보완대체 의사소통방법을 사용할 수 있다. 보완대체 의사소통방법은 말을 보완하거나 대체할 수 있는 다양한 방법을 이용하여 다른 사람에게 자기의 의사를 표현하는 것을 가르쳐서 상호작용할 수 있도록 지도하는 방법을 말한다(박은혜 · 김정연 · 표윤희, 2018).

보완대체 의사소통방법의 지도는 말을 사용할 수 없는 학생에게 보완대체적인 방법 외에 바람직한 언어모델을 제공하여 장기적으로는 구어발달을 촉진하고 다른 사람과의 상호적 의사소통 능력을 촉진하기 위한 것이다. 또한 학생의 발달수준 및 기능적인 기준에 근거한 교수목표를 설정하고 수용적인 학습 환경을 조성하여 자연적인 환경에서 기능성을 강조하는 의사소통 방법이다. 이를 위해서는 교사와 학생 간의 의사소통뿐만 아니라 학생 주변에 있는 의사소통을 하게 될 대화상대자 교육을 통해 학생의 표현력을 증진시킬 수 있도록 고려해야 한다. 다음 [그림 11-1]은 보완대체 의사소통 지도에 사용될 수 있는 상징과 의사소통판 및 도구들이다.

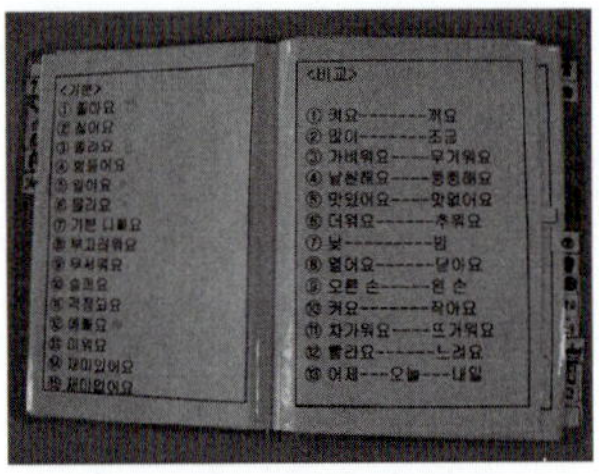

의사소통책

의사소통판

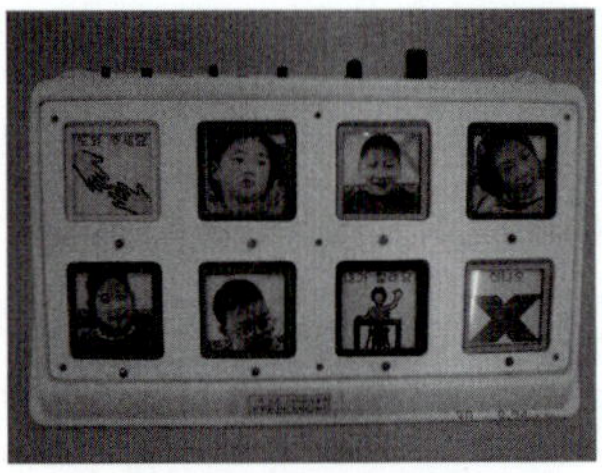

전자 의사소통도구

[그림 11-1] 보완대체 의사소통용 도구

다. 일상생활 지도

일상생활훈련이란 학생이 매일의 생활 중에 필요한 기능으로 개인이나 가정생활뿐 아니라 사회 구성원의 하나로서 사회와의 관련을 가지고 생활하기 위해 필요한 모든 활동을 의미하며, 자조기능 혹은 신변자립행동이라고도 한다. 즉, 식사하기, 착탈의, 화장실 사용하기, 몸단장, 이동하기 등이 여기에 포함된다. 일상생활의 지도는 매일 반복되는 생활 속에서 필요한 보편적인 기술을 지도하는 것이며 이를 위해 잦은 기회를 제공한다.

이러한 일상생활훈련은 사회생활을 하기 위하여 어떠한 개인에게 있어서나 필요불가결한 일차적인 생존기능이기 때문에 장애의 정도나 상태의 경중을 불문하고 우선적으로 실시되어야 할 프로그램이다. 기본적인 생활습관 지도는 하루의 일과를 통해서 생활 리듬으로 지도한다. 예를 들면, 식사 시에 바르게 앉는 자세나 팔이나 손을 이용하는 훈련, 용변 시에 의사 표시나 자세 훈련 등을 들 수 있다. 일상생활훈련에 포함되는 내용으로는 이동 훈련 등의 기본동작 훈련, 식사 훈련, 용변 훈련, 착탈의 훈련, 몸단장 훈련 등이 포함된다.

라. 자세지도

신체장애로 인해 신체 움직임의 제한이 있는 지체장애학생에게는 생활 속에서의 꾸준한 자세지도가 중요하다. 올바른 자세는 장애로 인한 이차적인 변형을 예방할 수 있으며 생활 속에서의 여러 가지 활동에 좀 더 원활하게 참여할 수 있도록 해 주기 때문이다. 조기에 적절한 자세지도가 이루어지지 않을 경우에는 신체의 변형과 함께 기형을 유발하고, 상지 기능 및 신체 이동 능력 등의 기능이 약해질 수 있으며, 불안전한 자세는 염증이나 욕창을 유발하여 궁극적으로 건강관리에도 불리한 영향을 미치게 한다.

대부분의 뇌성마비학생들은 앉은 자세에서 수업을 받고 있다. 비장애학생의 경우 앉아 있을 때도 다양한 자세를 취하고 많은 움직임을 나타내는 반면 뇌성마비학생은 한 자세에서 최소 30분 정도 고정된 자세 패턴으로 유지하고 있다. 이에 따른 문제점은 많지만 우선 근육의 성질과 특성이 변화하고 나아가 중추신경계의 문제를 야기할 수 있다. 따라서 의자나 휠체어가 학생에게 안정성을 주지 못한다면 신체의 무게중심이 한쪽으로 기울어 비대칭이 된다. 이러한 자세에서는 근육의 긴장도가 높아져서 스스로 앉아 있거나 손을 사용하는 활동을 더욱 방해한다. 또한 심각한 공간과 시각에 대한 지각, 인지장애를 보이는 학생들은 글을 쓰거나, 그림을 그리거나, 옷을 입고 벗고, 칠판을 보는 것 등에 의해서도 긴장도가 증가할 수 있다. 학교에서의 수업은 각 학생들의 지각과 인지의 문제점과 움직임의 패턴을 고려하여 수업을 위한 개개인의 신체 특성에 적합한 의자나 보조도구가 준비되어야 한다. 다음의 [그림 11-2]는 자세지도에 사용될 수 있는 도구들이다.

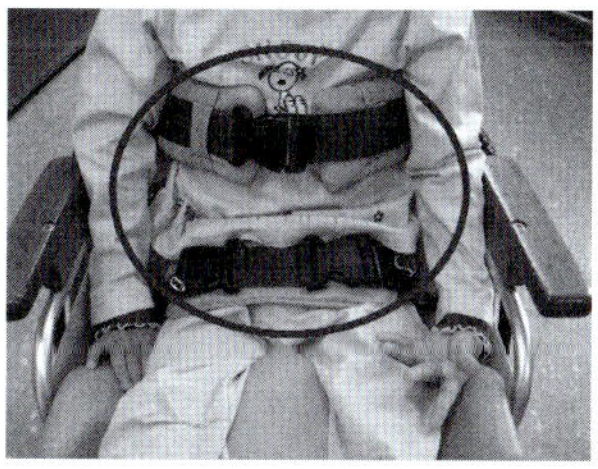
허리와 가슴 벨트

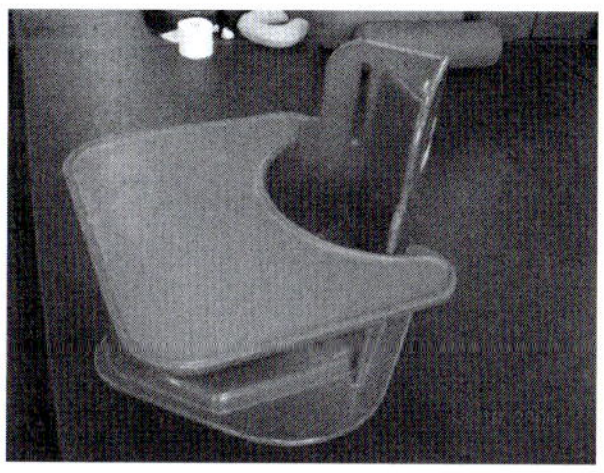
코너의자(corner chair)

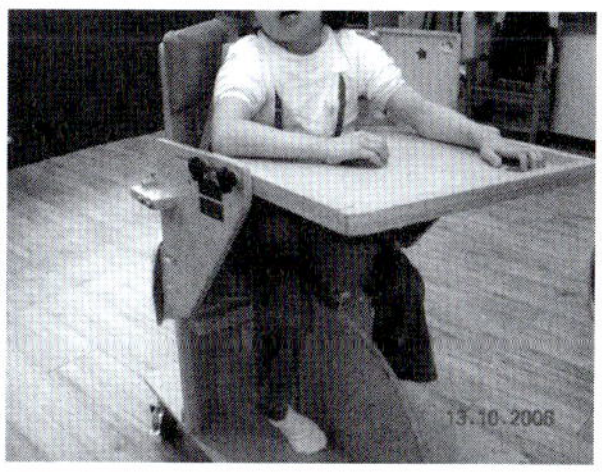
코너의자(corner chair)

[그림 11-2] **자세지도용 도구**

마. 보행과 이동지도

지체장애학생의 신체활동 지도의 목표는 사회적 자립을 최종 목표로 하여 현재의 상태에서 최소한의 수준에서라도 생활능력을 높여 스스로 할 수 있는 능력을 확대해 나가는 데 중점을 둔다.

지체장애학생의 운동기능을 향상시키기 위한 신체활동은 필수적이며 대근육 운동과 보행 능력 발달에 중점을 두는 물리치료와 식사하기, 일상생활 훈련 등 상지기능을 중점적으로 훈련하는 작업치료는 지체장애학생 교육에 꼭 필요한 관련 서비스이다. 이러한 치료는 조기에 전문가에 의한 중재가 가장 효과적이며 치료기관에서뿐 아니라 생활 속에서 꾸준히 지도되도록 하는 것이 바람직하다. 학령기 학생들의 경우에는 학교생활 중에 적절한 신체활동을 통해 이러한 치료의 효과가 유지될 수 있도록 교사가 바른 자세지도와 근 긴장도를 줄이고 안정성을 유지할 수 있는 신체활동 지도 방법을 알고 있어야 한다.

신체활동 지도에 대한 몇 가지 유의할 사항은 다음과 같다.

- 학생의 신체활동과 연관된 호흡, 섭식, 시각, 언어, 감각과 인지의 문제점 등 신체활동에 대한 정보는 학생과 밀접한 관계에 있는 사람들과 정보를 공유한다.
- 신체활동 지도의 목표는 학생의 긴장도를 줄여서 안정성을 획득하게 하여 바른 움직임을 만드는 데 있다. 움직임의 기초가 되는 머리와 몸통의 안정성과 조절을 위해 적절한 보조도구를 제공한다.
- 학생의 이동을 위해 바른 앉기 자세, 휠체어 등 이동도구 및 보조도구의 선택, 학생의 식사, 학습, 놀이 등의 일상생활에 대한 좋은 자세와 움직임에 대한 선택은 협력적인 팀 접근을 통해 결정한다.

학생의 이동을 돕는 다양한 보조도구는 착용하기가 매우 어렵고 불편할 수도 있다. 그러므로 교사는 학생의 문제점을 깊고 폭넓게 이해하여 보조도구의 적합성 여부를 잘 판단해야 하며, 학생이 좀 더 쉽고 편하게 보조도구에 적응할 수 있도록 도와주고 부모에게 역시 교육을 시켜야 할 것이다. 신체활동을 도와줄 수 있는 이동용 보조도구는 [그림 11-3]과 같다.

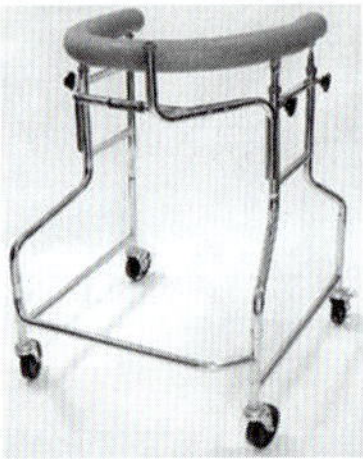
보행기(walker)

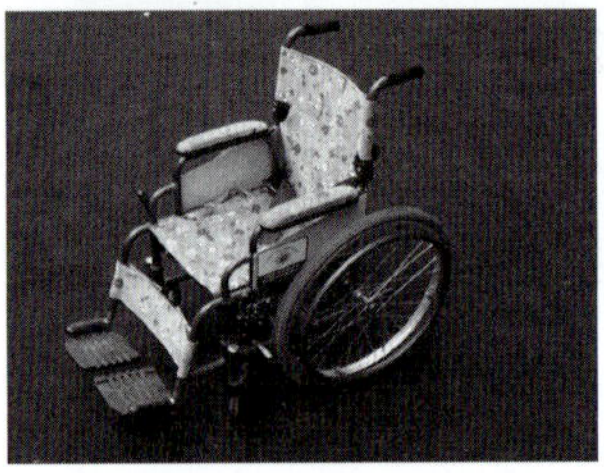
휠체어(wheelchair)

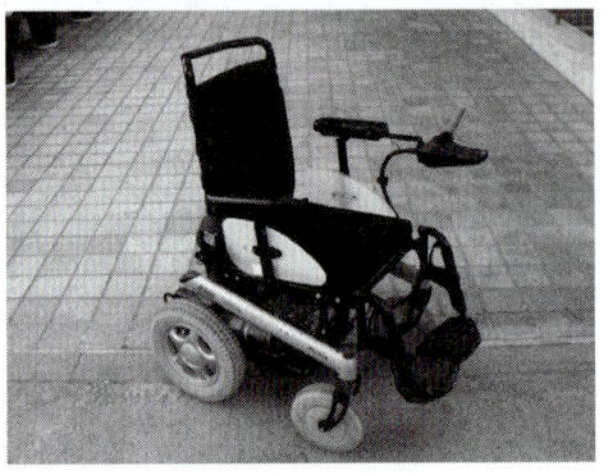
전동휠체어(power wheelchair)

[그림 11-3] 이동용 도구

3. 교수적 환경

가. 교육환경 및 시설

모든 지체장애학생에게 교육설비 시설이 고려되어야 하는 것은 아니다. 학생의 신체적 특성에 따라 좀 더 효율적으로 움직이고 활동에 참여할 수 있도록 하는 고려가 필요하다. 그러므로 학교 내의 물리적 환경의 수정과 다양한 학습 보조도구를 활용하여 기능을 개선하고 보완할 수 있어야 한다. 한 학급의 물리적 환경은 지체장애학생의 수업 참여의 정도와 사회적 상호작용에 많은 영향을 미치는 요인이 된다.

책상과 의자는 지체장애학생들에게 적합한 학습조건을 만들어 줄 뿐만 아니라 자세교정에도 영향을 미치므로 학생 개개인의 특성에 알맞게 제작되어야 한다. 신체 특성을 고려하지 못한 책상과 의자는 여러 가지 신체장애 요인을 악화시키고 성장발육을 저해하기도 한다. 뇌성마비 학생용 책상은 상체가 들어갈 수 있는 홈이 파여지고 높낮이나 크기, 각도 조절이 가능해야 한다. 의자는 안정된 자세를 유지할 수 있도록 몸통에 딱 맞는 크기로 발판이 있는 것이 좋다. 상체의 안정성이 불안정한 학생에게는 팔걸이나 등받이, 머리받침, 어깨벨트나 허리벨트 등을 제공한다. 손의 사용이 민첩하지 않은 학생을 위해 학용품 등이 자주 떨어지는 것을 막기 위해 책상의 가장자리에 경계 면을 세워 주거나 논슬립 매트를 깔아 주는 등의 배려가 필요하다.

교육환경 내에서 휠체어나 보조도구를 사용하여 활동하는 데 불편함이 없도록 충분한 공간과 경사로 등을 점검해야 한다. 혼자서도 이용할 수 있는 화장실의 시설은 학생의 자립능력을 신장시킬 수 있다. 경사로는 중간에 중간 멈춤 면이 있어서 휠체어 이용 시 가속화되는 것을 방지할 수 있도록 해 주며, 손잡이를 다양한 높이로 해 주어서 독립보행을 하는 학생과 휠체어를 사용하는 학생 모두가 이용할 수 있도록 해 준다. 교실 내의 칠판은 이동식으로 된 칠판이 유용하며, 게시판, 책장, 교구장, 사물함 등은 학생이 사용할 수 있는 높이로 접근성을 높여야 한다. 또한 출입문은 출입이 쉽도록 문턱을 없애고 출입문 근처에 공간을 확보하여 드나들기 용이해야 한다. 교실 내에서는 출입이 편안한 곳에 자리 배치를 해 주며, 휠체어를 이용하는 학생의 경우에는 교실 내에서의 이동이 편리한 넉넉한 공간 확보 등이 필요하다.

나. 보조공학도구

지체장애를 가진 모든 학생이 보조공학을 필요로 하는 것은 아니지만 보조공학은 지체장애학생의 교육과 생활에서의 보다 많은 참여를 보장할 수 있다. 또한 학습과 일상생활에 좀 더 쉽고 효율적으로 접근할 수 있게 해 주며, 삶의 주도적인 역할을 향상시킬 수 있는 기회를 제공한다(Bryant & Bryant, 2003). 이러한 보조공학은 일상생활, 학습, 여가 및 레크리에이션 활동의 참여를 증가시키며, 일반 또래 학생과의 의사소통 기회, 상호작용을 확대하여 통합 활동을 촉진한다. 또한 다른 사람과의 상호작용과 컴퓨터를 통한 정보수집 및 접근을 가능하게 함으로써 학업 및 일상생활에서 성공적으로 참여하도록 돕는다(Bowe, 2000).

보조공학 도구는 다양한 영역에서 장애 학생의 기능을 신장시키며, 특히 우리나라에서는 의사소통 기능을 지원해 주는 보완대체 의사소통 도구, 이동 기능을 지원해 주는 수동휠체어, 전동휠체어, 스트롤러, 스쿠터, 리프트 등의 이동 보조도구, 보철 및 자세유지 도구, 외발 스키, 스포츠용 휠체어 등의 여가 활동의 참여를 지원하는 도구로도 적용되고 있다. 지체장애 교육현장에서 학업 및 교과활동을 지원할 수 있는 컴퓨터 접근장치 및 대안적인 입력도구와 식사, 착탈의 등을 도와주는 일상생활(ADL: aids for daily living) 보조도구는 [그림 11-4, 11-5]와 같다.

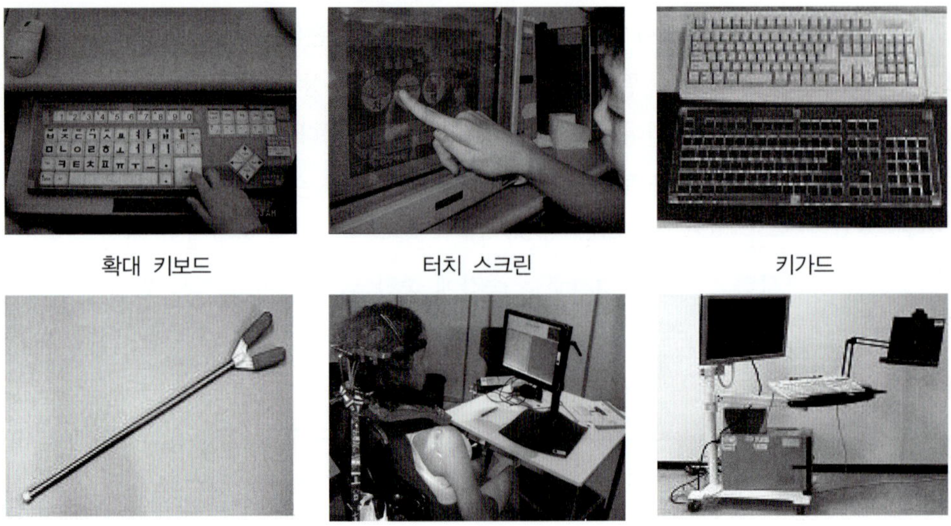

확대 키보드 / 터치 스크린 / 키가드

마우스 스틱 / 눈 응시(eye gaze) 스위치 / 컴퓨터 테이블

[그림 11-4] 컴퓨터 접근장치 및 대안적인 입력도구

숟가락 / 컵 / 논슬립 매트

손톱깎이 / 손잡이가 있는 지퍼 / 신고 벗기 쉬운 신발

[그림 11-5] 식사, 착탈의 등을 도와주는 일상생활 보조도구

4. 건강장애학생의 교육지원

가. 건강장애 교육지원의 목적

건강장애학생의 교육지원 목적은 건강장애로 인하여 장기치료를 받는 학생들에게 개별화된 학습지원으로 학습 결손을 줄이고 학교 출석의 부담감을 최소화하여 학업을 지속할 수 있도록 지원하는 것이다. 또한, 또래 관계 유지 및 심리, 정서적 지원 등을 통해 치료 효과를 증진해 이후의 학교생활에 잘 적응할 수 있도록 학교 복귀를 지원하는 것을 목적으로 한다.

나. 건강장애 교육 전달체계

건강장애학생의 교육배치는 매우 다양하며, 유연하다. 건강장애학생으로 선정되었다 하더라도 특수학급이나 다른 학교에 배치되는 것은 아니다. 현재 소속된 일반 학교의 소속이 그대로 유지되며 학생의 질병 특성에 따라 대안적 교육을 받게 된다. 필요에 따라 병원, 가정, 학교 어디에서든 교육을 받을 수 있으며, 병원학교나 원격수업 혹은 순회교육을 이용할 수 있다. 건강장애를 가진 특수교육대상자는 관련 법령에 따라 무상 의무교육의 대상이 된다.

건강장애학생은 질병 자체로 인한 어려움 외에도 학교생활 적응의 어려움을 갖기 때문에 병원학교 교육과 원격수업을 통해 개개인의 학력 수준에 맞는 학습 지도가 이루어지도록 지원하고 있다. 병원학교 및 원격수업기관의 교육과정은 초중등학교의 공통교육과정, 선택 중심 교육과정과 같으며, 건강장애학생들의 특성을 고려하여 학생들의 심리적 이완이나 요구에 따른 다양한 프로그램들을 포함한다. 대안적 교육방법은 병원학교, 원격수업, 순회교육 등이다.

첫째, 병원학교란 건강장애학생의 교육 기회 확대를 위한 방안으로 입원 중인 학생을 위한 개별화된 학습지원, 심리, 정서적 지원 등을 통해 학업을 지속할 수 있도록 도와주며, 학교 생활적응을 도모하고 치료 효과를 증진하기 위한 목적으로 설치된 제도이다. 만성질환으로 인해 3개월 이상 입원치료나 잦은 통원치료로 인해 학교 출석을 제대로 할 수 없는 학생을 위해 병원에 설치된 학급을 말하며, 정식학교가 아닌 위탁 교육기관이다. 병원학교라는 교육 형태는 학교 교육 내실화를 추진하기 위해 교육하는 환경, 장소, 시간의 융통성을 확대하고, 교육과정 운영의 유연성을 발휘할 수 있도록 한 대안적 조치이다. 대부분의 병원학교는 장기입원이나 통원치료로 인해 학교 교육을 받기 어려운 건강장애학생을 위해 교사 1인이 운영하는 파견학급 형태나 여러 학교급, 학년의 학생이 함께 공부하기 때문에 병원학교라는 용어로 통칭하여 부른다.

둘째, 원격수업이란 초·중·고 건강장애학생들이 컴퓨터나 개인용 휴대 단말기를 통하여 인터넷상에서 실시간 양방향 수업과 탑재된 콘텐츠를 통해 학습하는 형태를 말한다. 2차 감염이 우려되거나 요양이 필요하여 학교에 가지 못하는 학생에게 병원 혹은 그 외의 장소에서 실시간 온라인으로 수업을 받고 출석을 인정받을 수 있는 제도다. 대표적인 원격수업은 한국교육개발원의 스쿨포유(http://onlineschool.or.kr)에서 운영하며 전국의 건강장애학생들이 이용할 수 있다. 국내에서는 건강장애학생으로 선정되지 않는 학생도 3개월 이상의 입원, 통원치료 또는 요양이 필요하다는 진단서를 근거로 이용할 수 있다.

셋째, 순회교육이란 장애로 인해 장단기의 결석이 불가피하여 학교에서 교육을 받기 곤란하거나 불가능한 학생의 교육을 위해 의료기관 또는 가정 등에 교사가 직접 방문하여 특수교육대상자의 교육을 지원하는 교육 형태를 말한다. 순회교육은 특수교육대상자의 장애 정도와 교육 요구 등에 대한 정확한 진단, 평가를 통해 학교로 등교하여 교육받는 것이 어려운 경우 학교 교육에서 배제되지 않도록 개별학생의 학습권을 보장하기 위한 교육 형태이다. 순회교육 여부는 특수교육운영위원회에서 종합적으로 판단하여 결정하되, 부모의 동의를 포함하도록 한다. 학생 소속학교의 일반교사와 특수교사가 순회교육을 담당하거나 해당 교육청에서 건강장애학생 순회교육 협력학교를 지정하여 운영하며, 일반 학교, 교육청, 특수교육지원센터 등에서 순회교육 내용을 관리 감독하여 운영한다. 병원학교 건강장애학생을 위한 순회교육 교사는 특수교사 자격증을 소지한 정규교사나 강사 등을 배치하며, 지원범위 및 내용은 시·도교육청 여건에 따라 결정된다. 최근에는 순회교사 및 건강장애학생을 담당하는 교사 외에도 순회교육 및 건강장애 특수교육대상자 관련 통합학급 교사 연수를 강화하여 건강장애학생의 교육 지원을 강화하고 담당 교원의 전문성을 확보하려는 정책이 마련되고 있다.

병원학교와 원격수업, 순회교육 등은 만성질환으로 인해 치료 중인 학생들의 출석 일수를 확보해 줌으로써 상급 학교나 학년에 진급할 수 있게 한다. 궁극적으로는 치료 종료 후에 일반 학교로 복귀하거나 일반 학교에 배치되어 교육을 받게 되는 건강장애학생의 교육의 연속성을 확보하며 건강장애학생들의 교육 기회를 확대하는 데 이바지한다.

다. 건강장애학생 교육지원 고려 사항

건강장애학생의 교육지원은 일반 학교 교사의 역할과 책무성이 매우 중요하다. 특히 담임교사의 이해와 지원 정도에 따라 학생들의 적응 여부에 영향을 줄 수 있으므로 교사가 충분한 지원 역량을 갖추어야 한다. 건강장애학생은 특수교육대상자로 선정되어도 이들은 소속은 일반 학교의 일반학급에 그대로 배치된다. 또한, 건강장애를 가진 특수교육대상자로 선정된 이후에 학생이 주로 만나게 되는 사람은 특수학급 교사가 아닌 일반 학교의 교사일 가능성이 크다. 병원학교를 이용하거나 치료 종료 후 학교로 복귀한 후에도 주로 접하게 되는 사람은 일반 학교의 교사이다. 그렇기 때문에 학생을 담당하게 될 교사들의 이해와 인식이 매우 중요하다. 교사는 수업 중 학생의 신체적 피로감, 빈약한 학업 수행력과 학교생활 적응의 어려움을 가장 먼저 발견할 수 있다. 또한, 일과 속에서 질병으로 인해 나타나는 과다한 의존성, 대인관계의 회피, 자존감 저하 등의 어려움은 교사에 의해 발견되기 쉽다(김정연, 2018).

그렇기 때문에 건강장애학생의 교육지원 내용과 절차에 대한 사전 숙지가 이루어지지 않으면 부모에게 정확한 교육지원 절차를 안내하지 못하게 되므로, 일반교사들은 건강장애 교육지원의 공유된 책임의식을 가지고 교육지원 임무를 수행해야 한다. 즉, 건강장애에 관한 지식과 기술, 교수전략 등 일반 학교 교사들의 준비도가 학생의 학교생활 적응과 교육지원의 질에 중요한 역할을 미친다.

담임교사는 학기 초 건강장애학생의 현황을 파악하고 학부모와 긴밀한 협력 관계를 통해 학생과 학부모에게 교육지원 정책을 안내하고 교육계획을 수립하는 역할을 담당한다. 학생의 교육배치 형태 및 현재 상황을 파악하며 필요하면 개별화된 교육과정을 제공하며, 평가와 관련하여 안내와 지원, 진급을 위한 역할 등을 수행하게 된다. 학교는 건강장애학생의 특성을 고려한 교육환경을 조성하고, 교사들은 건강장애 교육지원에 관한 연수를 통해 상담자와 코디네이터 등의 역할 수행을 준비한다. 건강장애학생들이 치료 종료 후 학교로 복귀하였을 때, 안전하고 빠르게 적응하도록 지원하기 위해서는 건강장애학생 교육에 대한 교사들의 교육 책무성을 강화하고 연수를 통한 지원역량을 강화해야 한다(김정연, 2020).

전 망

교육을 효과적으로 수행하기 위해서는 장애학생의 특성에 따른 개별화된 교수–학습 방법을 알아야 한다. 지체장애학생의 교육에 있어서 잦은 좌절과 실패의 경험은 학습의 무기력을 초래하므로 학생의 능력에 맞는 적절한 과제와 난이도의 제시, 교사의 적절한 기대와 격려는 학습에 대한 동기를 부여한다.

최근에는 보조공학의 발전과 더불어 기능의 제한이 있는 학생들을 위한 새로운 접근과 혁신적인 시도가 증대되고 있어 지체장애학생 교육의 미래는 더욱더 희망적이고 적극적인 관점으로 바뀌고 있다.

지체장애학생은 다른 사람들에 비해 장애를 좀 더 많이 지니고 있는 사람이며 사회와 시대, 과학의 발달에 따라 그 기준이 달라질 수 있다.

이들의 교육은 획일적인 교수–학습 방법을 탈피하여 좀 더 열린 사고로 지체장애학생 개개인의 다양성과 개별적인 교육적 필요를 확인한다.

장애가 아닌, 장애를 지닌 개인의 바꾸어질 교육적 필요를 직시하고 지원하는 교육서비스를 제공하고자 하는 노력이 선행되어야 할 것이다.

토의주제

- 지체장애학생의 효율적인 학업수행을 지원할 수 있는 교수적 수정 전략을 의논해 보자.
- 건강장애학생의 교육 지원 목적과 지원 제도의 유형에 대해 의논해 보자.

참고문헌

교육부(2021). 2021 특수교육 운영계획.

김정연(2018). 건강장애학생 교육지원에 관한 일반교사의 경험 분석. **특수교육**, 17(4), 5-27.

김정연(2020). **건강장애 학생교육**. 서울: 학지사.

김정연, 박은혜, 김유리(2014). 병원학교와 화상강의 시스템 교육에 대한 건강장애 학생 부모의 인식 및 지원 요구. **지체 · 중복 · 건강장애 연구**, 57(3), 231-250.

김정연, 황지현(2015). 건강장애학생과 건강장애교육에 대한 중등학교 예비교사들의 인식. **통합교육연구**, 10(1), 121-140.

김종현(2007). **특수아동의 이해와 지도**. 경기: 공동체.

류신희, 김정연(2008). 건강장애 학생의 학교생활 적응 및 교육 실태. **중도 · 지체부자유아연구**, 51(4), 157-176.

박은혜, 김정연, 표윤희(2018). **지체장애 학생 교육**. 서울: 학지사.

박은혜, 이정은(2004). 건강장애학생의 학교적응 지원을 위한 기초연구. **특수교육학연구**, 39(1), 143-168.

오진아(2004). 학령기 아동의 입원생활 적응증진 프로그램 개발 및 효과. **대한간호학회지**, 34(3), 525-533

진주혜(2000). 소아암 초기 생존 아동의 학교생활 경험. 연세대학교 대학원 석사학위논문.

Best, S. J., Heller, K. W., & Bigge, J. (2005). Teaching Individuals with Physical, or Multiple disabilities(5th ed.). Upper Saddle River, NJ: Merrill.

Beukelman, D., & Mirenda, P. (2005). *Augmentative and alternative communication. Management of severe communication disorders in children and adults.* Baltimore: Paul H. Brooks Publishing Co.

Bowe, F. (2000). *Physical, sensory, and health disabilities: An introduction.* Columbus, OH: Merrill.

Brown, R. T., & Madan-Swain, A. (1993). Cognitive, neuropsychological, and academic sequelae in children with leukemia. *Journal of Learning Disabilies, 26*(2), 74-90.

Bryant, D. P., & Bryant, B. R. (2003). *Assistive technology for people with disabilities.* New York: Allyn and Bacon.

Thies, M. K. (1999). Identifying the educational implications of chronic illness in school children. *Journal of School Health, 69*(1), 392-397.

Chapter

12 정서·행동장애교육

학생들 중에서 유독 친구들이나 동급생과 잘 어울리지 못하거나, 형제, 부모, 심지어 교사와도 심각한 갈등을 빚는 경우가 있다. 이 학생들은 주로 "문제아"나 "나쁜 아이", "부적응아"라고 불려지면서 학교에서 요주의 인물로 특별 관리를 받는 경우가 많다. 이들 중 소수는 적절한 지원이나 중재가 이루어지지 않으면 비행청소년이나 심지어 범죄자가 될 가능성도 있다.

동급생이나 어린 동생들을 대상으로 한 집단 폭행 사건, 학생이 수업 시간에 교사에게 욕을 하거나 뺨을 때린 사건, 개나 고양이 등을 학대한 동영상을 올려서 문제가 되는 사건, 같이 살던 친할머니를 살해한 형제 등 학령기 아동에 의한 여러 사건들이 뉴스에 자주 오르내리기도 한다. 이런 사건들의 일부는 정서 · 행동장애가 있는 학생들에 의해 발생했음을 알 수 있다.

학령기 아동의 약 2% 정도가 정서 · 행동장애가 있다고 한다. 하지만 전통적인 교육은 주로 경도의 정서 · 행동장애아동들만을 대상으로 하였고, 정서 및 행동의 문제가 심각한 경우는 정신의학 쪽에서 담당하고 있는 것이 사실이다(윤점룡 외, 2013). 교사들은 정서 · 행동장애가 있는 학생들에 대한 이해가 부족하고 공격적인 행동 등의 행동 문제를 보이는 아동들이 스스로 자신의 행동을 통제할 수 있다고 생각한다(Liljequist & Renk, 2007). 하지만 이들이 장애가 있음을 인식하고 특별한 교육적 지원이 필요한 존재임을 이해해야 할 것이다.

* 곽승철(공주대학교 특수교육과)

I 정서 · 행동장애의 정의

문제행동에 대한 정의나 심각한 정서 · 행동장애에 대한 개념을 정립하는 것은 매우 어려운 일이다. 용어에 있어서도 하나의 합의된 용어가 없이 '정서장애', '행동장애', '심각한 정서장애', '정서 및 행동장애', '사회적 부적응' 등 다양한 용어가 사용되고 있다. 정서 · 행동장애에 대한 정의 또한 여러 가지 이유로 정의하기가 쉽지 않다. 그 이유를 살펴보면 다음과 같다.

첫째, 정상행동과 이상행동에 대한 명확한 정의가 없다.
둘째, 정서 · 행동장애를 정의하는 모델에 따라 정의가 달라질 수 있다.
셋째, 정서나 행동을 정확하게 측정하는 것이 쉽지 않다.
넷째, 정서 · 행동장애가 다른 장애와 중복되는 경우가 많다.

즉, 정서와 행동에 대한 정상과 이상에 대한 기준이 불명확하고 정서적인 문제와 행동적인 문제를 설명하는 이론에 대한 개념 정립에 합의가 이루어지지 않았으며 다른 장애를 동반하는 경우가 많기 때문에 어떤 장애가 주 장애인지 판단하기가 쉽지 않기 때문에 정서 · 행동장애를 정의하는 것이 어렵다.

여기에서는 미국 IDEIA상의 정서장애에 대한 정의와 우리나라 「장애인 등에 대한 특수교육법」상의 정서 · 행동장애에 대한 정의를 알아보면 다음과 같다.

1. 미국의 정의

미국의 IDEIA(2004)에서는 정서장애(emotional disturbance)라는 용어를 사용하고 있으며, 다음과 같이 정의하고 있다(U.S. Department of Education, 2005).

(i) 정서장애는 교육 수행에 심각한 영향을 미칠 정도로 장기간에 걸쳐 다음 특성들 중 한 가지 이상을 보이는 상태를 의미한다.
(a) 지적, 감각적, 그리고 건강상의 요인들로 설명될 수 없는 학습 무능력
(b) 또래 및 교사들과 만족스러운 대인관계를 형성하거나 유지하는 능력의 결여
(c) 일반적인 상황에서의 부적절한 행동이나 감정 표현
(d) 일반적으로 전반적인 불행감과 우울한 느낌
(e) 개인적인 문제나 학교 문제들과 관련하여 신체적인 통증이나 심한 공포감을 보이는 경향

(ii) 이 용어는 조현병 아동을 포함하며, 정서장애라고 판명되지 않는 한 사회적 부적응 아동에게는 적용하지 않는다.

이 정의는 몇 가지 이유로 비판받고 있는데 앞에 언급된 다섯 가지 특성이 "장기간에 걸쳐", "심각한 영향을 미칠 정도"여야 한다는 조건이다. "심각한"에 대한 기준과 "장기간"이라는 용어가 기준이 애매해서 전문가들마다 판별의 기준이 다를 수 있고 주관적 판단이 개입될 수 있다는 것이다. 게다가 "교육 수행"에 심각하게 영향을 미쳐야만 한다는 조건에서 "교육 수행"을 학업 성취로 해석할 경우 학업 성취 수준이 심각하게 문제가 없는 한 정서장애로 진단받을 수 없다는 점도 문제이다. 그리고 사회 부적응 아동을 정서장애에서 배제시킴으로 인해 많은 아동들이 특수교육 서비스에서 제외될 가능성이 높다는 점도 비판받고 있다(Hallahan & Kauffman, 2006: Yell et al., 2017).

2. 장애인 등에 대한 특수교육법의 정의

현재 우리나라에서 사용되고 있는 정서 · 행동장애에 대한 정의는 2007년 5월에 제정된 「장애인 등에 대한 특수교육법」에 의한 정의로, 그 내용은 다음과 같다.

장기간에 걸쳐 나음 각 목의 어느 하나에 해당하여, 특별한 교육적 조치가 필요한 사람

가. 지적 감각적 건강상의 이유로 설명할 수 없는 학습상의 어려움을 지닌 사람
나. 또래나 교사와의 대인관계에 어려움이 있어 학습에 어려움을 겪는 사람
다. 일반적인 상황에서 부적절한 행동이나 감정을 나타내어 학습에 어려움이 있는 사람
라. 전반적인 불행감이나 우울증을 나타내어 학습에 어려움이 있는 사람
마. 학교나 개인 문제에 관련된 신체적인 통증이나 공포를 나타내어 학습에 어려움이 있는 사람

이 정의의 특이한 사항은 모든 조항에 '학습에 어려움이 있는 사람'이라는 문구가 있다는 점이다. 학습에 어려움이 없는 한 아무리 심한 정서적, 행동적 문제가 있더라도 정서 · 행동장애의 진단 기준에 부합되지 않기 때문에 특수교육 서비스를 받을 수 없다는 점이 문제가 된다.

II 정서 · 행동장애 분류

정서 · 행동장애에 대한 분류는 크게 정신의학적 장애 행동 분류와 행동적 차원의 분류가 주로 사용되고 있다. 이 중 교육자들이 많이 사용하는 방법은 행동적 차원의 분류로, 이 방법이 가장 이상적인 분류체계에 가깝다고 볼 수 있다(Kauffman & Randrum, 2013). 윤

점룡 등(2013)은 이 방법이 신뢰성이 훨씬 높고 실험적 방법에 근거하여 분류한다는 장점이 있다고 하였다. 여기에서는 행동적 차원에 의한 정서 · 행동장애의 분류에 대하여 알아보고자 한다.

행동적 차원의 분류에 의하면 정서 · 행동의 문제는 주로 내면화 행동 문제와 외현화 행동 문제로 나누어 볼 수 있다. 내면화 행동 문제는 자신의 내부에서 갈등을 일으키는 상태를 말하며, 위축되고 미숙한 행동으로 인해 발달에 다양한 문제를 일으키고, 공포, 우울감이나 조울 증상 등을 보이기도 하고 심각한 경우에는 두통, 복통, 구토, 메스꺼움 등의 신체적인 통증을 나타내기도 한다.

외현화 행동 문제는 외부적으로 문제행동이 표출되는 것으로, 반사회적 행동 문제를 보이기도 한다. 어릴 때부터 공격적이거나 파괴적인 행동을 하면서 가족들이나 친구 등 주변 사람들과 적절한 관계를 형성하거나 유지하는 데 어려움을 겪게 되는 경우가 많다.

아래 표는 외현화 행동 문제와 내면화 행동 문제의 구체적인 예를 보여 준다.

〈표 12-1〉 외현화 행동 문제와 내면화 행동 문제

외현화 행동 문제	내면화 행동 문제
• 사물이나 사람을 향한 반복적 공격 양상 • 과도한 언쟁 • 타인의 복종 강요 • 합리적인 요청에 대한 불응 • 지속적인 울화(tantrum) 행동 • 지속적인 거짓말이나 도벽 • 자기조절력 결핍 및 과도한 행동 • 타인이나 교사와의 만족할 만한 인간관계의 시작이나 유지 등의 어려움	• 슬픈 감정, 우울감, 자기비하 감정 • 환청이나 환각 • 특정 생각이나 의견, 상황에서 못 벗어남 • 반복적이고 쓸모없는 행동에서 못 벗어남 • 상황에 맞지 않는 비전형적인 감정 • 공포나 불안으로 인한 심각한 두통이나 기타 신체적인 문제(복통, 메스꺼움, 현기증, 구토) • 자살 생각이나 죽음에 대한 몰두 • 흥미 있어 하던 활동에 대한 관심 감소 • 또래에 의한 과도한 놀림, 학대, 무시 • 활동 수준의 심각한 제한 • 신체적, 정서적, 또는 성적 학대의 징후

출처: Turnbull, Turnbull & Smith(2004).

정서 · 행동장애를 외현화된 행동 문제와 내면화된 행동 문제, 그리고 기타 장애 세 가지로 나누어서 대표적인 하위 유형 몇 가지를 살펴보기로 한다.

1. 외현화된 행동 문제

구체적인 외현화된 행동 문제로는 자리 이탈, 싸움, 도벽, 불경스러운 행동, 다른 학생의 학습이나 수업 방해, 물건 파괴, 폭력적인 언어, 지나친 주장, 거짓말, 감정조절 문제, 공격적 행동, 과잉행동이나 충동적인 행동 등이 있다(정대영, 2017). 공격적인 행동은 공감능력이 낮은 것과도 상관관계가 있으며, 사회 · 정서적 유능감을 낮추고, 반사회적 행동을 야기할 수도 있다(Webster- Stratton, 2011; Yell, Meadows, Drasgow & Shriner, 2009). 김자경 등(2014)은 외현화 문제가 클수록 사회적 적응행동과 실제적 적응행동 수준이 낮고 학교에서 부적절한 행동에 개입할 가능성이 높다고 하였다. 외현화 행동 문제를 보이는 대표적인 유형으로 주의력결핍 과잉행동장애, 품행장애, 적대적 반항장애가 있다.

가. 주의력결핍 과잉행동장애(ADHD: Attention Deficit Hyperactivity Disorder)

주의력결핍 과잉행동장애는 주의력과 집중력이 매우 부족하고, 잠시도 가만히 있지 않으며, 충동적인 행동을 보이는 것이 특성이다. 학령기 아동에게 흔히 나다나며 7~8세 이전에 발생하여 평생 지속되어진다. 주의력결핍 과잉행동장애로 진단받기 위해서는 과잉행동, 산만함, 충동성 이 세 가지 조건을 다 충족해야 한다. 과잉행동은 활동의 양이 지나치게 과도한 경우로 쉼 없이 움직이거나 자신의 연령이나 주어진 과제에 비해 움직임의 양이 과도하게 많은 경우를 말한다. 손발을 가만히 두지 못하고 움직이고 몸을 꼬기도 하고 걷지 못하고 주로 뛰어다니며 말을 많이 하기도 한다. 산만함은 과제에 대한 주의집중과 관련된 용어로, 외부 자극에 쉽게 주의가 산만해지고 특정 과제에 주의를 기울일 수 없게 된다. 충동성은 주의 깊은 생각이나 목적 없이 발생하는 행동을 말한다. 생각하지 않고 즉각적이고 충동적으로 반응하기 때문에 수업 상황에 부적절한 행동을 하거나 부정확한 반응을 할 가능성이 높다. 예를 들어, 질문이 끝나기 전에 대답을 하거나 자기 순서를 기다리지 못하고 대화나 놀이에 불쑥불쑥 끼어든다.

주의력결핍 과잉행동장애의 출현율은 학령기 아동의 3~5%로 추정되며 여자 아이들에 비해 남자 아이들의 비율이 더 높다. ADHD의 정확한 원인을 밝혀진 것이 거의 없으며 신경학적 요인이나 유전적 요인이 ADHD를 야기한다고 본다.

나. 품행장애(Conduct Disorder)

품행장애는 정서 · 행동장애 중 개선시키기 어려운 문제 중의 하나이다. 다른 사람의 기본적인 권리를 침해하고 연령에 적합한 사회적 규범이나 규칙을 위반하는 행동을 지속적이고 반복적으로 보인다. 예를 들면, 타인 위협, 잦은 싸움, 동물 학대, 도둑질, 타인의 재산 손상, 사기, 절도, 심각한 규칙 위반 등의 행동을 지속적이고 반복적으로 한다. 품행장애는 두 가지 유형으로 구분하는데 싸움, 불순종, 비협조성, 무분별함, 무례함, 파괴적 행동, 분노 폭발 등을 보이는 비사회화된 공격성 또는 공격적 행동이 첫 번째 유형이고, 나쁜 친구 사귀기, 충동성, 무단결석, 도벽, 거짓말하기, 방화 등의 사회화된 폭력 또는 비행이라고 명명되는 것이 두 번째 유형이다.

품행장애학생의 대부분은 반항성 장애의 특성을 일찍부터 나타내고, 소아기에 품행장애가 있는 경우 성인기의 정신장애, 즉 반사회적 인격, 약물 남용, 조증, 조현병, 강박 등과 연관성이 매우 높은 것을 알 수 있다. 품행장애가 있는 여자 아이들은 거짓말, 무단결석, 도망, 낭비, 매춘, 비공개적인 공격행동 등을 주로 나타내고 남자 아이들은 싸움, 도둑질, 공격적이고 파괴적인 행동 등을 보이는 경향이 있다.

다. 반항성 장애(Defiant Disorder)

반항성 장애는 품행장애의 어릴 적 모습이나 경도의 품행장애라고 볼 수 있으며 적대적 반항장애라고도 한다. 뚜렷하게 반항적이고 불복종적이고 도발적인 행동을 보이지만 규칙을 어기거나 타인의 권리를 침해하는 반사회적 행동이나 공격적인 행동은 두드러지지 않는다. 즉, 심한 공격성은 보이지 않지만 자주 화를 내고 욱하며 쉽게 짜증을 내고 뻔뻔하고 도발적이다. 또 부모나 교사 등과 자주 말다툼하고 권위자의 요구나 규칙을 무시하거나 거절하고 자신의 실수나 잘못된 행동을 남의 탓으로 돌리기도 하고 심술을 자주 부리기도 하고 복수심이 강하다. 적대적 반항장애는 1/4 정도는 예후가 좋아서 수년 내에 호전되기도 하지만 그렇지 않고 품행장애로 이행되는 경우는 그 예후가 아주 좋지 않다.

품행장애 및 적대적 반항 장애 아동의 경우 또래 및 주변 사람들과 상호작용 시 사회적 단서를 왜곡하고 문제를 적대적인 측면에서 생각하고 공격적 단서들에 집중한다. 게다가 자신이 공격적으로 반응하는 것이 어떤 후속 결과를 야기할 수 있는지 잘 예측하지 못하여 또래 및 주변 사람들로부터 자주 배척당하고 갈등을 빚게 된다. 결과적으로 비슷한 문제를 가진 또래들과 어울리며 자신의 문제를 악화시키고 반사회적 행동을 많이 하게 된다(Yell et al., 2009).

2. 내면화된 행동 문제

내면화 행동 문제의 요인은 불안, 위축, 우울, 강박, 염려와 공포, 자신에 대한 문제와 관련하여 신체적인 문제를 나타내며 사회적인 위축 등의 문제를 보인다. 위축되어 있고 걱정이 많고, 사회적 상호작용을 거의 하지 않으며, 우울감이나 백일몽에 빠지거나 죄의식을 갖기도 하고 수줍음이 많거나, 미숙하고 무관심하다. 내면화 행동문제가 있는 아동들은 다른 사람과 접촉을 피하고, 극단적인 경우에는 사회적 상황 자체를 회피하게 된다. 이로 인해 학습 능력과 대인관계에서도 어려움을 겪는다. 외현화된 행동 문제와는 달리 다른 사람들을 위협하지 않고, 자신의 내면의 문제로 인해 발달에 심각한 장애를 초래한다. 내면화된 행동의 범주에는 공포, 강박 관념과 우울 등이 있으며 이 증상에는 불안이 포함되는 경향이 있다(김수연, 2020). 이로 인해 또래로부터 거부되는 경향도 있다.

가. 불안장애(Anxiety Disorder)

불안장애는 아동과 청소년들의 심리 및 정신건강 문제 중 대표적인 문제로 지나친 불안이나 공포로 인해 일상생활이나 학업 생활에 지장을 주는 상태를 말한다. 불안이 심한 경우 특정한 의학적인 원인 없이 두통, 복통, 메스꺼움, 구토 등을 호소하기도 한다.

하위 유형으로는 범불안장애, 특정 공포증, 광장공포증, 사회불안장애, 공황장애, 강박장애, 선택적 함묵증 등이 있다. 이 외에 유아기와 학령기 때 나타날 수 있는 불안장애에는 섭식장애와 배설장애, 분리불안장애 등이 있다. 섭식장애에는 뚱뚱해질지도 모른다는 공포나 날씬해지고자 하는 욕구가 너무 강해서 나타나는 거식증, 많은 양의 음식을 먹고 토하는 것을 반복하는 폭식증, 흙이나 쓰레기, 종이, 머리카락 등 먹을 수 없는 것을 지속적으로 먹는 이식증 등이 있다. 배설장애에는 발달 시기가 지나서도 대변을 못 가리는 유분증과 소변을 못 가리는 유뇨증 등이 있다.

불안장애는 아동기와 청소년기에 일찍 시작되어 성인기까지 이어지고 시간이 흐름에 따라 악화될 수도 있고 우울증까지 유발될 가능성이 있기 때문에 조기에 발견하여 중재를 하는 것이 좋다. 불안장애의 중재로는 주로 행동치료와 약물치료가 있다. 교사는 약물의 부작용이나 행동의 변화를 잘 관찰해야 한다.

나. 기분장애(Mood Disorders)

어떤 일에 열의가 없고 변덕스럽고 자신이 무가치하다고 생각하고 불행해하는 기분상태가 주된 특성일 경우 기분장애라고 한다. 기분장애에는 우울장애(Depressive Disorders)와 양극성장애(Bipolar Disorder)가 있다. 우울장애는 우울감과 활동력 저하를 특징으로 하는 정신적 상태를 가리킨다. 감정을 조절하는 뇌의 기능에 변화가 생겨 '부정적인 감정'이 나타난다. 양상은 다양하나, 주로 전반적으로 슬프거나 우울한 기분, 의욕 · 상실, 무력감, 주의집중의 어려움, 정상적인 활동에 대한 흥미 상실, 정신활동의 저하, 초조, 식욕 저하, 수면의 증가 또는 감소, 불안감 등이 나타난다. 양극성장애는 조울증이라고도 하며 비정상적 흥분 상태로 과대망상을 보이거나 고양된 행복감을 보이는 조증과 비정상적 울증이 주기적으로 반복적으로 나타나서 일상생활에 어려움을 주는 질병이다. 조증 상태에서는 잠을 지나치게 자지 않거나 끊임없이 수다를 떨 수도 있고 사고의 변화가 너무 빠르고, 위험스러운 활동에 참여하기도 한다. 조울증이 우울증보다 치료가 더 어렵다.

3. 기타 장애

가. 조현병(Schizophrenia)

조현병은 비교적 드문 질환으로, 비정상적인 사고와 현실에 대한 인지 및 검증력 이상을 특징으로 하는 정신질환의 일종이다. 조현병의 세 가지 주요 특성에는 망상, 환각, 와해된 언어나 행동 등이 있다. 망상이나 잘못된 믿음, 환각이나 잘못된 지각은 조현병의 대표적인 증상으로 이는 현실감각이 파괴되었음을 의미한다. 조현병이 있는 경우 가정에서 보호받거나 특수학교에 다닐 수도 있지만 심한 경우 병원에 입원하거나 거주형 치료센터에 수용되기도 한다. 조현병의 경우 조기 발견을 통한 약물치료나 사회적 기술 훈련을 통해 완치나 호전이 가능하다.

나. 틱장애(Tic Disorder)

틱장애는 얼굴근육이나 신체 일부를 갑작스럽게 움직이거나 이상한 소리를 내는 등의 행동을 반복적으로 나타내는 장애이다. 틱은 갑작스럽고 빠르게 나타나는 행동이 동일하게 반복되는 현상으로 운동틱과 음성틱으로 구분할 수 있다. 운동틱은 눈 깜빡이기, 얼굴 찡그리기, 어깨 움찔거리기, 점프하기, 발차기 등의 행동이 반복적으로 나타나고, 음성틱은 목청 가다듬기, 헛기침하기, 훌쩍이는 소리내기, 코 킁킁거리기, 특정 단어나 구 반복하기 등으로 나타난다. 음성틱이 심각해지면 욕설을 뱉기도 한다. 하지만 이런 틱 증상은 불수의적으로 나타나기 때문에 개인의 노력으로 멈출 수 없다.

운동틱과 음성틱 이 두 가지 틱이 동시에 나타나고 이 증상이 1년 이상 지속되는 경우는 뚜렛증후군(Tourette's Syndrome)이나 뚜렛장애(Tourette's Disorder)라고 한다. 뚜렛증후군은 주의집중 문제, 충동성, 강박적인 행동, 의식적인 행동 등을 보이며 강박장애, 주의력결핍 과잉행동장애, 기분장애 등의 장애를 동반하기도 한다. 이런 증상이 심각한 경우에는 일상생활이나 학교생활에 심각한 문제를 초래할 수 있다. 항도파민계 약물을 통해 증상이 완화되기도 하지만 10% 정도는 평생 지속된다.

Ⅲ 정서 · 행동장애의 원인

정서 · 행동장애를 유발하는 원인은 매우 다양하지만 특정 하나의 원인을 규명하는 것은 매우 어렵다. 많은 연구가 수행되고 있음에도 불구하고 아직도 정서 · 행동장애의 원인에 대해 정확하게 밝힌 연구는 많지 않은 실정이다. 지금까지의 다양한 연구 결과를 종합하여 다음과 같이 생물학적 원인과 환경적 원인 두 가지로 나누어서 알아본다.

1. 생물학적인 요인

의학과 유전학, 생리학 등의 발전을 통해 정서 · 행동장애를 유발하는 생물학적인 요인에 대한 연구가 많이 이루어졌다. 대표적인 생물학적인 요인으로 유전, 기질, 뇌 손상과 뇌의 기능 이상 등이 있다.

유전은 주로 가계도 조사와 쌍생아 연구를 통해 확인할 수 있다. 많은 정서 · 행동장애가 유전의 영향을 많이 받는데 특히 어린 나이에 발병하는 조현병과 우울증은 유전적인 취약성이 높은 편이다(Wicks-Nelson & Israel, 2004). 하지만 이 유전적 소인만으로 정서 · 행동장애가 발병한다기보다는 환경에서의 어떤 스트레스 요인, 즉 출생 후의 여러 가지 사건 사고들, 가족 역학 등의 요인들과의 상호작용으로 정서 · 행동장애가 유발된다.

기질(temperament)은 "성격 형성의 기반이 되는 영아들의 정서적 반응 경향성"으로, 타고난 기질이 환경과의 상호작용을 통해 다양한 성격을 형성하게 된다. 기질은 크게 '순한(easy) 기질', '느린(slow to warm-up) 기질', 그리고 '까다로운(difficult) 기질'로 나눌 수 있다. 이 세 가지 기질 중 까다로운 기질을 타고난 경우 정서 · 행동장애의 위험이 높다. 하지만 기질 자체의 문제가 아니라 타고난 기질과 환경의 부조화로 인해 정서 · 행동장애가 유발된다. 까다로운 기질의 영아는 수유나 수면 패턴이 불규칙적이고 활동성이 높으며 고집도 세고 적대적인 정서를 많이 표현한다. 이로 인해 양육하기가 쉽지 않고 부모가 자신의 의지대로 영아의 행동을 지나치게 통제하거나 강압적인 처벌을 사용하게 될 가능성이 높아진다. 이로 인해 정서적인 문제나 행동적인 문제가 발생할 수 있는 것이다.

뇌 손상이나 뇌 기능 이상도 생물학적 요인이 된다. 뇌는 다양한 원인에 의해 손상되기 쉬운데 임신 중 산모의 약물 섭취나 X선 촬영, 방부제나 식용 색소 등의 첨가물이 든 음식 섭취 등이 원인이 될 수 있다. 또한 출산 시의 난산이나 조산 등도 뇌를 손상시킬 수 있다. 특히 35세 이상의 산모에 의한 노산이 난산이나 조산의 위험을 높이는 요인이 된다. 교통사고나 폭행 등의 후천적인 사고에 의해서도 뇌가 손상될 수 있다. 그리고 뇌신경이나 조직의 손상이나 구조적인 이상은 발견되지 않지만 뇌의 신경화학적 불균형으로 인해 뇌의 기능상의 문제가 생길 수 있다. 예를 들어, 도파민과 노르에피네프린의 감소는 ADHD와 연관성이 아주 높다.

2. 환경적 요인

아동의 정서 · 행동에 영향을 미치는 환경적인 요인으로는 크게 가정 요인, 학교 요인, 사회문화적 요인 등이 있다.

후천적인 환경 요인으로 대표적인 것이 가정이다. 가정 요인에는 빈곤, 방치, 학대, 부모의 스트레스나 이혼, 별거, 부모의 무관심이나 방임적인 태도, 일관적이지 못한 기대 등이 있다. 영아기 애착이 형성되어야 할 시기에 부모가 방치나 학대를 하는 경우 영아의 애착이 안정되지 못해서 여러 가지 정서적인 문제를 야기된다. 특히 훈육은 하지 않으면서 적대적이거나 비일관적으로 양육하는 경우 아동의 불안이 높아지고 이로 인한 정서적인 문제도 크다. 하지만 이런 가정환경이 모든 자녀에게 동일한 영향을 미치는 것은 아니다. 즉, 타고난 생물학적인 요인이 건강한 아동의 경우는 심각한 가정환경에도 불구하고 건강하게 자랄 수 있다. 이것은 정서 · 행동장애가 생물학적 요인과 더불어 환경적 요인들의 상호작용에 의해 생긴다는 것을 의미한다.

정서 · 행동장애의 학교 요인으로는 비기능적이고 비효과적인 교수, 비일관적이면서 엄격한 교사의 교육, 아동의 개별적 특성에 대한 교사의 무감각한 태도, 잘못된 강화, 바람직하지 못한 행동 모델 등이 있다. 정서 · 행동장애아동들은 학업에서의 어려움을 많이 겪게 되고 이로 인한 학업 실패로 인해 심리적인 좌절과 무기력, 열등감 등을 느끼고 이것이 분노나 공격성으로 표현되기도 한다. 또한 교사들이 학생들의 부적절한 행동에 정적 강화나 부적 강화를 제공하고 바람직한 행동에 대해서는 당연한 것으로 생각하고 강화를 제공하지 않는 것도 요인으로 작용할 수 있다.

사회문화적 요인으로 크게 대중매체, 부모나 주변 지역사회의 계층이나 빈곤, 또래집단 등이 있다. TV나 영화, 인터넷 매체 등의 대중매체를 통해 공격 성향이 강한 게임이나 음란물, 폭력물 등에 쉽게 노출되고 이로 인해 폭력을 모델링하는 것이 원인이 될 수 있다. 그리고 부모의 직업, 수입, 교육 정도, 범죄 등도 요인이 될 수 있는데, 이런 요인으로 인한 여러 가지 결핍과 스트레스의 영향을 많이 받는다. 특히 청소년기의 경우 또래집단의 영향을 많이 받게 된다. 또래집단 구성원의 공격성이나 거친 언행이 모델링되고 이 행동이 또래집단 내에서 강화를 받게 되는 경우 그 영향력은 훨씬 커지게 된다.

그 외 부모와의 이른 이별이나 낮은 자존감, 높은 스트레스 등의 여러 가지 심리학적 요인으로 인해 정서 · 행동장애가 유발된다는 연구도 있다(Hallahan & Kauffman, 2006; Jensen, 2005).

요약하자면 정서 · 행동장애는 하나의 특정 원인에 의해 유발된다기보다는 타고난 생물학적인 요인에 가정, 학교, 문화 등의 다양한 환경적인 요인이 상호작용하면서 문제가 유발된다고 볼 수 있다.

Ⅳ 정서 · 행동장애 평가

교사들이 학급에서 정서 및 행동에 문제가 있는 학생들을 발견했을 때 가장 먼저 해야 할 것은 주의 깊게 관찰하는 것이다. 그들의 문제행동이 자신의 학업이나 또래와의 관계 및 교사와의 관계에 심각하게 부정적인 영향을 미치는지 먼저 검검해야 한다. 관찰할 때 그 행동의 빈도와 강도, 지속시간, 지연시간 등에 대한 정보를 객관적으로 파악하고 그 정도가 일반아동에 비해 심각하다는 판단이 들 때 선별검사나 진단검사에 의뢰해야 한다.

1. 정서 · 행동장애 선별 검사

특수교육이 필요할 것으로 여겨지는 유치원부터 고등학교 3학년까지의 학생들을 대상으로 정서 · 행동장애학생을 선별하기 위해 '특수교육대상아동 선별 검사' 중 '정서 · 행동장애 선별 검사'를 사용한다. 이 검사는 2009년 국립특수교육원이 개발하고 표준화한 검사도구다(노선옥 외, 2009). 이 검사 도구는 유아용과 초 · 중 · 고등학생용 두 가지가 있는데 교사와 또래 관계에 대한 문항 4개, 일반적인 상황에서의 부적절한 행동이나 감정 문제에 대한 문항 4개, 우울과 불행감에 대한 문항 4개, 신체적인 통증과 공포에 관한 문항 4개를 포함하여 총 16문항으로 구성되어 있다. 초 · 중 · 고등학생용은 학업성취에 대한 문항 1개가 추가되어 있다. 이 검사도구는 총 16문항으로 문항 수가 적고 응답하는 데 시간이 적게 걸린다는 장점이 있다.

2. 정서 · 행동장애 진단 평가

가장 흔히 사용되는 행동평가척도인 아동 · 청소년용 행동평가척도(CBCL: Child Behavior Checklist)는 아헨바흐(Achenbach)가 개발한 행동평가 체계로 우리나라에서는 유아용 행동평가척도와 아동 · 청소년용 행동평가척도 두 가지가 표준화되었다(이성봉 외, 2014). 유아용 행동평가척도는 부모보고형과 교사보고형이 있으며 모두 100문항으로 구성되어 있고 3점 리커트 척도로 답하는 형식이다. 아동 · 청소년용 행동평가척도는 부모보고형과 교사보고형은 120문항, 자기보고형은 119문항으로 구성되어 있고 3점 리커트 척도도 답한다. 문항은 불안 · 우울, 위축/우울, 신체 증상 등의 내면화 문제와 규칙위반과 공격행동 등의 외현화 문제, 사회적 미성숙, 사고 문제, 주의집중 문제, 기타 등으로 구성되어 있다.

한국판 정서장애평가척도(K-SAED)는 만 6세에서 18세 사이의 아동을 대상으로 하는 검사도구다. 정서 및 행동의 문제를 이해하는 관점을 제공하고 기억에 의한 검사의 한계점을 보완할 수 있도록 면담과 직접 관찰 방법을 활용하여 다면적인 평가가 가능하다. 온라인으로 실시하는 평정척도 검사와 대상 학생의 부모를 대상으로 하여 면대면으로 구조화된 질문에 응답하는 면담 검사, 실제 상황에서 직접 관찰하여 구조화된 양식에 기록하는 직접관찰 검사 등이 있다. 이 중 핵심적인 검사 도구는 평정척도 검사고 나머지 두 가지 방법은 보충자료를 수집하기 위한 방법이라 볼 수 있다. 하위 검사에는 학습에 대한 어려움, 대인관계 문제, 부적절한 행동, 불행감이나 우울, 신체적 증상이나 공포 등으로 구성되어 있다. 이 검사도구는 문항의 내용과 결과 처리 방식이 「장애인 등에 대한 특수교육법」에 명시된 정서 · 행동장애의 정의를 충실하게 반영하고 있다는 장점이 있다.

V 정서 · 행동장애의 특성

1. 인지 및 학업 특성

과거에는 정서 · 행동장애아동의 지능은 크게 문제가 없다고 알려졌으나 계속된 연구를 통해 정서 · 행동장애아동의 평균 IQ가 일반아동에 비해 다소 떨어진다는 것이 보고되고 있다. 경도의 정서 · 행동장애아동의 평균 IQ는 90 정도로 평균이나 평균보다 약간 낮은 하위 평균의 범주에 속하지만 심한 경우에는 IQ가 70 이하로 낮다(Kauffma, & Randrum,

2013). 즉, 심각한 정도의 정서 · 행동장애아동의 지적 기능은 지적장애 수준임을 알 수 있다.

정서 · 행동장애아동들은 자신의 지적 능력에 맞는 학업성취 수준보다 낮은 결과를 보인다. 학습 활동에 참여하기 어려운 행동 특성이나 문제행동, 정서적인 문제로 인한 고통 등으로 인해 학업성취 수준이 낮다. 정서 · 행동장애아동들은 반사회적 행동이나 공격적인 행동, 무단결석이나 지각 등을 하는 경우가 많고 이로 인해 정학이나 퇴학 등을 당할 가능성도 높다. 따라서 학업을 지속하거나 집중하기도 어렵고 학업에 실패할 가능성도 높다.

문제행동을 보이는 경우 학업에 실패가 가능성이 높고 학업에 실패하는 경우 문제행동을 할 가능성이 높다. 웨버, 플롯과 콜먼(Webber, Plotts & Coleman, 2008)은 정서 · 행동장애아동이 정서나 행동의 문제뿐 아니라 학업 문제도 심각하게 나타낼 수 있다고 하였다. 또한 많은 정서 · 행동장애아동들이 학습장애를 동반한다고 한다(Fessler, Rosenberg & Rosenberg, 1991). 따라서 이들의 학업 향상을 위한 학업 기술을 교수하는 데도 지속적인 관심이 필요하다.

2. 행동 특성

정서 · 행동장애아동들은 외향적으로는 학급 활동을 방해할 정도의 반항적이거나 공격적이고 폭력적인 과도한 행동을 보이기도 하고 내부적으로는 위축되고 불안한 행동을 보이는 등 다양한 행동적 특성을 보인다. 외면화된 행동들을 살펴보면, 공격성이 있는 학생들은 욕설을 많이 하고 파괴적인 행동을 자주 한다. 친구를 때리거나 무는 등의 폭력행동을 보이기도 하고 활동이 지나치게 과도하다. 또한 주의집중 시간이 짧고 산만해서 과제에 집중하기가 어렵고 충동성이 강해서 주의 깊게 생각하지 않고 목적 없이 행동하는 등의 부적절한 행동을 보이기도 한다(Rogenberg et al., 2004). 또한 규칙이나 규범을 지키지 않고 위반하는 행동도 보이는데, 무단결석이나 지각, 도둑질, 사기, 기물 파괴 등이 포함된다.

내적인 행동은 주로 사회적 고립이나 불안, 우울 등이 있다. 친구들과 어울리지 못하고 오랫동안 혼자 놀거나 언어적 표현이 적은 등으로 인한 사회적 고립은 학업성취에도 부정적인 영향을 미친다. 불안이 심한 경우에 범불안장애나 분리불안, 강박장애 등으로 확장되기도 한다. 우울증이 있는 경우는 매우 위험하기 때문에 많은 관심이 필요하다. 모든 자살의 반 이상이 우울증에 의해 나타나기 때문이다.

3. 사회 · 정서적 특성

외현화된 행동 문제를 보이는 정서 · 행동장애아동들은 다양한 행동 문제로 인해 부모나 형제, 친구, 심지어 교사와도 관계를 맺거나 유지하는 데 여러 가지 어려움을 겪는다. 환경과의 상호작용에서도 부정적인 피드백을 받게 되면서 정서적인 취약함이 더 가중되기도 하고 사회적인 고립을 경험하게 될 가능성도 높아진다. 즉, 반항적이거나 공격적인 행동, 파괴적인 행동, 욕설 등 사회적으로 허용되기 어려운 문제행동으로 인해 타인과의 대인관계에 문제가 생긴다. 이런 사회적 고립은 사회적인 경험 부족으로 연결되고 이로 인해 사회적 기술 습득에서 어려움을 겪는다(Gresham et al., 2006). 이런 상황이 반복되면 자신과 또래에 대해서도 부정적인 정서를 가지게 된다(박윤아, 2007).

내면화된 행동문제를 보이는 정서 · 행동장애아동들은 친구들과의 관계에서 상호작용을 시도하기보다 혼자서 시간을 보내면서 눈에 띄는 문제행동을 보이지 않는 경우가 많기 때문에 학교에서 교사의 관심을 끌기 어렵고 이로 인해 적절한 중재를 받지 못하면서 더 큰 문제가 발생할 가능성이 높다(Lane & Menzies, 2005). 또한 외현화 문제를 보이는 아동보다 내면화 문제가 있는 아동이 부정적인 자아개념 형성이 심각하여 또래 관계, 학교 부적응 등의 문제가 더욱 지속적으로 나타나기도 한다(좌현숙, 오승환, 2011).

사회적 기술이 부족한 정서 · 행동장애아동들은 정상적인 사회적 기술의 결핍으로 긍정적인 또래 관계를 발달시키는 것이 어려워 교우관계에서 고립을 겪게 된다. 사회적 단서를 부적절하게 처리하고, 행동의 의도를 제대로 파악하지 못하고, 이는 부적절한 사회관계와 문제해결로 이어진다. 또한 지속적인 거짓말이나 도벽, 자해행동, 약물 복용, 자살 시도 등이 증가하고, 부정적인 자아 개념과 심각한 좌절, 우울증, 알코올 중독과 함께 청소년 비행으로 나타나기도 한다(임경옥 외, 2017).

Ⅵ 정서 · 행동장애 교육

1. 긍정적 행동지원

행동 문제에 대한 전통적인 중재는 주로 벌 등의 후속반응 위주의 강압적이고 혐오적인 방법을 사용하여 특정 행동을 감소시키는 데 초점을 두었다. 하지만 문제행동에 대한 벌은 그 효과가 크지 않았고 벌로 인한 부작용이 많다는 점이 알려지면서 이에 대한 대안으로 80년대 중반에 긍정적 행동지원이 대두되었다.

문제행동이 무작위로 발생하는 것이 아니라 '행동, 선행사건, 후속결과'라는 유관관계에 의하여 발생하는 것으로 본다(Yell et al., 2017). 즉 환경에 의해 문제행동이 유발되기도 하고 문제행동이 발생한 후 후속결과에 의해 유지되거나 증가하기도 한다는 것이다. 또한 긍정적 행동지원(positive behavior support)은 문제행동은 나름의 의사소통 의도가 있다고 보고 이 의도나 목적, 즉 기능을 파악하는 것을 강조한다. 이것을 기능평가(functional assessment) 혹은 기능적 행동평가(functional behavioral assessment)라고 한다. 문제행동의 의도, 목적, 기능을 파악하기 위한 기능평가를 하고, 기능평가 결과에 기초하여 문제행동을 유발시키는 환경을 수정하거나 조절하여 문제행동을 예방하고, 문제행동과 같은 기능을 가진 바람직한 행동을 가르치며, 문제행동을 증가시키던 기존 반응을 수정하여 문제행동을 통해 자신이 원하는 결과를 얻지 못하도록 하여 문제행동을 감소시키는 효과적인 행동 중재 방법이다. 또한 긍정적 행동지원은 장애인의 인권과 존엄성을 존중하면서 사회적 타당도가 높은 긍정적인 방법을 사용한다.

긍정적 행동지원은 다음 그림과 같은 단계로 실행된다.

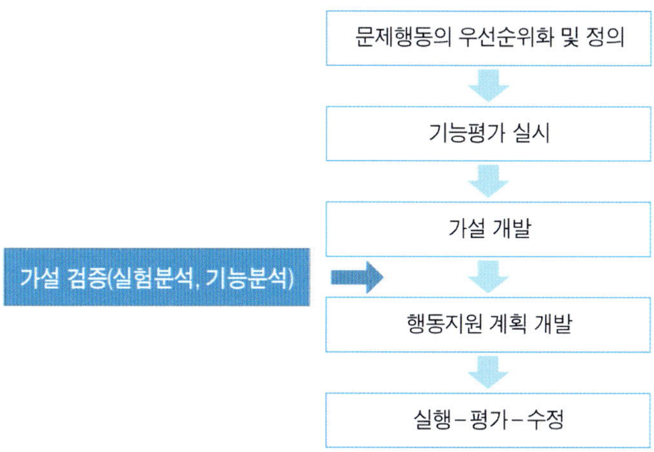

[그림 12-1] **긍정적 행동지원 단계**

첫 번째 단계에서는 아동이 하는 여러 행동 중 가장 중재가 급한 행동을 우선순위로 정하고 그 행동에 대하여 조작적으로 정의를 한다.

두 번째 단계에서는 행동에 대한 기능평가를 실시한다. 직접 행동을 관찰하기도 하고 아동을 잘 아는 주변 사람들, 즉 부모나 형제, 교사, 친구 등을 대상으로 인터뷰를 하거나 간단한 체크리스트를 사용하여 평가하기도 한다. 또한 개별화교육계획(IEP)이나 의료

기록, 학습기록 등의 문서를 검토하는 등의 다양한 방법을 사용하여 문제행동의 기능을 파악한다. 기능평가를 통해 대상 학생에 대한 전반적인 정보와 문제행동과 직접적으로 관련된 특정 정보를 수집한다. 특정 정보에는 문제행동을 직접적으로 유발하는 선행사건(antecedence), 행동 발생에 직접적인 영향은 미치지 않지만 행동 발생 가능성을 높이는 배경사건(setting event), 그리고 행동이 발생한 후에 나타나는 사건이나 자극, 행동을 유지시키는 사건인 후속결과(consequence)가 있다. 여기에 더해 문제행동과는 관계가 없지만 바람직한 행동을 하는 상황에 대한 정보도 파악해야 한다. 이 정보에 근거하여 바람직한 행동을 하는 상황을 늘려 갈 수 있는 중재를 계획하는 데 활용해야 한다.

세 번째 단계에서는 기능평가를 통해 수집한 자료에 근거해서 가설을 개발한다. 가설은 문제행동과 연관 있는 환경적 사건과 문제행동 간의 기능적인 관계를 서술하는 문장을 말한다. 가설에는 행동과 연관된 배경사건과 선행사건, 행동의 기능, 구체적인 행동이 포함되어야 한다. 가설에 대한 확신이 있는 경우 바로 행동지원 계획을 짜는 네 번째 단계로 넘어간다. 하지만 가설에 대한 확신이 부족한 경우에는 실험을 통해 가설을 검증하게 된다. 이것을 실험분석이나 기능분석이라고 한다.

가설이 정확하다는 확신이 들면 네 번째 단계로 행동지원계획을 수립하게 된다. 행동지원계획에도 A-B-C에 해당하는 중재가 포함된다. A(antecedence) 중재는 문제행동을 유발하던 환경을 유발시키지 않도록 조절/수정하는 중재고, B(behavior) 중재는 문제행동이 아니라 바람직한 행동을 통해 좀 더 효과적이고 적절한 방법으로 의사소통을 할 수 있도록 대체기술을 가르치는 중재이며, C(consequence) 중재는 문제행동을 강화시키지 않게 반응하고 바람직한 행동을 할 수 있도록 촉구하는 중재다. 긍정적 행동지원은 이렇게 한꺼번에 여러 가지 중재가 동시에 투입되기 때문에 복합요소적인, 종합적인 중재라고 한다.

마지막 단계로 실행하고 평가하고 필요한 경우 조정하거나 수정하게 된다. 실행 후 행동지원이 효과가 있었는지, 진보가 있었는지, 만약 진보가 없었다면 어떤 수정이 필요한지에 대한 논의가 이루어진다.

이렇게 기능평가에 근거해 행동지원 계획을 수립하고 계획대로 실행하면 아동의 문제행동이 감소되고 문제행동으로 인해 하고 싶어도 할 수 없었던 활동에 참여할 수 있게 되고, 가고 싶은 지역사회 환경에 갈 수 있게 되면서 삶의 질이 높아지게 된다.

2. 사회적 기술 교수

많은 정서 · 행동장애아동이 사회적 기술에서의 결함이 있다. 사회적 기술에 어려움이 있는 경우 또래 친구들이나 교사들과 만족할 만한 관계를 맺거나 유지하는 데 문제가 생긴다. 따라서 사회적 기술을 가르치는 것은 매우 의미 있다. 교사들이 통합교육 상황에서 꼭 필요한 기술로 인식하는 사회적 기술은 다음과 같다(Lane, Wehby & Cooley, 2006).

- 또래와의 갈등 상황에서의 감정 조절
- 성인과의 갈등 상황에서의 감정 조절
- 지시 따르기와 복종하기
- 교수에 주의 집중하기
- 활동 간의 전이 쉽게 하기

대부분의 아이들은 자연스럽게 사회성 기술을 익히지만 정서행동장애 학생들은 이런 기술을 학습하는 데 어려움을 겪는다(곽승철 외, 2017). 따라서 정서 · 행동장애아동들의 경우 의도적인 교수가 필요하다. 구체적인 교수 방법으로는 역할놀이, 대체행동 강화, 소거, 강화, 보조인력 활용 등의 방법이 있다.

3. 자기교수법

자기교수법은 인지주의에 기반한 교수방법으로 개인이 자신의 사고 과정 등을 말을 하면서 스스로 문제를 해결하도록 하는 방법이다. 먼저 교사가 외적 연습을 하면서 시작되며 최종적으로는 학생이 내적 언어를 통해 이루어진다. 구체적인 단계는 다음과 같다.

〈표 12-2〉 **자기교수법 단계**

단계	내용	설명
1단계	인지적 모델링	교사는 큰 소리로 과제수행의 단계를 말하면서 시범을 보이고 학생은 이것을 관찰한다.
2단계	모델의 외적 지도	학생은 교사의 지시에 따라 같은 과제를 수행한다.
3단계	학생의 외적 자기교수	학생은 큰 소리로 과제수행 단계를 말하면서 같은 과제를 수행하고 교사는 관찰하며 피드백을 제공한다.
4단계	외적 자기교수의 점진적 감소	학생은 작은 목소리로 과제수행 단계를 말하면서 과제를 수행하고 교사는 관찰하며 피드백을 제공한다.
5단계	내적 자기교수	학생은 소리 내지 않고 내적 언어를 사용하여 과제를 수행한다.

자기교수는 학생이 내적 언어를 통해 스스로 교수함으로써 전반적인 삶에서 중요한 능력인 자기 통제력을 키울 수 있고 스스로 실행하고 긍정적인 피드백을 받음으로 자신감을 향상시킬 수 있다. 하지만 어느 정도의 인지능력이 요구되며 언어를 매개로 하여 이루어지기 때문에 어느 정도의 언어능력도 필요하다. 그래서 언어능력이나 인지능력이 낮은 학생에게는 적용이 어려우며 개별 전략에 대한 교수가 필요하다.

4. 인지적 행동 수정

인지적 행동 수정은 행동 문제의 근본 원인이 그릇된 생각이라고 보고 인지를 근본적으로 변화시키는 것에 초점을 둔다. 인지를 변화시키면 행동이 변하고 변화된 행동이 강화되면서 인지 구조가 변화된다고 본다. 즉, 인지적 방법과 행동적 방법을 함께 활용함으로써 인지와 행동이 모두 변화 가능하다는 것이다. 대표적인 인지적 행동수정으로 주장훈련, 분노통제훈련, 소리 내어 생각하기(think aloud) 등이 있다.

"주장훈련"은 적절하게 자기표현을 하지 못하는 사람에게 대인관계 기술을 훈련시키는 것으로, 직접적이고 정직하게 자기를 표현할 능력을 향상시켜서 부적절한 정서적인 반응과 비합리적인 사고를 없애는 방법이다. "분노통제훈련"은 대인관계의 갈등과 대인기술의 부족 등으로 야기된 분노를 억제할 수 있는 능력을 가르치는 방법으로 분노로 인해 흥분된 상태에서 이완훈련을 통해 효과적으로 분노를 치료한다. 구체적인 방법으로는 심호흡하기, 근육이완하기 등이 있다. "소리 내어 생각하기(think aloud)"는 자기교시 훈련과 인지적 모델링, 문제해결훈련이 합쳐진 방법으로 충동성 아동을 대상으로 한 인지문제 해결을 위한 자기대화 방법이다.

5. 정서 · 행동장애아동을 위한 환경 조성

학교에서 정서 및 행동의 문제를 예방하고 긍정적인 분위기를 만들기 위한 주요 요소는 다음과 같다(Walker & Sprague, 2000).

- 학교 전반에 걸친 규칙과 기대, 그리고 결과에 대한 반응의 일관성
- 긍정적인 학교 분위기
- 학교의 모든 상황에서의 강도 높은 감독

- 부모와 지역사회의 교육 참여
- 적절한 공간 활용과 과밀학급의 해소

이셀디케와 알고진(Ysseldyke & Algozzine, 2006)은 정서 · 행동장애아동을 가르치는 교사들이 문제행동을 지도하기 위한 지침을 다음과 같이 제시하였다.

- 학교에서 지켜야 할 행동과 하지 않아야 할 행동을 분명하게 제시한다.
- 학생들이 삼가야 하는 바람직하지 못한 행동에 대한 후속조치를 명확히 한다.
- 바람직한 행동을 한 학생을 자주 칭찬한다.
- 바람직하지 못한 행동에 대한 후속조치를 일관성 있게 한다.
- 바람직한 행동을 지도하고 늘 연습할 수 있도록 한다.
- 바람직한 행동에 대한 보상으로 아동들이 좋아하는 활동을 할 수 있도록 허용한다.
- 학생들의 행동을 점검하고 수행활동을 기록한다.
- 좋은 행동 모델에 대해 보상한다.
- 학생이 자신의 행동을 스스로 점검할 수 있도록 지도한다.
- 외부에 지원을 요청하기 전에 아동의 발달 단계를 고려한다.

이 외 정서 · 행동장애아동을 위한 환경을 조성할 수 있는 방법들은 다음과 같다.

- 적절한 칭찬과 문제행동에 대한 체계적인 반응을 통해 교사와 학생 간의 긍정적인 상호작용을 유지한다.
- 학생들이 성공할 수 있는 기회를 많이 제공한다.
- 학교에서 지켜야 할 행동과 하지 않아야 할 행동을 분명하게 제시한다.
- 학급 규칙을 정하고 규칙 준수에 대하여 자주 주지시킨다.
- 학생이 교사의 관심과 애정을 느낄 수 있도록 자주 표현한다.

전 망

정서행동장애 교육 분야에서도 논란이 많은 부분은 정의의 모호, 정서행동의 분류라고 보아야 할 것이다.

현재 분류기준은 「장애인 등에 대한 특수교육법」상 내용과 미국 「전장애아동교육법」(P.L. 94-142)과 유사하다는 평을 받고 있다.

아울러 중증인 경우 정신의학적 도움이 필요한 학생들도 다수 있을 것이다. 이 경우 특수교육교사와 정신의학자들 간 팀 접근이 가능하도록 노력해야 할 것이다.

타 장애 경우도 마찬가지겠지만, 정서행동장애가 배치된 학교현장에 행동치료 전문가나 위기관리교사의 배치를 긍정적으로 추진해야 할 것이다.

토의주제

- 일반학교나 특수학교 현장교사들이 다루기 꺼려하는 ADHD(주의력결핍 및 과잉행동장애)를 지닌 학생은 학습장애인지 정서행동장애인지를 제시하시오.
- 정신의학 영역에서 주로 실시하는 약물치료아동에 대해 어떤 판단을 가지고 있는지 견해를 밝히시오.

참고문헌

김수연(2020). 자기심리학적 미술치료프로그램과 모래놀이치료프로그램이 정서 · 행동장애아동의 문제행동과 불안에 미치는 효과 비교. 창원대학교 박사학위청구논문.

김자경, 강영심, 안성우, 박재국, 황순영, 강혜진(2014). 학습장애 위험아동, 정서 · 행동장애 위험아동, 학습장애와 정서 · 행동장애 공존 위험아동, 일반아동 간의 행동적 특성 비교. **특수아동교육연구, 16**(4), 263-285.

노선옥, 김수연, 김애화, 김형일, 남상석, 박순희, 유장순, 이성봉, 이춘자, 정영옥, 정은희, 최성규, 한경근(2009). **특수교육대상아동 선별 검사.** 경기: 국립특수교육원.

박윤아(2007). 분노조절프로그램이 정서 및 행동장애 위험아동의 공격성 및 정서적 능력에 미치는 영향. 이화여자대학교 교육대학원 석사학위논문.

윤점룡, 이상훈, 문현미, 서은정, 김민동(2013). **정서 및 행동장애아 교육**(2판). 서울: 학지사.

이성봉, 방명애, 김은경, 박지연(2014). **정서 및 행동장애**(2판). 서울: 학지사.

임경옥, 박경화, 조현정(2017). **특수교육학개론.** 서울: 학지사.

정대영(2017). **특수교육학**(2판). 서울: 창지사.

좌현숙, 오승환(2011). 내재화 문제의 종단적 변화와 예측요인에 대한 성별 차이 분석. **청소년복지연구, 13**(4), 119-147.

Fessler, M. A., Rosenberg, M. S., & Rosenberg, L. A. (1991). Concomitant learning disabilities and learning problem among students with behavioral/emotional disorders. *Behavioral Disorders, 16*(2), 97-106.

Gresham, F. M., Van, M. B., & Cook, C. R. (2006). Social skill straining for teaching replacement behavior: Remediating acquisition deficits in at-risk students. *Behavioral Disorders, 31*(4), 363-377.

Hallahan, D. P., & Kauffman, J. M. (2006). *Exceptional learners: An introduction to exceptionality.* Belmont: Allyn & Bacon.

Jensen, M. M. (2005). *Introduction to emotional and behavioral disorders: Recognizing and managing problems in the classroom.* New Jersey: Pearson/Merrill Prentice Hall.

Kauffman, J. M., & Randrum, T. J. (2013). *Characteristics of emotional and behavioral disorders of children and youths* (10th ed.). Upper Saddle River, N. j.: Pearsen Education, Inc.

Lane, K. L., & Menzies, H. M. (2005). Teacher-identified students with and without academic and behavioral concerns: Characteristics and responsiveness. *Behavior Disorders, 31*, 65-83.

Lane, K. L., Wehby, J. H., & Cooley, C. (2006). Teacher expectations of students classroom behavior across the grade span: Which skills are necessary for success? *Exceptional Children, 72*(2), 153-167.

Liljequist, L., & Renk, K. (2007). The relationships among teachers' perceptions of student behavior, teachers' characteristics, and ratings of students' emotional and behavioral problems. *Educational Psychology, 27*(4), 557-571.

Rogenberg, M. S., Wilson, R. J., Maheady, L., & Sindelar, P. T. (2004). *Educating students with emotional and behavioral disorders* (3rd ed.) Boston: Pearsom Education.

Turnbull, R., Turnbull, A., & Smith, S. J. (2004). *Exceptional lives: Special education in today's schools* (4th ed.) Upper River, NJ: Pearson.

Walker, H. M., & Sprague, J. R. (2000). Intervention strategies for diverting at risk children and youth from destructive outcomes. *Emotional and Behavioral Disorders in Youth*, 1, 5-8.

Webber, J., Plotts, C. A., & Coleman, M. C. (2008). *Emotional and behavioral disorders: Theory and practice.* Boston: Pearson/Allyn and Bacon.

Webster-Stratton, C. (2011). *The incredible years parents, teachers, and children's training series.* WA: Incredible Years, Inc.

Wicks-Nelson, N., & Israel, D. I. (2004). *Behavior disorders of children* (5th ed.) New Jersey: Pearson Prentice Hall.

Yell, M. L., Meadows, N. B., Drasgow, E., & Shriner, J. G. (2009). *Evidence-based practices for educating students with emotional and behavioral disorders.* NJ: Pearson Education, Inc.

Yell, M. L., Meadows, N. B., Drasgow, E., & Shriner, J. G. (2017). **(증거기반실제를 통한) 정서행동장애학생교육.** [Eviednce baced practices for educating students with emotional and behavioral disorders] (곽승철, 임경원, 변찬석, 박계신, 강민채, 황순영 역). 서울: 교육과학사(원저출판: 2009).

Ysseldyke, J. E., & Algozzine, R. (2006). *Teaching students with communication disorders: A practical guide for every teacher.* Thousand Oak, CA: Corwin.

Chapter

13 자폐증스펙트럼 장애교육

자폐증스펙트럼장애를 최초로 보고한 사람은 미국의 볼티모어에 있는 존스 홉킨스 병원의 정신과 의사인 레오 캐너(Leo Kanner)이다. 그는 1931년 9월부터 1943년 2월까지 관찰해 왔던 현저하게 특이한 행동을 보이는 2세부터 11세까지의 아동 11명의 특징을 발표한 논문에서 '초기 유아 자폐증(early infantile autism)'이라는 용어를 최초로 사용하였다(Kanner, 1943).

자폐증스펙트럼 장애아동에게는 대체로 '도전적인', '다루기 힘든', '이상한', '특별한', '경이로운', '환상적인' 등의 수식어가 따라다니는 경향이 있다. 이들 수식어는 자폐증스펙트럼 장애아동의 행동 특성, 사회성 특성, 언어 특성 그리고 특별하게 뛰어난 능력들을 나타내는 표현들이라고 할 수 있다.

자폐증스펙트럼장애가 특수교육대상자로서 처음으로 법에 명시된 것은 1994년 전면 개정된 「특수교육진흥법」에서이다. 이때 정서장애의 범주에 포함되면서 특수교육대상자로서 법적인 자격을 갖추었다. 2007년 5월 25일 전면 개정된 「장애인 등에 대한 특수교육법」에서 자폐증스펙트럼장애는 정서장애로부터 분리되어 독립적인 장애로 분류되게 되었다.

최근에 자폐성장애는 원인론에 대한 연구, 놀이능력의 발달, 마음이론, 특별한 능력과 같은 것에 대해 학문적으로 많은 발전을 해 왔으며 대중매체로부터도 많은 관심을 받아 이전과는 다른 사회적 공감대를 형성하고 있는 장애영역이 되고 있다.

I 자폐증스펙트럼 장애의 정의

우리나라의 「장애인 등에 대한 특수교육법」에서는 장애별 정의를 별도로 하지 않고 있다. 「장애인 등에 대한 특수교육법 시행령」(2016. 12. 5)에서 별표로 특수교육대상자 선정

* 한홍석(한양대학교 교직과)

기준(제10조 관련)을 제시하고 있는 것이 정의에 준한다고 할 수 있을 것이다.

「장애인 등에 대한 특수교육법 시행령」 별표에 제시된 '자폐성장애를 지닌 특수교육대상자'의 기준은 다음과 같다.

> 사회적 상호작용과 의사소통에 결함이 있고, 제한적이고 반복적인 관심과 활동을 보임으로써 교육적 성취 및 일상생활 적응에 도움이 필요한 사람

미국 「장애인교육법」(Individuals with Disabilities Education Act; IDEA)에서는 다음과 같이 정의를 하고 있다(Smith, 2004; U.S. Department of Education, 1999).

> 언어적 · 비언어적 의사소통과 사회적 상호작용에 현저하게 영향을 끼치는 발달장애로서 일반적으로 3세 이전에 나타나며 아동의 생활에 부정적인 영향을 끼친다. 자폐성장애와 관련이 있는 다른 특징들은 반복행동과 상동행동, 환경의 변화나 일상적인 생활의 변화에 대한 거부 그리고 감각적 경험에 대한 이상한 반응 등이다. 만약 아동의 교육적 수행능력이 뒤떨어지는 것이 근본적으로 심한 정서적 장애 때문이라면 자폐성장애라고 할 수 없다.

Ⅱ 분 류

자폐증스펙트럼 장애의 분류는 기본적으로 의학적인 분류에 근거하고 있다. 의학적 분류는 미국정신의학협회(American Psychiatric Association)에서 발간하는 『정신장애의 진단과 통계편람(Diagnostic and Statistical Manual of Mental Disorders)』에 의한 분류와 세계보건기구(WHO)의 「질병 및 관련 건강문제에 대한 국제 통계분류(The International Statistical Classification of Diseases and Related Health Problems)」에 근거를 두고 있다.

미국정신의학협회(American Psychiatric Association)에서 발간하는 『정신장애의 진단과 통계편람 5판(Diagnostic and Statistical Manual of Mental Disorders: DSM-V)』은 4판(DSM-IV)에서 분류하고 있었던 '전반적 발달장애'에 포함되는 다섯 가지 장애, 즉 '자폐성장애', '레트장애', '아동기붕괴성장애', '아스퍼거장애', '달리 분류되지 않는 전반적 발달장애'와 같은 하위 유형들을 통합 내지 분리하였다. 4판(DSM-IV)에서 분류하고 있던 5가지 하위 장애 중에서 레트장애는 단일 유전자 결함 관련 유전 장애로 분리하고 나머지 4가지 장애는 '자폐증스펙트럼 장애(Autism Spectrum Disorder)'라는 공식적인 명칭에 모두 통합하였다.

세계보건기구(WHO)에서 규정한 「질병 및 건강문제 국제 통계분류(The International Statistical

Classification of Diseases and Related Health Problems: ICD-10)」에서는 자폐성장애를 공식적이고 독립적인 장애로 취급하지 않고 있다. '심리적 발달장애'라는 항목에서 다른 발달장애들과 함께 '전반적 발달장애'로 분류하고 있다. 그 전반적 발달장애에 속하는 여러 유형들 중의 하나로 자폐증을 분류하고 있다. 세계보건기구의 「질병 및 건강문제 국제 통계분류: ICD-10」에서 분류하는 전반적 발달장애의 하위 장애들은 '아동기 자폐증', '비전형적 자폐증', '레트장애', '기타 아동기붕괴성장애', '정신지체 및 상동운동과 관련된 과잉활동장애', '아스퍼거장애', '기타 전반적 발달장애' 그리고 '기타 세분화되지 않는 전반적 발달장애'이다.

Ⅲ 출현율

자폐증스펙트럼 장애의 출현율은 시대와 연구자들에 따라 많은 차이를 보이고 있지만 현실적으로 출현율을 정확히 산정한다는 것은 어려운 일이다. 1970년대에는 10,000명당 2~5명으로 보고되었던 것이 1990년대 이후부터 출현율이 증가되고 있다. 10,000명을 기준으로 하였을 때 5명에서부터 60명에 이르기까지 다양하게 보고되고 있다. 미국정신의학협회(American Psychiatric Association; APA, 2000)는 10,000명당 4~5명으로 추정하고 있으며, 우리나라의 경우 홍강의는 10,000명당 9.2명으로 보고하고 있다(정철호, 2008).

이렇게 출현율이 증가되는 이유를 스미스(Smith, 2004)는 다음과 같이 설명하고 있다.

① 자폐증스펙트럼 장애에 대한 관심의 증가와 진단방법이 개선된 점
② 좁은 의미의 자폐증스펙트럼 장애 대신에 아스퍼거 장애나 다른 자폐증스펙트럼 장애를 포함하는 넓은 의미의 자폐증스펙트럼 장애의 진단기준이 사용되고 있는 점
③ 실제적으로 자폐증스펙트럼 장애의 발생이 증가하고 있을 것이라는 점

성별 간 비교는 캐너(1943)가 자폐증스펙트럼 장애를 처음으로 보고할 때 그 대상들이 모두 남아인 것에서 알 수 있듯이 여아보다는 남아에게서 상당히 높은 비율로 발생한다. 남아가 여아보다 4배에서 5배 정도 많이 출현한다는 보고가 있는 반면(APA, 1994), 최근의 연구는 8배까지 많이 출현한다고 보고되고 있다(Baker, 2002; Scott et al., 2002).

Ⅳ 원 인

현재까지 자폐증스펙트럼 장애에 대한 원인이 무엇인지를 밝혀내려고 많은 전문가들이 노력해 왔다. 원인에 대한 규명이 되면 자폐증스펙트럼 장애의 예방은 획기적으로 이루어질 것인데 현재까지는 모든 전문가들이 인정할 수 있는 원인은 없다고 할 수 있다(Smith, 2004).

캐너가 자폐증스펙트럼 장애를 발표한 1943년 후부터 약 1960년대까지는 프로이트(Freud)의 영향과 캐너가 대상으로 한 11명의 부모 중 8명이 학자인 것에 주목하여 정신분석적인 관점에서 원인을 찾으려고 하였다. 원인론에 대한 대표적인 정신분석적 접근은 자폐증스펙트럼 장애는 정서적으로 냉담하고 강박적이고, 과잉보호적인 부모나 냉장고 같은 어머니한테서 발생하기 쉽다는 것이었다(Bettelheim, 1955; 1966). 특히 베텔하임(Bettelheim)의 사후 그의 연구에 대한 도덕성과 신뢰성에 대한 문제가 밝혀지면서 이 이론에 대한 가치는 거의 사라졌다고 할 것이다.

그 자신이 자폐증스펙트럼 장애아동의 아버지이면서 미 해군의 심리학자였든 림랜드(Rimland)가 1964년 『유아 자폐증』이라는 책을 출간하면서, 이러한 정신분석적 원인론에 대해 반론을 펴면서 신경생리학적 원인론을 주장하였다(권명옥, 2003; Rimland, 1964; Scott, Clark & Brady, 2000).

1. 신경생리학적 원인

태아기, 출산 시, 영아기 동안의 많은 문제들은 아동에게 신경생리학적인 손상을 끼칠 수 있다. 많은 자폐성장애아동은 뇌에 이상을 가지고 있는 것으로 보고되고 있다.

대뇌의 전두엽에 이상이 있다는 보고가 많은데 자폐증스펙트럼 장애아동의 부검 소견상 전두엽의 피질이 두꺼우며 층이 불규칙하고 이러한 정도가 심할수록 자폐증스펙트럼 장애도 심한 것으로 밝혀지고 있다. 또한 전두엽의 용량이 증가하는 것과 소뇌의 충부(vermis)가 적어지는 것은 자폐성장애와 상관관계가 있다는 것으로 보고되고 있다. 자폐성장애아동은 전두엽의 발달에도 손상을 가지고 있으며 소뇌의 크기도 감소되어 있고 충부의 용적도 감소되어 있음이 발견되었다(권명옥, 2003; 한홍석, 2006a; Gelfand & Drew, 2003; Gillberg & Coleman, 1992; Hardman, Drew & Egan, 2005; Minshew, 1996).

2. 유전적 요인

자폐증스펙트럼 장애아동의 형제자매 중에서 자폐증스펙트럼 장애아동이 생길 확률이 일반 가족보다는 높다는 보고가 있다(Piven, 2002). 일란성 쌍둥이는 유전자 코드가 같기 때문에 한 명이 자폐증스펙트럼 장애일 경우 다른 한 명도 자폐증스펙트럼 장애가 될 가능성이 많다는 것을 가정한다. 실제로 일란성 쌍생아 연구의 결과가 이란성 쌍생아를 대상으로 했을 때보다 발병률이 높은 것으로 보고되고 있다. 일란성 쌍생아의 자폐성장애 발병률은 36~91%로 보고되고 있다(이소영, 2003; Baily et al., 1995).

유전적 요인에 대한 최근의 연구는 염색체에 대한 연구, 특히 2번 염색체에 대한 연구가 보고되고 있다. 2번 염색체는 자폐성장애와 관련된 유전자들을 포함하고 있는 것으로 알려지고 있다. 자폐성장애 관련 유전자들의 연합뿐 아니라 어떤 특정 환경에 처하게 되는 것도 자폐성장애를 일으킬 수 있다고 한다(Heward, 2006). 저자의 경험에서도 형제 2명이 모두 자폐증스펙트럼 장애아동이거나 4촌 간에 자폐증스펙트럼 장애아동인 경우를 근무한 정서장애학교 모두에서 경험을 하였다.

3. 생화학적 원인론

신경전달물질의 이상이 자폐증스펙트럼 장애와 관련이 있다고 설명하는 입장이다. 일반적으로 신경전달물질은 근육 수축과 신경활동에 영향을 미치는 화학 매개체로서 기분, 정서, 사고과정에 영향을 미친다. 따라서 신경전달물질의 생성이나 전달과정에 이상이 생기면 이상행동을 일으킬 수 있다. 자폐증스펙트럼 장애와 관련 있는 것으로 알려진 주요 신경전달물질은 엔돌핀, 세로토닌, 페닐알라닌, 도파민, 에피네프린 등이 있다(권명옥, 2003; 한홍석, 2006a).

V 판 별

자폐증스펙트럼 장애는 대체로 출생 후 3년 이내에 나타나는 것으로 밝혀지고 있다. 대부분의 경우 2세 반 전에 자폐증스펙트럼 장애의 증상이 있는 것을 알 수 있으며, 5세 후에 자폐성장애로 진단받는 경우는 매우 드물게 나타난다(Hardman, Drew & Egan, 2005). 자폐증스펙트럼 장애아동의 부모에 의하면 생후 첫 1년 내에는 몇 가지 의미 있는 의사소통을 하고 사람들에게 안기거나 하는 행동들을 하였다고 한다. 그런데 12개월과 15개월 사이에 어떤 소리나 촉감에 민감하게 반응하기 시작하였다고 한다. 그 후로는 간단한 말이나 몸동작도 이해하지 못하는 것 같았으며 혼자 떨어져 있거나 무목적적이고 집착적인 행동이 증가하였다고 한다(Greenspan, 1992).

자폐증스펙트럼 장애는 부모들이 자녀들의 행동을 자세히 관찰하면 조기에 발견할 수 있다. 왜냐하면 자폐증스펙트럼 장애는 행동으로 판별할 수 있는 것이지 혈액검사나 MRI, CT와 같은 기계적인 진단을 요하는 것이 아니기 때문이다. 이를 뒷받침하는 것이 오스텔링과 도슨(Osterling & Dawson, 1994)의 연구이다. 아이들의 첫 생일파티를 비디오로 찍어 분석한 결과, 후에 자폐증스펙트럼 장애로 진단된 아동들은 정상적으로 발달한 아동들과는 다른 행동을 하는 것을 발견할 수 있었다. 자폐증스펙트럼 장애로 진단된 아동들이 나타내는 주요한 행동들은 다음과 같은 것들이었다.

- 사물을 지적하는 데 손가락을 사용하지 못한다.
- 자신이 받은 선물을 다른 사람에게 보여 주지 못한다.
- 자신의 이름에 반응하지 못한다.
- 다른 사람과 직접적인 눈 맞춤을 하지 못한다.

자폐증스펙트럼 장애를 판별하는 데 가장 많이 이용하고 있는 것 중의 하나는 미국정신의학협회에서 펴낸 『정신장애의 진단과 통계편람 5판(Diagnostic and Statistical manual of Mental Disorders (DSM-V)』일 것이다. 〈표 13-1〉에 자폐증스펙트럼 장애의 진단 기준을 제시하였다.

〈표 13-1〉 **자폐증스펙트럼 장애의 진단 기준**

A. 다양한 사회적 환경에서 현재 또는 이전에 아래의 3가지 행동 모두가 나타나 사회적 의사소통과 사회적 상호작용에서의 지속적인 결손을 보임 1. 사회적-정서적 상호작용의 결손 – 비정상적인 사회적 접근 – 말을 하고 듣고 하는 일반적인 대화의 실패 – 흥미, 정서, 애정(affect) 등을 다른 사람과 공유하는 데 어려움 – 사회적 상호작용의 시작 또는 반응의 실패 2. 사회적 상호작용을 위한 비구어적인 의사소통 행동의 결핍 – 언어적, 비언어적 의사소통을 통합적으로 사용하는 데 어려움 – 눈 맞춤과 몸짓과 같은 비언어적인 행동에서의 이상 – 제스처를 사용하고 이해하는 것에 대한 어려움 – 얼굴 표정과 비구어적인 의사소통에서의 전반적인 결함

3. 사회적 관계를 형성하고, 유지하고 이해하는 능력의 결함
   - 다양한 사회적 상황에 적절한 행동을 하지 못함
   - 상상 놀이를 잘하지 못함
   - 친구 맺기를 잘하지 못함
   - 또래에 대한 무관심

B. 행동, 흥미, 또는 활동이 제한적이고 반복적인 양상을 보임. 다음 중 적어도 두 가지가 현재 또는 이전부터 분명하게 나타남

1. 동작, 물건 사용, 또는 말하기를 상동적(常同的), 반복적으로 하기
   - 상동적인 단순한 동작
   - 장난감들을 한 줄로 길게 늘어놓기
   - 물건을 가볍게 치거나 흔들거나 돌리기
   - 반향어(反響語), 특이한 어구를 사용하는 말들
2. 동일성의 고집, 융통성 없이 정해진 일과(日課; routine)대로 해야 하는 집착, 언어 또는 비구어적 행동에 있어서 의례적(儀禮的)인 패턴
   - 조그마한 변화에도 과도하게 불안해하거나 스트레스를 표출
   - 행동 내지 활동의 전환이 어려움
   - 경직된 사고 양식
   - 의례적(儀禮的), 판에 박힌 식의 인사하기
   - 매일 다니는 길만 사용하거나 매일 먹는 음식만 먹으려 하기
3. 흥미가 매우 제한되고 고착되어 흥미의 강도 또는 초점이 비정상적임
   - 특이한 물건에 대한 강한 애착이나 몰두
   - 흥미가 지나치게 제한적이거나 흥미 대상에게 집요함
4. 민감하거나 둔감한 감각 반응, 외부 환경의 자극을 받아들이는 감각적인 양상의 특이성
   - 고통/온도에 대한 현저한 무관심
   - 특별한 소리 또는 직물[천]에 대해 매우 싫어하는 반응
   - 물건 등을 과도하게 냄새 맡거나 만지기
   - 빛 또는 움직임에 대한 시각적 행동이나 강한 흥미

C. 증상들은 아동기 초기에 나타나야 한다.
(그러나 발달 단계별로 요구되는 사회적인 능력을 초과하기까지는 증상이 완전히 나타나지 않을 수 있다. 또는 나중에 학습된 전략에 의해 증후가 감추어져서 나타나지 않을 수 있다).

D. 증상들은 임상적으로 사회적, 직업적 또는 현재 생활의 다른 중요한 영역에서 의미 있는 손상을 일으키는 원인이 된다.

E. 자폐증스펙트럼 장애가 지적장애 또는 전반적인 발달지체로 설명되는 것은 바람직하지 않다. 지적장애와 자폐증스펙트럼 장애는 자주 공존한다. 자폐증스펙트럼 장애와 지적장애가 공존이환[1](共存罹患; comorbidity)으로 진단이 되기 위해서는 사회적 의사소통 능력이 일반적 발달 수준에서 기대되는 수준보다 낮아야 한다.

출처: Diagnostic and Statistical Manual of Mental Disorder: DSM-V(APA, 2013).

1) 두 가지 장애를 동시에 가지는 것, 또는 두 가지 만성질환을 동시에 앓는 상태를 말함. 동시이환, 중복이환, 동방이환이라고도 함. 罹(이, 리)-(병, 재앙에) 걸릴; 患(환)- 근심, 질병, 재앙.

이것과 더불어 자폐증스펙트럼 장애의 진단과 판별에 자주 사용되고 있는 국내·외의 자폐증스펙트럼 장애 진단도구들 몇 가지를 소개한다.

한국 자폐증 진단검사 ▮ 강위영과 윤치연이 2004년 DSM-IV-TR의 자폐성장애 진단 기준과 Gilliam Autism Rating Scale을 기초로 하여 우리 실정에 맞게 표준화한 것이다. 본 검사는 3~21세까지의 자폐성장애가 의심되는 아동 및 청소년을 대상으로 하고 있으며 상동행동, 의사소통, 사회적 상호작용 등 3개의 하위 검사로 구성되어 있다. 각 하위 검사마다 14개의 문항으로 총 42문항으로 구성되어 있다(강위영·윤치연, 2004).

자폐성장애 행동 검목표(Autism Behavior Checklist; ABC) ▮ 크루그, 아릭과 아몬드(Krug, Arick & Almond) 등이 18개월에서 35세 이하의 자폐성장애인을 대상으로 1978년 표준화한 도구로서 미국 자폐증아동교육협회를 중심으로 현재까지 가장 많이 사용되는 도구 중의 하나이다. 감각, 대인관계, 신체 및 사물 사용, 사회성 및 신변자립기능의 5개 영역 총 57개 문항으로 구성되어 있다. 전체 득점 158점 중 68점 이상인 경우 자폐성장애일 가능성이 매우 높은 수준이고 53~67점 사이는 자폐성장애의 의심수준이다(이효신, 2003).

아동기 자폐성장애 평정척도(Childhood Autism Rating Scale; CARS) ▮ 1986년 미국 노스캐롤라이나 대학교의 쇼플러(Schopler) 등이 제작한 검사도구로서 자폐성장애와 기타 발달장애를 구별하고 또한 자폐성장애일 경우 장애 정도를 구별하는 목적으로 사용되는 대표적인 도구이다. 최저 15점부터 최고 60점까지의 범위 중 자폐성장애와 기타 발달장애를 구분하는 경계점수는 30.0점이며 30.0~36.5점은 경증 및 중간 정도의 자폐성장애, 37.0~60.0점은 중증의 자폐성장애로 분류한다(이효신, 2003).

영·유아기 자폐성장애 체크리스트(Checklist for Autism in Toddlers; CHAT) ▮ 바론-코헨, 알렌과 길버그(Baron-Cohen, Allen & Gillberg)가 1992년 개발한 자폐성장애를 지닌 영유아의 조기진단 및 중재를 위한 선별도구라 할 수 있다. 본 도구가 다른 검사도구와 차별성을 두고 있는 것은 자폐성장애영아와 일반영아 사이에서 큰 차이를 보이고 있는 가장놀이 능력과 관심 공유 능력이다(이효신, 2003).

VI 특 성

자폐증스펙트럼 장애는 신체적으로 이상은 없지만 일생 동안 지속되는 장애이다. 저자가 만나는 자폐증스펙트럼 장애를 지닌 옛 제자들은 지금도 여전히 어릴 때 하던 이상행동을 계속하는 것을 볼 수 있다. 자폐증스펙트럼 장애가 개인별로, 상황별로 각자 특별하고 다양한 증상을 나타내지만 자폐증스펙트럼 장애의 주요 특성은 언어·의사소통, 사회성, 정서·행동의 세 가지 영역에서 나타난다(APA, 2000). 이들 특성들이 각각 독립적으로 또는 서로 연계되어 자폐증스펙트럼 장애아동들의 정상적인 발달과 생활을 손상시키는 주요 원인이 되고 있다.

1. 사회성 특성

자폐증스펙트럼 장애아동은 본질적으로 사람이나 사회적 자극에 관심이 적거나 공유된 관심을 발달시키지 못하는 특성이 있다. 또한 자폐증스펙트럼 장애아동은 사회적 인지영역의 발달과 습득에서 지체와 일탈을 보인다. 즉, 갈등 해결하기, 나누기, 주고받기, 문제해결, 일상생활에 적응하기, 활동 시작하기, 의사결정하기, 감정이해와 감정표현 하기 등과 같은 영역에서 많은 어려움을 보인다.

자폐증스펙트럼 장애아동은 사람과 관련된 사회적 상황을 인식하고 상호작용하는 데 필요한 능력인 사회 인지능력이 뒤떨어져 있기 때문에 자신과 다른 사람을 인식하거나 자신과 다른 사람들 사이에 발생하는 일들과 상황에 대한 이해와 행동을 하지 못하게 된다(박계신, 2003; 박현옥, 2008).

자폐증스펙트럼 장애아동이 나타내는 사회성 행동의 특성 중 하나는 가장 가까운 부모에게조차도 눈 맞춤을 하지 않거나 안기려고 하지 않는 행동이다. 이런 행동은 부모들에게 심리적 상처가 되기도 하는데 저자와 상담한 어떤 부모는 아이를 안은 것이 아니라 나무 기둥을 안고 있는 느낌이었다고 하였다.

이 외에도 자폐증스펙트럼 장애아동들이 나타내는 다른 사회성 특성은 〈표 13-2〉와 같다(한홍석, 2006a; Smith, 2004).

〈표 13-2〉 자폐증스펙트럼 장애아동의 사회성 특징

- 부모, 가족 또는 돌보는 사람에게 정상적인 애착행동을 하지 못함
- 관심을 공유하는 행동을 하지 못함
- 주위에 무관심한 태도를 보임
- 여럿이 모이는 자리에 스스로 참여하지 못하고 혼자서 지냄
- 또래와 친구관계를 발달시키지 못함
- 또래와 함께 협동놀이를 잘하지 못함
- 상징놀이를 거의 하지 못함
- 애정이나 공감대 같은 정서적 표현을 잘하지 못함
- 다른 사람의 생각, 정서, 또는 동기들을 이해하는 능력이 현저하게 손상되어 있음
- 비인어적인 사회적 행동(미소 짓기, 몸동작, 신체적 접촉 등)을 사용하지 못함
- 상호주목행동(joint attention)을 잘하지 못함
- 자신의 욕구를 스스로 찾지 않으며 주로 혼자서 시간을 보냄
- 사람이나 생명력이 있는 것보다 특정 물건에 관심을 보이거나 집착함

2. 정서 · 행동 특성

자폐증스펙트럼 장애아동은 어려서부터 이상한 정서반응이나 행동을 보이는 경향이 강하다. 평소 아동의 행동을 잘 관찰하면 조기에 자폐증스펙트럼 장애를 진단할 수 있을 정도로 이들은 이른 시기에 분명하게 이상행동을 하고 또 그 이상행동은 일생 동안 자신이나 주위 사람들에게 영향을 끼치는 요인으로 작용한다(Prizant, 1996).

자폐증스펙트럼 장애아동의 주된 행동특성 중의 하나는 같은 행동을 반복적으로 하는 상동행동이다. 주로 손 흔들기나 몸 흔들기, 눈앞에서 물건을 빙빙 돌리거나 하는 행동으로서 이런 상동행동의 이면에는 자기 자극적인 행동을 하는 기능도 함께 있다고 할 수 있다. 또한 이들은 생활의 변화를 싫어하는 동일성의 고집행동이 있다. 매일 하는 일과들이 같은 순서, 방법, 같은 대상이어야 한다. 그러한 평소에 하던 일과들이 바뀌게 되면 문제행동을 나타내곤 한다.

이 외에도 자폐증스펙트럼 장애아동이 나타내는 다른 정서 · 행동 특성은 〈표 13-3〉과 같다(한홍석, 2006a; Smith, 2004).

〈표 13-3〉 **자폐증스펙트럼 장애아동의 정서 · 행동 특징**

- 장난감이나 물건을 그 용도에 맞지 않게 이상하게 다룸
- 끈이나 막대, 나무토막 같은 것을 길게 늘어놓는 것을 좋아함
- 둥근 모양의 물건을 좋아하고, 이런 물건들을 돌리기를 좋아함

- 시각적 · 촉각적 · 청각적 자극에 대해 예민하게 반응하거나 또는 다른 형태의 반응을 함
- 자해행동(물어뜯기, 자기를 때리기, 머리박기)이나 겉보기에는 공격적인 행동으로 여겨지는 행동을 함(문이나 벽 차기, 고함 지르기, 가만히 서 있다가 갑자기 높게 점프하기, 갑자기 사람들에게 달려들기)
- 낯선 사람, 많은 사람들, 익숙하지 않은 상황, 새로운 환경 등에 대해 심한 공포감을 나타냄

- 아주 작은 소리 또는 어떤 특정 소리(믹서기 소리, 개 짖는 소리, 길가의 소음 등)에 깜짝 놀라거나 민감하게 반응함
- 얼굴의 일부를 실룩거리거나 눈을 계속 깜박거림

- 책에서 특정 숫자, 특정 주제, 특정 그림이나 특정 색이 있는 페이지를 찾아서 보기
- 특정 옷감의 질감이나 피부 접촉에 대해 거부 반응을 보임
- 특정한 물건 또는 특정한 모양이나 특정한 색깔에 집착하여 그런 물건을 강박적으로 소지하려 함

- 강박적이고 충동적인 행동을 나타냄
- 자기 스스로 몰두한 일이나 부과된 활동을 끝까지 하려는 행동이 매우 심함
- 수면장애를 보임
- 순종적인 행동을 잘하지 못함

▶ 눈앞에서 손가락을 움직이는 상동행동을 하면서 자기자극행동에 몰입되어 있는 어느 자폐증스펙트럼 장애학생

▶ 자폐증스펙트럼 장애학생이 나타내는 상동행동과 자기자극행동 그리고 기타 행동들을 잘 관찰하면 그러한 행동이 지니고 있는 의사소통적 기능이나 그 행동을 통해 얻고자 하는 목적이나 감각적 보상 등도 알 수 있다.

3. 언어 · 의사소통 특성

대부분의 자폐증스펙트럼 장애아동들은 언어의 사용과 이해에 많은 어려움을 가지고 있다. 자폐증스펙트럼 장애아동의 약 50% 정도는 전혀 기능적인 말을 하지 않으며 말을 할 줄 아는 아동들도 일반아동이나 다른 언어장애아동과는 질적으로 차이가 나는 말을

한다(Bishop & Norbury, 2002; Prizant, 1996). 저자의 부모상담 경험에 의하면 자폐증스펙트럼 장애아동들이 약 16~20개월까지는 정상적인 언어발달을 하다가 갑자기 언어능력을 상실하였으며 이 중 많은 경우는 아동이 경기(驚氣)를 한 후 말을 하지 않고 이상해졌다고 하였다. 또한 이들은 언어의 이상뿐만 아니라 의사소통이 되지 않는 것으로 보고되고 있다(권명옥, 1998).

자폐증스펙트럼 장애아동의 대표적인 언어장애 중의 하나가 반향어이다. 반향어는 즉시적 반향어와 지연된 반향어로 나눌 수 있는데, 즉시적 반향어는 상대가 한 말을 바로 뒤따라서 하는 말이고, 지연된 반향어는 말을 들은 몇 분 후에 그 말을 하거나 심지어는 몇 달이나 그 훨씬 뒤에도 반향어를 하는 경우이다. 지연된 반향어는 주로 어떤 말을 처음 또는 자주 들었던 상황이 유사하게 재연되면 그때 들었던 말을 되풀이하게 되는 경우가 많다.

이 외에도 자폐증스펙트럼 장애아동이 나타내는 다른 언어 · 의사소통상의 특징은 〈표 13-4〉와 같다(한홍석, 2006a; Smith, 2004).

〈표 13-4〉 **자폐증스펙트럼 장애아동의 언어 · 의사소통상 특징**

- 발성을 반복적이고 상동적으로 함
- 음성은 대체로 음도가 높고 범위가 좁아서 단조롭게 들림
- 억양, 음의 장단, 강세에 결함을 나타내어 소리를 이상하게 함

- 몸동작, 얼굴 표현 그리고 비언어적인 단서를 잘 이해하지 못함
- 무의미한 말을 하거나 어떤 말을 계속 반복적으로 함
- 자기 혼자만이 하는 이상한 말이 있거나 어떤 특정한 사물의 이름을 스스로 만들어 사용함

- 환경적인 상황과 관련이 없는 말을 함
- 대화를 시도하는 행동이 없고 대화를 유지하지 못함
- '예'와 '아니오'를 잘 사용하지 못함

- 대명사를 반전하여 사용하거나 화자(話者)의 역할을 반전함
- 표현언어와 수용언어가 미숙함
- 대화에서 말을 주고받기, 대화의 주제를 선택하기 그리고 상대에게 적절하게 반응해 주는 활동을 잘하지 못함

4. 인지적 특성

자폐증스펙트럼 장애학생의 지능은 지적장애의 수준에서부터 정상 혹은 그 이상의 지능 범주를 가지고 있다. 자폐증스펙트럼 장애아동의 약 80%는 전통적으로 시행되는 표준화된 지능검사에서 정신지체 수준의 지능을 나타내고 있다(Wing & Gould, 1979). 나머지 20%는 보통의 지능에서 영재의 지능수준을 보인다고 한다(Scott, Clark & Brady, 2000).

자폐증스펙트럼 장애학생들은 중앙통합능력(central coherence)에서 결손을 보인다. 중앙통합능력이란 외부에서 입력되는 하나하나 독립되거나 조각난 정보들을 묶어 정리하여 그것들이 지니고 있는 의미를 이끌어 내기 위하여 전체적이고 부분적인 맥락을 활용하는 능력을 말한다. 자폐증스펙트럼 장애학생들은 자극의 부분들에 관심을 가지고 집중하는 특성이 강한 반면에 외부의 자극 내지 정보를 전체로 통합하여 그것이 지니고 있는 의미를 처리하는 능력은 많이 뒤떨어진다(정명숙 외, 2004).

자폐증스펙트럼 장애학생들은 시각적 기억능력이 강한 것으로 알려져 있다. 본인이 자폐증스펙트럼 장애인이며 미국 콜로라도 주립대학교 동물학과 교수를 역임했던 템플 그랜딘(Temple Grandin)은 많은 자폐증인들은 시각적으로 생각하는 사람들이며 자신은 그림으로 생각하지 언어로 생각하지 않는다고 밝히고 있다(Scott, Clark & Brady, 2000). 자폐증스펙트럼 장애학생이 복잡한 지하철 노선을 정확하게 기억하는 경우가 노선도를 그림이나 사진처럼 기억하는 시각적 기억특성의 한 예라고 생각할 수 있다.

5. 기타 특성

자폐증스펙트럼 장애인들 중 어떤 이들은 '자폐성 특별능력자(autistic savants)'이다. 자폐성 특별능력자는 기억력, 계산과 환산에서의 특별한 능력, 암기력, 미술적인 능력, 음악적인 능력과 같은 영역에서 뛰어난 능력을 나타낸다. 자폐성 특별능력자들은 정보를 전체로 보기보다는 부분으로 나누어 보는 경향이 있다고 가정한다. 추상적인 개념보다는 심상으로 사고하기 때문에 카메라나 녹음기 같은 방식으로 사물을 기억한다고 가정한다. 좌뇌에는 손상을 가지고 있으나 우뇌는 특별하게 발달을 한 것으로 가정하고 있다(Treffert, 2008).

Ⅶ 교육방법

1. 교수적 접근

자폐증스펙트럼 장애아동의 교육적 접근은 저기능 자폐증스펙트럼 장애아동을 위한 교육과 고기능 자폐증스펙트럼 장애아동을 위한 교육으로 접근하는 것이 각 교육대상자들의 교육적 욕구에 적절한 교육을 제공하여 효과를 높일 수 있을 것이다.

저기능 자폐증스펙트럼 장애아동은 행동, 사회성, 언어 그리고 인지영역 모두에서 부족한 모습을 보인다. 고기능 자폐증스펙트럼 장애아동은 행동과 사회성에서 부족한 모습을 보이지만 교수-학습 활동과 밀접한 관련이 있는 인지 기능과 언어 능력에서는 크게 어려움이 없거나 때론 그 평균 이상의 능력을 보이기도 한다. 이런 특성을 고려한 교육적 접근과 교수활동이 이루어져야 할 것이다.

자폐증스펙트럼 장애아동에게 유용한 교수 전략들을 제시한다.

- 시각적 자료를 많이 활용한다.
- 언어적 지시를 여러 번 반복하지 않는다.
- 언어적으로 정보를 주거나 지시를 할 때 관련 시각적 자료를 함께 사용한다.
- 한 번에 한 가지씩 정보를 주거나 지시를 한다. - 순차적, 계열적, 단계적으로 몇 가지를 제시하면 잘 이해할 것이라는 생각을 버린다.
- 교수-학습 활동의 장에 아동이 싫어하거나 두려움을 느끼는 또는 너무 좋아해서 흥분하거나 몰입하는 색깔, 물건, 소리 등을 잘 정리하여 영향을 끼치지 않도록 한다.
- 아동의 학급 수업에 참여하는 다른 교사나 보조자들과 수업 및 다른 교육 활동 내용과 원칙, 관련 정보들을 공유하도록 한다.
- 장애보다 강점에 중점을 두고 지도한다(Disability보다 아동의 This ability에 관심).
- 다양한 정서적, 사회적인 반응을 해 주면서 칭찬을 많이 한다.

자신이 자폐증스펙트럼 장애인인 템플 그랜딘이 밝힌 자폐증스펙트럼 장애인의 특성은 교수-학습 활동을 계획하고 실행하는 데 있어서 좋은 정보가 될 수 있을 것이다(Grandin & Scariano, 1986; Scott, Clark & Brady, 2000).

첫째, 많은 자폐증인들은 시각적으로 생각하는 사람들이다. 나는 언어적으로 생각하지 않고 그림으로 생각한다. 나의 모든 생각들은 상상의 세계에서 돌아가는 비디오테이

프와 같다. 그림은 나의 모국어이고 말은 나의 제2언어이다.

둘째, 말로써 길게 설명하는 방식의 교수활동을 하지 않아야 한다. 자폐증인들은 순차적인 내용이나 일들을 기억하는 데 어려움을 가지고 있다. 글을 읽을 줄 아는 아이라면 종이에 교수 내용을 적어 주는 것이 효과적이다.

셋째, 많은 자폐증아동들은 특정한 어느 하나의 물건에 고착하는 특성이 있다. 이 특성을 교수-학습 활동의 동기를 유발시키는 강화물로 활용하도록 한다.

넷째, 수 개념을 지도하기 위해서는 숫자 장난감, 산수놀이 장난감 같은 구체적인 시각적 자료와 방법을 사용하도록 한다.

2. 사회성 지도방법

사회성 행동의 결함은 행동적 특성과 함께 거의 모든 자폐증스펙트럼 장애아들의 주된 특성이다. 저기능 자폐증스펙트럼 장애아동뿐만 아니라 고기능 자폐증스펙트럼 장애아동까지도 사회적 상황을 이해하거나 해석하는 데 어려움을 가지고 있어 다른 사람과 상호작용하는 것이 어렵다. 이런 배경에서 사회성 기능을 향상시키기 위한 교육은 자폐증교육에서 중요한 영역이다.

가. 사회성 지도 내용

사회성을 지도하기 위해서는 자폐증스펙트럼 장애아동들이 공통적으로 나타내는 부족한 사회성 행동 목록 중 현재 필요한 사회성 기능을 우선으로 수행해야 한다. 특히 미래에서 필요한 사회성 기능들을 점진적으로 교육하는 것이 바람직할 것이다.

〈표 13-5〉 **사회성 지도 내용**

- 타인에 대한 응시 행동
- 미소 짓기
- (정서적, 사회적)반응하기
- 타인이 관심을 보이는 것에 함께 흥미를 보이기
- 놀이 및 활동에 참여하기
- 물건 나누어 쓰기
- 도움 청하기
- 도와주거나 협력하기
- 지시 따르기
- 순서 및 규칙 지키기
- 먼저 관심을 나타내거나 말을 건네기 · 대화를 시작하고 유지하기
- 현재의 상황에서 사회적, 문화적 가치 및 기준을 인식하고 그에 맞게 행동하기
- 문제 해결하기
- 상대에게 긍정적, 부정적 피드백 제공하기
- 자신에 대해 긍정적인 피드백을 주는 사람들에게 그에 맞는 적절한 반응하기
- 자신에 대한 부정적 피드백을 수용하는 방법 알기
- 자기 의사 결정하기
- 의견이 다르거나 갈등의 장에서 대안을 제시하거나 타협하기

출처: 한홍석, 2006a; 박계신, 2003; Scott, Clark & Blady, 2000.

나. 지도 방법

1) 직접 교수

교사가 직접 지도하는 방법이다. 아동의 사회성 능력의 결함에 근거하여 계획하고 선정한 사회성 기술을 직접 지도하는 방법이다. 지도할 사회성 기술을 선정할 때 주의할 점은 교사가 주도하는 지도가 끝난 후에도 자연적인 상황에서 또래들이나 성인들에 의해서 자연스럽게 재학습되고 강화될 수 있는 사회성 기술을 선택해야 한다. 지도하고자 하는 사회성 기술을 과제 분석하여 단계별로 지도하는 방법도 도움이 될 것이다(박계신, 2003; 이해운, 2003; Scott, Clark & Brady, 2000).

2) 모델링

모델링은 사회성 지도에서 많이 사용되는 방법이다. 아동에게 다른 사람이 하는 사회적 행동을 관찰하게 하고 모방하는 방법이다. 모델을 수행하는 사람은 아동에게 의미 있는 사람이어야 학습의 효과도 크다. 모델링의 효과적인 방법으로는, 첫째, 분명하고 상세하게 할 것, 둘째, 가장 쉬운 행동부터 시작하여 점점 어려운 행동으로 발전해 갈 것, 셋째, 지나칠 정도로 충분하게 반복할 것, 넷째, 가능한 한 필요 없는 내용들은 배제하도록 할 것, 다섯째, 혼자서 시범을 보이기보다는 여러 명의 모델들이 시범을 보여 주는 방법을 활용한다(김황용, 2007; Scott, Clark & Brady, 2000). 모델링 장면을 휴대폰 동영상으로 촬영하여 아동에게 보여 주는 것도 한 방법이다. 또한 목표행동의 모방이나 수행에 진보가 있어서 교사로부터 칭찬을 받는 아동의 모습을 촬영하여 아동에게 보여 주는 비디오 자기 모델링의 한 방법도 도움이 될 수 있다. 비디오 자기 모델링의 영상에는 가급적 아동의 행동이 개선되는 모습과 교사의 정적강화가 제공되는 장면이 있어야 효과를 나타낼 수 있다.

3) 놀이를 통한 지도

사회성 기능을 구성하고 있는 놀이를 활용하여 사회성을 지도하는 방법이다. 자폐증 스펙트럼 장애아동도 놀이를 할 수 있다는 결과들이 발표되면서 상징놀이를 이용한 사회성 기능을 향상시키는 프로그램이 많이 소개되고 있다. 처음에는 교사와 함께하는 사회적 상징놀이에서 점차 또래들과 함께하는 다양한 사회적 상호작용의 놀이를 할 수 있도록 지도한다.

자폐증스펙트럼아동의 놀이 지도 시 고려할 점은 놀잇감의 선택이나 장소를 교사가 선택할 것이 아니라 아동이 선택하게 하는 것이다. 아동이 놀잇감을 선택하여 놀이를 진행하면 교사는 놀이를 지원해 주고 놀이의 동료가 되어 주는 역할을 하면서 서서히 교사가 의도하는 방향으로 놀이의 내용을 이끌어 가도록 한다(Scheuermann & Webber, 2002; Scott, Claudia & Brady, 2000).

4) 또래를 통한 지도

자폐증스펙트럼 장애아동의 사회성 특징 중의 하나가 우정을 형성하거나 유지하지 못하는 것이다. 친구를 사귀는 것은 사회생활을 하는 데 있어 중요한 기능이다. 또래와 함께 지내기를 지도하기 위한 방법의 하나로서 타인이 흥미를 보이는 것에 함께 흥미를 보이기, 함께 과제를 하거나 활동하기, 협력적 활동에서 역할을 맡아 활동하기와 같은 내용들이 있을 수 있다. 또래교수를 할 경우 또래 교사로 선정한 학생에게 학습목표, 학습내용 등을 알려 주고 또래교사의 역할을 훈련한 후 실시한다. 그리고 주기적으로 또래교사의 수행능력과 효율성을 평가한다(Scheuermann & Webber, 2002; Scott, Claudia & Brady, 2000).

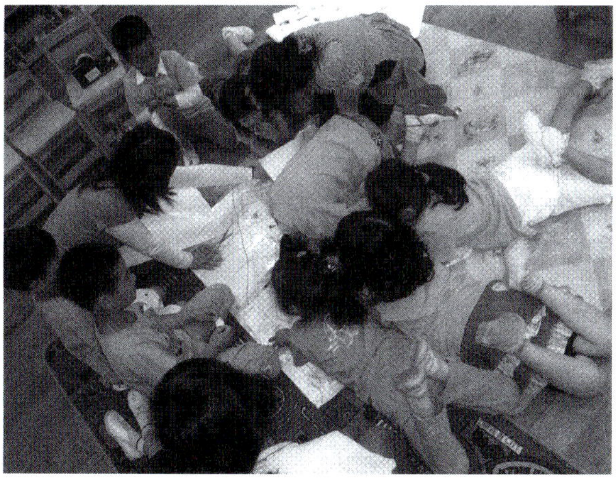

▶ 자폐증스펙트럼 장애아동의 사회성과 의사소통 그리고 생활기능을 향상시키기 위해서는 조기교육, 통합교육을 통하여 일반아동과 함께하는 경험들이 매우 중요하다. 또한 다양한 실제 상황에서 기능을 지도하는 것이 효과가 크다.

5) 그림이나 사진을 이용하여 지도하기

아동에게 지도하고자 하는 사회성 기술을 사진이나 그림 자료를 이용하여 지도하는 방법이다. 또한 자폐증스펙트럼 장애아동이 교실 내에서 활동을 선택하고 수행할 때 스스로 할 수 있는 능력을 길러 주기 위해서 그림활동계획을 활용할 수 있다(박계신, 2003; Scott, Clark & Brady, 2000). 시각적으로 정보를 받아들이고 기억·학습하는 경향이 강한 자폐증스펙트럼 장애아동에게는 정서적 표현이나 사회적 관계 등을 잘 묘사하고 있는 장면이 많은 만화도 좋은 자료가 될 수 있을 것이다.

6) 사회적 상황 이야기 지도

아동에게 지도하고자 하는 사회성 기술이나 상황을 이야기나 문장으로 만들어 아동에게 읽어 주거나 읽게 하고 질문하고 답해 주는 활동으로 지도하는 방법이다. 사회적 상황들의 간단한 단계들을 지도하고 또한 예상되는 행동들과 새로운 일과를 지도하는 데 사용할 수 있다. 이 방법은 인지능력이 많이 뒤떨어지는 아동에게는 효과가 크지 않을 수 있다(박계신, 2003; Scott, Clark & Brady, 2000). 이 방법은 고기능 자폐증스펙트럼 장애아동에게 유용한 방법이 될 수 있다.

7) 마음이론을 통한 사회성 지도

마음이론이란 다른 사람의 마음 상태, 즉 상대의 지식, 의도, 믿음, 욕망 등을 유추하는 능력을 말하는 것이다. 마음이론에 근거한 사회성 지도는 사회적 단서와 사회적 전후 상황을 이해하게 하는 교육을 시켜 궁극적으로는 다른 사람들은 자기 자신과는 다른 신념, 욕망, 의도를 갖고 있음을 알도록 지도하는 것이다. 그러한 타인의 신념, 욕망 그리고 의도를 이해하게 하여 사회적 상황에서 적절한 행동을 할 수 있게 하는 것이다.

마음이론을 통한 사회성 지도방법으로는 사회적 상황 읽기, 삽화를 이용한 대화지도가 있다. 또한 다른 사람의 마음 상태를 이해하는 인식능력을 향상시키는 지도방법이 있다. 이 지도는 순서 인식, 결론 맺기, 사실 인식, 중심사고 찾기, 정답 찾기, 상황과 문맥 찾기, 지시 따르기의 일곱 가지 내용으로 구성되어 있다(박계신, 2003; Baron-Cohen, 1995; Frith & Hill, 2003). 이 방법 역시 고기능 자폐증스펙트럼 장애아동에게 유용한 방법이 될 수 있지만 저기능 자폐증스펙트럼 장애아동에게는 효과가 크지 않을 수 있다.

8) 실제 상황에서의 지도

자폐성장애아동의 특성인 인지능력의 손상, 민감성, 사회성 결핍 등은 자폐증스펙트럼 장애아동이 학습한 경험들을 일반화하는 데 어려움을 가지게 되는 요인이 된다. 이런 문제점들을 보완해 줄 수 있는 방법이 구조화된 교실에서의 사회성 지도보다는 다양한 실제 장면에서 직접 지도하는 것이다.

3. 행동 지도방법

행동 지도방법은 시간의 흐름과 함께 다양한 방법들이 소개되고 적용되었으나 최근에는 아동의 인권보호적인 방법을 강조하는 것이 교육적으로나 사회적으로 요구되고 있다. 자폐증스펙트럼 장애아동의 행동을 이해하고 지도하기 위한 첫 단계는 기능적 행동평가 방법을 이용하여 아동이 왜 그런 행동을 하는지를 알아보는 것이다. 행동의 기능, 즉 행동의 목적을 파악한 후에는 그 행동을 지도하기 위한 구체적인 행동 지도계획을 수립한다.

가. 행동의 기능 평가

행동 지도를 성공적으로 하기 위한 기초는 부적절한 행동을 할 상황을 예측할 수 있거나 그 행동을 계속 유지하게 하는 요인들이 무엇인지를 아는 것이다. 이 요인을 알고자하는 과정 내지 활동을 '행동의 기능 평가' 또는 '기능적 행동 평가'라고 한다.

행동의 기능평가를 수행하기 위해서는, '첫째, 행동을 일으키는 선행사건은 무엇인가? 둘째, 아동이 계속 그 행동을 유지하게 하는 요인, 즉 후속결과가 무엇인가? 셋째, 부적절한 행동의 기능과 동일한 기능을 하는 바람직한 대체행동을 아동에게 가르칠 수 있는가?'에 대한 질문을 하여야 한다(Lennox & Miltenberger, 1989; 양명희, 2012). 이러한 질문에 대한 답을 찾아가는 과정이 행동의 기능평가이다. 즉, 행동의 기능평가는 부적절한 행동과 그 부적절한 행동을 예측하게 하거나 유지하게 하는 사건들을 찾기 위해 체계적으로 정보를 수집하는 과정이다(Sugai et al., 2000; 양명희, 2012).

〈표 13-6〉 행동의 목적 및 행동을 유지시키는 후속 반응

행동의 목적	행동을 유지시키는 후속 반응
성인이나 또래로부터 (사회적)관심을 얻기 위해서	그 행동에 대해 관심을 보여 주는 것은 그 행동을 다시 하게 할 가능성이나 강도를 높일 수 있다.
원하는 무언가(물건, 활동, 사건)를 얻기 위해서	원하는 무언가를 얻게 되면 그 행동을 다시 하게 할 가능성이나 강도를 높일 수 있다.
감각적 자극(시각적, 청각적, 미각적, 후각적, 운동감각적, 고유 수용적)을 얻기 위해서	행동하는 것 자체가 감각적 자극이 되는 행동은 그 행동을 다시 하게 할 가능성이나 강도를 높일 수 있다.
성인이나 또래의 관심을 피하기 위해서	아동이 원하는 방향으로 관심이나 반응을 보여 주는 것은 그 행동을 다시 하게 할 가능성이나 강도를 높일 수 있다.
원하지 않는 활동, 벅찬 상황, 힘든 과제, 지루한 환경, 하기 싫은 일 등을 피하기 위해서	아동이 원하는 방향으로 관심이나 반응을 보여 주는 것은 그 행동을 다시 하게 할 가능성이나 강도를 높일 수 있다.
고통스럽거나 불편한 신체내적인 감각자극으로부터 도피하기 위해서	그 행동을 함으로써 고통스럽거나 불편한 신체내적인 감각자극을 줄이는 것 자체가 그 행동을 다시 하게 할 가능성이나 강도를 높일 수 있다.

출처: Alberto & Troutman, 2007; Bambara & kenn, 2005; Durand & Crimmins, 1988; Evans & Meyer, 1985; Martin & Pear, 2003; Miltenberger, 2009.

자폐증스펙트럼 장애아동의 다양한 행동을 지도하기 위해서 다음과 같은 단계를 고려하여 지도하면 도움이 될 수 있다(Scheuermann & Webber, 2002).

단계 1. 학생의 과도한 행동과 결핍 행동이 무엇인지를 확인한다.

대체로 과도한 행동들은 자기 자극 행동과 같은 것으로서 그 행동을 줄이거나 제거해야 할 행동으로 간주되는 부적절한 행동들이다. 결핍 행동은 적절한 의사소통하기, 장난감을 가지고 놀기, 지시 따르기와 같은 강화를 해 주어야 하거나 더 많이 지도해야 할 행동들을 말한다.

단계 2. 기능사정을 통하여 행동의 기능평가를 한다.

행동기능 평가의 목적은 왜 학생이 그러한 행동을 하는지를 알아보는 것이다. 행동기능 평가를 통하여 그런 행동이 일어난 전후 상황과 학생이 한 부적절한 행동에 대한 정보를 얻을 수 있을 것이다. 또한 그 행동에 대한 선행자극은 무엇이며 그 행동의 결과는 무엇인지에 대해서도 알 수 있다.

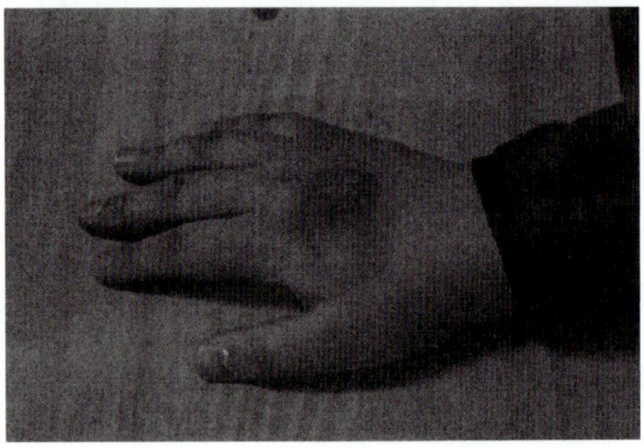

▶ 자해행동과 통각적 자극을 얻기 위해 치아로 물어서 생긴 군살.
이런 자해행동을 지도하기 위해서는 응용행동분석 방법에 기초한 행동의 기능평가를 세심히 하여 이 행동이 언제 잘 일어나는지 또는 언제 안 일어나는지, 이 행동이 일어날 것이라 예상되는 상황은 어떤 것인지 학생이 자해행동을 할 때 다른 학생들과 선생님은 어떻게 반응하는지에 대한 기록과 분석 등이 이루어져야 한다.

단계 3. 목표행동을 선정한다.

증가시키고자 하는 행동과 감소 또는 소거하기 위해 지도해야 할 구체적인 행동을 선정한다.

단계 4. 목표행동을 측정한다.

행동을 지도하기 전에 목표행동을 측정해야 한다. 이 측정을 '기초선'이라 부르며 평가에서 하는 사전 검사와 같은 목적을 지니고 있다.

단계 5. 행동 지도를 계획하고 실행한다.

행동기능 평가로부터 얻은 정보에 기초하여 지도방법을 계획한다. 대체로 지도방법에는 지시 따르기나 과제 완성하기와 같은 적절한 행동을 증가시키기 위한 것, 자기자극 행동, 자해행동이나 고함지르기와 같은 부적절한 행동을 감소시키기 위한 것, 의사소통행동과 같은 새롭게 지도하여야 할 행동들을 다루어야 한다.

단계 6. 목표행동을 측정한다.

학생을 지도하면서 관심을 가지고 수집한 자료들은 지금 하고 있는 지도방법이 효과가 있는지 없는지를 판단하는 데 도움이 된다. 이러한 판단에 의하여 그 지도방법을 계속할 것인지 아니면 지도방법을 수정할 것인지를 결정한다.

나. 바람직한 행동을 증가시키기 위한 지도방법

자폐증스펙트럼 장애아동의 부적절한 행동은 아동 자신의 안전이나 교사에게 끼치는 영향이 크기 때문에 주로 부적절한 행동에 관심을 많이 기울이는 경향을 볼 수 있다. 그러나 현재 하고 있는 아동의 바람직한 행동에 더 많은 관심을 보여 주고 새롭게 지도하는 바람직한 행동에 집중적인 강화를 해 주는 것은 부적절한 행동을 감소시킬 뿐 아니라 긍정적 행동이 유지되어 일상생활과 사회생활을 영위하는 데 도움을 줄 수 있다.

자폐증스펙트럼 장애아동에게 바람직한 행동을 지도하는 데 주로 사용하는 방법은 다음과 같다(김민동, 2009; 안병환 외, 2002; 조용태, 2005; 한홍석, 2006b; Walker, Shea & Bauer, 2004).

1) 강화(Reinforcement)

강화는 아동이 바람직한 행동을 하였을 경우, 그 행동이 더 많이 발생할 수 있도록 하기 위해 아동이 좋아하거나 원하는 것을 해 주는 것이다. 강화에는 정적 강화와 부적 강화가 있다.

정적 강화는 아동이 어떤 바람직한 행동을 하였을 경우 아동이 좋아하는 것(음식, 음료, 칭찬, 활동 등)을 제공하여 그 행동을 보상하여 주는 것이다.

부적 강화는 아동이 불리한 상황에 처하여(선생님이 아동 옆에서 감독하기, 맨 앞자리에 자리 배치 등) 어떤 바람직한 행동을 하였을 경우 아동이 처한 상황이나 다른 싫어하는 어떤 것(선생님의 감독, 청소하기, 숙제하기)을 제거해 줌으로써 그 행동의 발생 빈도를 높이거나 유지시키는 방법이다.

2) 촉구(Prompting)

자폐증스펙트럼 장애아동이 바람직한 행동을 학습하는 과정에서 스스로 성공적으로 수행하지 못 할 때 도움을 주어 행동을 성공적으로 수행할 수 있게 하는 방법이다. 촉구의 방법에는 인사지도를 할 때 허리를 숙이도록 도와주는 신체적 촉구와 인사지도를 할 때 "안-녕 ㅎ-ㅏ- -"와 같은 언어적 촉구가 있고, 인사하는 그림이나 사진을 보여 주거나 직접 인사하는 시범을 보여 주는 시각적 촉구가 있다. 촉구는 꼭 필요할 때만 사용하고 아동이 어느 정도 할 수 있으면 촉구의 양을 점점 줄인다.

3) 행동 형성법(Shaping)

아동이 현재할 수 없거나 또는 거의 하지 않는 어떤 바람직한 행동을 지도할 때 사용하는 방법이다. 표적으로 삼은 행동과 유사한 행동이나 관련 있는 행동에 대해 체계적이고 즉각적으로 강화를 하여 지도하고자 하는 행동을 형성해 가는 방법이다.

다. 바람직하지 못한 행동을 감소시키기 위한 지도방법

자폐증스펙트럼 장애아동의 바람직하지 못한 행동은 이들의 일상생활, 학교생활, 사회생활에 부정적인 영향을 끼치는 요인으로 작용한다. 또한 졸업 후 취업을 희망할 때도 업주의 취업 승인 여부의 기준이 되고 있는 것이 현실이다. 이런 차원에서 부적응 행동의 교정과 지도는 자폐성장애아동의 미래 생활을 위해서도 꼭 필요하다 하겠다.

자폐증스펙트럼 장애아동의 바람직하지 못한 행동을 지도할 때 사용되는 기본적인 방법들은 다음과 같다(김미경, 2009; 문장원, 2005; 안병환 외, 2002; 조용태, 2005; 한홍석, 2006c; Scheuermann & Webber, 2002; Walker, Shea & Bauer, 2004). 이들 기본적인 방법들 중, 타임아웃, 과잉교정, 벌들은 현재 아동의 인권보호라는 교육적, 사회적 가치와는 거리가 먼 방법일 수 있다. 때문에 실행단계에서는 매우 조심해야 한다.

1) 차별 강화(Differential Reinforcement)

바람직하지 못한 행동은 무시하고 동시에 교사가 의도한 다른 행동이나 바람직한 행동에 대해서는 정적인 강화를 주어 궁극적으로는 바람직하지 못한 행동을 감소시키는 방법이다. 이 차별 강화는 행동을 강화하는 기능이 있어 바람직한 행동을 증가시키거나 유지하는 기능도 있지만 이 방법을 사용하는 주목적은 바람직하지 못한 행동을 감소시키기 위해 다른 행동을 강화시킴으로써 결과적으로 바람직하지 못한 행동을 감소시키는 방법으로 사용하고 있다.

- **다른 행동에 대한 차별 강화**(Differential Reinforcement of Other Behavior; DRO): 부적절한 행동 대신에 다른 어떤 바람직한 행동에 대해 정적 강화를 하여 바람직하지 못한 행동을 감소시키는 방법

- **적절한 행동에 대한 차별 강화**(Differential Reinforcement of Appropriate Behavior; DRA): 부적절한 행동 대신에 그 행동을 대체할 수 있다고 선정한 적절한 행동에 대해 정적 강화를 하여 바람직하지 못한 행동을 감소시키는 방법

- **상반된 행동에 대한 차별 강화**(Differential Reinforcement of Incompatible Behavior; DRI): 부적절한 행동과 반대되거나 상반되는 행동에 대해 정적 강화를 하여 바람직하지 못한 행동을 감소시키는 방법이다. 이 방법은 부적절한 행동과 상반되는 대체 행동이 있을 경우에는 효과가 있을 수 있다.

2) 반응 대가(Response Cost)

바람직하지 못한 행동을 하였을 경우 그 행동의 대가로 자신이 가지고 있는 정적 강화의 상징물이나 권리를 박탈당하는 것이다. 우리들 생활과 관련시키면 일종의 벌금 제

도와 유사한 것이다. 반응 대가를 사용하기 위해서는 자폐증스펙트럼 장애아동이 바람직하지 못한 행동을 한 대가로 지불해야 할 강화물(토큰, 특권, 특별한 활동, 휴식시간 등)이 미리 아동에게 지불되어 있어야 한다. 이 방법을 사용할 때의 주의할 점은 보유하고 있는 강화물과 잃게 되는 벌칙 사이의 균형을 유지하는 것이 중요하다. 교사는 이 균형을 유지할 수 있게 항상 강화물을 점검하고 또 학생이 어느 정도 남아 있을 때 민감한 반응을 보이는지 여부를 잘 관찰하면 지도에 효과가 있다.

3) 타임 아웃(Time-out)

타임 아웃은 아동이 문제행동을 하였을 때 그 환경에서 아동이 정적 강화를 받지 못하도록 일정 시간 동안 그 상황으로부터 분리시키는 방법이다. 이 타임 아웃의 핵심적인 요소는 시간과 상황이다. 아동이 활동하고 있는 시간과 상황이 아동에게 즐거운 시간이거나 최소한 중립적인 시간과 상황일 때 이 방법이 효과를 거둘 수 있다. 만약 아동이 싫어하거나 지루해하는 시간과 상황에서 타임 아웃을 시키면 아이에게는 벌이 아니라 강화를 주는 결과가 된다.

4) 과잉 교정(overreaction)

이 방법은 아동이 문제행동을 하였을 경우, 아동의 문제행동을 바르게 지도하기 위해 아동에게 요구하는 활동을 더 강하게, 더 많이 하게 하는 방법이다. 이 방법은 아동이 한 잘못된 행동을 교정하는 것과 함께 아동의 행동으로 인해 흐트러진 환경을 원상태로 복구시키는 목적을 가지고 있다. 예를 들어, 아동이 종이를 찢어 교실바닥에 버렸다면 종이가 있는 부분만 아니라 교실 전체를 깨끗이 청소하게 하는 방법이다. 이 방법은 교사와 학생 간 일대일 교수 상황에서 이루어질 때 효과가 크다.

5) 벌

바람직하지 못한 행동을 하였을 경우 바로 불쾌하고 혐오스러운 자극을 주어 그 행동을 통제하거나 발생률을 감소시키는 방법을 통틀어서 벌이라고 할 수 있다. 벌에는 두 가지 방법이 있다. 첫 번째는 문제행동을 하였을 때 불쾌하고 고통스러운 자극을 주는 방법이고, 두 번째는 아동이 좋아하고 즐거워하는 자극을 박탈하는 것이다.

라. 행동지도와 자기 감정관리

자폐증스펙트럼 장애학생의 도전행동을 지도하는 것은 언어적 설명이나 지시로 되는 일이 아니다. 많은 경우, 아동이 고집행동, 공격행동, 자해행동을 심하게 할 때는 교사의 정서적인 안정감이 깨어지고 인내심도 소진될 수 있다. 교실이 아닌 다른 곳에서 도전 행동을 하고 더구나 다음 교육활동을 할 시간이 얼마 남지 않았다면 교사의 마음은 바빠질 것이다. 그 과정에서 목소리가 높아지거나 신체적인 제지를 하거나 강제로 일으키거나 억지로 데려가려고도 할 수 있다. 이러한 상황들이 많은 학부모들의 생각에는 교육적 활동으로 수용될 수 없을 것이다. 심지어 어떤 동료교사들의 눈에는 긍정적인 교육활동으로 이해되지 않을 수 있다. 경우에 따라서는 부모에 의해서든, 동료교사에 의해서든 법적인 과정을 밟을 수 있는 것이 오늘의 현실이다. 행동지도를 수행하면서 제일 염두에 두어야 할 내용은 안정된 마음 상태를 유지하면서 절제된 말과 표정, 행동으로 교육적 가치로 인정되는 활동을 수행해야 한다는 것이다.

4. 언어 및 의사소통 지도방법

자폐증스펙트럼 장애아동의 언어발달은 일반아동과 같은 방법으로 발달되지 않는다고 보고되고 있다. 그리고 언어적인 손상은 인지손상과 사회적인 손상이 함께 나타나 생활을 하는 데 여러 가지 어려움을 겪게 된다. 따라서 자폐증스펙트럼 장애아동의 언어지도에는 이들이 기본적으로 지니고 있는 인지손상이 영향을 미칠 수 있으며 또한 이 언어와 의사소통능력의 손상은 사회적 생활에 영향을 끼치기 때문에 이들을 함께 고려한 언어지도 방법이 필요하다(김종환, 2003; Frith, 1996; Frith & Hill, 2003).

자폐증스펙트럼 장애아동이 지니고 있는 이상언어는 생활에 필요한 언어 습득과 의사소통의 발달을 저해하기 때문에 교정과 지도를 받아야 한다. 조음 훈련, 발성 훈련, 유창성 훈련과 언어의 운율적인 문제인 말의 강세, 음의 높낮이, 리듬의 이상도 언어적인 지도를 받아야 되겠지만 언어 사용과 생활에 특히 문제가 되는 것은 반향어이다. 즉시적 반향어는 들은 말을 즉시 따라하는 특징이 있기 때문에 그 특징을 이용하여 지도하기도 하는데, 그 실제적인 한 방법을 〈표 13-5〉에 지도 사례로 제시하였다.

자폐증스펙트럼 장애아동의 언어 및 의사소통 지도는 생활기능언어를 중심으로 지도하는 것이 의사소통 기능의 향상은 물론이고 사회성의 발달에도 도움이 될 수 있다.

가. 그림 교환 의사소통체계 방법

아동이 특별히 선호하는 사물이나 필요한 요구 등에 대한 어휘 목록을 만들어 그에 해당하는 그림이나 사진으로 된 카드를 만든다. 자신의 욕구를 전달할 필요가 있을 때 상대방에게 그림 카드를 주어 의사소통의 방법으로 활용하는 것이다. 그림 교환 의사소통체계 방법은 복잡한 자료나 방법, 어려운 이해력 검사나 전문적인 기술이 필요하지 않고 아동이 의사소통을 하여야 할 교실, 집, 지역사회에서 효과적으로 사용할 수 있는 장점이 있다(양문봉, 2000; 한경임, 2006; Bondy & Frost, 1994).

나. 보완 · 대체 의사소통방법(Augmentative Alternative Communication; AAC)

자신의 의사를 전달하기 어려운 아동들에게 다른 신체적인 표현이나 의사소통기구들을 이용하여 의사소통을 도와주는 방법이다. 비도구 체계는 얼굴표정이나 수화, 제스처를 사용하는 방법이며 도구를 이용하는 체계는 비전자식과 전자식으로 나눌 수 있다.

비전자식 보완 · 대체 의사소통 보조도구는 의사소통책, 의사소통판, 차트 등으로 상징체계를 배열하여 사용한다. 전자식 보조도구는 투입된 문구가 음성 합성적인 구어로 변환되는 텍스트-음성 변환 합성장치와 마이크를 이용하여 말을 녹음하고 저장, 재생하는 방식인 디지털식 저장-재생 도구, 컴퓨터 등이 있다(양문봉, 2000; 한경임, 2006). 가장 일상적이고 대표적인 첨단의 보완 · 대체 의사소통 도구는 의사소통과 관련된 다양한 기능을 저장하고 활용할 수 있는 휴대폰일 것이다.

〈표 13-7〉 **즉시적 반향어의 지도 사례**

•언어 특징

인수는 교사나 어른들의 말을 그대로 따라 하는 즉시적 반향어를 하는
초등학교 2학년 학생이다.
"네 이름이 뭐니?"라고 하면 이름을 말하지 않고 질문과 똑같이 이상한 억양으로
"네 이름이 뭐니?"라고 따라 말하고 "인수야! 밥 먹었니?"라고 물어도 대답을 하는 대신에
"인수야! 밥 먹었니?"라고 들은 말을 즉시적으로 따라 말한다.

•학습목표

"이것이 뭐니?"라고 사물의 이름을 묻는 질문에 즉시적 반향어를 하지 않고
"사과"라고 물건의 이름을 말할 수 있다.

•자료

사과가 그려진 그림카드, 녹음기/전자식 음성장착 보안 · 대체 의사소통기구,
콜라를 부어 놓은 컵, 숟가락 또는 빨대

•지도방법

① 사과 그림카드를 책상에 놓아 둔다.
② 교사는 그림카드를 집어 인수에게 보여 준 후 "사과"라고 말을 한다. 인수도 즉시적 반향어로 "사과"라고 따라 말하게 한다. "사과"라고 말을 하면 콜라 한 모금을 마시게 하면서 칭찬이나 어깨 가볍게 두드려 주기, 껴안아 주기와 같은 강화를 하여 준다. 이 과정을 여러 번 반복한다.
③ 녹음테이프나 보완 · 대체 의사소통기구의 음성장착 칩에 "이것이 무엇입니까"라는 교사의 질문을 녹음하여 준비한다.

인수에게 사과 그림카드를 집어 보여 주면서 녹음된 질문을 들려준다. 녹음기의 질문이 끝나자마자 선생님은 즉시 "사과"라고 큰 소리로 빨리 말을 하면서 언어적 촉구를 한다. 인수도 "사과"라고 말을 한다. "사과"라고 말을 하면 콜라 한 모금을 마시게 하면서 칭찬이나 어깨 가볍게 두드려 주기, 껴안아 주기와 같은 강화를 하여 준다.

▶ 이 단계에서 중요한 것은 질문을 녹음할 때 질문을 천천히 하고 목소리를 낮추어 녹음하는 것이다. 그리고 교사는 녹음기의 질문이 끝나자마자 큰 소리로 즉시 "사과"라고 말해 주는 것이다.

④ 위 ③의 방법이 성공하면 이제는 녹음기나 전자식 음성장착 보완 · 대체 의사소통기구를 이용하는 대신에 선생님이 직접 질문을 한다. 인수가 바로 대답을 하지 못하면 위 단계에서 한 언어적 촉구를 계속 하여 준다. 인수가 "사과"라고 대답을 하면 콜라 한 모금을 마시게 하면서 칭찬이나 어깨 가볍게 두드려 주기, 껴안아 주기와 같은 강화를 하여 준다. 이 단계에서는 교사가 질문을 하는 목소리를 점점 높여 가고 말의 속도도 좀 빨리 한다. 질문이 끝나자마자 인수에게 해 주는 언어적 단서는 점점 느리고 적은 목소리로 한다.

⑤ 위 방법으로 계속 지도하면서 질문이 끝난 후에 제시해 주는 언어적 단서를 "사과"라고 전부 말해 주는 대신에 "과"는 생략하고 "사"만 말해 주어도 인수가 "사과"라고 말을 할 수 있도록 지도한다. 또한 목소리도 점점 낮추어 가면서 "사"를 말해 준다. 다음 단계에서는 음절도 천천히 목소리도 낮추어 'ㅅ– –ㅏ'식으로 말하면서 촉구를 줄여 간다. 선생님이 촉구를 줄여 가도 인수가 "사과"라고 말을 하면 콜라 한 모금을 마시게 하면서 칭찬이나 어깨 가볍게 두드려주기, 껴안아 주기와 같은 강화를 하여 준다.

⑥ 교사가 "이것이 무엇입니까?"라고 질문을 한 후 교사의 언어적 촉구가 없어도 인수 스스로 "사과"라고 말을 한다. "사과"라고 말을 하면 콜라 한 모금을 마시게 하면서 칭찬이나 어깨 가볍게 두드려 주기, 껴안아 주기와 같은 강화를 하여 준다.

⑦ 지도교사가 아닌 다른 교사가 질문을 해도 인수가 "사과"라고 말을 할 수 있도록 지도한다. "사과"라고 말을 하면 역시 앞의 방법과 같은 강화를 하여 준다.

⑧ 다른 교사가 질문을 하여도 인수가 질문에 대해 바르게 말을 하면 환경과 사람을 바꾸어 지도한다. 집이나 다른 장소에서 부모나 다른 사람이 질문을 하게 하고 인수가 바르게 "사과"라고 말을 하도록 지도한다.

5. 교과 지도

기본적으로 교과 지도는 교육과정에 편성된 교과를 중심으로 이루어진다. 특수교육대상자의 교육과정은 유치원 교육과정, 공통 교육과정, 선택 교육과정 그리고 기본 교육과정이다. 이 중 기본 교육과정은 공통 교육과정과 선택 교육과정이 어려운 학생들을 위한 것이다.

고기능 자폐증스펙트럼 장애아동은 기본적으로 지능이 평균이거나 그 이상의 아동들이다. 또한 이들은 거의 모두 일반학교의 일반학급에서 교육을 받고 있다. 따라서 고기능 자폐증스펙트럼 장애학생의 교과교육은 일반학교에서 일반학생과 함께 공통 교육과정과 선택 교육과정에 편성된 교과를 중심으로 학습하고 있는 것이 현실이다.

저기능 자폐증스펙트럼 장애학생들은 지적장애 수준의 지능을 가지고 있다. 지적장애 아동들은 일반학교의 교육과정인 공통 교육과정과 선택 교육과정의 내용을 학습하기에는 어려움이 있다. 그래서 이들을 위해 마련한 교육과정이 기본 교육과정이다. 저기능 자폐증스펙트럼 장애학생들은 지적장애학생들과 같이 기본 교육과정으로 교과교육을 받는다.

기본 교육과정의 수준이나 내용을 지적장애학생들을 대상으로 하였더라도 각 학생들의 학습수준이나 욕구에 맞지 않을 수도 있다. 이런 경우에는 학습자의 수준이나 욕구에 맞도록 기본 교육과정의 수준이나 내용을 적절하게 수정 내지 적합화하여 제공하는 것도 한 방법이다.

지적 기능이 많이 뒤떨어지는 저기능 자폐증스펙트럼 장애학생들을 위하여 기본 교육과정의 수준이나 내용을 기능적 교육과정의 수준이나 내용으로 교수적합화를 할 필요도 있다. 생활기능이 많이 지체된 학생에게는 독립생활 기술을 향상시키는 내용으로 교수적합화를 하는 것도 학습자에게 필요한 교육을 제공하는 활동이 될 수 있다.

전 망

조기 진단 및 조기 교육에 대한 지원의 강화

조기 진단 및 조기 교육에 대한 욕구가 강화되고 그에 따라 제도적인 지원도 지금보다는 나아질 것이라고 전망된다. 2007년에 「장애인 등에 대한 특수교육법」이 전면 개정되면서 지금보다 더 조기에 그리고 다양한 협력체계가 구축되어 질 높은 조기교육을 받을 수 있는 제도가 실행될 것으로 전망된다.

학교 졸업 후의 진로교육의 강화

학교교육을 마친 후 자폐성 장애학생의 진로에 대한 연구와 논의가 더 많이 있을 것으로 전망된다. 궁극적으로는 자폐성 장애학생을 위한 교육과정의 내용, 학교교육의 평가와도 연결되어서 자폐성 장애학생의 교육적 시스템이나 프로그램에 대한 개선된 방안들이 제안될 것이다.

자폐성장애를 전문적으로 지도할 수 있는 특수교육사 양성

자폐성장애가 독립된 장애로 분류됨으로써 특수교사 양성대학에서도 이들을 전문적으로 지도할 수 있는 교육과정을 준비할 것으로 전망된다. 다른 장애를 지도하는 교사의 양성에 준한 수준에서 자폐성 장애아동을 전문적으로 지도할 수 있는 질 높은 교사를 배출할 수 있는 체계나 연수과정이 대학이나 특수교육 연수기관에서 수행될 것으로 전망된다.

자폐증스펙트럼 장애아동의 교육 배치 및 정서장애 특수학교의 정체성에 대한 논의

「장애인 등에 대한 특수교육법」이 전면 개정되면서 자폐성장애가 정서장애로부터 독립됨으로써 자폐성장애아동의 교육 배치에 대한 논의가 있을 것으로 전망된다. 자폐성장애가 정서장애로부터 독립된 영역으로 된 지금 정서장애학교의 재학생 대다수가 자폐증스펙트럼 장애학생인 것은 정서장애학교의 정체성뿐만 아니라 특수교육대상자로서 자폐성장애가 독립된 영역으로 된 취지 그리고 교육행정적으로나 특수교육의 학문적 배경에도 부합되지 않기 때문이다.

토의주제

- 자폐증스펙트럼 장애를 지도하기 위해 기본적으로 고려되어야 할 점들은 무엇인지 논의해 보자.
- 자폐증스펙트럼 장애학생의 행동지도 시 신체적 지원 내지 제지의 필요성과 부작용에 대해서 토론해 보자.
- 수업 중에 또는 수업 시작 전에 행동지도를 하여야 할 상황이 발생했을 때 어떻게 하여야 행동지도와 나머지 학생들의 수업을 진행할 수 있을지에 대해 토론해 보자.
- 자폐증스펙트럼 장애학생의 통합교육에서 고려하여야 할 일들이 무엇인지 논의해 보자.

참고문헌

강위영, 윤치연(2004). **한국자폐증진단검사**. 경남: 테스피아.

권명옥(1998). **장애아 부모를 위한 자폐성 아동의 이해**. 서울: 도서출판 특수교육.

권명옥(2003). 자폐성 아동의 이해 및 중재방법들. 제3기 행동치료사 자격연수과정 자료집: 자폐성 아동의 이해와 중재 1권(14-37). 성동장애인종합복지관, 서울.

김미경(2009). 부적응행동감소의 원리 이해. 제36회 행동치료사 자격연수 자료집: 정서 · 행동장애아동의 지원(207-217). 한국정서 · 행동장애아교육학회, 대구.

김민동(2009). 적응행동 증진의 원리 이해: 강화(정적/부적/차별/행동형성). 제36회 행동치료사 자격연수 자료집: 정서 · 행동장애아동의 행동지원(1-17). 한국정서 · 행동장애아교육학회, 대구.

김종환(2003). 자폐성 아동의 언어지도. 제3기 행동치료사 자격연수과정 자료집: 자폐성 아동의 이해와 중재 1권(117 157). 성동장애인종합복지관, 서울.

김황용(2007). 대인관계/사회성 증진 훈련 및 실제. 제32회 행동치료사 자격연수 자료집: 정서 · 행동장애아동의 행동지원(253-270). 한국정서 · 행동장애아교육학회, 서울.

문장원(2005). 응용행동분석의 행동지원 원리Ⅱ: 벌, 타임아웃, 반응대가, 과잉교정. 제28회 행동치료사 자격연수 자료집: 정서 · 행동장애아동의 행동지원(행동수정)(154-158). 한국정서 · 행동장애아교육학회, 대구.

박계신(2003). 자폐성 아동의 사회성지도 및 사례. 제3기 행동치료사 자격연수 자료집: 자폐성아동의 이해와 중재 1권(344-382). 성동장애인종합복지관, 서울.

박현옥(2008). 자폐아동의 마음읽기 결함에 따른 중재 방안. 제35회 행동치료사 자격연수 자료집: 자폐범주성 장애아동의 평가와 중재(129-136). 한국정서 · 행동장애아교육학회, 대구.

양명희(2012). **행동수정이론에 기초한 행동지원**. 서울: 학지사.

양문봉(2000). 자폐성 장애아동의 의사소통 특성과 지도방법: PECS(그림교환의사소통체계). **자폐성장애연구**, 1(1), 27-44.

이소영(2003). 자폐성 아동의 의학적 이해. 제3기 행동치료사 자격연수과정 자료집: 자폐성 아동의 이해와 중재 1권(174-184). 성동장애인종합복지관, 서울.

이해운(2003). 자폐성 아동의 학습지도 및 사례. 제3기 행동치료사 자격연수 자료집: 자폐성아동의 이해와 중재(317-343). 한국정서 · 행동장애아교육학회, 대구.

이효신(2003). 자폐성 장애의 진단과 평가. 제3기 행동치료사 자격연수과정 자료집: 자폐성 아동의 이해와 존재(99-116). 한국정서 · 행동장애아교육학회, 대구.

이효신(2004). 자폐스펙트럼장애의 전반적 이해, 선별, 진단, 중재법. 제4기 1차 행동치료사 자격연수과정자료집: 이상행동 및 발달심리정서 · 행동장애아교육 I권(173-189). 성동장애인 종합복지관, 서울.

이효신(2007). **교사를 위한 응용행동분석**. 서울: 학지사.

정철호(2008). 자폐범주성장애 개선을 위한 약리학적 접근. 제35회 행동치료사 자격연수 자료집: 자폐범주성 장애아동의 평가와 중재(11-33). 한국정서 · 행동장애아교육학회, 대구.

조용태(2005). 응용행동분석의 행동지원 원리Ⅰ. 제28회 행동치료사 자격연수 자료집: 정서 · 행동장애아동의 행동지원(행동수정)(20-37). 한국정서 · 행동장애아교육학회, 대구.

한경임(2006). 자폐성 아동의 비구어적 지도. 제31회 행동치료사 자격연수 자료집(237-249). 한국정서 · 행동장애아교육학회, 대구.

한홍석(2006a). 자폐스펙트럼장애의 이해 및 중재방향. 제31회 행동치료사 자격연수 자료집: 자폐성 아동의 중재와 발달지원(15-34). 한국정서 · 행동장애아교육학회, 대구.

한홍석(2006b). 응용행동분석을 활용한 예방적 행동지도. 제30회 행동치료사 자격연수 자료집. 유 · 아동의 친사회적 행동발달과 행동지도의 실제(19-28). 한국정서 · 행동장애아교육학회, 대구.

한홍석(2006c). 아동의 자해행동 지도방법. 통합학급 담당교사 연수회 자료집(107-120). 대진대학교 교육대학원, 포천.

한홍석(2018). 자폐성장애 학생 학교교육의 실제. 2018년 한국정서행동장애학회 제26회 연차학술대회. 한국정서 · 행동장애아교육학회, 대구.

Alberto, P. A., & Troutman, A. C. (2007). *Applied Behavior Analysis for Teachers*(7th ed). Pearson Education, NJ: Prentice Hall.

American Psychiatric Association(1994). *Diagnosis and statistical manual of mental disorders*(4th ed.). Washington, D.C.: Author.

American Psychiatric Association(2000). Diagnosis and statistical manual of mental disorders-Ⅳ-TR. Washington, D.C.: Author.

American Psychiatric Association(2013). Diagnosis and statistical manual of mental disorders(5th ed.). Washington, D.C.: Author.

Autism society of America(2000). Advocate, 33(1), 3.

Bailey, A., Le Couteur, A., Gottesman, I., Bolton, P., Simonoff, E., Yuzda. E., & Rutter, M. (1995). Autism as a strongly genetic disorder: Evidence from a British twin study. *Psychological Medicine, 25*, 63-78.

Bailey, A., Philips, W., & Rutter, M. (1996). Autism: Towards an integration of clinical, genetic, neuropsychological, and neurobiological perspectives. *Journal of Child Psychology and Psychiatry, 37*, 89-126.

Baker, H. C. (2002). A Comparison study of autism spectrum disorder referrals, 1997 and 1989. *Journal of Autism and Developmental Disorders, 32*(2), 121-125.

Bambara, L. M., & Kern, L. (2005). *Individualized supports for students with problem behaviors: Designing positive behavior plans.* New York: The Guilford Press.

Baron-Cohen, S. (1995). *Mindblindness: An essay on autism and theory of mind.* Cambridge, MA: MIT Press.

Bettelheim, B. (1955). *Truants from life.* Glencoe, IL: The Free Press.

Bettelheim, B. (1967). *The empty fortress: Infantile autism and the birth of the self.* New York:: Free Press.

Bishop, D. V. M., & Norbury, C. F. (2002). Exploring the borderlands of autistic disorder and specific language impairment: A study using standardized diagnostic instrument. *Journal of Child Psychology and Disciplines, 43*, 917-929.

Bondy, A. S. & Frost, L. A. (1994). The picture exchange communication system. *Focus on Autistic Behavior, 9*(3), 1-19.

Durand, V. M., & Crimmins, B. (1988). Identifying the variables maintaining self-injurious behavior. *Journal of Autism and Developmental Disorders, 18*(1), 99-117.

Evans, I. M., & Meyer, L. H. (1985). *An educative approach to behavior problems: A practical decision model for intervention with severely handicapped learners*. Baltimore: Paul H. Brookes.

Frith, U. (1996). Social communication and its disorder in autism and Asperger syndrome. *Journal of Psychopharmacology, 10*, 48-53.

Frith, U., & Hill, E. L. (2003). *Autism: Mind and brain*. Oxford, New York: The Royal Society.

Gelfand, D. M., & Drew, C. J. (2003). *Understanding child behavior disorders*(4th cd.). Belmont, CA: Wordsworth/Thomson Learning.

Gillberg, C., & Coleman, M. (1992). *The biology of the autistic syndromes*(2nd ed.). London: Mackeith.

Grandin, T., & Scariano, M. M. (1986). *Emergence: Labeled autistic*. Novato, CA: Arena.

Greenspan, S. (1992). Reconsidering the diagnosis and treatment of very young children with autistic spectrum or pervasive developmental disorder. *Zero to Three, 32*, 179-190.

Hardman, M. L., Drew, C. J., & Egan, M. W. (2005). *Human exceptionality*(8th ed.). Boston, MA: Pearson Allyn and Bacon.

Heward, W. L. (2006). *Exceptional children: An introduction to special education*(8th ed.). Upper Saddle River, NJ: Merrill Prentice Hall.

Kanner, L. (1943). Autistic disturbances of affective contact. *Nervous Child, 2*, 217-250.

Kauffman, J. (2001). *Characteristics of emotional and behavioral of children and youth*(7th ed.). Columbus, OH: Merrill/Prentice-Hall.

Lennox, O. B., & Miltenberger, R. (1989). Conducting a functional assessment of problem behavior on applied setting. *Journal of the Association for Persons with Severe Handicaps, 14*, 304-311.

Levin, E. D. (2001). Social skills in children with autism: Development and training[On-line]. Available internet: www.arlington.kl2.va.us/schools/jamestown/classroom/mipa/skills.html

Miltenberger, R. G. (2002). **행동수정**. [Behavior modification] (안병환, 윤치연, 이영순, 이효신, 천성문 역). 서울: 시그마프레스(원저출판: 2001).

Miltenberger, R. G. (2009). **최신행동수정**. [Behavior modification: principles and procedures] (안병환, 윤치연, 이영순, 이효신, 천성문 역). 서울: 시그마프레스(원저출판: 2008).

Minshew, N. J. (1996). Brain mechanisms in autism: Functional and structural abnormalities. *Journal of Autism and Developmental Disorders, 26*, 205-209.

National Research Council(2001). *Educating children with autism*. Washington, DC: National Academy Press.

Osterling, J., & Dawson, G. (1994). Early recognition of children with autism: A study of first birthday home videos. *Journal of Autism and Developmental Disorders, 24*, 245-257.

Piven, J. (2002). Genetics of personality: The example of the broad autism phenotype. In J. Benjamin, R. I. Ebstein, & R. H. Belmaher(Eds.), *Molecular genetics and the human personality*. Washington, DC: American Psychiatric Publishers.

Prizant, B. (1996). Communication, Language, social, and emotional development. *Journal of Autism and Developmental Disorders, 26*, 173-178.

Rimland, B. (1964). *Infantile Autism: The syndrome and its implications for a neural theory of behavior*. New York: Appleton-Century-Crofts.

Romanczyk, R. G., Weinter, T., Lockshin, S., & Ekdahl, M. (1999). Research in autism: Myths, controversies and perspectives. In D. B. Zager(Ed.), *Autism: Identification, education, and treatment* (2nd ed.)(pp. 23-61). Mahwah, NJ: Erlbaum.

Safran, J. S. (2002). A practitioner's guide to resources on Asperger syndrome. *Intervention in School and Clinic. 37*, 283-291.

Scheuermann, B., & Webber, J. (2002). *Autism: Teaching does makes a difference.* Wadsworth, Ontario: Pearson Allyn and Bacon.

Scott, F, J., Baron. C., S., Bolton, P., & Brayne, C. (2002). Brief report: Prevalence of Autism, spectrum conditions in children aged 5-11. *Years in Cambridgeshire, UK, Autism, 6*, 231-237.

Scott, F, J., Clark, C., & Brady, M. (2000). *Students with autism: Characteristics and instructional programming.* San Diego, CA: Singular Publishing Group.

Smith. D. D. (2004). *Introduction to special education*(5th ed.). Boston, MA: Allyn and Bacon.

Sugai, G., Horner, R. H., Dunlap, G., Hieneman, M., Lewis, T. J., Nelson, C. M., Scott, T., Liaupsin, C., Sailor, W., Turnbull, Q. P., Turnbull III, H. T., Wickham, D., Wiocox, B., & Ruef, M. (2000). Applying positive behavior support and functional behavioral assessment in schools. *Journal of Positive Behavior Intervention, 2*(3), 131-143.

Treffert, D. A. (2000). *Extraordinary People.* London: Bantam Press.

Treffert, D. A. (2008). The autistic savant, http://www.wisconsinmedicalsociety.org/savantsyndrome/savant_articles/autistic_savant

U. S. Department of Education(1999). Assistance to states for the education of children with disabilities and the early intervention programs for infants and toddlers with disabilities: Final regulations. *Federal Register, 64*(48), CFR Parts and 300 and 303.

Walker, J. E., Shea, T, M., & Bauer, A. M. (2004). *Behavior management: a practical approach for educators.* Upper Saddle River, NJ: Pearson Merrill Prentice Hall.

Wing, L., & Gould, J. (1979). Severe impairments of social interaction and associated abnormalities in children: Epidemiology and classification. *Journal of Autism and Developmental Disorders, 9*, 11-12

World Health Organization(1992). *International classification of diseases: Diagnostic criteria for research*(10th ed.). Geneva, Switzerland: Author.

Chapter

14 의사소통장애교육

의사소통장애교육의 발전과정은 먼저 의사소통장애아동을 어떻게 정의하느냐에 따라 그 출발은 차이가 나타난다. 장애인교육의 역사적 변천을 바탕으로 의사소통장애교육의 발전을 이해할 수 있을 것이다. 즉, 거부, 비웃음, 동정의 대상에서 교육가능성 탐색과 지원이 요구되는 대상으로 변모되었다.

이 장에서는 의사소통 전반에 중점을 둔 것이 아니라 주로 학령기를 대상으로 의사소통의 특성이해 후 치료나 교육방향을 설정하는 데 중점을 두었다.

I 의사소통과 장애

1. 의사소통

인간은 시시각각 자신이 갖고 있는 생각이나 의견, 감정 및 정보를 다른 사람에게 전달하고 또한 다른 사람으로부터 새로운 정보를 받으면서 살고 있다. 화자와 청자 간의 이러한 정보나 생각의 주고받음을 의사소통(communication)이라 한다. 우리는 의사소통을 위해 끊임없이 화자(speaker)로서의 역할과 청자(listener)로서의 역할을 주고받는다.

의사소통에 사용되는 수단은 다양하다. 행동, 몸짓, 손짓, 표정, 눈빛 등과 같은 비구어적 수단에서부터 언어, 말에 이르기까지 범위가 매우 넓다. 특히 인간은 언어(language)라고 하는 체계적인 시스템을 사용하여 다른 유기체에 비해 더욱 효과적으로 의사소통을 한다. 언어를 사용한 인간의 의사소통 과정은 말·언어 연쇄(speech chain)를 사용해 쉽게 설명할 수 있다([그림 14-1]).

* 박미혜(가야대학교 언어치료청각학과)

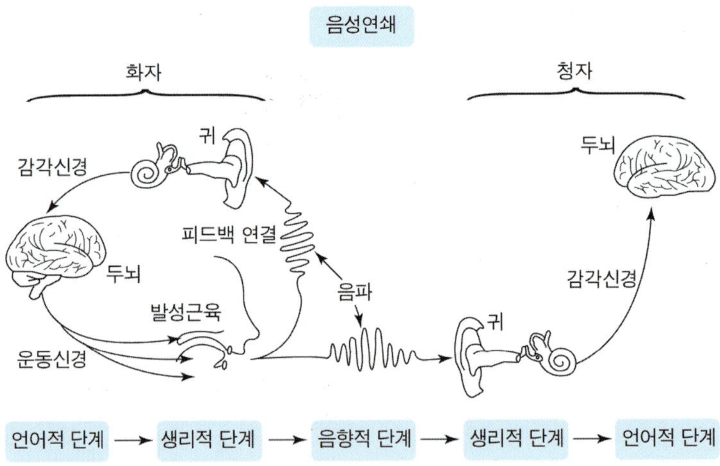

출처: 고도홍 외(1995).

[그림 14-1] **말 · 언어 연쇄**

2. 말 · 언어 연쇄

[그림 14-1]을 보면, 가장 먼저 화자는 상대방에게 해야 할 말에 대한 계획을 한다. 말에 대한 계획을 위해서는 반드시 특정 언어에 대한 언어학적 지식(linguistic knowledge)이 필요하다. 화자는 계획한 말을 청자에게 제대로 전달하기 위해 어떤 낱말을 사용하여 어떻게 연결할 것인지 등을 결정해야 한다. 이러한 과정을 말 · 언어 연쇄에서는 언어적 단계(linguistic level)라고 하며, 뇌(brain)가 역할을 담당한다.

말하고자 하는 내용이 계획되면 특정한 소리의 연쇄를 산출하기 위해 필요한 기관, 즉 호흡, 발성, 조음 등의 기관에 명령을 보내 말 운동을 실행하도록 한다. 뇌의 명령을 받은 호흡, 발성, 조음 및 공명기관은 신경 전달을 통해 받은 명령대로 근육을 움직여 말소리를 산출한다. 이러한 과정을 말 산출을 위한 생리적 단계(physiological level)라고 부른다. 언어적 단계에서 계획된 발화가 생리적 차원으로 변화되는 것이라 할 수 있다. 생리적 단계를 거쳐 화자의 입을 통해 산출된 말소리는 공기 분자의 변화를 발생시키고 공기 분자의 물리적인 움직임은 청각 기관을 자극한다. 눈으로 확인할 수 없는 공기분자의 물리적 운동에 의해 정보가 전달될 때까지의 과정은 음향적(물리적) 단계(acoustic/physical level)이다. 음향적 과정을 거쳐 공기입자의 진동이 청자의 청각기관에 도달하면 수용된 정보가 감각신경을 통해 뇌로 전달될 때까지 정보 수용의 생리적 단계를 거치게 되고, 청자의 뇌는 언어적 정보를 수용, 기억 및 재생하기 위한 언어적 단계를 실행하게 된다. 그런 다음에는 화자와 청자의 역할이 바뀌어 같은 과정을 연쇄적으로 반복하게 된다.

이러한 일련의 수용 및 산출의 반복적 과정이 말·언어 연쇄(speech chain)이다.

3. 의사소통장애

의사소통 과정은 눈으로 볼 수 없는 무수히 많은 근육과 신경 및 구조물에 의해 실행된다. 일반적으로 의사소통은 화자나 청자로서 해야 할 역할에 대해 특별한 의식 없이도 얼마든지 섬세하고 효율적으로 성립된다. 그러나 수많은 메커니즘에서 작동하는 체계의 어느 한 작은 부분에 특정한 원인으로 문제가 발생하면 순조롭게 실행되었던 의사소통 과정이 성립되지 않고 단절되어 의사소통장애(communication disorder)가 발생한다. 다시 말해, 의사소통장애란 말·언어의 연쇄 과정이 특정한 원인에 의해 단절된 상태를 말한다. 따라서 의사소통장애는 의사소통 과정의 어느 부분이 단절되었는지에 따라 언어장애(language disorder), 말장애(speech disorder), 청각장애(hearing disorder)로 분류되며, 또한 「장애인 등에 대한 특수교육법(2007)」(이하 특수교육법)에서는 〈표 14-1〉과 같이 의사소통장애를 규정하고 있다. 이를 보면 구법인 「특수교육진흥법」의 내용에 비해 의사소통의 기능적인 중요성이 강조되고 있음을 알 수 있다.

〈표 14-1〉 **의사소통장애의 법적 정의**

「특수교육진흥법」	「장애인 등에 대한 특수교육법」
조음장애, 유창성장애, 음성장애, 기호장애 등으로 인하여 의사소통이 곤란하고 학습에 어려움이 있는 자를 말한다.	다음 각 항목의 어느 하나에 해당하여 특별한 교육적 조치가 필요한 사람 가. 언어의 수용 및 표현능력이 인지능력에 비하여 현저하게 부족한 사람 나. 조음능력이 현저히 부족하여 의사소통이 어려운 사람 다. 말 유창성이 현저히 부족하여 의사소통이 어려운 사람 라. 기능적 음성장애가 있어 의사소통이 어려운 사람

가. 언어장애

말·언어 연쇄에서 화자나 청자의 언어적 단계에 문제가 생겨 의사소통 과정이 단절되면 언어장애로 분류된다. 「장특법」의 규정에 따르면, 언어장애는 항목 '가'에 해당한다. 언어장애에 속하는 의사소통장애 유형으로는 언어발달장애 혹은 지체가 있으며, 이 밖에 단순언어장애 및 뇌손상으로 인한 언어장애인 소아 실어증도 포함될 수 있다(〈표 14-1〉).

나. 말장애

화자의 생리적 단계 문제로 계획된 발화가 정상적인 말소리로 산출되지 못하거나 산출된 말운동, 음성 및 유창성 등에 문제가 발생하면 말장애라고 한다. 말장애에 포함되는 의사소통장애 유형으로는 조음음운장애, 음성장애, 유창성장애 등이 있다(〈표 14-1〉). 「장특법」 규정의 '나, 다, 라'가 여기에 속한다.

그리고 청자의 생리적 단계 문제로 의사소통에 곤란이 발생하는 것을 청각장애라고 한다. 청각장애도 큰 틀에서 보면 의사소통장애의 하위유형에 포함되지만 특수교육에서는 청각장애를 별도의 영역으로 다루고 있으므로 자세한 서술을 생략한다. 의사소통장애의 유형을 정리하면 〈표 14-2〉와 같다.

〈표 14-2〉 의사소통장애의 유형

	정 의	종 류
말(speech)	의사소통을 위한 말소리의 산출	조음음운장애 음성장애 유창성장애 등
언어(language)	의사소통에 사용되는 상징체계	언어발달장애/지체 단순언어장애 실어증 등
청각(hearing)	말소리의 지각	청각장애

4. 출현율

의사소통장애는 다양한 유형의 장애를 포괄한다. 선천성 장애뿐만 아니라 후천적 장애도 있으며, 나이 어린 유아에서부터 노인에 이르기까지 연령 범위도 매우 넓다. 따라서 의사소통장애의 출현율은 조사에 따른 차이가 크다. 이는 말장애와 언어장애를 규정하는 정의가 다르고, 조사 대상 표본도 다르기 때문이다. 특히 우리나라는 2007년 이전에는 특수교육 대상 범위 안에 언어장애로 지정되어 있었고, 「장애인 등에 대한 특수교육법」이 시행된 이후에서야 의사소통장애라는 용어가 사용되었기 때문에 정확한 출현율을 확인하기 더욱 어렵다.

2017년 국립특수교육원 특수교육 실태조사에 따르면, 전체 조사대상 75,585명 가운데 의사소통장애 학생은 1,746명으로 약 2.31%이다. 의사소통장애 학생 중 95% 이상이 일반학교에 통합되어 있다고 보고되어 있다. 또한 국립특수교육원(2019)의 2019 특수교육통계에도 전체 특수교육대상자는 모두 92,958명이며, 이 가운데 의사소통장애는 2.4%(2,204명)로 보고되고 있다.

언어치료학 분야에서는 말이나 언어를 사용한 의사소통의 불편으로 인해 언어치료 서비스를 필요로 하는 비율을 어느 국가에서나 대략 약 10% 정도라고 본다. 일반적으로 의사소통장애에는 노인이나 성인들도 다수 포함되어 있고 상대적으로 이들이 차지하는 비율이 높다는 점을 감안하여 특수교육 대상으로서의 의사소통장애의 출현율을 생각해야 한다. 그러나 청각장애나 지적장애 혹은 자폐성장애는 의사소통장애를 수반 혹은 유발하는 중요한 원인이 되므로 실제 의사소통장애로 특수교육이나 관련 지원 서비스를 받아야 하는 학생의 수는 훨씬 많을 수도 있다.

Ⅱ 말 · 언어 산출 기관

명료한 말을 산출하기 위해서는 말 산출 기관의 해부학적 · 구조적 정상성과 기능이 필요하다. 말 · 언어 연쇄과정을 중심으로 살펴보면, 발화를 계획하고 명령을 내리는 화자의 언어적 단계에서 역할을 하는 대뇌와, 대뇌에서 결정된 말을 산출하기 위해 내려진 명령을 실행하는 호흡기관, 발성기관, 조음기관 및 공명기관의 구조적 정상성이 필요하다. 또한 음향 물리적 단계를 거친 소리를 받아들여 청자의 뇌로 운반하는 역할을 하는 것은 청각기관이며, 청각기관을 거쳐 청자의 대뇌로 전달된 정보를 분석하고 화자의 의도를 해석하는 역할을 하는 것은 청자의 대뇌이다. 본 절에서는 말 산출과정에 필요한 호흡기관, 발성기관, 공명기관, 조음기관 및 심리언어기관인 대뇌에 대해 간략하게 살펴보고자 한다([그림 14-2]). 청각기관에 대해서는 제9장을 참고할 수 있다.

1. 호흡기관

생명유지에 필요한 호흡은 말 산출의 중요한 에너지원이다. 인간의 호흡은 들숨과 날숨으로 이루어지는데 우리말은 대부분 날숨을 이용하여 만들어진다. 호흡기관에서 말소리에 필요한 기류를 형성하는 작용을 발동(initiation)이라고 한다. 호흡기관은 폐, 기관지 등의 호흡로와 폐를 둘러싸고 있는 흉곽으로 구성된다. 흉곽의 변화에 따라 폐는 유연하게 운동을 하면서 공기를 들이마시고 방출한다. 폐 속의 기압이 대기압보다 높아지면

몸에서 배출된 노폐물들과 함께 날숨을 통해 공기가 대기 속으로 방출된다. 폐에서 방출된 공기의 흐름은 성대의 성문을 진동할 수 있는 기압을 형성하여 발성을 할 준비를 한다.

2. 발성기관

음성을 산출하는 작용을 발성이라고 하고 이를 담당하는 기관은 후두(larynx)이다. 후두는 호흡로의 입구로서 호흡을 할 때 공기가 들어가고 나오게 하는 역할을 한다. 성대(vocal folds)를 진동시켜 음성을 산출하는데 이를 후두원음이라 한다. 또한 성문 아래 압력을 형성시켜 무거운 물건을 들 때 힘을 줄 수 있게 해 준다.

3. 공명기관

공명(resonance)이란 후두에서 형성된 음성을 증폭 변형시키는 것을 말한다. 성대의 진동 결과 산출된 음성은 입 밖으로 나올 때까지 인두강, 구강 혹은 비강으로 이루어진 성도(vocal tract)를 통과한다. 이때 공간의 모양이나 면적 혹은 상태에 따라 성대에서 산출된 음성이 증폭 혹은 변형되는 과정을 거친다. 비강을 거치지 않고 구강만으로 나오는 소리는 구강공명만을 사용하는 소리가 되고(구강음), 비강을 거치는 소리는 /ㅁ/, /ㄴ/, /ㅇ/ 등과 같이 비강공명도 사용하는 소리가 된다(비강음).

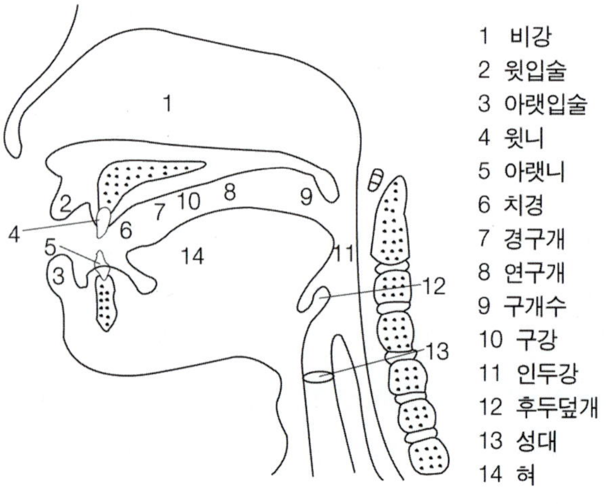

[그림 14-2] 말 산출 기관

4. 조음기관

조음(articulation)이란 발성된 소리가 공명과정을 거쳐 증폭 변형되면서 동시에 말소리의 단위인 음소, 즉 말소리의 음가를 형성하는 과정을 말한다. 조음기관은 위치가 고정되어 있는 수동부와 자유롭게 움직일 수 있는 능동부로 구분한다. 수동부에는 윗입술, 윗니, 치경, 경구개, 연구개, 인두 등이 있으며, 능동부에는 아랫입술, 아랫니, 혀 등이 있다. 이러한 조음기관들은 다양한 움직임을 통해 성대를 통과한 공기의 흐름을 막거나 제약하여 자음과 모음을 형성한다.

5. 심리언어기관

심리언어기관은 중추신경계와 말초신경계를 포함하는 기관으로 말 혹은 언어 과정을 계획하고 명령을 내리며 조정하는 역할을 한다. 중추신경계는 대뇌피질, 백질, 변연계, 피질하 영역 및 소뇌 등이 언어 정보를 수용하여 해석하고 기억하고 저장하는 역할을 한다. 말초신경계는 말·언어와 깊은 관련이 있는 12쌍의 뇌신경이 외부로부터의 감각 정보를 뇌로 전달하고, 대뇌피질의 정보를 다시 말초기관으로 전달하는 기능을 한다. 말·언어기능의 학습이나 처리와 관련된 중추 및 말초신경계의 구조 및 기능에 대해 자세히 이해하는 것은 의사소통장애를 이해하는 데 매우 중요하다. 이와 관련된 지식은 관련 서적을 참고하길 바란다.

Ⅲ 의사소통장애의 유형

앞 절에서 말·언어 연쇄 과정을 통해 어느 부분에 문제가 발생하였는가에 따라 의사소통장애를 구분하면 크게 언어장애, 말장애, 청각장애로 분류할 수 있다고 하였다. 청각장애는 본서의 제2부 제9장에 자세하게 기술되어 있으므로 본 장에서는 언어장애와 말장애로 제한하여 의사소통장애의 유형을 제시하고, 각 장애의 특징에 대해 서술하고자 한다. 의사소통장애는 대상이 매우 다양하여 발달기의 유아 및 아동뿐만 아니라 성인의 경우에도 흔히 발생되는 장애이지만, 본서의 취지가 특수교육 대상 아동의 이해이므로 발달기 유아 및 아동 혹은 학생으로 제한하여 서술한다.

1. 언어장애

가. 언어발달장애

1) 장애와 지체

일반적으로 언어발달장애(language development disorder/deviant) 혹은 언어발달지체(language development delay)라고 불리는 언어장애는 먼저 「장애」와 「지체」의 개념을 구분할 필요가 있다. 현장에서는 흔히 정확하게 구별하지 않고 사용되는 경우가 많으나, 특징이나 증상이 개념적으로 상당한 차이가 있어 정리해 둘 필요가 있다.

먼저 글자 그대로 지체(delayed)는 언어를 습득하는 속도가 생활연령이 증가하는 것에 비해 느린 것을 가리킨다. 장애(deviant, disorder)는 언어발달의 속도가 느린 것뿐만 아니라 이들이 나타내는 언어적 편차가 정상 발달의 그것과 차이가 큰 것을 의미한다. 즉, 지체는 언어 습득의 속도는 느리지만 정상 발달 단계 및 과정을 따라가는 반면, 장애는 일반적인 발달 단계를 따르지 않을뿐더러 정상 발달 과정에서는 쉽게 나타나지 않는 특별한 행동 특징이나 패턴을 나타낸다.

따라서 언어발달지체는 정상 언어발달 순서와 체계에 맞추어 발달적 목표를 설정하여 언어교육을 실시하면 언어지도의 효과나 예후가 매우 좋다고 알려져 있다. 교육적으로 볼 때 경도나 경계선 급의 지적장애아동은 대부분 언어발달지체인 경우가 많다. 반면에 언어발달장애는 언어발달의 속도가 느린 것은 물론 발달 과정에 특별한 편차를 나타내는 아동으로 자폐나 중증의 지적장애아동이 여기에 속한다. 그러므로 언어발달장애로 평가된 아동에게는 정확한 언어수준이나 특징 혹은 문제행동에 대해 반드시 개별적인 진단평가를 실시하고, 개별화된 언어치료 및 교육을 실시하여야 한다.

이상과 같은 이유로 언어발달장애는 지체의 개념과 반드시 구분하여 사용해야 하지만 이 책에서는 논의의 편의상 언어발달장애라는 용어로 통일하여 사용하기로 한다.

2) 정상 언어발달

아기는 세상에 태어나 말을 배우기 시작하여 만 5~6세 정도가 되면 대부분 성인과 같은 정도의 모국어 능력을 갖는다.

2~3개월에 옹알이를 시작하고, 1세 무렵이면 초어를 하고 엄마, 아빠, 맘마 등과 같은 익숙한 낱말을 표현해 나간다. 한 개의 낱말에서 시작된 표현 어휘는 18개월 무렵이면 평균 약 50개 정도까지 아주 천천히 증가하다가 24개월 전후가 되면 사용 어휘의 수가

급증한다. 더불어 사용가능한 낱말을 조합하여 발화의 길이와 구조가 증가하고 초보적인 문장도 사용하게 된다. 만 3세 정도가 되면 적어도 우리말의 기본적인 문법 구조나 문법적인 형태소를 누가 일부러 가르쳐 주지 않아도 이해하고 사용하게 된다. 5세 정도가 되면 유치원에서의 즐거웠던 경험을 엄마나 가족에게 이야기로 전달할 수 있게 되어 상당히 복잡한 내용도 표현할 수 있다. 학령기 전에 이렇게 다져진 기본적인 언어능력은 초등 학령기 전반을 통해 더욱 복잡하고 세련되게 발달하고, 읽기 쓰기와 같은 문자언어도 계속하여 발달한다. 아동의 언어발달과 관련된 지식은 특수교사가 학생의 언어발달을 이해하고, 발달을 촉진할 수 있는 방법을 찾는 데 매우 중요한 도구가 된다. 따라서 특수교육을 전공하는 학생들은 반드시 언어발달과 관련된 더욱 많은 지식을 습득하는 데 노력을 아끼지 말아야 할 것이다.

3) 일반적 특성

언어발달은 유아기 및 아동기의 중요한 발달 과제이다. 정상적인 언어발달을 위해서는 인지력, 사회적 상호작용 능력뿐만 아니라 청각기능, 신경계통의 결함이 없어야 하며, 말이라고 하는 운동을 실행하는 데도 이상이 없어야 한다. 언어발달의 관련 요인에 특별한 문제가 생기면 당연히 언어발달에도 문제가 발생한다.

물론 단순언어장애(specific language impairment)와 같이 관련 발달 영역에 결함이 없이 언어발달에만 문제를 갖기도 한다. 인지발달에 문제를 갖는 지적장애아동, 사회적 상호작용의 결함이 특징인 자폐성장애아동 등은 언어발달장애의 대표적인 예라 할 수 있다. 언어발달장애는 주의력 결핍, 뇌병변장애, 발작장애나 외상으로 인한 뇌손상 등에 의해서도 발생할 수 있다.

언어발달장애의 가장 큰 특징은 생활연령에 비해 수용언어 및 표현언어 능력의 습득이 시간적으로 지체된다는 것이다. 옹알이나 초어의 시작이 느리며, 두 낱말 및 세 낱말 등 낱말을 조합하는 시기도 지체된다. 자신의 생활연령이 맞게 낱말을 이해하거나 표현하지 못하고, 일반적인 의사소통에 필요한 구어 및 비구어적 대화 기술을 효과적으로 학습하지 못하거나, 다른 사람들이 수용할 수 있도록 의사소통에 적용하는 기술도 부족하다.

언어발달장애아동은 단순한 문장이나 문법 구조에 적절하지 못한 문장을 사용하는 경향이 있다. 같은 문장이라도 의미의 차이를 가져오는 문법적 형태소의 오류가 많이 나타난다. 더욱이 중증의 언어발달장애아동은 단음절의 낱말조차 전혀 표현하지 못하며 대신 의미 없는 발성이나 행동 혹은 몸짓을 더욱 많이 사용한다. 정상 발달에는 거의 나타나지 않는 반향어(echolalia)만 사용하는 아동도 있다.

의미(meaning), 형식(form), 기능(use)과 같은 언어요소 전반에 장애를 나타내기도 하고 특정 하위 영역에만 특별히 심각한 문제를 나타내기도 한다. 그러나 언어는 의미, 형식 및 기능이 서로 깊은 관련성을 갖기 때문에 한 가지 측면에 중대한 결함이 생기면 다른 측면에도 어느 정도 장애를 갖는 것이 일반적인 특성이다.

나. 지적장애와 관련된 언어발달장애

DSM－Ⅳ(the Diagnostic and Statistical Management of Mental Disorder 1994)에서는 지적장애를 표준화 검사 결과 지능지수 70 이하이면서 적응 기능에 심각한 결함을 가진다고 하였다. 미국 정신지체협회(American Association on Mental Retardation; AAMR)도 유의하게 낮은 전반적 지적 기능과 함께 적응행동(adaptive behavior)의 결함이 발달기 동안 나타나는 것이라 규정하고 있다. 2016년 일부 개정된 「장특법」에도 지적 기능과 적응행동상의 어려움이 함께 존재하여 교육적 성취에 어려움이 있는 사람을 지적장애로 정의하고 있다. 지적장애아동의 유의하게 낮은 인지능력은 의사소통에 중요한 능력의 발달을 저해하며, 지적 기능 수준이나 수반장애의 유무에 따라 매우 다양한 언어발달장애를 갖는다.

일반적으로 지적장애아동은 의미적 영역을 비롯하여 조음 및 음운, 구문 그리고 화용 영역 등 전반적인 언어영역에서 결함을 나타낸다. 언어 이전 단계의 지적장애유아는 일반 아동에 비해 상호작용 능력이 상당히 떨어지며, 구어를 사용하기보다 비구어적 의사소통 수단을 많이 사용한다. 생활연령에 비해 낱말을 산출하는 시기가 지연된다. 지적장애아동의 어휘력은 생활연령이 동일한 아동뿐만 아니라 정신연령이 동일한 유아에 비해서도 매우 지체된다.

그러나 같은 지적장애아동이라도 특정한 집단의 지적장애아동은 다른 집단에 비해 특정 영역의 언어발달에 차이가 두드러진다. 다운증후군 아동 집단은 구문 및 형태론의 곤란을 나타내는 반면에, 윌리엄증후군 아동은 의미영역은 지체되지만 구문이나 형태소를 사용하는 기술에는 큰 문제가 없으며(Bellugi et al., 1988), 취약 X 증후군 아동 집단은 구어 및 비구어를 사용하는 화용적 기술에 특히 심한 장애를 갖는다(Scharfenaker, 1990).

특히 다운증후군은 구강 구조나 근육의 사용과 관련하여 특이성이 갖는 집단으로 조음 및 음운의 발달에 문제가 크고, 정확도나 명료도가 매우 나쁜 구어를 나타내며 말더듬 증상을 보이기도 한다.

다. 자폐성장애와 관련된 언어발달장애

자폐성장애(autism)는 다른 사람과의 사회적 상호작용에 심한 결함을 갖는 발달장애이다. 자폐성장애 아동은 아주 어린 시기부터 다른 사람들과 관계를 맺지 못하며 심지어 양육자인 엄마와의 상호작용도 편안하게 느끼지 못한다. 또한 끊임없이 자신의 손이나 종이를 흔들거나, 계속하여 응시하고, 자동차의 바퀴를 돌리는 등의 행동을 반복한다. 또래 아이들과 어울려 놀지 않으며, 사회적 상호작용을 위해 언어를 사용하지 않고 언어발달은 지연된다.

많은 자폐성장애 아동은 인지적 결함을 수반하는 경우가 많다. 김영태(2002)는 자폐성장애 아동의 언어 습득 가능성은 아동의 인지적 수준과 관련성이 깊은 것으로 지적하며 인지 수준이 매우 떨어지는 자폐성장애 아동은 최소한의 기능적인 언어능력을 갖지 못하는 경우도 많다고 하였다. 그러나 어느 정도의 인지능력이 있는 자폐성장애 아동이라 할지라도 언어발달 양상은 일반아동과 비교할 때 구어 이전 시기의 옹알이의 형태나 행동에 상당한 차이가 있다. 일부 자폐성장애 아동은 초기의 언어 기술을 조금 획득하기도 하지만 학령기가 되기 전에 잊어버린다.

자폐성장애 아동의 언어 특성을 검토한 던(1997)은 자폐성장애 아동이 언어의 의미, 형태 및 화용 영역 모두에서 결함을 갖는다고 지적하였다. 일반적으로 자폐성장애 아동이 가장 곤란을 겪는 언어영역은 사용 영역이며, 여기에 의미의 결함을 수반하는 경우가 가장 많다. 중증의 자폐성장애 아동은 표현언어의 장애가 더욱 심하게 나타나 말을 전혀 하지 않거나 함묵(mutism)을 나타내는 경우가 있다. 일부 아동은 함묵 상태에서 반향어 형태의 구어를 사용하다가 기능적인 언어 사용이 가능해지는 경우도 있으나 중증의 아동은 반향어 수준에 머무르는 것이 보통이다.

자폐성장애 아동의 구어는 운율(prosody)이 매우 단조롭고, 리듬이나 강세가 없다. 또한 다른 사람의 말에서 단어나 구 혹은 문장 전체를 반복하거나 문맥에 전혀 맞지 않는 형태의 말을 사용한다. 어떤 아동은 같은 문장(예: 승현이가 밥 먹어요)을 끊임없이 혼잣말처럼 반복하기도 한다. 실제 배가 고프거나 밥을 요구해야 하는 상황이 아닌 경우에도 같은 말을 반복하여 사용하는 것을 흔히 볼 수 있다.

라. 단순언어장애

단순언어장애(specific language impairment; SLI)는 언어발달과 관련된 변인인 인지, 청력, 신경학적 결함, 사회적 상호작용에는 전혀 문제가 없는데 언어발달에만 문제를 갖는 언어장애이다. 레오나드(Leonard, 1998)는 단순언어장애로 진단하기 위한 조건으로, 첫째로 언어

능력이 정상보다 지체되어야 하며, 둘째로 비언어성 지능검사 결과 IQ 85 이상으로 정상 범위에 속하여야 하며, 셋째로 진단을 받을 때 중이염 등이 없이 정상 청력이어야 하고, 넷째로 신경학적 이상이 없고 간질이나 신경학적 문제로 약물을 복용한 경험이 없어야 하고, 다음으로 말을 산출하는 구강 구조나 기능에 이상이 없어야 하며, 또한 사회적 상호작용에 심각한 이상이 없어야 한다고 지적하였다. 따라서 앞서 서술한 지적장애나 자폐성장애, 뇌성마비 혹은 청각장애로 인한 언어발달장애는 단순언어장애라 할 수 없다.

단순언어장애아동의 언어는 수용언어나 표현언어에 문제가 발생할 수 있으며, 두 가지 문제가 동시에 나타날 수도 있다. 또한 언어의 의미, 형식, 화용 중 어느 특정 영역에 문제가 발생할 수도 있으며 모든 영역이 문제가 될 수도 있다.

단순언어장애아동의 언어 결함은 시간에 따라 다르게 나타난다. 초기에는 초어가 늦지고 낱말의 습득이 늦어지는 것이 일반적이다. 초어가 정상 시기에 나타났다고 하더라도 낱말이나 음운의 발달이 보통 지체된다. 플랜트와 비슨((Plante & Beeson, 2008)은 초기에 낱말이나 음운의 습득이 지연되는 아동은 언어발달에 장애가 있다고 진단받을 가능성이 높다고 지적하였다. 초기의 낱말 및 음운의 습득 지연은 시간이 지나면서 구문이나 형태의 결함으로 나타난다. 낱말의 조합 시기가 지연되며 문법 형태소의 사용이 문제가 되어 문법적인 측면의 장애가 두드러진다. 또한 언어의 하위 영역 간에도 편차가 분명하게 나타난다. 그러나 조기에 적절한 언어중재를 받으면 또래아동의 언어발달을 따라가는 경우도 있으나 이러한 현상은 일시적인 것으로 학령기가 되면 어려운 학습 용어를 익히지 못해 학교 상황에서 부딪히게 되거나 복잡한 언어적 지시의 수용 및 표현에 다시 문제가 나타나기도 한다. 빈약한 언어 기술은 학습을 방해하여 듣기나 말하기뿐만 아니라 읽기, 쓰기 등에도 곤란을 겪는다. 학령기가 되어 겪는 이러한 문제로 인해 단순언어장애나 언어학습장애(language learning disorder)로 진단되기도 한다.

2. 말장애

가. 조음음운장애

말소리를 산출하는 기관의 위치나 운동이 잘못되거나 혹은 조음기관 사이의 통합적인 움직임이 적합하지 못하여 말소리를 정확하게 산출하지 못하는 것을 조음음운장애(articulation and/or phonological disorder)라고 한다. 조음음운장애는 출현율이 가장 높은 말장애의 유형으로 대부분의 특수교육 대상도 다양한 이유로 정확한 말소리를 산출하지 못해 조음음운장애를 수반한다. 조음음운장애는 성인에게도 발생할 수 있지만 발달상에 있는 아동이 생활연령에 맞는 음소나 음운 규칙을 습득하지 못하는 경우가 있는데, 이러한 상태를 조음음운발달장애라고 한다.

일반적으로 조음음운장애는 원인에 따라 기능적인 것과 기질적인 것으로 나눈다. 기능적 조음음운장애란 신체의 생리적인 손상이 전혀 없이 정확하게 발음하지 못하는 상태를 말하며, 기질적 조음음운장애는 신체 혹은 말소리 산출 기관에 해부학적, 생리학적 혹은 신경학적 결함이 원인이 되어 정확한 말소리를 산출하지 못하는 것을 가리킨다.

조음음운장애의 기질적 원인으로는 혀나 기타 조음기관의 구조적 이상, 청력손실, 구개파열과 같은 선천성 기형 및 중추 혹은 말초신경계의 이상 등이 있다. 기능적 원인으로는 정확한 소리 산출에 필요한 말소리 지식이 부족하거나 청지각 능력의 결함 등이 있고 간혹 환경적 영향 때문에 나쁜 습관을 갖거나 적절한 발음을 배울 수 있는 모델이 없는 경우나 특별한 이유 없이도 나타날 수 있다. 앞서 지적하였듯이 대부분의 특수교육 대상 아동이 조음음운장애를 갖고 있기 때문에 특수교사는 정상 말소리 습득과 산출에 대한 지식을 가져야만 한다.

조음음운장애가 있는지 알기 위한 가장 쉬운 방법은 간단한 대화를 하는 것이다. 대화를 하는 동안 대상 아동이 사용하는 말소리를 분석하여 오류가 있는지, 오류가 있다면 어떤 형태의 오류인지를 정리해 본다. 우리말 말소리의 음성학적 위치에 따라 골고루 분포된 낱말을 그림으로 만들어 제시하거나 공식적인 조음검사를 실시할 수도 있다.

말소리 자료를 수집할 때는 아동의 일상적인 말소리를 수집하는 것이 가장 중요하다. 간단한 질문을 하여 대답을 유도하거나, 흥미 있는 주제에 대해 이야기를 나누면서 자발적인 말을 수집한다. 질문에 대한 대답이나 자발적인 말을 전혀 하지 않는 아동은 말을 모방시키거나, 특별히 준비된 그림이나 사물을 제시하여 유도한 다음 말소리를 수집할 수도 있다.

조음 오류는 개별적인 음소에 대해 생략(omission), 대치(substitution), 왜곡(distortion), 첨가(addition)의 유형으로 분석한다. 특정한 말소리를 빠뜨리거나 전혀 하지 못하는 오류를 생략(아과/사과)이라고 하며, 특정 말소리가 다른 말소리로 바뀌는 것을 대치(타탕/사탕), 말소리가 나오기는 하지만 표준말 소리와는 다르게 산출되는 것을 왜곡이라고 하며, 목표음소나 단어에 없는 말소리를 첨가하는 것을 첨가(살랑/사랑)라고 한다. 조음 오류 유형 가운데 생략이나 대치, 왜곡은 정상 발달 과정에서도 흔히 나타나는 현상이지만, 첨가는 거의 나타나지 않는다. 조음이나 음운의 오류는 단순한 음소의 오류를 분석하는 것으로 충분할 수 없다. 음소는 말소리를 구성하는 가장 작은 단위이기 때문이다. 일상적인 대화에서 나타나는 조음 오류를 알아보기 위해서는 음운규칙 혹은 음운변동 분석을 실시해야 한다.

나. 음성장애

ASHA(1993)는 음성장애(voice disorder)란 음성이 화자의 나이나 성별에 비해 부적절하며 음성의 질이나 고저, 강도, 공명 및 지속시간이 비정상적으로 산출되는 것으로 규정하였다.

의사소통을 하는 데는 적절한 말의 명료도가 필요한데 음성이 지나치게 작거나 크고, 거칠거나 콧소리가 많이 나면 명료도가 낮아진다. 또한 말을 듣는 사람이 불쾌감을 느낄 수 있으며, 말을 하는 사람도 생리적으로나 심리적으로 말을 하기가 곤란하여 의사소통이 제대로 이루어질 수 없다.

인간의 음성은 후두에 있는 성대의 진동으로 만들어진다. 성대의 진동을 통해 음성이 산출되는 것을 발성(phonation)이라 한다. 비정상적인 음성이 산출되는 일차적인 원인은 성대의 구조적 이상 및 운동장애이며, 성대의 이상이 없어도 발생할 수 있다. 특별한 기질적인 이상 없이 발생하는 음성장애를 기능적 음성장애라고 한다.

기질적 음성장애의 원인으로는 성대의 외상, 염증, 이물, 종양, 신경마비 및 기형 등이 있으며, 이 밖에 갑상선암이나 후두암 등으로 후두를 제거한 경우도 기질적 음성장애에 포함된다. 기능적 음성장애는 주로 심리적 원인으로 성대에는 특별한 병변이 없이 성대를 잘못 사용하는 습관이 있거나 지나치게 말을 많이 하는 등의 음성 과다 사용(vocal hyperfunction)으로 인해 발생하는 경우가 가장 많다. 특히 성장기의 아동들은 신체적인 움직임이 많은 놀이를 할 때 소리를 지르면서 노는 경우가 많은데, 이러한 일이 지속되어 음성이 거칠어지는 경우가 있다. 여자 아이에 비해 남자 아이들이 이런 경우가 많다. 아동의 음성 남용으로 인한 행동에 대해서는 행동수정이나 음성관리를 받아야 한다.

정상적인 음성은 음도(pitch), 강도(intensity), 음질(quality), 유동성(flexibility) 등 네 가지의 매개변수로 표현한다. 따라서 음성장애의 유형은 음도장애, 강도장애, 음질이상 및 유동성장애로 나뉜다. 음도장애란 말소리의 높이가 비정상적으로 높거나 낮은 것을 말하며, 강도장애는 음성의 크기가 지나치게 약하거나 커서 문제가 되는 것을 말하며, 음질장애란 음성이 너무 거칠거나 숨이 차거나 쥐어짜는 음성 때문에 듣는 사람을 불편하게 하는 것을 말한다. 또한 유동성장애란 목소리가 일관성 없이 높이나 강도 및 음질 등이 급격하게 변하는 것을 가리킨다.

음성 평가는 음성장애의 유무, 심한 정도, 증상 및 유발 및 지속 요인 그리고 치료에 대한 동기 등을 평가한다. 음성 평가는 크게 두 가지 방법이 사용된다. 음성장애전문 언어치료사의 귀를 통한 주관적 평가와 음성 분석 및 측정기기를 사용한 객관적 평가가 있다. 주관적 평가는 환자의 음성을 수집하여 귀로 듣고 정도와 형태를 판단한다. 즉, 음성을 듣고 음성의 높이, 강도 및 음질이 정상 음성과 비교하여 어느 정도 차이가 나는지 평가한다. 객관적 음성 평가는 Dr. Speech, Visi-Pritch 등과 같은 소프트웨어를 사용하여 음성을 분석하기도 하고, 성대의 운동을 직접 관찰할 수 있는 후두 내시경 혹은 스트로보스코프를 사용하여 성대의 병변이나 운동 상태를 평가한다.

다. 유창성장애

말을 유창하게 하기 위해서는 적절한 리듬이나 속도, 강약 및 쉼(pause)이 있어야 한다. 유창성장애(fluency disorders)란 정상적인 말의 흐름이 방해를 받아 말의 타이밍과 리듬이 부적절해지는 현상을 말한다. 말을 시작할 때 막히거나 반복하여 말을 유창하게 산출하지 못하거나 말의 속도가 지나치게 빠른 것도 유창성장애에 해당된다. 말의 속도가 지나치게 빨라 음을 빠뜨리거나 발음이 잘못되는 것을 속화(cluttering)라고 한다.

유창성장애 가운데 가장 일반적인 것이 말더듬(stuttering)이다. 말더듬은 생리적이거나 기질적인 이상 없이 심리적 혹은 환경적 원인으로 인해 발생하는 것으로 알려져 있다. 뇌의 정보처리나 말운동의 생리적인 기제에 문제가 있는 경우에도 발생할 수 있다. 실제 특수학교 아동 가운데 말을 더듬는 아동을 관찰하는 일은 그리 어려운 일이 아니다.

말더듬은 만 2~5세까지 말과 언어가 한창 발달하는 시기에 정상적으로 겪는 유창하지 못한 말에서부터 시작한다. 이 시기의 아동은 하고 싶은 이야기는 많지만 말 운동이나 처리 능력이 아직 미숙하기 때문에 말을 더듬거릴 수 있다. 이는 지극히 정상적인 과정이며 현상이지만 주변의 어른들이 이를 잘못 해석하거나 문제라고 오인하여 아동을 필요 이상으로 자극하면 정상적인 비유창성이 발달한다. 이러한 비유창성이 습관화되면 결국 말을 더듬게 된다. 따라서 유창성장애의 발생은 장애 자체보다 주변 환경과 어른들이 주는 자극이 중요하다고 할 수 있다. 발달 과정에서 보면 말더듬은 아주 어린 시기에 시작되므로 일단 말더듬 증상이 표면화되면 겉으로 드러나는 증상보다 내재된 심리적 문제가 더욱 크다고 판단해야 한다.

말더듬은 말을 반복하거나 특정 모음을 연장하고 말이 막히는 등의 증상을 나타내며 이러한 증상 이외에도 매우 다양하고 복잡한 증상을 나타낸다. 반복(repetition)은 같은 말소리나 음절, 낱말을 1회 이상 반복적으로 되풀이하여 말하는 것이며, 연장(prolongation)은 말소리를 산출하는 데 필요한 공기의 흐름은 지속되지만 한 소리에 머물러 있는 상태를 말한다. 그리고 막힘(block)은 비교적 심한 말더듬 증상으로 말의 흐름이 부적절하게 중단되고 조음기관의 움직임이 고착되는 현상을 말한다. 말더듬 증상이 심해지면 말 증상 이외에 말을 더듬는 상황에서 빠져나오기 위해 불필요한 행동이 나타나고, 더듬는 상황을 예측하여 말을 바꾸는 등 피하는 행동이 나타나기도 한다.

Ⅳ 의사소통장애의 평가

의사소통장애의 평가는 말 혹은 언어장애의 유무를 판별하고, 장애의 정도와 유형 그리고 아동의 의사소통문제와 관련된 요인을 확인하기 위한 것이다. 또한 아동이 갖고 있는 의사소통 문제의 정도와 특징을 자세히 서술함으로써 적합한 중재접근법을 선택하고, 목표를 설정할 수도 있다. 평가는 개별적으로 실시되어야 하며, 의사소통이 갖는 매우 복잡하고 역동적인 면을 고려하여 반드시 관련 영역의 전문가들과 상호 협조하여야 한다.

1. 평가의 목적

가. 선별

선별(screening)은 많은 수의 아동을 대상으로 진단평가가 필요한 아동을 판별하기 위한 과정이다. 따라서 선별검사는 시간적으로나 경제적인 면에서 효율적으로 실시될 수 있어야 한다. 최소한의 평가 항목을 구성하여 누구나 빠르고 쉽게 실시하고 채점할 수 있어야 한다. 말이나 언어문제를 선별하기 위한 검사에는 대개 이름이나 전화번호 말하기, 숫자나 요일 말하기, 간단한 대화 나누기 등과 같은 비공식적인 절차를 사용한다. 시간은 대략 5분에서 15분 정도 필요하다. 교육 기관에 따라서는 선별검사 목록을 작성하여 공식적으로 실시하기도 한다.

나. 현재 수준의 확인

평가의 두 번째 목적은 아동의 현재 말 및 언어능력 수준을 결정하는 것이다. 언어발달장애아동의 경우는 현재의 언어발달 수준을 결정하고, 중재가 필요한 하위 언어 영역을 확인하며, 아동의 언어 문제와 관련된 요인을 확인하여야 한다. 다른 말장애도 아동의 말장애의 유형을 확인하여 그 정도와 본질을 양적 평가나 질적 평가를 통해 가능한 상세하게 파악하여 기술하여야 한다.

다. 중재의 효과 검토

세 번째로 의사소통장애의 평가는 중재를 실시하고 중재의 결과로 나타나는 아동의 말·언어 및 의사소통 기술의 변화를 측정하기 위해 실시된다. 또한 아동에게 실시한 접근방법이나 프로그램에 대해서도 평가하여 목표와 방법의 적절성 및 프로그램의 변화가 필요한지 등을 검토하여야 한다.

2. 평가 방법

가. 사례사 수집

아동의 말이나 언어 문제를 파악하기 위해 가장 먼저 실시하는 평가는 사례사 수집이다. 사례사 수집은 주로 질문지를 사용하며, 질문지에는 아동의 출생과 발달사, 병력, 교육력 등에 대한 배경정보, 현재의 인지 및 성취도, 학업 등 다양한 정보를 얻을 수 있는 항목들이 포함된다.

어린 아동의 경우 사례사는 대부분 부모 혹은 양육자와의 대화나 인터뷰를 통해 수집할 수 있다. 학령기 아동이나 자신의 의사전달이 가능한 아동은 직접 아동을 대상으로 대화나 면담을 할 수도 있다.

사례사 수집으로 얻은 정보는 대상의 말·언어장애의 잠재인 원인을 판단할 수 있도록 해 준다. 배경정보는 의사소통문제에 대한 교육적 중재 이전에 타 영역의 평가나 치료를 필요로 하는지 판단할 수 있게 해 주며, 이런 경우 관련 전문가에게 의뢰할 수도 있다.

나. 관찰

아동의 의사소통에 관한 평가 정보는 관찰(observation)을 통해서도 수집할 수 있다. 관찰은 진단평가의 중요한 단계이다. 일상생활에서 나타나는 아동의 자연스런 행동이나 대화를 관찰할 수도 있으며, 전문가가 의도적으로 설정한 상황이나 특정한 놀이를 통해서도 이루어질 수 있다. 자연스런 행동이나 대화의 관찰을 통해서는 일반적인 의사소통 형태나 기능을 알 수 있으며, 놀이 관찰은 아동의 인지능력이나 사회성 수준에 대한 통찰력을 준다. 특히 학령기 아동의 교실에서의 행동 관찰은 일상적인 의사소통문제를 확인할 수 있게 해 주며 아동의 문제를 중재할 수 있는 방법도 알 수 있게 해 준다.

다. 공식적 검사

의사소통장애의 진단평가에서 가장 많이 사용되는 방법은 공식적인 검사도구의 사용이다. 다양한 공식적 검사도구가 있으며 평가하고자 하는 내용, 수준 및 적합성에 따라 적절한 검사를 선택하여 사용할 수 있다.

검사를 선택할 때는 검사의 타당성과 신뢰성을 고려하여야 한다. 검사의 결과가 측정하고자 하는 기술에 대한 정보를 정확하게 제공해 줄 수 있는가를 검사의 타당성(validity)이라고 하며, 검사의 결과가 항상 일관성 있는 정보를 줄 수 있는가를 검사의 신뢰성(reliability)이라고 한다. 따라서 신뢰성이 부족한 검사는 타당성이 없다. 그러나 신뢰성이 높은 검사라고 해도 반드시 타당성이 높은 것은 아니므로 검사 선택에 있어 검사자의 전문적인 판단이 필요하다. 의사소통장애의 평가에 사용되는 국내의 공식적 검사는 다음과 같다.

1) 언어 검사

- 취학 전 아동의 수용언어 및 표현언어 척도(PRES; 김영태 · 성태제 · 이윤경, 2000)
- 영유아 언어발달 선별검사(SELSI; 김영태 · 김경희 · 윤혜련 · 김화수, 2004)
- 언어문제해결력검사(TOPS; 배소영 · 임선숙 · 이지희, 2000)
- 구문의미이해력검사(KOSECT; 배소영 · 임선숙 · 이지희 · 장혜성, 2004)
- 학령기 아동 언어검사(LSSC; 이윤경, 2014)
- 한국 아동 토큰 검사(K-TTFC-2; 신문자 · 김영태 · 정부자 · 김재옥, 2011)
- 수용 · 표현어휘력검사(REVT; 김영태 · 홍경훈 · 김경희 · 장혜성 · 이주연, 2009)
- 한국판 맥아더 베이츠 의사소통발달 평가(K M-B CDI; 배소영 · 곽금주, 2011)
- 아동용 한국판 보스톤이름대기검사(K-BNT-C; 김향희 · 나덕렬, 2007)

2) 조음음운장애 검사

- 우리말 조음 · 음운평가2(U-TAP2; 김영태 · 신문자 · 김수진 · 하지완, 2020)
- 한국어발음검사(이현복 · 김선희, 1991)
- 아동용 발음평가(APAC; 김민정 · 배소영 · 박창이, 2007)
- 한국어표준그림조음음운검사(KS-PART; 석동일 · 박상희 · 신혜정 · 박희정, 2008)

3) 유창성 검사

- 파라다이스-유창성 검사(P-FA; 심현섭 · 신문자 · 이은주, 2004)

라. 비공식적 검사

의사소통장애의 평가에서 비공식적 절차는 매우 빈번하게 사용된다. 비공식적 검사는 공식적 검사의 결과로는 알 수 없는 아동의 말·언어장애 대한 정보를 제공해 준다. 공식적 검사는 검사실이라는 제한된 공간에서 낯선 검사자가 특정한 과제를 정해진 절차에 맞게 제시하여 과제의 수행 여부에 따라 아동의 말·언어능력을 측정하기 때문에 일상적인 언어능력에 관한 충분한 정보를 제공하지 못하는 단점이 있다. 반면에 비공식적 검사는 평가자가 의도한 대로 평가 절차를 계획하고 조정하여 실시하면 공식적 검사의 결과를 보완할 수 있는 정보수집이 가능하며, 특히 일상적인 아동의 말·언어능력도 평가할 수 있다는 장점이 있다. 의사소통장애 평가에서 가장 많이 사용되는 비공식적 검사는 모방 과제나 언어표본을 분석하는 것이다.

언어표본을 분석하는 방법은 아동이 일상적으로 사용하는 정확한 혹은 대표성 있는 표현언어와 구어표본을 수집하는 것이 가장 중요하다. 대표성 있는 언어표본을 수집하기 위해서는 사람이나 장소 혹은 자료 등을 다양하게 설정하여 가능한 아동의 일상적인 언어를 수집하여야 한다. 수집된 언어표본을 사용하여 말의 명료도, 유창성, 음질 및 어휘력과 문법의 사용능력 등을 평가한다.

마. 역동적 평가

역동적 평가(dynamic assessment)란 공식적인 검사 도구의 제한점을 보완하기 위한 평가 절차이다. 앞서 지적하였듯이 공식적 검사 혹은 전통적인 평가 절차는 특정한 검사 문항을 제시하여 할 수 있는지 없는지 수행 여부에 따라 아동의 언어능력을 평가한다. 그러나 공식검사의 결과는 현재의 말·언어능력을 정확하게 기술하는 데 한계가 있고, 아동의 잠재적 능력에 대한 평가가 어렵고, 적합한 중재 프로그램을 설정하는 데 직접적인 도움이 되지 않는다.

역동적 평가는 일반적 검사에서 대상이 수행 불가능한 과제에 대해 실시된다. 수행 불가능한 과제에 대해 아동이 정반응을 할 수 있도록 다양한 단서나 촉구 혹은 문맥을 단계적으로 제시한다. 단계적으로 제시한 단서나 촉구, 문맥에 따라 아동의 수행능력이 변화하는 정도를 측정하여 변화가 나타나면 그것을 아동의 잠재적 능력으로 결정한다. 또한 잠재적 능력이 나타나는 데 도움이 된 단서나 촉구 및 문맥은 실제 교육 방법으로 활용할 수도 있다.

역동적 평가의 개념은 의사소통장애의 다양한 영역에서 적용되어 왔다. 특수교육에서는 RTI(Response to Intervention)라는 개념으로 확장되어 적용되었고, 조음음운장애 평가에서는 자극성(stimulability) 검사로 활용되고 있다.

V 의사소통장애아동의 교육 접근

의사소통장애는 구법인 「특수교육진흥법」에서는 언어장애로 규정되어 있었다. 「장애인 등에 대한 특수교육법」(2007)에서부터는 언어장애의 범위가 확대되어 의사소통장애로 규정되었다. 이에 따라 각 특수학교 혹은 특수학급 등은 의사소통장애아동의 특성에 맞추어 적절한 개별화된 교육이나 지원서비스를 제공해야 한다.

의사소통장애아동은 일차적으로 개별적인 언어치료 지원 서비스를 통해 학교 및 교실학습이 가능하도록 기본적인 언어 능력을 습득해야 하며, 중증의 장애아동이라고 할지라도 가능한 수단을 사용하여 교사와의 의사소통 수단을 확립시켜야 한다. 일반학교의 특수학급에 재학하는 아동은 특수교사의 특별한 지도를 받을 수 있으나, 일반학급에 재학하는 의사소통장애아동에 대해서도 장애의 특성에 맞추어 적절한 지원 서비스가 제공되어야 한다. 기질적인 원인으로 인한 의사소통장애아동에게는 보철 및 수술 등의 의학적 접근이 우선적으로 실시된다. 의사소통장애아동의 말 · 언어지도는 대부분 개별적인 접근으로 실시되지만 목표에 따라서는 집단지도도 가능하다.

접근방법의 형태에 따라서는 교사중심 접근법, 아동중심 접근법 등이 있으며, 이를 절충한 접근방법도 널리 사용된다. 이러한 접근방법은 과제에 따라 다양하게 활용될 수 있다. 예를 들어, 조음음운장애의 오류음 수정 등의 과제는 구조적인 반복 연습이 강조되는 반면, 훈련 상황에서 습득된 음소를 일상생활 등의 자연스런 문맥을 활용하여 일반화시킬 수도 있다. 아동의 수준이나 조건을 고려하여 가능한 한 다양한 접근 방법을 고려하여 실시하는 것이 바람직하다.

1. 언어장애의 중재

언어발달장애나 지체에 대한 접근법은 매우 다양하지만 모든 의사소통장애아동에게 효과적인 중재 혹은 치료방법은 없다. 아동의 연령, 장애의 유형 및 특성, 가족 등의 환경에 따라 서로 다른 접근법이 선택되어야 하므로 철저하게 개별적인 특성을 갖는다.

윌콕스(Wilcox, 1994)는 언어 중재 접근법을 예방(prevention), 치료(remediation), 보상(compensation)

이라는 관점에서 설명한다. 예방적 접근은 언어장애가 될 가능성이 높은 아동에게 제공된다. 선천성 증후군이나 유전적 장애와 같이 언어장애를 야기할 수 있는 분명한 변인을 가지고 있는 아동이나 아주 조기부터 언어습득이 늦은 아동은 예방적 중재를 받아야 한다. 예방적 중재는 언어 발달에 부정적인 영향을 미칠 수 있는 요인을 감소시켜 이차적인 문제의 발생을 방지하고, 언어 발달을 촉진하거나 아동의 잠재적인 능력을 증가시키기 위해 실시되는 것이다.

치료적 접근은 언어장애 아동이 현재 가지고 있는 의사소통이나 언어적 결함을 교정하거나 훈련하는 모든 행위를 가리킨다. 언어치료 전문가인 언어재활사(speech & language pathologist; SLP)는 언어장애 아동의 문제에 대해 특별한 언어 목표를 설정하고, 체계적인 활동을 계획한다. 예를 들어, 어휘 표현력이 부족한 아동에게는 표현어휘 수를 증가시키는 것을 목표로 설정하고, 일상생활에서 자주 사용될 수 있는 어휘를 선택한다. 선택된 어휘를 가르치기 위해 아동의 연령이나 특성에 맞는 놀이 활동을 실시하거나 경우에 따라 그림카드나 실물을 사용한 직접적 어휘 훈련을 실시할 수도 있다.

마지막으로 보상적 접근은 문제가 되는 언어장애의 증상을 중재를 통해 제거하기 어렵다고 판단되는 경우에 실시한다. 현재의 장애가 다른 영역으로 부정적인 영향을 덜 미칠 수 있도록 대안적인 전략을 소개하고, 새로운 말이나 언어, 의사소통 기술을 습득하도록 도와주는 것을 말한다. 예를 들어, 대뇌손상이나 청력손실 등으로 인한 언어장애 아동은 중재로서 완전한 회복이 어려운 경우가 많다. 이들을 위해 보상적 접근이 실시된다. 학습장애아동에게 공책에 학습한 내용을 알기 쉽게 요약하는 전략으로 도표나 그림을 사용할 수 있도록 지도하는 것도 보상적 접근의 예라고 할 수 있다. 중증의 뇌병변장애 아동에게 흔히 적용되는 보완·대체의사소통 교육도 보상적 언어 접근에 속한다.

언어장애아동을 대상으로 언어재활사나 교사가 어떠한 관점에서 중재를 하더라도 문제 해결을 위한 중재의 목표를 설정하는 방법은 발달적(bottom-up) 접근과 기능적(top-down) 접근으로 대별할 수 있다. 먼저 발달적 접근을 기반으로 한 접근은 아동의 현재 언어발달의 수준을 고려하여 목표를 설정하는 것이다. 아직 말을 하지 못하는 언어 이전의 발달 단계에 있는 아동에게는 발성(vocalization)이나 옹알이의 사용을 촉진하고, 언어 단계로 나갈 수 있도록 도와준다. 또한 비구어적인 수단인 행동이나 몸짓 등을 적극적으로 활용하여 기초적인 의사소통이 가능하도록 지원한다. 이러한 중재가 현재 아동의 발달 수준에 적합하기 때문이다. 낱말을 습득하는 단계에 있는 아동이라면 일상생활에서 자신의 기본적 욕구나 의도를 표현하는 데 사용될 수 있는 어휘를 빨리 습득시켜 주는 것이 바람직하다. 낱말을 조합하여 발화하지만 발화의 형태가 단순하거나 제한적인 아동은 다양한 의미관계를 지도하거나, 낱말을 연결할 때 적용되는 어순 규칙이나 문법적 형태소를 지도한다. 문장을 듣고 이해하지만 실제 대화에 자신의 언어를 적용하는 능력이 부족하면 대화를 주고받을 수 있도록 대화 기술을 지도하고, 줄거리나 순서가 있는 이야기를 이해하고 표현할 수 있도록 해야 할 것이다.

기능적 목표 설정은 발달 순서를 고려하여 지도하는 것이 현재의 일상생활에 거의 도움이 되지 않는 경우에 실시한다. 예를 들어, 초등학교 5학년에 재학하고 있는 중증 언어발달장애아동에게 발달 수준을 고려한 목표를 설정하여 중재하면 긴 시간 동안 중재해도 초기 발달 단계를 벗어나지 못할 가능성이 크다. 발달을 고려한다는 것은 타당한 것이지만 그렇게 배운 언어력이 아동의 실제 의사소통에 도움이 되지 않으면 효과적이라고 할 수 없다. 때문에 이런 경우는 현재 아동이 자주 경험하는 일상생활을 고려하여 우선적으로 필요한 의사소통 기술이나 어휘를 먼저 지도하는 것이 바람직하다. 이를 기능적 언어목표 설정이라고 하며, 기능적 언어중재 접근법(functional approach)이라고 한다. 다시 말해, 기능적 목표 설정이나 언어 중재는 발달 속도가 매우 느린 중증의 언어장애아동에게 효율적으로 적용될 수 있는 접근이다.

언어장애아동의 중재는 아동의 흥미나 연령을 고려하여 다양한 형태로 이루어질 수 있다. 최근에는 자연스런 문맥을 활용한 중재가 환영을 받는 경향이 있어 가정 프로그램, 학교중심 프로그램 등 아동의 일상생활을 통합한 중재 방법이 강조되고 있다. 또한 중재에 부모, 형제나 자매를 포함시키거나 이들을 훈련시켜 언어발달을 촉진시키는 방법도 활용되고 있다. 아동의 일상생활에서 치료사나 교사 혹은 부모가 함께 상호작용하면서 기회가 발생할 때마다 언어지도를 하는 우발학습 방법을 사용하기도 한다.

그러나 모든 아동에게 자연스런 언어지도 방법이 효과적인 것은 아니다. 예를 들어, 주의력 결핍 아동은 자연스런 문맥에서 지도하는 것보다 구조적인 상황에서 지도를 하는 것이 효과적이다. 효과적인 중재란 아동이 갖는 모든 조건이나 상황을 고려하여 아동의 욕구에 맞게 조절되어야 하는 것이다.

2. 말장애의 중재

가. 조음음운장애의 중재

앞에서 조음음운장애는 기질적인 문제로 인한 것과 기능적인 것으로 구별한다고 지적한 바 있다. 기질적인 문제가 원인이거나 현재도 문제를 수반하고 있는 조음음운장애아동이라면 반드시 의학적 혹은 수술적 치료가 선행되어야 한다.

기능적 조음음운장애를 포함해 대부분의 조음음운장애아동의 중재는 오류음 정도나 유형에 따라 기본적인 방향이 설정된다. 오류음이 많은 경우는 모든 오류음에 대해 자극반응도검사를 실시하고 결과에 따라 순서가 정해지기도 한다.

아직 말소리의 발달 과정에 있는 어린 아동은 직접적 중재를 하지 않고 말소리의 발달을 촉진시켜 줄 수 있는 간접적 중재가 바람직하다. 말소리가 성숙되어 안정화되는 연령은 대략 만 7세 정도이므로 시기를 기다려 전혀 개선이 나타나지 않으면 직접적 교정이나 중재가 필요하다.

일반적으로 조음음운장애 아동에게 실시되는 교정적 중재는 먼저 아동의 오류음이 표준 말소리에 접근할 수 있도록 목표음의 운동 패턴을 가르치는 것이다. 시각, 촉각, 청각적 자극이나 단서를 이용하여 목표음의 조음위치나 방법을 인식시킨 다음 반복적으로 산출 훈련을 실시한다. 때로 자신의 오류를 인식하는 것이 어려운 경우에는 오류음과 표준음을 짝으로 대조시켜 자극으로 제시하여 비교, 변별, 확인 훈련을 집중적으로 실시하기도 한다. 오류음의 원인이 인식(perceptron)에 있는 경우 집중적인 지각훈련만으로 개선이 되는 경우도 있다.

일반적으로 많이 사용되는 조음음운장애 치료 기법으로는 오류음과 목표음을 비교 인식하도록 하는 청지각 훈련, 변별 자질 접근법, 최소낱말짝 대조법, 조음(점) 지시법, 중심 낱말(key word)을 이용한 점진적 접근법 등이 있다. 또한 오류음이 많은 경우 하나의 말소리를 완전히 교정한 후에 다른 말소리를 목표음으로 선택하여 하나씩 교정해 나가는 방법과 동시에 여러 개의 오류음을 교정하는 다중음소 접근 방법 등도 있다. 개별적인 말소리의 교정이나 습득을 치료 목표로 하는 방법도 있으며, 오류된 음들이 공통적으로 나타내는 음운 패턴을 치료의 목표로 하는 방법도 있다.

조음치료의 목표는 새로 습득된 조음 기술이 훈련을 받지 않은 낱말이나 새로운 상황에 전이되어 정확하게 사용하는 것이므로 습득 훈련을 한 다음에는 일반화를 촉진하는 활동을 프로그램에 통합시켜야 한다. 일반화에는 문맥의 일반화, 다른 말하기 과제로의 일반화, 상황이나 대화 상대자의 일반화 등이 있다.

이상의 내용을 바탕으로 교육적으로 사용되고 있는 조음음운장애 중재를 간략하게 정리하면 크게 세 가지 요소가 포함되는데, 첫 번째는 표준 말소리 체계를 습득시키는 것, 둘째, 새로 습득한 말소리가 익숙하게 산출되도록 반복 연습시키는 것, 마지막으로 습득된 말소리를 모든 언어 상황으로 전이시키고 일반화시켜 아동이 자신의 말을 인식하지 않고 자동적으로 정조음이 되도록 해 주는 것이다.

나. 유창성장애의 중재

유창성장애아동의 중재는 유창성장애를 해석하는 방법에 따라 방향이 결정된다. 그러나 모든 유창성장애는 상황 의존적이라는 특징을 갖는다. 특정한 상황에서는 유창하지 못한 반면에 어떤 상황에서는 전혀 아무런 문제도 없이 유창하게 말을 하는 것이다. 유창성장애아동은 말을 심하게 더듬게 되는 상황에서 심리적 긴장성이 증가한다. 때문에 심리적 부담이나 스트레스를 감소시키기 위해 전통적으로 심리치료나 정신분석 혹은 상담 등이 많이 실시되어 왔다. 또한 말을 더듬는 행위는 아동 자신이나 아동의 다양한 관계에 부정적인 영향을 미치기 때문에 이와 같은 부정적인 감정과 태도를 지원해 주기 위해서도 심리적 접근은 효과적이다. 그러나 심리적 접근만으로 말더듬 증상이 감소되는 경우는 매우 드물기 때문에 다른 기법과 병행하여 중재를 구성하는 것이 일반적이다.

말더듬 정도 수정법(stuttering modification therapy)은 말더듬 증상을 완전히 없애는 것을 목적으로 하지 않는다. 말더듬 수정법은 말을 더듬는 사람이 말더듬을 피하려고 애쓰고, 더듬게 되는 상황에서 피하거나 도망치려고 하기 때문에 오히려 말을 유창하게 하지 못한다고 생각한다. 즉, 말더듬 아동으로 하여금 자신의 말더듬 증상과 발생을 정확하게 인식시켜 말을 더듬더라도 편하고 쉽게 말을 할 수 있도록 지원하는 방법이 말더듬 정도 수정법이다.

행동주의 원리는 유창성장애의 중재에도 적용된다. 말더듬은 학습에 의한 것이기 때문에 유창한 구어를 확립시키고 강화함으로써 말더듬 빈도를 감소시킬 수 있다. 이를 유창성 완성법(fluency shaping therapy)이라고 한다. 다양한 행동수정의 원리나 기법을 사용하여 낮은 언어 단위나 상황에서 유창하게 말하도록 확립시킨 다음 점진적으로 언어 단위를 높여 나가거나 상황을 일반화시켜 유창성을 완성시켜 나간다.

다. 음성장애의 중재

음성장애는 발성을 담당하는 후두부 성대에 구조적 및 기질적 문제가 있거나 성대의 운동과 관련된 신경학적 결함으로 발생하는 경우가 많다. 이러한 경우는 당연히 의학적인 치료를 먼저 실시한다. 의학적 치료에는 수술이나 보철도 포함된다.

그러나 성장기에 있는 아동의 음성문제는 대부분 과도하게 소리를 지르거나 잘못된 발성법으로 오랜 시간 말을 하기 때문에 발생한다. 이를 음성남용(vocal abuse)이나 오용(vocal misuse)이라고 한다. 음성남용이나 오용을 오래 방치하면 성대에 물집이나 결절이 생겨 음질이 거칠어지거나 발성 자체가 힘들어진다.

아동의 음성문제는 문제가 되는 목표 행동에 대해 행동수정 혹은 행동치료 기법을 적용한다. 또한 직접적인 중재를 실시하기 전에 자신의 음성에 대해 이해하고, 이를 관리하거나 위생적인 습관을 갖도록 지원하는 것도 바람직하다. 〈표 14-3〉는 고은(2012)이 제시한 음성장애를 예방하기 위한 문항을 수정하여 습관 점검표로 만든 것이다. 교사나 가족이 습관 점검표를 이용하여 날짜나 시간을 정해 두고 음성을 나쁘게 만드는 행동의 빈도를 직접 기록하면 된다. 처음에는 교사나 가족이 해 주고 나중에는 아동 스스로 자신의 습관을 점검할 수 있도록 하는 것이 더욱 좋다. 아동은 자신의 행동을 점검하면서 음성위생에 대해 인식하게 되고 스스로 행동을 조절할 수 있게 된다.

〈표 14-3〉 **음성장애 예방을 위한 습관 점검표**

문항		빈도			
번호	행동	날짜			
1	자주 소리를 지르는 편이다.				
2	흥분하면 소리를 크게 지른다.				
3	운동을 하면서 소리를 지르는 일이 많다.				
4	평소에 큰 소리로 말하는 경향이 있다.				
5	자주 헛기침을 한다.				
6	특별히 너무 낮거나 높은 음도로 말한다.				
7	말을 할 때 지나치게 힘을 준다.				
8	말의 속도가 너무 빠르다.				
9	가족이나 다른 친구들과의 문제를 소리를 지르면서 해소하려고 한다.				

아동의 음성문제는 때로 환경의 영향 때문이기도 하다. 주거지의 환경소음이 지나치게 크거나 가족들의 목소리가 크고 거칠면 당연히 아동은 영향을 받는다. 이런 경우에는 부모나 가족을 대상으로 음성문제에 대해 잘 설명해 주고 해결할 수 있도록 상담하는 것도 필요하다.

음성치료 전문가가 직접중재를 하는 경우에 흔히 적용되는 방법으로는 음성촉진기법이 있다. 음성촉진기법은 부드러운 발성, 좋은 발성법을 유도하고 가르치기 위한 기법이다. 아동에게 쉽게 사용할 수 있는 방법으로는 청각적 혹은 시각적 피드백을 사용하는 것이다. 교사가 직접 말이나 시각적 장치를 사용하면 된다. 컴퓨터 지원을 활용한 청각적 혹은 시각적 피드백은 음성장애아동에게 큰 힘을 들이지 않고 음성을 효과적으로 사용하는 새로운 발성 방법을 학습할 수 있도록 해 준다.

이 밖에 입을 크게 벌리고 말하기, 후두 마사지하기, 올바른 자세 갖기, 하품하기 등은 부드러운 발성을 유도하는 데 많이 사용되는 방법이다.

전 망

학교교육체제 내에서 의사소통치료 및 교육이 효율적으로 이루어져야 할 것이다.

치료교육대상자들 중 상당수가 일반학교에 통합되어 있다는 점에 착안, 전문가를 양성 배치한 후 적절한 중재와 위험군 아동(at-risk child) 등을 지속적으로 관리해 주어야 할 것이다.

토의주제

- 의사소통장애와 언어장애를 정의하시오.
- 의사소통장애학생을 진단할 경우 진단 시 포함되는 것에 대해 설명하시오.

참고문헌

강수균, 박미혜, 박재국, 안성우, 강창욱, 김수진, 박선희, 황보명, 강은희, 박은실, 손은남(2005). **아동언어장애의 이해**. 경북: 한국언어치료학회.

고도흥(2019). **언어기관의 해부와 생리 발성에서 지각까지**(3판). 서울: 학지사.

고은(2012). **의사소통장애아 교육**. 서울: 학지사.

국립특수교육원(2019). 2019 특수교육통계.

권도하, 신명선, 김시영, 전희숙, 유재연, 안종복(2005). **언어진단법**. 경북: 한국언어치료학회.

김수진, 신지영(2020). **말소리장애**(2판). 서울: 시그마프레스.

김영태(2014). **아동언어장애의 진단 및 치료**(2판). 서울: 학지사.

석동일(1999). 조음 음운장애치료. 경북: 대구대학교 출판부.

심현섭, 김영태, 김진숙, 김향희, 배소영, 신문자, 이승환, 이정학, 한재순(2005). **의사소통장애의 이해**. 서울: 학지사.

윤종욱, 김라경, 손창균, 최하영, 김대권, 김현태, 이정현, 권미은, 서유진, 이기성, 김종무, 김선희, 이동원, 이종희(2017). **2017년 특수교육실태조사**. 충남: 국립특수교육원.

이규식, 석동일, 권도하, 정옥란, 강수균, 김시영, 신명선, 이상희, 황보명, 이옥분(2004). **의사소통장애 치료교육**. 서울: 학지사.

이윤경(2019). **영유아 의사소통장애, 발달, 평가, 중재**. 서울: 학지사.

이윤경, 김영태(2000). 단순언어장애아동의 낱말찾기 특성. **언어청각연구**, 7(1), 65-80.

이현정, 이현주, 이윤선, 김응범, 김선영(2021). **영유아교사를 위한 언어발달장애**. 서울: 동문사.

Bellugi, U., Marks S., Bihrle A., & Sabo, H. (1988). Dissociation between language and cognitive functions in William syndrome, In D. Bishop & M. Mogford(Eds.), *Language development in exceptional circumstances*. New York: Churchill Livingstone.

Brooks, P. J., & Kempe, V. (2021). **언어발달**. [Language development] (성미영 역). 서울: 학지사(원저출판: 2012).

Dunn, M. (1997). Language disorders in children with autism. Seminars in Pediatric *Neurology, 4*, 86-92.

Kirk, S. A., Gallagher, J. J., & Anastasiow, N. J. (2004). **특수아동의 이해와 교육**(10판). [Educating exceptional children] (강창욱, 김남순, 김미숙, 김성애, 김용욱, 김원경, 김정권, 김향지, 민천식, 신진숙, 오세웅, 윤광보, 이영철, 이해균, 조안나, 한현민 역). 서울: 박학사(원저출판: 2003).

Heward, W. L. (2002). **특수교육학개론**. [Exceptional children] (김진호, 박재국, 방명애, 안성우, 유은정, 윤치연, 이효신 역). 서울: 시그마프레스(원저출판: 2000).

Leonard L. B. (1998). *Children with specific language impairment*. Cambridge, MA: The MIT Press.

OECD(2000). Special needs education Statistics and Indicators.

Plante E., & Beeson P. M., (2008). *Communication and communication disorder-A clinical introduction* (3rd). Boston, MA: Pearson.

Scharfenaker S. K. (1990). The fragile X syndrome. *ASHA, 32*, 45-47.

Seikel, J. A., King, D. W., & Drumright, D. G. (2015). **말, 언어, 청각의 해부와 생리**. [Anatomy &

physiology for speech, language, and hearing (4th ed.)] (김재옥, 김정완, 송윤경, 표화영, 허승덕 역). 서울: 박학사(원저출판: 2009).

Wilcox, M. J. (1994). Delivering communication-based services to infants, toddlers, and their families: Approaches and models. In K. G. Butler(Eds.), *Early intervention: Working with infants and toddlers (pp. 137-148).* Gaithersburg, MD: Aspen Pub.

Chapter

15 학습장애교육

학령기 아동들 중 하위 어느 정도는 학업활동에 상당한 문제를 가지고 있다. 이는 대개 다음과 같은 범주에 해당한다.

첫째, 지적장애로 인한 학업곤란, 즉 지적능력의 저하로 인하여 낮은 학업수준으로 볼 수 있다.

둘째, 정서적 문제가 학습능력에 지장을 초래하거나, 혹은 방해 행동과 같은 행동문제로 인하여 학습하는 시간에 영향을 줄 수 있다.

셋째, 평균 및 그 이상의 지능을 가지고 있으나, 뇌의 역기능으로 인하여 학업곤란을 갖게 되는 경우로 볼 수 있다. 학습장애(learning disability; LD)는 세 번째 이유에 속하는 장애로, 시각 및 청각에 문제를 가질 수도 있지만, 학습곤란이 그러한 감각문제로 인해 발생하는 경우는 제외한다. 또한 사회경제적 요인이나 불충분하거나 부적절한 교육으로 인하여 학업곤란을 가지게 되는 경우도 제외한다.

학습장애는 1963년 미국 시카고에서 특별한 이유 없이 읽기 학습에 실패한 아동들의 부모모임에 의해 공식적인 장애영역으로 부각되었다. 당시 의사, 신경학자 및 심리학자 등이 주로 사용한 뇌손상 혹은 미세뇌기능장애(minimal brain dysfunction; MBD)와 같은 용어는 부모들에게 혐오스럽게 느껴졌고, 아동들이 가진 읽기 곤란에 대해 적절한 교육적 서비스를 제공해 줄 수 없었기 때문에 교육적으로 유용하지 않았다.

역사적으로는 다른 전통적 장애영역에 비해 학습장애가 진단적 범주로 인정된 시기는 짧지만, 현재 미국에서는 특수교육서비스를 받는 학생들 중 가장 큰 비중을 차지하는 영역으로 자리 잡고 있다.

* 변찬석(대구대학교 초등특수교육과)

I 정의 및 분류

1. 학습장애의 정의

학습장애는 이질적인 다양한 장애집단으로 구성되어 있기 때문에 명확하고 널리 수용될 수 있는 정의를 제시하기는 어렵다. 학습장애를 가진 아동에게 체계적인 서비스의 개념적 · 철학적 · 교육방법적 방향을 제시하기 위해서는 학습장애아의 정의가 규명되어야 한다. 본 절에서는 가장 영향력 있는 미국 「장애아동교육향상법」(Individuals with Disabilities Education Improvement of Act of 2004)의 연방 정의와 미국학습장애연합회(National Joint Committee on Learning Disabilities)의 정의 그리고 국내 「장애인 등에 대한 특수교육법」상의 정의를 살펴본다.

가. IDEA 정의

미국의 「장애인교육법」(IDEA, 2004)은 다음과 같이 기술하고 있다.

> (A) 일반–'특정학습장애(specific learning disability)'라는 용어는 언어, 즉 구어와 문어의 이해와 사용에 포함된 기본적인 심리과정 중 한 가지 또는 그 이상의 장애를 의미하며 듣기, 생각하기, 말하기, 읽기, 쓰기, 철자 쓰기 혹은 수학계산에서 불완전한 능력으로 나타날 수 있다.
> (B) 포함장애–특정 학습장에는 지각장애, 뇌손상, 미세뇌기능장애, 난독증, 발달적 실어증 등의 조건을 포함한다.
> (C) 비포함장애–특정 학습장애는 주로 시각장애, 청각장애 또는 운동장애, 정신지체, 정서장애, 또는 환경적, 문화적 및 경제적 실조에 의해 일차적으로 일어나는 학습 문제는 포함시키지 않는다.

나. NJCLD 정의

미국학습장애연합회(NJCLD)에서는 다음과 같은 대안적인 정의를 제안하고 있다.

> 학습장애는 듣기, 말하기, 쓰기, 추론하기, 수학적 능력의 습득과 이용에 심한 곤란을 나타내는 이질적인 장애집단을 말하는 일반적인 용어이다. 이들 장애는 개인의 내적인 것으로서 중추신경계 기능장애에 의한 것으로 추정되며 일생에 걸쳐 일어날 수 있다. 자기 조절 행동, 사회적 지각 및 사회적 상호작용에서의 문제들은 학습장애와 같이 일어날 수 있으나 이러한 문제들만으로 학습장애를 구성하지는 않는다. 학습장애가 다른 장애 조건들이나 외적인 영향과 함께 일어날 수 있다고 하더라도 이러한 조건과 영향의 직접적인 결과는 아니다(NJCLD, 1988).

다. 「장애인 등에 대한 특수교육법」 정의

「장애인 등에 대한 특수교육법 시행령」의 특수교육대상자 선정기준에서는 학습장애를 지닌 특수교육대상자를 다음과 같이 기술하고 있다.

> 개인의 내적 요인으로 인하여 듣기, 말하기, 주의집중, 지각(知覺), 기억, 문제해결 등의 학습기능이나 읽기, 쓰기, 수학 등 학업성취 영역에서 현저하게 어려움이 있는 사람으로 규정하고 있다(「장애인 등에 대한 특수교육법 시행령」 제10조 특수교육대상자 선정기준 별표 참조).

2. 학습장애의 분류

흔히 학교현장에서는 학습장애에 대한 이해의 부족으로 인하여 학습부진아, 학습지진아 등과 학습장애아동을 혼용해서 사용되는 경우가 있다. 학습부진아와 학습지진아, 학습장애아동에 대하여 간단히 기술하면 〈표 15-1〉과 같다.

〈표 15-1〉 **학습부진아와 학습지진아, 학습장애아동의 구분**

- **학습부진아(underachiever)**
  정상지능을 가지고 있으며, 신경계에 이상은 없으나 정서문제나 사회 환경적인 원인들 때문에 학업성취도가 떨어지는 아동이다. 내·외적 요인이 제거되거나 치료적 개입을 통해 교정되면 정상학습능력과 학업성취도를 보일 수 있다.

- **학습지진아(slow learner)**
  선천적 지적능력의 결핍으로 인해 학습 진보가 떨어지는 아동이다(대개 IQ 70~89). 일반 아동집단의 하위 15~20%에 해당하며, 경도지체아동과 비슷한 학습상 문제를 가지나, 그 정도가 가볍다.

- **학습장애아동(children with learning disabilities)**
  정상 또는 정상 이상의 지능을 가지고 있으며, 정서 및 사회 환경적인 문제 등 내·외적 원인이 없음에도 불구하고 학업성취도가 떨어지는 아동이다. 대개 신경학적 기능장애로 인하여 유발되는 것으로 추정한다.

학습장애를 다른 장애조건들이나 다른 유형의 교육적 지체와 분류하기 위해서는 대개 세 가지 준거(불일치, 배제, 특수교육 준거)를 이용해 왔다. 최근에는 불일치 준거에 대한 의문이 제기되면서 중재에 대한 반응(RTI)이 보완적으로 제시되고 있다(〈표 15-2〉 참조).

〈표 15-2〉 **학습장애 분류준거**

- **불일치 준거:** 아동은 형식적 및 비형식적 사정에 의해 측정될 때 지각된 잠재능력과 실제적인 성취도 간에 심한 불일치(통계적으로 유의미한 차이)를 나타내야 한다.
- **배제 준거:** 아동의 학습장애는 시각 및 청각장애, 정신지체, 심한 정서장애 또는 문화적 차이의 일차적인 영향을 받지 않는다.
- **특수교육 준거:** 아동은 특수교육서비스의 필요성을 표명하여야 한다. 특수한 지원 없이는 아동의 장애로 인하여 학습에 지장을 초래할 것이다.
- **중재에 대한 반응:** 평가과정의 일부로서, 아동이 과학적이고 연구에 기초한 중재에 어떻게 반응하는지 그 여부를 결정하는 과정이다. 예컨대, 아동의 학업성취 수준이 개선되지 않은 경우에는 더 강도 높은 다양한 교수수준의 중재를 제공하여 학습장애의 여부를 결정하는 방법이다.

학습장애의 하위 분류는 앞서 정의상에 기술된 다양한 종류의 장애를 통해 이해될 수 있다. DSM-Ⅴ(2013)의 특정학습장애 진단기준에서도 읽기장애, 쓰기장애, 수학장애로 구분하여 제시하고 있다. 또한 커크와 찰팬트(Kirk & Chalfant, 1984)는 학습장애를 발달상 학습장애와 학업상 학습장애로 구분하고 있으며([그림 15-1] 참조), 최근에는 언어성 학습장애와 언어능력보다는 공간지각능력, 운동능력, 사회성 기술과 같은 비언어적 능력에 결함을 보이는 비언어성 학습장애로 구분하기도 한다(Lerner, 2005). 이러한 분류는 학습장애를 이해하고 중재를 계획하는 데 많은 도움을 준다.

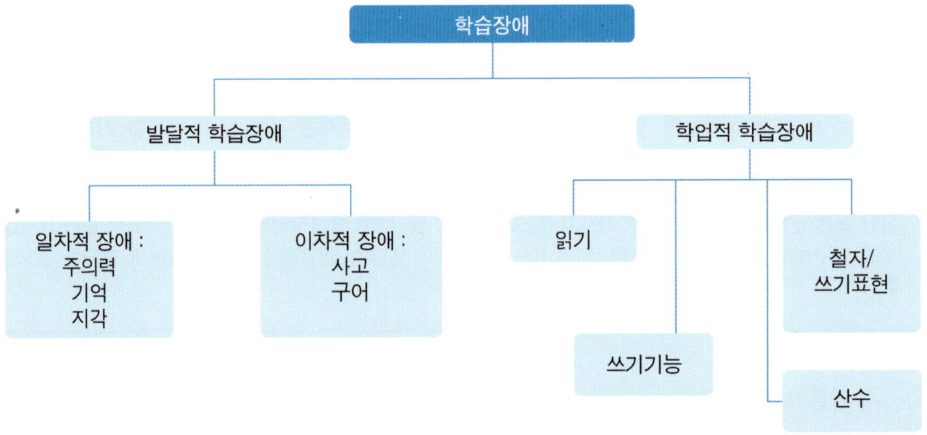

[그림 15-1] **커크와 찰팬트(1984)의 학습장애 분류**

Ⅱ 출현율 및 원인

1. 학습장애의 출현율

우리나라의 학습장애 출현율에 관한 연구에서는 0.83%에서 14%의 다양한 범위를 보이고 있다(김동일 · 이대식 · 신종호, 2003). 국립특수교육원(2001)의 조사에 의하면, 학습장애의 출현율은 1.17%인 것으로 밝혀졌다. 이것은 우리나라 전체 아동 중 특수교육 요구아동 출현율이 2.71%라는 점에서 볼 때, 그 구성비율이 43.17%로 가장 높은 비율을 차지하는 장애영역이다. 학습장애의 출현율은 연구자에 따라 표본 선정, 구체적 정의, 검사도구 등에 차이가 있기 때문에 다양하게 보고되고 있으며, 아직까지 우리나라에서는 대표성 있는 표본을 가지고 학습장애 출현율을 조사한 연구가 부족한 실정이다. 또한 현실적으로 경도의 지적장애아동 및 정서 · 행동장애아동은 물론이고 특히 학습부진아와 학습장애아동을 명확하게 구분하기가 쉽지 않은 점은 정확한 출현율을 추정하는 데 어려움을 더해 준다.

학습장애의 출현율이 상당히 높은 것으로 추정되고 있는 데 반하여, 학교현장에서 학습장애로 특수교육 서비스를 받고 있는 학생의 수는 전체 특수교육 요구아동 총 92,958명 중 1,409명으로 그 구성비율이 1.5%에 불과하다(교육부, 2019). 이러한 사실은 국내 학습장애 분야의 짧은 역사와 함께 우리나라 학교현장에서 학습장애와 같은 경도장애에 대한 이해가 많이 부족하다는 점을 보여 준다.

미국의 경우, 최근 2019년에 발표된 41차 국회연차보고서에서 특수교육을 받는 아동의 33%가 학습장애 범주에 속한 것으로 보고되고 있다(U.S. Department of Education, 2020). P.L.94-142의 통과 이후 학습장애로 판별된 학생의 수가 급격하게 증가하여 특수교육 수혜 학생의 절반 이상을 차지하기도 하였으나, 최근 학습장애 학생을 위한 평가 및 판별 기술의 개선 등으로 인하여 점차적인 감소 추세를 보이고 있는 것이다. 하지만 여전히 학습장애가 특수교육에서 가장 큰 비중을 차지하는 범주임을 확인할 수 있다.

2. 학습장애의 원인

학습장애의 원인에 대한 연구는 오랜 역사를 지니고 오늘날까지 계속되고 있으나 여전히 명확하고 통일된 한 가지 원인을 제시하지 못하고 있다. 이는 학습장애를 가진 아동이 모두 같은 종류의 결함을 갖는 것이 아니고 여러 가지 복합적 원인을 가질 수 있음을 의미한다. 지금까지의 연구에서 제기되어 온 학습장애의 주요 원인에는 뇌손상 및 뇌기능 장애, 유전, 생화학적 불균형 및 환경적인 요인 등이 포함된다.

가. 뇌손상 및 뇌기능장애

학습장애 분야는 신경학적 요소들이 학습장애의 기초를 이룬다는 의학적이고 임상적인 가정으로부터 성장하였다. 그러나 이 분야에서 신경학적 기능장애를 믿을 만한 하나의 원인적 요소로 수용하는 데 소극적이었던 이유는 신경학적 측정의 정확성에 대한 의문과 행동주의와 환경주의의 인기 때문이었다. 최근에 와서야 전문가들은 학습장애의 신경학적 설명에 대해 더욱 호의적인 견해를 취하였다(Hallahan et al., 2005).

많은 연구자들은 학습장애의 가장 일반적인 원인으로 출생 전·후 및 출생 시에 얻게 된 뇌손상이나 미세뇌기능장애로 추정하고 있다. 모든 학습은 대뇌에서 일어나기 때문에 학습장애가 특수한 뇌기능과 관련 있으며 중추신경계의 손상 혹은 기능장애에 의해 발생할 것이라고 추측하기 때문이다. 출생 이전에 발생할 수 있는 뇌손상의 요인들로는 RH 요인, 모체 내의 풍진과 같은 질병감염, 알코올이나 약물남용으로 인한 태아의 신경계 발달지체, 산모의 영양결핍이나 정서적 불안정 및 충격 등이 포함된다. 출생 시에서는 산소결핍 상태, 조산아와 미숙아 출산, 난산, 출생 시 의료 기구에 의한 부상 등의 원인이 있으며, 출생 후에는 심한 신생아 황달, 뇌진탕, 뇌염, 뇌막염, 고열, 탈수증, 영양실조 등의 요인으로 인해 뇌손상이 발생할 수 있다(Bender, 2008; McNamara, 2007).

최근에는 자기공명영상(magnetic resonance image; MRI), 기능적 자기공명영상(functional magnetic resonance imaging; FMRI), 뇌전기활동도(brain electrical activity mapping; BEAM), 양전자방사단층촬영법(positron emission tomography; PET) 등의 뇌 영상술의 발달에 힘입어 뇌 연구들이 활발하게 이루어지고 있으며, 이를 통해 학습장애를 가진 사람의 뇌는 정상인의 것과 차이가 있음을 밝히는 많은 연구들이 행해졌다(Bender, 2008). 예를 들면, 난독증을 가진 사람들은 읽기에 문제를 가지지 않은 사람들과 뇌의 구조와 기능에서 차이가 있다(Lyon et al., 2001). 이와 같은 신경진단기법은 학습장애를 진단하는 데 전망이 상당히 밝은 것으로 보인다.

나. 유전

학습장애의 유전 가능성에 대한 연구는 주로 학습장애를 가진 사람의 유전자 연구와 가계 연구, 쌍생아 연구를 통해 이루어졌다. 예를 들면, 아동에게 읽기장애를 일으키는 염색체는 6번과 15번 염색체로 보고되고 있으며(Hallahan, Kauffman & Lloyd, 1999), 읽기에 학습장애가 있는 사람의 가족 구성원 내에서 읽기장애 출현율(35~45%)은 모집단에서의 출현율

추정치(5~10%)보다 상당히 높은 편이다(Pennington, 1990).

가계 연구에서는 부모의 양육 방식이나 환경적인 요소를 배제할 수 없기 때문에 흔히 같은 유전적 특성을 가지는 일란성 쌍생아와 이란성 쌍생아를 통한 연구를 수행하게 된다. 스미스(2004)는 일란성 쌍생아 집단에서 읽기와 구어/언어장애를 보이는 확률이 54~75%로 이란성의 경우 32%보다 높은 것으로 보고하였으며, 또한 정상적인 구어 읽기 측정에서도 더 높은 일치율을 보고함으로써, 학습장애가 유전과 어느 정도 상관이 있음을 밝혔다.

다. 생화학적 불균형

뇌손상이나 유전적 요인 등에 대한 뚜렷한 증거가 없으면서 학습장애를 나타내는 아동들 가운데는 생화학적 불균형이 그 원인인 경우가 있다. 생화학적 물질은 신경세포들 사이에서 전기 충격을 조절하고 이완하면서 뇌활동에 중요한 역할을 하는데, 이러한 생화학적 물질이 과소하거나 과다할 때 뇌의 전기적 활동에 이상이 일어날 수 있다는 것이다. 예컨대, 내분비호르몬과 과잉행동 및 학습장애 간에는 어느 정도 관련성이 있는 것으로 알려지고 있다. 갑상샘호르몬의 수준이 낮을 경우 기억, IQ 및 에너지의 저하를 가져올 수 있으며, 과다할 경우에는 과잉행동, 신경과민 및 주의산만 등을 가져올 수 있다. 또한 혈당수준이 낮을 경우에도 단어 찾기에 어려움을 겪으며 철자 오류도 증가하는 것으로 나타났다(Pierangelo & Giuliani, 2006).

음식섭취가 부족하거나 심한 영양결핍도 감각능력에 손상을 주고 발달을 지연시킴으로써 아동의 학습능력을 감소시킬 수 있다. 페인골드(Feingold, 1975)는 학습장애를 포함하는 과잉행동이 음식첨가물로 인하여 올 수 있음을 제안하였으며, 또한 설탕과 같은 특정한 음식이 행동 변화를 일으킬 수 있음을 시사하였다. 1970년대에 인기가 있었던 또 하나의 접근법으로는 과다 비타민 요법을 들 수 있다. 이는 사람의 피가 적당량의 비타민을 합성시킬 수 있는 능력이 결여될 때 학습장애를 유발할 수 있다는 것이다. 학습장애를 치료하기 위해서는 의심되는 비타민 결여를 중화하기 위해 다량의 비타민이 권장되었는데, 이러한 치료 효과를 구체화하지는 못하였다(Gargiulo, 2004). 생화화적 불균형에 대한 연구는 학습 장애의 원인을 밝히는 문제에 있어서 아직까지 결정적인 연구 성과를 이루지 못하고 있다.

라. 환경적 요인

학습장애의 정의에서는 환경적 영향으로 인한 경우를 배제 조건으로 명시하고 있다.

그러나 학습장애와 낮은 사회경제적 지위 간에는 강한 관련성이 존재한다(Blair & Scott, 2002). 심한 빈곤이나 열악한 환경은 아동의 성장에 부정적인 영향을 줄 수 있으며, 불우한 환경에 처한 아동들이 학습에 문제를 보일 수 있다. 생후 초기의 심한 영양실조와 심리학적 자극의 결핍은 환경적 요인의 대표적 요소로 볼 수 있는 데, 영양실조와 학습장애 간의 일정한 상관을 밝히기는 어렵지만 생후 초기의 심한 영양실조는 중추신경계통에 영향을 미쳐 아동의 발달과 학습에 영향을 미칠 수 있다.

환경실조에 해당하는 심리학적 자극의 결핍 또한 학습장애의 원인으로 꼽히는데, 취학 전에 형성되어야 할 학습과 관련된 여러 가지 기능들의 발달에 필요한 자극이 충분하지 않았거나 취학 후 학습 상황에서 직접적이고 체계적인 교수를 받지 못하여 학습문제가 발생할 수 있다(Engelmann, 1977).

이상에서 볼 때, 학습장애의 원인은 다양하며 명확하게 제시되지 않고 있다. 더군다나 학습장애아동이 가지고 있는 원인을 안다고 하더라도 특히 교육자의 관점에서는 어떻게 가르쳐야 할지 아무런 정보를 얻지 못한다. 그러므로 우리들은 다양한 전문가들과 함께 협력하여 아동들이 갖는 곤란을 파악하여 효과적으로 대처하고 극복할 수 있는 방법을 찾는 데 주력하는 것이 보다 중요할 것이다.

Ⅲ 학습장애의 판별

학습장애아동을 판별하기 위한 모델로서는 지금까지 불일치 모델이 많이 이용되어 왔다. 최근에는 중재반응 모델이 제기되고 있는데, 이는 미국 IDEIA(2004)가 아동이 특정학습장애를 가지고 있는지 여부를 결정하기 위한 방안으로 요구하는 것이다. 지금까지 이용해 온 학업성취와 지적능력 간의 심한 불일치 여부를 더 이상 시행할 필요가 없게 되었고, 아동이 과학적으로 입증된 연구기반 중재에 반응하는지를 평가하여 학습장애의 적격성 여부를 파악하게 되었다. 물론 다른 대안적인 연구기반 절차가 이용될 수 있지만, 본 절에서는 학습장애의 두 가지 사정 모델과 함께 학습장애아동에 관한 다양한 정보수집 방법을 살펴본다.

1. 학습장애의 사정 모델

가. 학습잠재력과 학업성취 수준 간의 불일치 모델

기본적으로 학습장애아동을 진단평가하기 위해서는 표준화된 IQ 검사로 측정된 지능과 다양한 학업적 교과 영역에서의 성취도 간에 상당한 차이가 있는지를 확인하여야 한다. P.L. 94-142가 통과된 이후, 미국 교육부에서는 다른 요인으로 설명되지 않는 여러 형태의 불일치를 학습장애를 나타내는 유일한 요소로 지적하였는데, 이러한 불일치 모델은 전문가들이 학습장애를 판별하는 데 정식적으로 이용하는 것으로 밝혀졌다(Mather & Roberts, 1994).

학습장애아동은 학습할 수 있는 지적능력을 갖추고는 있지만 학업수행능력이 이러한 잠재력에 부합되지 못한다는 개념에 근거하여 불일치 사정절차가 이루어진다(Hallahan, 2007). 불일치를 결정하는 방법으로는 학년수준의 편차, 학년 및 연령점수에 기초한 불일치, 표준점수 비교에 기초한 불일치 그리고 회귀분석을 통한 방법 등이 있다.

모든 검사는 문제점을 가지지만 적어도 표준점수와 회귀분석의 사용이 권장되는 편이다. 지능과 학업성취도 간의 편차로 진단하는 방법은 표준화된 개별 지능검사에서 도출한 지능에 비해 학업성취도가 -1SD~-2SD 이상 차이가 날 때 학습장애로 판별되고 특수교육서비스에 적격한 것으로 본다(Salvia, Ysseldyke & Blot, 2007). 한편 아동이 일련의 검사를 하게 되면, 점수가 평균으로 회귀하는 경향이 있다. 결과적으로 표준점수 불일치 절차는 지능이 특별히 높거나 낮은 경우 훨씬 덜 정확하게 될 가능성이 있기 때문에 이러한 현상이 고려되어야 한다(Bender, 2008). 그러나 지능검사가 아동의 잠재력을 어느 정도 정확하게 측정할 수 있는지 의문이 제기되고 있다. 표준화된 지능검사들은 학습이나 언어능력과 관련이 높고 문화나 개인적 경험에 영향을 받을 수 있으므로 학습장애아동은 자신의 장애로 인해 낮은 점수를 받을 수밖에 없다. 지능과 학업성취도 간의 불일치를 학습장애의 기준으로 할 경우 똑같이 자신의 연령 수준에 해당하는 학업성취도를 가진 경우라도 지능이 낮은 학생에 비해 지능이 높은 학생이 학습장애로 진단될 가능성이 더 크다.

또한 학습장애아동이 얻은 실제 점수는 자기의 수행수준을 의미 있게 나타내는 것이지만, 아동마다 특이한 수행을 보이고 그것이 대부분 검사점수에 영향을 미치기 때문에 불일치의 정도를 수량화하여 판별하는 것은 문제가 되기도 한다. 많은 전문가들은 이러한 측정의 기술적 부적합성을 인식하고 있기 때문에 이들을 단순한 지침으로 사용하고 있다.

이상에서 볼 수 있듯이 불일치 준거는 학습장애 진단의 기본 범주로 받아들여져 강력한 요건으로 여겨져 온 것은 사실이다. 그러나 「장애인 등에 대한 특수교육법」이나 진단 시스템에서조차도 불일치 진단기준이나 불일치 산출 공식에 대한 세부적인 지침이 제시되지 않음으로써 현장에서 학습장애를 판별할 때 일관성을 유지하는 데 어려움이 있다. 또한 통계적 기준과 임상적 판단 간의 모순, 초등학교 저학년이나 취학 전 아동의 불일치 기준 적용의 어려움 등 불일치 기준 적용의 타당성에 대한 논쟁이 계속되어 오고 있다.

불일치모델에 대한 대안으로는 중재 전후의 수행 수준 간의 불일치, 학업 기술이나 인지적 기술들 간의 불일치를 사정하거나 관찰보고나 면담 정보 등을 고려하는 것들이 제안되고 있다(Lerner, 2003).

나. 중재-반응 모델

불일치 준거의 문제점들에 대한 논란이 계속되면서 여러 학자들은 불일치 모델에 대한 긍정적인 대안으로서 중재-반응 모델에 따라 학습장애를 진단하고 판별할 것을 주장해 왔다. 중재-반응 모델은 효과가 입증된 중재에 따른 수행 수준의 변화를 지속적으로 진단한 후에도 변화가 없을 때 학습장애아라고 판별하는 것이다.

중재-반응 접근을 이용한 중재 모델에는 예언자-기준 모델과 이중 불일치 모델, 기능적 평가 모델이 있다. 예언자-기준 모델은 읽기장애와 관련된 연구에서 어느 정도 강력한 효과를 보여 주는데 읽기 학습에 필요한 기능을 가장 잘 예언해 주는 요소에 중점을 둔다. 이는 중재에서의 효과는 입증되었으나 이것이 진단 과정에 어떻게 적용될지는 연구의 여지가 있다. 이중 불일치 모델은 푸치스와 푸치스(Fuchs & Fuchs, 1998)가 제안한 처치타당성(treatment validity)의 개념에 바탕을 두고 학업성취 수준과 학업 성장률이 모두 학급 동료들에 비해 낮은 이중 불일치를 보일 때만 학습장애를 진단하는 방법이다. 이것은 문제 확인과 문제 증명이라는 두 가지 단계를 모두 적용하므로 학습장애 진단의 타당성이 높다. 기능적 평가 모델은 학업 수행을 환경적 측면과 관련지어 학생의 낮은 수행을 설명할 수 있는 환경요인을 분석하고 수업 중재를 제공하여 학업반응을 개선한다. 이 모델에서는 교수적 위계(instructional hierarchy)의 개념을 중요시하며 중재요소와 기능 숙달의 단계 간 관계를 기술하는 데 학생들은 수업을 통해 획득, 유창성, 일반화, 조정(adaptation)의 단계를 거친다.

다양한 RTI가 거론되고 있지만, 세 가지 수준의 중재([그림 15-2] 참조)가 많이 이용되고 있다. 각 수준은 점차적으로 교수가 개별화되고 집중적으로 제공되는데, 이는 어느 정도 향상되었는지를 측정하기 위해 계속적인 진보에 대한 점검을 함으로써 가능하다(Yell, Shriner & Katsiyannis, 2006).

NJCLD(2005)는 RTI에 대해 다음과 같은 장점을 밝히고 있다. 첫째, 장애의 조기 판별과 예방에 초점을 둠으로써 특수교육에 의뢰되는 아동의 수를 줄인다. 둘째, 소수민족의 과잉판별을 감소시키기 위한 것이다. 셋째, 일반교육의 부분으로서 일반교육교사의 책임이기도 하다. 넷째, 의심되는 모든 범주의 장애를 포함함으로써 아동의 성과와 향상된 책무성에 초점을 둔다. 다섯째, 증거에 근거하거나 혹은 과학적 연구에 근거한 자료들을 이용하고 점차적으로 집중적인 교수 수준을 제공한다. 여섯째, 범주별 명명을 하지 않고 학생에게 서비스를 제공한다. 일곱째, 책임감 공유와 협력을 촉진시킨다.

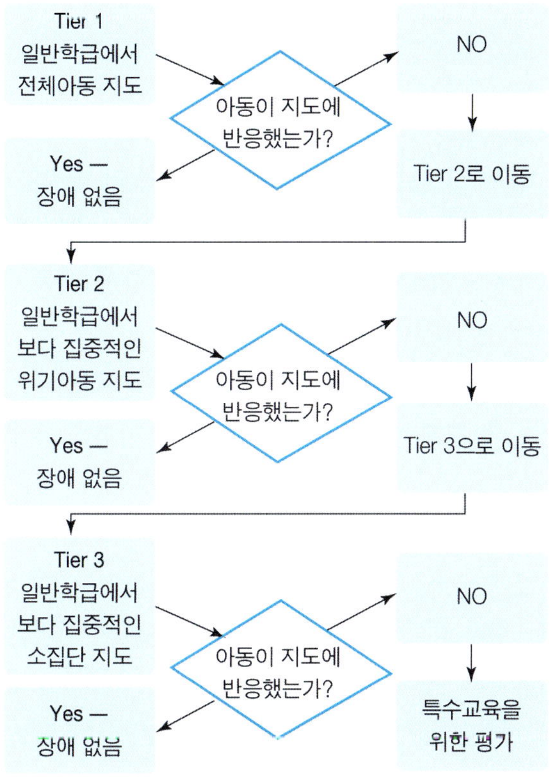

출처: Lerner & Johns(2009: 49).

[그림 15-2] 중재반응의 세 가지 교수 수준

이상에서 볼 때, 학습장애아동을 판별하고 특수교육서비스의 적합성을 결정하기 위해서는 다음의 조건을 만족하여야 할 것이다(Yell, Shriner & Katsiyannis, 2006). 첫째, 구어표현, 듣기 이해력, 쓰기 표현, 기본적 읽기 기능, 읽기 유창성, 읽기 이해, 수학적 계산 혹은 수학 문제해결 등에서 적절하게 성취를 하지 못하거나 주의 기준에 미달하여 학업성취에 어려움을 보이는 경우, 둘째, 과학적이고 연구 기반의 중재에 대한 아동의 반응에 근거한 절차를 이용하였으나, 하나 이상의 영역에서 주의 학년 기준을 성취하는 데 있어서 충분한 진보를 보이지 않는 경우, 셋째, 수행이나 성취 또는 두 가지 모두에서 주의 학년 기준이나 지적발달에 있어서 어떤 패턴의 강약점을 보이는 경우에 가능하다.

미국 「특수교육법」(IDEA, 2004)에서는 특정학습장애를 가진 아동을 판별하기 위한 일반적인 준거로 다음의 3가지를 포함하도록 규정하고 있다. 첫째, 지적 능력과 성취 간의 심한 불일치 이용을 요구해서는 안된다. 둘째, 과학적 연구기반의 중재에 대한 아동의 반응에 근거한 절차 이용을 허용해야 한다. 셋째, 기타 대안적인 연구 기반 절차 이용을 허용할 수도 있다.

2. 사정 유형

사정의 목적을 크게 두 가지로 나누어 보면, 장애아동의 배치와 지도로 구분된다.

첫째, 사정은 의심이 가는 아동이 실제로 학습장애를 가지고 있는지 그리고 어떠한 배치가 가장 적절한 교육을 제공해 줄 수 있을 것인지 등에 대한 근거자료를 제공한다 (Lerner & Johns, 2009).

사정은 다양한 전문가들에게 의뢰하는 공식적인 평가 이전에 학생의 수행에 관한 자료들을 수집하는 방법, 즉 의뢰 전 활동으로 시작한다. 이것은 학급에서 어려움을 겪는 아동을 위해 일반교육 학급교사에 의해 행해지는 예방적 중재 측정이라 할 수 있다. 일단 의뢰되면 다학문적 평가를 통해 아동이 학습장애 프로그램에 적합한지를 결정하게 된다.

실제적인 학습장애진단은 대개 표준화 검사를 이용하는데, 이것은 아동의 능력수준을 비슷한 연령과 지능을 가진 아동의 정상 발달로 고려되는 것과 비교하는 것이다. 읽기, 쓰기 및 수학 장애의 경우를 예로 들면, 아동의 지능검사와 각 학문영역에 대한 개별성취도검사 등의 표준화 검사를 통해 아동의 능력이 일차적으로 평가된다. 그 외에도 전문가들은 시각 및 청각에 이상이 있는지 검사해야 하며, 학교 수업의 결손 정도가 어떠하였는지 등을 확인한다.

둘째, 사정은 아동의 장애 여부가 결정된 후 개별 아동의 욕구에 맞는 적절한 교육계획을 수립하고 계속적인 점검을 하는 데 도움을 준다.

예를 들어, 만약 아동이 학습장애를 가진 것으로 결정되면 개별화된 특수교육 프로그램을 계획하여야 한다. 이때에는 아동이 할 수 있는 것과 할 수 없는 것을 체계적으로 확인하여야 하며, 아동의 특정 문제를 찾아내야 한다. 만약 아동이 단어를 듣고 분리된 음을 구분하지 못한다면, 다른 음을 구분하는 데도 문제가 있는 것인지를 알아내야 한다. 또한 아동이 글을 쓰는 데 문제가 있다면 소근육운동에 지체가 있는지, 혹은 기억에 문제가 있는지 등을 발견하여야 한다. 특수교육교사 역시 아동이 할 수 있는 과제 형태와 잘 기능하는 감각들을 확인하여야 한다. 아동의 강약점을 파악하는 것은 아동이 학습할 수 있도록 대안적인 방법을 제공해 주는 데 도움을 줄 것이다. 또한, 사정은 아동을 위한 교수계획이 이행되고 난 후 연간 목표와 단기 목표의 달성 정도를 점검하는 것과 지도계획의 방향을 재설정하는 등 계속적으로 수정·보완하는 것을 가능하게 해준다.

아동을 사정하기 위해서는 먼저 아동에 관한 여러 가지 정보를 수집하여야 한다. 일반적으로 이용되는 방법은 면접, 관찰, 행동평정척도, 비형식적 검사 및 형식적 표준화 검사 등으로 다양하다.

가. 면접

표준화 검사와는 달리 자유로운 상황에서 면접을 통해 부모나 교사, 의사표현이 가능한 경우 학생 본인 또는 아동의 친구들에게서 필요한 정보를 얻을 수 있다. 면접은 적절한 질문을 통해 문제 상황의 맥락적인 정보나 발달사에 대한 상세한 정보를 끌어낼 수 있으며, 기대나 예후 등과 같은 부가적인 정보를 얻을 수 있는 장점이 있다. 반면에 신뢰도나 객관도, 타당도에 대한 준거가 없어서 면접자의 능숙함 정도나 상황에 따라 응답이 달라질 수 있다는 점이 단점으로 지적된다.

나. 관찰

능숙한 관찰자는 특정 환경에서 관찰을 통해 아동의 행동을 빠르고 정확하게 파악하여 표준화된 검사도구나 면접에서 나타나지 않는 여러 가지 특성들을 찾아낼 수 있다. 아동의 행동을 관찰하는 것은 다른 사정 방법에서 얻은 결과를 더욱 확실하게 하거나 일반적인 개인의 적응을 알아내는 데 유용하게 이용될 수 있다.

다. 행동평정척도

행동평정척도는 교사나 부모가 측정할 수 있는 양식으로 그들이 아동과 함께한 경험과 관찰을 바탕으로 기록한다. 아동의 행동 특성에 대한 교사의 판단은 학습장애학생을 판별하는 데 유용하며, 평정척도는 이러한 과정에서 유용한 검사도구의 기능을 담당한다. 하나의 예로, 마이클버스트(Myklevust)의 Pupil Rating Scale을 들 수 있는 데, 이는 언어성 검사(언어수용, 언어표현)와 비언어성 검사(방향정위, 운동협응능력, 사회적 행동)의 총 24문항으로 구성된 5점 척도이다. 이는 한국에서 표준화되어 Kise-학습장애선별척도로 사용되고 있다(국립특수교육원, 1996). 그 외에 국내에서 시판되고 있는 학습장애평정척도로는 신민섭 등(2006)이 표준화한 한국판학습장애평가척도(K-LDES)와 조용태, 이근매(2008)가 개발한 학습장애평정척도(LDCL) 등이 있다.

라. 비형식적 평가

비형식적 평가는 표준화된 형식적 평가가 아닌, 다양한 사정 방법을 포함한다. 이것은 검사하는 동안 아동의 특성에 따라 조정할 수 있으며 평가를 더 자주 실시하고 다양한 절차와 자료들을 사용할 수 있다는 장점이 있다. 비형식적 평가에는 교육과정중심 측정과 준거지향검사, 포트폴리오, 교사 자작 검사 등이 포함된다.

교육과정중심 측정은 아동이 참여하고 있는 실제 교육과정의 목표를 학습하는 데 있어 아동의 진보하는 사항을 자주 사정하는 검사이다. 이것은 간편하게 실시할 수 있으며 비용과 시간 면에서 효율적이고, 시간에 따른 아동 수행의 점진적 변화를 민감하게 파악할 수 있는 장점을 갖는다(김원경 외, 2008). 활용할 수 있는 검사도구로는 김동일(2000)이 개발한 기초학습기능 수행평가체제의 읽기검사와 수학검사 등이 있다. 준거지향검사는 아동의 특정한 기술의 숙달을 측정하는 것으로 아동의 현재 수행 수준을 고려하여 타당한 수행 준거에 맞게 교사가 직접 제작하여 사용할 수 있다.

마. 형식적 평가

형식적 평가는 많은 수의 아동을 대상으로 표준화된 검사이다. 이 검사는 평가자의 숙련도나 기초지식 습득이 요구되며, 검사의 시행 절차를 엄격하게 지켜야 하고 규준을 참조하여 정확하게 점수를 계산하고 해석하여야 한다. 지적능력과 지적과정에 대한 평가로는 K-WISC-Ⅲ, K-ABC, KISE-KIT 등이 있으며, 학력평가로는 국립특수교육원 기초학력평가(KISE-BAAT), 기초학습기능검사 등이 있다. 학년이나 연령규준, 백분위 등급 또는 척도화된 점수 등에서 아동에 대한 정보를 얻을 수 있다.

그러나 학습장애아동을 사정하는 데 있어서 형식적 평가가 완전한가에 대한 의문이 제기되고 있다. 표준화된 검사라 할지라도 표준화 집단의 표집이나 신뢰성, 타당성의 측면에서 학습장애를 사정하는 데 있어서 많은 평가들이 기준에 부적합한 것으로 나타났다(Salvia & Ysseldyke, 1998). 그러므로 평가의 제한성을 염두에 두고 단일평가에서 도출된 점수나 정보는 단지 아동에 대한 부분적인 정보로 받아들여야 하며 특정 평가의 의미를 과도하게 일반화하지 않는 것이 바람직하다.

Ⅳ 학습장애아동의 특성

학습장애아동은 이질적인 집단으로 아동에 따라 다양한 특성을 보인다. 예를 들면, 어떤 아동은 읽기에서만 문제를 보이고, 또 다른 아동은 읽기는 별다른 문제가 없으나 쓰기에 문제를 나타내는 경우가 있다. 수년에 걸쳐 학습장애와 관련된 특성으로 확인된 것들은 상당히 다양하지만, 학습장애아동이 이러한 특성들을 모두 나타내는 것은 아니라는 점을 인식할 필요가 있다(Gargiulo, 2004). 학습장애는 그 특성이 학업영역에만 국한되는 것이 아니라, 선수기능은 물론이고 사회 정서적 영역에 이르기까지 다양하다.

1. 기억결함

학습장애아동은 기억적인 측면에서도 어려움을 보인다. 이들은 나이가 어리거나 미숙한 아동의 기억과 유사하며(Swanson, 1994), 학습된 정보를 유지하며 읽고 들었던 내용을 되풀이하거나 복잡한 지시를 따르고 올바른 순서대로 과제를 이행하는 데 어려움을 갖는다(Smith et al., 2004). 이러한 기억에서의 결함은 단기기억과 작동기억에서 흔히 일어나는데, 예컨대 학습장애아동은 방금 듣거나 본 숫자, 글자, 그림 등을 회상하는 데 단기기억과제에 어려움을 보이거나, 다른 인지활동을 하면서 동시에 정보를 유지하는 데 어려움을 보인다.

2. 주의집중결함

학습장애아동은 흔히 주의력 문제를 갖는데, 약 41~80%나 되는 것으로 추정된다(Smith et al., 2004), 또한 학습장애와 주의력결핍 · 과잉행동장애(ADHD)의 공존성이 약 25%에 이르는 것으로 밝혀지고 있다(Forness & Kavale, 2002). 주의력결핍 · 과잉행동장애의 주요 특징은 부주의, 과잉행동 및 충동성으로 보고된다. 이들은 의식적으로 주의를 집중하여야 하기 때문에 과제수행에 더 많은 어려움을 보이게 된다(Sternberg & Wagner, 1982).

3. 지각결함

학습장애아동은 시지각과 청지각에 대한 학습과제에서의 결함이 보고되고 있다(Lerner, 2003). 예를 들어, 청지각의 문제는 청각 손실로 인해서 오는 것이 아니라 음을 지각하는 데 어려움을 의미한다. 지각의 곤란으로 인하여 교통신호, 위험신호, 방향표시, 단어, 그림 등을 인지하고 변별하고 해석하는 데 어려움이 있을 수 있으며, 이와 관련된 학습과제에서 반응속도가 느리다. 또한 지시를 잘 이해하지 못하고 의사소통이 저조하며 사회적 상황에서 서툰 경험을 할 수 있다(Friend, 2005).

4. 인지와 초인지 결함

학습장애아동은 흔히 비조직적인 사고로 인하여 가정에서 일과를 계획하고 조직하는 데 어려움을 갖는다(Hallahan & Kauffman, 2003). 초인지는 과제가 요구하는 것을 인지하고, 적절한 전략을 선택하여 이행하며, 과제수행을 점검하고 조정하는 등의 요소를 포함하는데, 학습장애아동은 흔히 계획하고 조직하는 전략, 우선순위 정하기 및 문제를 예견하고 해결하기 위한 전략이 결여되어 있는 것으로 보고된다(Pierangelo & Giuliani, 2006).

5. 동기유발 및 귀인 문제

학습장애아동은 학교에서 성공하기 위한 동기유발을 가지지 못한다. 이들은 학업적인 실패를 거듭함으로써 흔히 자신감이 없고 쉽게 좌절하며 수동적이고 무기력한 학습자가 된다(Torgeson, 1977). 또한 많은 학습장애아동들은 그들 자신의 성공을 자신의 노력으로 돌리지 않고 그들이 통제할 수 없는 상황이나 사건 탓으로 돌리는 경향이 있다.

6. 사회 · 정서적 문제

학습장애아동은 흔히 초기부터 또래아동으로부터 제외되고 낮은 자기개념을 가진다(Sridhar & Vaughn, 2001). 성인이 되어서도 제외된 상처로 인하여 고통스러워하고 쉽게 잊지를 못한다. 이들이 갖는 특성은 사회적 단서를 잘못 읽거나, 다른 사람의 감정을 잘못 해석하고, 자기가 다른 사람을 괴롭히는지를 알지 못하며, 자신의 행동이 타인에게 어떤 영향을 미치는지를 인식하지 못하고, 타인의 입장에서 바라볼 수 있는 능력이 부족하다. 학습장애아동의 75%가 사회적 기술결함을 가지고 사회적으로 고립되어 있으며, 또래에게 인기가 없는 것으로 보고된다(Kavale & Forness, 1996).

7. 학업적 문제

학습장애아동은 초등학년기에 능력과 성취도의 불일치를 보이기 시작하는데, 어떤 영역은 또래아동과 비슷하지만, 특정 영역에서 기대에 맞지 않게 더딘 학습률을 보이는 경우가 있다(Smith et al., 2004). 대개 읽기, 쓰기, 수학 등의 학업영역에서 여러 가지 어려움을 가지는데, 이러한 문제는 대학을 포함한 정규적인 학교교육이 끝날 때까지 지속된다(Bradshaw, 2001).

가. 읽기

읽기장애는 학습장애의 하위 영역 중에서 가장 높은 비율을 차지하는 장애로서 학습장애아동의 약 80%가 읽기장애로 분류된다고 한다(Lerner, 2003). 읽기문제의 경우 문장을 읽을 때 단어나 단어의 일부분을 빠뜨리고 읽는 생략(omission), 제시된 문장에 없는 단어나 문장을 추가해서 읽는 삽입(insertion), 문자나 단어의 좌우를 바꾸어 읽는 대치(substitution), 단어와 문장을 읽을 때 주저하는 것(hesitation) 등과 같은 특성을 보인다(Salvia & Ysseldyke, 1998). 또한 문자를 이해하는 기술이 결여되거나 단어분석 기술이 부족하여 읽기 이해를 잘하지 못하는 경우도 있다(Hunt & Marshall, 2005).

나. 쓰기

쓰기는 글자쓰기와 철자쓰기에서 시작하여 작문하기 그리고 다른 사람과 의사소통하는 과정을 거친다(Hallahan et al., 1999). 글자쓰기가 곤란한 아동은 흔히 소근육운동 협응의 결여, 과제 참여 실패, 시각적 이미지를 정확하게 인지하거나 기억하지 못하는 무능력, 혹은 부적절한 글쓰기 지도가 그 원인이 될 수 있다(Pierangelo & Giuliani, 2006). 일반적으로 학습장애아동은 또래아동에 비해 다소 느리게 발달하며, 문장 구성이 덜 복잡하고, 사고의 통합이 부족하고, 문단이 덜 조직적이며 덜 복잡한 이야기를 쓰는 것으로 보고된다(Gargiulo, 2004).

다. 수학

학습장애아동은 수학적 사고에 흔히 많은 문제를 가진다(Hunt & Marshall, 2005). 일반적으로 아동은 정규학교교육이 시작되기 전부터 수학적 개념을 적용하는 다양한 상황에 노출되기도 하며, 아동이 정규학교에 들어갈 때가 되면 이미 학습한 지식을 가지고 응용하게 되는데, 학습장애아동은 대부분 초기에 시작하는 과정에서부터 문제를 갖는다. 연산능력을 평가하기 위해 오류분석이 많이 이용된다. 오류 형태에는 부정확한 연산기호의 사용, 부정확하게 셈하기, 부정확한 단계나 방법을 이용하기, 반응의 오류 및 무작위 등이 있다(McLoughlin & Lewis, 1990). 수나 기본개념의 문제는 학년이 올라가면서 추리문제와 흔히 연관된다.

수학장애아동의 43%가 읽기문제를 가지고 있기 때문에(Robinson, Manchetti & Torgeson, 2002), 수학교과 학습에 있어서 단순 수학적 계산에 어려움을 갖는 경우와 단어인지에 어려움을 갖는 아동이 있음을 인식해야 한다(Fletcher et al., 2002).

V 학습장애아동 교육 방법

학습장애아동을 위한 지도 방법은 학습장애가 이질적인 집단으로 그 특성이 다양한 만큼, 이들을 위한 지도 방법 역시 다양하다. 예컨대, 읽기, 쓰기, 수학과 같은 학업영역에서의 문제뿐만 아니라, 선수기능에 해당하는 발달상 학습장애 영역이나 사회·정서적 영역 등을 지도하기 위한 다양한 방법이 있다. 할라한 등(Hallahan et al., 2005)은 학습장애아동을 위한 교육적 접근법을 다섯 가지 개념적 모델(의료적·진단처방적·행동적·인지적·구성주의적 모델)과 관련시켜 제시하였다. 그리고 러너(Lerner, 2003)의 경우에는 지도대상을 아동, 교육내용 및 환경의 세 가지 영역 등으로 나눈 뒤 각 영역에 세 가지 접근법을 포함한 총 아홉 가지 접근법을 제시하기도 하였다.

본 절에서는 대다수 학습장애아동들이 대부분의 시간을 보내는 일반학급에서 이들을 위한 효과적인 교수전략을 소개하고자 하며, 또래교수, 명시적 교수, 능동적 학습 촉진 교수, 스캐폴딩교수, 실행기능교수, 호혜적 교수 및 학습전략교수 등을 포함한다(Lerner & Johns, 2009).

1. 또래교수

일반학급에서 한 아동은 교사로서의 역할을 담당하고 다른 아동은 학생의 역할을 하면서 학습과제를 함께해 나가는 1 : 1 교수전략에 해당한다. 또래교사는 학급교사가 계획한 학업기능을 또래아동이 학습하고 연습하고 재고할 수 있도록 도움을 주는데, 같은 연령의 또래교수(same-age peer tutoring)와 몇 살 위의 또래교수가 하는 교차 연령의 또래교수(cross-age peer tutoring)가 있다. 또한 학급 전체를 대상으로 하는 또래교수(crosswide peer tutoring)도 있다.

또래교수는 학습장애아동을 지원하는 실제적인 방법으로서 성공적이고 타당한 전략으로 인정받고 있다(Greenwood et al., 2002). 즉, 또래교수는 또래교사(tutor)나 또래학습자(tutee)에게 모두 도움이 된다는 것이다. 또래교사는 가르치면서 그 내용을 보다 확실하게 파악하게 되고, 또래학습자는 사고과정이 성인보다는 더욱 비슷한 또래로부터 더욱 효과적으로 배울 수 있다. 또래교사는 적절한 학업행동 및 비학업행동의 모델이 될 수 있으며 학급 내에서 사회적 관계를 수립하는 기회를 제공하는 등의 장점이 있다.

2. 명시적 교수

명시적 교수(explicit instruction)는 직접교수(direct instruction)와 마찬가지로, 교사가 무엇을 가르칠 것인지를 명확하게 말하고 끝마쳐야 할 것은 무엇인지를 설명하는 것을 의미한다. 아동은 문제해결이나 관계를 설명하는 데 적절한 방법을 가진 모델을 통하여 학습과제를 하는 동안 충분하게 지원을 받고 적절한 연습을 하게 된다(Gersten, 1998). 이것은 아동이 자신의 지식 토대를 이루어 나가는 구성주의적 접근법 혹은 내재적 교수(implicit instruction)와 대조된다.

3. 능동적 학습 촉진교수

능동적 학습을 촉진하는 교수는 학습과 행동이 학습 환경, 학습자 및 교수자료의 세 가지 요소가 상호작용함으로써 생겨난다는 개념을 강조한다. 능동적 학습을 촉진하기 위해서는, 우선 이러한 세 가지 요소의 상호작용적 학습을 조장하고, 사전 경험의 중요성을 인식하여야 하며, 과제를 제시하기 전에 학습 준비를 시키고 능동적으로 학습과정에 참여할 수 있도록 격려해야 하며, 아동이 성공경험을 할 수 있도록 수업을 구조화시켜야 하고, 학습하는 것을 학습할 수 있도록 전략을 지도해야 한다(Lerner & Johns, 2009).

4. 스캐폴딩교수

스캐폴딩교수는 학생이 과제를 학습하는 초기단계에 교사가 풍부한 지원을 제공해 주는 것을 의미한다. 이러한 지원이 아동에게 더 이상 필요하지 않은 단계가 되면 제거된다(Pea, 2004). 비고츠키(Vygotsky, 1962)의 근접발달대(ZPD) 개념과 흔히 관련되는데, 이는 효과적인 학습을 위해서는 아동에게 과제를 너무 쉽지도 너무 어렵지도 않게 제공해 줄 필요가 있다는 것이며, 그러한 난이도의 개념이 바로 ZPD라 할 수 있다. 교사가 전략 조절을 아동에게서 철회시킬 수 있는 능력은 아동의 근접발달대 안에서 발달을 촉진시키는 데 중요한 요인이다.

5. 실행기능교수

실행기능은 아동의 사고과정을 조절하는 능력이다(Barkley, 2001). 이것은 아동이 어떤 목표를 성취하기 위해 기억, 언어, 주의집중과 같은 자원을 조직화하는 등 자신의 학습을 조절하고 방향을 제시하는 능력으로, 초인지(metacognition)라고도 언급되어 왔다(Brown, 1980). 학습장애아동이 자기의 할 일을 조직화하는 데 어려움을 겪는다면 이는 실행기능에 문제가 있기 때문이다. 실행기능 교수는, 예컨대 아동이 해야 할 일을 계획하고, 필요한 자료를 수집하며, 과제의 단계와 우선순위를 정하고, 또 과제를 완성하기 위해 계속해 나가도록 돕는 방법이다.

6. 호혜적 교수

호혜적 교수는 아동과 교사 간의 사회적 상호작용 대화를 통해 지도하는 방법이다. 교사는 먼저 대화를 주도하고 읽기를 하는 동안 네 가지(예언하기, 질문 생성하기, 요약하기, 명료화하기) 전략을 이용하도록 시범을 보인다. 안내된 연습(guided practice)을 통해 대화를 시도하고 유지하는 책임은 아동에게 전이된다. 그 다음 교사와 아동 간에 상호작용이 있게 되고, 교사는 아동이 독립적으로 전략을 적용하고 과제를 학습할 수 있도록 돕기 위해 안내된 연습으로 설명, 지도, 모델링을 이용한다(Mercer & Mercer, 2005).

팰린스카, 브라운과 캄피오네(Palinscar, Brown & Campione, 1991)은 독해 지도를 하기 위한 방법으로 다음과 같은 단계의 호혜적 교수를 이용하였다. 첫째, 교사와 아동은 소리 내지 않으며 자료를 읽는다. 둘째, 교사는 여러 가지 학습전략을 설명하고 난 후, 그들 전략에서 사용한 생각을 소리 내어 말함으로써 예언하기, 명료화하기, 질문하기 및 요약하기 전략을 모델링한다. 셋째, 교사와 아동은 모두 또 다른 구절을 읽고, 아동들은 집단에 있는 다른 아동들을 위하여 소리 내어 시범을 보여야 하는 책임이 부여된다. 아동이 주저하거나 불완전하게 실연을 할 경우에는 교사가 안내, 격려, 지원을 해 준다. 넷째, 각 아동은 네 가지 전략능력을 실연하여야 한다(Lerner & Johns, 2009).

7. 학습전략교수

학습전략교수가 학습장애아동을 위한 교수방법으로 많이 쓰이고 있는 이유는 학습장애아동이 비효율적인 학습자로 간주되기 때문이다. 학습장애아동은 어떤 방법이나 전략이 학습을 돕는 데 이용될 수 있으며, 또 그런 방법이나 전략이 어떤 학습상황에 유용한 것인지를 아는 것이 필요하다. 그러므로 학습전략 교수는 아동이 성공적으로 학습할 수 있도록 학습방법, 사전지식과 새로운 자료를 통합하는 방법, 학습과 문제해결을 점검하는 능력, 기억하는 방법, 예언하는 능력 등을 지도하는 데 초점을 두어야 한다.

학교 상황에서 많이 이용되는 단순한 학습전략의 예로는, 필기하기, 차트 만들기, 교사에게 질문하기, 자신에게 질문하기, 이해되지 않는 경우 다시 읽기, 읽기 전에 읽기질문을 쳐다보기, 활동 체크하기, 쓰기 전에 개요 만들기, 작성한 작문을 친구에게 훑어보도록 요구하기, 발표를 소리내어 시연하기, 다른 사람의 이름을 기억하기 위해 리듬을 지어 내기, 자료서적을 이용하기, 학습해야 할 새로운 어휘를 이용하여 그림을 그리기, 이야기 사건순서를 지도로 작성하기(mapping) 등을 포함한다. 복잡한 전략은 복잡한 학습과제를 완성하는 데 순환적으로 이용되는 여러 가지 전략들을 포함한다. 예컨대, 작문을 위한 전략에서는 계획하기, 쓰기 및 교성하기와 같은 순환적인 단계를 구성하며, 한편 계획하기 단계에서는 독자 파악하기, 개요 쓰기 및 정보 수집을 해야 할 필요가 있는 항목 찾기와 같은 방법들을 포함한다(Pierangelo & Giuliani, 2006).

미국 Kansas 대학 연구소에서 개발한 학습전략 지도모델은 사전검사, 전략을 기술하기, 모델링을 지도하기, 언어적 훈련, 통제된 훈련, 진보된 훈련, 사후검사 및 일반화와 같은 여덟 가지 단계를 포함하는데, 이들은 아동들이 새로운 학습전략을 이용할 때 교사가 따라야 하는 단계이다(Deshler, Ellis, & Lenz, 1996).

전 망

학습장애는 뇌를 연구하기 시작한 때부터 지금까지의 긴 역사를 지니고 있지만, 실제 학습장애가 공식적으로 대두된 것은 1960년대 초반에 해당한다. 학습장애를 위한 입법과 다양한 프로그램이 개발됨에 따라 사회적으로 수용되는 하나의 커다란 장애범주가 되어 온 것은 사실이지만, 여전히 논란이 되고 있거나 앞으로 풀어 나가야 할 과제들이 산재되어 있다.

이러한 관점에서 학습장애의 전망을 크게 세 가지로 나누어 제시해 본다.

첫째, 사회적으로 이용 가능하도록 학습장애 진단과 판별의 명확한 준거가 마련되어야 한다. 다양한 학습장애 정의와 관련된 쟁점들을 통해서도 진단의 어려움을 예견할 수 있다. 미국 IDEA (2004)의 개혁안은 더 이상 불일치 준거를 요구하지 않고 중재에 대한 반응 접근법(RTI)이 소개되고 있지만, 새로 등장한 RTI 접근법 역시 그 유용성에 관한 연구가 계속적으로 이뤄져야 할 것이다. 또한 학령기 아동은 물론이고, 학습장애 위험아동이나 학습장애 성인을 판별하기 위한 준거도 필요할 것이다.

둘째, 학습장애아동을 위한 과학적으로 입증된 실제를 제공하여야 한다. 과학적으로 입증된 실제에 대해서는 최근 미국 NCLB 법안을 포함한 여러 문헌에서 자주 접할 수 있다. 예컨대, 중재에 대한 반응 접근법은 반드시 과학적으로 입증된 실제를 적용하여 그 반응을 살펴봄으로써 조기 중재와 진단의 기능을 가진다. 그러므로, 학습장애아동을 위한 효과적 중재에 대한 데이터베이스의 확보와 함께, 교사가 학습장애아동을 위해 무엇을 그리고 어떻게 가르쳐야 할지 그것을 이용하는 것 또한 중요한 과제로 삼아야 할 것이다.

셋째, 학습장애아동의 사회적, 정서 행동적 요소에 대한 논의가 적극적으로 이루어져야 한다. 학습장애에 대한 미국연방정부의 정의와는 달리, ICLD의 정의나 NJCLD의 정의에서는 사회적 기술 혹은 사회 정서적 결합에 대한 내용이 포함되어 있다. 학습장애아동들이 실제 학교에서 곤란을 겪는 것은 단지 학업영역에 국한되지 않는다. 이들의 낮은 사회적 기술능력은 흔히 부정적인 자아존중감이나 사회적 문제를 가져오게 한다. 그러므로 학습장애아동에게 사회적 기술의 중재를 강조하는 것은 중요한 과제로 간주된다.

토의주제

- 학습장애와 학습부진의 차이점을 이해하고 학교 현장에서 이들을 구분할 수 있는 방법을 논의해 보자.
- 의뢰 전 중재가 왜 필요한지 그리고 의뢰하기 전에 구체적으로 어떤 과정들이 포함되는지를 논의해 보자.
- 학습장애아동을 효과적으로 통합하기 위해서는 어떠한 방안들이 마련되어야 하는지를 논의해 보자.

참고문헌

교육부(2019). 2019 특수교육연차보고서.

국립특수교육원(1996). KISE 학습장애선별척도.

국립특수교육원(2001). 특수교육 요구아동 출현율 조사.

김동일(2000). **기초학습지능 수행평가 체제: 읽기검사.** 서울: 학지사.

김동일, 이대식, 신종호(2003). **학습장에아동의 이해와 교육.** 서울: 학지사.

김원경, 조홍준, 허승준, 추연구, 윤치연, 박중휘, 이필상, 김일명, 문장원, 서은정, 유은정, 김자경, 이근민, 김미숙, 김종인(2008). **최신 특수교육학.** 서울: 학지사.

신민섭, 조수철, 홍강의(2006). **한국판학습장애평정척도(K-LDES).** 서울: 학지사.

조용태, 이근매(2008). **학습장애평정척도(LDCL).** 서울: 마인드프레스.

American Psychiatric Association(2013). *Diagnosis and statistical manual of mental disorders* (5th ed.). Washington, D.C.: Author.

Barkley, R. (2001). The executive functions and self-regulation: an evolutionary neuropsychological perspective. *Neuropsychology Review, 11*(1), 1-29.

Bender, W. N. (2008). *Learning disabilities Characteristics, identification, and teaching strategies* (6th ed.). NY: Pearson.

Blair, C., & Scott, K. G. (2002). Proportion of LD placements associated with low socioeconomic status: Evidence for a gradient? *Journal of Special Education, 36*, 14-22.

Bradshaw, J. (2001). Developmental Disorders of the Frontostriatal System. Philadelphia: Psychiatric Press.

Brown, A. L. (1980). Metacognitive development and reading. In R. J. Spiro, B. C. Bruce, & W. F. Brewer(Eds.), *Theoretical issues in reading comprehension*(pp.453-482). Hillsdale, MJ: Erlbaum.

Deshler, D., Ellis, E. S., & Lenz, B. K. (1996). *Teaching adolescents with learning disabilities: Strategies and methods*. Denvor: Love Publishing.

Engelmann, B. (1997). Sequencing cognitive and academic tasks. In R. Kneedler & S. Tarver(Eds.), *Changing perspextives in special education* (pp.46-61). Columbus, OH: Merrill.

Feingold, B. (1975). Hyperkinesis and learning disabilities linked to artificial food flavors and colors. *American Journal of Nursing, 75*, 797-803.

Forness, S. R., & Kavale, K. A. (2002). Impact of ADHD on school systems. In P. S. Jensen & J. R. Cooper (Eds.), *Attention deficit hyperactivity disorder: State of the science-best practices* (pp. 24-1-24-20). Civic Research Institute.

Fletcher, J. M., Lyon, G. R., Barnes, M., Stueving, K. K., Francis, D. J., Olson, R. K., Shaywitz, S. E., & Shaywitz, B. A. (2002). Classification of learning disabilities: An evidence based evaluation. In R. Bradley, L Danielson, & D. P. Hallhan(Eds.), *Identification of learning disabilities: Research to practice* (pp. 185-250). Mahwah MJ: Erlbaum.

Friend, M. (2005). *Special education: Contemporary perspectives for school professionals*. Boston: Allyn & Bacon.

Fuchs, D., & Fuchs, L. (1998). Researchers and teachers working together to adapt instruction for diverse learners. *Learning Disabilities Research and Practice, 22*(2), 129-136.

Gargiulio, R. (2004). *Special education in contemporary society: An introduction exceptionality.* Belmont, CA: Thompson.

Gersten, R. (1998). Recent advances in instructional research for students with learning disabilities: An overview. *Learning Disabilities Research & Practice, 13*(3), 162-170.

Greenwood, C. R., Maheedy, L. F., & Delquardi, J. C. (2002). Class-wide peer tutoring. In G. Stoner, M. R. Shinn, & H. Walker (Eds.), *Intervention for achievement an behavior problems* (pp.611-649). Washington, DC: National Association for School Psychologists.

Hallahan, D. P. (2007). Learning disabilities: Whatever happened to intensive instruction? *LDA Newsbriefs, 42,* 1-24.

Hallahan, D. P., & Kauffman. J. M. (2003). *Exceptional Children: Intervention to special education*(9th ed.). Boston: Allyn & Bacon.

Hallahan, D. P., & Kauffman, J. M., & Lloyd, J. W. (1999). *Intervention to learning disavilities.* Needham Heights, Massachusetts: Allyn & Bacon.

Hallahan, D. P., Lloyd, J. W., Kauffman. J. M., Weiss, M., & Martinez, E. A. (2005). *Learning disabilities: Foundations, Characteristics, and effective teaching.* NY: Pearson. Education, Inc.

IDEA.(2004). Individuals with Disabilities Education Improvement Act of 2004. Public Law 108-446, 108th cong., 2nd sess.(Dec. 3, 2004).

Kavale, K. A., & Forness, S. R. (1996). Social skill deficits and learning disabilities: A meta-analysis. *Journal of Learning Disabilities, 29*(3), 226-237.

Kirk, S. A., & Chalfant, J. C. (1984). *Academic and developmental learning disabilities.* Denver: Love Publishing Co.

Lerner, J. W. (2003). *Learning disabilities: Theories, diagnosis, and teaching strategies*(8th ed.). Boston: Houghton Mifflin.

Lerner, J. W. (2005). **학습장애 이론, 진단, 그리고 교수 전략.** [Learning disabilities: theories, diagnosis, and teaching strategies] (김미숙, 김수진, 김자경 역). 서울: 박학사(원저출판: 2002).

Lerner, J. W., & Johns, B. (2009). *Learning disabilities and related mild disabilities: Characteristics, teaching strategies, and new directions.* Boston: Houghton Mifflin Harcourt Publishing Company.

Lyon, G. R., Fletcher, J. M., Shaywitz, S. E., Shaywitz, B. A., Torgesen, J. K., Wood, F. B., Schulte, A., & Olson, R. (2001). Rethinking Learning-Disabilities. In C. E. Finn Jr., A. J. Rotherham, & C. R. Hokanson Jr. (Eds.), *Rethinking Special Education for a New Century* (pp. 259-287). Washington DC: Thomas B. Fordham Foundation.

Mather, N., & Roberts, R. (1994). Learning disabilities: A field in danger of extinction? *Learning disabilities Research and Practice, 9*(1), 49-58.

McLoughlin J. A., & Lewis, R. B. (1990). *Assessing special students*(3rd ed.). Columbus, OH: Merrill.

McNamara, B. E. (2007). *Learning disabilities: Bridging the gap between research and classroom practice.* NJ: Pearson.

Mercer, C. D., & Mercer, A. R. (2005). *Teaching students with learning problems*(7th, ed.) NJ: Pearson.

National Joint Committee on Learning Disabilities(1988). Letter to NJCLD member organizations.

National Joint Committee on Learning Disabilities(2005). Operationalizing the NJCLD definition of learning disabilities for ongoing assessment in schools. *Perspectives: The International Dyslexia Association, 23*(4), 29-33.

Palinscar, A., Brown, A., & Campione, J. (1991). Dynamic assessment. In H. L. Swanson(Ed.), *Handbook of the assessment of learning disabilities* (pp.75-94). Austin, TX: Pro-Ed.

Pea, R. (2004). Scaffolding of related theoretical concepts for learning, education, humanity. *Journal of Learning Sciences, 13,* 423-451.

Pennington, B. (1990). Annotation: The genetics of dyslexia. *Journal of Child Psychology and Child Psychiatry, 31*(2), 193-201.

Pierallgelo, R., & Giuliani, G. (2006). *Learning disabilities: A practical approach to foundations, assessment, diagnosis, and Teaching.* NY: Pearson.

Robinson, C. S., Manchetti, B. M., & Torgeson, J. K. (2002). Toward a two-factor theory of one type of mathematics disability. *Learning Disabilities Research and Practice, 17,* 81-89.

Salvia, J., & Ysseldyke, J. E. (1998). *Assessment*(8th ed.). Boston; Houghton Mifflin.

Salvia, J., Ysseldyke, J., & Bolt, S. (2007). *Assessment: in special and inclusive education.* Boston: Houghton Mifflin.

Smith, C. R. (2004). *Learning disabilities: The interaction of students and their environment*(5th ed.). Boston: Pearson Education.

Smith, T. E., Pollaway, E., Patton, J. R., & Dowdy, C. A. (2004). *Teaching students with special needs in inclusive settings.* Boston: Allyn & Bacon.

Sridhar, D., & Vaughn, S. (2001). Bibliotherapy for all: Enhancing reading comprehension, self-con-cept, and behavior. *Teaching Exceptional Children, 33*(2), 74-82.

Sternberg, R. J., & Wagner, R. K. (1982). Automatization failure in learning *Topics in learning and learning disabilities*, 2, 10-11.

Swanson, H. L. (1994). Short tenn memory and working memory: Do both contribute to our understanding of academic achievement in children and adults with learning disabilities? *Journal of Learning disabilities, 27,* 34-50.

Torgesen, J. K. (1977). The role of nonspecific factors in the task performance of learning disabled children: A theoretical assessment. *Journal of Learning disabilities, 10,* 27-34.

U. S. Department of Education(2020). *41th annual report to congress on the implementation of the Individuals with Disabilities Education Act.* Washington, DC: Author.

Vygotsky, L. (1962). *Thought and language.* NY: Wiley.

Yell, M., Shriner, J., & Katsiyannis, A. (2006). Individuals with Disabilities education improvement act of 2004 and IDEA regulations of 2006: Implications for educators, administrators, and teacher trainers. *Focus on Exceptional Children, 39*(1), 1-24.

찾아보기

ㄱ

개별검사 / 81
개별화 가족 지원 계획 / 139
객관적 청력검사 / 230
건강장애 / 279
건강장애학생 / 299
검목표 / 82
고등교육 준비 / 185
고용 준비 / 187
공식적 검사 / 376
과제분석 / 84
관찰 / 81
교과 지도 / 352
교사제작 검사 / 81
교수공학 / 96
교수적 수정 / 54
교육과정 / 150
교육과정 수정 / 162
교육과정중심 평가 / 83
구화법 / 234
규준참조검사 / 81
근대식 특수교육 / 30
긍정적 행동지원 / 318
기능적 교육과정 / 269
기분장애 / 311
기숙제 프로그램 / 53

ㄴ

내면화된 행동 문제 / 310
능동적 학습 촉진교수 / 405

ㄷ

다리(Bridge) 모델 / 176
독립생활 기술 / 270
또래교수 / 405
또래학습 / 63

ㅁ

말 · 언어 연쇄 / 360
말장애 / 362, 370
면접 / 82
명시적 교수 / 405

ㅂ

반항성 장애 / 310
발달중심 교육과정 / 158
보조공학 전달 체제 / 104
보조공학 / 64, 96
보조공학서비스란 / 101
보청기 / 231
보편적 설계 / 114, 161
보편적 학습설계 / 59
보행지도 / 214
불안장애 / 311
비공식적 검사 / 377
(비)광학 기구 / 212
비형식적 평가 / 80

ㅅ

사회성 및 적응행동 검사 / 89
사회성 지도방법 / 341
사회적 기술 / 272
사회적 기술 교수 / 320

생태학적 모델 / 130
생활기능중심 교육과정 / 158
서열법 / 83
설립별 특수학교 / 21
속도검사 / 80
수화법 / 234
순음청력검사 / 227
스캐폴딩교수 / 406
시각장애 / 195
시간제 특수학급 / 52
시력평가 / 204
실행기능교수 / 406
심리검사 / 72

ㅇ

어음청력검사 / 229
언어장애 / 361, 366
언어특성 / 225
역동적 평가 / 377
역량검사 / 80
영유아 발달검사 / 85
오류분석 / 84
외현화된 행동 문제 / 308
유아 청력검사 / 226
의료공학 / 97
의사소통 / 271
의사소통장애 / 361
의사소통장애교육 / 359
인공와우 / 232
인지적 행동 수정 / 322
인지특성 / 226
일반학급 / 50
일반학급 내 통합교육 / 22
일상생활기술 / 183

ㅈ

자기결정 / 274
자기결정기술 / 181
자기교수법 / 321
자폐증스펙트럼 장애 / 327
작업표본 분석 / 83
장애별 특수학교 / 21
장애예방 / 143
장애인 / 30
장애인 등에 대한 특수교육법 / 17
장애인복지법 / 17
장애청소년 / 171
적응행동 검사도구 / 258
전일제 특수학급 / 53
전장애아동교육법 / 23
전형적 수행 검사 / 80
전환교육 / 173
전환지원 / 141
전환프로그램 분류(Taxonomy for Transition Programming) 모델 / 178
점자지도 / 214
접근성 / 114
정보통신공학 / 97
정서 · 행동장애 / 305
조기교육 / 125
조기교육 대상자 / 132
조기교육 지원 프로그램 / 138
조기특수교육 / 128
조현병 / 312
주의력결핍 과잉행동장애 / 309
준거참조검사 / 81
지각 및 운동능력 검사 / 89
지능검사 / 86
지능검사도구 / 257
지문자 / 235
지역사회 적응(Community Adjustment) 모델 / 177
지역사회중심교수 / 274
지적장애인 / 239
지체장애 / 279
지체장애학생 / 285
질문지 / 83
집단검사 / 81

ㅊ

차별화된 수업 / 56
창의성 검사 / 92
청각장애보장구 / 231
최대 수행 검사 / 80

ㅋ

큐드스피치 / 235

ㅌ

통합교육 / 45
특수교사 / 34
특수교육 / 13
특수교육 교육과정 / 39
특수교육 교육과정 변천 / 165
특수교육 기간 / 37
특수교육공학 / 95
특수교육대상자 / 36
특수교육대상자 선정기준 / 18
특수교육제도 / 31
특수교육진흥법 / 26
특수학교 / 53
특수학급 / 22
틱장애 / 312

ㅍ

평정척도 / 82
표준화 검사 / 81
품행장애 / 309
필담 / 233

ㅎ

학습 환경 / 40
학습능력 및 학습적성 검사 / 91
학습부진아 / 389
학습장애 / 388
학습장애아동 / 389
학습전략교수 / 407
학습지진아 / 389
한국 특수교육 / 30
행동 지도방법 / 344
협동학습 / 61
협력교수 / 60
형식적 평가 / 80
호혜적 교수 / 406

기타

IEP 작성 / 76

저/자/소/개

■ **김원경**
한국체육대학교 특수체육교육과(문학박사)

■ **신진숙**
창원대학교 특수교육과(문학박사)

■ **박현옥**
남부대학교 초등특수교육과(문학박사)

■ **김영걸**
대구사이버대학교 특수교육과(철학박사)

■ **김미숙**
전) 백석대학교 특수교육과(문학박사)

■ **윤광보**
대구사이버대학교 특수교육학과(문학박사)

■ **김경화**
건국대학교 글로벌 캠퍼스 유아교육과(철학박사)

■ **김정현**
백석대학교 특수교육과(문학박사)

■ **옥정달**
나사렛대학교 특수교육과

■ **박정식**
대구대학교 직업재활학과(문학박사)

■ **김정연**
조선대학교 특수교육과(특수교육학박사)

■ **곽승철**
공주대학교 특수교육과(문학박사)

■ **한홍석**
한양대학교 교직과(문학박사)

■ **박미혜**
가야대학교 언어치료청각학과(문학박사)

■ **변찬석**
대구대학교 초등특수교육과(문학박사)

특수교육학개론

1판 1쇄 인쇄 — 2023년 2월 10일
1판 1쇄 발행 — 2023년 2월 15일

저　　자 - 김원경 · 신진숙 · 박현옥 · 김영걸 · 김미숙 · 윤광보
김경화 · 김정현 · 옥정달 · 박정식 · 김정연 · 곽승철
한홍석 · 박미혜 · 변찬석

발 행 인 - 강성민
발 행 처 - 수양재
주　　소 - 경기도 파주시 검산로 173번길 29-12
전　　화 - 031-946-3863(代)
팩　　스 - 031-946-3864
이 메 일 - syjpub@naver.com
출판등록 - 2016년 6월 3일 제 406-2016-000069 호

ISBN 979-11-89457-25-9

정가 23,000원